黃瑞祺◎主編

當代社會學

U0538712

東華書局

國家圖書館出版品預行編目資料

當代社會學／黃瑞祺主編. -- 初版. -- 臺北市：臺灣東華, 民 100.02

568面，19x26公分

ISBN 978-957-483-644-4（平裝）

1. 社會學

540　　100002633

中華民國一〇〇年二月初版

當代社會學

定價　新臺幣伍佰元整
（外埠酌加運費匯費）

主　編　黃　瑞　祺
發行人　卓　劉　慶　弟
出版者　臺灣東華書局股份有限公司
臺北市重慶南路一段一四七號三樓
電話：(02) 2311-4027
傳真：(02) 2311-6615
郵撥：00064813
網址：http://www.tunghua.com.tw

行政院新聞局登記證　局版臺業字第零柒貳伍號

Preface 序

社會學是一門對於社會生活進行系統研究的科學。社會生活的方方面面及其相互的關係都是或者可以是社會學的研究範圍，而這也是它之所以成為社會科學之基礎學科的緣故。社會生活的方方面面的研究成果可以從本書第一 (制度)、二 (文化)、三 (變遷)、四 (環境) 部分共計 27 章看到。再者，社會學有它的一套方法和理論來對社會生活進行系統研究，這方面的主題放在本書第五部分 (方法與理論) 共計 5 章。社會學的方法與理論也可以提供其他社會科學參考。

詳言之，本書分為五個部分：制度、文化、變遷、環境以及方法與理論。第一部分「制度」，探討了經濟、政治、家庭與婚姻、教育、社會不平等、宗教、醫療、社會福利和社會工作等等，計八個制度面向；第二部分「文化」，探討了社會化、性別、身體、公民社會與多元文化、族群文化、消費、休閒以及旅遊等等，計八個文化面向；第三部分「變遷」，探討社會生活的秩序與變遷、社會變遷和發展、現代性與全球化、都市化、資訊與社會、人口與老年社會以及社會運動等等，計七個變遷面向；第四部分「環境」，探討了環境與永續發展、環境正義、全球暖化以及風險社會與風險管理等等，計四個環境面向；第五部分「方法與理論」，探討了社會學研究法 (包括計量研究和質性研究)、方法論、社會理論以及後現代社會學等等，計五個方法與理論的面向。全書共計 33 章 (含導論)，分別由兩岸 16 位相關領域的學者專家 (詳見作者簡介) 撰寫。

本書有下述幾個特色：

1. 本書是海峽兩岸社會學者密切合作的成果，除了任職於臺灣各大學的 11 位社會學者之外，並敦請大陸著名高校 (北京大學、中山大學、華東師範大學、華南師範大學) 的 5 位學者參加編寫行列 (內詳)，以期能結合兩岸學者的智慧和經驗。

2. 有鑑於文化主題在當代社會的重要性，所謂當代社會的「文化轉向」

(cultural turn)。這個轉向和當代社會的「消費轉向」——從專注生產轉向著重消費，以及「休閒轉向」——從工作社會轉向休閒社會相互平行。本書第二部分計 8 章探討文化的方方面面，其中有專章分別探討消費、休閒以及旅遊等主題。

3. 近年環境危機、地球暖化、節能減碳以及永續發展等等問題困擾全球，社會學也應該盡一份力量來探討這些問題。本書第四部分 4 章致力於探討環境相關的問題，顯示社會學在面對當前的環境危機上仍然是相干的、有效的。
4. 方法和理論都是社會學的重要組成部分，不過這些主題對於初學者而言畢竟是比較抽象的，所以本書把這個主題擺在最後一部分，以符合循序漸進的學習原理。
5. 有鑑於多媒體的教學需求以及教師教學備課的辛勞，本書附贈由各章作者參與製作的教學光碟給教師，以利教學。
6. 每章首都有「內容提要」；每章尾都列有「重要名詞」、「問題與討論」、「推薦書目」、「參考書目」，以利學習。

本書旨在提供社會學以及社會科學之初學者一個比較完備的導引，適合一學年之社會學以及社會科學概論課程之使用，且由各章作者參與製作教學光碟，以方便教師教學。本書的姊妹作《社會學》(東華書局，2008) 則適合一學期之社會學或者社會科學之概論或通識課程使用。

敬請讀者惠予支持及指正。

黃瑞祺

於中研院歐美所

2010/6/13 端午前夕

Contents
目　次

Part III

變　遷

Part IV 環　境

Part V

方法與理論

作者簡介

（按姓氏筆劃排序）

文　軍	華東師範大學社會學系教授
王　寧	中山大學 (廣州) 社會學系教授
白小瑜	北京大學社會學系博士生
李明政	東吳大學社會工作學系教授
林信華	佛光大學社會學系教授
孫治本	交通大學 (臺灣) 通識教育中心副教授
張漢音	輔仁大學社會學系教授
郭台輝	華南師範大學政治與行政學院副教授
陳怡廷	東華大學國際企業學系助理教授
黃之棟	空中大學公共行政學系助理教授
葉肅科	東吳大學社會學系副教授
齊　力	臺北市立教育大學社會暨公共事務學系副教授
劉一龍	輔仁大學社會工作學系助理教授
蔡明哲	東吳大學社會學系教授
謝立中	北京大學社會學系教授

導　論

內容提要

社會學和所有的科學都一樣，從問題出發，去尋求解答，所以本章第一節探討社會學的問題。其次探討社會學的觀點和分析層次：社會行動、互動、關係、制度、社會總體形態、全球化社會。這些層次一方面是社會的層次，另一方面則是社會學分析的層次。從這些層次可以看出社會學的觀點。最後探討社會學的三大傳統：實證社會學、解釋社會學、批判社會學，以理解社會學的不同研究取向。

第一節　社會學的問題

科學研究的出發點應該是問題 (疑問)，而不是現有的理論或方法。針對我們自己提出的問題試圖加以解答，在解答的過程需要運用到一些既存的資料、方法或者理論概念。所以在科學研究裡「問題意識」或「問題脈絡」是很基本的。我們在鑽研一門學科時，往往知道或記住很多的答案或方法，卻忘記了當初建構這些理論概念或方法所針對的問題。借用歷史學者柯靈烏 (R. G. Collingwood) 的一個概念，可以稱之為「問題與答案的邏輯」。(1985: ch. 5) 科學哲學家巴柏 (Karl Popper) 同樣把問題當作科學研究的起點，他的「科學知識成長的公式」為：P1→TT→EE→P2 (P1：原有的問題；TT [tentative theory]：暫定的理論；EE [error elimination]：消除錯誤；P2：新的問題)(1972: 144)。

例如馬克思的「異化」(alienation)，即使知道了字面上的意義 (簡言之，人的本質與存在疏離的狀態)，也仍須了解當時的背景是什麼 (工業資本主義初期)，他為什麼要提這個概念 (同情工人處境，批判工業資本主義)，這個概念有些什麼預設 (未異化的、人的全面發展)；又如涂爾幹的「迷亂 (脫序)」(anomie) 以及韋伯的「理性化」(rationalization) 也是如此，這些概念係針對當時的問題脈絡及問題意識而提出的理解或批判。換言之，問題和答案必須聯繫在一起理解，不能只管答案不管問題。

再者，針對一個主題，我們應該學習或訓練提問。小學生、中學生或許可以只管回答老師所提的問題；大學生要做報告或論文，就必須自己提問題、找答案，答案找不找得到，或好不好，相當程度要看問題提得恰不恰當。猶太人有句諺語「愚者丟一顆石頭到池塘，十個聰明人都撿不回來」，不是任何問題都能解答或值得解答。提出能解答而且有意義的問題，是好的研究的開始，由此來引導後續的研究進程，包括資料的收集、分析、理論概念的運用或建構等等。所以我們看社會學的題材和觀點之前，應先思考社會學的問題。

社會學有些問題是比較普遍性的，與各個時代及社會都有關，例如：

- 社會學的研究對象是什麼？研究題材是什麼？和心理學、人類學、歷史學、哲學等等有何不同？
- 社會學的觀念與常識性觀念有何不同以及有何關係？這就涉及知識論、科學哲學、方法論等問題。

- 個人與社會的關係是什麼？
- 社會如何影響個人？個人如何影響社會？
- 社會互動是如何進行的？
- 社會關係是如何形成的？
- 社會制度是如何形成的？有何功能？
- 社會中如何區分階級或階層？

社會學之所以誕生主要針對現代工業社會，所謂現代性即指此。人類學、歷史學則主要是研究原始社會及過往社會。針對現代工業社會，社會學會問諸如：

- 現代社會的特徵是什麼？和傳統社會有什麼差異？這就是現代性的問題。
- 現代社會從何而來？如何發展出來的？這就是現代化的問題。
- 現代社會有什麼問題和危機？要如何克服？這也是現代性的問題。
- 未來社會變遷的主要趨勢是什麼？從哪些地方可以看出未來變遷的主要趨勢？這是後工業、後現代或全球化的問題了。

還有針對特定社會的一些問題，就不勝枚舉了。

第二節　社會學的題材

社會學的題材很廣泛，舉凡現代社會中常見的、流行的現象都可以成為社會學的研究題材。哈佛大學社會學教授殷克勒斯 (Alex Inkeles) 曾經列了一張社會學研究主題的一覽表 (1985: 21-23)：

一、社會學分析
　文化和社會
　社會學的觀點
　社會科學中的科學方法
二、社會生活的基本單位
　社會行動和社會關係
　個人的人格
　團體 (包括民族和階級)

社區：都市和鄉村

結合和組織

人口

社會

三、基本的社會制度

家族和親屬制度

經濟制度

政治和法律制度

宗教制度

教育和科學的制度

娛樂和福利的制度

四、基本的社會過程

分化和階層化

合作、適應、同化

社會衝突 (包括革命和戰爭)

溝通

社會化

社會評價

社會控制

社會偏差

社會整合

社會變遷

上列一覽表係經過綜合歸納，甚具概括性以及參考價值。

我們也可以看看當今流行的社會學教科書探討哪些題材。英國著名社會學者紀登斯 (Anthony Giddens) 所著《社會學》印了好幾版，銷售了幾十萬冊 (不包括其他語文的翻譯本)，可能是全球最流行的社會學教科書之一。這本書將近八百頁，幾乎是一本小型的社會學百科全書，對於要了解社會學的研究題材應該是一個有用的案例。這本教科書探討了以下的題材 (1989)：

文化
社會化
社會互動
從眾和偏差
性別和性
階層化和階級結構
民族和種族
團體和組織
政治、政府和國家
戰爭和軍事
親屬、婚姻和家庭
教育、傳播和媒體
宗教
工作和經濟生活
全球化
都市
人口、健康和老年
革命和社會運動
社會變遷
研究方法
社會理論

紀登斯的教科書雖然在篇幅上比較大、題材上比較完備，不過若要求全也有缺憾，例如環境生態或地球暖化等議題都付之闕如，而這方面正是本書的強項之一。可見不管是多麼完備的教科書還是會有所缺漏，所以本書並不擬求全。

第三節　社會學的觀點和分析層次

光看社會學的題材或主題還是不足以了解社會學，必須進一步了解用以觀照這些主題的觀點。有人說：社會學是研究社會行動的科學；社會學是研究社會關係的科學；也有人說社會學是研究制度的科學等等。各種說法都有道理，也有許多證據支持。社會學的觀點本來就不只有一個說法，否則怎麼會有那麼多的學說和學派，社會學不是傳統的「官學」，不可能定於一尊。之所以會有那麼多的說法，主要牽涉到社會的複雜性，具有多個層面，所以關於社會學觀點的說法也有不同的層次。

一、社會行動

行動 (action) 和行為 (behaviour) 的差別在於行動具有行動者所賦予的主觀意義，或針對某種目的或目標。人的反射動作是一種行為，不是一種行動，因為行為者並未賦予該反射動作某種主觀意義；而我現在在打字，是為了要撰寫一本書，打字本身就是一種行動了，因為我的手指的動作係朝向打出有意義之文字而組織，而且所有的打字又朝向要撰寫一本書而組織，這更是一種行動了。

「社會行動」(social action) 是社會最小的單位，是一種具有社會意義的行動，所謂「具有社會意義之行動」可以是：

1. 針對或取向另一方的行動，亦即行動者賦予之主觀意義係針對或取向另一方。例如一個人對另一人說話、點頭、搖頭、眨眼等等，不管對方有沒有正確了解這些行動的意義，或有沒有回應，都算是社會行動。這些可說是社會行動的原型，還有很多變型。一個人單獨在想念親人或愛人，雖然對方沒在眼前，也是一種社會行動，因為他的行為也是針對另外一個人；一個人對眾人演講也是社會行動，他是針對一群人演說。
2. 具有共同認定之意義的行為，或者是遵循規則的行為。例如交通規則是由某些人制訂出來以約束眾人行為的規則，是一種社會性的東西，雖然一個人靠右行走或遇到紅燈停下來，好像是個人單獨的行為，其實也都是社會行動，因為是受制約而在遵守交通規則。有沒有什麼動作只是一種行動而不是社會行動呢？一個人獨自在做運動是為了健身，當然有其主觀意義或目的，如果沒有針對別人就不是一種社會行動，不過他如果是聽從父母的勸告或為了追求對象而去鍛鍊身體，則是一種社會行動了。主要端看行動的主觀意義是否針對他人而定。

對於社會行動有些分類或類型建構，以下是幾種比較知名的：

哈伯馬斯 (J. Habermas) 倡議的「溝通行動」(communicative action) 是一種

相當典型的社會行動，取向於人與人之間相互了解以及達成共識，是一種互為主體的行動，亦即把對方當作主體來對待，而不是當作客體來操弄。這其中所蘊含的邏輯或理性哈伯馬斯稱之為「溝通理性」或「對話理性」(dialogical rationality)。(黃瑞祺，2007：175-241)

相對而言，「策略行動」(strategic action) 是以達到成功為其目標的一種社會行動，對於行動者真誠與否存而不論。這種行動需要預設對對方有正確了解，不過它本身目的卻不是為了促進了解、獲得共識，而是利用此了解或共識，以達到自己的目的。例如張三想要買房子，他可能搜尋資訊、到仲介那兒看房子、看所有權狀、討價還價等等，目標是物美價廉、不吃虧。他的邏輯是達到自己的目標，和上述溝通理性不同，但還是一種社會行動。

「理性選擇」(rational choices) 乍看好像是個人自己的行為，不過深一層看也是一種社會行動，因為選項通常都跟他人有關。理性選擇主要有兩種：一種是基於「目的／手段模型」的理性選擇，即選擇最有效的手段 (行動) 以達到目的，而目的是既定的，不在考量範圍內，只考量手段的適切性。例如要到高雄去，就有坐高鐵、搭飛機、搭汽車等幾個選項。另一種是基於「機會成本模型」的理性選擇：即考量、選擇不同且互斥的目標，例如甲、乙、丙三校選擇何者就讀，若選擇甲就不能選擇乙、丙，乙、丙是選擇甲的機會成本，因為若不選擇甲，可以選擇乙或丙。換言之，理性選擇的「理性」不只包括工具理性，也包括了目的理性或價值理性。上述這些選擇都涉及他人。

二、社會互動

甲拍一下乙的肩膀，乙點頭表示領會；甲對乙眨眼睛，乙也對甲眨眼睛，以上兩個社會行動序列都是社會互動 (social interaction)。社會互動可以說是一個社會行動及其所引起的反應 (reaction)。我對一班講課，一位同學針對我說的話問了一個問題，我回答了，另一位同學又針對我的回答問了一個問題…更是連鎖的社會互動。社會行動像是社會的細胞，是社會互動的要素，而社會互動比社會行動完整，它是社會行動加上對社會行動的反應 (本身當然也是一種社會行動)，這個反應也可能引發另一個反應。

下棋是一種典型的社會互動，甲下一步要怎麼走，要看乙怎麼走，而乙怎麼走，卻要看甲上一步是怎麼走的…。連續的、有意義的社會互動經常也是這樣。「賽局理論」(game theory) 就是研究策略性互動的理論，商戰、軍事戰、情報戰等等都是一些典型的策略性互動，必須因應對方的行動，以決定己方的行動策略，有輸贏、勝負的結果。互動不限於策略性互動，還有情感性互動、溝通互動等等，當然這些是從理念型來說的，在經驗上這些類型很少是純粹的，大多是重疊的或混合的。

社會行動和互動有些是面對面的，有些則不是，在現代社會很多的社會行動及互動是透過電子媒介進行的，例如電話、手機、電郵 (Email)、即時通 (MSN、 Skype、QQ)，這種行動及互動一方面是一方不在場的互動，另一方面是遠距離的社會行動及互動 (social action and interaction at a distance)，可說是現代行動及互動的特徵。

三、社會關係

社會互動重複發生之後，可能建立起某種社會關係。甲和乙不斷互動之後就成為**朋友**了；甲、乙如果進一步熱烈接吻，兩人就成為**情人**了；如果甲、乙結婚就成為**夫妻**了。社會關係也可能是在既定的制度架構之中發生的，例如我在 XX 大學開設了一門課「社會學概論」，從第一次上課開始，根據校規，我跟班上學生就是師生關係了，也是以這種關係進行互動；班上的學生則是同學關係。這種情況就不需要由重複的互動產生社會關係，這也是制度的意義和重要性。

社會關係與語言行為關係密切，一方面在語言中反映了社會關係，另一方面語言行為也建立社會關係。例如：「我命令你三天之內把這件事調查清楚」，話中反映了兩人先前的關係是命令與服從的關係，如果你服從我的命令，則再度肯定或建立這種關係。上述那句話和「我請求你把這件事調查清楚」所反映及尋求建立的社會關係迥然不同。

再者，社會關係可以是個人之間的關係，也可以是團體、組織等之間的關係，例如兩個大學締結為姊妹校、企業之間的結盟，所謂「策略聯盟」，如上所述，也是一種社會關係。

華人所謂的「關係」或「人脈」和這裡所謂的「社會關係」到底是什麼關聯呢？社會關係是一個比較一般性、抽象的概念，任何人與人、團體與團體、組織與組織之間正面與負面的關係都包括在內；而「關係」或「人脈」比較偏向正面關係，可以作為行動的資源或資本。「XX 的關係好、人脈廣」意即 XX 跟許多重要人物都有良好的關係，動詞就是「拉關係」(建立良好的關係)。華人社會重人治和關係，處理事情經常看關係而定、或因人而異，有所謂「有關係就沒關係，沒關係就有關係」，所以在華人社會，關係成為一個人重要的社會資本。

四、社會制度

有些社會關係的模式或結構包含：某些比較強烈的價值以及明確的規範，執行上所需要的一些資源，以及一組相關的位置及角色，具有相當明確的社會功能，就稱之為「制度」。

例如婚姻家庭就是一種基本的制度，它環繞著性愛忠誠和世代延續的核心價值，而且關於結婚、離婚和維護婚姻家庭等都有法律規定，例如夫妻不應該有外遇或婚外情 (嚴重者會觸犯妨害家庭罪)，子女應該孝順父母 (嚴重者會觸犯遺棄罪)，父母子女之間不得有性關係 (亂倫禁忌)。它的執行需要某些資源，例如聘金、聘禮，結婚之後需要住房。家庭包括了一組的角色 (關係)：夫妻、父母子女、兄弟姐妹等等。

再以選舉投票為例，作為民主制度的一部分，選舉跟民主價值有關，也有法律 (例如「選舉罷免法」) 規範相關行為。候選人、選舉人、助選員等角色都有一定的資格、條件、權利、義務。在這些規範之下，當事人還是有相當大的空間可以有不同的策略，以爭取自身最大的利益。候選人需要保證金、競選經費，政府需要印製選票、設立投票所等資源來執行選舉制度。其社會功能在於使民主制度能和諧、有序地進行。

社會制度是一套規定的或約定俗成的行為程序，可以節省行為者考慮、摸索的時間。如我到美國哈佛大學去當訪問學人，一旦被接受、去到那裡，主要的權利義務、在系上的關係都已有規定了，不太需要費心，可以專心於自己的生活適應及研究。所以制度是社會關係的經濟學，如果沒有制度，所有事情都要行為者去考慮、安排、調整，他能完成的事情就很有限了。

社會制度是人類社會代代相傳、斟酌損益的智慧結晶。這從各種法律的立法、施行、修法的過程看得最清楚。制度規則是人類行為的依據，它的前提是人人或至少絕大多數人都遵守制度規則。例如根據交通規則紅燈停，綠燈行，這是法治的情境，人類完全根據規則及符號行事，由規則及符號來控制社會流程。如果有些人 (或許多人) 不按規則及符號行事，例如闖紅燈，其他人除了看紅綠燈之外，還要看有沒有車輛，否則很可能被一輛闖紅燈的車子撞到了。所以現代社會一方面須設計合理可行的制度規則，必要時根據實際狀況調整制度規則，例如酒駕案例多了，就加重酒駕的刑度；另一方面必須貫徹執行制度規則。雙管齊下才能達成民主法治社會的境界。

在任何一個制度領域都有相關的一套地位，我們可以稱之為「地位組」(status-set)，例如在核心家庭裡「丈夫／父親」、「妻子／母親」、「兒女」等都是相關的地位。而家庭主婦和小學老師 (職業婦女) 是兩個不同的地位，前者是在家庭中，後者是在另一個制度領域 (教育) 中，一個人同時佔有這兩個地位，可能產生緊張或衝突，也就是兩個地位的要求互相矛盾，讓人無所適從。這可以稱之為「地位緊張」或「地位衝突」。

而每一個地位也都有相關的角色，可以稱之為「角色組」(role-set)，例如「丈夫／父親」相對於妻子，他要扮演丈夫的角色，相對於兒女，他要扮演父親的角色。對於「角色組」的分析可以顯示可能的角色緊張及角色衝突。環繞一個地位的不同角色期待之間的矛盾可能是潛在的 (角色緊張)，或者會爆發衝突 (角色衝突)。例如妻子希望丈夫對兒女嚴厲一些，而兒女則希望父親和藹可親一些，同一個人扮演丈夫與父親兩種角色可能面臨角色緊張及角色衝突。

地位組與角色組的區分，以及隨後的地位緊張、衝突與角色緊張、衝突的區分是具高度分析性及有用性的概念區分。

社會學除了研究制度之外，也研究不同制度之間的關係，例如政治制度與經濟制度 (關注民主政治與經濟發展)、宗教制度與經濟制度之間的關係 (基督新教與資本主義之間的關連)。這點尤其凸顯社會學觀點的獨特性。因為例如政治學研究政治制度，經濟學研究經濟制度，各有所司，社會學似乎只能研究尚未被既有學科鑽研的制度，例如婚姻、家族、宗教、人口等等。其實除了研究這些「殘餘的」制度之外，社會學觀點另一個特點即關注制度之間的關係，例如政治社會學關注社會對政治的影響，雖然也關注政治；經濟社會學關注社會對經濟的影響，雖然也關注經濟。

五、社會總體形態 (society as a whole)

經驗現象往往是無窮複雜的，即使是一小部分 (例如一個家庭或鄰里) 也不可能鉅細靡遺地加以記錄或研究，需要一個抽象的理論觀點來抽離相干的元素，加以探討，社會生活也是一樣。社會學可以探究大規模社會之總體形態或趨勢，具有整合的功能。各門社會科學探究社會的各個制度領域，而社會學則研究整個社會的形態或趨勢，諸如資訊社會、消費社會、資本主義社會、傳統社會、後傳統社會、封建社會等等。這個觀點或許和諸如政治學、經濟學等學科不同，而和歷史學及人類學比較接近，不過社會學主要探究現代工業社會，這是社會學與歷史學及人類學不同之處。

六、全球化社會 (a global society)

如果一個社會意味著相當自足的行動體系 (包括經濟貿易、政治、軍事社會等領域)，則今日可能只有全球 (全世界) 才談得上是一個自足的社會。

全球化從最簡單的意義而言，即全球各地相互依存度越來越大。由於通訊科技的發展，世界越來越小，真可謂「天涯若比鄰」。就如一句廣告詞說的「打大陸比打大甲還便宜，打美國比打美濃還便宜」，雖然有點誇張；世界各地訊息也隨時到達，利用現場轉播或實況轉播的形式，幾乎達到「同步」或「零時差」的境地。

全球化也意味著「時空壓縮」(time / space compression)，這和交通運輸科技的發展息息相關。舉例而言，臺灣 1995 年完成的南北高速公路，臺北至高雄大約 5 小時，而 2006 年啟用的高速鐵路，臺北至高雄只要1個半小時，更進一步壓縮了臺灣的時空，讓臺灣變小了。同理，超音速噴射機也大大壓縮了地球的時空，讓地球變小了。

網路科技的發展也大大促進了全球化的發展，現代人生活越來越依賴網路了。看新聞、搜尋各類資訊、網路購物，甚至訂便當、訂披薩都可以上網解決。網路通訊的方法，例如 Email、MSN、Skype 等等方便又快速。靠網路不但「秀才不出門能知天下事」，而且「秀才不出門能解決生活所需以及社交」，所以出現所謂「宅男」、「宅女」，在家上網、足不出戶的人。

網路科技的發展與上網人口 (網民) 息息相關，網民越多網路上的生意越興旺，這或許是所謂的「群聚效應」。表 1 是 12 個國家地區在 1994~2005 上網人口數，增加快速，例如增加最快速的中國大陸從 1994 年到 2005 年增加了 8,000 倍的網民人口；臺灣也增加了 53 倍之多。

表 1

上網人口數 單位：千人												
年別	中華民國	美國	中國大陸	日本	英國	德國	韓國	義大利	法國	加拿大	香港	新加坡
1994	180	8,500	14	1,000	600	750	138	110	275	690	170	40
1995	250	20,000	60	2,000	1,100	1,500	366	300	950	1,220	200	100
1996	603	30,000	160	5,500	2,400	2,500	731	585	1,500	2,000	300	300
1997	1,500	40,000	400	11,550	4,310	5,550	1,634	1,300	2,500	4,500	675	500
1998	3,011	60,000	2,100	16,940	8,000	8,100	3,103	2,600	3,700	7,500	947	750
1999	4,540	74,100	8,900	27,060	12,500	14,400	10,860	5,000	5,370	11,000	1,734	950
2000	6,260	124,000	22,500	38,000	15,800	24,800	19,040	13,200	8,460	12,971	1,855	1,300
2001	7,820	142,823	33,700	48,900	19,800	30,800	24,380	15,600	15,653	14,000	2,601	1,700
2002	8,590	155,000	59,100	57,200	24,000	35,000	26,270	17,000	18,716	15,200	2,919	2,247
2003	8,830	161,632	79,500	61,600	25,000	39,000	29,220	18,500	21,900	15,200	3,213	2,135
2004	9,160	185,000	94,000	64,160	37,600	41,263	31,580	28,870	25,000	20,000	3,480	2,422
2005	9,590	185,000	111,000	64,160	37,600	37,500	33,010	27,000	26,154	20,000	3,526	2,422
世界排名	23	1	2	3	5	6	7	8	9	12	41	51

資料來源：國際電信聯盟 (International Telecommunication Union; ITU)
附註：1. 中華民國數字係資策會推估之經常上網人口數。
2. 部分國家 2005 年資料未產生，ITU 直接沿用 2004 年資料公布。

全球化下，各地的市場都充斥著其他地方的產品。現在到世界幾乎任何城市都會看到熟悉的麥當勞、肯德基、星巴克、可口可樂等等，甚至可以換個方式說，我們到世界任何城市只有在看到這些飲食店之後，才覺得不是到了全然陌生的國度，至少還有一點熟悉感。各種名牌成為世界通用語言了，Sony、Nike、Boss、LV 等等。

「世界貿易組織」(WTO) 於 1995 年 1 月 1 日正式成立，總部設在瑞士日內瓦，是全球化的重要里程碑。截至 2007 年 7 月 27 日為止世貿組織已有 151 個會員國，而臺灣則是 2002 年 1 月 1 日加入，成為世貿組織第 144 個會員國。世貿組織建立了全球經濟秩序。從而全球在經濟上越來越相互依存，資本、商品、勞工等在國際間流動更為自由，而國家也更難控管了。

許多國際組織、跨國組織 (包括跨國企業)、超國家組織 (例如聯合國、歐盟、WTO、亞太經合會、東協、WHO 等) 紛紛成立，無可避免地影響或限縮了國家的主權行使。

第四節　社會學的三大傳統——社會學的三大觀點及其綜合

一、實證社會學

社會學一方面是，或者被深切期待為是一門 (社會)「科學」[1]，亦即要提出假設、系統地收集資料、驗證假設、建立經驗概推 (empirical generalizations) 以及經驗理論，進一步企圖從這些經驗概推及理論中推演出假設以供進一步研究。理論在科學中佔有關鍵性的角色，一方面統合科學研究的成果，另一方面又是研究的起點，使得科學活動得以循環進行。科學和傳統技術的主要不同處在於此。傳統技術 (例如釀酒) 主要是製作產品的一種程序，或許有些經驗法則作為基礎，不過不一定需要系統的理論知識；而科學則需要系統的理論知識，作為它的知識體系及研究活動的終點兼起點。現代科技 (例如電視、電話等等) 則是以科學為基礎的技術，不過和科學仍然不同，它是以製造產品為目標，而科學則是以發現、創造知識為目標。科學研究的歷程及邏輯結構如圖 1 所示。

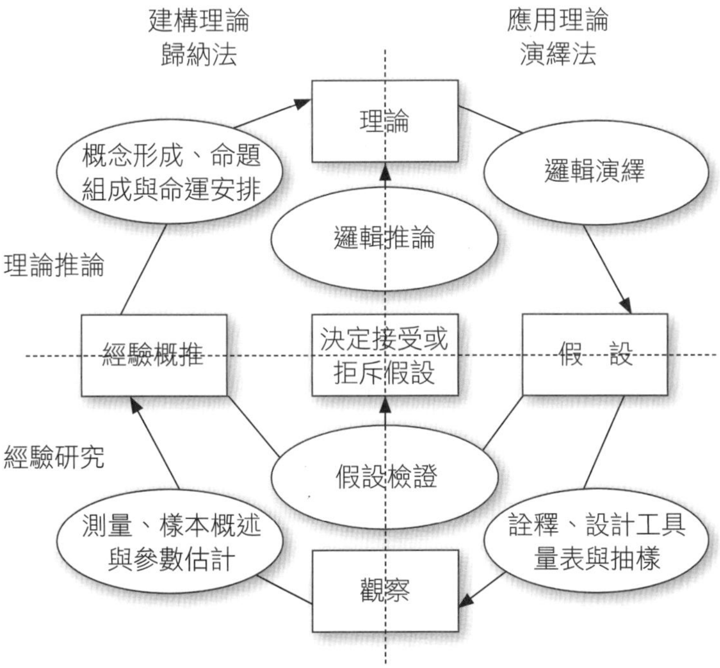

資料來源：參照Wallace (1979: 16-29)，由筆者綜合修訂而成

圖 1　社會學的科學邏輯

---

1 這裡所謂的「科學」是這個傳統的倡導者所意味的科學，不一定是人人都同意的，不過在這裡我們不擬討論這個問題，所以把它放在括弧中，存而不論。

科學作為系統的知識體系及研究活動，主要在於從理論出發，經由假設、觀察、經驗概推，再回到理論的流程。科學作為系統的知識其假設和經驗概推都不是孤立的、隨機的，而是和既存的理論有密切的邏輯關係。上圖右半部是理論的應用，主要用演繹法，從抽象到具體 (具體化)，從理論演繹出假設，然後付諸觀察驗證。左半部則是理論的建構，主要用歸納法，從具體到抽象 (抽象化)，經過觀察驗證而形成經驗概推，若干相關經驗概推組成一個理論。上圖上半部主要是理論推論的歷程，將經驗概推統合成為理論，以及從理論演繹出可供檢證的假設；下半部則是付諸經驗研究的歷程，將假設付諸觀察，而成為經驗概推。

二、解釋社會學

實證社會學一直是社會學的主流，不過其他流派的社會學也一直不絕如縷。韋伯把「社會行動」當作社會學研究的基本單位，他所謂的「行動」即行動者對其行為賦予主觀意義；「社會行動」則指行動者主觀意義牽涉他人的行為。「主觀解釋原則」即透過此主觀意義來掌握社會行動，這是解釋社會學的基本原則。

社會行動有其主觀意義，這是社會世界中的人們必須掌握以便能順利互動的東西，從而社會學者也應該關注社會行動的主觀意義，以便深入了解社會行動。主觀意義不僅涉及行動者個人，也涉及他人，所以此意義有相當程度也是互為主觀的意義，意即眾人分享的意義。舒茲 (Alfred Schutz) 把社會生活當作**互為主觀的社會世界** (inter-subjective social world)，社會文化現象並不是純粹主觀的，不是個人隨心所欲地認定就行了，也不是獨立於社群之外的客觀現象，如颱風、地震等自然現象；社會文化現象乃一個社群多數人的約定俗成，不能獨立於社群之外而存在，例如語言文字的意義需要一個社群的基礎，共同使用此種語言文字，賦予約定俗成的意義。當然語言文字的意義乃至於形態都會轉變，例如 e 世代的「火星文」是新世代在網路上互動久而久之產生出來的文化產物，有其社群基礎 (年輕世代，尤其是網路族)，也是一種互為主觀的現象。文化可看作是互為主觀的意義之網 (inter-subjective webs of meanings)，讓個人能取用在生活及行動上，例如：一個人按基督教教義生活；一個群體根據甘地的「非暴力、不合作主義」來進行抗爭。

人們分享了互為主觀的意義，在行動上、互動上就能協調，例如在傳統華人社會，父母與子女有某種權威關係，父母決定兒女婚姻、職業等等，兒女也接受，他們共同分享同樣的權威觀，這種權威觀在傳統華人社會稱之為「孝道」。這就是互為主觀的東西，是一個社群共同認定的。英國學者溫奇 (Peter Winch) 所指的社會行動的意義也就是這種意義。(1958) 對於舒茲和溫奇而言，所謂「社會的」就是「互為主觀的」。有了互為主觀的意義人們才能順利互動、協調、合作、組織，否則人只能單打獨鬥，無法團結應付環境。

嚴格而言，人創造的、需要他人認可或接受的東西，都是互為主觀的，而不是客觀的，當然也不是主觀的。包括科學中的定律、法律都不是從社群之外所給定的，而是人創造的、經他人認可或接受而存在的，其後也需要他人不斷予以詮釋、贊同，這種互為主觀的東西才能繼續存在。如果他人置之不理或不贊同，這種互為主觀的東西就煙消雲散了。

三、批判社會學

社會生活是生生不息的，也是變化無常的，關於社會生活或社會行動的知識 (簡稱社會知識) 不可避免地會進入社會生活中，影響社會生活以及人的行動，而這個結果又會回過頭來影響、重組社會知識⋯。這個相互影響過程持續進行，使得社會生活和社會知識的變遷加速。此過程可稱之為「社會知識的自反性」(reflexivity of social knowledge)。(黃瑞祺，2005：165-180) 社會學想要了解社會生活，不能刻舟求劍，把社會生活當作一成不變的東西，應該因勢利導，以批判社會，促使社會變遷為宗旨，力圖導之於理性方向。

批判社會學在社會學中有其一脈相傳的傳統，從馬克思到法蘭克福學派到哈伯馬斯。批判社會學有三個層次：1. 對資本主義社會的批判——社會的批判；2. 對工具理性的批判——意識形態的批判；3. 對實證論的批判——認識論方法論的批判。

實證社會學關注社會現象的齊一性或因果性，解釋社會學關注社會文化的意義及解釋，批判社會學認為這些都是需要的，不能偏廢，不過要從人的自由解放的觀點來探討及運用。所以批判社會學並不完全和實證社會學、解釋社會學相對立，而是企圖站在綜合的立場，對實證社會學和解釋社會學有所揚棄，也有所保留。

實證社會學所關注的社會現象的齊一性或因果性有可能是一時或一地之意識形態或權力關係所凍結起來的現象，隨著該意識形態或權力關係的變動而改變，如此一來就可能誤把暫時的現象當成永恆的。批判社會學透過批判該意識形態或權力關係來測試此齊一性或因果性究係暫時的、表面的，還是永久的、深層的。

解釋社會學所關注的主觀意義或互為主觀的意義可能是當事人意識形態的反映，或者是當事人的片面之詞，批判社會學透過意識形態批判可以鑑別真正互為主觀的意義，使解釋社會學不致淪為某些團體的意識形態的反映，而具有較廣泛的公信力。

所以批判社會學不但不與科學社會學和解釋社會學相對立，而且還能相輔相成，成就一門博大精深的社會學。社會學應該是經驗性的、解釋性的、而且是批判性的，三個環節或向度都具備才是完整的、健全的社會學。

重要名詞

社會行動 (social action)：具有社會意義的行為，或取向於他人的行為。

溝通行動 (communicative action)：取向於相互了解以及達成共識的行動。

地位組 (status-set)：一個人在各個制度領域所擁有的一組地位。

角色組 (role-set)：與一個地位相關連的一組角色。

全球化 (globalization)：全球相互依存，成為一個整體的趨勢。

實證社會學：以變項間關係的經驗研究為主的社會學。

解釋社會學：以意義之詮釋為主的社會學。

批判社會學：批判社會以期導至社會變遷為主的社會學。

問題與討論

1. 社會學的觀點是什麼？有何重要？
2. 全球化對社會學有何意義？
3. 三種社會學如何綜合在一起？

推薦書目

般克勒斯著，黃瑞祺譯，1985，**社會學是什麼**，臺北：巨流圖書公司。

黃瑞祺，2007，**批判社會學**(修訂三版)，臺北：三民書局。

Giddens, Anthony, 1989, *Sociology*, Cambridge: Polity Press.

參考書目

柯靈烏著，陳明福譯，1985，**柯靈烏自傳**，臺北：故鄉出版社。

般克勒斯著，黃瑞祺譯，1985，**社會學是什麼**，臺北：巨流圖書公司。

黃瑞祺，2005，〈自反性與批判社會學〉，**人文社會科學的邏輯**，黃瑞祺、羅曉南主編，臺北：松慧，165-180。

---，2007，**批判社會學**(修訂三版)，臺北：三民書局。

Coser, Lewis, 1971, *Masters of Sociological Thought*, Harcourt Brace Jovanovich, Inc.

Durkheim, Emile, 1982, *The Rules of Sociological Method and Selected Texts on Sociology and Its Method* (Steven Lukes, edited with an introduction), New York: The Free Press.

Freund, Julien, 1968, *The Sociology of Max Weber*, New York: Random House.

Giddens, Anthony, 1989, *Sociology*, Cambridge: Polity Press.

Popper, Karl R., 1972, *Objective Knowledge*, London: Oxford University Press.

Schutz, Alfred, 1982, *Collected Papers* (Maurice Natanson, edited and introduced; H. L. van Breda, with a preface), Hague; Boston: M. Nijhoff: Hingham, MA: Distributor for the U.S. and Canada.

Wallace, Walter L., 1979, *The Logic of Science in Sociology*, New York: Aldine Publishing Company.

Winch, Peter, 1958, *The Idea of a Social Science and Its Relation to Philosophy*, London: Routledge & Kegan Paul.

Part I
制度

經濟生活與工作變遷

內容提要

在我們的日常生活以及相關的社會學思考中，經濟行為可以說是最為根本的。特別是工作的議題，它在近代資本主義社會中一直扮演關鍵的位置。從社會學的角度描述經濟生活並不是單純說明經濟定律，而是首先透過經濟學的發展以及它所關心的主要議題來體現我們日常的經濟活動。在本世紀，經濟活動越來越系統化、區域化以及全球化。跨國公司的蓬勃發展體現一個新工作形式的來臨，其實也體現一個新型的社會生活。我們需要創造新的就業機會，包括在文化領域中進行。在這裡，更加彈性的就業成為發展的重點。但更重要的是，如何在社會資源的合理分配上，重新思考經濟發展之後的社會差異問題。以前這是政治經濟學的工作，現在也加入了文化經濟學的思考。

第一節　對經濟生活的理解

在每天的日常生活中，事實上我們都在進行經濟的活動。工作所產生的商品，中午到餐廳消費，晚上購物回家等等都是經濟生活的一環。假日出遊更是消費的典型形態，旅遊本身就是一連串的消費。相較於過去的傳統社會，我們今天所擁有的經濟形態是更為系統與抽象。例如所使用的貨幣從過去的實物，到今天的電子貨幣。這樣的轉變事實上反映整體的社會生活方式，它需要社會學的全面觀察與理解。

在現代社會發展之初，經濟生活的思考是一個結合社會與政治生活的整體面向。但在市場經濟不斷系統化，以及經濟事務的專業化之下，經濟生活越來越是專家處理的範圍。經濟的發展或者投資的動向，都需要專業才能處理。也就是在後來的發展中，經濟學越來越量化以及遠離真實的社會行動者。經濟以及經濟學的意義是可以有不同詮釋的，特別是在不同的社會科學立場上。科際整合的需要，也是由反映今天處境的社會科學立場所訴求。但不論如何，經濟生活與其科學是一個獨特的領域。在韋伯 (M. Weber) 的立場上，我們所理解的經濟理論是這樣的 (2002: 55-56)，「經濟理論是一種公理化研究。純經濟理論，在對今日和過去社會的分析中，只是利用理念類型的概念。經濟理論研究的結局是典型的『問題雜亂狀態』(problem-confusions)。純經濟理論不僅不被看作是一種理想類型，而且不被認為是對經驗事實研究的某種方法論手段。」

經濟生活並不是靜止的，對於它的觀察與了解必須採取相應的模型。特別是經濟領域在社會整體的發展上，乃是相當重要的動力。雖然兩者並不具有明確的因果關係，但經濟領域的變動通常也引起社會整體的變動。貝爾 (Bell) 認為技術或經濟體系是社會演進的動力，以及社會互動模式的實質基礎，它們是緊密聯繫於市場經濟的發展。對於貝爾而言，整個社會可以分解成三個特殊領域 (1989: 7-9)：

1. 技術或經濟體系。在現代社會中，它的基本原則是功能理性 (functional rationality)，它的管制方式是經濟化 (economizing)。經濟化就是效益，以最低的成本換回最大的收益。
2. 政治。政治的核心是合法性，它隱含的平等概念認為所有人在政治問題上都有發言權。代議制度依靠的是談判協商或法律仲裁。

3. 文化。如同 E. Cassirer 主張的，它所指的是象徵形式的領域。在文化之中，始終有一種「回躍」(ricorso)，即不斷轉回到人類生存痛苦的老問題上。

經濟生活是一個充滿權力競逐的領域，並且是最為現實與殘酷。當基本的工作沒有時，個人的整體生活將受到他人的宰制。廣義而言，社會關係是一種權力關係，權力之間的競爭是日常生活中最為明顯的現象之一，同時也是協商與整合的動力。權力是一個表示關係的概念 (relational concept)(Isaak, 1991: 279-310)，它時時刻刻在日常生活中上演。

也就是說權力的取得，是在經濟的取得之下而成為可能，或者經濟資源是一種重要的權力來源。市場經濟所增加的社會財富，擴大某些人的權力。資本主義不公平的財富累積，因此會產生出相對的權力等級結構。財富之所以可以獲得權力，可以在三方面觀察到 (Caporaso and Levine, 1998: 250-262)：

1. 企業的市場權力。在完全競爭的市場中，經濟交易與權力兩者並不相干甚至互斥，因為任何人都不能對市場加以影響；但是在非完全競爭的市場中，經濟行為者就有能力影響他人。
2. 勞動契約。市場經濟所造成的財富不均，同時也產生雇主與受僱者的不平等，這使得前者對後者有統治上的權力。
3. 企業內部的生產關係。如同韋伯所言，所有的經濟組織都揭示了一種支配的結構。從最基層的工人到最高層的經濟，企業運作的基礎是權威等級與決策命令的貫徹。

經濟動力給我們日常生活的改變是時時刻刻，並且是全面的。在很大的共識上，經濟市場的發展帶動整體社會生活形態的改變。在近代社會的發展上，工業革命可以說是市場經濟一個重大的起點。市場體系的擴展以及隨之而來的社會結構的分化，乃是工業革命的關鍵。市場體系本身並未經歷革命性的變動，而是度過長而持續的演化。特別是英國、荷蘭和法國，它們的繁榮都是在新發明之前就已經存在。這繁榮導致市場體系的發展。市場體系的發展則依靠法律與政治的保障，以及立基於有助於商業擴張之財產權和契約的法律保障 (Parsons, 1991: 201)。

在不同的經濟形態中，除了資本主義的市場經濟之外，因此也存在著諸如福利國家經濟。在現代社會的商品生產與市場邏輯的持續發展中，因都市發展、失業和老年人口的增加，政府組織對老人、失業與疾病等等的救助逐漸失去機能。面對這一現象，去商品化的概念結合了民族國家中的社會權利基礎，並同時成為現代福利國家的基本前提。也就是國家機制以及相關制度承接過去傳統組織的任務，透過社會資源的合理再分配符應個體以及其權利概念。

第二節　全球經濟

今天社會的經濟活動基本上是全球性的。因為國際交流的增加以及國際資金的快速流動，原有國家的經濟生活早已是不一樣的形態。國際投資的增加、跨國公司的設立以及區域經濟的整合等等都已經改變我們的日常生活秩序。雖然在經濟學的立場上，消費者、廠商與政府仍然是觀察的重點，但他們的行為與決策有著新的形態。

在我們感覺到日常生活有所改變之際，全球的市場經濟早就已經啟動。市場經濟隨著國家生活的變動，體現區域經濟以及全球經濟的新形態。它在以消費為主的社會中更引領消費，並且越來越專業。在 20 世紀後半段的西方歷史中，有五種因素從結構上改變了市場系統 (Bell, 1989: 18-19)：

1. 對經濟成長與生活水準提高的習慣性期待，這種期待已經轉化成普遍的應享權利 (entitlements)。
2. 我們認識到形形色色的需求之間存在著矛盾，更重要的是，我們無法調和各種不同的價值觀念。
3. 我們承認經濟成長也有巨大的「溢出」(spillover) 效果，例如空氣與水源的污染。
4. 全球性通貨膨脹。成長的需求同時的集中，加上能力落後於需求，以及資源費用的上漲。
5. 我們把有關經濟與社會的關鍵決策逐漸集中到政治中心，而不再通過多種聚合性市場進行調節。這不是思想轉變的結果，而是西方政治的結構變化所致。

這是在縱向上的變化，市場經濟也在橫向上有不斷的發展。從 19 世紀末以來，世界就已經在經濟區域化的現象上有所進展。在進入 21 世紀時，這樣的現象當然是逐漸在加劇當中 (Mattli, 1999: 4-9)。在全球區域經濟整合架構中，只有歐洲聯盟接近所謂的經濟統一 (Economic Unification) 模式，也就是除了具有自由貿易 (Free Trade)、對外共同關稅 (Common External Tariff)、生產要素

的自由流通 (Free Mobility of Factor Products)、經濟政策協調 (Economic Policy Coordination) 之外，在經濟與貨幣政策上也有所統一 (unification)(Kenneth Keng, 1996: 182-215; Wang and Wu, 1996: 205-224)。其他組織的發展則大部分在經濟政策協調模式之前，至於他們會不會有更深度的整合，雖然會因不同區域的特性而有所不同，但是在經濟區域化的現象之下，似乎都存在著不同程度的整合壓力。當全球經濟與政治逐漸形成以美洲、歐盟與東亞為三大主要空間時，不但這三個地區必須要提高互動的深度，其他地區也將被迫進行互動與整合。

另外一方面，全球經濟活動主要的形式是所謂跨國公司的建立。我們可以從五個方面定義所謂的跨國公司 (Cohen and Kennedy, 2001: 175-176)：

1. 在兩個以上的國家進行經濟活動。
2. 能使國家間的比較利益最大化，並從資源藏量、工資率、市場條件以及政治和經濟的差異中獲取利益。
3. 具有地理上的靈活性，即在全球不同地區轉移資源和改變運作方式。
4. 在跨國公司的各分支機構中，在金融、組織和管理方面比在一個國家具有更大的流動性。
5. 有全球意義上的經濟與社會影響。

全球經濟的發展雖然讓我們的生活水準不斷地提高，但一方面也在國家之內形成越來越大的貧富差距，一方面也加大全球南北國家之間的不平等。在 1990 年代，全球最富有地區與最貧窮地區之間的差距，已經擴大到 20：1。關於這種成長的差異，有著不同的解釋 (Harrison and Huntington, 2003: 38)：

1. 地理。包括重要的天然資源、有利的生產條件以及人力資本等等之差異。
2. 社會制度。例如農奴、社會主義以及殖民統治等等制度對於經濟成長都較為負面。
3. 循環效應。它擴大工業化初期的優勢，也因此加大貧富的差距。

這種成長的差異最主要由跨國公司的擴張與剝奪所造成，它事實上是資本主義的代言人。經濟的持續發展並不是我們生活的全部，也不是唯一的考慮。更重要的是，它所帶來的社會差異也正在加大當中。在較為清楚的例子中，歐洲共同市場的發展雖然是歐洲區域整合的基本動力，但相應的公民社會也是發展的重心。因為唯有公民社會的發展，一方面才可以保障市場的持續運作，一方面也可以面對市場經濟所帶來的過度差異。因此全球經濟的發展已經在一些例子上，例如歐洲聯盟，引起相關議題的討論，例如平等、民主以及人權等等議題的重新思考。這不只是理論上的爭論，而是反映一個新的社會形態之來臨。甚至涉及到工作形式、退休制度以及老人的定義之改變，它們一起聯繫到社會福利制度的變遷。

第三節　工作的形式與變遷

全球經濟的發展一方面使得傳統就業位置的減少，一方面其所創造出來的新工作越來越專業。這使得我們在日常生活中的工作形式與習慣已經慢慢改變，我們不知道未來社會的工作會是什麼樣子，但已經明顯地感受到我們的工作形式已經與過去的社會有著相當大的差別。最古老以前，人們徒手在大自然裡面工作；現在我們透過知識，也在知識之中工作。其實是我們工作的方法越來越精緻，越來越有系統。在 19 世紀，最大的發明就是找到發明的方法，這是一個科學進展的重大環節，同時也是社會科學之所以產生的動力。同樣重要的是，只有在較為富裕的社會中，發明本身才是一件好事的觀念，才有相應的發展空間 (Lilley, 1989: 107)。換句話說，只有在反映經濟的實際需求，以及社會生活的迫切需要之背景中，發明這一件事情才會不斷地形成固定的軌道與系統，才會不斷累積學術上專業的方法。富有的社會在現代化過程中產生，它緊密地與工業革命聯繫在一起 (Ibid.: 81)。

雖然到 19 世紀初期幾年，新投資的產業大都還是利用水力，而不是蒸氣，也就是在工業革命的早期，主要還是依賴中世紀以來的生產動力。但是科學與技術的關係畢竟已經開始結合。從事科學的人不只關心理論的問題，對於實際生活問題也投入相當多的心力。一些傳統的工作者在處理本身的工作時，也逐漸加入一些科學方法而改變工作的形式。計算機器雖然在 17 世紀的時候已經有了，並且在 18 世紀不斷地改良，但是直到 19 世紀，這種機器開始以商業規模生產時，才有可能加以標準化 (Wolf, 1991: 783)。

社會互動在新技術的不斷影響下，一方面它所造成的種種問題必須要有所回應，一方面新型的社會互動也必須要當作新的觀察對象。在這裡，勞動或工作方式不斷改變，它們在新的技術與經濟形式中有著新的形式。如同貝爾所歸納的，依工作作為基本原則，可區分三種人類社會 (1989: 165-166)：

1. 前工業社會。與自然界的競爭 (game against nature)。
2. 工業社會。與虛擬自然的競爭 (game against fabricated nature)，世界變得技術化與理性化，機器主宰一切。
3. 後工業化社會。人與人之間的競爭 (game between persons)。它的模式就是科學知識，高等教育與社群組合成的世界。

在上述工業社會中，勞動或工作的目標不再只是針對大自然，社會互動本身也成為工作的對象，例如服務業的興起。在 1870 年，英國與比利時的服務業佔人口比例已經高達 35%，德國、荷蘭和挪威也有 25%。一直到今天，或者貝爾所言的後工業社會，知識本身也變成工作對象，這是 19 世紀以前所無法想像的。特別是作為資訊社會主軸的電子商務，誠如 Drucker 的卓見，「電子商務在資訊革命中的地位，就像鐵路在工業革命中的地位一樣，是完全沒有前例，完全預料不到的全新發展，而且電子商務像 170 年前的鐵路一樣，創造了明顯的新熱潮，迅速改變了經濟、政治與社會。在鐵路創造的心智天地中，人類掌握了距離，在電子商務的心智天地中，距離已經消失，只有一個經濟體，一個市場。」(2002: 31-32)

在這種新的生產方式上，政治、消費、生活方式、認同與日常私人生活等層面的新形式構成了一種狀況，此一狀況被稱作新時代。關於這個新時代的研究議題非常多元，它們表現在以下的幾個方向中 (Barker, 2004: 126-127)：

1. 彈性化的生產製造體系。
2. 設計與品質的客製化。
3. 利基行銷。
4. 消費者生活風格。
5. 全球化。
6. 新社會與政治運動。
7. 國家的去管理化與社會福利供給的私有化。
8. 後現代主義的文化形貌。
9. 階級結構的重新形構。

我們消費的習慣並不是我們故意要這樣的，而是在不知不覺中的集體行為。這個集體行為的變化主要來自於生產方式的改變，後者一開始就影響著我們生活的步調與節奏，甚至社會認同的面向。關於生產方式的改變，這裡可以以福特主義 (Fordism) 與後福特主義 (Post-Fordism) 來描述。福特主義的生產方式有著以下的特徵 (Webster, 1999: 237-242)：

1. 大量生產。標準化的產品，使用相同的生產線，大量製造。一般的工廠也非常之大。
2. 產業工人占大多數。他們大多數是男性、藍領員工以及製造業工人。
3. 大量消費。以前很稀少的消費財，現在人們都可以購買，例如流行服飾、電視與汽機車等等。大量消費必須依賴勞工階級。
4. 民族國家是主要的經濟活動場所。各部門支配者通常是本國的寡占組織。
5. 經濟計畫的必要性。特別是在能源供應和通訊業務上的國營計畫。

這樣的生產與消費形式在 20 世紀的發展中，有著快速的變化。描述這個具體的變化是一種方式，但看看這個世紀的經濟學有著什麼樣的變化，也可以進一步地了解我們的生產與消費方式有著什麼樣的改變。我們這個社會多了很多的連鎖商店，像麥當勞、肯德基、7-ELEVEN 以及 Starbucks 等等，它們在某個程度上已經構成很多人日常生活中的一部分。曾幾何時，它們突然地出現在大街小巷。這意味著我們的生活逐漸在同質化，在全球化。當然它們是全球經濟的一環，這些東西在外國也同步地出現。在柏林的麥當勞，與在臺北的麥當勞是相當相近的飲食場所，在裡面的感覺很像。這種種在全球同步上場的空間，形成所謂的麥當勞世界 (McWorld)，當然這是一個隱喻，它包含所有類似的空間。這個隱喻之所以有討論的必要，乃是因為它表現了我們當代社會生活的特性，它不曾在以前存在。

揭露麥當勞符號的日常意義，只不過是讓人們知道原來他所生活的環境是這個樣子，而不是那個樣子。臺北的麥當勞、東京的麥當勞以及巴黎的麥當勞基本上具有非常類似的生活形態，而人們也可以知道原來他所生存的世界是全球性的。但是透過符號系統對文化意義結構的揭露本身是不是就是一種反省與批判，則是一個相當複雜的問題 (Cohen and Arato, 1992: 138-139)。表現美國飲食與整體文化的麥當勞和類似的跨國公司，正在塑造全球性的消費文化與生活風格。而麥當勞化 (McDonalization) 的經營方針可以有以下幾個特徵 (Waters, 2000: 227-229)：

1. 效率。麥當勞化壓縮了需求與其滿足之間所費的時間長度與努力。
2. 可計算性。它鼓勵計算金錢、時間和努力的成本，作為消費者衡量價值的主要原則，取代對品質的判斷。
3. 可預期性。它將產品標準化，使消費者無須尋找替代品。
4. 使用物質技術控制人類。不僅大量去除工人的技術，還透過設立控制排隊的障礙、固定的菜單陳列、有限的選擇、不舒服的座椅、難接近的廁所以及得來速的快速取餐等手段來控制消費者。

這是一套機制，並且是全球標準的機制，它一方面瓦解傳統生活的習慣，但另一方面也使得地方用新的面貌重新來表現。雅典的麥當勞與臺北的麥當勞非常的類似，但它的傳統美食也以新的方式在麥當勞中出現。在這樣的歷史變化過程當中，文化生活一方面不斷地在全球化 (globalization)，一方面也不斷地在解除中心化 (decentralization)。也就是在制度越來越一致的人類社會中，一方面人們所用的溝通工具必須越來越一致，另一方面人們越來越遠離傳統生活價值並且具有一般的共同價值 (Parsons and Smelser, 1965: 47-49)。而外在化最主要並且是最本質的要素就是語言或符號系統，換句話說，外在化乃是藉著語言或符號系統並且在語言或符號系統當中進行著。而根本的是，這個符號系統本身也不斷在制度化當中，並且是隨著科技的進步而改變，例如從電報、電視、收音機、錄音帶、衛星、電腦、光碟、傳真機和多媒體溝通等等 (Rosenau, 1990: 17)。

上述跨國公司是今天全球社會的重要經濟形態，它也是在現代化過程中不斷發展而來。現在我們大部分人在城市裡工作，當然鄉村也有著傳統的產業，但畢竟是越來越多人從鄉村到城市裡生活。城市化的生活表現一個新穎的經濟生活，特別是新穎的工作與公司形態。經濟發展所包含的就業形態，當然也在科技與資訊的進步中不斷地轉型，特別是公司形態的轉變上。從 19 世紀末到 20 世紀末，它有如下的重要發展 (Drucker, 2002: 274-279)(表 1)：

表 1　公司形態的發展

19 世紀末	20 世紀末
公司是主，員工是僕。	知識工作者提供「資本」，就像金主提供資金一樣，兩者互相依賴。
絕大數員工為公司專職工作。	現在可能大部分員工仍然是這樣，但是越來越多的人不是專職員工，而是兼職人員、臨時人員、顧問或包商。
若要生產某種東西，最有效的方法是在一個經營階層之下，盡量匯集生產這種產品所需要的各種活動。	任何活動需要的知識已經高度專業化，因此在一家企業中要維持一種主要活動的基本營運，已經越來越昂貴，也越來越困難。
製造商擁有市場力量，因為他們擁有產品或服務的資訊，而客戶沒有也拿不到。	客戶現在擁有資訊，擁有資訊就是擁有權力，權力因而轉移到客戶手中。
某項特定科技適合某種產業，而且只適合一種產業，與此相對，任何特定工業也只有一種科技。	獨門科技已經少之又少，一種產業需要的知識逐漸來自於其他完全不同的科技，而這個產業的人對這種科技經常完全不了解。

公司這樣的發展路線，到 21 世紀時，可以說是逐漸加劇。公司的平均壽命逐漸地縮短，它的組織也不斷地在改造當中。而這種種都直接衝擊到就業形態的改變，其實也是整體生活方式的改變。休閒時間的增加，非典型就業形式的發展，以及多元專長的需求等等都改變人們生活的節奏。

在今天全球社會的經濟生活中，我們可以發現就業或工作的問題不斷地浮現。經濟的思考除了提昇就業的機會之外，相關的福利措施也是其中的一環。在面對就業與福利的問題上，公共經濟學在未來可能會經歷一些改變，這些改變主要因應日常生活中的迫切所需，例如 (Sandler, 2003: 102)：

1. 思考比政府更大的單位。像超國家的結構，例如歐洲聯盟。全球化越來越高，人們必須處理跨國界的外部性與公共財。
2. 為了解資源配置與所得分配的關聯性，會有更多的相關研究出現。
3. 在政府稅收與支出方面，將會更加整合。

就業與工作的思考已經不是一個單純的經濟議題，而是同時結合政府相關政策以及民間社會的努力。這也是社會學較為關注的問題，因為它聯繫到諸如治安、文化以及認同等等的討論。因此公共經濟學在這裡所涉及到的政府職能，就是國家與公民社會之間的新關係，它們雖然是在全球社會中的新要求，但仍然在履行著一些基本的功能。

今天不論是政府還是民間最大的任務是如何創造新的就業機會。但是在傳統產業的沒落，以及有限的高科技就業下，新的就業機會可以在非經濟領域中尋找，文化領域是這個非經濟領域中的一環。

經濟生活在全球社會中不斷擴展到其他領域，經濟資源也陸續有它的新形式。在我們今天的日常生活世界中，最令人矚目的是文化事務也聯繫到經濟活動。在文化經濟學家的角度中，文化的經濟價值基本上涉及到兩個主要的問題，即文化事業對於創新與創造力所具有的意義，以及文化事業對於大眾生活品質的重要性 (Hansen, 1995: 87-103)。在經濟價值的追問中，創新與大眾生活的品質是經濟系統在當代社會中的特性。這是一件投資與管理文化 (investing and managing culture) 的事業。大約 1970 年代以後，歐洲國家所重視的文化事務主題乃是這樣的一個邏輯，即經濟的發展如何不對文化有負面的影響，甚至對文化有推動的幫助 (Forrest, 1994: 11-20)。例如從 1981 年開始，經濟與文化的重新協調基本上成為法國文化事務的主要思考方向，管理文化就是這個思考方向的產物。這需要一種新的溝通方式，將文化事業以當代的手段傳播出去 (Dressayre and Garbownik, 1995: 187-197)。它們涉及到國家經濟在藝術當中的不同形式之投資，以及文化資源在經濟發展上所扮演的角色等等議題 (Baumol and Bowen, 1966; Myerscough, 1988; Bassand, 1991; Hansen, 1995)。

這種數位文化與創意產業的就業形式可以說是非典型的就業形式 (atypical forma of employment)，它可以由 **TIMES** (Telecommunication, Internet, Multimedia, E-commerce, Software and Security) 這個符號來表示。之所以是非典型的就業形式，乃是因為它的主要特性為小型公司以及自我就業 (small firms and self-employment)。比起過去的就業形式，以小型公司以及自我就業為主體的創意產業更具彈性、機動性、短期與季節性以及自願或低報酬等等特性。**TIMES** 小型公司所擁有的職員一般少於 10人，高於 50 人以上的只占 13.2%。而文化與經濟將結合成一種新型的知識經濟 (knowledge based economic)，它創造了新的就業機會，但是也造成新的社會階層。這種文化創意產業的整體邏輯基本上已經遠離過去單一文化或具有清楚文化中心的形態，而是表現出大家所熟悉的多元文化社會，它是建立在尊重文化差異性與自主性的前提下。

在文化領域創造就業機會是一個務實的做法之外，同時也隱含了一個關於整體社會重建的思考。對於社會的持續發展以及就業機會的提升，社會整體資源的整合與開發是關鍵的環節。而當今文化的概念與策略就是涉及到社會整體資源的整合與開發。在這種情況下，為了符應個體以及其權利內涵，社會資源的合理再分配成為整體社會的發展走向之一。社會資源的再分配應該有自我運作的系統與動力，後者不再單是國家機制。而其關鍵就是如何讓國家所扮演的沈重任務分散到社區、家庭、公司以及地方政府上，也就是體現一種福利多元主義 (welfare pluralism)(Pestoff, 1998: 22-40)。人力與知識資本的投資必須逐漸取代國家對經濟資助的直接提供，而人力與知識資本的投資在整體上就是文化與經濟所結合的創意產業。文化活動本身就是經濟資源之一，並且透過經濟活動而得到重建的空間 (Bendixen, 1994: 121-139)。

最後我們也必須關心工作形式的發展同時影響到家庭的結構與功能，婦女大量從事受薪工作，深刻轉化了家庭、工作與勞動市場。這一方面是由於經濟的資訊化、網絡化與全球化，一方面則是由於勞動市場利用婦女特殊的社會狀況形成之性別區別，同時增加其本身的生產力、管理控制與最終利益。資訊化、網絡化的經濟所需要的勞工形態，正好符合了父權制度下，那些尋求家庭與工作間的平衡，卻得不到丈夫協助的婦女們之生存利益。這對家庭產生重要的影響，例如婦女經濟收入往往對家戶預算而言顯得重要，因此女性在家中的地位顯著提昇。另外，基於家庭經濟支柱特權的父權主義正當性之意識形態，也被徹底地瓦解了 (Castells, 2002: 178-192)。對於今天的家庭，只有一條路可以走，它就是民主的道路。它意味著平等、相互尊重、獨立自主、通過溝通來做出決策以及不受暴力侵犯的自由等等。它其實與政治民主的標準有點接近。只有當強而有力的家庭紐帶不僅向內看而且向外看時，它才構成家庭凝聚力的一種重要資源。家庭關係是更廣泛社會生活結構的組成部分。

雖然家庭原本具備個人與社會性的種族延續之功能，但生物複製技術在科技上的突破，卻取代了家庭為個人或族群繁衍的社會性功能。人工受孕、精子銀行、代理孕母和基因工程寶寶，雖為社會開拓了全新的領域，卻也因此對人類道德和法律具有潛在的威脅。在不知道小孩生父的情況下，女性可以擁有自己的孩子，男性也可以經由代理孕母留下遺腹子。這些事例，正是生物學和社會學在人類種族繁衍上揭示的最基本關係。這種歷史情境正重新定義著家庭與人類生活 (Ibid.: 264-265)。

重要名詞

經濟 (the economy)：作為一種制度的思考。它的分離性指的是它的獨特性，不同於政治形態與家庭。它是追求個人利益的一個領域，一個允許對我們私人利益預先佔有的場所。

權力 (power)：廣義而言，社會關係是一種權力關係，權力之間的競爭是日常生活中最為明顯的現象之一，同時也是協商與整合的動力。權力是一個表示關係的概念，它時時刻刻在日常生活中上演。

跨國公司：在兩個以上的國家進行經濟活動。能使國家間的比較利益最大化，並從資源藏量、工資率、市場條件以及政治和經濟的差異中獲取利益。具有地理上的靈活性，即在全球不同地區轉移資源和改變運作方式。在跨國公司的各分支機構中，在金融、組織和管理方面比在一個國家具有更大的流動性。有全球意義上的經濟與社會影響。

福利多元主義 (welfare pluralism)：社會資源的再分配應該有自我運作的系統與動力，後者不再單是國家機制。而其關鍵就是如何讓國家所扮演的沈重任務分散到社區、家庭、公司以及地方政府上。人力與知識資本的投資必須逐漸取代國家對經濟資助的直接提供，而人力與知識資本的投資在整體上就是文化與經濟所結合的創意產業。文化活動本身就是經濟資源之一，並且透過經濟活動而得到重建的空間。

問題與討論

1. 我們的就業位置不斷在減少當中。在這種情況下，我們的工作一定要是專職的工作嗎？或者一直要在一個公司中工作，並且退休？
2. 把社會分解成經濟、政治與文化三個特殊領域，您認為適當嗎？如果不適當，我們如何描述今天的全球社會。
3. 我們社會中的貧富差距不斷在加大當中，當然我們並不是要消滅富有階層，而是希望讓貧困階層更合理地生活在這個社會當中。這裡希望的是一個多元並具有參與的社會，而這應該如何實踐呢？

推薦書目

Brian, J. L. et al. (Eds.), 1997, *The Global Economy in Transition*, London: Prentice Hall International.

DeMartino, G., 2000, *Global Economy, Global Justice: Theoretical Objections and Policy Alternatives to Neoliberalism*, New York: Routledge.

Edwards, P. and Elger, T. (Eds.), 1999, *The Global Economy, National States and the Regulation of Labour*, New York: Mansell.

Newton, S., 2004, *The Global Economy, 1944-2000: The Limits of Ideology*, London: Arnold.

參考書目

Barker, C. 著，羅世宏譯，2004，**文化研究─理論與實踐**，臺北：五南出版社。

Bell, D. 著，趙一凡等譯，1989，**資本主義的文化矛盾**，臺北：九大桂冠出版社。

Caporaso, J. A. and Levine, D. P. 著，林翰譯，1995，**政治經濟學理論**，臺北：風雲論壇。

Castells, M. 著，夏鑄九等譯，2002，**認同的力量**，臺北：唐山出版社。

Cohen, R. and Kennedy, P. 著，文軍等譯，2001，**全球社會學**，北京：社會科學文獻出版社。

Davies, M. R. and Lewis, V. A. 著，孟樊等譯，1992，**現代政治系統的模型理論**，臺北：遠流。

Drucker, P. F. 著，劉真如譯，2002，**下一個社會**，臺北：商周。

Giddens, A. 著，鄭武國譯，1999，**第三條路：社會民主的更新**，臺北：聯經。

Harrison, L. E. and Huntington, S. P. 著，李振昌等譯，2003，**為什麼文化很重要**，臺北：聯經。

Isaak, A. C. 著，朱堅章等譯，1991，**政治學的範圍與方法**，臺北：幼獅。

Parsons, T. 著，章英華譯，1991，**社會的演化**，臺北：遠流。

Sandler, T. 著，葉家興譯，2003，**經濟學與社會的對話**，臺北：先覺。

Waters, M. 著，徐偉傑譯，2000，**全球化**，臺北：弘智出版社。

Weber, M. 著，黃振華等譯，1991，**社會科學方法論**，臺北：時報文化。

Webster, F. 著，馮建三譯，1999，**資訊社會理論**，臺北：遠流出版社。

Wolf, A. 著，周昌忠等譯，1991，**十八世紀科學、技術和哲學史 (下冊)**，北京：商務印書館。

Bassand, M., 1991, *Culture Regions of Europe*, Strasbourg: Council of European Press.

Baumol, W. and Bowen, W., 1966, *Performing Arts—The Economic Dilemma*, Cambridge: Twentieth Century Fund.

Bendixen, P., 1994, Cultural Policy and the Aesthetics of Industrialism, *The European Journal of Cultural Policy*, 1 (1).

Bianchini, F. and Parkinson, M. (Eds.), 1993, *Cultural Policy and Urban Regeneration*, Manchester: Manchester University Press.

Blaug, M. (Ed.), 1976, *The Economics of the Arts*, London: Martin Robertson.

Ca'Zorzi, A., 1989, *The Public Administration and Funding of Culture in the European Community*, Luxembourg: Commission of the European Communities.

Cohen, J. and Arato, A., 1992, Politics and the Reconstruction of the Concept of Civil Society. In A. Honneth et al. (Eds.), *Cultural-Political Interventions in the Unfinished Project of Enlightenment*, Cambridge: The MIT Press.

Commission Staff Working Paper, 2001, *Exploitation and Development of the Job Potential in the Cultural Sector in the Age of Digitalization*, Brussels: European Commission.

Dressayre, P. and Garbownik, N., 1995, The Imaginary Manager or Illusions in the Public Management of Culture in France, *The European Journal of Cultural Policy*, 1 (2).

Faucheux, S. et al. (Eds.), 1998, *Sustainable Development: Concepts, Rationalities, and Strategies*, Boston: Kluwer.

Forrest, A., 1994, A New Start for Cultural Action in the European Community: Genesis and Implications of Article 128 of the Treaty on European Union, *The European Journal of Cultural Policy*, 1 (1).

Hansen, T. B., 1995, Cultural Economics and Cultural Policy: A Discussion in the Danish Context, *The European Journal of Cultural Policy*, 2 (1).

Kenneth Keng, C. W., 1996, An Economic China: A Win-win Strategy for Both Sides of the Taiwan Strait, *American Journal of Chinese Studies*, 2.

Kitschelt, H., 1994, *The Transformation of European Social Democracy*, Cambridge:

Cambridge University Press.

Luke, T. W., 1999, Simulated Sovereignty, Telematic Territoriality: The Political Economy of Cyberspace. In M. Featherstone and S. Lash (Eds.), *Space of Culture,* London: SAGE.

Myerscough, J., 1988, *The Economic Importance of the Arts*, London: Policy Studies Institute.

Parsons, T. and Smelser, N. J., 1965, *Economic and Society*, New York: Free Press.

Pestoff, V. A., 1998, *Beyond the Market and State: Social Enterprise and Civil Democracy in a Welfare Society*, Aldershot: Ashgate Pub.

Popper, K. R., 1977, The Logic of the Social Sciences. In T. W. Adorno et al. (Eds.), *The Positivist Dispute in German Sociology*, London: Heinemann.

Rosenau, J., 1990, *Turbulence in World Politics,* Princeton: Princeton University Press.

Schlesinger, P. and Doyle, G., 1995, Contradictions of Economy and Culture: The European Union and the Information Society, *The European Journal of Cultural Policy*, 2 (1).

Schuster, J., 1999, Making Compromises to Make Comparisons in Cross-National Arts Policy Research, *Journal of Cultural Economics*, 11 (2).

Wang, P. and Wu, Yuan-li, 1996, Learning from EC: The Implications of European Economic Integration for China and Taiwan, *American Journal of Chinese Studies*, III (2).

政治制度與生活的變遷

內容提要

人類社會自古以來一直存在著各式各樣的政治制度與文化，政治生活可以說是人類活動的一種本質。我們在類型的比較上，也學習到不同的政治運作與規範。這裡主要關心的是我們今天的政治生活，特別是國家框架已經有所變動的全球社會。從這裡可以看到世界正在同質化，因為大家已經越來越像。更重要的是，我們可以看到兩百多年來的民主與其相關概念在全球社會中正在進行必要的反省。描述政治議題可以說明制度、政黨或者立法程序，但在更為廣義的社會學立場上，本章打算說明政治生活在全球社會中的種種現象，它們更為接近日常生活中的經驗與感受。在全球社會中，首先感覺到的是國家生活與框架的變動，特別我們所熟悉的歐洲聯盟。它不只是政治的法律面向發生改變，同時也是政治文化的改變，甚至是對民主政治的重新反省。但這並不表示國家即將消失，而是全球社會中的一種新政治現象。在這現象中，本章也將說明社會契約的內容，特別是在全球社會中的改變。另外，在社會學的討論重點中，政治與權力的形式也是重要的一環，權力的內涵可以相當的抽象，也可以具體到肢體的動力。社會契約與權力之所以可以運作，最後也是因為社會大眾的默許，而這將涉及政治文化與認同的討論。

第一節　政治共同體與其發展

在我們每天上班下班的日常生活中，其實都活動在一些較為固定的地方，例如自己的家庭、社區或大樓、某個城市以及一個國家當中。我們誕生在這裡，也可能在這裡離開這個世界。這些空間是重疊的，它們一起在一個社會制度與秩序當中運作。它們處於一種共同生活中，這裡用共同體 (community) 一詞來表示這些空間，它可以小到一個家庭，也可以大到一個國家，當然也包含社區。**Community** 可以翻譯成社區，在這裡這也只是上述空間的一種指涉而已。另外一方面，在現代化與全球化的歷程中，**Community** 也產生了性質上的變化，其實這是社會生活形態的整體變遷。過去大榕樹之下或者寺廟底下的傳統生活，的確不同於今天的大廈式生活。大致上而言，今天我們大部分人都生活在城市當中。過去的鄉村生活是一種社會關係，在這種社會關係中，社會行動的態度依賴於參與者在情感上或傳統上的夥伴關係 (Zusammengehörigkeit)。今天的大廈式生活指涉一種社會關係，在這種社會關係中，社會行動的態度依賴於在動機上是理性的利益比較或是利益的聯結 (Weber, 1980: 21)。

在 F. Tönnies 的見解中，過去傳統社會因為具有相對上的封閉性，因此大家之間的情感較為直接與親近。相反的，在今天的大廈式生活中，則有不一樣的情況。也就是說，共同體依賴大家本能的樂趣 (instinktivem Gefallen)、習慣所限制的適應以及聯繫於觀念的共同記憶。共同體作為一個整體，比部分的總和還要多。並且在發展的歷史上，比因目的而建立起來的社會形態還來得早。相反地，社會產生於多數個體在思想上與行動上的計畫性 (planmäßig) 協約 (1925: 1-25)。

如果我們把推論的焦點放在主觀動機與目的行動，那麼在韋伯 (M. Weber) 的研究中，可以有一個較為詳細的說明。不論是在共同體或社會中，一個社會關係可以是開放的或封閉的 (1980: 22-30)。

1. 開放的社會關係。當參與者的社會行動是相互理解，並且參與者不會違反他們的有效秩序時。
2. 封閉的社會關係。如果對於行動內涵以及有效秩序的參與有所排除、限制或給予一些條件時。

3. 公社 (communal)。如果並且僅它的社會行動取向建立在參與各方對自己同屬一個整體這個主觀感覺之上，而不管此種感覺是情感性的還是傳統性的。
4. 社團的 (associative)。如果內部行動取向建立於合理動機的利益調整，或者類似的動機的意見一致之上，而不管這合理判斷的基礎是絕對價值還是權宜之計時。
5. 共同體。當社會關係是公社，而且是封閉時。
6. 社會。當社會關係是社團的並且是開放的。

在今天的日常生活中，社會行動其實表現更多的工具性與策略性。大部分時間，我們都在選擇對我們有利的手段，來達成自己或團體的目的。當然在這個目的達成中，我們還是要與其他人或團體接觸，並且達成某種共識或協商，但這也已經不是社會行動的原始目的 (Habermas, 1995: 138)。雖然如此，我們都知道，社會必須存在某種規範與制度，我們才可以順暢與安全地與他人接觸和溝通。因此，哈伯馬斯 (J. Habermas) 認為社會學的交換與權力理論必須藉助規範秩序 (normative Ordnung) 的概念，例如 Blau 使用正義觀點來補充他的交換行為理論與功利性概念 (1984: 577)。

在社會這樣的變遷歷程上，我們對生活空間的感受是不斷在變化的，從城市到今天的全球社會。這個過程可以簡化成下面幾個階段，當然它們之間有些地方是重疊的 (Waters, 1995: 77-78; Jarboe, 1999: 11-20; Holton, 1998: 105)：

1. 城市為新形態。分散性的小規模生產。在 1500~1800 年間，重商主義的資本主義與殖民主義，由國家所資助以及許可的公司，在殖民區域對自然資源以及農業的剝削。
2. 民族國家為新形態。大眾生產與消費、經濟規模的標準化。在 1800~1945 年間，企業家的與財政的資本主義，以及國際資本主義的發展。
3. 超國家、次國家、跨國企業、NGOs 為新形態。彈性生產、經濟活動的彈性化。1945 年至今，從以資源為基礎以及尋求市場的投資轉向生產的空間樂觀主義以及利潤的機會。

在我們日常生活的經驗中，雖然大部分仍是感受到國家制度為主的經濟、社會、政治與文化生活，但也越來越感受到全球生活的種種現象，例如國際金融、跨國犯罪、禽流感以及越來越多的旅遊等等。這表徵以國家為唯一的政治共同體已經有所改變，特別在以下的幾個面向上 (Valaskakis, 2002)：

1. 全球商業正進入一個全部自由 (free for all) 的狀態。
2. 全球財政逐漸渾沌 (chaotic)。沒有一個中央銀行可以有足夠力量去單獨抵抗貨幣的投機性傷害。
3. 政府在選擇和執行社會與文化政策上，越來越受限於競爭性 (competitiveness)。
4. 沒有地理限制的網際網路 (Internet) 也許是對於國家政府的最大挑戰。
5. 環境問題在大部分的例子上已經超乎國家的控制。
6. 傳染病、細菌的擴散以及國際恐怖主義等等已經使得大家必須共同來面對。

我們所經歷的一些現象有時既不是國際法、也不是國內法可以單獨來解釋的，例如國際犯罪、外籍勞工或者傳染疾病等等議題。這其中的原因是國家與國家之間的傳統界線，以及我們所用來觀察它們的理論已經有所改變。它們不斷發生在我們的生活經驗中，特別是在區域整合較為清楚的地方。例如歐洲聯盟 (EU)，傳統現實主義或行為主義的國際關係理論在邏輯上同時面臨一些較難解釋的新空間 (Donnelly, 2000)。在經濟區域化的動力之下，區域互動乃形成一個既不是所謂的國內法律秩序、也不是國際的自然秩序之空間。在這個空間中，允許多樣性的存在，並且是一種不需要統一在單一國家法令制度之下的多樣性。它也不是一種無秩序的多樣性，而是透過跨國組織與資訊網路所整體表現的新秩序 (Slevin, 2002: 3-12)。

第二節　國家的特性與發展

我們一直以來是生活在國家這個邊界當中，但也不是一開始就這樣。像我們今天國家行政深入到日常生活的各個角落中，也不是太久的事情。國家是歷史的產物，也是社會變遷中的一種政治形式。城市或者像今天的歐洲聯盟，其實也是一種共同政治秩序。只不過 17 世紀到今天，我們已經習慣生活在國家之中。在 19 世紀中葉後，社會科學便是以國家這個框架而取得快速的發展，二次大戰後，國家關係理論更是替國家之間的互動找到自己的科學研究領域 (Wallerstein, 1996: 70-74)。

換句話說，在國家當中，空間的距離與社會的距離乃是等同的。國家所形成的制度與組織是我們主要的生活空間，我們所感受到的政治行為基本上也是在這個空間之中運作的。在社會學的觀察上，這個空間的形成是科技與經濟發展之下的結果。如果沒有足夠的科技把各個角落聯繫起來，國家生活不會有它的整體網絡。如果沒有足夠的經濟交換與市場發展，社會互動也不需要發展成國家以滿足大家的需求。當然科技與經濟的發展又聯繫到權力的獲取或分配，它們本身也是一種政治活動 (Fuchs and Koch, 1996: 166)。這個歷程就是現代性 (modernity) 與現代化 (modernization) 的邏輯，它起源於 18 世紀之後，表達了人們對於組織日常社會生活擁有合乎理性 (rational) 的希望與能力 (Habermas, 1981: 8-10; Foucault, 1989: 30; Lyotard, 1984: 3-4)。民族國家所具有的科層制度與繁複的程序系統就是理性化 (rationalization) 的高度表現，民眾也逐漸不以面對面的方式生活在這不斷複雜化的程序系統中。

上述社會生活空間的轉變是一直在進行的，特別在聯繫到城市的生活時，更是如此，這我們有非常具體的感受。從鄉村到城市，國家這個生活網絡架設在主要城市的支軸上。如同 F. Tönnies 所認為的，在現代化過程中，城市化乃是一個在時空結構上最清楚的表現，而城市化的加劇也產生在民族國家的形成歷程中 (Stiles, 2000; Schechter, 1999)。對於韋伯而言，國家有著以下的特性 (Giddens, 1981: 190)：

1. 國家 (state) 乃是可以依法令規章而變動的行政與法律秩序 (Weber, 1980: 30)。
2. 這個秩序的正當性 (Legitimität) 特別是建立在法律的形式上，而不是感情、價值理性、宗教或者習慣約定上。
3. 這樣的行政與法律秩序在民族國家的形式下，更是將行政權力深入到國家邊界 (borders) 的每一角落。也就是擁有這種行政獨佔權 (monopoly) 的統治與法律形式，獨特表達了民族國家的特性。

也如同哈伯馬斯所言，歐洲一直到 17 世紀時，國家在對領土掌握主權統治的形式下出現，並且在操縱的能力上遠勝於古代的帝國與城邦國家。在 19 世紀，更在民主的合法性形式中以民族國家來表現。民族國家不只是政治生活的中心，也是社會生活與文化生活的中心。在二次大戰之後，成為世界發展模本 (Vorbild) 的民族國家也逐漸轉型成所謂的社會國家 (Sozialstaat)。但是在全球化經濟與金融的系統影響下，它的功能又只能提升到超國家化的經濟體系中才能維持，因此超國家的各種組織得到經濟與法律上的發展空間。特別是歐洲聯盟，它不只涉及到經濟的整合，而且也是政治與社會的整合 (Habermas, 1998: 73-75)。另一方面，這個具有中心的民族國家邊界也有所淡化的現象 (Giddens, 1999: 146)，尤其是在 Jean-François Lyotard 所言的社會電腦化 (the computerization of society) 因素下 (1984: 6-9)。到 1960 年代與 1970 年代，民族國家中種種單一和穩固的認同面臨到嚴重的挑戰。在原有民族國家中以 **identity** 為思考基點的自我，現在逐漸依賴以 **difference** 為基點的社會關係 (Ibid.: 15)。

這也如同紀登斯 (A. Giddens) 所言：民族國家的形成始於它發展出明確的邊界，以取代更傳統的國家所特有的那種模糊的邊疆 (frontiers)。邊界是在地圖上畫出的精確界線，而且任何侵犯邊界的行為都被看成是對國家主權完整性的一種損害。現代國家再一次擁有邊疆而不是邊界，但其中的原因卻與過去不同。早期國家擁有邊疆乃是因為它們缺乏足夠的政治機器，它們無法使國家的權威直抵遠離政治中心的邊遠地區。當代國家的邊界之所以逐漸演變為邊疆，乃是因為與其他地區的聯繫越來越緊密，而且它們越來越多地參與到與各種跨國集團的交往之中。歐盟是這方面的一個典型，但邊界的軟化也同樣發生在世界上的其他地方 (1999: 146)。

總而言之，國家主權的確不斷地受到挑戰。當然這並不表示國家即將消失，而是國家生活已經發生實質上的改變。它所受到的挑戰可以有幾個原因 (Held, 1991: 212-222)：

1. 全球經濟。多國企業、全球資本市場。
2. 超國家團體 (bodies)。經濟控管團體——世界銀行、GATT、WTO、聯合國、歐洲聯盟等等。
3. 國際法。國家與其法院所承認的法律協約——聯合國、歐洲協約與憲章等等。
4. 霸權與權力集團。NATO、前華沙協定 (Warsaw Pact)。

另外一方面，我們生活的另一個經驗是，有些古蹟或者原來政府經營的事業現在陸續交給民間來處理。過去所認為的政治行為，現在不只在政府裡面來理解，而更擴充到政府與民間的新合作關係上。這是所謂的社會治理 (social governance) 的形式 (Bücherl and Jansen, 1999)。當然這並不意味社會治理已經或即將取代國家治理，而是國家治理的形式已經有了不同的社會背景以及多元化的正當性 (Taket and White, 2000: 3-19)：

1. 社會與政治資源的再分配是在各級政府之間的權力平衡前提下，提供社會參與的程序管道，而不是單靠國家的中央行政權力來執行。
2. 透過社會力量本身來進行永續性的發展，並且建構一個社會投資的國家。特別思考失業、治安等等社會現象時，已經不能單靠國家的行政力量來處理 (Giddens, 1999: 111-143)。
3. 更多的社會參與以及由下而上的決策管道是迫切的，特別關於權力正當性的議題。

第三節　社會契約與政治權力

對於韋伯而言，建立在社會契約之上的政治制度是一種理性的統治 (rational domination)，它基於相信法令及發號司令者之名位的合法性。它也不同於傳統的統治 (traditional domination)，後者基於相信悠久傳統的神聖性以及發號司令者的正當合理性。當然更不同於聖雄的統治 (charismatic domination)，它基於對一個人的神聖性、英雄氣魄或模範人格及其命令的一種狂熱獻身 (Aron, 1986: 267-268)。

另外一方面，理性的統治或者我們今天所在的政治生活，都需要以活潑的公民社會 (civil society) 為前提。公民社會希臘原文為πολιτιχη χοιυωνια，拉丁原文為 societas civilis。在這裡，沒有一個人被另一個人統治的事件產生，它作為自由主義的解放運動在政治上常常是相當成功的。因此在最初的概念用法中，英文 civil society 與法文 société civile 常常與國家相近地使用，也就是與政治社會同義。但是在馬克思 (K. Marx) 之後，公民社會的德文意義已有所轉變，它不再被理解為個人自由所有權的集合。扭曲的統治不再是以自由平等的個人或所有權之統治為考量，而是以建立在資產階級的社會為考量。因此不同於英文或法文的傳統，德文的公民社會 (bürgerliche Gesellschaft) 概念則是對立於國家而使用。在德國社會學家哈伯馬斯的理解中，公民社會對於公共溝通的重要形式來說乃是類似一些社會基礎的東西，並且這公共溝通在國家與經濟之間正是作為維持公民權 (citizenship) 的中介而運作。也就是公民社會乃是一個由公民權所創造的社會形式。

因此強調自由主義或個人主義是可以的，但過度的話，就會有根本的問題。我們今天不可能完全從差異來推論社會生活的一切，因為這是解構，而不是解釋或揭露。在多元文化主義 (multiculturalism) 之描述中，多樣性 (diversity) 所指的是認同的複數 (plurality of identities)，而不是差異原則所宣示 (enunciation) 之後的結果 (Taylor, 1994: 42)。個體主義的邏輯雖然要求尊重差異，但是多樣的群體並不是存在於差異邏輯 (logic of difference) 所演繹出來的系統中，因為多樣的群體一直就已經存在於日常生活當中 (Scott, 1995: 3-12)。在這樣的前提下，非政府組織與非營利組織逐漸扮演重要的角色，它們一方面表現社會的多元，一方面與政府形成一個新的合作關係。例如治安問題，過去由政府一力主導的事務，今天需要更多層面的合作，例如民間保全系統、社區組織、宗教組織，甚至民間企業等等。因此，我們今天的政治活動不斷地進入民間，其原因是過去政治權威的去中心化，並且需要民間的力量來共同面對當今種種的社會問題。另外一方面，關於民主制度的反省與檢討，也越來越讓我們覺得民主政治是不是一定要圍繞在政府這個概念上。

另外一方面，在我們一般的認知上，政治總是涉及到權力，這與理論的思考也是相當接近。但是權力的概念不只是在政治的意義上來理解，它可以是更為抽象的概念，例如知識或者專家等等。在社會學理論中，傅柯 (M. Foucault) 對於權力的看法非常抽象，它不像我們在日常生活中所用的術語。我們一般認為一個人擁有權力，所指的是在一些決策上具有相當程度的影響力。傅柯意義下的權力，乃是揭露我們日常生活特性的一個符號或策略。權力滲透到社會生活的所有面向，並且不斷在形塑關於自我、慾望與機構目標的方式。它透過監控的形式表現我們當代生活的特性，監控是論述的一個具體化，它們同時是權力發生的地方。在我們這個社會，誰掌握論述的機會，誰就擁有權力 (Smith, 2004: 164-165)。

傅柯所認為的權力是分散的，沒有主體的，並且構成個人的身體和認同。換句話說，我們這個時代已經很難再有一個具有總體化的中心，不論是在政治上、社會上還是文化上 (Foucault, 1980: 28-34)。不過傅柯的權力是非抽象的，它是我們理解當代政治與社會生活的一種策略。有知識形成的地方，就有權力。而權力的痕跡，就是知識運作的場所。有時候，權力是一種符號，或者透過符號來表現它的力量。有時候我們還來不及了解權力是什麼時，在符號的表現下，我們感覺對方就是有權力的。例如高級轎車、名牌或者大排場等等。對於這方面的觀察，布希亞 (J. Baudrillard) 是一個代表人物。他認為，權力流動在符號的不確定性與變動性中，權力變成符號並在符號的基礎上被創造出來。符號本身擁有了自己的生命，並且建構一種新的社會秩序 (1981: 8-20)。因此，批判穩定的同一或認同，並且肯定差異、尊重差異乃是他們共同的認知。

掌握論述的機會，必須要擁有相對多的資源。因此擁有資源的人，通常也是擁有權力的人。資源不只是具體的人力，在布爾迪厄 (P. Bourdieu) 的研究上，資源包括 (Bonnewitz, 2002: 70-79)：

1. 經濟資本。由不同生產要素與經濟財所構成。
2. 文化資本。知識能力的資格總體，例如舉止風範的內化形式、文化財貨的客觀形式以及學歷等等的制度化形式。
3. 社會資本。社會關係總體。
4. 象徵資本。例如信用、權威與名望等等。社會施為者的資本結構及資本總量，決定他在社會階級空間當中的位置。

權力就是一種運行在我們日常生活當中的力量，透過這些力量，我們可以影響他人或者被影響。在 J. B. Thompson 的看法中，力量的形式基本上有以下幾種 (Lull, 2004: 160)：

1. 經濟力量。透過工商業而被制度化。
2. 政治力量。透過國家機器被制度化。
3. 壓迫性的力量。透過軍隊、警察與監獄而制度化。
4. 符號力量。透過符號形式的生產與傳遞來影響其他人的行動，並且實際創造出事件之能力。

有時候我們會感覺到某些人或團體的政治行為是非常自私的，也就是具有剝削或壓迫他人的傾向，特別是擁有權力的人。他們為了要保住他們的權力，或者擴充權力的影響範圍與程度，通常有辦法這樣做。這些辦法可以是透過制度的安排，或者資源的限制等等，甚至可以透過整體文化生活來進行。這樣的描述在馬克思那裡已經可以看見，他認為文化就是一種支配的意識形態 (dominant ideology)，而它的特性可以從三方面來理解 (Smith, 2004: 8-9)：

1. 反映布爾喬亞 (bourgeoisie) 階級的觀點與利益，並且合法化了他們的權威。
2. 源自於底層的生產關係，並表現這種關係。它使得種種社會建構出來的事物成為約定俗成的，並且看起來不可避免。
3. 因為這種約定俗成的事物，人們也以錯誤的眼光看待實在 (reality)。它是所謂的虛假意識 (false consciousness)，使人們安於其悲慘的命運。

第四節　政治文化與認同

雖然政治活動是人類社會的本質之一，也就是說任何一個社會都有政治活動，但不同的社會有著不同的政治文化與其認同，例如歐美、日本、中國以及印度等等都有著不同的政治行為與規範。在日常生活中，我們都在接觸政治行為與制度，但不同社會卻有不同的習慣與運作方式。它們都是一種關於權力的活動，但卻有不同的感受與主張。這是關於政治文化的討論，文化作為社會整體意義系統的網絡，它賦予了個人對政治的觀感與處理方式。在 G. A. Almond 的研究上，政治文化可以歸類為三種 (Davies and Lewis, 1992: 119-124)：

1. 偏狹的 (parochial) 的政治文化，它存在於簡單的傳統社會，這裡沒有專業化的政治角色，行為者不分政治、經濟與宗教。
2. 臣屬的 (subject) 的政治文化，個人基本上還是被動的，他的角色必須接受這個系統，而不是企圖去改變它。社會是一個擁有階級制度的結構，所有的個人與團體都有一個已被劃定的位置。
3. 參與的 (participant) 的政治文化，個體被認為是政體中的一個行動成員，個人有他自己的權利與義務。更重要的是，他的權利與義務是在實踐當中成形的，它們不是社會預先規定給個人的內容。

另外在不同社會的橫向比較上，世界上仍然可以大略區分出不同的政治文化形態，它們在社會變遷的歷程上，也逐漸朝向參與式的政治活動。Almond 理解的四種政治系統類型乃是 (Davies and Lewis, 1992: 126-132)：

1. 多元價值的政治文化。例如英美系統 (the Anglo-American systems)。它是人民一般都同意他們的政治目的以及實現目的所使用的方法，政治形成競爭的氛圍。

2. 較「破碎的」(fragmented) 的政治文化。例如歐陸系統 (the Continental European systems)。不同的社會層面各自建立了不同的文化發展類型，並且其中的一些層面比其他更有發展。因此，與其說它是政治文化，不如說是一系列的政治次文化 (a series of political subcultures)。
3. 混和的政治文化。主要是前工業或部分已工業化的政治系統 (pre-industrial or partially industrial political systems)。具有潛在的叛逆性，因為溝通與合作具有困難。政治利益平常不明顯，但在特殊事件中會自然地爆發出來。
4. 具有高度同質性的政治文化。特別是集權主義的系統 (totalitarian systems)。不允許自願性團體的存在，傳播被政府機構所控制。

我們可以同意，在我們今天的社會生活中，不可能有非常固定的單一認同，其實也不應該。其原因就是整個社會的權力不會集中在某一個人或某一團體中。但這並不表示我們社會已經沒有認同的可能，而是一種多元的認同，因為權力已經分散在不同的層面與團體中。差異 (difference) 也許是社會生活的基本原則，而不是同一 (identity)。但一個社會之中不會只有差異，而應該存在著共同的意義系統。我們強調的是，當我們看到同一或認同的現象時，必須注意它們不是一開始就存在的，或者理所當然的 (Bronner, 1999: 1-18; Kellner, 1992: 141-177)。

在多元文化社會的國家中，證明了建立憲政原則所必備的政治文化並不要求所有的公民擁有共同的語言、族群或文化根源，反而是政治文化本身就可以作為憲政愛國心的共同基礎 (Habermas, 1992: 7)。因此，當一個公民並不只在法律的意義上參與政治，並且是在權利與義務的實踐中進行認同的活動，這過程就表現了一個符合社會的道德內涵，以及一個政治共同體意義 (Lehning, 1997: 107-124)。廣義而言，權利與認同的要素必須在一個地理的背景中被經驗，不管這地理的背景如何被定義 (Heater, 1990: 318-319)。

因此我們今天有時候會強調多元文化主義，政治運作的道理並不是由單一的文化來規定，不論是在一個國家之內，還是在全球社會之中。如同 A. D. Smith 所言，在今天社會中，只存在著「諸文化」(cultures)，而不是「文化」(culture)。多元文化主義的發展基本上有三個階段，即作為社群主義的多元文化主義，多元文化主義關係這樣的一群人，他們把自己當作文化共同體的成員，並且他們透過發現和承認某些形式的團體權利，以保護自己的共同體。其次，自由主義架構內的多元文化主義。在現代社會，對個人自主的信奉是廣泛和深入的，跨越了種族、語言和宗教的界線。最後，對民族建構進行回應的多元文化主義。種族國家把維繫某一特殊的種族民族文化和身分作為自己的最重要目標之一，相反地，公民國家並不關心其公民的種族文化身分，而僅僅依據是否忠誠於明確的民主和正義原則，來界定國家公民的成員資格。

重要名詞

公民社會 (civil society)：希臘原文為πολιτιχη χοιυωνια，拉丁原文為 societas civilis。在這裡，沒有一個人被另一個人統治的事件產生，它作為自由主義的解放運動在政治上常常是相當成功的。因此在最初的概念用法中，英文 civil society 與法文 société civile 常常與國家相近地使用，也就是與政治社會同義。但是在馬克思之後，公民社會的德文意義已有所轉變，它不再被理解為個人自由所有權的集合。扭曲的統治不再是以自由平等的個人或所有權之統治為考量，而是以建立在資產階級的社會為考量。因此不同於英文或法文的傳統，德文的公民社會概念則是對立於國家而使用。在哈伯馬斯的理解中，公民社會對於公共溝通的重要形式來說乃是類似一些社會基礎的東西，並且這公共溝通在國家與經濟之間正是作為維持公民權的中介而運作。也就是公民社會乃是一個由公民權所創造的社會形式。

衝突 (conflict)：衝突並不是秩序的破壞者，而剛好是秩序之所以可以整合的前提。在不同於帕深思 (Parsons) 的立場中，Coser 認為衝突不是社會的非正常現象，而是社會運動的本質，一切社會組織和社會制度都是衝突的產物。因此，社會現象可以看作由各種相互關連部分組成的體系，並且所有的社會體系展現出不同部分之間的不平衡和利益衝突。也就是說，許多通常被看作對社會有破壞作用的事件，如暴力、抗爭、越軌和衝突，在特定條件下同樣可以被看作有利於鞏固社會體系的整合基礎，並加強著社會體系對環境的適應能力。社會衝突的實質就是利益衝突。

溝通 (communication)：基本上表示資訊傳播的過程，在社會科學上則有幾個意義。1. 作為資訊傳播的研究。2. 資訊理論將它視為資訊的交換，特別是在系統或子系統之間的動態過程，它們涉及到資訊的儲存與轉接等等的議題。3. 在一般的系統理論中，溝通表示系統的資訊連接，也就是系統的輸入與輸出等等的相關討論。4. 資訊傳播的過程同時涉及到相互主體間的理解過程，它是社會整合的前提。

政治文化 (political culture)：在一個政治系統中，它表徵個體與群體的特定傾向。人們的政治價值與政治信仰，對於政治系統的結構與其運作是相當關鍵的。因此它可以在家庭、學校或者職業等等當中被研究。

權力 (power)：同樣是一個相當複雜的名詞。在傅柯的看法中，權力一詞有廣泛討論的定義。權力是無所不在的，並不是因為它包含每一事物，而是因為它來自任何地方。權力並不是一種制度、一個結構或一項所有物。它是在一個特殊社會中，我們給予一個複雜策略情境的名稱 (name)。

問題與討論

1. 在一般的民主社會中，我們可以感受到國家領導人的權力是在下降當中，這是什麼原因呢？
2. 如果我們認為民族國家是一種建構的產物，這建構的實踐應該如何進行？當然它需要相當長的時間，但重點是在後現代社會中，它真的可以被規劃嗎？
3. 我們的政治文化是什麼？如果認為它不是在傳統歷史或制度當中找答案，那麼它又如何地被揭露？或者政治文化本身就是一種建構過程，它在種種議題的整體表現上被揭露出來？
4. 我們社會的認同到底是怎麼一回事？是多元的？還是破碎的？認同的基礎如果不是建立在共同的歷史、族群或者記憶上，那麼它又可以建立在什麼基礎上？

推薦書目

Adams, I., 2001, *Political Ideology Today*, New York: Manchester University Press.

Boyce, J. K., 2002, *The Political Economy of the Environment*, MA: Edward Elgar Pub.

Colomer, J. M., 2001, *Political Institutions: Democracy and Social Choice*, Oxford: Oxford University Press.

Comor, E. A. (Ed.), 1994, *The Global Political Economy of Communication: Hegemony, Telecommunication, and the Information Economy*, New York: St. Martin's Press.

Hood, S. J., 2004, *Political Development and Democratic Theory: Rethinking Comparative*

Politics, N.Y.: M. E. Sharpe.

Ougaard, M., 2004, *Political Globalization: State, Power and Social Forces*, New York: Palgrave Macmillan.

Palan, R. (Ed.), 2000, *Global Political Economy: Contemporary Theories*, New York: Routledge.

Pojman, L. P., 2003, *Global Political Philosophy*, Boston: McGraw-Hill.

Pollack, D. (Ed.), 2003, *Political Culture in Post-communist Europe: Attitudes in New Democracies*, Aldershot: Ashgate.

Robbins, P., 2004, *Political Ecology: A Critical Introduction*, MA: Blackwell Pub.

參考書目

Aron, R. 著，齊力等譯，1986，**近代西方思想家**，臺北：聯經出版社。

Bonnewitz, P. 著，孫智綺譯，2002，**布赫迪厄社會學第一課**，臺北：麥田。

Davies, M. R. and Lewis, V. A. 著，孟樊等譯，1992，**現代政治系統的模型理論**，臺北：遠流。

Giddens, A. 著，鄭武國譯，1999，**第三條路：社會民主的更新**，臺北：聯經出版社。

Isaak, A. C. 著，朱堅章等譯，1991，**政治學的範圍與方法**，臺北：幼獅。

Lent, A. 著，葉永文等譯，2000，**當代新政治思想**，臺北：揚智出版社。

Lull, J. 著，陳芸芸譯，2004，**全球化下的傳播與文化**，臺北：韋伯文化。

Slevin, J. 著，王樂成等譯，2002，**網際網路與社會**，臺北：弘智。

Smith, P. 著，林宗德譯，2004，**文化理論的面貌**，臺北：韋伯文化。

Wallerstein, I. 著，劉鋒譯，1996，**開放社會科學：重建社會科學報告書**，香港：牛津大學出版社。

Waters, M. 著，徐偉傑譯，2000，**全球化**，臺北：弘智出版社。

Antonio, R. and Kellner, D., 1991, Modernity and Critical Social Theory: The Limits of the Postmodern Critique. In D. Dickens and A. Fontana (Eds.), *Postmodern Social Theory*, Chicago: Chicago University Press.

Baudrillard, J., 1981, *For a Critique of the Political Economy of the Sign*, St. Louis: Telos Press.

Berger, P. L. and Luckmann, T., 1967, *The Social Construction of Reality*, New York: Anchor Books.

Bronner, S. E., 1990, *Socialism Unbound*, New York: Routledge.

Bücherl, W. and Jansen, T. (Eds.), 1999, *Globalization and Social Governance in Europe and US*, European Commission Luxembourg: Working Paper.

Carnoy, M., 1984, *The State and Political Theory*, Princeton: Princeton University Press.

Connolly, W. E., 1988, *Political Theory and Modernity*, Oxford: Basil Blackwell.

Donnelly, J., 2000, *Realism and International Relations*, Cambridge: Cambridge University Press.

Fawcett, L. and Hurrell, A. (Eds.), 1995, *Regionalism in World Politics: Regional Organization and International Order*, Oxford: Oxford University Press.

Foucault, M., 1980, *Power / Knowledge*, New York: Pantheon Books.

---, 1989, *Foucault Live*, New York: Semiotext(e).

Fuchs, G. and Koch, A. M., 1996, The Globalization of Telecommunications. In E. Kofman and G. Youngs (Eds.), *Globalization: Theory and Practice*, London: Pinter.

Giddens, A., 1981, *A Contemporary Critique of Historical Materialism*, London: Macmillan.

Habermas, J., 1981, Modernity versus Postmodernity, *New German Critique*, 22.

---, 1998, Jenseits des Nationalstaats? Bemerkungen zu Folgeproblemen der wirtschaftlichen Globalisierung. In U. Beck (Hrsg.), *Politik der Globalisierung*, Frankfurt am Main: Suhrkamp.

Heater, D., 1990, *Citizenship: The Civic Ideal in World History, Politics and Education*, London and New York: Longman.

Held, D. (Ed.), 1991, *Political Theory Today*, Oxford: Polity Press.

Holton, R. J., 1998, *Globalization and the Nation-State*, London: Macmillan Press.

Jarboe, K. P., 1999, Globalization: One World, Two Versions. In W. Bücherl and T. Jansen (Eds.), *Globalization and Social Government in Europe and the United States*, European Commission: Working Paper.

Kain, P. K., 1988, *Marx and Ethics*, Oxford: Oxford University Press.

Kant, I., 1993, *Kritik der praktischen Vernunft*, Hamburg: Felix Meiner Verlag.

Kellner, D., 1992, Popular Culture and the Construction of Postmodern Identities. In S. Lash & J. Friedman (Eds.), *Modernity & Identity*, Oxford: Blackwell.

Lehning, P. B., 1997, Pluralism, Contractarianism and Europe. In P. B. Lehning and A. Weale (Eds.), *Citizenship, Democracy and Justice in the New Europe*, London and New York: Routledge.

Lyotard, Jean-François, 1984, *The Postmodern Condition: A Report on Knowledge*, Manchester: Manchester University Press.

---, 1984, *Driftworks*, New York: Semiotext(e).

Pateman, C., 1979, *The Problem of Political Obligation*, New York: John Wiley & Sons.

Reiss, H. S., 1970, *Kant's Political Writings*, Cambridge: Cambridge University Press.

Rousseau, Jean-Jacques, 1990, The Social Contract and the General Will. In M. Lessnoff (Ed.), *Social Contract Theory*, Oxford: Basil Blackwell.

Schechter, M. G. (Ed.), 1999, *The Revival of Civil Society: Global and Comparative Perspectives*, Hampshire: Macmillan Press.

Scott, J. W., 1995, Multiculturalism and the Politics of Identity. In J. Rajchman (Ed.), *The Identity in Question*, New York and London: Routledge.

Seligman, A. B., 1993, The Fragile Ethical Vision of Civil Society. In B. S. Turner (Ed.), *Citizenship and Social Theory*, London: SAGE.

Stiles, K. (Ed.), 2000, *Global Institutions and Local Empowerment: Competing Theoretical Perspectives*, Hampshire: Macmillan Press.

Taket, A. and White, L., 2000, *Partnership and Participation: Decision-making in the Multiagency Setting*, Chichester: Wiley.

Taylor, C., 1984, Kant's Theory of Freedom. In Z. Pelczynski and J. Gray (Eds.), *Conceptions of Liberty in Political Philosophy*, New York: St. Martin's Press.

---, 1985, Atomism. In C. Taylor (Ed.), *Philosophy and the Human Sciences*, Cambridge: Cambridge University Press.

---, 1994, The Politics of Recognition. In A. Gutmann (Ed.), *Multiculturalism: Examining the Politics of Recognition*, Princeton: Princeton University Press.

Valaskakis, K., 2000, *Westphalia II: The Real Millennium Challenge?* Luxembourg: The European Commission.

Vincent, A., 1987, *Theories of the State*, Oxford: Basil.

Waters, M., 1995, *Globalization*, London: Routledge.

Weber, M., 1980, *Wirtschaft und Gesellschaft*, Tübingen: J. C. B. Mohr.

家庭與婚姻

內容提要

家庭與人類生活息息相關。幾乎對每個人來說，家庭都有重要意義。對許多人而言，家庭有正面意義，家庭是生命孕育、得到養育與訓練、得到呵護的地方。但家庭也會傷人，也會成為個人痛苦來源。社會學鼻祖孔德非常重視家庭，家庭是社會學研究的基本單位，是聯繫個人和社會不可少的仲介。關於家庭的討論，可包含許多不同層面與繁複的互相關聯。本章先討論家庭社會學理論，進一步討論家庭形態與家庭的社會化作用，再論及婚姻及臺灣家庭變遷趨勢等。

第一節　家庭社會學理論

家庭社會學理論模型提供對於家庭相關現象的基本認知、思考框架。不同理論模型可引伸出對現象的不同認知、感覺與聯想。與家庭研究有關的社會學理論模型極為繁多，此處僅擇要介紹幾種與家庭有關的社會學理論。

一、功能論

功能論是社會學裡最主要的理論派別。孔德與功能論就有深厚淵源。他對家庭的重視，也影響到其後功能論者。

對於功能論者來說，家庭主要是一種具有各種社會功能的制度。家庭是由婚姻、血緣或收養關係所組成的社會組織的基本單位。家庭是個親屬團體，由具有最親密關係且經營共同生活的一小群人所組成，通常包括父母與子女，偶或有些其他因血緣、婚姻或收養關係而形成的親人。所謂共同生活，一般以同居且 (或) 共財為要件，但亦有以同居且 (或) 同吃為要件者 (Freedman et al., 1978)。

家庭成員因為長期在共同屋簷下生活，彼此互動，形成一個意識、情感交流與互助的整合體。在傳統社會裡，家庭提供了個人生活的絕大部分需要的滿足。即使在現代社會裡，家庭功能有些改變，部分甚至式微，但家庭功能還是既重要而又多元。家庭可能提供的功能很多，可歸納為八項：

1. 情感功能：提供愛、關懷與歸屬感等情感滿足。
2. 性關係的規範功能：人通過家庭獲得正當的性滿足，而家庭亦限制不倫性關係。
3. 生育、養育與養老功能：婚姻提供正當生育機會；嬰兒亦可得到成人——尤其是母親——照顧；老人亦可獲得撫養。
4. 教育與社會化功能：對新成員提供知識、觀念與行為的教導、薰陶，並讓新成員獲得社會化，也就是讓他們學習社會規範，知道什麼是社會所接受的行為。
5. 社會地位：給予成員在社會發展上所需的基礎社會位置。
6. 經濟功能：在古代社會，家庭是最基本的生產單位；在現代社會中也發揮著重要的分配、消費和財產繼承的功能。

7. 安全保護功能：對成員提供安全保護，特別是照顧幼兒、老年或弱者。
8. 娛樂休閒功能：成員可在家庭中渡過閒暇時間，或從事娛樂活動。

二、交換理論 (Exchange Theory)

根據交換理論，人現在的行為是受這個行為以前得到之報酬的影響。行為發生有四個原則，即成功原則：行為得到報酬越多，重複這個行為的可能性就越大；刺激原則：如獲得報酬的行為和報酬的地點有關，人們可能會再去類似的情境；代價原則：報酬越大，個人願意為它付出的代價也越大；剝奪飽滿原則：一個人之需要被滿足得越多時，就可能變得越不想去滿足它。

交換理論常討論家庭團體，家庭對其成員們有著他們自身私利的吸引力。個人進到團體中是為了他們最大的利益，所以家庭團體觀念形成的根據通常是成員個人報酬。

三、符號互動論 (Symbolic Interactionism)

符號互動論注意行動者對事件與事物的詮釋。社會行動和互動是行動者將意義加諸事物和社會行動之上的產物。意義是從社會互動過程中產生，人類行動具有主動、詮釋和建構的能力。

符號互動論重視「社會化」的過程。顧里認為家庭是人性的孕育所。米德認為心靈是經由行為而產生，以應付內在所產生的問題。例如，小孩的社會化過程可分成兩個階段，第一是玩耍階段，兒童從玩耍中學習社會的角色，此階段是將採借他人角色內化。第二個是遊戲階段，從團體遊戲過程中，透過他人的角度來看自己，而組織其自我的概念。

自我在某一關係中的角色踐行 (enactment) 的品質對於自我對此關係的滿意度有正向影響。假如我們滿意婚姻關係，那可能是因為我們在這關係中有較好的角色扮演，能善盡我們的職責。例如，一個妻子滿意她目前的婚姻狀態，那是因為她覺得自己將妻子角色扮演得很好。

所認識的角色期望越清楚，則角色踐行品質也越佳。譬如，社會對媽媽的角色規範或期望是教養小孩以及保護自己的小孩，如果一個女性符合這些期望，則被視為好媽媽。如果缺乏對角色的清楚認知或是社會對其規範模糊，會造成對角色扮演的困擾。

四、衝突理論

衝突論傾向提出如下假定：人類的動機主要是自利；社群中的衝突是固有的 (個人自主性與社群團結是對立的)；衝突在社群中不可避免；社會的常態是衝突而非和諧；社群 (如家庭) 的研究焦點在於如何處理衝突。

衝突論者在家庭研究中可能會提出如下命題。1. 團體間的衝突是基於資源分配和競爭性社會結構：沒有任何社會的資源能完全公平地分配，所以許多家庭和非家庭 (同性戀、單身者、單親家庭) 會競爭稀少資源。2. 家庭內的衝突是由於個人所得資源不平等：例如女性比男性賺較少的錢，而有較少資源和權力，而資源不公平會導致成員相衝突。3. 在民主作風的家庭中，物質資源不會單獨造成家庭的聯盟和結果。小孩子漸漸成熟，他們的競爭力、知識和物質資源逐漸增加，雖然無法顯著削弱父親權力，但如和其他兄弟姊妹或母親結為同盟，則可發揮顯著影響力。

第二節　家庭類型與變遷趨勢

依據美國社會學者 Ronald Freedman 等人的定義 (1978)，家庭類型主要可依組成成員而分成：核心 (nuclear)、主幹 (stem)、聯合 (joint)、主幹聯合 (joint-stem) 及其他類型。

核心家庭：由夫妻與未婚子女組成的家庭。通常稱為小家庭。

主幹家庭：由直系三代以上親屬所組成的家庭，每代至多一對已婚者。通常亦稱為折衷家庭。

聯合家庭：由同代兩對以上已婚者及其配偶、子女所組成的家庭。

聯合主幹家庭：由直系三代以上親屬所組成的家庭，而同代中有兩對以上已婚者。亦即典型所謂大家庭。

其他家庭：上述類型以外的家庭形態，其組成方式有很大的歧異性，亦可包括所謂「準家庭」，如同居、同性戀伴侶等。

早期社會學者認為：隨著工業化發展，家庭功能會日趨式微或結構趨於不穩定。他們認為：工業化與都市化根本地改變了傳統家庭形式，家庭從擴大的、權威的與穩定的形式，轉變成核心的、比較平權的、比較孤立的與不穩定的形式。

對於家庭制度變遷，帕深思 (T. Parsons) 與 R. Bales 指出，「由於生產組織之現代化，這種分化過程越使得核心家庭自其他親屬單位分離出來」(1955)。總之，工業化促成社會結構之分化，而後者則使得生產功能逐漸脫離家庭組織的範疇。

帕深思與 Bales 並指出，非親屬單位在社會結構中日趨重要的過程，無可避免地也導致了親屬單位的某些部分或全部功能的喪失，家庭變得較從前專業化，功能集中在兒童的初級社會化與家庭成員情感與情緒需求的滿足上，而由於現今社會越來越必須仰賴家庭所履行的這些生存所必不可少的功能，所以家庭依舊穩固。

W. J. Goode 將現代化理論應用在關於家庭研究上。他 (1964) 預測，所有家庭都將逐漸轉變為某種形式的「夫妻軸」(conjugal) 家庭，而且這種情形將普遍發生在各種文化中。Goode 並不認為家庭變遷完全是工業化的結果，而毋寧應視工業化與家庭變遷為平行過程。他並認為兩者均受到變遷中的社會與個人意識形態 (包括經濟進步、夫妻軸家庭與平等主義等意識形態) 的影響。意識形態變遷是現代化的主要指涉內容。意識形態價值的改變不能等同於工業化，而是部分獨立於工業化的；並且它還對於工業化 (及家庭系統) 有重要影響。

第三節　家庭、社會化與行為

大多數個人的兒童期是在家庭裡渡過，家庭對於個人成長有著深遠影響。幼兒期是人格形成的主要時期，而這個時期個人的「重要他人」主要是家人。與家人互動深遠影響著個人人格形成。

一、家庭與社會化

帕深思與 R. F. Bales (1955) 討論家庭功能的變遷，指出現代工業化社會中家庭功能有專門化的趨勢；同時又指出，社會化仍然是家庭的重要功能之一。社會化是指兒童將所屬社會的文化予以內化的過程。而這個過程通常最早是在家庭裡開始，家庭將社會上的價值、規範與行為模式傳遞予家庭成員。兒童在家庭中學到許多行為規則，也學習扮演各種不同角色。經由社會化，個人能融入社會，社會也能達到一定程度的共識。

不過，家庭的社會化作用的意義並非無可質疑。不同的家庭可能提供不同的社會化內容，較極端的甚至可能將偏差次文化傳遞給下一代。

當社會處於轉型過程中時，許多家庭可能持續傳遞特定的、特別是較傳統的價值、規範，不但可能使個人發生適應困難，且使社會轉型遇到阻滯。譬如社會朝向民主化轉型時，家長還在強調家長權威，形塑子女的權威型人格，這在社會急遽變遷時易構成困擾。

即使在同一個家庭裡，子女也可能接受到不同的社會化內容，譬如女兒接受的社會化內容就可能不同於兒子，女兒常會被要求做較多家務。

家庭作為一個最親密的小團體，可能與個人太接近，以致於無力扭轉個人的自我中心偏向。換言之，家庭次文化常忽略異質社會的普遍主義原則與社會的共同需要，而偏向鼓勵個人追求小群體的目標與價值，可能使異質社會的整合發生困難。

二、家庭與偏差行為

依據美國犯罪社會學者 T. Hirschi 的社會控制理論 (social control theory) (1969)，認為偏差行為的發生與社會鍵 (social bond) 的發展有關，如果個人與家人有密切的依附 (attachment) 關係，特別是與父母的依附關係，發生偏差行為的可能性就比較小。

社會控制理論認為當人們與社會聯繫薄弱或破裂之時，就可能產生偏差行為 (Hirschi, 1969)。亦即當個人與社會的連結不再堅強而緊密時，偏差行為於是發生。所以，Hirschi 強調，青少年在社會化過程中，若與社會建立強而有力的鍵，除非有很強的犯罪動機將鍵打斷，否則他便不輕易犯罪。Hirschi 認為青少年和父母之間溝通越良好、情感越密，偏差行為即不太可能發生。因為越依附父母，越會模仿和認同父母，越會習慣分享父母之精神生活，越會向父母親徵求意見，越認為父母是他們社會與心理活動的一部分，孩子會漸漸發展出他們的良心和超我，便不容易犯罪。

三、家庭與教育資源

晚近學者在檢討學校教育時，強調家庭在教育上所起的影響。美國社會學者 James Coleman (1988) 的研究指出，影響學生學習成就的各種因素中，家庭背景常被視為最主要的原因，而家庭背景包含三種要素：經濟資本、人力資本、社會資本。Coleman 特別強調社會資本在創造下一代人力資本的過程中扮演重要角色。社會資本主要是指建基於人際關係的網絡或資源。

法國社會學者布爾迪厄 (Pierre Bourdieu) 提出「文化資本」(cultural capital) 概念。文化資本可解釋為：人們對於上階層文化所能掌握的程度，所能掌握的越多，則象徵其所擁有的文化資本程度越高。而此上階層文化可以是身體化的 (embodied) 特徵，譬如上階層民眾的談吐、舉止、風格、儀態或藝術鑑賞品味，對於他們的感受性與熟悉程度越高則文化資本越高；此上階層文化也可以是物體化的 (objectified) 項目，如上階層家庭常擁有的藝術品、交通工具、住家環境等。對這些文化項目掌握越多，顯現的品味越高，則所擁有的文化資本越高，並有助於取得較為優越的學習或工作機會。

社會資本與文化資本顯然都主要取決於家庭背景。出身上階層的子女通常擁有較佳的資本，從而也有較佳的學習機會與學習成果，最後亦有利於其升學與就業。所以，社會與文化資本也起著階級再製的作用。

第四節 婚姻

婚姻 (marriage) 是構成家庭的要件之一。婚姻的意義是什麼，可能人言言殊。歸納婚姻的要素，約可包含以下六項：1. 兩個人的結合關係，且多數社會只允許兩個不同性別者結合；2. 可滿足情感需求、分享經驗、身體親密、不同任務與經濟資源；3. 涉及彼此及其子女特定權利與責任；4. 是情感與法律的正式許諾，有社會或法律認可的公開儀式；5. 期望能持續一段相對長久的時間；以及 6. 經營共同的生活。因此，婚姻或可定義為：兩個人 (異性或同性) 欲長久經營共同生活的結合關係，係為滿足情感需求、分享經驗、身體親密、不同任務與經濟資源，在情感與法律的正式許諾下，經由社會或法律認可的公開儀式所產生，而此關係並將涉及彼此及其子女特定權利與責任。

以下略述婚姻安排、擇偶、離婚率、鰥寡等議題。

一、婚姻安排

婚姻安排涉及婚姻配對與相關儀式由誰來決定。婚姻不一定能由婚姻當事人自己做決定，而可能由他人，特別是父母來決定。傳統中國社會的「父母之命，媒妁之言」式的婚姻，就是此種婚姻安排的常見方式。換言之，它是由父母而非婚姻當事人決定擇偶對象，有些甚至是由父母一手包辦。傳統中國社會中家長 (特別是男性家長) 在家庭中擁有強大權威，子女在婚姻事務上受到家長權威的宰制。年輕人的自主權被壓抑，少有發言權。且由於傾向將婚姻視為兩個家族的結盟，因此形成由父母作主的婚姻安排模式。在傳統父權體制下，女性的婚姻更加缺少自主性與彈性，不幸福的婚姻可能相當普遍。

由長輩決定婚姻安排的情形，晚近比較少見，越來越多由當事人自行決定。但在華人社會中還是有不少是由當事人與父母共同決定。

二、擇　偶

所謂擇偶，是指個人選擇伴侶的過程。擇偶過程可能有點類似於一個市場裡的選擇過程，選擇規則決定伴侶關係及其家人間的交換方式。這些規則極為複雜。在封閉社會裡，擇偶常由長輩作主。在開放市場裡，由當事人作主，長輩的影響減少。而在兩種情形下，考慮面向可能不同。

在現代社會中，婚姻當事人自主選擇配偶的情形比較常見。但如何選擇卻是非常困擾人的問題。傳統社會常強調「門當戶對」的擇偶條件。而當代的社會學者也發現普遍存在同質性的擇偶偏好。

有關擇偶偏好，有一種「雙親投資理論」(parents investment theory)，強調因女性無法如男性般大量播種，故女性之性行為策略較男性挑剔，以利自己後代之存活率與競爭力之提升。就擇偶門檻而論，女性在大多數項目上有比男性更嚴格的門檻。如女性對男性的財富、所得、身高、學歷等項目有較高之要求門檻，一般是要求男性在這些項目要高過自己的程度。而男性只在少數項目要求較嚴格，如年齡與外貌。

有學者提出「婚姻斜坡」(marriage gradient) 概念，這是指人們對於兩性角色期待不同，致使婚姻市場中經常出現男女雙方社經地位不對稱的現象。女性的擇偶對象常以社經地位較自己高的男性為範圍。這種上嫁的斜坡配對可能造成婚姻擠壓 (marriage squeeze) 現象，也就是指男女適婚者同等社經地位人口比率不均等，致使男性或女性在擇偶時會出現被「排擠出」婚姻市場的失衡現象。婚姻擠壓也可能出現在女性普遍傾向嫁較高齡男性，而兩方人口數不均等時。

另一個有關擇偶偏好的理論為交換理論，認為婚姻猶如市場的交換資源行為，故理性選擇與交易行為分析可適用於擇偶與婚姻市場。個人在婚姻市場中可藉由自身擁有的資源，包括：金錢財物、社會地位、外貌身材、聰明才智、家庭背景，來換取一個較佳的對象，以達到更大之自利。

三、離婚率

隨著社會現代化的發展，離婚漸趨普遍。一般而言，西方國家的離婚率高於世界其他地區。不過，近年東亞地區離婚率也快速上升。臺灣離婚率近年快速上升，不但超過日本，甚至與南韓並列亞洲最高的離婚水準。以每千人口離婚對數計，臺灣在 2006、2007 年的離婚率分別是 2.83、2.55，而南韓是 2.59、2.58，日本是 2.04、2.02，中國大陸是 1.46、1.59。

如果計算相對離婚率，即結婚對數與離婚對數的比例，臺灣的離婚水準也不斷攀高。2006 年為每 2.21 對結婚就有 1 對離婚；2004 年甚至到達每 2.09 對結婚就有 1 對離婚。換言之，除了離婚率上升，臺灣的結婚率近年也不斷下降。

高離婚率的主因可能是：婦女受教育和工作機會提升、個人主義觀念興起。甚至兩性平權觀念也是部分原因。因為男女兩性間對於性別平權的意識發展並不一致。女性的平權意識漸強，而男性未必同步改變。至於低結婚率的主因可能是：民眾對經濟前景不具信心，甚至對未來世界有悲觀預期，社會價值觀念轉變，日益走向高養育成本，以及「婚姻斜坡」造成婚姻擠壓等。

四、鰥　寡

鰥寡意指因為配偶過世而導致無偶狀態。由於臺灣男性、女性死亡率的差異，臺灣兩性平均壽命也有差異。2008 年時，臺灣女性平均壽命高達 82 歲，男性則為 75 歲，相差約 7 歲。而且由於一般女性較其男性配偶約年輕 4 歲，所以，平均而言，丈夫亡故後，女性約守寡 11 年。所以，老婦守寡現象日趨常見。

第五節　變遷中的臺灣家庭

一、臺灣家戶形態變遷

臺灣快速的人口轉型變遷影響家戶組成的變化。因此核心家戶比例持續至 1985 年以前都呈現上漲趨勢；但 1985 年以後核心家戶比例下跌。除生育率與死亡率的影響外，其他人口變化，如結婚率、離婚率等，也會使得家戶組成產生變化。結婚率與離婚率的變化，將與生育率同樣，為影響臺灣家戶組成變遷的主要因素。

1991 年以前的調查資料 (見章英華、齊力，1991) 顯示，臺灣的各類家戶中核心家戶比例最高，約佔全部家戶數的 5 成多；其次是主幹家戶，約佔 3 成。典型的聯合家庭非常少見，而聯合主幹家庭也很少，且近年還有減少趨勢 (見關華山等，1992：2-1~2-24)。

鄭清霞 (2009) 依據行政院主計處家庭收支調查資料進行分析，顯示臺灣近年核心家戶比例有下降趨勢，而一世代夫婦家戶比例上升。二世代核心家戶佔全部家戶數百分比，在 1976 年與 2004 年時分別為 65.1、46.9；而一世代夫婦家戶在這兩年度的百分比分別是 3.4、14.2。

二、婚姻率變遷對家戶組成的影響

晚近一般工業化國家的結婚年齡明顯延遲，且各年齡別已婚率均明顯下滑。臺灣亦然。

比較臺灣喪偶與離婚比例的消長，可以發現 20 世紀初期各年齡層喪偶率普遍高於離婚率，顯示死亡率高且離婚率低的現象。以 1990 年臺灣人口普查資料分析單親家庭的產生原因，顯示離婚單親的比例 (58%) 遠高於喪偶單親的比例 (38%)，反映死亡率的大幅度下降與 1980 年以來離婚率明顯攀高的現象，換言之，在婚姻解組的影響因素中，離婚的影響已高於死亡率，迥異於 20 世紀初期的傳統婚姻模式。晚近各年齡別的未婚率與離婚率仍然持續攀升，再加上晚婚、低生育率與無子女比例也明顯增長，未來個人的家庭生命歷程勢必越來越多樣化，單親家戶與獨居老人的比例將會上升。

三、代間同居意願的變化

除人口組成變遷外，另一個影響三代家戶比例的主要原因為代間同居傾向。兩代同居意願已逐漸轉變，不僅子女與父母的同居意願降低，父母期望老年與子女同住的比例也同樣下降，越來越多老人傾向於獨居或僅與配偶同住。

華人社會中，老人與成年子女同住的比例較高。以臺灣而言，約佔老人的三分之二 (Freedman et al., 1978; 陳寬政、賴澤涵，1980)。雖然臺灣老人的居住方式仍以與子女同住為主，但比例有下降趨勢，由 1986 年的 70.2% 降為 1989 年的 65.7%。反之老年夫妻同住及獨居之比例則呈上升，由 1986 年的 25.6% 上升為 31.1%。另一項研究指出，1973 年時有 15% 的老年父母獨自居住，到

1985 年時已提高至 28% (關華山等，1992)。羅紀瓊 (1987) 亦提到老人獨居或與配偶同住者由 1974 年的 8.8% 增至 1985 年時的 17.3%。

四、「其他」類型家戶的增加

「其他」類型家戶及單身戶增加也是晚近值得注意的現象 (見薛承泰，2002)。雖然學者們基本上並不認為家庭制度現在已有解組的問題，但顯然有愈益增多的非傳統式家庭的「戶」出現。單身戶雖然概念上是否應歸屬於「家庭」範疇仍有爭議，但單身戶的增加仍可視為家庭變遷的指標，這些人的「家」裡只有一個人。它意味著有許多原可能屬於家庭成員者離開了家庭，或與其他家庭成員拆散。家庭生活對個人的必要性，似有鬆動跡象。

五、教育對家庭的衝擊

當教育普及以後，家長權威就受到影響而逐漸式微。家長的知識優勢與教育功能逐漸喪失；再者，近代教育內容中強調個人價值與平權觀念，也使子女觀念改變，不再接受家長過度膨脹的權威。此外，透過教育提升，子女在就業上獲得較多自主權，經濟上亦較能獨立，卒使家長權威式微。

在社會急遽變遷過程中，各代間的觀念調適往往無法同步，可能因此造成過渡期間較劇烈的代間衝突，譬如婆媳間對於彼此權力或角色期望的不諧調就可能使衝突因素增加。年輕一代在教育上的相對優勢有可能使上述衝突更加嚴重。不過，這種可能的衝突或許又因經濟壓力減低與較多的代間分居安排而獲得舒緩。

教育提升除了可能促成晚婚、晚育外，更減少生育子女數，最後使家庭人口數下降，使親戚人數減少，未來人們的親戚關係會變得較為簡單。

六、家務分工

臺灣家庭研究顯示，家務分工中，男、女性的勞務分配非常不均。妻子分攤的家務約是丈夫的 5 倍以上。換言之，家務分工的現況是對女性極不公平的狀態。雖然這種不公平家務分工的情形晚近有緩和的跡象，但由於已婚女性就業的比例上升，婦女們總的工作壓力可能未必減少。臺灣女性的這種不利處境是值得檢討的一個問題。

重要名詞

家庭 (family)：家庭是個親屬團體，由具有最親密關係且經營共同生活的一小群人所組成，通常包括父母與子女，偶或有些其他因血緣、婚姻或收養關係而形成的親人。所謂共同生活，一般以同居且 (或) 共財為要件，但亦有以同居且 (或) 同吃為要件者。

核心 (nuclear) 家庭：由夫妻與未婚子女組成的家庭。通常稱為小家庭。

主幹 (stem) 家庭：由直系三代以上親屬所組成的家庭，每代至多一對已婚者。通常亦稱為折衷家庭。

聯合 (joint) 家庭：由同代兩對以上已婚者及其配偶、子女所組成的家庭。

聯合主幹 (joint-stem) 家庭：由直系三代以上親屬所組成的家庭，而同代中有兩對以上已婚者。亦即典型所謂大家庭。

婚姻 (marriage)：兩個人 (異性或同性) 欲長久經營共同生活的結合關係，係為滿足情感需求、分享經驗、身體親密、不同任務與經濟資源，在情感與法律的正式許諾下，經由社會或法律認可的公開儀式，而此關係並將涉及彼此及其子女特定權利與責任。

問題與討論

1. 試討論家庭對於學校教育的可能影響。
2. 試討論臺灣出現非傳統典型家庭形態的趨勢，如同居 (甚至同性同居) 而不婚等。
3. 試討論晚近臺灣離婚率上升，甚至幾乎居於亞洲之冠的原因。
4. 試討論臺灣家庭近期內的可能變遷趨勢。

推薦書目

陳寬政、賴澤涵，1979，〈我國家庭制度的變遷——家庭形式的歷史與人口探討〉，**中央研究院三民主義研究所專題選刊** (26)，臺北：中央研究院三民主義研究所。

彭懷真，2003，**婚姻與家庭**，臺北：巨流圖書。

Goode, W. J., 1964, *The Family*, Englewood Cliffs, New Jersey: Prentice-Hall, Inc.

Parsons, T. & Bales, R. F., 1955, *Family, Socialization and Interaction Process*, Glencoe, Ill.: The Free Press.

Thornton, A. & Lin, H. S., 1994, *Social Change and the Family in Taiwan*, Chicago: The University of Chicago Press.

參考書目

章英華、齊力，1991，〈臺灣家戶型態的變遷：從日據到光復後〉，**思與言**，29(4): 85-113。

彭懷真，1996，**婚姻與家庭**，臺北：巨流圖書。

薛承泰，2002 年 3 月 21-22 日，〈臺灣單人戶的特性與趨勢〉，臺灣人口學會 2002 年年會，臺北。

陳寬政、賴澤涵，1980，〈我國家庭制度的變遷——家庭形式的歷史與人口探討〉，**中央研究院三民主義研究所專題選刊** (26)，臺北：中央研究院三民主義研究所。

關華山、齊力、陳格理、陳覺惠，1992，**臺灣老人居住安排與居住問題之研究**，內政部建築研究所籌備處。

羅紀瓊，1987，〈近十年來臺灣老人家庭結構變遷的研究〉，**臺灣經濟預測**，18(2): 83-107。

鄭清霞，2009，〈臺灣經濟家戶組成與特性的變遷——1976 年至 2004 年〉，**臺灣社會福利學刊**，7(2): 47-100。

Coleman, James, S., 1988, Social Capital in the Creation of Human Capital, *American Journal of Sociology*, 94: 95-120.

Freedman, R. A., Moots, B., Sun, T. H. & Weinberger, M. B., 1978, Household Composition, Extended Kinship and Reproduction in Taiwan: 1973-1980, *Population Studies*, 36(3): 395-411.

Goode, W. J., 1964, *The Family*, Englewood Cliffs, New Jersey: Prentice-Hall, Inc.

Hirschi, T., 1969, *Causes of Delinquency*, Berkeley: University of California Press.

Parsons, T., 1965, The Normal American Family. In S. M. Faber, P. Mustacchi & R. H. L.

Wilson (Eds.), *Man and Civilization: The Family's Search for Survival*, New York: McGraw-Hill, 31-36.

---, 1969, The Principal Structures of Community. In M. Warren & L. Roland (Eds.), *Perspectives on the American Community*, Chicago: McNally, 86-87.

Parsons, T. & Bales, R. F., 1955, *Family, Socialization and Interaction Process*, Glencoe, Ill.: The Free Press.

Thornton, A. & Lin, H. S., 1994, *Social Change and the Family in Taiwan*, Chicago: The University of Chicago Press.

教育社會學

內容提要

教育是立國之本，也是個人的立己達人之本。本章首先闡述知識資本在知識時代對個人、群體和國家所具有的特殊意義，然後介紹教育機會不均等分布的狀況與變化趨勢，繼而分析文化資本、經濟資本、社會分層、國家的整體經濟發展水平以及個人的能量投入等重要因素如何影響教育機會的分布。其後再論述教育與社會分層結構再製之間的關係。本章還將從教育入手，探討如何幫助弱勢階級、弱勢族群的成員改變其弱勢地位，實現社會地位升遷。最後，本章將討論人格教育和價值觀念教育在當代的基本定位。

第一節　知識就是力量

16世紀末葉，英國哲學家弗蘭西斯·培根 (Francis Bacon) 提出了「知識就是力量」這一著名論斷。這個觀點在學界得到廣泛認同，因為它反映了人類社會一個無可爭辯的現實[1]。

知識體現在人類生活的每一個方面，從生產技術到文化藝術，從軍事戰爭到化解衝突，從國家治理到婚姻維護，從謀求地位升遷到追求自我實現的高度。無論是在哪一個方面，擁有的知識越多，就越有可能獲得競爭優勢。個人如此，家庭、族群和國家也是如此。

人類的知識一直在不停頓地經歷著生成、積累、淘汰和發展。在工業化社會出現之前的漫長歷史時期裡，知識通常是在生產、軍事、政治和日常生活等範圍的直接實踐中，在解決各類新問題的過程中，通過觀察、思考和總結而形成，有知識創新能力的人很少，從事知識創新的人更少，所以新知識誕生的速度非常緩慢。前秦時期農人就懂得了如何使用牛和犁進行耕作，直到上世紀中葉，非工業化國家的農人還在用同樣的方式從事農業生產。隨著工業化和都市化的出現，正規、系統、注重科學知識傳承與發展的現代教育方式和教育體制出現了，並且迅速在全球普及開來。工業化也為資本主義的發展提供了基礎和空間。資本主義的利潤追求導向以及由此而衍生的與日俱增、前所未有的市場競爭壓力，為知識的迅猛發展提供了強大的推動力，歐洲啟蒙運動激發起來的追求真知的熱忱，為知識發展提供了另一個來源的強大推動力。現代教育則以後浪推前浪之勢，一批又一批地為知識發展培養著高素質人才——懂得如何運用現代科學手段發展知識和不斷更新、提升知識的人才。於是，人類進入了知識爆炸的時代。

現代教育體系也為工業化、現代化的發展大規模地培養著管理人才、專業人才和具有各種技能的勞動者。學校的教育不能取代職場、政治和軍事實踐中的學習，但是卻為受教育者在職場、政治、軍事等實踐中的學習與發展準備了極其重要而又不可取代的基礎。

---

[1] 荀子在《勸學篇》裡已經提出與此接近的觀點：「假輿馬者，非利足也，而致千里；假舟楫者，非能水也，而絕江河。君子生非異也，善假於物也。」荀子所說的「善假於物」中的「物」字就包含知識。其後東漢王充在《論衡》中提出了更加明確的論斷：「人有知學，則有力矣。」但是由於中文和中國國勢的制約，荀子、王充的立論在華人社會之外甚少有人知曉。

杜拉克 (Peter Drucker)(1959: 114-125) 在二戰結束不久之後告訴美國人，也告訴全世界，隨著工業化水平的提高，知識的重要性將日趨顯著。一個國家有多少人受過良好教育，有多大比例的人受過良好教育，將是衡量其經濟實力、軍事實力和整體國家實力的最重要的標誌。未曾受過良好教育的人將會變得越來越缺乏生產力。他進一步指出，以前的經濟發展在很長一段歷史時期是依賴土地 (如農業社會)，後來是依賴資金 (工業化發展的初期)，以後的依賴重心將轉為知識。杜拉克是最早看到知識時代即將到來的學者之一。

我們現在已經置身於知識時代。在我們這個時代，知識的重要性超過了此前的任何歷史時期；每一個國家所擁有的知識總量都在極其深刻地影響著這個國家在世界體系中的地位。同樣，擁有知識的多與寡，運用知識在能力上的高與低，發展知識在效果上的強與弱，也在極其深刻地影響著每一個群體和個人的命運。

第二節　教育對個人地位與升遷的影響

本章的分析焦點是學校教育。為了敘述簡便，在以下各節涉及知識之處，我們通常用「教育」這一概念去代指「知識資本」，比如用「教育對社會地位的影響」代指「知識資本對社會地位的影響」。此處所說的「教育」指的是一個人所接受的正規學校教育，包括接受了什麼層級的教育，是否是在最好或較好的學校接受該層級的教育，是否真正學到了該層級的知識，是否學習成績優異等等。需要說明的是，通過學校教育而獲取的知識只是一個人一生所獲知識的一部分；對於一個國家來說也是這樣，通過學校教育而予以傳承和發展的知識只是每一個國家所擁有的知識總量的一部分。本章在開始時所說的知識的重要性指的是個人、群體或國家所擁有的知識總量的重要性，其中包含源於學校教育的那一部分知識的重要性。唯有在了解這一說明之後用「教育」去代指「知識」或「知識資本」，才不會產生誤解。

在作出如此說明之後，我們現在可以檢視教育與個人社會地位之間的關係了。大量事實顯示，就整體而言，每一個人通過學校教育所獲得的知識資本通常在很大程度上會首先影響到他 (她) 的第一份正式職業，進而影響其後來的職業發展，從而在這個意義上決定他 (她) 的收入、社會聲譽、權力地位和生活方式，決定其階級地位。在通常情況下，正規學歷越高，職業的地位越高，而職業地位則決定收入和階級地位，直接影響一個人生存機會之中的大部分內涵。

表 1　教育程度對 25 歲以上者個人年收入的影響 (美國，2005)

教育程度	個人年收入中位數 (美元)
9 年級以下	17,422
無高中文憑	20,321
有高中畢業文憑	26,505
大學肄業	31,054
大學專科文憑	35,009
大學學士學位	43,143
碩士學位	52,390
博士學位	70,853

U.S. Census Bureau, *Current Population Survey, 2006 Annual Social and Economic Supplement.*

表 1 顯示，根據美國人口普查局 2006 年的調查報告，所受教育低於 9 年級水平的美國人，其個人年收入的中位數是 17,422 美元，隨著正規教育水平的增高，年收入也相應升高，擁有學士學位者的個人年收入中位數達 43,143 美元，擁有博士學位者達 70,853 美元，是 9 年級以下者的 4 倍。

再以新加坡為例，根據 1992 年的該國統計資料，文盲或小學未畢業者能夠獲得上層或中上層職業的概率只有 6.6%，隨著教育程度的上升，獲取同類職業的概率也會顯著上升，上升的幅度越來越大，讀完大學或更高級學位的人士其成功概率高達 93.7% (Chang, 1995)。

需要指出的是，部分研究顯示，教育程度對女性在職業和地位上的影響大於對男性的影響。換言之，從獲取理想社會地位的角度視之，女性比男性更需要依賴正規的學校教育 (Ko, 1991)。此外，與上層或中上層階級的子女相比，低收入家庭的子女更需要依賴學校的正規教育以獲取職業資本和謀取較高的職業地位和社會地位，這是因為他們不能像前者那樣從父母親那裡獲得事業發展——尤其是創業——所需要的經濟資源和社會資本，必須依靠知識資本和自己的才智與努力，才能在較好的職業領域占有一席之地，從而獲得較高的收入和社會地位。

第三節　教育機會的不均等分布

鑒於知識資本的重要性，接受良好教育便成了公眾的普遍願望，但是現實告訴我們並非每個人都會擁有相同的教育機會。在當今的臺灣，不分階級、族群和性別，每個兒童都有同等受教育權，都有進入小學開始學習生涯的起步機會，接受同樣的成績考核制度和考試標準，並且依據自己的成績而獲取升學機會和進入大學以及研究所的殿堂。在這個意義上，獲取教育機會的原則是平等的，公正的，在理論上沒有任何特權。正因為如此，有的人認為這意味著對於每一個人來說，教育機會是相同的，現實中的教育程度不同是教育結果的不同，是如何利用教育機會的不同，不是教育機會本身的不均等。持有不同觀點的人認為教育機會究竟平等與否，取決於教育結果是否相同，即取決於教育程度的分布是否均等。平等與否的概念是一個價值判斷的概念，本章討論採取價值中立的學術研究立場，用「均等」的概念取而代之。

就受教育的結果而論，其分布是明顯不均等的分布，包括在階級之間、族群之間、性別之間、城鄉之間、地區之間和國家之間的分布。

目前在所有國家裡，上層階級和中產階級子女接受良好教育的機會都明顯高於低收入家庭的子女。在發展中國家以及在二戰之後實現工業化的社會裡，衡量一個人是否接受了良好教育主要看他是否接受過大學教育，在大學教育業已普遍化的已開發國家，主要看他是否是在最好和較好的大學接受教育以及是否獲取了碩士、博士學位。蘇威爾和沙赫 (William Sewell & Vimal Shah)(1967) 在 1960 年代發現，美國上層階級男孩接受大學教育的機會是下層階級男孩的 5.6 倍，上層階級女孩的機會是下層階級女孩的 13 倍。鮑里斯 (Samuel Bowles) (1977) 發現美國上層階級和中產階級子女在最好大學就學的比例很大，低收入家庭的孩子在三流大學以及城市大學、社區大學就讀的比例很大。在臺灣，上層階級和中產階級子女進入最好公立大學的就讀機會也遠遠高於低收入階級的子女。大學教育的普及明顯擴大了低收入家庭子女接受大學教育的機會，但是階級之間在能否接受良好教育方面的機會差別，至今並沒有因此而發生根本變化。

教育結果在族群之間的分布也是一種普遍不均等的狀態，幾乎在所有國家裡，強勢族群的成員就整體而言都比弱勢族群享有更多接受良好教育和最好教育的機會。在美國，白人的平均學歷遠遠高於印第安人以及非洲裔美國人 (黑人) 或拉丁裔美國人。在臺灣，漢人的平均學歷遠遠高於原住民。研究者發現教育結果在不同族群間的分布即使在學歷相似的條件下也會表現出來，比如美國白人高中畢業生的 SAT 成績明顯高於亞洲人以外所有其他族群的學生，而 SAT 考試成績則是大學錄取新生所參考的最重要的依據之一 (College Board,

2003)。

在二戰之後的工業社會裡，不同族群在接受大學教育方面的機會差別正在縮小，在一些正在謀求工業化的國家裡也出現了類似趨勢。許多國家制定了在一定程度上有利於弱勢族群的教育政策，允許數量不多的弱勢族群子女以低於強勢族群子女入學標準的成績入讀公立大學，馬來西亞政府甚至規定公立大學必須為馬來人留出大量學額，使馬來族群的高中畢業生不僅能夠以較低考分就讀大學，而且使他們在公立大學學生中的比例不小於馬來人在馬來西亞總人口之中所占的比例。但是從總體來看，教育結果在這些國家不同族群之間的不均等分布依然顯著，也沒有出現根本性變化。

與階級之間和族群之間的分布相比，教育結果在性別之間的分布變化幅度最大。在工業化社會裡，兩性成員的教育機會已經接近均等，雖然他們在大學科目選修上和是否攻讀碩、博士學位上依然存在有利於男性的差別。未開發國家的兩性地位不平等比較嚴重，低收入家庭的父母親常常無力提供學費讓所有子女進學校讀書，尤其是讀大學，由於女兒要嫁出去，於是他們把兒子的教育機會置於優先地位，結果在這些國家裡，女性的平均學歷依然遠遠低於男性。

在未開發國家裡，教育機會在城鄉之間、地區之間的分布差別也是十分明顯的。在工業化社會裡這些差別大幅度縮小了，但是尚未完全消除。

第四節　決定教育機會的主要因素

教育機會的不均等分布是多種因素共同產生影響的結果，這些因素包括國家的經濟發展水平，教育制度的性質，家庭所擁有的經濟資本和文化資本，父母親對子女的教育方式，學生的天份、努力程度與學習效度。

一個國家的經濟發展水平首先決定了可以在多大程度上支持整個社會的教育發展。其次，一個國家的經濟發展水平決定了整個國家對技術和管理人員的層級需求與規模需求，從而決定對學校培養所需人才的需求程度。與農業社會相比，工業社會需要生產者掌握更高的勞動技術，而且需要大量的科學家、工程師、管理人員和其他專業人員，這些人需要經過正規學校教育才能大批量地迅速培養出來。處於信息化時代的後工業社會則需要更多、更高層級的專業人士和管理幹才，因而需要更優秀和更大規模的高等教育。可見，隨著經濟水平的提高，對學校培養人才的層級與規模需求都會水漲船高。另一方面，經濟水平越高，國家的整體經濟產出能力越強，能夠創造出來的經濟價值越多，能夠為發展學校教育而提供的資金也就越多。這就是為何與農業社會相比，工業社會的教育要發達得多。在農業社會，比如在 1950 年代之前的臺灣和中國大陸，大部分人沒有讀書機會，正規學校教育基本上只是富裕家庭才能負擔得起的「奢侈」，在這樣的社會裡教育機會在個人之間、階級之間、男女之間、城鄉之間的差別都是巨大的。

經濟發展造成的教育機會擴大，尤其是大學層級以上教育機會的擴大，不會給國民帶來完全均等的得益。誰有機會進入大學、以至於最優秀的大學就讀？誰有機會接受碩、博士教育？這些在極大程度上取決於家庭的資源和家庭教育方式，也取決於青少年的一部分個人因素。

家庭是影響子女教育前途的最重要因素之一 (Coleman, 1990; Desforges and Abouchaar, 2003)。家庭經濟資源所起的作用是明顯的。雖然在經濟發達和比較發達的國家裡，這個因素對於中等以下的教育沒有決定性影響，然而，即使在這些國家，它的整體影響依然相當重要。以英、美為例，富裕的家庭可以把孩子送到教學質量更好、但是學費昂貴的私立小學、中學和大學讀書。在尚未開發或正處於開發之中的國家，財富較多的家庭可以把孩子送到國外的世界一流大學或二級優秀大學讀書。其次，上層階級和中產階級家庭都可以為子女提供豐富的學習資源和理想的家庭學習環境。所有這些條件，低收入家庭的孩子都不具備。此種物質性學習條件的差別在一定程度上可以解釋為何上層、中上層階級的子女會在整體學業表現上好於低收入家庭的子女。在貧困國家的農村地區，家庭經濟資源依然是決定子女一生教育機會的最重要因素。

家庭文化資源的多寡是影響子女教育機會的另一個極其重要的因素，在經濟發達或比較發達的國家，它的影響可能已經超過家庭經濟因素。伯恩斯坦 (Basil Bernstein)(1958) 在研究中發現，低收入家庭的父母親通常使用限制型語言 (restricted codes, 限制型符碼) 與子女對話，中產階級家庭的父母親通常採用精致型語言 (elaborated codes, 精致型符碼)。精致型語言重視文字的複雜、精確和變化，重視詞語和句子結構的豐富表達形式。在表述方面，使用精致語言的父母親比較善於對事物進行分類和描述，在需要時，也不吝因果關係分析，他們注重對事物、事理進行清楚和比較完整的表述。在對子女表達感情時，他們也會盡量利用語言的載體。與此相對照，限制型語言比較簡單，缺少文字和結構的變化，比如很少使用多種形容詞去描繪某種事物的性質，不用或極少使用狀語從句和定語從句，句子的主謂結構與排列缺少變換。限制型語言的文字缺乏細微的精準和差異區隔，語意比較籠統、含糊，聽的人必須知道當時的情境，對情境含義和語言的意義，必須與說話者有共同認知，才能聽懂說話者的意思。使用限制型語言的父母親，不重視對事物進行精細、清楚的陳述，不是特別重視因果關係分析，或者不懂得如何去做。比如，他們可能僅僅命令孩子「閉嘴」，而不是語氣節制地讓孩子不要吵鬧，同時向他解釋為何要停止吵鬧。此外，這一類父母親常常用肢體語言去表達自己對孩子的情感，而不是依靠完整、得體的語言表述。

父母親在使用某種類型的語言和表述方式與子女互動時，實際上是製造了一種需要子女作出反應的環境刺激 (語意環境和語言指代的現實世界)。使用精致型語言與孩子溝通的父母親為孩子製造了複雜和比較理性的環境刺激，使用限制型語言父母親只是製造了簡單、並且包含許多非理性成分的刺激。在日復一日、年復一年的不同環境刺激之下，中產階級家庭的孩子在作出反應的過程中，可以學到精致型語言，學到觀察事物的細微敏感性，以及對事物進行分類、描述和分析的能力；低收入家庭的孩子在兒童階段大體上只能掌握限制型語言，其觀察、描述和分析事物的能力通常會明顯低於前者。第一類孩子學到的正是學校重視和需要的能力，所以兩類孩子在進入學堂之後，理解和表達能力會出現明顯差異，學習成績、日後的升學和一生的教育機會自然也會出現顯著差異。

鮑里斯 (Bowles, 1977) 發現，由於職業地位和職業角色的關係，美國的上層和中上層階級人士形成了與下層階級有別的次文化，前者重視獨立自主，習慣於指揮別人，對未來的期待較高；後者習慣於服從，比較不強調獨立自主，對自己的未來期待很低。他們分別用自己的次文化立場去影響子女，結果孩子們接受了他們的次文化，在孩子之間形成了次文化的階級區隔。鮑里斯認為這種次文化差異是導致子女學習表現差異和教育機會差異的根本原因。是否次文化是決定教育機會的根本原因是一個有待爭論和進一步釐清的問題，此處無需多議，但是有一個事實已經得到實證研究的一再確認：青少年對最終要獲得何等層級教育的期待，會顯著影響其最終能夠獲得的教育機會 (Hao & Bonstead-Bruns, 1998; Kahl, 1953)。

教育制度的性質也會直接影響到教育機會的分配。學校的性別政策、學費政策、政治政策、招生政策、學習分流決策等都會對教育機會產生制約作用。

此外，學生居住地的區域差別、城鄉差別、平地與山區差別、城市富人區與貧民區的差別等，也會影響他們能夠獲取的教育機會。

就任何一個具體學習者所能獲得的學歷和知識而言，以上所說的都是環境因素的影響。但是如果把學歷和知識獲取的差別僅僅歸之於環境因素的影響無疑是片面的，因為學習者的某些個人因素也是導致其知識與學歷差異的重要原因和條件。

個人因素主要包括人的先天智能差別，學習努力程度的差別與學習效度的差別。諸多研究發現，從整體來看，在相同的社會條件之下，智商 (IQ) 較高的人通常會獲取較高學歷 (Deary et al., 2007; Sewell & Shah, 1967)。但是並非所有高智商者都能獲得最高學歷，並非所有智商較低者只能獲得較低學歷。比如在美國，智商最高、而且是上層階級出身的青年之中，有相當數量的人最終無法大學畢業；相反，智商最低、而且是出身於最貧窮家庭的青年之中，有一定數量的人卻能夠完成大學學業 (Sewell & Shah, 1967)。這些現象的主要導因是個人在努力程度與效度上的差異。

可見，如果低收入家庭子女肯於努力，並且注意改善學習效度，完全有可能扭轉乾坤，即便是其中的智商較低者，也存在能夠擺脫競爭弱勢的真實可能性。上層、中上層階級的子女雖然在家庭文化資本和經濟資本上占有競爭優勢，但是這些優勢不會自動轉化成為他們的學歷和知識，由前者向後者的轉化需要通過個人努力的中介，如果在個人努力上有嚴重缺失，這種缺失便會抵消他們的家庭資本優勢，使其變成學歷和知識上的弱者。

第五節　社會分層結構的再製與改變

如前所述，上層和中上層階級除了擁有低收入階級望而興嘆的經濟資本優勢之外，也擁有顯著的文化資本優勢，包括知識資本優勢；強勢族群與弱勢族群相比，在整體上也具有知識資本優勢。

不同階級在文化資本上的優勢或弱勢會通過家庭教育，經由文化資本的代際傳遞，由父母親一代的文化資本差異轉化成為子女一代的文化資本差異，進而轉化成為子女在學歷以及獲取實質性知識資本上的差異。在父母親一代和子女一代共同顯現出來的這種看起來似乎只是家庭之間的差異傳遞，實際上大體反映了階級之間的差異傳遞。與此同時，不同階級在經濟資本上的差異也會通過家庭的中介，轉化為對子女教育投資的差異，進而轉化為子女的學習成績差異、所獲文憑的不同和實質性知識資本的多寡對比。換言之，借助於父母親的文化資本和經濟資本優勢，上層、中上層階級的子女在整體上會比低收入家庭的子女獲取更好的教育機會和更多的知識資本，並且因此而擁有職場上的競爭優勢；此種競爭優勢可以在很大程度上解釋為何他們比低收入家庭的子女更容易獲得較好的職業、收入和社會地位。於是，出身於上層、中上層階級的子女大多數也可以獲得上層或中上層階級的職業和地位，在階級地位上與其父母親一致；出身於低收入家庭的子女，大多數人只能獲取較低層次的職業和收入，其地位與父母親也是大體一致。這種現象就是階級地位的代際傳遞。此種代際傳遞是導致階級分層結構得以再製性持續 (social reproduction) 的重要機制。迄今為止，尚無任何社會能夠成功阻遏和扭轉階級差別的再製趨勢。

在階級地位的代際傳遞過程中，傳遞是在所有適齡兒童公平入小學起跑、公平參加考試競爭、公平面對升學制度的選擇與淘汰等條件下實現的。學校由於實行這些公平的制度，其正當性與合理性受到社會的認可，結果，個人層面的學習成績和學歷差異通常被詮釋為天資和努力程度的差異，職業和收入的差異被詮釋為個人應予負責的邏輯性結果，由此而進一步衍生的階級地位差異也被視為自然而然的結果。

有些學者認為，形成這樣的認識有助於社會分層的正當化，符合上層階級的利益。他們認為正面肯定這樣的教育制度以及由此而生的代際知識資本差異傳遞和階級地位差異傳遞是社會主導階級 (上層、中上層階級) 建構的意識形態 (ideology)，上層階級通過貌似公平的教育與選擇制度使普通民眾在無意識之中接受了他們的意識形態。布爾迪厄 (Bourdieu, 1973) 認為這是上層階級運用巧妙手段把自己製造的意識形態強施於社會大眾的「符號性施暴」(symbolic violence) 過程。

與知識資本差異的代際傳遞導致階級地位的代際傳遞、進而導致階級分層結構的再製與持續相似，族群之間的知識資本差異也會經由家庭教育和學校再教育的途徑，呈現代際傳遞，進而導致族群分層結構的再製與持續。同樣，迄今尚無任何社會能夠成功地阻遏和根本扭轉這一趨勢。

需要指出的是，以布爾迪厄為代表的學者雖然正確指出了階級或族群分層結構的再製現象，但是卻忽略或淡化了與此伴隨的另外一種現象，即階級分層結構和族群分層結構正在發生局部改變——一種以教育為推手而促使形成的現象。

現代教育主要是通過兩種途徑去促成社會分層結構的轉變，其一是為經濟發展提供技術人才、管理人才和科學研究人才 (人力資本)，以此促進經濟規模的擴大以及國民生產總值 (GDP) 和經濟發展層級的提升。隨著經濟規模的擴大和生產力技術水平的層級提升，比如由勞動密集產業向生產較高附加價值的高技術產業轉化，社會分工的結構必然會發生相應變化：如前所述，在勞動力之中從事管理、研究和其他專業工作者所占的比例必然會不斷增加，而從事體力勞動和其他低收入勞動的藍領人士比例則會不斷減少。在工業化初期階段，企業家和從事管理、科研以及其他專業工作的人士通常在一個國家的所有勞動力之中僅占 10% 以下，在已經實現工業化的國家裡，這幾類人士所占的比例已達 40% 以上 (Beeghley, 2004)。由於職業與階級地位的高度相關，這種比例的變化意味著，在這些國家裡，中產階級和上層階級的規模已經由工業化初期占所在國總人口 10% 以下擴展為占總人口 40% 以上。在所有這些國家裡，普通勞動者階層所占的人口比例都有顯著的相應下降。這兩種變化雖然並不意味著階級分層結構已經出現根本性變化，但是明白無誤地顯示了階級結構的重大局部變化。這種變化離不開教育對經濟發展所做的貢獻，是教育參與推動經濟發展而衍生的間接結果。

現代教育輔助社會分層結構實現局部改變的第二個途徑，是向弱勢階級、弱勢族群和女性群體提供掌握知識資本的機會。由於越來越多低收入階級的孩子能夠接受大學教育，甚至獲取碩、博士學位，他們在畢業之後便有機會獲得較好薪職，從而進入上層或中上層階級的行列。越來越多弱勢族群的子女也是沿著這條道路登上了上層或中上層階級的台階。雖然眾多低收入家庭的孩子——包括弱勢族群的孩子——還無緣經歷這樣的社會升遷，但是依靠教育實現社會地位升遷的路真實地存在著，並且已經變得越來越寬廣。

通過教育實現地位升遷的最大收益者是女性。在工業化和後工業化社會裡，女性的教育機會與男性已經接近相等，他們獲取的知識資本使之能夠在越來越多的職業領域取得與男性相似的工作，得到與男性同事一樣的薪水和尊重。在這些國家裡，男女兩性的社會地位已經大踏步走向平等。

第六節　價值觀念與人格教育的意義

《深夜加油站遇見蘇格拉底》一書中的蘇格拉底說過一段很經典的話：「光有知識還不夠，知識沒有心。…生命所需要的不僅是知識而已，還得有熱烈的感情和源源不絕的能量。生命必須採取正確的行動，才能讓知識活過來。」正因為如此，除了知識傳承和鼓勵後來者「青出於藍而勝於藍」以外，教育也被社會賦予了人格教育和價值觀念教育的使命，雖然這第二種教育的實踐不像知識傳承那樣成功。

涂爾幹 (Emile Durkheim)(1893 / 1964, 1973) 認為文化包括價值觀念的共識 (collective representations, 集體表述) 是社會秩序賴以存在、社會得以正常運作的基礎，即使在社會分工很發達、個人主義傾向已經很強烈的社會裡，文化與價值觀念的關鍵性共識依然十分重要。所以他主張教育需要包含道德教育，主張通過此種教育強化社會整合，維繫社會分工，確保每個人在社會分工的架構內扮演好自己的角色。他在《道德教育》一書中指出，要特別注意在三個方面形塑青少年的人格和價值觀念：1. 對集體 (包括社會) 的歸屬感 (attachment to social groups)。2. 遵守規範的紀律性 (spirit of discipline)。3. 獨立自主的精神 (autonomy / self-determination)。現在世人所說的愛國主義、對公司的忠誠、對母校的熱愛等等屬於第一類；服從法律、忠於職守、遵守紀律、嚴於自律、盡父母本分和兒女孝道等等屬於第二類；要懂得自立、要展現創意、要富有個人特色等等屬於第三類。

有許多學者注意到，文化——包括進取性價值 (achievement values)——在幫助個人、群體和國家的發展方面扮演著十分重要的角色 (Huntington & Harrison, 2000; Inglehart, 1997)。進取性價值指的是行為者欣賞、追求的人生目標以及有助於達致人生目標的行為原則，例如對未來的某種高度期待，與實現期待相關的艱苦奮鬥原則、靈活適應原則、謀求卓越的原則，追求創意的原則、思想開放和勤於學習、勤於知識更新的原則。

亨廷頓對獨立之後的韓國與非洲加納做過審慎比較，根據他的觀察，兩個國家都經歷過外國殖民統治，在獨立時的經濟發展水平彼此相似，但是在過了數十年之後，韓國變成了亞洲四小龍之一，加納的經濟幾乎沒有多少發展，原因在於兩個國家的文化差異。亨廷頓所說的文化包括艱苦奮鬥、重視教育與投資等等，在這些方面，韓國遠遠強於加納。

進取價值和涂爾幹所說的那些價值觀念、人格素質都可以通過家庭、學校和社會的教育加以培養。但是，與新時代和各國國情相適應的道德與人格教育是一項十分複雜、艱巨的工作，面臨多種挑戰有待解決。

重要名詞

知識資本 (knowledge capital)：可以用於達致個人、群體或國家目標的各類知識資源。

教育機會 (educational opportunity)：接受正規學校教育的可能性，包括經由教育制度確立、可以為個人所利用的教育機會，以及個人實際獲得的受教育機會。

教育機會分布 (distribution of educational opportunity)：實際獲得的教育機會在個人之間、群體之間、地域之間或國家之間的分布狀況。

文化資本 (cultural capital)：可以用來幫助達致某種目標——如獲取良好學校教育，獲取某種職位、收入和社會地位——的文化性資源，包括語言能力、認知能力、知識、技能、文憑、進取性價值觀念等等。

經濟資本 (economic capital)：可以用來幫助達致某種目標——如獲取良好學校教育，獲取經濟利潤——的經濟資源。

代際社會地位傳遞 (inter-generational transfer of social status)：子女一代對父母親一代在社會地位——如階級地位、族群地位——上的複製。

社會分層結構再製 (reproduction of social stratification)：社會分層結構——如階級分層、族群分層、性別群體分層——的複製與持續。

問題與討論

1. 知識資本的重要性在不同歷史時期有何體現？
2. 有哪些因素會對教育機會的實際分布產生重要影響？它們分別是怎樣產生影響的？
3. 教育與社會分層結構的再製與改變有何關係？
4. 社會可以怎樣幫助弱勢群體或個人改善其教育機會？弱勢群體或個人可以怎樣幫助自己？
5. 人格教育和價值觀念教育在當今時代有何重要意義？

推薦書目

Becker, Gary S., 1975, *Human Capital: A Theoretical and Empirical Analysis, with Special Reference to Education* (2nd ed.), New York: Columbia University Press for NBER.

Karabel, Jerome & Halsey, A. H., 1977, *Power and Ideology in Education*, New York: Oxford University Press.

參考書目

Beeghley, Leonard, 2004, *The Structure of Social Stratification in the United States*, Boston: Pearson, Allyn & Bacon.

Bernstein, Basil, 1958, Some Sociological Determinants of Perception, *British Journal of Sociology*, 9(2): 159-174.

Bourdieu, Pierre, 1973, Cultural Reproduction and Social Reproduction. In Richard Brown (Ed.), *Knowledge, Education, and Cultural Change*, London: Tavistock, 71-112.

Bowles, Samuel, 1977, Unequal Education and the Reproduction of the Social Division of Labor. In Jerome Karabel & A. H. Halsey (Eds.), *Power and Ideology in Education*, New York: Oxford University Press, 137-152.

Chang, Johannes Han-Yin, 1995, Singapore: Education and Change of Class Stratification, *Southeast Asian Studies*, 32(4): 455-476.

Coleman, James S., 1990, *Equality and Achievement in Education*, Boulder: Westview Press.

College Board, 2003, *College Board Seniors 2003, A Profile of SAT Program Test Takers*, New York: The College Board.

Collins, Randall, 1979, *The Credential Society: An Historical Sociology of Education and Stratification*, New York: Academic Press.

Deary, Ian J., Strand, S., Smith, P. & Fernandes, C., 2007, Intelligence and Educational Achievement, *Intelligence*, 35(1): 13-21.

Desforges, Charles and Abouchaar, Aberto, 2003, *The Impact of Parental Involvement, Parental Support and Family Education on Pupil Achievement and Adjustment: A Literature Review*, Research Report RR433, Department for Education and Skills, UK:

Queen's Printer. http://www.dcsf.gov.uk/research/data/uploadfiles/RR433.pdf

Drucker, Peter, 1959, *Landmarks of Tomorrow*, New York: Harper and Bros.

Durkheim, Emile, 1893 / 1964, *The Division of Labor in Society*, New York: Free Press.

---, 1973, *Moral Education: A Study in the Theory and Application of the Sociology of Education*, New York: Free Press.

Hao, Lingxin & Bonstead-Bruns, Melissa, 1998, Parent-Child Differences in Educational Expectations and the Academic Achievement of Immigrant and Native Students, *Sociology of Education*, 71(3): 175-198.

Huntington, Samuel P. & Harrison, Lawrence E., 2000, *Culture Matters: How Values Shape Human Progress*, New York: Basic Books.

Inglehart, Ronald, 1997, *Modernization and Postmodernization: Cultural, Economic, and Political Change in 43 Societies*, Princeton, NJ: Princeton University Press.

Kahl, Joseph A., 1953, Common Man Boys, *Harvard Education Review*, XXIII, 3.

Ko, Yiu-Chung, 1998, Status Attainment. In Stella R. Quah, Chiew Seen Kong, Ko Yiu Chung and Sharon Mengchee Lee (Eds.), *Social Class in Singapore*, Singapore: Centre for Advances Studies, National University of Singapore and Times Academic Press, 220-243.

Sewell, H. William and Shah, Vimal P., 1967, Socioeconomic Status, Intelligence, and the Attainment of Higher Education, *Sociology of Education*, 40(4): 1-23.

社會不平等

內容提要

傳統社會學研究社會不平等的最主要模式是社會階級模式，這個模式有以下三大特點：一、將社會不平等視為團體間的不平等而非個人間的不平等；同一社會階級的成員在某種程度上有著共同的社會性質和命運。二、它們把社會不平等的結構描述成垂直式的。三、社會不平等的主要面向是所得、教育、聲望和權力，在實際的研究上，又以「職業」作為上述四個面向的主要關涉點。然而我們認為社會階級模式遠不足以描述非常複雜的社會不平等真相 (尤其是當代先進福利社會中的不平等現象)，因此本章亦會介紹「水平式不平等」及「社會不平等的個人化」等較新的社會不平等概念。個人化趨勢使個人獲得越來越多的選擇生活風格的自由，因此生活風格不但不再只是由階級所決定，而且生活風格本身已經成為社會分類的指標。

人類為了實現生活目的、滿足生活需要，必須擁有一些條件和手段，然而這些條件和手段在社會成員間的分配是不平等的。社會不平等指的便是社會成員在生活所需的條件和手段上的差異性。傳統的社會學在談論社會不平等時，並不強調個人間的不平等，而是先把社會成員劃分到幾個社會類別中，再去談這些社會類別間的不平等。

傳統社會學研究社會不平等的最主要模式是社會階級模式。儘管對社會階級如何劃分、如何測量的問題，學者間有許多不同的看法，但我們都無法否認，社會階級模式源自馬克思的理論。

第一節　古典的社會不平等理論

一、馬克思的階級理論

馬克思的階級概念不只是一種社會分類而已。馬克思所謂的階級是存在於生產關係中的，並且與以下三個關鍵性質有關：

1. 生產關係中的剝削關係 (在生產關係中必然存在著剝削關係)；
2. 階級成員的共同利益；
3. 階級意識 (而且無產階級的階級意識最終會發展成革命意識)。

馬克思在談到法國的小農時，曾明確地說，當這些小農間只有地方性的關聯，而無**共同利益**時，他們還不是一個階級 (Marx, 1969: 198)。至於階級意識，從馬克思的觀點而言，階級是一種客觀存在 (所謂「階級實在主義」[Klassenrealismus][Kreckel, 1997: 124, 150-152])，與該階級成員是否有階級意識無關。然而馬克思、恩格思在《德意志意識形態》的名言：「意識從來不能有異於被意識的存在，而人類的存在即是其生活過程。」(Marx / Engels, 1988a: 212)、「不是意識決定生活，而是生活決定意識。」(Ibid.: 213) 則階級作為一種客觀存在，必然會產生階級意識。因此，馬克思理論中的社會階級具有以下三大特色：

1. 階級關係即生產關係中的剝削關係，因此一定要從剝削關係著手，才有辦法劃分階級；
2. 同一社會階級的成員擁有共同利益；

3. 一個社會階級的成員尚未形成階級意識，並不影響此一階級的存在，然而階級成員或早或晚必然會發展出階級意識。

二、韋伯的階級及「身分團體」理論

馬克思之後，韋伯對社會階級理論亦做出了非常重要的貢獻。與馬克思不一樣的是，韋伯對階級和「身分團體」(Stände; status groups) 做了區分。

韋伯所謂的階級，其含義較馬克思的階級狹窄。韋伯主張，階級指涉的只是商品和勞動市場上的機會，這種市場上的機會是決定個人**命運**的共同條件，所謂階級位置實即「市場位置」(Weber, 1972: 532)。

身分團體則是一種社群，「身分團體位置」是指「一群人生活**命運**的典型成分」，其主要決定因素是正面或負面的「聲望」(Ehre, 亦可譯為榮譽)，而聲望又與某種「**共同的性質**」有關 (Ibid.: 534)。因此，如果一群人的命運與商品和勞動市場上的機會無關，而是由其他因素所決定，他們便不是階級，而只能是身分團體 (奴隸即為一例)(Ibid.: 532)。

韋伯的身分團體概念，其社群性質及「生活命運的典型成分」概念 (亦即身分團體成員具有共同命運)，其實與馬克思的階級概念是頗為相似的。不過韋伯所謂的生活命運牽涉的不只是生產關係，因此韋伯的身分團體概念要較馬克思的階級概念廣義。至於韋伯的階級概念則較馬克思的階級概念狹義，因為韋伯的階級概念與「市場機會」有關，那麼如果某一社群的命運與市場機會無關，該社群就不能稱之為階級。因此韋伯的階級概念只適用於商品和勞動市場已成形的社會。

馬克思之後的階級理論，有的已不再強調剝削關係，且不認為勞工階級的階級意識必然會發展成革命意識。然而，從馬克思傳統而來的階級概念，是不能脫離「階級成員具有共同利益 (而且是關鍵性的共同利益)」和「階級意識」兩項概念的。

第二節　社會階層的概念

傳統社會學研究社會不平等時的另一個常見辭彙是「社會階層」[1]。社會階層一詞的含義較廣泛，也較不確定。其實階層與階級的含義經常是有重疊性的。階層一詞的含義及其與階級一詞的關係，至少可區分為以下四種情形：

1. 階層常被用作一個較廣義的名詞，階級則為其下的一種階層制度或階層化現象。許多社會學的教科書 (如謝高橋，1982：281-185；Browne, 2000: 15-19; O'Donnell, 1999: 177-181) 將喀斯特、封建制度和階級視為三種主要的階層制度，而前兩者並不存在於現代工業社會，則在現代工業社會中，階層與階級幾乎是同義詞。當然，社會階層的類型不只以上三種，例如英國社會學者 Saunders 在《社會階級和階層》一書中，指出性別和種族也是(有別於階級的) 社會階層指標，階級只是社會階層概念下的一種類型，唯 Saunders 此書談的只有階級 (1990: 2)。又如 Grusky 主編的《社會階層化：社會學視野中的階級、種族和性別》(1994)，明顯地將階級、種族和性別視為三種社會階層的類型。
2. 階層既然常被視為一個廣義的名詞，且在現代工業社會中階層概念與階級概念的關係最為密切，因此便有學者認為階級模式是階層劃分的理論根源，例如許嘉猷曾說：「社會階層化偏向社會結構的描述面，而社會階級則是較具有分析性的，探討社會階層形成的原因。…社會階層的形成是依據社會階級而來，同時又反映社會階級。」(1986: 7) 堅持階級概念的社會階層研究者，大概都會這麼說。
3. 然而也有學者認為階層概念係從韋伯的理論發展而來，階級則是馬克思，這便牽涉到階級、階層研究中馬克思與韋伯取向的不同。有些學者認為，韋伯的架構可說是多面向的，包含了多個指標，因此便主張選擇指標 (變項) 來測量地位，並認為這種方法是源自韋伯的理論 (參閱蔡淑玲，1989：78-79；黃偉邦，1993：244)。然而前面我們已經說過，韋伯與馬克思的架構其實是有共同性的，而選擇指標來測量地位的方式，恐亦脫離了韋伯的

[1] 據德國學者 Geißler (1990: 81-88) 的看法，社會階層概念的首位發揚者是德國社會學家 Theodor Geiger (1932)(雖然 Geiger 並非社會階層一詞之發明者)。Geiger 認為，社會階層包含了客觀層面的「社會位置」(Soziallage) 與主觀層面的「氣質」(Mentalität)，兩者之間並有相關性存在 (Ibid.: 12, 113)。

傳統。這就形成以下必須詳做說明的第四種情形。

4. 學者純粹以量化的指標來測量職業、個體 (或家戶) 在社會階層中的位置，其結果是徹底背離了馬克思和韋伯的理論。如果不根據某種階級理論建構出階層結構，而是選擇一或多個量化的指標，建構出一個數值連續體，再在這個連續體上選擇分層的界線，其結果是無意義的。拿最簡單的例子說，以月所得為指標，並將 NT$ 30,000 以下劃為下階層、NT$ 30,000～80,000 為中階層、NT$ 80,000 以上為上階層。這種劃分法的問題首先是，分層點為何要落在 30,000 和 80,000？而不是 28,976 和 83,167？根本毫無道理可言，因此筆者稱其為「任意分層的量化階層模式」。其次，月所得界於 30,000 和 80,000 間的個體，我們並無理由相信他們具有關鍵性的共同利益，則他們被分在同一階層，有何意義？

在以上四種情況的前三種，社會階層一詞與階級一詞有含義上的重疊性 (唯第三種情況與第四種情況間的界線不明)，第四種階層概念，則與階級概念無關。

第三節　社會不平等的新模式

雖然學者對如何劃分階級 (階層) 意見分歧，但只要是以階級或階層模式來描述社會不平等，都有下列共同之處：

1. 社會階級 (階層) 模式描述的社會不平等是團體 (亦即階級或階層) 間的不平等。對於個人而言，不平等與其階級 (階層) 屬性間有密切的相關性。此種模式並且假定，同一階級 (階層) 的成員具有關鍵性的共同社會性質與共同命運[2]。
2. 社會階級 (階層) 模式把社會不平等的結構描述成垂直式的 (例如「上、中、下階級 [階層]」)(Hradil, 1987b: 121; Kreckel, 1985: 307, 1987: 93-94)。
3. 依據社會階級 (階層) 模式，社會不平等的主要面向為所得、教育、聲望、權力，在實際的研究上，此模式又以「職業」作為上述四個面向的主要

[2] 有些學者可能會認為「共同利益」只涉及經濟因素，況且韋伯又提出了一個與「聲望」概念有關的「身分團體」，因此我們使用較廣義的「共同命運」一詞。

關涉點 (Hradil, 1987b: 117, 1983: 101; Berger / Hradil, 1990: 5-6) [3]，並假定被分析的社會是「工作社會」(Kreckel, 1985: 307, 1987: 94)，亦即一充分就業之社會；換言之，社會不平等的基礎是工作與生產關係 (Kreckel, 1985: 307)。因此，社會階級 (階層) 模式主要係以男性、成年的「正常公民」為主要的分析對象 (Kreckel, 1982: 618)。而無經濟自主性的社會成員，或者根據他們的經濟支持者 (例如家庭主婦根據其丈夫、未成年人根據其父親或母親) [4]，或者根據他們從前 (例如退休者)、根據他們未來 (可能)(例如學生) 的經濟活動，來決定其隸屬之階級 (階層)(Kreckel, 1985: 307, 1987: 95)。

特別是上述第三項特性，使社會階級 (階層) 模式無法含蓋所有的社會成員、社會部門和社會次體系，因此自 60 年代末，學界即越來越傾向以較廣泛的「社會不平等」概念取代之 (參閱 Kreckel, 1982: 617)。社會不平等的真實結構要比社會階級 (階層) 模式所描述的複雜得多。尤其是新近才形成或才顯得重要的社會不平等新面向，並非對所有的人、在所有的時候、在每一個生活範圍內都有著相同的重要性 (Hradil, 1987b: 124-125)。以下我們介紹一些比較新的探究社會不平等的模式。

一、布爾迪厄論階級品味與風格

「生活風格」是一個較晚才為階級 (階層) 研究者注意到的面向。70 年代，法國學者布爾迪厄 (P. Bourdieu) 提出以生活風格 (Lebensstil) 作為社會不平等的新分析面向，影響深遠。然而，布爾迪厄並未放棄階級概念，而是認為「社會空間」(Sozialer Raum) 有兩個層面，其一是社會位置 (Stellung; Position)，其二是「生活風格空間」(Raum der Lebensstile)。社會位置牽涉的是客觀的生活條件，具有相同位置的人組成某一階級；生活風格則是行動者在象徵體系中的外顯行為 (Bourdieu, 1985: 9-46, 1998: 171-399)。聯結社會位置 (客觀的生活條件) 與生活風格的是 Habitus (習性；習得的性質)，亦即，客觀的

---

[3] 國內研究社會階層的學者許嘉猷亦將社會階層的主要層面分為經濟面 (不平等面向為所得分配)、政治面 (不平等面向為權力分配) 及社會面 (不平等面向為職業聲望之高低)，見許嘉猷 (1986: 47-103)。

[4] 這就導致傳統的階級或階層模式的具體分析對象是家庭，Schumpeter 很早就曾說過：「家庭，而非具體的人，是階級理論中的真實個體。」(1953: 158) 參閱 Kreckel (1997: 122-123)。

生活條件塑造出 Habitus，Habitus 又決定了生活風格 (Bourdieu, 1974: 125-158, 1998: 277-404; 特別是 1998: 280 之附圖)。

布爾迪厄並未放棄階級模式。對布爾迪厄而言，生活風格是階級在象徵體系中的外顯形式；他談的是「**階級**品味與生活風格」(強調為筆者所加)(1998: 401)。布爾迪厄之後許多研究生活風格的社會學者，都是將生活風格視為階級 (階層) 的依變項，例如 Grusky 主編的《社會階層化：社會學視野中的階級、種族和性別》一書，便將有關〈生活風格和消費模式〉的兩篇論文，置於該書第五部分〈階層化的結果〉(The Consequences of Stratification)。

在社會階級 (階層) 模式的起源國——德國，卻有部分社會學者 (以 Beck、Berger、Hradil 及 Kreckel 為代表) 主張徹底揚棄階級 (階層) 概念。他們認為，尤其是在當今最先進的工業社會，社會階級 (階層) 模式已不適合被用來分析社會不平等，因此主張以新的概念和模式取代社會階級 (階層) 模式。水平式不平等及不平等的個人化，是摧毀階級 (階層) 模式的兩個主要概念。

二、Kreckel 的「中心與邊緣」模式

Kreckel 認為，除了垂直式的階級 (階層) 不平等，地域、性別與年齡是三種主要的水平式不平等 (1998: 36-37)。與「水平式不平等」的概念相呼應，Kreckel 主張以「中心與邊緣模式」取代垂直式的社會階級 (階層) 模式 (1987: 98)。此一模式的靈感來自 Wallerstein 的世界體系理論，因此，Kreckel 的中心與邊緣模式不僅是一種圖象概念的轉換 (由「垂直」轉成「水平」)，它還主張對於社會不平等的分析一定要以世界體系為脈絡，外籍勞工的社會處境即是一個例子。至於現有的社會階級 (階層) 模式，在經驗分析上則多以單一 (民族國家) 社會為範圍 (1987: 96; 有關此一模式最詳細的敘述見 Kreckel, 1997: 32-51；另可參閱 Wallerstein, 1983; Beck, 1997: 100-105, 106)。

如同前述，中心與邊緣模式是對水平式不平等的一種呼應，是想以中心與邊緣的「比喻」來取代垂直式不平等的「比喻」。Kreckel 認為，後者無法適當地形容許多種類的社會不平等，例如男女不平等 (1997: 39)。中心與邊緣的比喻則較能全面形容各種社會不平等現象 (Ibid.: 41)，能包容複雜的、同時存在的各種社會不平等 (Ibid.: 42-43)。

三、Hradil 的「社會位置」模式

Hradil 則欲以社會位置模式取代社會階級 (階層) 模式。Hradil 將社會不平等定義為實現普遍被接受的生活目標時的機會不平等 (1987a: 141, 1987b: 128)。由於普遍被接受的生活目標 (亦即人們的需求) 不只一個，社會不平等的結構因此是十分複雜的。欲分析此一十分複雜的社會不平等結構，Hradil 主張先根據不同的生活目標找出與之相對應的不平等生活條件的面向。例如「富裕」作為生活目標，其實現手段為「金錢」，金錢即是追求富裕時的不平等面向 (1987a: 146-151, 1987b: 129-130)。有了生活目標及與之相對應的不平等生活條件面向的概念，即可進一步界定社會位置。在界定社會位置時，要注意的是，某一不平等生活條件的面向並非對所有的社會成員都有相同的重要性；亦即，不同的不平等生活條件對不同的社會位置有不同的重要性 (1983: 108, 112-113)。

在表 1 中，Hradil 列出了十種需求 (生活目標)，並歸納出經濟、社會福利和社會三個不平等面向，三個不平等面向又各自包含數個不平等的生活條件。

不同的社會位置，各有其最重要和次重要的不平等面向。例如對於權力菁英而言，最重要的是正式權力，次重要的是金錢、正式教育和聲望。某一社會位置的高、低，係綜合考量其在對其最重要和次重要的不平等面向上所擁有

表 1　社會不平等面向

需　求	不平等面向	不平等的生活條件
富裕 成功 權力	經濟面向	金錢 正式教育 職業聲望 正式權力位置
安全 減輕負擔 健康 參與	社會福利面向	失業和貧窮風險 社會擔保 工作條件 休閒條件 居住 (生態) 條件 民主制度
整合 自我實現 解放	社會面向	社會關係 社會角色 歧視／聲望

資料來源：Hradil (1987a: 147)

的機會而定 (Hradil, 1987a: 151-157, 1987b: 133-135)。在表 2 中，Hradil 列出了 (兩德統一前) 西德社會的十三種社會位置，並指出每一種社會位置主要及次要的不平等生活條件面向及其形式。不平等生活條件面向及其形式後之數字，則表示某一社會位置在某一生活條件上所擁有的不平等機會，1 表示機會最大，數字越大表示機會越小。(在下文中，筆者會以高或優表示 1-2；以中等表示 3-4；以低或差表示 5-6)

先舉一個例子說明此表的讀法。例如「富人」此一社會位置，金錢是其主要的不平等生活條件面向及形式，1 代表富人擁有最大的爭取金錢此一生活條件的機會，此亦即富人此一社會位置的主要標誌及其高或低於其他社會位置的關鍵因素。對於富人而言次要的不平等生活條件面向及形式包括正式教育 (1-3)、聲望 (1-2) 及正式權力 (1-3)，雖然富人也可能擁有最大的爭取正式權力的機會，但正式權力之所以不是富人此一社會位置的主要不平等生活條件面向及形式，是因為富人之所以是富人，主要的憑藉仍是金錢。至於這四項生活條件以外的其他生活條件，並非富人所不需要，而是說它們與富人此一社會位置的形成及其高或低於其他社會位置只有較小的相關性。當然，在某一不平等生活條件上的劣勢，亦可作為某一社會位置的主要或次要的不平等生活條件面向及形式。例如，(無工作之) 窮人，其在爭取金錢此一生活條件上的機會是最低的 (6)，此即為窮人此一社會位置的主要標誌。

第四節　社會不平等的個人化

一、個人化的含義與形成原因

如同前述，社會階級 (階層) 模式在分析社會不平等時係以團體 (亦即階層或階級) 為單位。然而當今的先進工業社會，由於經濟之富裕，及 (在各國規模大小不一的) 社會福利制度之建立，個人所掌握的資源、社會安全和流動性均有所增加，使個人的生活方式越來越少受到外在社會位置的影響 (Hradil, 1987b: 122, 1987a: 161)。所得及生活水準、教育程度、社會流動性的提高，使社會不平等越來越成為個人的事 (Beck, 1986: 122-131)，此即「社會不平等的個人化」，其原因是：此三項指標之提昇，消除了作為階級建構前提的貧窮化和異化 (Entfremdung)(Ibid.: 132-133)，這因此引發了「在先進工業社會中，階

表2　西德社會中之社會位置

社會位置名稱	主要的不平等生活條件面向及其形式	次要的不平等生活條件面向及其形式	
權力菁英	正式權力 1	金錢 1-2 聲望 1-2	正式教育 1-2
富人	金錢 1	正式教育 1-3 正式權力 1-3	聲望 1-2
教育菁英	正式教育 1	金錢 2-3 正式權力 2-3	聲望 1-2
經理人員	正式權力 2	金錢 1-2 聲望 2 休閒條件 3-4	正式教育 1-2 工作條件 2-4
專家	正式教育 2	金錢 1-3 正式權力 2-4 休閒條件 2-4	聲望 2-3 工作條件 2-4
學生	正式教育 3	金錢 3-5 休閒條件 1-3	工作條件 1-3
具微小風險之「普通收入者」	金錢 3-4 風險 1-2	正式教育 3-4 正式權力 3-4 休閒條件 1-2	聲望 3-4 工作條件 1-3 居住條件 2-3
具中等風險之「普通收入者」	金錢 3-4 風險 3-4	正式教育 3-4 正式權力 3-4 休閒條件 2-4 社會擔保 2-4	聲望 3-4 工作條件 2-4 居住條件 2-4
具高風險之「普通收入者」	金錢 3-4 風險 5-6	正式教育 4-5 正式權力 4-5 休閒條件 2-4 社會擔保 3-5	聲望 4-5 工作條件 3-5 居住條件 3-4
退休者	金錢 2-4 社會角色 4-5	聲望 4 休閒條件 3-4 民主制度 4-5	社會擔保 3-5 居住條件 2-5 社會關係 3-5
(長期) 失業者	金錢 4-5 風險 5-6	正式教育 4-5 社會擔保 4 民主制度 4-5 社會角色 4-5	聲望 4-5 居住條件 2-5 社會關係 3-5
(無工作之) 窮人	金錢 6	聲望 5 休閒條件 3-5 民主制度 4-5	社會擔保 4-5 居住條件 4-5 社會關係 3-5
邊緣團體	歧視 5-6	金錢 3-5 社會擔保 3-5 民主制度 4-6	正式教育 4-5 居住條件 3-6 社會角色 4-6

資料來源：Hradil (1987a: 154-156)

級或階級衝突是否已不存在？」的問題 (參閱 Beck, 1983, 1986: 121-160; Giegel, 1987)。但這不是說不平等因此不見蹤影，相反地，人類社會充斥著越來越多的風險及風險的不平等分配，然而風險的不平等分配也個人化了 (Beck, 1986: 158)。

「社會不平等的個人化」是反階級 (階層) 模式的核心論點之一，以下要探究的是 Hradil 的生活風格與社會氛圍概念。這兩個概念與不平等的個人化的相關性在於：Hradil 使生活風格與階級 (階層) 概念脫離開來，並認為個人可主觀決定其生活風格。Hradil 又使生活風格成為社會分類的標準。

二、生活風格與社會氛圍 (soziale Milieus)

因此，Hradil 主張，在社會不平等的研究上，主觀因素與客觀因素是可以區別開的，雖然這並不否定兩者間可能有相關性存在 (1987a: 161-162)。值得注意的是，主觀因素一方面屬於個人的認知層面，但外在因素的影響、互動的過程、集體行為，會使某些不同的個人擁有某些相同的態度、氣質或意識類型，這就使得我們可以歸納出一些「生活風格」類型，而且這裡所謂的生活風格，並非具體的個人的日常思想與行為，而是經過研究者抽象化的某一社會群體的典型行為方式 (Ibid.: 163-164)。社會不平等的客觀與主觀因素可以視為兩個不同的面向來分析，生活風格也不再是某一階級、階層或社會位置的附屬性質，而是生活風格本身便可作為社會分類的標準[5]，而且某一特定的「生活風格族群」是貫穿分布於不同的階級、階層或社會位置，同一生活風格族群中的個人，亦未必有著共同的命運，這便是一種個人化的現象。

擁有共同生活風格的人組成某一「氛圍」(Hradil, 1987a: 165)，氛圍與其組成者的主觀動機、目標有關，也與其組成者行動的客觀條件與後果有關 (Ibid.: 166)。氛圍 (或者社會氛圍) 又可分為微氛圍 (Mikromilieus) 和大氛圍 (Makromilieus) 兩種，前者其成員間有直接的接觸 (例如具有相同生活風格的朋友圈子)，後者則包括 (某一社會) 所有擁有相似生活風格的個人，儘管他們可能從未有過接觸 (Ibid.: 167-168)。

在社會位置的模式中，Hradil 已經表達了「不同的不平等生活條件對不同的社會位置有不同的重要性」的觀念，在氛圍模式中，Hradil 則強調「不同的

[5] Karl H. Hörning 及 Matthias Michailow (1990) 亦認為，生活風格是一種社會形成 (Vergesellschaftung)、社會整合的形式。

生活目標對不同的氛圍有不同的重要性」的觀念。當然，這些生活目標都是普遍被接受的，只是對不同的人有不同的重要性。

早在 1979 年，Nowak & Sörgel 社會科學中心 (簡稱 SINUS) 即開始研究德國人的生活風格與社會氛圍 (用的是非結構性的訪問法)(參閱 Hradil, 1987a: 127)。1984 年，該中心公布為德國香煙製造商 Reemtsma 公司所做的一項研究 (SINUS, 1984)，建構出西德社會中的七種氛圍。Hradil 將這七種氛圍與生活目標的概念相結合，(主觀) 界定出各氛圍的主要生活目標及與其相對應的不平等生活條件面向。

SINUS 提出此一模式後，甚至年年調查各氛圍佔西德 (後來也及於東德) 人口的比例，表 3 是 1997 年西德的調查結果 (其氛圍分類與 1979 年的原型有部分出入)。

表 3　西德社會氛圍之人口比例 (1997)

氛　圍	人口比例 (%)
保守技術官僚氛圍	10.2
小市民氛圍	14.2
傳統勞工氛圍	4.8
非傳統勞工氛圍	4.8
現代勞工氛圍	7.2
進取向上氛圍	17.9
現代市民氛圍	8.1
自由一知識氛圍	9.7
享樂主義氛圍	11.4
後現代氛圍	6.0

資料來源：Jacob (1998: 65)

比較表 3 和表 2 即可知，社會位置的界定牽涉的是不平等生活條件面向，氛圍的界定牽涉的則主要是生活目標。生活目標上的差異並非不平等，所以，原則上氛圍並非社會不平等的現象。然而，生活目標的實現有賴生活條件上的機會，這就使得氛圍與不平等有了相關性：某一社會氛圍的主要生活目標決定了何種生活條件對該氛圍成員較重要，也因此決定了何種生活條件上的不平等對該氛圍成員較敏感 (Hradil, 1987a: 166-167, 1987b: 136)。

重要名詞

社會不平等 (social inequality)：社會成員在生活所需的條件和手段上的差異性，這種差異性通常被理解為社會地位的差異性。

社會階級 (social classes)：主要源自馬克思的理論。社會階級是生產關係所決定的命運共同體。

身分團體 (status groups)：身分團體是一種社群，「身分團體位置」是指「一群人生活命運的典型成分」，其主要決定因素是正面或負面的「聲望」，而聲望又與某種「共同的性質」有關。

社會氛圍 (social milieus)：擁有共同生活風格的人組成某一氛圍。

個人化 (individualization)：個人選擇的自由增加的過程。

問題與討論

1. 試述社會階級理論的主要特色。
2. 請說明布爾迪厄如何看待風格與社會階級的關係。
3. 試述 Hradil 的社會氛圍模式。
4. 社會不平等的個人化是如何形成的？試舉例說明之。

推薦書目

許嘉猷，1986，**社會階層化與社會流動**，臺北：三民。

孫治本，2001，〈個人主義化與第二現代〉，**中國學術** (北京：商務印書館發行)，第五輯：262-291。

Crompton, Rosemary, 1993, *Class and Stratification: An Introduction to Current Debates*, London: Polity Press.

Giddens, Anthony, 1973, *The Class Structure of the Advanced Societies*, London: Hutchinson.

Grusky, David B. (Ed.), 1994, *Social Stratification: Class, Race, and Gender in Sociological Perspective*, San Francisco: Westview Press.

Saunders, Peter, 1990, *Social Class and Stratification*, London: Routledge.

參考書目

Browne, Ken 著，王振輝、張家麟譯，2000，**社會學入門**，臺北：韋伯文化。

O'Donnell, Gerard 著，朱柔若譯，1999，**社會學精通**，臺北：揚智文化。

許嘉猷，1986，**社會階層化與社會流動**，臺北：三民。

黃偉邦，1993，〈社會階層化〉，**社會學新論**，李明堃、黃紹倫主編，臺北：商務，237-259。

蔡淑鈴，1989，〈中產階級的分化與認同〉，**變遷中臺灣社會的中產階級**，蕭新煌編，臺北：巨流，77-96。

蕭新煌，1994，〈新中產階級與資本主義：台灣、美國與瑞典的初步比較〉，**階級結構與階級意識比較研究論文集**，許嘉猷編，臺北：中研院歐美所，73-108。

謝高橋，1982，**社會學**，臺北：巨流。

Beck, Ulrich, 1983, Jenseits von Klasse und Stand?－Soziale Ungleichheit, gesellschaftliche Individualisierungsprozesse und die Entstehung neuer sozialer Formationen und Identitäten. In Reinhard Kreckel (Hg.), *Soziale Ungleichheiten*, Göttingen: Otto Schwartz & Co., 35-74.

---, 1986, *Risikogesellschaft－Auf dem Weg in eine andere Moderne*, Frankfurt / M.: Suhrkamp.

---, 1991, Der Konflikt der zwei Modernen. In demselben, *Politik in der Risikogesellschaft*, Frankfurt / M.: Suhrkamp, 180-195.

---, 1993, *Die Erfindung des Politischen*, Frankfurt / M.: Suhrkamp.

---, 1997, *Was ist Globalisierung*, Frankfurt / M.: Suhrkamp.

Beck, Ulrich (Hg.), 1998a, *Kinder der Freiheit*, Frankfurt / M.: Suhrkamp.

---, 1998b, *Die Zukunft von Arbeit und Demokratie*, Frankfurt / M.: Suhrkamp.

Beck, Ulrich / Beck-Gernsheim, Elisabeth, 1994, Individalisierung in modernen Gesellschaften－Perspektiven und Kontroversen einer subjektorientierten Soziologie. In denselben (Hg.), *Riskante Freiheiten－Individualisierung in modernen Gesellschaften*, Frankfurt / M.: Suhrkamp, 10-39.

Bendix, Reinhard / Lipset, S. Martin, 1967, Karl Marx's Theory of Social Classes. In R. Bendix / S. M. Lipset (Eds.), *Class, Status and Power*, London: Routledge, 6-11.

Berger, Peter A., 1990, Ungleichheitsphasen－Stabilität und Instabilität als Aspekte ungleicher Lebenslagen. In Peter A. Berger & Stefan Hradil (Hg.), *Lebenslagen, Lebensläufe, Lebensstile, Soziale Welt, Sonderband 7*, Göttingen: Otto Schwartz & Co., 319-350.

Berger, Peter A. / Hradil, Stefan, 1990, Die Modernisierung sozialer Ungleichheit－und die neuen Konturen ihrer Erforschung. In Peter A. Berger & Stefan Hradil (Hg.), *Lebenslagen, Lebensläufe, Lebensstile, Soziale Welt, Sonderband 7*, Göttingen: Otto Schwartz & Co., 3-24.

Bourdieu, Pierre, 1974, *Zur Soziologie der symbolischen Formen*, Frankfurt / M.

---, 1983, Ökonomisches Kapital, kulturelles Kapital, soziales Kapital. In Reinhard Kreckel (Hg.), *Soziale Ungleichheiten*, Göttingen: Otto Schwartz & Co., 183-198.

---, 1985, *Sozialer Raum und "Klassen"*, Frankfurt / M.: Suhrkamp.

---, 1998, *Die feinen Unterschiede－Kritik der gesellschaftlichen Urteilskraft* (10. Auflage), Frankfurt / M.: Suhrkamp.

Crompton, Rosemary, 1993, *Class and Stratification: An Introduction to Current Debates*, London: Polity Press.

Geiger, Theodor, 1932, *Die soziale Schichtung des deutschen Volkes, Stuttgart* (Nachdruck 1972).

Geißler, Rainer, 1990, Die Bedeutung des Schichtbegriffs für die Analyse unserer Gesellschaft. In Peter A. Berger & Stefan Hradil (Hg.), *Lebenslagen, Lebensläufe, Lebensstile, Soziale Welt, Sonderband 7*, Göttingen: Otto Schwartz & Co., 81-101.

Giegel, Hans-Joachim, 1987, Individualisierung, Selbstrestriktion und soziale Ungleichheit. In Bernhard Giesen / Hans Haferkamp (Hg.), *Soziologie der sozialen Ungleichheit*, Opladen: Westdeutscher Verlag, 346-368.

Gluchowski, Peter, 1987, Lebensstile und Wandel der Wählerschaft in der Bundesrepublik Deutschland, *Aus Politik und Zeitgeschichte, Beilage zur Wochenzeitschrift Das Parlament*, 21.03.1987: 18-32.

---, 1988, *Freizeit und Lebensstile*, Erkrath: Gesellschaft zur Förderung der Freizeitwissenschaften.

Grusky, David B. (Ed.), 1994, *Social Stratification: Class, Race, and Gender in Sociological Perspective*, San Francisco: Westview Press.

Hradil, Stefan, 1983, Die Ungleichheit der "Sozialen Lage". In Reinhard Kreckel (Hg.), *Soziale Ungleichheiten*, Göttingen: Otto Schwartz & Co., 101-120.

---, 1987a, *Sozialstrukturanalyse in einer fortgeschrittenen Gesellschaft—Von Klassen und Schichten zu Lagen und Milieus*, Opladen: Leske + Budrich.

---, 1987b, Die "neuen sozialen Ungleichheiten"—Und wie man mit ihnen (nicht) theoretisch zurechtkommt. In Bernhard Giesen / Hans Haferkamp (Hg.), *Soziologie der sozialen Ungleichheit*, Opladen: Westdeutscher Verlag, 115-145.

---, 1990, Postmoderne Sozialstruktur? Zur empirischen Relevanz einer "modernen" Theorie sozialen Wandels. In Peter A. Berger & Stefan Hradil (Hg.), *Lebenslagen, Lebensläufe, Lebensstile, Soziale Welt, Sonderband 7*, Göttingen: Otto Schwartz & Co., 125-150.

Krause, Detlef / Schäuble, Gerhard, 1988, *Jenseits von Klasse und Schicht: Verteilung von Lebenschancen zwischen traditionellem Reduktionismus und aktueller Formenvielfalt*, Stuttgart: Ferdinand Enke.

Kreckel, Reinhard, 1982, Class, Status and Power? Begriffliche Grundlagen für eine politische Soziologie der sozialen Ungleichheit, *KZfSS*, 34: 617-648.

---, 1985, Zentrum und Peripherie— "Alte"und "neue" Ungleichheiten in weltgesellschaftlicher Perspektive. In Hermann Strasser / John H. Goldthorpe (Hg.), *Die Analyse sozialer Ungleichheit—Kontinuität, Erneuerung, Innovation*, Opladen: Westdeutscher Verlag, 307-323.

---, 1987, Neue Ungleichheiten und alte Deutungsmuster—Über die Kritikresistenz des vertikalen Gesellschaftsmodells. In Bernhard Giesen / Hans Haferkamp (Hg.), *Soziologie der sozialen Ungleichheit*, Opladen: Westdeutscher Verlag, 93-114.

---, 1990, Klassenbegriff und Ungleichheitsforschung. In Peter A. Berger & Stefan Hradil (Hg.), *Lebenslagen, Lebensläufe, Lebensstile, Soziale Welt, Sonderband 7*, Göttingen: Otto Schwartz & Co., 51-79.

---, 1997, *Politische Soziologie der sozialen Ungleichheit* (Studienausgabe), Frankfurt / M.: Campus.

---, 1998, Klassentheorie am Ende der Klassengesellschaft. In Peter A. Berger & Michael Vester (Hg.), *Alte Ungleichheiten, Neue Spaltungen*, Opladen: Leske + Budrich, 31-47.

Lenski, Gehard, 1966, *Power and Privilege*, New York: McGraw-Hill.

Marx, Karl, 1969, Der achtzehnte Brumaire des Louis Bonaparte. In *Marx-Engels-Werke, Band IV*, Berlin: Dietz, 111-207.

---, 1988, Das Elend der Philosophie. Antwort auf Proudhons "Philosophie des Elends" (Auszug). In Karl Marx / Friedrich Engels, *Ausgewählte Werke* (18. Auflage), *Band I*, Berlin: Dietz, 279-312.

Marx, Karl / Engels, Friedrich, 1988a, Die deutsche Ideologie. In denselben, *Ausgewählte Werke* (18. Auflage), *Band I*, Berlin: Dietz, 201-277.

---, 1988b, Manifest der Kommunistischen Partei. In denselben, *Ausgewählte Werke* (18. Auflage), *Band I*, Berlin: Dietz, 415-451.

Müller, Hans-Peter, 1989, Lebensstile－Ein neues Paradigma der Differenzierungs－und Ungleichheitsforschung? *KZfSS*, 41: 53-71.

Saunders, Peter, 1986, *Social Theory and the Urban Question* (2nd ed.), New York: Holmes & Meier.

---, 1990, *Social Class and Stratification*, London: Routledge.

Schumpeter, Joseph A., 1953, Die sozialen Klassen im ethnischhomogenen Milieu. In demselben, *Aufsätze zur Soziologie*, Tübingen: Mohr, 147-213.

SINUS (Sozialwissenschaftliches Institut Nowak und Sörgel GmbH), 1984, *SINUS Lebensweltforschung－Die sozialen Milieus in der Bundesrepublik*, Heidelberg: SINUS.

Vorstand der SPD, Bonn, 1984, *Planungsdaten für die Mehrheitsfähigkeit der SPD*, Bonn: SPD.

Wallerstein, Immanuel, 1983, Klassenanalyse und Weltsystemanalyse. In Reinhard Kreckel (Hg.), *Soziale Ungleichheiten*, Göttingen: Otto Schwartz & Co., 301-320.

Weber, Max, 1972, *Wirtschaft und Gesellschaft* (Studienausgabe), Tübingen: Mohr.

宗教社會學

內容提要

研究宗教可以研究宗教的本質 (教義、儀式等)，也可以研究宗教的功能。社會學研究宗教主要係針對宗教的功能，有些社會學家認為宗教最主要的功能是維繫社會的整合。目前世界上有三種跨越國界的大宗教，分別是佛教、基督教和伊斯蘭教，而基督教和伊斯蘭教均與猶太教有淵源。對不同的宗教進行比較研究，是宗教社會學的一個重要方向，這以德國社會學家韋伯的相關研究最受矚目。韋伯曾致力於研究宗教和社會階級之間的相關性 (哪些階級信奉哪些宗教？)，並認為現代資本主義「生活是為了工作」的精神源自基督新教倫理。

第一節　宗教的定義

在這一節中我們將探討「什麼是宗教？」的問題，以及宗教社會學關心的主要議題。

一、宗教的本質與功能

為「宗教」下定義有兩種途徑：我們可以探究宗教的本質以定義宗教，亦可探究宗教的功能來定義宗教，前一種定義方式稱為宗教的本質定義 (substantial definition of religion)，後一種定義方式則稱為宗教的功能定義 (functional definition of religion)(Pollack, 1997: 210-212)。

說起宗教的本質，Smart 認為宗教的本質有七個層面，分別是 (2004: 4-14)：

1. 實踐 (practice) 與儀式 (ritual) 層面；
2. 經驗 (experience) 與情感 (emotion) 層面；
3. 敘事 (narrative) 與神話 (myth) 層面；
4. 教義 (doctrine) 與哲學 (philosophical) 層面；
5. 倫理 (ethical) 與法律 (law) 層面；
6. 社會 (social) 與制度 (institutional) 層面；
7. 物質 (material) 層面。

上述七個層面，固然是宗教的本質，但我們也可以從這七個層面探討宗教的功能，例如宗教的儀式有何社會功能。反過來講，研究宗教的功能，也可追究某種宗教的功能與何種宗教的本質有關。例如 Luckmann 認為宗教使人成為人，亦即使人超越其生物性質而適應社會；社會化因此是宗教事件 (1972: 5)。這可以說是宗教的功能，而我們可以研究此種宗教的功能與哪些宗教的本質有關。

據上所述，宗教的本質與宗教的功能是有相關性的，然而社會學研究宗教時通常會將重點放在宗教的社會功能。宗教社會學固然會指出宗教的功能與哪些宗教的本質有關，但通常宗教社會學不會仔細描述或分析宗教的儀式、教義等本質層面，宗教的本質層面主要是宗教學或神學、佛學等的研究對象。涂爾幹是社會學的先驅大師，宗教是他研究的主要對象之一，他對宗教的定義就是從宗教的功能著眼。

二、涂爾幹對宗教的定義：宗教的主要功能是社會整合

涂爾幹認為，在一個內部分成各部門的社會 (segmentär differenzierte Gesellschaft)，社會生活的整體性是被宗教精神所形塑的。內部分成各部門的社會如何整合？答案是儀式：在儀式中社會成員獲得了整體認同感。因此這種社會的中心是儀式。當然，道德、法律亦有其儀式，亦有維繫社會整合的功能，因此照涂爾幹的定義，宗教與道德、法律之間並無區隔。在功能分化的現代社會，宗教儀式、宗教象徵、神話的重要性都降低了，然而現代社會一樣需要神聖的核心價值，因此舊有的宗教神祇沒落後，會有新的神祇取而代之，祖國、民主、進步、平等都可能是現代社會中的新神祇 (Pollack, 1997: 206)。這種新的神祇可說是「世俗化」的神祇，世俗化是指：從宗教的內容和形式轉化為世界的內容和形式 (Ibid.: 213)。然而世俗化的社會的核心價值一樣具有神聖性。

照涂爾幹的定義，宗教的要素是儀式和神聖性，宗教的主要功能是維繫社會成員對社會的認同。然而道德、法律，甚至政治意識形態，都可能具有儀式和神聖性，也都有維繫社會整合的功能。因此根據涂爾幹的定義，我們很難將宗教與道德、法律、政治信仰區分開來。

三、韋伯關於「從巫術到宗教」的理論

另一位社會學的先驅大師韋伯，對宗教和巫術 (magic) 做了區分，然而根據他的理論，宗教和巫術還是具有共同性。

首先，巫術和宗教行為，在其原初狀態，都是此世導向的，而且至少是相對較理性的行為，其目的大多是經濟的。因此，巫術和宗教行為都屬於日常生活中的目的導向行為 (Weber, 1985: 245)。

再者，不管是巫術還是宗教，都有關於「後設世界」(Hinterwelt) 的想像，亦即巫術和宗教都會在具有超凡 (charismatic) 性質的人、動物、自然現象後面，建構起「後設世界」。宗教和巫術的差別在於：宗教將後設世界以及後設世界與此世的關係抽象化了。在巫術階段，關於後設世界的想像首先表現在對「靈」(spirit) 的信仰；剛開始的時候，靈還不是魂 (soul)、惡魔或神，而只是隱藏在巫術現象背後的不確定之物，是巫術力量的泉源。在這個發展的早期

階段，此世和後設世界間的關係還是萬物有靈論 (animism)，亦即靈可以附身在所有的人、動植物、無生物上。在從巫術向宗教的演化過程中，漸漸的此世和後設世界的關係被抽象化了，最後，後設世界的本質只能用此世之物去「象徵」(Weber, 1985: 246-247)。亦即，人、物、事件成了具有魂、神、惡魔的後設世界的徵兆 (symptom) 或象徵 (symbol)。如此，宗教行為的領域就產生了 (Weber, 1985: 247; Schluchter, 1991: 25)。原本巫術的後設世界，在進入宗教階段後，經由對靈和神所做的思想的加工，被抽象化和象徵化。後設世界和此世間的區別也因此加深 (Schluchter, 1991: 25)。

因此宗教不同於巫術之處在於：宗教將此世和後設世界間的關係象徵化、比喻化和倫理化。這種抽象化的過程也使宗教產生了新的「宗教有資格者」(即具有宗教能力的人)，如祭司、先知、世俗知識分子。更重要的是，魔法的絕對宰制被打破了，人類的命運從此也可以經由與宗教有關的生活態度所決定 (Ibid.: 26)。

在巫術階段，具有巫術能力者是各種稱呼不同的巫師，巫師的法力有賴其與靈的接觸或靈降臨其身。宗教的抽象化、倫理化作用，則使信徒不必依賴與靈的接觸亦可獲得宗教的力量：宗教的信念、宗教經典的傳播、講道、合乎神旨意的意念或行為，皆能發揮宗教的力量。我們還可以用以下的例子來說明宗教與巫術的區別：如果認為神像身上有靈，因此神像有超自然的法力，這是巫術；如果認為神像只是象徵，並且認為重要的是信徒看了神像後產生什麼樣的意念，這是宗教。

第二節　世界主要宗教

一、佛　教

佛教的創始者是悉達多．喬達摩 (Siddhattha Gotama)，他又被稱為「釋迦牟尼」(Shakyamuni)，「釋迦」是他的家族名稱，「牟尼」則為「隱士」之意。釋迦牟尼亦有「佛陀」(Buddha) 之尊稱，佛陀意為「覺者」。釋迦牟尼的父親紹德侯達拿 (Shuddhodana) 是喜瑪拉雅山下一個侯國 (在今尼泊爾境內) 的君主，他的母親名瑪雅 (Maya)，在他出生後沒多久就去世了。釋迦牟尼在富裕的環境中長大，16 歲時娶了他的表妹雅修德拉 (Yashodhara) 並生了兒子柔胡

拉 (Rahula)。當釋迦牟尼 29 歲時，有感於生老病死而覺得生命空虛，因此他離開了家鄉到外地追求解答。有七年之久，他拜在不同大師的門下修練身體的苦行，卻無法悟道，於是他轉向內在的冥想，終於他在菩提伽耶的一棵無花果樹下獲得了「菩提」(Bodhi, 意為「覺悟」)，因此該種無花果樹亦稱為菩提樹。

在釋迦牟尼的時代印度已有婆羅門教。婆羅門教與印度嚴格的階級制度有關，可說是統治階級為了合法化自身特權而創造出來的宗教觀念。一般相信，當時印度的統治階級是來自西方、說梵語的亞利安人 (和歐洲人同種)，他們進入印度次大陸後，不但不願意與當地的原著民融合，而且在他們強烈的種族偏見影響下，他們將印度人劃分為五個階級：最高階的「婆羅門」(Brāhman) 是祭司；其次是身為武士並負責政治的「剎帝利」(Kshatriya)；再其次的「吠舍」(Vaishya) 是農人、商人、手工藝工人；「首陀羅」(Shûdra) 則是服務以上三種階級的第四階級，他們是較低層的工作者，包含許多職業，其中從事較不潔或需殺生的工作的人，地位又較其他工作者低下；而在婆羅門教社會中地位最低下的是「潘卡瑪」(Pancama)，潘卡瑪意為「第五等人」，他們又被稱為「不可觸摸者」(Asprishya)，是婆羅門教社會中的「賤民」，他們是世代相傳的低賤工作者甚至犯罪者。(von Glasenapp, 1996: 19-20) 婆羅門教以「業」和「輪迴」的觀念來解釋上述五大階級的差異性：一個人在今世會屬於某一個階級，與他在前世所造的「業」有關，因此人應安於其所在之階級。

照婆羅門教的講法，人應在輪迴的過程中追求成為上層階級的成員。釋迦牟尼接收了輪迴和業的觀念，但他卻認為輪迴根本是痛苦的事，人要追求的不是輪迴向上，而是免於輪迴之苦。釋迦牟尼認為所有的生命都是痛苦的，痛苦的根源是欲望，要免於痛苦就必須消除欲望。生命會輪迴就是因為欲望，如能進入完全的無欲、無我的「寂滅」(即涅盤，Nirvana) 境界，就能免於輪迴之苦，進入「不生不滅」的境界。

今天世界上大約有 3 億 5,900 萬的佛教徒，主要分布在不丹、斯里蘭卡、中南半島、日本、蒙古、西藏等地區。(*Der Brock Haus multimedial premium 2007*, Buddhismus 辭條)

二、猶太教

猶太教可說是專屬於以色列人 (猶太人) 的宗教，不過，從猶太教中發展出兩個世界性的宗教：基督教和伊斯蘭教。猶太人的聖經亦為基督徒和伊斯蘭教徒所承認，基督徒稱其為「舊約」。舊約聖經中的首五卷被稱為「摩西五經」，其內容可說是猶太人的系譜。

按照舊約聖經的說法，猶太人的祖先是亞伯拉罕。亞伯拉罕非常敬畏上帝耶和華，因此耶和華與他立約，要讓他的後代多如繁星和海沙。亞伯拉罕的第一個兒子是其妾夏甲所生的以實馬利，然而耶和華吩咐要讓他的元配撒拉年老懷孕生下以撒，以作為亞伯拉罕的嫡裔，而以實馬利則成為阿拉伯人的祖先。以撒生了雙胞胎兒子以掃和雅各，其中雅各及其子孫成為亞伯拉罕的嫡裔。雅各生了 12 個兒子，後因故鄉的饑荒而舉族遷往埃及。多年後法老迫害以色列人，耶和華吩咐摩西率領以色列人出埃及，邁向「應允之地」——迦南美地 (即後來的以色列)。途中耶和華召摩西上西奈山，頒給他寫在石版上的「十誡」，十誡於是成為以色列人信仰中的核心誡命。

以色列人取得應允之地後，逐漸發展成一個頗有勢力的王國，並在大衛王和所羅門王時達到了巔峰，所羅門王並建成了位於首都耶路撒冷的聖殿。後來以色列分裂成北部的以色列國和南部的猶大國，前者亡於亞述帝國，後者亡於巴比倫帝國。亡國後以色列人檢討原因，認為是他們的國王和人民沒有誠心敬畏耶和華，從此以後以色列人深信只有敬拜獨一真神耶和華並遵守祂的誡命，民族命脈才能延續和昌盛。其後以色列人又經歷了希臘人和羅馬人的統治，西元 70 年，以色列人發動了大規模的反抗羅馬人的武裝行動，被平定後羅馬人覺得這個民族太強悍，因此將他們全部驅離故鄉，分散至歐、亞、非三大洲。

雖然耶穌基督的人身是猶太人，但大多數的猶太人並未接受基督教，而是謹守傳統信仰。羅馬帝國接受基督教為國教後，某些基督徒認為猶太人是殺害耶穌基督的凶手，因此在西方世界猶太人迭遭迫害，其最高峰則是納粹德國殺害了 600 萬猶太人。二次世界大戰後猶太人在西方強國的協助下，回到故鄉重新建立了以色列國，但當地多年以來已成為巴勒斯坦人 (屬阿拉伯人) 的居住地，因此以色列的復國導致了猶太人和巴勒斯坦人及其他周邊的伊斯蘭國家的嚴重衝突，至今仍未化解。

猶太教的特點在於：它是第一個真正的「一神教」，並且嚴格禁止拜偶像。猶太人相信獨一真神耶和華創造了宇宙萬物和人，不過，舊約聖經中較前面的經卷，似乎表示有許多神，但以色列人只能信奉耶和華，而且耶和華也只讓以色列人成為祂的信徒，即以色列人是耶和華的「選民」。不過聖經較後面的經卷，尤其是〈以賽亞書〉，則表明耶和華是唯一的真神，且世界上各民族均能成為耶和華的子民。以色列人認為耶和華是沒有形體的，而且絕對不能把雕刻或圖象當成膜拜的對象。這兩大宗教特點都被基督教和回教所吸收。

今天世界上大約有 1,440 萬的猶太人，其中 480 萬在以色列。然而猶太人最多的國家在美國，美國的猶太人約 600 萬。(*Der Brock Haus multimedial premium 2007*, Juden 辭條)

三、基督教

基督教是建立在對耶穌基督的信仰上。耶穌的人身是猶太人，他也尊奉舊約聖經，然而基督教與猶太教主要的差別在於：猶太人有各種贖罪的祭典，並以羊、鴿子、斑鳩等動物作為犧牲。基督教則認為，亞當、夏娃所犯的罪遺傳到後來所有的人身上，成為所有人的「原罪」，任何人一出生都帶著這種原罪，而不論人用什麼祭品獻給上帝，都無法贖人的原罪和人出生後所犯的其他罪。然而上帝既公義又慈愛。因為上帝是公義的，所以上帝不能直接赦免人的罪；然而上帝也是慈愛的，因此祂也要讓人得到救贖，上帝要兼顧公義和慈愛，乃差遣祂的獨生子降世為人 (即耶穌)，並被冤屈釘死在羅馬帝國的十字架上，其目的是使上帝的獨生子成為獻給上帝的祭品，如此才能贖人的罪。

基督教與猶太教的另一個差異是：耶穌基督主張上帝的國不在這裡、那裡，而是在人的心裡，而且上帝的國不是只為猶太人準備的，因此上帝的國的降臨並非指以色列的復國。按照新約聖經的記載，耶穌基督死亡三日復活，復活四十天之後肉身升天，基督教認為這代表人可勝過死亡，而且在世界末日時所有的死人都會復活，接受審判後上帝的子民可進入所謂的「新天新地」(又稱「新耶路撒冷」)。因此依照新約聖經，「復活」和進入新天新地是基督徒最主要的盼望。

耶穌基督誕生於羅馬帝國第一位「奧古斯都」(類似中國的皇帝) 渥大維在位時。羅馬帝國認為奧古斯都活著的時候就是神，因此帝國所有的人民都應敬拜奧古斯都的像。早期的基督教會因為拒絕把奧古斯都當神拜，因此受到羅馬帝國的迫害，但康士坦丁任奧古斯都時，於西元 313 年頒布「米蘭詔書」，奉基督教為國教，從此羅馬帝國反而成了基督教的傳播者，兩者相互影響深遠，西方人的紀年也以耶穌基督誕生的那年作為元年。西元 395 年時，羅馬帝國正式分為東羅馬帝國和西羅馬帝國，教會也逐漸分為東邊的「東正教」(亦稱「希臘東正教」) 和西邊的「天主教」(亦稱「羅馬天主教」)。西元 1517 年時，德國的天主教神父發動了宗教改革，許多日耳曼和北歐諸侯脫離了天主教會，形成了「基督新教」，基督新教的教會有很多種，歷史較古老的有信義會、長老會、浸信會等。

基督教誕生於羅馬帝國初建時，當時帝國的東部 (包括以色列所在的近東) 盛行希臘文化，因此新約聖經幾乎全部是用希臘文寫的。基督教吸收了希臘哲學，發展出一些較抽象的教義，其中最重要的有以下兩者：

三位一體：降世為人的耶穌基督是上帝的獨生子，但祂也是上帝。事實上基督教相信：上帝只有一個，但其中又分為三位，即聖父耶和華、聖子耶穌基督和聖靈。三者是一體，但又是三位，因此稱為「三位一體」。

耶穌兼具神性與人性：聖子降世為人子耶穌，耶穌究竟是神還是人？基督教相信耶穌既有完整的神性，也有完整的人性。耶穌擁有完整的神性，祂才能拯救人類；祂有完整的人性，才能代表人接受試煉，並給人建立遵行神的旨意進入上帝的國的榜樣。

今天世界上大約有 19 億 9,900 萬的基督徒，主要分布在歐洲、美洲，但在非洲、亞洲和大洋洲也有許多基督徒。*(Der Brock Haus multimedial premium 2007*, Christentum 辭條)

四、伊斯蘭教

伊斯蘭教即中國人俗稱的回教。「伊斯蘭」是阿拉伯文，意為「順從」，即「順從阿拉 (上帝) 旨意」之意。伊斯蘭教信徒稱為「穆斯林」(Muslim)，穆斯林的原義為「順從阿拉之人」。伊斯蘭教的創立者是阿拉伯人穆罕默德。阿拉伯人與以色列人相鄰而居，而且阿拉伯人也認為他們是亞伯拉罕的後裔，因此這兩個民族原本就有些共同的信仰和生活習慣。

穆罕默德於西元 570 年左右生於麥加 (Mekka)，於西元 632 年 6 月 8 日死於麥地那 (Medina)。穆罕默德是麥加哈希姆 (Haschim) 族的成員。他出生時父親已去世，後來又年幼喪母，撫養他長大的是他的祖父和叔父。年輕時穆罕默德是商人，西元 595 年左右娶了年紀比他大的富有寡婦海迪徹 (Chadidja)。西元 610 年左右穆罕默德相信他見到了向他顯現的天使加百列，同時聽到一個聲音說他是「阿拉 (上帝) 的使者」。然而這件事使穆罕默德非常害怕，他不敢立即出來傳道。他的太太海迪徹成為他的第一個信徒，並且多方撫慰和鼓勵他，終於在西元 613 年左右，穆罕默德公開以阿拉的先知的身分在麥加傳道。他傳道的內容許多來自猶太教和基督教的經典。穆罕默德傳道之初獲得的信徒主要是麥加的弱勢族群，同時穆罕默德抨擊麥加的統治者的舉止，並傳揚不得拜偶像的觀念。這些言論觸怒了麥加的統治者，穆罕默德的信徒遭到迫害，其中許多被迫於西元 615 年流亡至非洲的衣索匹亞。西元 622 年穆罕默德自己也帶著信徒從麥加出走至麥地那，這一年後來被訂為伊斯蘭教的元年。經過多次戰爭後，要到西元 630 年穆罕默德才率信徒返回麥加。

既然伊斯蘭教的主要教義如一神論、不得拜偶像、末世的審判均來自猶太教或基督教，那麼與兩者相比，伊斯蘭教特別的地方何在呢？

伊斯蘭教與基督教最大的差別當然在於伊斯蘭教不承認耶穌是神，而僅認為耶穌是阿拉 (上帝) 的一位先知；

伊斯蘭教承認舊約和新約聖經中的諸先知，但認為穆罕默德是阿拉 (上帝) 最大的先知，猶太教徒和基督徒則多不承認穆罕默德是上帝的先知；

伊斯蘭教承認舊約和新約聖經，但伊斯蘭教最重要的經典當然是由穆罕默德語錄編成的「可蘭經」(Koran)；

伊斯蘭教承認耶路撒冷是聖地，但主張麥加是最重要的聖地，且規定伊斯蘭教徒一生中至少要到麥加朝聖一次；

從創立之初伊斯蘭教即與戰爭和政治密切相關。穆罕默德統一了阿拉伯，他去世後伊斯蘭教依然是征戰的動力，造就了伊斯蘭帝國，最盛時中東、北非，甚至歐洲的西班牙的大部分和巴爾幹半島都成了伊斯蘭帝國的領土。最後一個伊斯蘭帝國是土耳其人創立的鄂圖曼帝國。

今天世界上大約有 11 億 9,000 萬的伊斯蘭教徒，主要分布在中東、中亞、北非和西非，非洲的索馬利亞、蘇丹，印度次大陸的巴基斯坦和孟加拉，東南亞的印尼和馬來西亞，其大部分的國民也都是伊斯蘭教徒。(*Der Brock Haus multimedial premium 2007*, Islam 辭條)

第三節　韋伯的宗教社會學

社會學大師研究宗教者以韋伯最負盛名。韋伯的宗教社會學最關心的兩個問題是：什麼樣的社會階層會信奉什麼樣的宗教？何種宗教觀念有利於現代資本主義精神的形成？

一、宗教觀念和利益位置

前面說過，韋伯的宗教社會學的對象是特定社群行為的條件和作用，而韋伯關心的特定社群不只是宗教社群，還有身分團體 (Stände) 和階級。換言之，韋伯不只研究宗教和宗教倫理，他還想研究宗教的「承載階層」(Trägerschichten)，亦即信仰某種宗教的一群人。什麼樣的人會信什麼樣的宗教？宗教觀念如何影響其信仰者的行為？對韋伯而言，上述兩問題牽涉宗教觀念和「利益位置」間的相關性，而所謂「利益位置」主要是指身分團體和階級。

首先我們要了解，在宗教社會學上韋伯反對心理學化約主義和歷史唯物主義，亦即韋伯既不同意宗教只是人的心理反射，也不同意用唯物史觀來詮釋宗教。韋伯的社會學理論的特色即在於同時注重「觀念」和「利益」，而利益又可分為「物質利益」和「觀念利益」(Weber, 1988: 252)。因此韋伯的宗教社會學著重於分析宗教來源和社會階層之間的交互關係，分析「觀念」和「物質以及特別是觀念利益」之間的交互關係，以期理解宗教的特色 (Schluchter, 1991: 24)。

在韋伯關於宗教承載階層的研究上，韋伯區分了「宗教『達人』(Virtuosen)」和「宗教大眾」(Weber, 1988: 259-263, 1985: 327-328)，這是一種「宗教階層」、「宗教不平等」的概念，亦即人在宗教上的素質是不相等的，宗教達人是指那些在宗教上熟練的、合格的人，宗教大眾則不論其社會位置，在宗教上是不熟練的。韋伯認為特定宗教的承載階層是指合格的宗教階層，亦即宗教達人，這是因為宗教達人對宗教的實踐倫理影響最大。因此韋伯的宗教社會學分析的主要對象不是宗教大眾，而是宗教達人。由於宗教達人不一定屬於社會上層，宗教大眾也不一定屬於社會下層，因此特定宗教的承載階層 (宗教達人) 可以是統治階層，也可能是平民階層。

至於社會階層和宗教的關係，韋伯不僅考慮垂直的社會不平等，也考慮特定階層的任務種類。前者是指上階層和下階層、統治階層和被統治階層的差異；後者，韋伯認為特定階層的任務主要可分為兩大類，即實用工作 (praktische Arbeit) 和理論工作 (theoretische Arbeit)(Schluchter, 1991: 39)。

統治階層和被統治階層的宗教追求是不同的，此亦即宗教觀念和垂直社會不平等間的關係。統治階層和被統治階層宗教觀念的差異源自兩者對痛苦和幸福的不同態度，亦即兩者在「神義論」(Theodizee) 上的差異 (Weber, 1985: 296-300, 314-321)。神義論探討的問題是人為何受苦？又為何幸福？神的公義何在？亦即如果神是公義的，祂為何要讓某些人受苦，某些人幸福？由於統治階層比被統治階層幸福，因此他們傾向於相信他們有權擁有其幸福，配享 (配得上) 其幸福，而且這是神公義的安排，這可說是「幸福神義論」(Theodizee des Glückes)。(Weber, 1988: 242)

被統治者的生活不若統治者幸福，甚至可說是痛苦的，因此他們的宗教觀念傾向於「痛苦神義論」(Theodizee des Leidens)(Ibid.: 244)，亦即他們注重避免和治療痛苦的方法，並追尋關於為何受苦的解釋：他們可能會把痛苦視為神的憤怒或神秘的罪責的徵兆，或者認為經由特定的痛苦或苦行可以獲得法力。痛苦神義學可能發展出「救贖希望」(Erlösungshoffnung)，而所謂救贖通常是針對個人的 (即個人的得救)。這是宗教發展過程中的一大進化，因為早期宗教的崇拜多為團體崇拜 (特別是政治結社的崇拜)，團體崇拜只服務整體利益，「救贖」崇拜則事關個人。不過針對個人痛苦和救贖的靈魂輔導，也會產生宗教社群活動，並導致一種與族群無關的「救贖團體」的形成。(Ibid.: 243-244)

除了統治階層和被統治階層的宗教觀會有所不同，韋伯還注意到不同的社會階層任務及其對應之宗教觀念。(Ibid.: 256-268; Schluchter, 1991: 34-42)

韋伯認為不管在統治者或平民中，都存在著兩種不同的人：其一是專注於內在迫切問題，且過著冥想生活者，他們基本的社會階層任務是理論工作；另一種人專注於外在迫切問題，且過著積極生活者，他們基本的社會階層任務是實用工作。對於神、人和世界的關係，理論行為者傾向於冥想的、拒世的態度；實用行為者則傾向於實用的、積極的態度。兩者各有其對應之社會階層，例如理論行為者的主要代表有地位崇高的知識分子，他們傾向於「生活指引的理論理性化」、「啟示的預言」(“exemplarische”-Prophetie)，對於神之概念則傾向於「非人格化的最高存在」。實用行為者的代表階級包括公務員、軍人、商人、工匠，他們傾向於「生活指引的實用理性化」，他們推崇現狀，拒絕「知識分子的逃世」，並偏愛無救贖的實用理性主義 (如中國的士大夫)；他們認為宗教義務無異於國家公民和身分團體義務，並傾向於「差遣預言」(“Sendungs”-Prophetie)，亦即認為人應成為神之「器皿」、「工具」；他們關於神之概念傾向於「超世的、人格化的創造神」。

二、《基督新教倫理與資本主義精神》

《基督新教倫理與資本主義精神》是韋伯的一部重要著作，其第一章第一頁起，即開始舉例論證在基督教新、舊教派混雜的「地方」[1]，以人口比例而言，新教徒比天主教徒擁有較多的資本，擔任企業主管和高階技術勞動者的人數也比天主教徒多 (Weber, 1988: 17-18)。相關具體的數據主要是當時韋伯的居住地海德堡所屬的巴登大公國 (GHZ Baden [2])，例如，就人口比例而言，巴登新教徒的資產利得較天主教徒多 (Ibid.: 19)。從歷史上來看，韋伯認為，16 世紀時，神聖羅馬帝國 [3] 境內大部分富裕的城市轉奉了新教，因此產生的歷史問題是，經濟較發達的地區為何傾向於支持教會革命 (Ibid.: 19-20)。韋伯主張，新教徒較天主教徒傾向於經濟理性主義，其原因不在於兩教派於某時某地的外在歷史－政治處境，而是有持久的內在原因 (Ibid.: 23)。

韋伯所謂的資本主義是形成於西歐和美國的資本主義 (Weber, 1988: 34)，韋伯認為，這種現代資本主義的主要精神在於人對勞動的態度：勞動不再是人為了滿足物質需求的工具，勞動本身成了人生活的目的 (Ibid.: 35-36)；至少在人勞動的時候，勞動是絕對的自我目的，勞動成了好比是上帝召喚的「職業」(Beruf)(Ibid.: 46)。

韋伯從宗教中尋找資本主義精神的起源。宗教改革後的兩大新教教派是路德宗 (Die Lutherische Kirche) 和喀爾文宗 (Die Calvinistische Kirche)。路德未能使職業勞動與宗教原則產生新的結合，而是教導信徒留在既有的職業位置上並服從上級，因此韋伯認為路德的職業觀是傳統主義的 (Weber, 1988: 76-78)。接著韋伯試圖從禁欲主義的新教教派 (asketischer Protestantismus) 中尋找現代資本主義職業精神的起源。在各種禁欲主義新教教派中，喀爾文宗最為重要，因為在 16 和 17 世紀，於資本主義最發達的國家如荷蘭、英國、法國推動政治和文化鬥爭的是喀爾文主義。一直到韋伯的時代，喀爾文主義最重要的教義是上帝的「恩選」(Gnadenwahl)(Weber, 1988: 87-89)。依照喀爾文恩選論 (或「預定」[Prädestination] 論) 的教義，人是否會得救，完全不是依靠人的行為，而是全憑

---

1 韋伯用的是 Land 一詞，Land 可指國家或邦，後者在韋伯的時代是德意志帝國之下的王國、公國等。

2 今為德意志聯邦共和國巴登－符騰堡 (Baden-Württemberg) 邦之一部分。韋伯撰寫《基督新教倫理與資本主義精神》時，符騰堡尚為德意志帝國下之一王國 (KGR Württember)。

3 此為德意志民族之「第一帝國」。

上帝在創世以前預定的恩選。然而在韋伯看來，喀爾文教徒不免會懷疑自己是否被上帝選上，為了確定自己選民的身分，喀爾文教徒投入不眠不休的職業勞動。在韋伯看來，只有職業勞動能驅除喀爾文教徒的懷疑，並確定其獲得上帝恩選的狀態。世俗的勞動能有這樣的宗教作用，這是路德宗所無的 (Ibid.: 103-106)。而為什麼職業勞動上的成就能使喀爾文教徒確定自己的選民身分？那是因為喀爾文教徒相信，受恩選的基督徒活在世界上的目的是為了榮耀上帝，因此上帝要選民依照祂的誡命獲取社會成就，包括在職業勞動上的成就 (Ibid.: 99-100)。因此，如果一個喀爾文教徒在職業勞動上盡心盡力、克盡職責，他便可以相信上帝已經恩選了他。這種宗教觀念於是成為現代資本主義「生活是為了工作」的精神的根源。

重要名詞

宗教 (religion)：具有神聖性、儀式、對後設世界與此世關係的想像的觀念體系；宗教信仰常是維繫社會整合的主要力量。

世俗化：從宗教的內容和形式轉化為世界的內容和形式，但在世俗化中宗教的內容仍有影響。

神義論 (theodicy)：關於神的公義的理論，其核心問題是：如果神是公義的，為何有人幸福？有人痛苦？

佛教 (Buddhism)：釋迦牟尼所創，其核心教義是：生命皆有痛苦，痛苦來自欲望，因此要滅絕欲望，才能超脫輪迴之苦。

猶太教 (Judaism)：猶太人 (以色列人) 的宗教，其核心教義是：耶和華是獨一真神，以色列人是祂的選民。

基督教 (Christianity)：源自猶太教，其根基是對耶穌基督的信仰，主張上帝差遣祂的獨生愛子降世成為人子耶穌，被釘在十字架上贖了人類的罪，相信耶穌即可獲得永遠的生命。

伊斯蘭教 (Islam)：穆罕默德所創，與猶太教、基督教均有淵源，三者均係一神論。然而伊斯蘭教特別的地方是認為穆罕默德是阿拉 (上帝) 最重要的先知；麥加是最重要的聖地。

問題與討論

1. 宗教的本質包含哪些層面？
2. 宗教與巫術的區別何在？
3. 佛教的主要教義為何？
4. 猶太教的主要教義為何？
5. 基督教的主要教義為何？
6. 伊斯蘭教與基督教的主要差別為何？
7. 統治階層和被統治階層的宗教追求有哪些差別？

推薦書目

Eliade, Mircea 著，董強譯，2002，**世界宗教理念史－卷三**，臺北：商周。

Smart, Ninian 著，許列民等譯，2004，**劍橋世界宗教**，臺北：商周。

參考書目

Smart, Ninian 著，許列民等譯，2004，**劍橋世界宗教**，臺北：商周。

Der Brock Haus multimedial premium 2007, 2007, Mannheim: F. A. Brockhaus AG.

Luckmann, Thomas, 1972, Religion in der modernen Gesellschaft. In Jakobus Wössner (Ed.), *Religion im Umbruch*, Stuttgart: Enke, 3-15.

Pollack, Detlef, 1997, Religionssoziologie. In Hermann Korte & Bernhard Schäfers (Eds.), *Einführung in Praxisfelder der Soziologie* (2. Auflage), Opladen: Leske + Budrich, 203-222.

Schluchter, Wolfgang, 1991, *Religion und Lebensführung. Band 2. Studien zu Max Webers Religions－und Herrschaftssoziologie* (Taschenbuchausg.), Frankfurt / M.: Suhrkamp.

Von Glasenapp, 1996, *Die fünf Weltreligionen* (Sonderausgabe), München: Eugen Diederichs Verlag.

Weber, Max, 1985, *Wirtschaft und Gesellschaft* (5. Auflage), Tübingen: J. C. B. Mohr.

---, 1988, Die protestantische Ethik und der Geist des Kapitalismus. In demselben: *Gesammelte Aufsätze zur Religionssoziologie I* (9. Auflage), Tübingen: J. C. B. Mohr, 17-206.

醫療社會學

內容提要

醫療是一種與健康維持和疾病醫治有關的社會制度。在第一節中，我們探討現代醫學的興起。其次，論述健康、疾病與醫療的社會基礎。接著，介紹健康、疾病與醫療的理論觀點。最後，則從跨文化觀點與醫療全球化面向探討健康、疾病與醫療全球化議題。

第一節　現代醫學的興起

現代醫療保健體系不僅有複雜的組織結構、龐大的預算經費與權威的科學知識基礎，也是一種現代社會創造的、意義深長的社會轉變結果。在傳統社會裡，健康與宗教領域密切關聯，對於個人的了解往往從整體取向來認知。

一、傳統醫療知識的體系

根據醫療人類學者的說法，傳統醫療知識的疾病理論可分成兩個體系 (Forster and Anderson, 1978)：

1. **個人體系** (personalistic systems)：將生病看作對部分他人、神祇或靈魂造成不敬或觸犯行為的結果。一般認為：心靈或身體生病是靈魂著魔或被糾纏、下詛咒、施巫術或打破禁忌的結果。在這些情況下，治癒常涉及召喚超自然支持、訴諸靈魂世界或從事犧牲活動之類的道士、僧人、巫師或巫醫等專門醫治者。
2. **自然體系** (naturalistic systems)：主張個人均衡與調和的需要，當個人的重要質素或力量失衡時，生病就跟著來。譬如說，古希臘人相信：四種「實質」(substances) 或「體液」(humours)：憂鬱／黑膽汁 (不開心)、痰 (無氣力)、動肝火／黃膽汁，以及血是決定個人體質與人格的要素，也是構成健康與疾病的原因。當這些實質或體液失均衡時，生理與心理疾病就可能產生。在此情況下，治療具有一種恢復調和的自然信仰體系，並且經常藉由其他調和的刺激。

二、生物醫學模型

現代醫療科學的主要知識基礎是眾所周知的**生物醫學** (biomedicine)，它是一種相當晚近的醫療知識形式。較諸傳統醫學，生物醫學有許多不同核心信仰與實際特徵：

1. 科學與科學方法對於疾病了解與治療是重要的。傳統醫學靠民俗信仰與宗教知識來補充治療，生物醫學則將它們看作迷信，是有效治療的一種阻礙。

2. 心靈與身體被視為分開的，而且無法相互影響。基此理由，除了在心理疾病的情況下，病患的情緒與需求在實際治療上會被理解成相當不重要的。
3. 在生物醫學典範裡，身體就像一部機器。它是由神經系統、循環系統與肌肉組織等不同系統所組成。醫療介入是以特殊體系為標的，而非傳統醫學知識中的整體個人。
4. 疾病原因是生理的，可從科學角度解說。生物醫學需指認特有的疾病，並普遍發展以每一種疾病為標的、可適用的治療法。這與傳統強調個人及其問題的獨特性，以及疾病的精神起源是明顯不同的。
5. 生物醫學知識並非孤立結構，而是受特別複雜的社會結構支持。這些結構包括病患醫治的醫院與診所、有組織且受管制的醫療專業、製藥業，以及各種研究機構。

三、現代醫學的興起

現代醫學的發展不僅與社會階級、種族或族群相互交織，也與性別密切關聯。要言之，現代醫學的興起至少與三種社會結構性的發展有關 (Andersen and Taylor, 2006: 536-539)。

(一) 醫學專業化

自 1945 年第二次世界大戰結束以來，醫療機構的設立即有相當幅度的成長。包括醫療專業人數，以及醫療保健花費金額的大量增加。專業化的優點是：提供能接近專家者一種專業照顧。另一方面，專業化也促使保健體系的成本增加。基本上，這種高度科層化的醫療保健體系往往使病患感到困惑。結果之一是：有重大疾病的人常會發現，與醫療保健體系打交道就像面對疾病一樣困難。過度科層化也使病患感到疏離，覺得自己並無法掌握自己的健康。專業化與科層化也意味著：醫生與病患均受到各式各樣的表格糾纏，這包括將病患登錄至醫療體系內的書面作業、授權程序、配藥、監控療程與付款繳費等。

(二) 醫療保健中的政府角色

在醫療保健中，政府所扮演的角色是醫療保健公共討論中的一項核心課題。在醫療保健中，政府究竟應該扮演怎樣的角色，是這些醫療保健議題的討論核心。反對全民健康保險的人認為：政府的管制可能造成醫療保健體系的日益趨於科層化，個人對於服務供給者的選擇也會變窄。然而，全民健康保險的倡議者則強調：在現行私人醫療保健體系下，受惠的主要是富裕者與掌控醫療保健的私人企業。因此，在提供保險並滿足國人各種健康需求方面，未來政府將扮演的角色依然是一個有待觀察的問題。

(三) 醫療保健的企業控制

無論是製藥廠或醫院等醫療供給場所，均逐漸成為企業利益主導的社會組織。對於醫病雙方來說，此種影響是深遠的。譬如說，醫生在提供醫療時，也必須考慮到維持商業利潤；病患在面對嚴重的疾病時，則可能因為必須與企業利益打交道而深感挫折；所有的人幾乎都抱怨：醫療已超乎醫生與病患的掌握，而為企業與保險規範所決定。現在，由於醫療係以企業體系為基礎，因此，即使醫生在提供預防性治療時，均需考量到法律規定。由於醫療保健機構的規模日益龐大，因此，具有商業而非醫學背景的醫療管理人員也越來越多。在此情況下，醫療企業結構乃變得更加強調產能、成本效能與理性化。

第二節　健康、疾病與醫療的社會基礎

本節特別強調健康、疾病與醫療的社會分布特性與社會基礎。透過醫學與社會學專業論述，以及庶民的健康、疾病與患病概念，我們乃試圖釐清健康、疾病與醫療等概念的社會基礎 (葉肅科，2007: 5-13)。

一、什麼是健康？

在探討健康、疾病與醫療專業概念之前，試著發揮一下醫療社會學想像力：你認為自己健康嗎？在回答此一問題之前，你可能需要先釐清什麼是健康。

(一) 健康定義：專業概念

根據聯合國世界衛生組織 (World Health Organization; WHO) 的說法，健康可界定為：「一種精神的、生理的與社會幸福的狀態。」這樣的定義尤其關注心理、生理與社會因素在個人幸福感上的相互影響。它不僅是沒有疾病或不受傷害，更重要的，它是一種健全、穩固與幸福的正面感覺。其實，健康的定義是一種個人贊成或認可的健康概念。Smith (1983) 指出，健康有四種主要類

型：1. 臨床的 (clinical) 健康：被認為沒有患病症狀；2. 角色扮演或功能的 (role performance or functional) 健康：被看作個人有能力做某些事，而它們又是個人生活的重要環節；3. 適應的 (adaptive) 健康：被當作個人有能力，並有效與物質世界和社會環境彼此互動；4. 幸福的 (eudaimonistic) 健康：被視為豐富的福祉或高度的幸福狀態。然而，健康的定義可能因為年齡、性別、居住地區與社經地位的不同而有差異。

(二) 健康定義：庶民觀點

對醫療保健從業者來說，庶民健康概念的社會學分析所以重要有四個主要理由：1. 研究發現有助於了解醫病互動關係，因為它可提供一種庶民概念的洞察，而不會被醫療專業視為「不正確」的知識。2. 對有效推動健康教育與健康促進方案，了解庶民的健康維持與疾病預防理念是重要的。3. 庶民健康概念的研究可增進對非正式醫療保健知識的認識，並提升病患在醫療保健脈絡中的地位。4. 大多數醫療保健工作是由庶民實踐，其方式可能是自我保健或親屬與友人照護 (Nettleton, 1995: 38-39)。研究顯示 (Blaxter, 1990)：個人對健康有許多不同定義，它們可分為負面與正面的定義 (參見表 1)。

表 1　健康的正面與負面定義

負面定義	正面定義
健康是無患病症狀，譬如說，沒有頭疼或背痛。	健康是生理的適當或康寧，例如身體康寧適合於運動。
健康是無一種疾病／身心障礙，譬如說，沒有腿斷或關節炎之類的醫療診斷情形。	健康是心理的、社會的幸福安寧狀態，例如情緒穩定，能克服生活困難。

二、疾病、患病與生病

在探究健康、疾病與醫療保健的社會層面上，社會學者認為：疾病、患病與生病三個概念可做基本的社會學區分。

(一) 醫療專業的角度

疾病 (disease) 是一種客觀的、醫療診斷的身體病理或病狀，例如癌症、鉛中毒、細菌或病毒感染的傳染病。患病 (illness) 是一種個人主觀的不適感，亦即某人覺得自己不健康。生病 (sickness) 則指社會接受或認定身體不好或不舒服者的情況，例如公司員工或學校學生會被允許請假在家「養病」。換言之，疾病是一種生物現象，它是某人「害有」(has) 一種病。患病是一種心理現象，它是某人「覺得」(feels) 自己不健康或有病。生病則是一種社會現象，它是某人「扮演」(acts) 生病角色，或行為舉止以生病者的方式展現。我們不僅可輕易看出疾病、患病與生病的不同，也可了解其中一項的存在不必然意味著其他兩項的存在。個人可能沒有疾病，但卻覺得自己不健康；個人可能有一種疾病，但卻不覺得不健康 (例如未查出腫瘤的實例)；個人可能覺得不健康且害病，但他人卻不認為是生病。據此，醫生若發現疾病，則他們便從社會眼光證實或確定病患生病的正當性或有效性 (Robertson, 1989: 304)。

(二) 一般庶民的解說

有關庶民的疾病與患病解說，國外研究發現有四種基本思考方式 (Chrisman, 1980)。這四種思考邏輯方式是：1. 侵入邏輯：引證病菌理論與其他物質侵入作為疾病與患病產生的病因；2. 退化邏輯：把患病詮釋成身體衰弱或退化的結果；3. 機械邏輯：將患病視為身體結構受到損害或遭遇妨礙的結果；4. 平衡邏輯：把患病看作身體各部分間或個人與環境間的調和崩解或失去平衡的結果。庶民觀點的疾病與患病理論解說包含特殊疾病與患病認知起源與特性的解說，而這些解說又是透過個人生命歷程的建構。現代社會生活的範例之一是：非自願的暴露在與環境污染相關的健康風險中。儘管患病不被認為應受責難，但庶民觀點認為：人們的確該為自己的失去健康而負責。

三、醫療、醫療化與社會醫療化

健康與醫療是密切相關，但並非完全相同。就醫療歷史發展來看，醫療通常被看作健康失調或反常。

(一) 醫療與預防醫學

醫療 (medicine) 是一種提供科學診斷、醫治與疾病預防的制度化體系。它強調：個人可能因某些生理情況與心理狀態而妨礙獲得良好健康。基本上，醫療靠的是源自物理、化學與生物學等自然科學的知識應用。晚近幾年，**預防醫學** (preventive medicine) 逐漸興起，也日益成為重要的研究旨趣。它所關心的是：如何透過與疾病相關的環境和行為因素之修改或變更，以降低疾病發生。初期，預防醫學關心的是傳染病的了解與預防；現在，該學科也牽涉到慢性病的預防，或造成某些病患類型長期罹病的處方用藥習慣之修改或變更。預防醫學強調：健康的生活方式可預防不健康的發生。就本質而言，它是健康與醫療的一種合併。

(二) 醫療化現象

整體而言，醫療化 (medicalization) 蘊含四層重要的社會意涵：1. 醫療詮釋範圍持續擴展；2. 庶民自我決定權力日益損毀；3. 庶民決定權直接讓渡給醫療技術專家；4. 醫療取向逐漸成為社會控制的工具。醫療化現象如何產生？可能理由包括：1. 醫療帝國主義 (medical imperialism) 的結果：現代醫學為鞏固其利益與權力而逐漸擴張勢力範圍，侵入許多非醫療的生活領域。2. 專業發展的必然結果與鞏固資本主義市場的必要手段：醫療領域擴張需先說服大眾相信各類問題是醫療本質問題，並要醫療諮詢與醫治處理，才能進一步提升醫療專業地位與擴展醫療市場。3. 傳染病控制成效與醫療服務壟斷：這不僅使醫學成為主要 (甚至唯一) 的疾病醫治模式，也讓醫學取得當前的優勢專業地位與醫療宰制權力。4. 醫療論述與大眾語言隔閡：藉由醫療問題需保護的名義，使許多社會問題因無法充分與適當的對話和討論，只能完全依賴醫療方式處理。5. 醫療問題轉移社會大眾注意力：當社會問題被歸因於生物或人格缺陷時，往往轉移社會大眾注意力，也模糊社會問題成因及其可能的社會衝擊 (張苙雲，1998：35-38)。

(三) 社會醫療化

在社會醫療化 (medicalization of society) 的過程，越來越多社會領域正變成醫療化或處於醫療機構及其成員掌控的領域 (Freidson, 1970)。在美國，此種趨勢有四個明顯指標：

1. 醫療機構的成長：20 世紀期間，醫療機構在規模與社會重要性上穩健的成長。它們不僅消費相當大比例的社會資源，也從其他目標中轉移。醫生、護士與醫院病床數持續的上升，遠超過人口規模的增加速度，製藥業更成為社會中的最大經濟體制之一。
2. 生命事件醫療化：過去，許多生命事件常被認為自然的，但現在，即使它們未涉及「疾病」，也被重新界定為醫療的、可修改的。譬如說，醫療主張已深入日常生活領域，懷孕、分娩與嬰兒照護即是社會醫療化的最典型範例。

3. 偏差醫療化：以前，有許多行為被認為罪惡、犯罪或不道德，而今，它們則被看作醫療的問題。結果，先前可能被稱為「邪惡的」人，現在，則被診斷為「生病的」人。
4. 大眾接受醫療化：社會醫療化似乎已成為日常生活的一環，並視之理所當然。人們暗自將許多個人、人際與社會問題當作一種醫療觀點，卻忘了「生病」與「健康」的標誌往往是隱喻的，而非臨床的診斷。

第三節　健康、疾病與醫療的理論觀點

每一種社會學理論觀點都對健康、疾病與醫療保健議題做出貢獻。功能論、衝突論與女性主義從鉅視角度看待健康、疾病與醫療保健，而符號互動論與標籤理論則從微視觀點關注醫病社會行動者間的互動關係。

一、功能論

功能論認為：當個人生病時，其社會角色必須由他人承擔或放任未履行；生病角色 (sick role) 與醫療專業在患病的社會控制上扮演著重要角色。如果太多人聲稱自己患病，對社會來說可能是反功能。社會控制機制背後的理念是：藉由偏差行為的消除與既定社會規範與習俗遵守的增進，可維繫社會體系的穩定性與凝聚力。從社會結構論觀點看來，病患應覺得有迫切需要求醫以迅速康復，這是基於社會整體利益的考量。在帕深思看來，醫療制度有四種主要功能：1. 健康維持：醫療制度具有維持社會健康的明顯與重要功能；2. 疾病醫治：每個人的健康都可能出狀況，而醫療制度是社會試圖醫治與治癒疾病的有組織體系；3. 研究與創新：醫療的一種重要功能涉及疾病起源與傳播的研究，以及外科手術與藥物之類的醫技創新；4. 社會控制：在許多方面，醫療可作為社會控制的工具或動力。

二、衝突論

衝突論醫療觀的兩個基本假設是：1. 良好健康是一項珍貴資源：和權力、財富與聲望等其他重要資源一樣，良好健康也往往呈現不平等的社會分布。2. 資源競爭形塑社會醫療保健體系：該體系可有系統的組織以降低、維持或增

加既有醫療不平等。在衝突論看來，醫療體系的特色為：1. 薪資不平等是續存的：醫生所賺的錢是護士或守衛與門房的數倍。因此，醫療體系使社會其他部分成為階級支配的體系；2. 少有職業流動的可能：少有醫生來自工人階級背景；3. 財富集中核心機構與醫院：這反映社會朝向壟斷資本取代市場力量變動的普遍趨勢，也凸顯大公司榨取市場競爭的事實；4. 透過患病檢定，醫療成為一種社會控制形式：為提供勞動力最低限度的健康，才有適當的工人供給以滿足優勢階級的需求。

三、符號互動論

符號互動論強調：病患不應總被看作被動的，他們也常顯示其強力意圖而看醫生的行動者 (Zola, 1983: 59)。具體表現方式之一是：病患在醫療保健上扮演一種未遵循醫生建議的主動角色。符號互動論凸顯出許多醫療保健體系的社會建構問題，最明顯的是醫病互動模式。一般而言，醫療從業人員常以嬰兒化 (infantilization) 方式對待病患，即使他們是成人，仍會像兒童般的對待他們，並和他們進行「嬰兒式交談」。病患被指派一種生病角色，他是相當依賴醫生與醫療保健體系，也非常像嬰兒依賴父母一般。在急診室裡，這些受保護的、嬰兒式的病患可說是普通的事，而少數民族或弱勢族群的病患甚至比其他病患更常以嬰兒式的方法被對待。

四、標籤理論

微觀社會學者強調：必須更詳細的審視醫療體系內的互動、程序與人們所使用的情境定義。標籤理論往往假設：當個人被貼上生病或精神病患的標籤時，將可能遵循此一標籤。於是，標籤可能被看作相當決定性的關鍵。標籤理論者認為：個人被認定為「健康」或「疾病」，常涉及重要他人的社會定義。正如警察、法官與其他社會控制的管理者一樣，醫療保健專業人員 (特別是醫生) 也有權力界定某些人為「生病」。此外，與疾病有關且再形塑的標籤不僅是我們如何被他人對待的問題，也是我們如何看待自我的問題。

五、女性主義觀點

女性主義者認為：現代醫療體系是一種父權制，它是男人支配且為男人利益服務的制度。晚近幾年，女性主義學者在各種不同領域，包括懷孕與分娩、墮胎、避孕、老化、前月經併發症、飲食與體重，以及精神疾病與憂鬱等領域，均證實醫療化過程對女性身體的影響。為何女人常變成醫療化主體，可能有三個主要理由 (Riessman, 1980)：1. 女性身體造成生物過程的外在標誌：例如月經與母乳，並不存在於男人身上。這些標誌常使女人成為生物醫療體系下的吸引標的，且可清楚的測量。2. 女人較可能與醫療體系接觸：她們常陪伴親屬去看病，而且往往比男人更常看醫生。定期檢查的結果，也把女人變成強烈醫療關注的對象。3. 女人在父權制社會結構上更易受傷害：這種脆弱性充斥在整個醫療體系裡，主要是男醫生醫治女病患。

第四節　健康、疾病與醫療全球化

無疑的，健康、疾病與醫療體系也存在全球化趨勢。當世界經濟生產與消費面向愈整合時，健康不平等的國際醫療體系也會變得更相似。

一、國際醫療體系：跨文化觀點

就跨文化角度來看，國際醫療體系概可區分為 (葉肅科，2007: 262-265)：

(一) 個人醫療保健體系

小型、狩獵與採集社會常將萬物有靈概念應用至疾病上，並推論：疾病是一種不自然的條件。有時，它是靈魂侵入所致，亦即像徘徊於世上的精神、自然力或祖先靈魂等外力侵害。在這些個人醫療保健體系裡，醫治者是巫醫。他們既是醫生與宗教領袖或預言者的結合，也是對靈魂世界具有豐富知識的人。倘若他們斷定原因是觸犯禁忌，可能扮演顧問或指導者角色，以協助病患對自己的罪孽進行懺悔與贖罪。如果他們認定原因是靈魂侵入，則可能建議進行催吐或放血的驅逐靈魂之治療。

(二) 自然醫療保健體系

自然醫療保健體系的醫治者是醫生或草本學者，也是受過治療訓練的專家，且可幫助病患恢復身體的均衡狀態。在個人醫療保健體系中，醫治者通常是宗教人物。然而，在自然醫療保健體系裡，醫治者往往透過訓練與學徒方式來學習技術，進而成為具有專門技能的從業者。對於自然醫療保健體系的醫治者來說，疾病醫治的重點在於：恢復適當的平衡或處於均衡狀態。它可藉由飲食習慣的改變、放血或心靈淨化來達成。有時，雖然它也會透過外科手術來恢復均衡狀態，卻非普遍的方式。

(三) 科學醫療保健體系

就科學醫療保健體系的角度看來，疾病是由自然、生物力量所造成，社會與情緒力量則被看作次要或不重要的。醫生負有診斷與治療的責任，病患則扮演相對被動的角色。醫生將其醫治活動集中於醫院或醫學中心，而且是病患上醫院或診所看醫生而非其他方式。目前，儘管世界各國家幾乎都有科學醫療保健體系，但過去兩個世紀以來，科學醫療保健體系最顯著的則在歐洲與美國。

(四) 中國醫療

在醫療保健體系中，中國醫療是很好的一個範例。儘管它融入許多科學醫療保健體系的特色，卻也保有許多傳統中國的健康與疾病理念。傳統中國醫療體系是一種自然醫療保健體系，它與兩種基本要素或力量——陰陽調和或適當均衡有關。陰陽調和或適當均衡等同健康，而分裂或失衡則代表疾病。另一種重要概念是：氣，它是一種人體的重要能量，且會全身流動。在現代中國社會裡，科學醫療保健體系與傳統中國醫療體系常被合用以診斷與醫治疾病。在歐美國家，中國醫療體系或可視為補充科學醫療體系的不同醫治事實之例證。

(五) 整體醫療

廣義的整體醫療 (holistic medicine)，又稱為身心靈醫學。整體醫療的醫治假設：個人構成一種生物、心理與社會的個體；倘若這三個層面都考量到，則疾病可有效治療。為了鼓勵自我照顧，而非變成過度依賴科學醫治者的病患，整體醫療尤其強調病患的健康教育。然而，當疾病是不可預期的、有潛在生命威脅時，人們通常會盡可能使用任何可用的治療法，而非單純倚靠其中一種醫治方法。

二、健康、疾病與醫療：全球化面向

對社會學者來說，當代世界往往被視為一個地球村 (global village) 或全球系統 (global system)，而且主要由經濟與文化參與者所形塑。同樣的，疾病與死亡形式也以跨國階層、穿越全球各地，並體現在醫療全球化 (medical globalization) 的五個面向上 (Bilton, 2007: 321-322)：

1. 國際結構的相似性：根據透納 (Turner, 1995) 的說法，無論國家醫療環境怎樣，疾病與死亡的全球模式正有日益聚合的趨勢。其中，又以癌症、心臟病與中風等社會流行病最顯著。同樣的，國家醫療機構對於醫療保健需求之回應也出現全球化現象。所有工業化國家現代性的共同特徵是：醫療扮演著重要的科學與專業角色，並將個人與集體規範在社會框架之中。高度理性化的醫療科層組織或服務輸送體系，已明顯跨越民族國家的界線。
2. 醫療專業的一致性：隨著現代化醫療的發展，醫療專業及其相關科技的一般體制也出現全球化趨勢。譬如說，醫療掃描設備與加護病房等體制的全球化不僅顯現醫療專業的一致性，也反映專業醫生國際網絡的存在。對於專業醫生來說，相同的醫療規範與要求標準，即反映現代性鼓勵科技與儀器標準化的方式。主要藥物公司正轉變成真正的全球公司，藉以調整藥物的研發，試圖進軍全球市場。
3. 通訊科技的重要性：在醫療科技與醫療專業的全球化過程中，通訊科技的使用日趨重要。在醫療研究領域方面，為了趕上新事物的發展與標準化模式的快速交換資訊，國際資料庫的使用是相當重要的。就醫療從業人員的角度來看，病患資料的數位化可使醫生能藉由網路討論病例，而不需與病患直接碰面。這不僅鼓勵醫療診斷與症候學的日趨國際標準化，也開始激發有關醫病關係與臨床方式等相關問題的探討。
4. 在地醫療的反彈性：全球化過程不純然是世界普同的聚合，也可能引發全球在地化與在地全球化的歧異現象。譬如說，跨國製藥公司的全球化支配，可能遭到世界各地小型競爭公司的阻礙。因為對於這些小型競爭公司來說，它們急迫需要的是減少醫療保健的支出。在許多開發中國家裡，在地醫療或傳統醫療模式仍然非常受歡迎，並且往往成為輔助現代醫學的療法。甚至在西方社會中，另類醫療也是維持健康與醫治疾病的藥方或選擇方法。
5. 國際醫療的合作性：每年 12 月 1 日是世界愛滋病日 (World AIDS Day)，但貧窮國家能否取得足夠醫療與尋找有效疫苗以對抗愛滋病仍困難重重。過去 20 年，儘管仍有 3,300 萬人感染愛滋病毒 (HIV)，但有更多人享受更健康、更長壽的生活，這都要歸功於新藥的威力。世界愛滋病日主辦單位敦促各國政府，實現將愛滋病治療、預防、照顧和支持推向全球化的諾言。SARS、禽流感與新流感等社會流行病學提醒我們：健康與疾病並非隨意的分布，而是社會性的分布。因此，要對抗 SARS、禽流感與新流感等此類社會流行病，不能只靠藥物醫療，更重要的是國家與國家間的互助合作、富國幫助窮國。否則，地球村任何角落的小疾病，均可能演變成全球的大災難。

重要名詞

生物醫學 (biomedicine)：是現代醫療科學的主要知識基礎。

健康 (health)：是一種精神、生理與社會幸福的狀態。

疾病 (disease)：是一種客觀的、醫療診斷的身體病理或病狀。

患病 (illness)：是一種個人主觀的不適感，亦即某人覺得自己不健康。

生病 (sickness)：指社會接受或認定身體不好或不舒服者的情況。

醫療 (medicine)：是一種提供科學診斷、醫治與疾病預防的制度化體系。

社會醫療化 (medicalization of society)：越來越多社會領域正變成醫療化或處於醫療機構及其成員掌控的領域。

生病角色 (sick role)：病患在醫療社會控制上所扮演的角色。

醫療全球化 (medical globalization)：疾病與死亡形式也以跨國階層、穿越全球各地所體現的全球化趨勢。

問題與討論

1. 現代醫學如何興起？
2. 疾病、患病與生病三個概念怎樣做基本的社會學區分？
3. 醫療社會學理論觀點如何看待健康、疾病與醫療保健議題？
4. 疾病與死亡形式體現在醫療全球化的哪些面向上？

推薦書目

張苙雲，1998，**醫療與社會：醫療社會學的探索**，臺北：巨流圖書公司。

葉肅科，2007，**健康、疾病與醫療：醫療社會學新論**，臺北：三民書局。

Turner, B. S., 1995, *Medical Power and Social Knowledge* (2nd ed.), London: Sage Publications.

參考書目

Bilton, T., Bonnett, K., Jones, P., Lawson, T., Skunner, D., Stanworth, M. and Webster, A. 原著，黃信洋、鄭祖邦、謝昇佑編訂，2007，**基礎社會學** (*Introductory Sociology*)，臺北：學富文化事業有限公司。

張苙雲，1998，**醫療與社會：醫療社會學的探索**，臺北：巨流圖書公司。

葉肅科，2007，**健康、疾病與醫療：醫療社會學新論**，臺北：三民書局。

Andersen, M. L. and Taylor, H. F., 2006, *Sociology: Understanding a Diverse Society* (4th ed.), Belmont, CA: Wadsworth / Thomson Learning, Inc.

Blaxter, M., 1990, *Health and Lifestyles*, London: Tavistock.

Chrisman, N. J., 1980, The HealthSeeking Process: An Approach to the Natural History of Illness, *Culture, Medicine and Psychiatry*, 1(4): 351-377.

Forster, G. and Anderson, B., 1978, *Medical Anthropology*, London: John Wiley & Sons.

Freidson, E., 1970, *The Profession of Medicine: A Study of the Sociology of Applied Knowledge*, New York: Harper Row.

Nettleton, S., 1995, *The Sociology of Health and Illness*, Cambridge: Polity Press.

Riessman, C. T., 1980, Women and Medicalization, *Social Policy*, 14: 3-18.

Robertson, I., 1989, *Society: A Brief Introduction*, New York: Worth Publishers, Inc.

Smith, J., 1983, *The Idea of Health*, New York: Teachers College Press.

Turner, B. S., 1995, *Medical Power and Social Knowledge* (2nd ed.), London: Sage Publications.

Zola, I., 1983, *Socio-Medical Inquiries: Recollections, Reflections and Reconsiderations*, Philadelphia, PA: Temple University Press.

社會福利和社會工作

內容提要

社會學與社會福利、社會工作間，具有非常密切的關係。本章第一節簡要地說明三者間之關係。本節中主要將社會福利與社會工作視為社會服務實施體系中的兩個次級體系，社會福利是間接的社會服務實施體系，其服務提供過程並非以面對面直接互動為前提；社會工作是直接的社會服務實施體系，其服務提供過程則以面對面直接互動為前提。至於社會學觀點，則是一種用來幫助人們看穿社會表象，洞察隱蔽的社會結構之影響作用的思維方式。本章第二節說明社會學觀點在探討社會福利課題上的應用情形。第三節則說明社會學觀點在探討社會工作課題上的應用情形。

第一節　現代社會與社會福利、社會工作

一、社會福利和社會工作出現的背景

從歷史上看，和社會學最密切相關的學科或專業活動，乃社會福利 (social welfare) 和社會工作 (social work) [1]。20 世紀中葉，在美國的大學中，社會學、社會福利和社會工作往往是結合在同一科系中，20 世紀後葉時才陸續分開設系。受美國影響很大的臺灣，也是如此。

社會學、社會福利和社會工作，都是「現代化社會」的產物。世界上「現代化社會」的來臨，大致以英國工業革命和法國政治革命的發生為表徵，也大約就是發生於 18 世紀末。社會學旨在探討與解釋現代化社會的結構、功能與變遷；社會福利與社會工作，則旨在處理隨現代化社會而來之層出不窮的社會問題，以維持社會安定及促進社會發展。

現代化過程，在經濟方面的特性是：農業人口所佔比例減少，工業人口相對增加；技術條件日益成為提高生產率之關鍵因素；勞動分工日益複雜，職業流動迅速增加，個人才能取代門第出身成為用人標準；勞動結構高度分化，計畫周期拉長，並依現代科層制原則實施管理；體力勞動和無技術勞動逐漸被自動化生產方式所取代，白領職工和專業人員相對增加。在政治方面的特性是：教育普及，民眾擴大政治參與；政治決策逐漸加重依賴科技專家的知識；國家在經濟計畫和科技管理中，影響力越來越大；法律取代習俗和慣例，成為處理事情之依據。在社會方面的特性是：人口生育得到控制，核心家庭成為最主要的家庭類型，婦女勞動參與率大增；建立在世襲所有權基礎上的階級差異漸難被接受；都市化使人際關係淡陌疏離，人們趨於獨立自主；人際溝通聯繫逐漸依賴科技，媒體單向傳播支配了社會溝通；各種價值信仰越來越世俗化和理性化。(羅伯特・海爾布羅納等，1989：127)

現代化在經濟、政治、社會造成的作用，係不斷改變過去及創新未來，使人類社會大大掙脫慣俗的約制及發展的限制，社會急劇變遷成了常態。在這樣的社會中，政治趨於民主開放，總體經濟趨於成長，但分配不均、貧富懸殊

---

[1] 帕森斯 (1986: 92, 105)。另有關社會福利和社會工作的定義，本章主要參考 Barker (2003), *Social Work Dictionary* 中相關語辭 (social welfare, social work, social services, social functioning, social justice) 的解釋，讀者可先參閱本章重要名詞的解釋。

化，加上人際關係趨於動態複雜，社會生活過程中也隨之不斷滋生各式各樣的問題。如何滿足人們的基本生活需求、如何降低人們社會生活風險、如何強化人們適應社會變遷的能力、如何縮短社會不平等、如何避免嚴重的社會衝突，是現代化社會欲維持安定與發展所不得不面對的課題。為維繫進步繁榮的成果，減少社會問題滋生的困擾，現代化的社會乃建立社會福利和社會工作制度予以因應。(蔡漢賢、李明政，2006：11)

社會福利和社會工作二詞，大約在 19 世紀末歐美社會中出現。剛開始使用時，社會福利和社會工作二詞往往交替使用，大致可視為同義詞，意指強調運用社會集體力量介入貧窮問題 (當時最主要的社會問題)，這是攸關社會上每個人幸福利益的事業，也是社會上每個人都應關懷和參與的工作。

二、社會福利和社會工作演變的趨勢

二次大戰後，隨著社會變遷及社會分工精細化，這兩個名詞的用法才逐漸區分，而逐漸指涉兩種不一樣的體系。社會福利大致指社會安全制度，社會工作則指一種助人專業制度。

二次大戰期間，西方國家出現了社會安全的思想，一種主張運用社會力量來確保社會成員生活安全的思想。二次大戰後，西方社會形成了福利國家共識，西方國家先後宣告負起社會安全的責任。社會安全制度的內容，大致包括社會救助、社會津貼、社會保險、福利服務和衛生保健等。不同的國家，其實施的社會福利制度，雖有或多或少的差異，但大致都以滿足社會成員的基本生活需求和改善社會不平等、幫助社會團結和促進社會發展為目的。

在社會福利制度實施過程，有些部分其福利提供者和受益者間主要依標準化一視同仁的規則來進行，不以直接互動為重點；而另些部分則須透過工作者和其服務對象的直接互動，才能適當滿足服務對象之具體的生活需求。這些必須透過工作者來執行業務的部分，就逐漸促進各種助人專業的發展，社會工作是社會福利體系中提供直接服務的助人專業之一。

三、當前社會福利和社會工作的特性

一百多年前，社會福利和社會工作，大致僅指針對窮人所提供的各種協助。和百年前相比，現在的社會福利和社會工作都比過去來得分化和龐雜。現在的社會福利，除了指社會安全制度之外，還包括為改善隨著全球化而來的社會排除問題所推行之各種社會包容政策措施。現在的社會工作不僅協助經濟上困窮或情緒上有困擾的個人或家庭，提供社區整合協調的福利與服務，調節總體社會資源的分配，預防社會失調，促進社會功能發揮；也關注性別與族群關係議題，促進先天體質或後天文化差異族群間的相互接納與平等。不僅在社會福利體系中，運用社會工作專業人員及其方法來執行職務，在醫療衛生、學校教育、司法矯治等體系中，運用社會工作專業人員來執行職務的情形亦都更加普及。

晚近，全球化似乎縮小了每個國家在政策制定上所能選擇的範圍。在全球化的壓力下，每個國家的社會福利和社會工作制度的調整，都必須回應全球化帶來的問題，並且都必須與強化國家經濟競爭力的考量密切扣聯在一起。(田德文，2005：321)

第二節　社會學與社會福利

一、社會學觀點在社會福利中之應用

社會學和社會福利共同的特點，乃都關注社會現象。

現代社會福利的核心內涵，乃國家與民間新興組織介入「人們生活需求未獲滿足」問題的思想與活動，但其所關注之「人們生活需求未獲滿足」的問題，大致僅限由「社會」或「人際關係結構」因素造成者，才屬於社會福利關心的範圍。

而由於「社會」或「人際關係結構」龐雜，不易理解，必須借重社會學家的專長，在進行各種社會福利課題探討時才能事半功倍。

社會學的觀點，大致可概括為一種用來幫助人們看穿表象，洞察隱蔽的社會結構之影響作用的思維方式。(彼得・L. 伯杰，1986：35) 它預設著許多我們所能看到的各種社會現象，包括人們的生活需求滿足與否的狀況，都有其隱蔽的社會結構致因。

透過社會學觀點的分析，現代化社會中，「人們生活需求未獲滿足」的問題，大致與階級關係結構、性別關係結構、族群關係結構密切相關。以下，茲從這三個面向，來分析社會福利的相關內涵。

二、社會福利與階級關係

如前述，社會福利是現代化政治經濟發展下的產物。現代化政治經濟下的階級結構，大致可分佔據支配地位的資產階級和處在被支配位置的無產階級，兩者是利益衝突對立的。

以支配地位的資產階級利益為核心，形成右派的保守陣營。右派陣營大致認為：既有的政治經濟體制是美好的，個體自由競爭，才是社會進步的根本動力，國家介入越少越好；福利國家對市場的干涉，已使總體經濟效益大打折扣，而社會福利政策的擴張，會造成進一步的浪費；效率低落和浪費增加，是福利國家危機的本質。

以被支配位置的無產階級利益為核心，形成左派的革新陣營。左派陣營基本上認為「人們生活需求未獲滿足」的問題，主要是階級結構不公平所造成的，因此，主張要盡量擴大辦理各種社會福利措施，來緩和不公平結構下的受害者的生活情況，並應努力改善不公平的結構。

右派陣營，在社會福利政策上偏向看緊社會荷包，在社會資源運用上強調效率價值優先原則，不輕易開啟社會福利善門。左派陣營，在社會福利政策上偏向擴大社會資源分享，強調平等價值優先原則，致力於改善社會不平等。現實中的社會福利制度措施，往往是代表不同階級利益之這兩種陣營相互角力下的具體動態展現。

晚近，有所謂「第三條路」(Giddens, 2005) 的主張出現。第三條路的思想，以英國社會學家紀登斯 (Anthony Giddens) 為代表，1994 年他發表《超越左派右派》一書，1998 年又出版《第三條路》一書，倡導一種積極福利的觀念。其基本原則是：在可能的情況下盡量在人力資本上投資，最好不要直接經濟資助；並提出「社會投資國家」的概念取代「福利國家」，以推行積極福利政策的社會。紀登斯的「第三條路」，兼涉左、右陣營思想的特點。不同於右派的是，它主張國家積極干預；強調社會福利對減少人生風險與貧窮的必要性。不同於左派的是，它不鼓勵直接的經濟資助，而主張導向積極的人力資本投資。著名的學者 Petras 以「結合市場領域的個人選擇與福利國家的社會機會」來形容「第三條路」，而 Dahrendorf 則認為「第三條路」是「新自由主義經濟學與社會民主是社會政策的結合」。(古允文，2001：6-7)

三、社會福利與性別關係

在西方社會中，女權運動已歷經一段相當長的時間。1960 年代後期，西方社會中女權運動再度興起後，促進了女性主義理論的發展，關心貧窮女性化的議題，並對福利國家予以嚴厲批判。所有的女性主義 (feminism)，都以抗拒父權主義的結構為起點。「父權主義的結構」一詞，指女性利益被扭曲並附屬於男性利益內的權力關係結構。此種權力關係結構的變形眾多，並深深蘊藏在教育、政治、經濟、家庭等等各種社會制度中。要對抗的父權主義結構之變形眾多，因此，就有各式各樣的女性主義論述出現，以下僅就與社會福利相關的部分予以簡要敘述。

(一) 自由主義之女性主義社會福利主張

自由主義之女性主義社會政策論述，基本上係贊同資本主義自由市場競爭體制，自由主義之女性主義主張婦女要靠自己的力量在自由競爭之市場機制中追求自我實現。然而，由於兩性間在教育機會、就業機會、工作報酬和家庭照顧責任的分擔上，仍存在重大的差別待遇，這些差別待遇若未能獲得改善，則自由市場經濟體制仍是偏有利於男性的機制。此種兩性間的差別待遇，無法僅靠女性個人力量來改變，她們主張要改革一切有性別歧視的法案、組織、行政和服務提供方式；家庭照顧 (養育子女和照顧老弱殘疾家屬) 責任要國家化或社會化；並且，應給婦女在避孕、墮胎和產假等等只有女性才會面臨的情境，予以較充分的權利，積極消除婦女參與自由競爭市場機制的妨礙。

(二) 社會主義之女性主義社會福利主張

社會主義之女性主義者強調平等價值，而質疑資本主義自由市場競爭體制的公平性。社會主義之女性主義者主張透過國家力量的介入與社會福利的提供，逐步在教育、職場、社區和家庭等等各種基本的生活場域廢除兩性差別待遇，終而實現基於平等價值，勞動生產過程民主化、分配社會化之社會主義社會，才是一條真正通往婦女自主、兩性平等的道路。換言之，社會主義之女性主義者不但不排斥福利國家介入，並且期待透過福利國家的積極影響，追求徹底改變造成兩性不平等的勞動生產模式 (即資本主義自由市場競爭機制)，終而實現女性主義的理想。

(三) 激進主義之女性主義社會福利主張

不同於社會主義之女性主義者強調兩性不平等係人為的文化現象，激進主義之女性主義者則強調兩性間的差異之天生的本質。女性體質較柔弱和具有「母」性特質，男性則較剛強而具侵略性。全球各地兩性間不平等現象，之所以能持續蔓延，因為絕大多數的生活場域及活動規則都是由男性主導建構的，都具有父權主義壓榨的功能，男性集體透過這些性別壓榨機制中獲利，長期結構性地維繫男性集體的優勢。

由於，激進女性主義者傾向於女性壓迫的根源在生物性差異，而一切父權結構都與之有關，因此，必須尋求父權結構體制外的出路，才能渴望擺脫父權的壓抑及充分實現女性的本質。福利國家和家庭制度，都是標準的父權機制，透過它們的力量介入或調整，都無助於真正的改變。兩性的不平等是集體性的，女性集體受壓制的意識覺醒，為反制此種集體壓制，女性集體就應致力於發展一種獨立於男性之外的一種新女性文化。

四、社會福利與族群關係

隨著全球勞動分工、跨國企業經營、移民和跨國婚姻等等互動越趨頻繁，世界各大都會地區早已呈現多族群多文化團體雜然並處的局面。1970 年代，美國加拿大北美地區「族裔復興」(ethnic revival) 運動蓬勃，許多移民團體，要求對他們的種族文化差異，採取更為寬容的態度。他們希望改革主流社會的制度，爭取「多種族權利」，使移民團體能更為自然地生活在其中。(Lehning, 2002: 147-148)

除了移民群體造成一個國家或社會中的族群多元化外，事實上世界絕大多數國家內早已都是多民族並存的。例如我國除了主流社會族群外，還有 14 個原住民族 (包括阿美族、泰雅族、賽夏族、布農族、鄒族、卑南族、排灣族、魯凱族、雅美族、邵族、噶瑪蘭族、太魯閣族、撒奇萊雅族和賽德克族) 及若干平埔族群。

不同的族群共處在同一個社會中，往往形成矛盾衝突的局面。一般而言少數族群比起主流社會成員來說，較容易陷入各種生活困境，如少數族群者較易受到各式各樣的歧視、壓制、邊緣化，從而長期結構性地與主流社會成員的生活水準維持明顯的落差。

為改善族群間的關係結構失衡問題，晚近世界各國乃推行多元文化政策，在社會福利領域中，也就有多元文化社會福利政策的推行。「多民族」的多元文化政策及「多種族」的多元文化政策，可視為多元文化政策的兩種主要形式。「多民族」指在特定國土內存在一個以上的民族；至於「多種族」現象，則係由各種不同文化族群移民所形成。基於多元文化主義的社會福利，認為族群文化認同對每一個成員的生命與生活具有無可取代的重要性，失去自族文化認同的個體，將同時失去正常完整的「自我」。

多元文化政策的核心內涵，就是承認並賦予移民少數群體及原住民族集體權利的政策。它不是對少數族群者的特殊優惠措施，而是保護少數族群者免受不公待遇的機制。

推行多種族的多元文化主義政策，其主要的具體措施，大致可分為如下三大類：(莊秀美，2002：261-262)

1. 維持並發展族裔文化、語言的措施；
2. 促進少數族群者社會參與的措施；
3. 教育主流社會國民及促進文化交流的措施。

而推行多民族的多元文化政策，和多種族的多元文化政策的根本不同，乃在於其強調要維繫及發展其傳統自族文化。幾乎所有的原住民族權利運動者，都強調原住民族權利與少數族群權利的區隔，也都十分重視其文化族群的民族建構。儘管如此，就追求調適短期現實壓力方面而言，其亦分享上述多種族多元文化政策目標與方案。而不同於一般少數族群者，所有原住民族明顯獨特的根本訴求，乃自決和自治的權利。

第三節　社會工作與社會學

一、應用於社會工作中的社會學觀點

依賴特．米爾斯 (1986) 的說法，社會學想像力必不可欠缺的部分，乃區分「局部環境中的個人困擾」(個人問題) 和「社會結構中的公眾問題」(社會問題)。

個人問題，具個人的特性，與個人的自我特質密切相關，它只發生在個人與他人直接互動關係中，或個人直接體驗之有限的社會生活範圍內。因此，只

有針對個人及其具體經歷 (即個人直接接觸的社會環境)，才能適切說明和解決其困擾。

社會問題所牽涉的範圍，則超乎個人直接接觸的社會環境。它關係到各式各樣個人環境相互重疊、相互交叉所形成之更大的社會生活結構。社會問題涉及的對象是公眾，社會問題就是公眾所共同重視的價值受到威脅或侵害時的狀況。社會問題不同於個人問題，不能用人們日常生活的直接環境來給它下個明確的定義。它往往意指制度上或結構上的危機。(賴特．米爾斯，1986：9-10)

根據賴特．米爾斯的說法，社會學家感興趣的是與公眾有關的社會問題。然而，對於社會工作者而言，其固然關注公眾問題，但也涉及介入個人問題。傳統主流的社會工作者，往往採原子觀的社會問題觀，也就是視社會由個人所組成，社會問題就是社會上許多個人有問題所致，欲解決社會問題就必須將陷入困境的個人逐案處理，而介入個人問題，往往就是介入其人格結構的調整，是相當個別化而不可以採取機械化的集體處理模式。

20 世紀末，採取馬克思觀點的基變社會工作，大力抨擊上述傳統主流的社會工作，認為其忽視社會結構不公因素，無法真正滿足案主的需求。

以下簡要的敘述這兩種社會工作模式，傳統主流社會工作可說以參照心理學觀點為主的社會工作；而基變社會工作，則很明顯係以參照社會學觀點為主的社會工作。

二、傳統主流的社會工作

傳統主流的社會工作，大致可以心理暨社會診斷學派 (以下簡稱診斷派) 為代表。探討診斷派的淵源，往往溯及瑪麗．芮奇孟 (Mary E. Richmond, 1861-1928)，以她為該派的建立者。不過，依該派集大成者郝麗絲 (Florence Hollis, 1907-1987) 的說法，在一次大戰後歷經 1920、1930 年代美國社會經濟急劇變遷之衝擊，加上學術界各種人格理論、社會理論之發展，診斷派的思想與芮奇孟的理論之間，已有了巨大的差異。佛洛伊德的理論取代了芮奇孟的理論，成為診斷派的思想根基。(Hollis, 1970: 38)

診斷派認為案主個人問題，來自三個互動的因素所致，包括現實生活環境的壓力、遺傳或發展上的缺失所產生的不成熟或錯誤的自我和超我能力、自我防衛機轉不當的運用等。(謝美娥，2000：67) 診斷派的工作模式則有以下幾個特點：

1. 直接關注個人的福祉，強調社會個案工作是為了保護人類免於社會和自然的剝削而存在。社會工作者應盡其全力去幫助個人實現潛能與抱負，並減輕其自我實現的障礙。社會工作者對於案主個人內在的價值，應無條件接納和充分尊重案主的自我抉擇。
2. 強調人在情境中 (The Person-in-Situation) 的參考架構。社會工作的目標是解決個人和環境不平衡所產生的問題。關注如何增進人際的關係和生活的情境，重視內在心理過程、外在社會因素及兩者如何相互影響的分析。
3. 基於心理動力 (Psychodynamic Perspectives) 的觀點。心理動力乃強調人類內在心理會影響人的外顯行為表現，自我是處理外在現實生活課題的重心，從防衛機制的使用的情況，可以協助了解個人如何與外在環境互動。

診斷派深受佛洛伊德心理分析理論之影響，強調心理動力、社會變遷威脅的分析及協助案主洞察自己內在心理矛盾衝突情況的治療程序，其目的則在於適當運用案主的人格力量與環境資源，以改善個人人格結構瑕疵的問題。

三、基變社會工作

20 世紀末葉，伴隨新左派政治激進運動，基於馬克思主義思想的社會工作開始出現，對傳統主流的社會工作予以嚴厲的批判。(諾埃爾・蒂姆斯，1898：731) 1960、1970 年代時，美國部分的社會工作者為了徹底改善弱勢者生活狀況，爭取受壓迫者的公民權 和福利權，乃積極鼓吹「解個體化」(Deindividualization)、平等 (Equality)、社會正義 (Social justice)、夥伴關係 (Partnership)、公民資格 (Citizenship)、充權 (Empowerment)、真誠 (Authenticity) 等社會工作價值觀。(Thompson, 2009: 175-183) 他們認為傳統的社會工作傾向將案主的問題「私人化」，忽略社會環境中經濟、政治、教育體系中不公平的結構因素。故認為必須透過激發案主的意識覺醒，使其了解他們問題產生的原因，提升他們的生命尊嚴，以及集體聯合行動來打破現存結構不公平的情形，以爭取合理的生存空間。(趙善如，1999：237-238)

美國基變社會工作立基於馬克思主義的觀點認為：(林萬億，2002：216)

1. 問題應被界定為社會的與結構的，而不是個人的。
2. 分配不均及不義，起因於工人階級位置及其在社會中的特殊團體屬性。
3. 公平的結構才能促成社會組織充分的合作與分享。

4. 政治行動與社會變遷才能促成社會結構的改變。
5. 實踐是將理論付諸實行，實務是理論的反省與改造，理論必須部分來自外界日常生活的實踐，透過行動來發現意義，改變觀念。

基變社會工作對傳統主流的社會工作提出以下三點批判：(林萬億，2002：217)

1. 傳統社會工作將複雜的社會問題，化約為個人心理的解釋，因而有「責難受害者」的嫌疑，將社會引發的問題歸咎到個人身上。
2. 將社會問題私有化，將具有相同經驗者與社會集體合力解決問題的可能性切斷。
3. 強化與遵循具壓迫本質的資本主義社會秩序。

基變社會工作有別於傳統社會工作在於關切下列議題：(林萬億，2002：217-218)

1. 社會控制。社會工作有可能藉由國家機器代表統治階級來控制被統治者，因此，基變社會工作會很小心可能的控制活動。
2. 專業化。社會工作教育有可能不利於被壓迫社區與個人的利益。基變社會工作者與其依賴專業團體，不如靠與工人階級和社會組織的結盟。
3. 社會與機構可能限制基變社會工作者與個人的實務操作，因此，走向集體與政治工作才有可為。機構往往代表統治菁英來進行政治控制。

據此，基變社會工作的做法如下：

1. 針對個人問題進行結構分析，追溯到社會與經濟結構。
2. 反省每天不斷地被認同與表達的社會工作和福利服務的社會控制功能。
3. 批判社會經濟與政治安排的現狀。
4. 保護個人對抗壓迫。
5. 個人解放與社會變遷是重要的目標。

基變社會工作技術常用以下幾種：(林萬億，2002：218-219)

1. 覺醒 (consciousness raising 或 conscientisation)
   反省壓迫的社會結構，嘗試去了解它的過程，接著去探索行動的方式。

2. 常態化 (normalisation)

協助案主了解他們的情境並非特有的，而是有他人可以分享經驗。

3. 集體化 (collectivisation)

提供案主到既有的團體中，讓他們共享相同問題的經驗，並尋求集體力量來解決問題。

4. 重新定義 (redefining)

讓案主了解個人的問題背後潛藏著社會壓迫的結構。

5. 確認 (validating)

用不同的角度來面對壓迫，增加案主的力量以新的方式來看待情境，其技巧包括批判地質疑、幽默、暗喻、說故事或認知不一等。

6. 建立對話關係 (dialogical relationship)

站在平等位置上與案主不斷地對話，促成相互信賴，其技巧有分享個案紀錄、自我揭露、提供資訊、相互探索議題等。

7. 賦能 (enabling)

幫助案主獲得權力以掌控自己的生活。當今已改為充權 (empowering) 的概念。

四、微視社會工作與鉅視社會工作

上述傳統主流的社會工作，屬於所謂的微視社會工作，而基變社會工作則屬於所謂的鉅視社會工作。微視社會工作以個體、家庭、團體為對象，主要運用心理諮商輔導的理論知識觀點來引導工作的進行；鉅視社會工作則以社區、社會為對象，其實施主要以社會學、政治經濟學、文化人類學的知識為基礎。鉅視社會工作關注的是較大的人際關係層面，關注從組織、社區或社會結構層面來進行干預，重視民主參與、性別平等、尊重多元文化和社會發展等價值，採取基於倡導、培力及優勢觀點的工作方式，來推動社會結構面的變遷。與微視社會工作將社會問題原子化，視社會問題可化約成個人問題來處理，兩者間的價值觀或世界觀有明顯差異。(DiNitto Center for Career Services, 2005)

當大環境「結構性」變遷，影響人們「共同需求」滿足問題顯著且呈長期性時，鉅視社會工作會受到較大的重視。20 世紀末以來，隨著鉅視社會工作在全球各地呈現增長趨勢，社會工作與社會學也將再呈現更密切的互動關係。

重要名詞

社會服務 (social services)：服務泛指為滿足他人需求或需要而進行的活動，社會服務則指運用社會力量、社會資源為提升人們健康、自立自足、預防依賴及強化個體、家庭、團體、社區的社會功能而進行的活動。

社會功能 (social functioning)：指個人、家庭、團體、社區等各種不同層次的社會單位，在履行其角色、滿足社會及自我期望的行為表現的狀況。這些角色或期望，大致指社會及自我對人們在滿足其生理 (食物、居住、安全)、心理 (歸屬感、自我尊重、自我實現)、社會 (人際關係、社會貢獻) 等基本需求上，所預期應表現的行為。符合這些角色期望的行為表現狀況，就是社會功能良好，反之，就是社會功能不良，也就成為社會工作或社會福利介入協助的對象。

社會工作 (social work)：可視為是一種學科，也可視為是一種專業 (profession)。就作為一種學科而言，它是一門應用科學，主要探討如何協助人們獲有適當心理暨社會功能的水準，及促進社會發展增益全體成員生活美好的情況。就作為一種專業而言，它是一協助個體、團體、社區、社會強化或恢復其社會功能的專業。在本文中，社會工作也可視為是一種直接社會服務體系。

社會福利 (social welfare)：政府或民間組織，運用公共資源或社會力量，以增進社會總體發展及滿足個體基本生活需求為目的，所建立的制度或所採行之有組織、有系統的活動。在本文中，社會福利也可視為是一種間接社會服務體系。

資本主義 (capitalism)：粗略而言指以獲取利潤為經濟活動的最高目標、以私有財產制為基石、以價格機能調節市場供需、以自由競爭為互動準則、資本的擁有者可自由運用其利潤、生產所需的勞力由勞工自由提供，並且以個人主義倫理為精髓之當代主流的市場經濟體制。

福利國家 (welfare state)：指由國家承擔維護全體國民一生基本生活安全責任的政治體制。

女性主義 (feminism)：泛指抗拒父權主義結構的各種思想主張。「父權主義的結構」一詞，指女性利益被扭曲並附屬於男性利益內的權力關係結構。此種權力關係結構的變形眾多，並深深蘊藏在教育、政治、經濟、家庭等等各種社會制度中。

多元文化主義 (multiculturalism)：指追求不同種族、不同文化群體和諧地共同生活在一個社會的思想主張，堅持所有文化群體一律平等，並致力於提升尊重差異

或多樣性 (diversity) 成為社會核心價值。

心理暨社會 (psychosocial)：漢彌爾頓 (Gordon Hamilton, 1892-1967) 是第一位使用 psychosocial 一詞的社會工作者，該詞強調所有人的問題之形成都是由個體內在情緒與外在社會環境互動的結果。

社會正義 (social justice)：社會正義係社會工作的核心價值之一。社會正義作為社會工作的核心價值，乃在追求社會成員間公平合理的相互對待，並作為指引社會工作者行動表現的基本原則。具體而言，社會正義指所有社會成員都應獲有相同的基本權利、保障、機會、義務及社會給付；並且，歷史上存在的不平等，也應被認知和採取具體行動予以矯正。

問題與討論

1. 為什麼社會學、社會福利與社會工作等學科的出現，都與現代社會的來臨有關？現代社會福利、社會工作與傳統慈善事業有何不同？
2. 何謂第三條路？第三條路的社會福利主張大致為何？
3. 為何女性主義者和少數族群者對主流社會的社會福利制度都有所不滿？其理由主要為何？
4. 基變社會工作和馬克思主義有何關聯？其對傳統社會工作的批判重點為何？

推薦書目

Zastrow, Charles 著，張英陣、彭淑華、鄭麗珍譯，1998，**社會福利與社會工作**，臺北：洪葉。

麥可．蘇利文著，古允文譯，1989，**社會學與社會福利**，臺北：桂冠。

Hollis, F., 1972, *Casework*：*A Psychosocial Therapy*, New York: Random House.

Marshall, T. H., 1963, *Class, Citizenship, and Social Development*, Chicago and London: The University of Chicago Press.

參考書目

Giddens, A. 著，黃瑞祺編，2005，**全球化與第三條路**，臺北：松慧。

Lehning, Percy B. 編，許雲翔、江佩娟、葉錦娟、劉中文譯，2002，**分離主義的理論**，臺北：韋伯文化。

Thompson, N. 著，林以舜譯，2009，**理解社會工作**，臺北：華都文化事業有限公司。

古允文，2001，〈不確定的年代——走在鋼索上的國際社會福利發展〉，**社會福利政策的新思維**，詹火生、古允文編，臺北：桂冠，3-19。

田德文，2005，**歐盟社會政策與歐洲一體化**，北京：社會科學文獻出版社。

彼得·L. 伯杰，1986，〈社會學：一種意識的形式〉，**社會學與社會組織**，賴特·米爾斯、塔爾考特·帕森斯等著，何維凌、黃曉京譯，杭州：浙江人民出版社，28-58。

林萬億，2002，**當代社會工作——理論與方法**，臺北：五南。

徐震、李明政，2006，**社會工作倫理與思想**，臺北：松慧。

莊秀美，2002，**台灣原住民老人福利政策之研究：多元文化主義觀點的檢視**，臺北：學富。

塔爾考特·帕森斯，1986，〈作為一門專業的社會學〉，**社會學與社會組織**，賴特·米爾斯、塔爾考特·帕森斯等著，何維凌、黃曉京譯，杭州：浙江人民出版社，83-113。

趙善如著，1999，〈「增強力量」觀點之社會工作實務要素與處遇策略〉，**臺大社會工作學刊**，1：231-262。

蔡漢賢、李明政，2006，**社會福利新論 (二版)**，臺北：松慧。

諾埃爾·蒂姆斯著，章克生譯，1898，〈「社會工作」條目〉，**社會科學百科全書**，亞當·庫柏、杰西卡·庫柏主編，上海：上海譯文出版社。

賴特·米爾斯，1986，〈社會學想像力〉，**社會學與社會組織**，賴特·米爾斯、塔爾考特·帕森斯等著，何維凌、黃曉京譯，杭州：浙江人民出版社，3-27。

謝美娥，2000，〈心理暨社會診斷派〉，**社會工作辭典**，蔡漢賢主編，臺北：內政部社會發展雜誌社。

羅伯特·海爾布羅納等著，俞天新等譯，1989，**現代化理論研究**，北京：華夏出版社。

Barker, Robert L., 2003, *Social Work Dictionary* (5th ed.), Washington, DC: NASW Press.

DiNitto Center for Career Services, 2005, Macro Social Work, School of Social Work, University of Texas at Austin. http://www.utexas.edu/ssw/dccs/

Hollis, F., 1970, The Psychosocial Approach to the Practice of Casework. In Robert W. Roberts & Robert H. Nee (Eds.), *Theories of Social Casework*, Chicago and London: The University of Chicago Press.

Part II
文化

社會化

內容提要

「社會化」是一個生命特徵的轉化過程，一個把人由單純的生物形態改變為人類文明形態的過程，是社會化對象通過學習而融入群體和社會的過程。社會化的結果會對個人、群體和國家的發展機會造成實質性影響。本章將具體說明社會化的基本功能，闡述人的自律能力、理智行動能力以及與此相關的自我概念、慣習傾向和對待事物的態度等等是怎樣形成和發展起來的，並且分析社會化結果的差異從何而來，指出社會化的侷限和超越侷限的某些可能性。

第一節　社會化的基本功能

人是最聰明的動物，也是唯一具有倫理道德意識的動物；但是人的聰明才智和倫理道德意識並非與生俱來，其形成必須依賴家庭和社會的資源、導向和約束，以及與此相對應的個人實踐。印度狼孩的真實故事告訴我們，一個完全脫離人類社會的人，只能與普通動物無異：擁有人的軀體，但是卻不可能獲得人類超越生理層次的基本特徵——有口不會說話，有腦不能思維，也沒有人類的情感和道德取向。

「社會化」可以把人由單純的生物形態改變為人類文明形態。這是一個多種社會力量參與的教育與被教育的過程；在此過程之中，被教育者對是否接受某種教育和影響、在多大程度上接受、以何種方式接受都會有所選擇。群體和社會通過這個過程去幫助個人習得某種行動能力，養成某種人格和道德品質，引導他們融入群體和社會，扮演好其中的建設性角色；而個人則在這個過程中學會角色選擇和角色扮演，並且依據角色扮演而獲取地位、聲譽、收入和權力。

社會化貫穿人的一生，始於家庭，但是學校、工作部門、教會組織、政府和朋友圈子也會對個人施加社會化影響，大眾媒體亦然。它們和家庭一樣都是社會化載體 (agency of socialization)。每一個社會化載體對社會化對象都持有特定期待。父母親希望自己的子女有本事，有孝心，有出息。學校希望自己的學生品學兼優，身體健康，能夠成為對社會有用的人才。公司希望自己的員工認真、負責、有創意。國家希望每一個公民都能克盡職守，忠實履行憲法規定的公民義務和責任。每一個社會化載體都希望社會化對象遵守相關的章法、規範，以便維持相關群體或社會的責任分工、運作秩序、內部凝聚和社會安定；對違規者會採用不同方式予以規訓，甚至施加懲罰 (媒體除外)。

如是，每一個人都是生活在多種社會力量的期待和影響之下，生活在此種影響背後所存在的強制性力量的威力之下。伯格 (Peter Berger)(1963) 把這種狀態想像為每一個人都是生活在多個社會性同心圓的共同影響之下，成為承受影響的共同圓心。他還用「人在社會之中」(man in society) 的說法加以概括。

伯格注意到，人通常不會因為承受各種社會力量的期待與制約而感到難堪重負，痛苦至極；恰恰相反，絕大多數人會相當樂於配合，大致上會按照社會或相關群體的期待扮演相應角色。這是因為在社會化過程中，絕大多數人都對來自社會或群體的期待進行了內化，把它們變成了指導和約束自己的認知、情感和行動的內在力量。這種狀態，伯格稱之為「社會在個人內心之中」(society in man)。

每一個人經歷的社會化過程都會有別於其他人，加上人與人之間的先天因素差別，致使每一個人形成的知識、能力、人格、情感、價值取向、行動傾向、理性程度和社會聯繫等不會完全與他人相同。人與人之間的差異在一定程度上構成了每一個人在社會和群體中的定位基礎。但是人與人的社會化過程也會有眾多相同或相似的部分，例如，同樣出生在穆斯林家庭的孩子，在宗教社會化的過程中會受到相似的穆斯林教義的教誨，出生在基督教或佛教家庭的孩子會受到基督教或佛教教義的熏陶。相似的社會化過程容易導致相似的社會化結果，相似的過程越多，社會化結果的相似之處就越大。

對於個人來說，社會化結果的差異關係到他／她在社會上能夠扮演的角色，能夠獲取的收入和社會地位，也關係到他／她的人品、人格。對於社會和群體來說，社會化的成效及其差異決定社會成員或相關群體成員的整體素質以及國家或群體之間的差異，因而在相當程度上會影響到相關國家和群體的生存與發展機會。

第二節　自我與理性的成長

社會化的關鍵目標之一是幫助社會化對象形成米德 (George Herbert Mead) (1934) 所說的「自我」(self)，進而以此為基礎，形成理智的行動能力。米德是從行為的角度界定自我，因而把它分為「主我」(I) 和「客我」(me) 兩個部分。「主我」指行為主體的行動，如某人在寫作，在演講，在幫助病人診斷，這些行動都是主我做的。「客我」指的是行為主體把自己當作行動對象，就如同他把別人、把某種事物當作行動對象那樣。一個人可以和別人說話，可以贊賞或批評別人，這些都是把別人當作行動對象；同樣，一個人也可以和自己對話，可以觀察自己，監督自己，贊賞自己，批評自己。這一類反身性行為屬於「客我」的範疇。

客我的行為在本質上是代表「他者」(other)。米德所說的「他者」是廣義的，泛指「自我」之外的一切，包括他人、群體、社會結構、社會制度、社會運作體系、價值、規範、社會積累的知識、人造器物、也包括自然界。當法官判定一個人有罪或無罪的時候，他所依據的是法律，表面上是他個人做出判決，實質上是他代表法律而做出的判決。

對於行為主體來說，「他者」之中與其相關的一部分內容可能是對他／她的期待、要求、指令、壓力或刺激；另有一部分內容——如物質資源、文化資源、組織的力量、親友的支持、法律的某些規定、行動的某些機會——有可能為其所用，幫助他／她達致某種目標；還有一些內容則可能構成其行動阻力、風險、威脅或限制。如果主我對他者的判斷片面、膚淺，或者對他者做出的行動不當，如果客我已經形成很強的能力，客我就會代表他者對主我提出質疑、警告和評論，敦促主我做出調整；如果主我做的很好，客我就會表示肯定。所以，他者可以通過客我的中介，對行為主體的主我行為產生影響。

客我之所以能夠扮演好中介角色，原因之一是因為它能夠借助於另外一種後天習得的能力，米德稱之為「扮演他者的角色」(role-taking)。此種能力有三個含義：1. 認知他者；2. 認知他者對行為主體的意義；3. 在一定程度上認同他者對行為主體的意義，包括認同他者對行為主體的態度、立場和期待，如果他者是個人、群體或國家的話。

主我與客我之間是彼此互動、相互影響的關係。客我一直把主我置於自己的觀察視野之中，在觀察的基礎上代表他者對之做出制約或提供幫助。主我也會對客我不斷做出反應。主我的反應有兩類，一類是順從客我的制約，一類是離異或部分離異。前者導致符合價值和規範約束的行動 (如守法行為)，與現有知識架構協調的行動 (如依據現有科學理論從事應用類的工程設計)，尊重現實世界內在邏輯與特質的行動 (如依據奈米材料的特質去設計和製造奈米類產品) 等等。主我的第二類反應會導致創造性行動，也可能導致行為的越軌。

客我和扮演他者角色的能力並非與生俱來，需要通過社會化的過程逐步習得。這一類學習通常要經歷三個階段：在第一階段學習扮演具體個人的角色，尤其是扮演重要他人 (significant others) 的角色；在第二階段學習扮演概括化他者 (generalized other) 的角色；第三階段是自我擴張 (self-enlargement)，持續擴大「扮演他者角色」中的「他者」的覆蓋面與內涵。

「重要他人」是指對一個人能夠產生重要影響的人，如父母親、好朋友、戀人、重要老師、老闆等。兒童最先受其影響的重要他人是媽媽。在和媽媽互動的過程中，兒童漸漸懂得媽媽能夠給他帶來奶汁、溫暖、舒適和安全感，也會帶來用種種姿態和動作表達的贊賞。然後進一步懂得媽媽要求他乖，期待他笑，期待他叫「媽」、「爸」，表現乖，就能得到奶汁、溫暖和贊賞；不乖，就可能得不到。再大一些以後，兒童又學會假扮媽媽、爸爸、壞蛋和警察。假扮媽媽哄孩子的時候，對媽媽的責任、愛心和管教方式以及孩子在媽媽的眼裡應該怎樣做才是好孩子等等有了更深、更全面的認識。在這個階段，兒童初步學會了解和認同具體的他人，學會用某一個人的期待 (如媽媽) 要求和約束自己的行動 (如摔倒了之後告訴自己要堅強，不要哭)，於是，伴隨著這種初級的扮演他者角色的能力形成，一種很簡單的客我也就出現了。

在此之後，兒童的學習進入了以集體遊戲為代表特徵的第二階段。孩子們在一起遊戲、踢足球、打牌，必須遵守集體規則，還要學會與其他小伙伴協調、配合。遊戲規則是對遊戲集體的共同主張、共同態度的概括，與許多他人的協調與配合則是建立在能夠總體了解其態度和期待之上的協調與配合，由於參加這樣的遊戲，孩子們學會了理解和遵循集體規範，也學會了在集體規範的基礎上與許多他人協調配合，做出自己的恰當反應。在這個階段孩子們初步學會了扮演概括化他者的角色，懂得從整體上認識作為集體的他者，認同其規範、利益與期待，理解這個集體與自己的關係，並且能夠用集體的規範和期待檢視和約束自己的行動。如是，孩子們便獲得了更高層級的扮演他者角色的能力，與此相伴的是，其客我也同時上升到一個新的水平。

原則上按照第二階段的方式，一個人還可以學會了解和認同自己的家庭、學校和工作機構，並且分別站在家庭、學校和工作機構的立場上，用其規範和期待去指導、約束自己的行動。一個人也有可能漸次學會了解和認同自己的社區、國家和民族，甚至體認整個世界，並且用整個社區的利益、或國家的利益、或民族的利益、或世界的整體利益來規範其行動。此外，一個人也有可能學會了解和體認物質世界許多物、象的性質以及某些物、象之間的關係，並且用此種認知去規範其認知結論、理論建構或工程設計。在這一類學習過程中，扮演他者角色的能力可以獲得大幅度提升，客我的層級也可以大幅度提升。

客我不能完全決定主我的行動，但是會對主我帶來重大影響。人類只有在客我出現之後，才能具有思維、自律和自我行動調節的能力，從而擺脫像普通動物那樣僅僅用本能和衝動來主宰自己行動的行為方式，展現人類的理性，懂得接受正常社會規範的約束，接受他人正當權益的約束，接受物質世界的特定性質與變異規律的約束 (如依照原料物的特定性質去設計創新產品，依照情勢的具體性質去設計發展策略和運行制度)，懂得利用環境之中存在的某些可以利用的有利條件，懂得如何從事理性創造，實現自己的目標，並幫助他人以及所屬群體和國家實現其目標。扮演他者角色的能力越強，客我的範圍越廣、越有深度，理性的程度就越高。

第三節 自我概念的形塑

社會化產生的另外一種重要結果是形塑人的自我概念。「自我概念」指的是一個人對自己的看法，涉及他本人相信自己是誰、是什麼樣的人以及希望成為什麼樣的人 (Taylor et al., 2006: 97; Shibutani, 1987: 215)。

自我概念涵蓋對自我現狀的認識，也有一部分與自我期待有關，例如希望將來能夠出類拔萃，成為國內或世界上的一流科學家或企業家。對未來的自我期許屬於「理想型自我身分認同」(ideal self identity) 的範疇。涉及現狀的自我概念又可細分為兩個部分，其一是社會性身分認同 (social identity)，另一類是個人性身分認同 (personal identity)。一個人可以認定自己是某個國家的公民，某個學校的畢業生，某個醫院的外科主治醫生，這些認定涉及的是他在某一個國家或群體中的成員身分，是社會性身分認同。一個人如果認為自己很聰明，很有影響力，行動能力很強，或者有點肥胖，沒有朋友等等，這一類看法屬於個人性自我身分認同的範疇。

每一種自我概念在其持有者心目之中都具有特定的含義 (Shibutani, 1987: 230)。布魯默 (Blumer, 1969: 2) 曾經指出，人對任何事物所做出的行動都是直接取決於該事物在其心目中的意義，而不是該事物本身的內在特質。例如，伏特加烈酒對於嗜酒的俄羅斯男人來說很寶貴，所以這些人每天的生活離不開此種烈酒的陪伴；但是對於唯獨欣賞法蘭西葡萄酒的貴婦人來說，伏特加烈酒沒有什麼價值，所以她們從來不會為之舉杯。人對自己做出的反應也是如此——取決於自己在自己心目中所具有的意義。換言之，一個人的所做所為在相當程度上會受到自我概念的影響 (Shibutani, 1987; Wood et al., 2003)。擁有穩定、健康的自我概念是成人賴以實現行為穩定性、人格一致性和社會角色可信賴性的心理基礎。

人的自我評價涉及對能力、價值和人格好壞的判斷，關乎自尊自重 (self esteem)，是自我概念的重要組成部分。認為自己能力較強的人 (high self-efficacy) 不會輕易向困難低頭，在學習和工作中願意多付出、多投入，能夠顯現更強的意志，容易看到正面的行動條件，因而有較大機會取得成功。認為自己能力弱的人容易在困難面前放棄努力，成功的機會低於前一類人 (Bandura & Cervone, 1983; Shibutani, 1987; Sullivan et al., 2006)。

人的自我概念是在社會化過程中經由互動逐漸形成的。庫里 (Cooley, 1902) 提出過「鏡中自我」(looking-glass self) 的概念，意思是：人是依據別人如何看待自己而對自己做出判斷，並且表現出情感反應，如自豪或羞愧。別人對自己的看法，以及能夠反映出別人看法的行為，如同一面鏡子，自己可以在這面鏡子裡看到別人眼中的自己，這種鏡中之我——尤其是重要他人眼中的我——常常會內化成為一個人對自己的看法，形成自我概念。

一個人自兒童時期開始，經由學校，再步入社會，不斷聽到別人對自己的評論，或者感受到別人以各種方式對自己表達的看法。父母親是最早做出此類評論的重要他人，然後是老師、朋友、各類專家和其他人。許多別人說自己漂亮之後，自己也會覺得自己是一個引人讚美、相當漂亮的人。老師數次表揚自己作文寫得好、是全班之冠以後，自己也會接受這個判斷，認為自己文筆好，對國文學習和寫作訓練越來越有興趣，越來越有信心，儘管自己所在的學校只是所在地區的二等學校，自己最初的實際寫作能力在一等學校只能算是中下等水平。然而，由於興趣和自信心的提高，加上學習投入的顯著增加、學習效率的逐步改善，寫作能力和整體國文水平有可能在較短的時間內提升到一等學校的優等水平。

有眾多實例顯示，家長如果懂得肯定子女的這一類成績，幫助他們理解為何會有如此成績，並且鼓勵他們用同樣的精神和原則去學習其他科目，子女們極有可能在一門或更多門其他科目中同樣取得優異成績，他們對自己的能力評價和總體自我評價也會進一步顯著提升，涉及未來的理想型自我標準也會顯著升高。

許多人不擅長肯定別人的長處，許多家長也是如此。在看到同學的幾次考試成績是「D」或不及格之後，常常會不加思索地得出結論：他很笨。家長看到孩子的「D」和不及格一再出現，也可能罵孩子「笨」、「沒出息」。其實孩子可能並不笨，而是因為某種原因，在某一段時間對某些課程沒有好好學習，或者是因為某種學習條件極度不佳。但是在多次被說成笨以後，加上成績記載的白紙黑字顯得很有權威，這些孩子會漸漸以為自己不是聰明學生；如果別人看不到他們在某些方面仍有值得欣賞、值得發展、對社會頗有價值的潛力，不予肯定，他們自己也極有可能看不到這些長處，於是會形成較低的總體自我評價，自信心處於較低的水平。這一部分孩子在學校期間對學習容易變得越來越沒有興趣，學習成績與優秀學生相比，差距容易增大；在工作期間，對自己也容易僅僅設立較低的追求目標，一生的成就會受到此種自我概念和自限心態的甚大侷限。

自我概念需要不斷予以強化。較高的自我評價和自信心也不例外。來自他人和社會的不斷肯定是強化正面自我評價的重要條件，不過從長遠來看，一個人自己的行動表現和角色扮演在強化自我概念方面會起到關鍵作用。自認為能力傑出的人如果在不同階段的讀書期間，在其後的工作期間，至少某一方面的能力明顯優於眾人，不斷得到重要他人、所屬組織和參考群體的肯定，其自視傑出的這一假定才會立而不倒。為了不斷贏得他人的肯定，他／她必須持續努力，不斷謀求新的發展，去證明自己值得被肯定。

第四節　態度的形塑

態度是對特定對象 (人、事、物) 所形成的正面或負面感受，比如愛與憎，喜與惡，敬與鄙。態度和自我概念一樣，會引起對相關人、事、物的親和或排斥，對客我和主我的運作起到支持或限制的作用，從而對行動及其結果產生影響。所以，形塑態度也是社會化的重要內容之一。

態度的形塑常常借助於社會化對象的感知和認知，但是大量的態度形塑也會以古典制約的方式進行。巴甫洛夫 (I. Pavlov) 在對狗進行實驗的時候發現，他的狗原本只是見到食物才會分泌唾液，但是由於他在實驗過程中連續幾次總是首先搖鈴、然後再讓狗見到食物，結果，狗在僅僅聽到鈴聲之後便會分泌唾液。任何狗見到食物都會分泌唾液，這是屬於「無條件反射」類型的先天性反應 (unconditioned response)。能夠引起無條件反射的物叫做「無條件刺激」(unconditioned stimulus)，食物能夠引起狗的唾液分泌 (無條件反射)，相對於此種反射反應來說，食物就是無條件刺激。不會引起無條件反射或相似習得反應的物叫做「中性刺激」，在巴甫洛夫的實驗中，鈴聲原本不會引起狗的唾液分泌，因而是中性刺激。經過試驗之後，狗變得能夠對鈴聲做出分泌唾液的反應，這種反應是習得的結果，是在巴甫洛夫改變了狗的環境刺激 (制約) 條件之後方能出現的結果，巴甫洛夫稱之為「條件性反應」(亦即「後制約反應」，

conditioned response)。能夠引起條件性反應 (後制約反應) 的物叫做「條件性刺激」(亦即「後制約刺激」，conditioned stimulus)。實驗過程是狗的學習過程，在這個過程中，鈴聲由中性刺激狀態轉化為條件性刺激，狗則學會了對這種條件性刺激做出在表面上與條件反射相似的分泌唾液的反應。導致這一類學習結果的核心機制是中性物與非中性物 (無條件刺激) 的連接。在整個學習過程中，完全沒有 (狗的) 思維參與。巴甫洛夫在後續實驗中發現，把中性物與另外一類非中性物——條件性刺激——連接在一起之後，此種中性物也可以變成條件性刺激，從而引起狗的唾液分泌 (Pavlov, 1927)。這就是著名的古典制約學習實驗。

動物界和人類社會的許多實例顯示，巴甫洛夫發現的古典制約類學習有著廣泛的表現，在人類的社會化過程中有相當顯著的體現 (Baldwin & Baldwin, 1986; Cacioppo et al., 1992)，以古典制約方式形塑態度就是其中的一部分。

嬰兒最早遇到的中性物與無條件刺激物的連接就是母親胸部 (中性物) 和乳汁 (無條件刺激物) 的連接，喜歡乳汁是先天反應，這種喜歡是無條件反應。母親胸部與乳汁的連接使前者由中性物變成條件刺激物，於是便能導致嬰兒像喜歡乳汁那樣喜歡母親的胸部。實際上，如果使用奶瓶餵奶，嬰兒會喜歡奶瓶，而不是母親的胸部。由於母親與其胸部不可分割地連接在一起，所以嬰兒的喜歡會進而投射到母親整個人身上。孩子稍大之後發現，母親還和其他「東西」連接在一起：母親酷愛吃螃蟹，信仰佛教 (或基督教)，說某種語言，喜歡爸爸…；由於母親與父親以及其他事物的連接，孩子於是像喜歡母親那樣喜歡父親、螃蟹、宗教…。這時候形成的喜歡沒有思維判斷的介入，僅僅是基於父親以及其他事物 (中性物) 與母親 (條件刺激物／後制約刺激物) 的連接。孩子再大之後，能夠感受到來自母親的照顧和溫暖是多麼必要和寶貴，在認知上能夠懂得母親是多麼無微不至和勞累辛苦，這些感受和認知能夠強化孩子對母親的喜歡和愛，強化他對母親的正面態度，但是對母親最初形成的正面態度是建立在古典制約式的學習基礎之上。

廣告設計人深諳古典制約效應，儘管他們未必知曉巴甫洛夫其人。他們把著名的影星、球星和漂亮女性的形象與商品放在一起，由於這種連接，公眾因為喜歡這些明星和美女的形象，結果便在無意識之中把此種喜歡投射到商品之上。於是他們購買這些商品的興趣提升了，而且願意付出高於商品真正價值的錢去購買。把商品放在極其精緻的包裝盒裡，把商品與較有影響的國家的名字放在一起，在崇外心理比較嚴重的國家裡一些商號用英文或日文命名，所有這些行為都是要獲取古典制約可以帶來的正面態度效應。

在社會化過程中，也可以通過影響社會化對象的親身感受與認知去形塑其態度。為了讓一個不懂瑜珈功的人喜歡瑜珈功，最有效的辦法是教他幾個簡單的動作，讓他練習一個小時之後感覺到其後幾個小時的精神飽滿。告訴一個人「可以把危機當成轉機」，「可以把失敗當成走向傑出成功的必要學費」，則是通過改變其認知，使其消除畏懼、挫傷，改持正向態度。

第五節　慣習傾向的社會形塑

人在社會化過程中也會形成各種「慣習傾向」(habitus)。「慣習傾向」涵蓋三類心理傾向 (dispositions)，即認知傾向、評判傾向和行動傾向 (Bourdieu, 1973)。一個喜歡賭博的人常常會用賭博的眼光看待事物，比如看到太太的錢包裡有錢，就會想到這些錢如果能拿來當賭注就好了。同樣，一個寫小說的人一見到某種有趣的現象就會聯想到可以把它當作小說的素材。這些事例反映了人的認知傾向。每一個人都會形成一些重要的認知架構 (cognitive frame)，這些架構可能與信仰有關，與價值觀念有關，與專業知識有關，與觀察事物、詮釋因果關係和解決問題的方式有關，一旦形成，就會使擁有者不自覺地從其特有角度看待事物。認知傾向是根基於認知架構而衍生出來的觀察和認知事物的傾向性，是一種概率很高的可能性。

評判傾向涉及對美醜、善惡、好壞的價值判斷，對是非與否的事實判斷，對效率高低的程度判斷等等，與喜歡或排斥密切連接。每一種評判傾向都涉及使用某種評判標準，具有特定評判傾向的人，在不同時空條件下面臨相似事物之時，會習慣於採用相同評判標準做出判斷，從而表現出較高程度的跨時空判斷一致性。行動傾向指的是在相似條件下採用同一種行動模式的較大可能性。

布爾迪厄 (Bourdieu, 1973, 1984) 在研究中發現，慣習傾向是在「社會形塑」(social conditioning)——即社會化——的過程中形成的。他還發現，此種社會化往往和階級背景連在一起。以品味傾向的形成為例，比如運動品味，富人由於經濟資本雄厚，能夠從事比較昂貴的運動，如馬球、高爾夫球和網球，他們的孩子很小的時候就可以看到父母親做這些運動，耳濡目染，稍大以後自己也開始學習和投入同樣的運動，取樂其中，於是深深愛上了這些運動。低收入家庭的孩子沒有這樣的條件，他們只能跑步、摔角、踢足球、打籃球等等，但是他們也愛上了自己經常投入的運動。前一類孩子傾向於認為打馬球和高爾夫球更高貴、更有地位、更值得欣賞，這是評判傾向；他們對從事此類運動有強烈傾向，這是行動傾向。在低收入家庭的孩子那裡，這些傾向基本上沒有複製一般的表現。同樣，我們在閱讀、休閒、餐飲、服裝、電視選擇、音樂欣賞、語言使用、形象操作等各個方面都會看到品味的不同。品味傾向是慣習傾向的一個類別。品味傾向與階級背景有著明顯的相關關係。

布爾迪厄認為，在慣習傾向和行動實踐 (practice) 之間存在著一種因果關係：一個人的行動會受到慣習傾向的強烈影響。由於慣習傾向載有階級的烙印，它與行動的因果關係便會導致行動上的階級模式區隔。比如，根據飲食模式的選擇差異、旅遊方式的模式差異、服裝的模式差異、化妝風格的差異、言談舉止的模式差異，就可以清楚看出上層與中上層階級和低收入階級的差別。

需要指出的是，影響社會化方式與內涵的因素不限於布爾迪厄所說的階級背景。宗教的差異，族群的差異，社會之間的文化差異，父母親教育背景的差異，父母親對何為最佳愛子、育子方式的認知差異等，都會構成社會化的條件差異，從而導致社會化對象在慣習傾向方面的形成差異。

如果說某些慣習傾向只是和品味、習俗以及身分標誌有關，另外一些則會顯著影響職業、收入和地位。亞洲的很多族群有著強調節約和艱苦奮鬥的慣習傾向，很多亞裔——如華人、越南人、韓國人——在移民到美國之後，一開始即使只是餐館的「打工仔」，月入不足一千美元，也會省吃儉用，把一點點「小錢」積攢起來，兩、三年之後就開起了小餐館、小商店，不久便取得了相當於美國中產階級的收入。他們還把孩子送進學校，鼓勵他們努力讀書，若干年之後孩子拿到碩、博士學位，就變成了中產階級的專業人士。相形之下，美國低收入階級的白人和黑人在美國消費文化的影響下，形成了很強的消費傾向，不懂得省吃儉用和為將來投資，在現在的他們之中不能普遍看到像低收入華人移民那樣邁向中產階級地位的實例。

另外需要指出的是，在社會化過程中，社會化對象不是完全處於被動的地位，他們通常擁有足夠的選擇空間，能夠對社會化的載體、內容進行選擇，對參考標桿和參考群體進行選擇，也能夠對自己的內化方式和程度進行選擇。這些選擇會影響其慣習傾向的形成，包括慣習傾向的類別、內涵和性質。選擇以比爾．蓋茲或某一個「小混混」當參考標桿，會形成極大不同的慣習傾向，導致非常不同的人生軌跡。

第六節　社會化的侷限與超越

社會化過程是多種社會力量與社會化對象在特定時空條件下進行互動的過程。時空條件的差異，社會化載體的差異，參考群體或個人參考標桿的差異，社會化對象在學習方式上的差異，都會造成社會化成果的差異。由於「因」的差異的必然性，我們無法期待社會化之果在個人之間實現均等分布，人與人之間在道德、人格、智慧和行動能力上出現巨大差異是符合邏輯的。此種因與果在原則上的不可避免性表現了社會化的第一種侷限。

從整體來看，就知識的傳承、理性思辨能力的培養和進取價值的形塑而言，社會經濟地位比較優越的階級和族群在社會化過程中占有培養子女的優勢。在這些家庭裡長大的子女，他們學到的知識、思辨能力和進取價值通常有助於他們謀取上層或中上層階級的地位，遠遠好過弱勢階級和弱勢族群家庭的孩子。然而，這並非意味著弱勢階級、弱勢族群的子女完全沒有獲取優秀社會化成果的可能，實際上他們之中有些人獲得了相當出色的社會化結果，也進入了上層或中上層階級的行列。這一部分人通常是父母親對他們有很高的期待，他們對自己的未來也有很高的期待，並且懂得從學校和社會吸收最好的文化智慧，以及創業和發展的精神。可見，弱勢階級和弱勢族群的家庭如果期待提升子女的未來社會地位，一個顯然需要努力的方向是改善其子女的社會化品質。

社會化另外一個值得關注的侷限，在表現上沒有必然性，但是具有相當程度的普遍性。在社會化過程中，主導者常常把重要的社會化內容——例如某些價值觀念、社會規範和運作制度——當作正面對象加以肯定，期待社會化對象予以認同，並且要求他們遵從，不會向他們提供其他選擇，甚至明確地否定其他選擇。許多知識也可能用此方式向社會化對象呈現。社會化對象在此種條件下內化了社會化內容以後，容易造成一種錯覺，以為它們一定是最合理、最正確、最有效的選擇。這個錯覺不利於知識更新和社會發展。這個現象給人的啟示是：社會化需要防止僵化傾向，發展對不同選擇的敏感性，強化因勢而易、力求最佳的務實原則。

重要名詞

社會化 (socialization)：把人由單純生物形態改變為人類文明形態的過程，是社會化對象通過學習而融入群體和社會的過程。

社會化載體 (agency of socialization)：力圖對社會化對象產生影響的個人或群體。

自我 (self)：本章涉及的自我內涵，分主我和客我兩個部分。主我指行為主體的行動，客我指行為主體把自己當作行為對象加以觀察、監督和評論的過程。

自我概念 (self-concept)：一個人對自己形成的看法，涉及自己是誰、是什麼樣的人，也涉及希望自己成為什麼樣的人。

慣習傾向 (habitus)：涵蓋三類心理傾向，即認知傾向、評判傾向和行動傾向。

問題與討論

1. 社會化有哪些基本功能？
2. 社會化載體和社會化對象在社會化過程中扮演什麼角色？
3. 客我與理智行動能力的關係為何？客我與維持常規和發展創意的關係為何？主我在發展創意中扮演什麼角色？
4. 米德所說的「自我」是怎樣發展起來的？
5. 自我概念、態度和慣習傾向是怎樣發展起來的？
6. 在讀完這一章之後，你在行動實踐方面可以引申出什麼見解？

推薦書目

Bourdieu, Pierre, 1984, *Distinction: A Social Critique of the Judgment of Taste*, Cambridge: Harvard University Press.

Mead, George H., 1934, *Mind, Self & Society*, Chicago: University of Chicago Press.

Shibutani, Tamotsu, 1987, *Society and Personality*, New Brunswick & Oxford: Transaction Books.

參考書目

Baldwin, John & Baldwin, Janice, 1986, *Behavior Principles in Everyday Life*, Englewood Cliffs, NJ: Prentice-Hall.

Bandura, Albert & Cervone, D., 1983, Self-evaluative and Self-efficacy Mechanisms Governing the Motivational Effects of Goal Systems, *Journal of Personality and Social Psychology*, 45(5): 1017-1028.

Berger, Peter, 1963, *Invitation to Sociology*, New York: Doubleday.

Blumer, Herbert, 1969, *Symbolic Interactionism*, Englewood Cliffs, NJ: Prentice-Hall.

Bourdieu, Pierre, 1973, Cultural Reproduction and Social Reproduction. In Richard Brown (Ed.), *Knowledge, Education, and Cultural Change*, London: Tavistock, 71-112.

Cooley, Charles H., 1902, *Human Nature and Social Order*, New York: Scribners.

Pavlov, Ivan P., 1927, *Conditioned Reflexes*, London: Oxford University Press.

Sullivan, B. A., O'Connor, K. M. & Burris, E. R., 2006, Negotiator Confidence: The Impact of Self-efficacy on Tactics and Outcomes, *Journal of Experimental Social Psychology*, 42(5): 567-581.

Taylor, Shelley E., Peplau, Lititia A. & Sears, David O., 2006, *Social Psychology*, Upper Saddle River, NJ: Prentice-Hall.

性別社會學

內容提要

性別，一個古老而又彌新的話題。之所以古老，是因為人生來就有性別，性別的歷史與人類社會一樣悠久。然而，隨著近代女權主義運動的發展，人們開始意識到性別也並非是一個純粹生物學意義上的概念，而是充滿了社會文化的建構。所以，性別又具有了嶄新的一面。本章主要就性別談論三個問題：首先從兩個角度理解性別的概念以及性別的差異，接著闡述性別是如何在社會化過程中被個體所吸收和內化的，最後探討近些年來，快速變遷的社會所帶來的性別發展的趨勢。

第一節　男女有別

「男女有別」，自古已然。人生來就分男人和女人，人類個體生理上的性別差異似乎是一種不證自明的事實而被人們所廣泛接受。無論你承認與否，在你呱呱落地的那一剎那，你的性別，是男是女，就即刻被他人所認定了，這就是自然的性別認知 (sex identity)。那麼何謂「性別」，究竟是什麼決定了「男女有別」的本質？要想弄清楚這個問題，就需要首先來探討一下性別的基本概念。

一、性別的概念：兩個維度的理解

「性別」的概念包含著兩個基本的變數，即男性和女性，而且這兩個變數是相互對立的。也就是說，從性別的角度來看，一個人的性別不是男性，那麼就肯定是女性。當然，眾所周知的泰國「人妖」(shemale) 的性別判定要複雜一些，在本部分的末尾，我們會對此稍作討論。

一般來說，個體的生命是從脫離母體的那一瞬間開始的，那麼，我們是依據什麼來判定新生兒的性別呢？對此，遺傳學為我們提供了一個很明確的答案，它將性別的決定因素指向了遺傳物質的基因載體——染色體 (chromosome)。染色體是一種細胞有絲分裂時的嗜鹼性絲狀或杆狀的小體，成對存在於細胞核中。1902 年，戴恩．約翰森確定了染色體在遺傳學上的重要性。同年，麥克郎發現了染色體在決定性別方面的重要作用 (西奧．蘭，1991：10)。人體每個細胞內有 23 對染色體，其中有 22 對染色體被稱為常染色體 (autosomes)，剩下的 1 對則被稱為性染色體 (sex chromosome)。正是性染色體在生理過程中的結合決定了我們的性別。按照遺傳學的解釋，性染色體包括 X 染色體和 Y 染色體。當卵子受精時，碰到含有 X 染色體的精子，受精卵就會發育成女性，而碰到含有 Y 染色體的精子時，就會發育成男性。於是，人體在性染色體上的結構就是：XX——女性，XY——男性 (如圖 1 所示)。性染色體的構成決定著人類的性別，並以此決定了性器官、性腺等一系列生理性徵的形成。

在實際生活中，我們很少聯想到染色體決定性別這類遺傳學上的問題，而更多的情形是在我們面對表格中「性別」一欄的時候，毫不猶豫地填上「男」或者「女」。有時候，我們會碰到一些雙語表格，只要稍加留意，就會注意

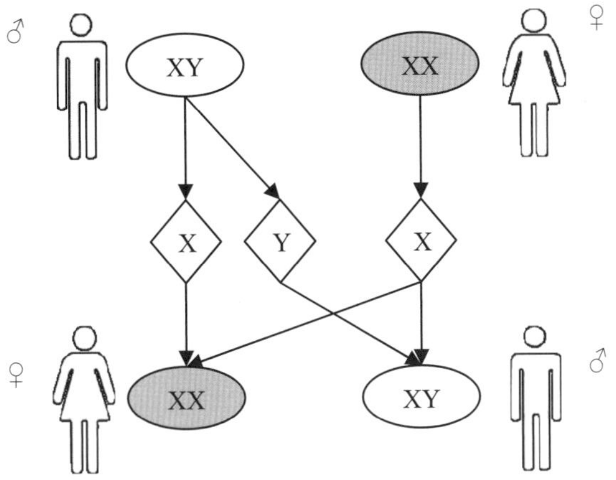

圖 1　性染色體結合過程

「性別」一欄的英文是 gender，而不是 sex。gender 與 sex 有什麼區別嗎？1972 年，女性主義學者安・奧克利在《性別、社會性別與社會》一書中，對性別 (sex) 和社會性別 (gender) 這兩個詞做出了明確的區分。她認為性別是生物性的，而社會性別是文化性的。她主張應特別關注與社會性別差異相關的各種社會文化因素 (林聚任，2003：9)。20 世紀 70、80 年代，隨著女性主義第三次浪潮的興起，女性主義者更加強調應該把生物意義上的男性和女性與社會文化中建構而成的男人和女人加以區分。「社會性別」一詞便逐漸被引入人們的視野。

顧名思義，社會性別是一種社會文化中建構起來的性別的認知與框架，並且這種認知與框架內化於個體的日常行為和心理當中。社會歷史學家瓊・W. 斯科特曾將社會性別分解為四個相關因素：第一，文化象徵的多種表現。例如在西方基督教的傳統中，夏娃和瑪利亞就是婦女的象徵，同時文化象徵也反映了光明與黑暗、純潔與污濁、天真與奸詐的神話；第二，規範化概念。這些概念解釋了象徵的含義，限定了比喻的各種可能性，大多反映在宗教、教育、法律、科學和政治教義中；第三，引用社會組織和機構，如勞動市場、教育、政體的概念，擴大社會性別的定義；第四，主觀認同。也就是說在研究社會性別認同內容構成的方式時，應將自己的發現與一系列活動、社會組織、特定的文化、歷史表現結合起來考察 (李銀河，1997：151-176)。

其實，性別與社會性別僅僅是基於人類認知方式和觀察事物角度的不同，而形成的對同一事物的不同理解。為了突出與遺傳學、生理學上的性別相區分，我們在性別前加上了「社會」兩個中文字元，以此來彰顯性別在社會層面上的意義。如果套用英語單詞來對應性別的兩個維度的理解的話，那麼性別 sex 對應的是 man 或 woman，而性別 gender 對應的則是 male 和 female (如圖 2 所示)。

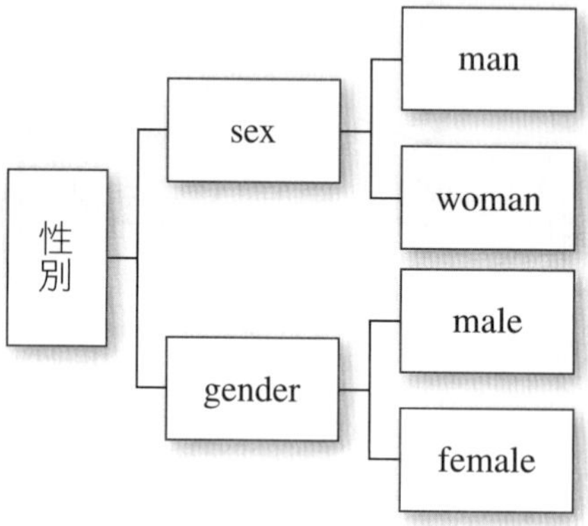

圖 2　對性別的兩種理解

再回到本部分開頭遺留的一個問題，即「人妖」的性別。我們可以從性別和社會性別兩個維度來略做解釋，首先從遺傳學的性染色體上，雖然「人妖」通過服用女性激素等改變了身體的外在表現，但這並不能改變其 XY 性染色體的結構，因此，在性別上，我們可以認定人妖是男性，泰國法律中也規定了「人妖」為男性。其次，從「人妖」外貌、衣著打扮、愛好等方面來看，又展現出女性的一面，如果「人妖」不開口說話，你根本無法判定站在你面前的是「人妖」，故而，在社會性別角度上，我們又可以將其作為女性看待。綜上，「人妖」是處於性別與社會性別困境中的性別苦難者。

「人妖」是一種特殊的群體，無法成為人類的主流，始終在人類兩性夾縫中生存。對於人類社會的主體來說，還是完整的男人和女人。那麼，男人和女人又有什麼區別？

二、性別差異：雙重影響下的表現

人類主體非男即女，這是大自然永恆的定律。性別差異 (sexual difference) 是客觀的，是先天基於性染色體結構的不同，後天形塑於社會文化之中的兩性鴻溝。從性別和社會性別的角度來思考性別的差異，存在兩個層面上的表現：即生理差異和社會差異。

(一) 性別的生理差異

生理層面上的性別差異是由性染色體的結構所引起的，遺傳學的研究已經證實，性染色體的基因可以控制某些生理特徵，這些特徵叫做「伴性特徵」。

1. 身體的差異

男性和女性身體上的差異可以從內部生理結構和外部體貌特徵上來看。在內部生理結構上，最重要的第一性徵，即男性和女性的生殖器官的結構不同：男性有睪丸、陰莖、精囊、輸精管等等，女性有卵巢、陰蒂、陰唇、陰道、子宮和輸卵管等。生殖器官的差異也影響到男性和女性性心理和性行為的不同。在外部體貌特徵上，男女的差異較為明顯。一般來說，男性身材比女性高大，體重比女性重；男性喉結突出，女性頸部平坦；男性胸肌粗壯，女性乳房豐滿；男性髂部窄，女性髂部寬等等。

2. 性激素的差異

激素是人體內所分泌的化學物質，通過血液迴圈傳送到人體的各個部位，從而對多種生理活動產生影響。在正常情況下，8～12 週的胎兒通過激素的作用使兩性得以初步分化。而青春期時性激素分泌對性別分化作用最為明顯。進入青春期後，兩性性激素的分泌量開始增加，其中男性比女性有規律而且連續不斷地分泌更多的雄性激素，而女性則週期性地分泌雌激素和黃體酮。此時，性激素的作用是發展兩性的第二性徵，男性聲帶開始增厚，喉結出現，長出鬍鬚；而女性胸部開始發育，脂肪豐厚並開始出現月經週期，形成典型的女性特徵。至此，兩性生理上的性特徵得到了充分發展，發育成了成熟的男性與女性(王鳳華、賀江平等，2006：20-21)。

3. 中樞神經的差異

由於遺傳基因和性激素等的影響，男性和女性在中樞神經上是有所差別的，主要表現為：一般女性比男性成熟的速度更快一些；女性的新陳代謝率較男性低，消耗的熱量更少；女性血液中較高的雌性激素含量可能對血液迴圈具有促進作用，從而使女性具有更強的耐受性。除此之外，男性與女性的語言神經的發展也存在著明顯的差異，許多研究已經證實這一點，而這種差異就表現為女性一般比男性語言發展早，女性在語言上的學習能力比男性強，而且女性說話的頻率遠快於男性，因此男人和女人辯理，往往不是女人的對手 (蘇紅，2004：48)。

(二) 性別的社會差異

性別氣質 (gender temperament)，是男性和女性在性格和心理等方面的特徵，表現出男性氣質 (masculine) 和女性氣質 (feminine) 的分化。性別氣質是以兩性的第一性徵和第二性徵為基礎的，折射了社會文化對兩性思想觀念和舉止行為等方面的期望和要求。

1. 男性氣質

男性氣質明顯帶有男權制的色彩，突出表現為社會期望並要求男性「功成名就」。男人必須成功，而成功的表現是多種多樣的，如事業的成功、財富的累積、名望的升高等等，即使娶得美豔絕倫的嬌妻也可以在某種程度上被看成是男性成功的體現。然而，成功並非易事，男性要取得成功必須具備進取心和冒險精神，有時甚至要鋌而走險；必須勤於思考，善於把握成功機會；同時，要臨危不亂，在困境面前能夠不受外界因素的干擾，並能夠果斷做出重要決定。男性還必須要堅強，要獨立，即使在競爭中受挫，或被人奚落，也不能黯然神傷等等。男性氣質的成功取向衍生了眾多其他的期望和要求。

2. 女性氣質

傳統的女性角色都假定了女性對男性的依附地位。一個女人最大的成就是能夠找到一個「好男人」，成為他的賢內助，並以他為榮。如此對女性角色的定位深深地嵌入對女性氣質的塑形當中：為了能夠找到一個好男人，女性需要善良、文靜，需要有令人感到親切的品德；同時，女性要有羞澀、靦腆、溫柔的性格，還要愛整潔，會關心和照顧家人和丈夫、做事得體等等。「賢妻良母」一直是中國社會所推崇的最理想的女性形象。

可以用一句話來概括一下性別氣質，那就是男性應該功成名就，具有陽剛之氣，而女性則應該具有陰柔之美，成為賢妻良母。

第二節　性別社會化

性別社會化 (sex / gender socialization) 是個體社會化的一種類型，主要是指個體學習性別角色和性別規範，並將其內化為自身行為準則的過程。從微觀的個體角度來看，性別社會化教會個體如何做個男人或女人；從宏觀的社會層面上來看，性別社會化是為了人類的延續，按照一定的性別方式繁衍下一代的過程。同社會化過程一樣，性別社會化也是貫穿於人的一生。正如英國社會學家安東尼．紀登斯所說的那樣，「在每天無數的小活動中，我們社會化地再生產著——亦——即製造和再製造著——性別」(安東尼．吉登斯，2003：133)。

一、影響個體性別社會化的因素

影響個體性別社會化的因素除了遺傳學和生物學方面之外，更為重要的還是人類生存所依附的社會環境，包括文化、家庭、學校、同輩群體和大眾傳媒等。

(一) 文　化

文化是在一個特定群體或社會的生活中形成並為其成員所共有的生存方式的總和，其中包括價值觀、知識、信仰、藝術、法律、風俗習慣、風尚、生活態度和行為準則，以及相應的物質表現形式。不同社會和民族的不同文化對兒童的性別社會化的影響不同 (周曉虹，2000：132)。文化對性別社會化的影響是潛在的，如崇尚「重男輕女」、「女子不如男」的社會觀念真切地左右著個體的性別認同。另外，作為文化承載介質的語言和文字，在性別社會化中的意義也是深遠的。語言會體現出文化對待男女的差別，如我們常常表揚男孩子「真勇敢」、「真強壯」，而讚美女孩子則多用「真美麗」、「真乖巧」之類的辭彙。姓名是與個體聯繫最緊密的文字組織形式，也直接影響著性別社會化。在中國社會中，男孩的名字較多出現「武」、「強」、「偉」等體現男性氣質的漢字，而女性則多用「秀」、「麗」、「梅」、「娟」等具有女性柔美韻味的字元。語言代表著社會對男女角色的認同，名字代表著父母對子女的期望，這都反映出文化對個體性別角色的一種期待。

(二) 家　庭

家庭是性別社會化的搖籃和發源地。法蘭克福學派指出，家庭是形成個人性格結構的主要場所，也是從自然狀態過渡到社會、文化狀態的主要媒介，「支配人一生的性別結構是在家庭父母的監督、左右下形成的；父母自身就是社會性格的代表，家庭就是社會心理的代理人」(歐陽謙，1986：106)。同理，人類的性別的第一課也基本是從家庭開始的，當我們開口叫「爸爸，媽媽」的時候，性別的觀念就開始在我們心裡萌生。家庭成員，尤其是父母、祖父母都是性別社會化互動過程中的「重要他人」，他們有意無意地影響著嬰兒對性別的區分和認識，嬰兒就在不知不覺中逐漸開始了個體的性別社會化進程。在性別社會化的家庭因素中，家庭經濟狀況、父母職業和文化水準也相當重要。不同的家庭出身會使人們接觸到不同的性別角色和工作角色，這些角色為個體提供了模仿和學習的機會。相關研究表明，母親的文化水準和職業選擇是直接影響女兒教育程度和職業選擇的因素之一 (祝平燕、夏玉珍，2007：103-104)。

(三) 學　校

從社會化機構的類型來說，社會化可以劃分為正式機構的社會化和非正式機構的社會化，前面所提到的家庭就是非正式機構的典型，而學校則是正式機構的代表。在現代社會中，學校的作用日益突出。學校性別社會化的途徑主要通過教學和教材的方式來實現，然而這兩方面也體現了對待男性和女性的不同。在教學上，教師普遍關注男生的邏輯思維能力，相應地重視男生的數學、物理和化學的成績；而對女生，則較多關注語言組織能力，較為重視女生的語文、外語的學習。這種男生女生的區別對待還表現在體育課的教學上，體育教師往往教男生做些劇烈運動，如足球、籃球等，而教女生的多是如羽毛球、健美操等小運動量的運動。此外，教材也折射出對男性和女性角色期望的迥異，如主要關注女性的美麗外表 (而且是男人眼中的美麗)，把女性的性格定位於溫柔、勤勞、善良、忍讓、犧牲等特徵以服務於男權社會，把女性與男性的關係描寫為被動、無力、依附、愛情和婚姻是唯一的歸宿的做法應該得到我們的廣泛關注 (史靜寰，2004：128-129)。

(四) 同輩群體

同輩群體是性別社會化的重要因素之一。尤其進入青春期以後，同輩群體認同的壓力往往會超過家庭的影響力，服從同輩群體的價值觀、習俗和時尚成為青少年的強烈需求。如果性別意識和行為背離了同輩群體的認同往往會遭受到鄙視和排斥，如同輩群體會稱行為像男孩的女孩為「假小子」，稱舉止像女孩的男孩為「娘娘腔」。此外，同輩群體的負面評價會造成一股無形的壓迫，一方面會迫使個體行為更加符合同輩群體的規範，而另一方面則相反，會造成個體「破罐子破摔」的想法，進而更加遠離同輩群體。當然，由於受社會多元文化思潮的影響，同輩群體自身的價值觀、習俗和時尚等也不一定是的，但是，同輩群體對個體性別社會化的重要作用是不可小覷的。

(五) 大眾傳媒

隨著科技的發展和現代化生活方式的普及，大眾傳媒已成為人們日常生活中所必不可少的內容，它們對人們的生活觀念、生活態度以及生活方式等產生了極大的影響，不可避免地也成為了性別社會化過程中的一個重要因素。大眾傳媒主要包括電影、電視、廣播、報紙、雜誌和互聯網等，而電視則以內容的多彩性為特點、互聯網以資訊的廣泛性為優勢，廣泛地影響著個體的性別社會化。在大眾傳媒中，又以廣告的影響最為直觀。廣告中的男女氣質往往是在社會性別的意義來構建的，並賦予女性漂亮、溫柔、順從等「女人味」，賦予男性帥氣、剛強、富有戰鬥力等「男兒本色」。此外，廣告也反映了社會對性別角色和地位的規制，如我們也常常會在洗衣粉、廚具等家庭用具廣告中看到女性的身影，卻很少看到男性的出現，即使偶爾有男性的形象，也大多是以關心太太為出發點。在大眾傳媒鋪天蓋地的宣傳攻勢下，大多數人都不能不屈從於社會大眾的性別標準。

二、生命週期中的性別社會化

生命週期 (life course / life-cycle) 又叫做生命歷程，是指一個人由出生到死亡的全部過程。在人類生命週期裡會發展一系列重要的生命事件 (1ife events)，包括出生、上學、就業、婚姻、成為父母、離婚或喪偶、退休等。生命事件都會影響著個體性別社會化的進程。

(一) 嬰幼兒期的性別社會化

社會心理學的研究表明，在個體的生命過程中，嬰幼兒期具有特殊的決定性作用，心靈成長的時間大大多於生理成長的時間。嬰幼兒期是性別社會化的初始階段，兒童在 2~3 歲之間開始形成自身的性別認同，在 3 歲左右的時候，發展出較為穩定的自我性別認同。兒童的性別社會化主要是通過模仿習得的，他們通常會模仿自己喜歡的人或與自己親近的成年人的行為。而在嬰幼兒期，母親與嬰幼兒的接觸最為緊密，因此，這一時期，無論是男孩、還是女孩都有可能模仿母親的行為。在嬰幼兒期，父母對嬰兒的期望對其性別社會化的影響是巨大的，而這種期望也出現明顯的分化。一項研究表明，父母對兒子的期望主要是事業成功，如希望他努力工作、有事業心、聰明、有教養、誠實、意志堅定、受人尊重，而對女兒的期望則主要是善良或不自私、可愛、做個賢妻良

母。(Hoffman, 1977: 644-657)

(二) 青少年期的性別社會化

青少年期是個體生命週期中一個非常重要的時期。在這一時期個體的生命事件就是上學，而學校也藉此開始進入個體性別社會化的場域。與此同時，隨著心智的發育，個體在性別社會化中也開始自主性地接受大眾傳媒和同輩群體的影響。青少年階段男女會發生一些生理成熟的變化，即女性的月經和男性的遺精。個體性生理的發育刺激了性心理的成熟，如青少年期的女性開始幻想心目中的「白馬王子」，並且開始追求「白馬王子」青睞的女性氣質。然而，在這一時期，個體的生理發育速度常常超出了心理的成熟速度，產生了一些困惑和衝突，容易造成青少年強烈的逆反心理和行為。如部分男性形成了一些性別認知上的偏差，認為要想獲得男性氣質，成為「男子漢」，就要經歷打架、喝酒、抽菸等行為。

(三) 青年及中年期的性別社會化

從生命歷程來看，在青年及中年期，不管男性還是女性都要經歷就業、結婚、生育及撫育子女等重要生命事件，在這些事件中兩性的性別角色得以凸顯。就業和結婚對於男女兩性來說意義是不同的。對男性來說，事業是重中之重，男人不可以沒有事業，而婚姻在一定程度上被當作一項任務來完成；對女性來說，遇見一段良好的姻緣則是人生大事，找到一個「好男人」是生命最好的歸宿。另外，生育和撫育子女又使得男性和女性獲得了性別角色的升級，即父親和母親角色的獲得。然而，生育和撫育子女對男性和女性來說也意味著不同的涵義。女性在生育和撫育子女中的角色塑形更加強於男性，可以認為，生育和撫育子女強化了女性的「良母」角色，女性則需要按照「良母」的社會標準調整自己的行為。而男性則可以在「嚴父」和「慈父」中自由選擇。

(四) 老年期的性別社會化

老年期的性別社會化常常被人忽視，原因在於人們普遍認為老年期的人們對兩性的角色認同早已定型，但是步入晚年的男性和女性也會因生理上的一些變化在心理上引發一些波動，如所謂的女性「更年期綜合症」。從醫學上來說，更年期多發生在 50 歲左右的女性身上，是指連續 12 個月沒有月經的現象。但是，處於更年期的女性往往被貼上了「更年期綜合症」這樣明顯帶有貶低老年女性的社會標籤。另外，老年人會比青年人面臨更大的喪偶風險，喪偶對個體來說意味著喪失了婚姻中的性別角色，或喪失丈夫的角色或喪失妻子的角色，這些都會對老年期的性別社會化產生重大影響。在喪偶之後，老年人又會面對是否再婚，如果再婚，婚姻性別角色如何重塑等問題。而由於青年群體對老年人情感需求的不理解，往往導致再婚的老人陷入「為老不尊」的尷尬。這樣重塑的婚姻性別角色和傳統的社會性別角色就對老年人產生一種張力，影響老年期個體的性別社會化。

第三節　性別發展的趨勢

近幾十年來，社會日新月異的發展給性別的認知和塑形等方面帶來了諸多變化，這些改變主要表現為以下兩個方面的趨勢，一是性別角色的平等化 (gender-equalization)，即女性和男性享有相同的角色機會、角色待遇等等；二是性別氣質的中性化 (gender-neutralization)，特別是在青少年群體中，中性化已成為一種時尚和潮流。

一、主流：性別角色的平等化

長達幾百年的女權主義運動使得女性的角色和地位發生了一些改變，雖然這些改變並不能從根本上撼動男權社會和父權社會的社會根基，但性別角色的平等化趨勢是不容置疑的。

(一) 兩性教育平等化趨勢

教育是立國之本，教育本應遵循公平、公正的原則進行。然而，中國社會受傳統「女子無才便是德」觀念的影響，長久以來忽視、甚至說是抑制對女性的教育。其實，這種現象不僅僅發生在中國，世界其他國家女性在教育方面也得不到與男性平等的待遇。例如，我們用兩性文盲的比率作為上述觀點的一個佐證，表 1 所示反映了部分國家在 1970~1979 年間兩性文盲的情況。

表 1　1970~1979 年若干國家兩性文盲比較　　單位：百分比 (%)

國別	美國	加拿大	日本	南斯拉夫	斯里蘭卡
男　性	1.4	1.4	0.4	10.0	14.0
女　性	1.4	1.5	1.1	26.8	31.5

資料來源：沈益民 (1987：244-251)

近些年來，隨著教育平等化思潮的興起，兩性的教育開始了平衡的對接。教育平等化是教育民主化的一項重要內容，主要是指人們不受政治、經濟、文化、民族、信仰、性別、地域等方面因素的限制，在法律上平等享有受教育的權利、在事實上擁有同等的受教育機會。

20 世紀 80 年代開始，世界部分國家高等學校中女學生的比重就已經開始接近半成 (如表 2 所示)。與此同時，世界各國也相繼制定義務教育法律法規，為教育平等化提供必要的制度化保障。據悉，目前世界上的 199 個國家和地區中，有 168 個國家制定了義務教育法，占 84.4%。在 21 世紀，普及初等教育的目標將在全世界普遍實現，失學女童的比例將會下降 (李銀河，2005：114-115)。

表 2　20 世紀 80 年代若干國家高等教育女學生所占比重

單位：百分比 (%)

國家	學年	%	國家	學年	%
美　國	81~82	49.4	瑞　典	81~82	55.3
奧地利	83~84	41.8	匈牙利	84~85	52.2
波　蘭	83~84	50.8	義大利	82~83	43.9
法　國	79~80	46.1	前蘇聯	84~85	53.7

資料來源：韓常先 (1988：41)

(二) 兩性就業平等化趨勢

經過女權主義的不懈鬥爭，女性不再囿於家庭的藩籬。無論是世界，還是中國，很多女性都走出家庭，參與社會勞動已經成為一種不可逆轉的潮流。兩性的就業平等化趨勢主要表徵就在於女性就業人數的增加。

1950 年，全世界經濟活動人口比率為 43.9%，其中男性為 60.4%，女性為 27.5%；到了 1975 年，全世界經濟活動人口比率為 41.5%，其中男性下降為 53.8%，女性上升為 29%。從地區比較中可以看出，發達地區的女性經濟活動人口比率明顯高於欠發達地區。1950 年，這一比率在發達地區是 32.5%，在欠發達地區是 24.7%；1975 年，發達地區為 35.3%，欠發達地區為 26.3%。(李銀河，2005：60) 從總體趨勢來看，女性就業人數呈上升趨勢。

此外，從男性和女性勞動力的參與率上來看，也體現了一種平等化的趨勢 (如表 3 所示)。所謂勞動力的參與率，指的是總勞動力占勞動年齡人口的百分比，可以用來說明參加經濟活動的程度。

表 3　部分發達國家男女勞動力的參與率

單位：百分比 (%)

	1989		1990		1991		1992	
	男性	女性	男性	女性	男性	女性	男性	女性
日　本	77.0	49.5	77.2	50.1	77.6	50.7	77.9	50.7
美　國	76.9	57.5	76.6	57.6	76.0	57.4	76.0	57.9
加拿大	76.8	57.9	76.1	58.5	75.0	58.3	74.0	57.7
澳大利亞	75.7	51.2	75.9	52.2	75.0	52.0	74.6	52.0
新西蘭	75.5	53.0	74.9	54.1	74.5	54.3	73.9	54.1
法　國	64.2	45.4	64.0	45.5	63.7	45.8	63.1	46.1
芬　蘭	74.5	64.8	74.1	63.9	73.0	63.0	71.1	61.7
西班牙	68.2	33.0	67.5	33.8	66.6	33.9	65.3	34.5

資料來源：國際勞工局《勞動統計公報》(轉引自孫青，1996：27)

二、非主流：性別氣質的中性化

男性氣質和女性氣質是一種基於兩性生理差異基礎上的二元對立的概念。如果用下圖 (圖 3) 來表示兩性性別氣質的對立關係，似乎簡單而又直觀。

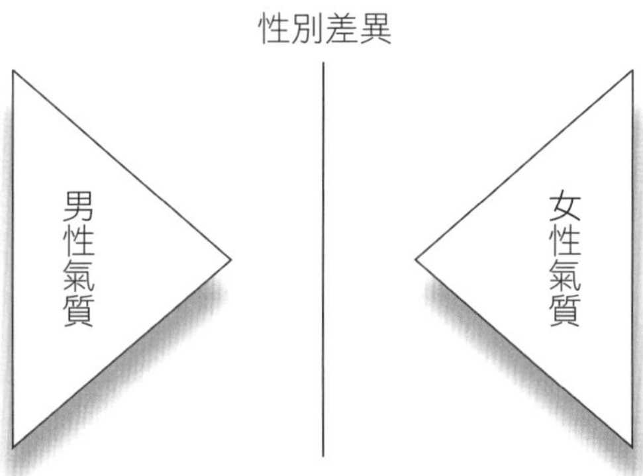

圖 3　男性氣質和女性氣質

正如圖 3 所示，男性氣質和女性氣質是針鋒相對的。傳統觀念認為，男性應該符合男性氣質，而女性則應該與女性氣質的要求相一致。然而近些年來，男女兩性之間興起了一個非主流的地帶——中性化。所謂中性化，實質是性別氣質的中性化，主要是指男性和女性對傳統性別氣質的錯位與混雜，這種錯位與混雜使得性別氣質在個體身上模糊化，表現為「梨花帶雨」的婉約男人、「不讓鬚眉」的豪放女子。

雖然男性氣質和女性氣質依然佔據著社會性別角色構建的主流，但性別氣質的中性化亦然成為一種影響社會成員，特別是青少年群體的非主流思潮。性別氣質中性化是社會發展內在機制作用下的社會現象，它既發揮著積極的促進作用，也存在著消極影響。積極作用包括：中性化反映了一種性別特徵的客觀存在，促進了性別角色內涵的豐富、完善和創新；中性化順應了新職業的產生和發展，有助於新社會角色規範的形成與社會成員的角色適應；中性化適應消除性別歧視的要求，推動女性的進一步解放；中性化契合青春期的個性張揚，有利於青少年在角色認同中揚長避短；中性化衝擊了性別刻板印象，突出地表現為服飾文化和社會時尚的進一步繁榮。消極影響則包括：中性化有可能導致性別角色的混淆和行為規範的失範；中性化會對社會角色的適應和構建形成更大的壓力；中性化有可能會增大青少年社會化過程中社會接納和社會融和的阻力 (潘雲軍，2009：15-18)。

其實，早在三十多年前，美國著名未來學家托夫勒就曾預言過世界發展的十大趨勢，其中就包括性別的中性化。正如上文所述的一樣，性別氣質的中性化包含利和弊兩個方面，中性化不一定是壞事。在保持自身性別氣質的同時，向異性學習，取他之長，補己之短。當然，我們需要注意的就是，刻意地和盲目地追求那種女性男性化和男性女性化的個體，是一種病態心理的表現。

重要名詞

性別 (sex)：是基於性染色體上不同結構的概念，女性的性染色體結構為 XX，而男性為 XY。

社會性別 (gender)：指的是一種社會文化中建構起來的性別的認知和框架，並且這種認知和框架內化於人類個體的日常行為和心理當中。

性別差異 (sexual difference)：是先天基於性染色體結構上的不同，後天形塑在社會文化背景之上的男性與女性的差別，可以從生理差異和社會差異兩個層面上來理解。

性別氣質 (gender temperament)：是以兩性的第一性徵和第二性徵為基礎所形成的性格和心理等方面的特徵，表現出男性氣質和女性氣質的分化。

性別社會化 (sex / gender socialization)：是指個體學習性別角色和性別規範等，並將其內化為自身行為準則的過程，是個體社會化的一種類型。

性別角色的平等化 (gender-equalization)：指的是女性和男性享有相同的角色機會、角色待遇等，是近幾十年來女性主義運動的結果，也是性別發展的主流趨勢。

性別氣質的中性化 (gender-neutralization)：簡稱為中性化，主要是指男性和女性對傳統性別氣質的錯位與混雜，這種錯位與混雜使得性別氣質在個體身上模糊化，表現為「梨花帶雨」的婉約男人和「不讓鬚眉」的豪放女子。

問題與討論

1. 什麼是性別和社會性別？如何界定二者？
2. 男性和女性的差異何在？如何從生理和社會兩個層面上理解這些差異？
3. 除了遺傳和生物因素外，影響個體性別社會化的因素有哪些？生命週期過程的性別社會化是如何進行的？
4. 性別角色平等化和性別氣質中性化是性別發展的兩大趨勢，二者的表現有哪些？

推薦書目

王政、杜芳琴主編，1998，**社會性別研究選擇**，北京：生活·讀書·新知三聯書店。

皮埃爾·布林迪厄著，劉暉譯，2002，**男性統治**，深圳：海天出版社。

西蒙·波伏娃著，李強選譯，2004，**第二性**，北京：西苑出版社。

達維遜、果敦著，程志民等譯，1989，**性別社會學**，重慶：重慶出版社。

盧建榮主編，2001，**性別、政治與集體心態——中國新文化史**，臺北：麥田出版。

參考書目

文軍主編，2006，**西方社會學理論：經典傳統與當代轉向**，上海：上海人民出版社。

王鳳華、賀江平等，2006，**社會性別文化的歷史與未來**，北京：中國社會科學出版社。

史靜寰主編，2004，走進教材與教材的性別世界，北京：教育科學出版社。

安東尼·吉登斯著，趙旭東等譯，2003，社會學（第四版），北京：北京大學出版社。

西奧·蘭著，劉真福、盛季譯，1991，人類兩性比較，北京：中國廣播電視出版社。

李銀河主編，1997，婦女：最漫長的革命——當代西方女權主義理論精選，北京：生活·讀書·新知三聯書店。

李銀河，2005，兩性關係，上海：華東師範大學出版社。

沈益民編著，1987，近三十年世界人口普查和人口概況，北京：群眾出版社。

周曉虹，2000，現代社會心理學——多維視角中的社會行為研究，上海：上海人民出版社。

林聚任主編，2003，社會性別的多角度透視，廣州：羊城晚報出版社。

孫青，1996，走向新世紀的職業女性：國外婦女就業問題研究，北京：中國社會科學出版社。

祝平燕、夏玉珍主編，2007，性別社會學，武漢：華中師範大學出版社。

歐陽謙，1986，人的主體性和人的解放——西方馬克思主義的文化哲學初探，濟南：山東文藝出版社。

潘雲軍，2009，〈角色理論視角下中性化的利弊分析〉，中國青年研究，9。

韓常先，1988，〈我國婦女的文化素質與成才之路〉，人口與經濟，5。

蘇紅主編，2004，多重視角下的社會性別觀，上海：上海大學出版社。

Hoffman, L., 1977, Changes in Family Roles, Socialization and Sex Differences, *American Psychologist*, 32(8): 644-657.

身體社會學

內容提要

人類的存在與其身體息息相關，對身體的探討實際上就是對人自身的探討。然而，身體卻一直是一個悖論，一方面它是被自然、社會與文化構成的，另一方面，身體又是構成世界的原型。當代身體意識的覺醒和身體社會學的興起是西方女性主義運動在社會學研究領域中所產生的一種政治後果和社會後果，也是西方工業社會長期深刻轉變的結果。從 1980 年代開始，社會學家不僅認識到了「身體」是當代政治和文化的一項重要議題，而且開始把身體問題化，並把它作為社會學的一個重要組成要素。儘管當代身體社會學的發展還面臨著種種的困境和挑戰，但其對傳統社會學二元範式的解構和開闢新的社會學研究路徑具有十分重大的理論意義。從某種意義上說，「身體」構成了觀察現代社會的一個重要維度。

第一節　西方思想史上的身體

古希臘德爾斐神廟的入口處鐫刻著一句流傳千古的名言：「認識你自己」，這也正是西方社會思想史、西方社會學的努力所向，要想真正認識你自己，反觀自身就成為一種必然的選擇。對身體的關照有助於澄清籠罩在身體之上的曖昧想像，有助於重建明晰的身體意象，有助於挖掘人的潛在本質。在過去的十多年裡，無論是社會科學還是人文學科都開始急劇地轉向來探討社會生活中的「身體」，從而理解我們所處的特殊的社會歷史環境。

一、西方哲學對身體的貶抑

在西方哲學傳統中一直存在著身心二元對立，身體代表感性，心靈代表理性。柏拉圖 (Plato) 將世界劃分為具體的感性世界和抽象的理念世界，理念世界是本原，決定了感性事物的存在，感性世界則是對理念世界的摹仿，是理念的影子。故柏拉圖對於肉體的態度始終是貶抑和否定的。在他看來，身體是一種虛假的存在，是心靈的牢籠，阻礙了對智慧的追求，而哲學家畢生的追求就是智慧 (汪民安、陳永國，2003：3)。智慧本身是一種極其純淨的東西，只有當哲學家真正擺脫身體的羈絆，靈魂才能獲得自由，只有自由的靈魂才能達到對智慧的追求。

柏拉圖的哲學對西方思想影響非常深遠，英國哲學家 Whitehead 曾毫不誇張地評論到：整個西方哲學發展史不過是對柏拉圖哲學所做的一連串註腳。也正是自柏拉圖之後西方社會就開始了漫長的對身體的壓抑和汙名化。

直至文藝復興，身體逐漸走出了神學的禁錮，但並沒有獲得長久的哲學注視。在哲學家笛卡兒 (Descartes) 那裡，心靈同身體仍然分屬於兩個不同區域。「我思故我在」的經典表述便體現了這一點。

在笛卡兒的思想中，精神和身體是完全不同的，「在身體的概念裡不包含任何屬於精神的東西；反過來，在精神的概念裡邊也不含有任何屬於肉體的東西」(Descartes, 1986: 228) 在柏拉圖那裡，身體是被貶抑的，但是通過身體的感性訓練，靈魂還可以「回憶」起理念世界中的印象。而在笛卡兒這裡，身體不僅被貶抑，而且身體和心靈是根本不相關的兩種存在 (文軍，2006：335)。

二、身體研究的三大理論傳統

20 世紀在笛卡兒主義框架之外有三種理論傳統為身體研究的發展起到了關鍵性的作用。分別是以 Merleau-Ponty、Schilder 等人為代表的現象學傳統；以布爾迪厄 (Bourdieu) 等人為代表的人類學傳統和以尼采 (Nietzsche)、傅柯 (Foucault) 為代表的譜系學傳統 (汪民安、陳永國，2003：前言)。

(一) 身體研究的現象學傳統

Merleau-Ponty 在《知覺現象學》中，以現象學的觀點對「身體」進行了較為系統和深刻的描述。他認為，身體是「在世生存」的自然尺規，世界對身體而言，不是被身體「認識」的外在物件，而是它的動機可能性的極限邊界。我們的身體是活生生的意義紐結，不是一定數量的共變項的規律鎖鏈。作為運動能力和知覺能力的身體，不是「我思」的物件，而是趨向平衡的主觀意義的整體 (高宣揚，2008)。

Schilder 於 1935 年出版的《人體的形象和外表》從心理學、社會學和文化的角度來理解身體形象，同時又將它們整合為人格和社會互動的基本方面。Schilder 斷定，我們不應該將客觀的身體看成是同內心意識無關的一個獨立整體。Schilder 表明身體形象是社會的，其所有方面都是通過社會關係建構和培養的。

(二) 身體研究的人類學傳統

布爾迪厄具有挑戰性的人類學很隱蔽的發展了身體社會學，他將身體社會學作為他更為廣泛關注的「慣習」和「實踐」概念的一部分。布爾迪厄的著作很明顯地設定人體是一個有機存在，並斷定「原材料」是由社會階級力量形成和建構的，身體是個體的文化資本的一部分，在這個意義上，身體是權力的記號。

(三) 身體研究的譜系學傳統

尼采是第一個扭斷身體和意識哲學敘事的人。在《權力意志》中他拒絕了「靈魂假設」，並提出從身體的維度重新書寫哲學。尼采的原則是，讓萬事萬物接受身體的檢測，是身體而非意識成為行動的基礎。他從身體的角度「重新審視一切，將歷史、藝術和理性都作為身體棄取的動態產物」，世界不再與身體無關，世界正是身體的透視性解釋，是身體和權力意志的產品。

傅柯受尼采的身體理論啟發而發展出自己的譜系學，在他看來身體是被動而馴服地對世界的銘寫。他將身體看作是話語權力的效應，權力和身體緊緊地鏈結在一起，傅柯用「規訓權力」來描述權力對於身體的控制。

三、傳統社會學中身體研究的不足

「身體」向來是被傳統社會學所忽視的研究物件。傳統社會學將身體看作是行為環境的一部分，認為社會學目的就是對行為的共通意義進行文化理解，從而造成對身體重要性的忽視 (文軍，2006：335)。

米德 (Mead) 的「自我」觀點認為社會行為者的肉體在社會行為中是無足輕重的。帕深思 (Parsons) 對個別行為和社會系統的分析也只不過是把身體看作是行為環境的一部分而已。紀登斯 (Giddens) 的結構化理論也僅將身體看作是對人的行為的時－空制約因素。可見社會學從古典到當代都回避了作為人的行為基本構成的「身體體現」的真正涵義。

Turner 總結，傳統社會學在本體論上源於西方傳統身心不平等二元論；在認識論上源於社會學的非生物主義假設，認為個體的意義取決於社會存在而不是生物存在。社會也不是純粹自然的存在，而是被人類社會性實踐活動重構的結果；而在方法論上源於傳統社會學主要關注對社會事實的整體解釋，無法納入身體這個基本事實 (2000: 93)。

再從歷史解釋的維度看，傳統社會學的產生和發展對應於工業社會，注重對生產建設及相關實踐做出解釋。而在當代社會，生產型社會開始被消費型社會所替代，集權主義社會已經被個體主義社會所取代，集體意識式微而個體權利意識凸顯，這些都使個體成為社會學關注的焦點，而對個體的關注必然需要對身體的深入探討。

儘管「身體」在傳統社會學中長久被忽視，但傳統社會學中仍然有身體的痕跡。符號互動論傳統的代表人物 Goffman 提出了「自我在場」概念，認為社會自我至少是部分通過社會身體被體現出來的，身體就是社會實踐。Goffman 以此為出發來研究社會生活中的臉面、恥辱和尷尬等現象 (Turner, 2000: 36)。

將「身體」當作一套實踐的思想在 Mauss 那裡得到了系統闡發。他發展了身體實踐這個概念，以便在自我的社會語境中理解自我的本質。身體是一種生理潛能，通過人們所共有的個體受到訓誡、約束和社會化的各式各樣的身體實踐，這種生理潛能才能被社會地、集體地實現 (1973: 70-88)。

布爾迪厄的社會學中將「身體」看作是個體文化資本的一部分，從這個意義上說，「身體」就是權力的記號 (Turner, 2000: 28)。

第二節　身體社會學的興起與發展

隨著近二、三十年社會理論的發展，身體與靈魂二元論的觀念傳統逐漸開始轉向，身體這個範疇開始與階級、黨派、主體、社會關係或者政治、經濟、文化、意識形態這些舉足輕重的術語相提並論，並共同組成了異於傳統的理論框架 (南帆，2000)。

一、身體社會學興起的原因

身體由受貶抑到當今時代受寵愛的變化，是和現代主義範式及其意識形態基礎日漸失去說服力相關的，是後現代的狀況使然。Turner 指出，當代思想對身體的興趣和理解是「西方工業社會長期深刻轉變的結果」(2000: 2)。

(一) 身體作為個人敘述與文化對象的重要性

基督教清教主義 (Puritanism) 正統思想的式微，各種譴責享樂的道德機制很大程度上已經消失，休閒與消費方式的變化，在後現代中「身體是作為享樂主義實踐和欲望的一個領域而出現」(Turner, 2000: 2)。而工作與投資的精神狀況轉變為努力工作／努力消費的素質 (Browning, Halcli and Webster, 2004: 529-530)。

(二) 女性主義與學院女性主義對身體的關注

婦女運動的政治衝擊、女權主義對社會組織的批判以及婦女在公共生活領域角色的轉變，將身體推於突出的位置。女性主義理論家們對性別差異的本質提出質疑，斷言男女之間的差異是歷史、文化的產物。紀登斯認為，在後工業社會中，傳統父系社會的財產、性與身體之間的關係很大程度開始分離，個人之間以及家庭成員之間的關係不再建立在財產契約之上，而是建立在通過親密關係和性接觸來實現的對個人滿足的一系列期盼之上。身體正是這些新型情感的載體，對於表現性和親密性這些新型模式至關重要。

(三) 人口結構的變化

社會人口結構、壽命的變化以及人工受精、試管嬰兒、克隆 (clone) 技術及全球性的器官移植等，最終提出了哲學、倫理學問題，諸如身體與靈魂、身體體現與自我、意識和身分之間的關係問題 (Turner, 2000: 29)。

當然，身體社會學的興起主要還是由於社會本身的內在變化所引起的，身體社會學的發展邏輯遵循著從直接切入生理身體到間接關懷社會身體這樣一個循序漸進的過程。「由於醫療實踐性質和技術發生了重大變化，由於疾病與病痛的變化結構，以及由於人口老齡化，身體在當代文化中變得重要起來」(Ibid.: 7)。

二、身體社會學研究的主要領域

身體「是一個嶄新的，也是最激動人心的領域之一」(Giddens, 2003: 181)。當代身體研究越來越多地引起了社會學家們的關注，並在以下三個領域取得了長足的進展。

(一) 身體的文化表現的政治學研究

當前，有關身體的大量研究已經切入到了身體的文化表現方面的主題，其目標在於揭示作為一種社會關係隱喻的身體所體現的符號意涵。這種對於身體體現特徵的研究主導了文化人類學的大部分傳統。在這種文化人類學裡，身體是一種文化象徵系統，體現著各種社會關係 (Turner, 2003: 582)。

(二) 性本性、社會性別和身體研究

女性主義以及更晚近的酷兒理論 (Queer) 構成了第二個重要領域。有關身體的女性主義寫作和男同性戀寫作，促使了對權力的社會性別化的質疑。當代有關女性主義的理論研究中，學者們越來越傾向於把「身體」作為一種社會性別化的社會建構來對待，以此來反對簡單的生理上的男女兩分。

(三) 健康和病患中的身體研究

身體社會學在社會科學中發揮理論重要作用的第三塊領域，便是醫學。在為病患、疾病、病痛等範疇提供社會學角度的關照方面，身體社會學發出了自己的話語，而傳統醫療科學那種幼稚的經驗主義已經逐漸退場。

第三節　身體研究的理論主線

從 1980 年代開始，社會學家不僅認識到了身體是當代政治和文化的一項重要議題，而且開始把身體問題化，並把它作為社會學理論的一個重要組成要素。因為隨著後工業時代的來臨，個體性越來越得以凸顯，這使得我們的社會學家不得不將研究的目光和思考的焦點聚集到人們習以為常的「身體」之上(文軍，2008)。當然，不同社會學家對身體的解讀是不盡相同的，由此也使得當代的身體研究呈現出了一幅斑斕多姿的景象。

一、作為文化象徵的身體研究

文化人類學由於其學科研究理念、研究主題的緣故，一直非常關注身體研究，這對於身體研究進入社會科學視野起到了重要的作用。其中，Douglas、Hertz 和 Mauss 的貢獻尤為突出。Douglas 的著作中，身體原則被理解成一個文化象徵系統。身體是整體社會的隱喻，身體中的疾病也是社會失範的象徵反映，而穩定性的身體是社會組織和社會關係的隱喻。我們對社會關係中的風險和不穩定性的焦慮都可以通過身體秩序理論得到說明。

Douglas 強調身體的社會塑造特徵並將身體區分為物理身體和社會身體，社會身體制約著我們對物理身體的理解。我們對於物理身體的經驗總是支援某一特定的社會觀點，它總是被社會範疇所修改，並通過它被了解。在兩種身體經驗之間，存在著意義的不斷轉換。因為「身體是一個模式，它可以代表任何有限的系統。它的邊界可以代表任何有威脅和不牢靠的邊界。身體是個複雜的結構，它的不同部分的功能及其相互聯繫，為其他複雜的系統提供了象徵的源泉。」(Bowie, 2004: 51)

在這種視域的研究中，身體常常被看成是一個象徵系統或者是一種話語。它們往往對生理性身體不感興趣，同樣地，對活生生的身體觀念也不感興趣。

二、作為社會建構的身體研究

這種研究以社會建構主義和女性主義的研究為代表。對於建構主義來說，重要的是認識人的身體橫跨了自然本質和社會文化兩個領域。物質身體功能的發揮由自然過程所支配的，而它在這個世界上的行為活動是由社會文化因素所

形成的 (Baldwin, 2004: 278)。女性主義的研究在於揭示和批判男女兩性之間的差異和不平等。否定了生理性別的重要性，強調性別的社會建構性。身體與性別的差異實際上是身體與性別表演的不同。因此，女性可以通過身體表演的改變來改變性別的不利地位。言語方式、行為模式、服裝款式的改變就成了女性主義革命的一種選擇。

社會建構主義和女性主義關於身體的決定性、欲望的政治化、性別的表演性、身體的性別特質等觀點深刻地影響了當代身體社會學的發展。從廣泛的意義上講，社會學意義上的身體研究都是建構主義取向的，因為它們都認可：社會在塑造身體上發揮了某種影響力。(Browning, Halcli and Webster, 2004: 521)

三、作為欲望規訓的身體研究

Mauss 發明了一個關鍵字「身體技術」，指的是「人們在不同的社會中根據傳統了解使用他們身體的各種方式。」(Mauss, 2004: 301) 這種身體技術帶有鮮明的社會文化色彩，日常生活中，我們打交道的物件其實不是具體的身體而是各種身體技術。

傅柯吸收了身體技術理論，稱靈魂是身體的牢籠，整個身體史就是被壓抑、被宰制、被規訓的歷史。身體一旦被涵括在現代規訓系統中，心靈就會變成論述權力的據點，因此，只有身體才是真正的本原。

四、作為社會實踐的身體研究

對共同在場的關注引發了對身體的注意，包括其性情和表現，這一主題貫穿了 Goffman 作品的始終 (Giddens, 2003: 126)。身體被看作通過各種受社會制約的活動及實踐得以實現和成為現實的潛能。此外，認為身體是實踐的思想在 Mauss 的人類學著作中也得到了較為系統的闡發，他認為身體行為的一些基本方面，如走、站、坐等，都是社會實踐的結果。

五、作為軀幹肉體的身體研究

當代身體研究強調身體和肉體的體驗是個人和社會生活的重心，因此對作為軀幹肉體的身體研究不僅是必須的，也是最為基本的。實際上，這種意義上的身體研究不僅可以使我們避免簡單的唯物主義，也能使我們更好地理解文化和社會實踐是怎樣來處理和構建身體的；同時來避免行動與內在行為以及文化與自然之間的一些二分法。

第四節　身體社會學的特徵及其反思

社會學對於身體的興趣可看作是對社會變遷的學科響應。作為一項社會學事業，身體社會學致力於討論身體的社會性及其複雜關係。在過去的十多年裡，社會、文化、技術的變革使身體成為現代政治的中心，而自然和社會的習慣性邊界被不斷地侵蝕和打破，使得政治立場很快就顯得陳舊過時。而對人的邊界的探究使得身體研究逐漸走向社會學的前沿。

一、身體社會學的主要特徵

當代身體社會學的觸角已經逐漸延伸開來了，體育、時裝、消費、舞蹈、美容等眾多領域中身體正在以全然不同於以往的清晰姿態呈現出來，這也許可以被視為身體社會學真正繁榮的前奏。毫無疑問，身體研究為社會學長期以來有關社會行動和社會結構間關係的爭論提供了一種新的視角 (Nettleton and Watson, 1998)，從而有可能發展出一種新的研究範式。概括起來，當代身體研究主要有以下幾個特徵：

第一，身體社會學致力於討論身體的社會性、身體的社會生產、身體的社會表徵和話語、身體的社會史，以及身體、文化和社會的複雜互動。

第二，身體社會學普遍認為「身體」具有生物與社會的雙重屬性。正如 Chris Shilling 所指出的，「身體」應被理解為未完成的生物現象與社會現象，這個現象已經被轉化為進入社會、參與社會的結果 (陶東風，2003)。

第三，身體社會學反對一切簡單化的還原主義做法，認為「身體」具有能動性涵義。雖然身體是人們無法完全征服的一種環境限制，但是實際情況是，他們通過身體的體現而表現出某種身體管理的形式。

第四，身體社會學提出不要把身體僅僅看作是單數的，而應看成是複數的，也就是說看成是人口的身體。

第五，強調完整的身體社會學必須是社會性的，而不能是個體性的。

第六，身體是自我表演的載體，也是進行貶損的社會排斥儀式的物件。因此，身體社會學必須包括越軌行為社會學和控制社會學，身體對微觀社會秩序和宏觀社會秩序來說都很重要。

第七，身體社會學的研究應是多維度、多層次的。人類的身體受到我們所屬的社會規範和價值觀的影響，也深受我們社會經驗的影響 (吉登斯，2003：182)。

第八，身體研究主要有自然主義與社會建構主義兩種基本方法，但身體社會學在研究方法上主要偏重於社會建構主義。

二、對身體社會學的反思

身體從被檢視的物件轉變為思想和行為的主體是當代社會學研究的一個重大轉向。今天，身體社會學不僅已成為當代社會學研究中一個完全確立的領域，而且還引起了整個社會學界乃至人文社會科學領域的廣泛關注。當然，由於身體社會學具有後現代社會理論的龐雜、跨學科等特點，相對於社會學其他分支領域的研究而言，身體社會學的理論建構目前還在逐步形成的過程之中。

(一)「身體」概念的發展變化

就像性別最初被認為是社會學的附件一樣，身體最初是作為附屬被帶入社會學分析的。然而隨著理論架構的逐漸完善，身體進入到社會學的知識框架內，並開始重新發現與解讀經典理論中的身體意向 (Dawe, 1979)，身體開始成為超越社會學二元困境的核心 (Howson and Inglis, 2001)。

(二) 身體社會學的發展趨勢

當代身體社會學家面臨這樣的選擇：或停留在社會學傳統關注領域的界限內，或轉向文化研究。而後者提供了一種對體驗、認同和文化之間關係進行研究的寬廣視野。然而，針對文化研究在對二元對立、性別主義、時尚、反文化和完美性的批判性解構中，傾向於把身體視為一種由社會因素賦予其意義的現象，而這種研究效用的框定可能會犯簡化論的錯誤。這是未來身體研究所要注意的。

當代許多身體社會學家提出，我們的研究目標應該是建構一個「身體體現的社會學」，對社會生活的物質特徵做全面的闡述 (Shilling, 2001)。Turner 就提出自己的方案認為，要運用「身體體現」(embodiment) 的概念來把握身體形象在社會空間中的功能發揮，同時從社會學角度來評價社會身體的交互作用，並以一種歷史感來認識身體，在此基礎上再從政治的角度來探究身體與治理 (2003: 584)。

(三) 身體社會學研究的不足

當前，身體社會學研究至少還存在著以下不足之處：

1. 對大多數身體社會學來說，經常很難看清楚其中什麼是社會學性質的東西，而它們的關注焦點也時常侷限在身體的表現性和文化性特徵。
2. 身體體現的觀念是不清楚的，甚至是缺失的，與社會學研究的其他一些屬性，比如政治學和倫理學方面的內容也缺乏系統的關聯。
3. 強調身體的文化表現，造成了現象性的身體從考察的視野中溢出，也沒有人注意作為活生生經驗的身體 (Turner, 2003: 589)。

因此，當代身體社會學研究還面臨著許多兩難困境：一方面，認為身體是由社會創造和決定的客體，在理論傾向上與一貫強調社會結構的主流社會學保持著一致性；另一方面，由於對經驗和行動層面的關注，使得身體社會學傾向於「活生生的體驗」(lived experience) 議題。因此，發展出一種能夠分析人類體驗和社會結構關係的社會學是非常重要和迫切的。

重要名詞

身體體現 (embodiment)：身體必然與其社會性聯結在一起。人生活在社會之中，並且總是通過實踐來體現自己的身體。因此，身體體現是肉體化過程 (corporealization) 的持續實踐的效果或後果，是一種獨特的慣習，是生活世界中的一種在場。

身體技術 (body technique)：指人們在不同的社會中根據傳統了解使用他們身體的各種方式。身體技術帶有鮮明的社會文化色彩，日常生活中，我們打交道的物件其實不是具體的身體而是各種身體技術。

身體社會學：是當代新興的社會學研究領域，它致力於討論身體的社會性、身體的社會生產、身體的社會表徵和話語、身體的社會史，以及身體、文化和社會的複雜互動。

問題與討論

1. 如何看待西方社會思想史的「身一心」二元論傳統？
2. 身體研究中具有哪幾種不同的理論傳統？
3. 當代身體社會學研究主要有哪些理論形態？
4. 如何看待當代身體社會學的研究及其應用？

推薦書目

O'Neill 著，張旭春譯，1999，**身體形態：現代社會的五種身體**，瀋陽：春風文藝出版社。

Turner 著，馬海良、趙國新譯，2000，**身體與社會**，瀋陽：春風文藝出版社。

Turner 編，李康譯，2003，**社會理論指南**，上海：世紀出版集團、上海人民出版社。

汪民安、陳永國編，2003，**後身體：文化、權力與生命政治學**，長春：吉林人民出版社。

Nettleton, S. and Watson, J. (Eds.), 1998, *The Body in Everyday Life*, London: Routledge.

參考書目

Baldwin 等著，陶東風等譯，2004，**文化研究導論**，北京：高等教育出版社。

Bowie 著，金澤等譯，2004，**宗教人類學導論**，北京：中國人民大學出版社。

Browning, G., Halcli, A. and Webster, F. 著，周易正等譯，2004，**當代社會學與社會理論的趨勢**，臺北：韋伯文化國際出版有限公司。

Descartes 著，龐景仁譯，1986，**第一哲學沉思錄**，北京：商務印書館。

Foucault 著，劉北成、楊遠嬰譯，1999，**規訓與懲罰**，北京：三聯書店。

Giddens 著，文軍、趙勇譯，2003，**社會理論與現代社會學**，北京：社會科學文獻出版社。

Mauss 著，佘碧平譯，2004，**社會學與人類學**，上海：上海譯文出版社。

O'Neill 著，張旭春譯，1999，**身體形態：現代社會的五種身體**，瀋陽：春風文藝出版社。

Turner 著，馬海良、趙國新譯，2000，**身體與社會**，瀋陽：春風文藝出版社。

Turner 編，李康譯，2003，**社會理論指南**，上海：世紀出版集團、上海人民出版社。

文軍主編，2006，**西方社會學理論：經典傳統與當代轉向**，上海：上海人民出版社。

文軍，2008，〈意識的覺醒：西方身體社會學理論的發展及其反思〉，**華東師範大學學報**(哲學社會科學版)，6。

安東尼．吉登斯著，趙旭東等譯，2003，**社會學**(第四版)，北京：北京大學出版社。

李銀河，2001，**福柯與性——解讀福柯性史**，濟南：山東人民出版社。

汪民安、陳永國編，2003，**後身體：文化、權力與生命政治學**，長春：吉林人民出版社。

南帆，2000，〈身體的敘事〉，**天涯**，6。

陶東風，2003，〈身體意象與文化規訓〉，**文藝研究**，5: 152-155。

Dawe, A., 1979, Theories of Social Action. In T. Bottomore and R. Nisbet (Eds.), *A History of Sociological Analysis*, London: Heinemann.

Howson, A. and Inglis, D., 2001, The Body in Sociology: Tensions inside and outside Sociological Thought, *Sociological Review*, 49(3): 297-317.

Mauss, M., 1973, Techniques of the Body, *Economy and Society*, 2: 70-88.

Nettleton, S. and Watson, J. (Eds.), 1998, *The Body in Everyday Life*, London: Routledge.

Shilling, Chris, 1993, The *Body and Social Theory*, London: Sage Publications.

---, 2001, Embodiment, Experience and Theory: In Defence of the Sociological Tradition, *Sociological Review*, 49(3): 327-344.

公民社會與多元文化

內容提要

在民族國家興盛的時代，社會主要指「國家社會」。隨著國家社會的式微，社會已經成為多層次的社會 (亦即我們有各式各樣的社會)，而一個國家國界範圍內的社會，亦往往成為「多元文化社會」。多元文化社會往往伴隨著公共領域的裂解、個人化等現象，其缺點是缺乏整合性、容易產生衝突，而且公民對大範圍的社會參與缺乏興趣。要避免多元文化社會的問題，並發揮多元文化社會的優勢，必須重新定義國家與各種社會、社群的關係，重新定義公民身分與公民參與政治的形式。各種各樣的社會 (包括國家社會) 可成為「社群邦聯」，在社群邦聯中，個別社群彼此包容，並樂於行使國家所賦予的民主權利。

第一節 公民社會

許多人聽到「多元文化社會」一詞，便認為那是一個正面的名詞。然而事實上，多元文化主義可能導致社會內部嚴重的衝突。多元文化社會一詞的背後，還可能包含國家社會的式微、社會的多義性、公共領域的裂解、個人化趨勢等一連串複雜的問題。

多元文化社會當然有可能是正面的，而國家社會的式微所造成的社會的多樣化，也可能是一種正面的解放。然而，多元文化社會正面價值的實現，有賴公民身分的重新定義和適當的、新形態的公民參與。本章旨在分析社會與國家關係的轉變、個人化對公共領域的衝擊後，探討多元文化社會中多義的公民身分，並提出「社會作為社群邦聯」的理想。

一、「公民」與「公民社會」的傳統意義

中文「公民」一詞係譯自西文，英文 citizen，法文 citoyen，其字源是拉丁文 civis。公民指享有充分權利者，其最早的起源是古希臘城市中的自由民。古羅馬帝國則將公民的概念從城市公民擴展為帝國公民 (即「羅馬公民」[Civis Romanus])。中古時代的歐洲，公民則指介於貴族和農民之間，居住於城市的商人[1] (*Der Brockhaus Multimedial 2000 Premium*: Bürger, Bürgertum 詞條)。

15 世紀起，歐洲的民族國家 (nation state) 陸續形成。18 世紀的法國大革命則進一步確立了民族國家對內至高無上的權威。法國大革命亦使「民族」(nation)[2] 有了一層新的涵義。法國革命家 Emmanuel Joseph Sieyès (1748-1836) 於 1789 年提出，民族是「一個生活於共同法律之下且為同一個立法集會所代表的社會」。由於貴族和教士享有法律之外的特權，不能算是「生活於共同法律之下」，故民族只能是有義務繳稅的當時所謂「第三階級」，Sieyès 並且主

1 德文「公民」一詞，若根據拉丁文字源為 Zivilist，但德國人一般用 Bürger 一詞。Bürger 一詞明顯地源自 Burg (堡)，即 Bürger 為居住於設有堡壘的城牆內的市民，則中古時代，公民即市民，其意甚明。

2 nation 源自拉丁文 natio，原義與血統有關，類似中文之「族」。15 世紀，英格蘭、法蘭西民族國家陸續形成後，nation 的界定已不再只與血統和文化有關，而是染上了政治的色彩，nation 從此可謂「**具共同認同感的文化－政治群體**」。中文「民」指統治者之下的人民 (參閱《辭源》，1990：1702)，「族」的界定標準則為血統，但「族」亦有群、眾之義 (參閱《辭源》，1990：1393)。1899年，梁啟超首將「民」與「族」結合為中文新辭彙「民族」(《辭海》，1994：2032)，以表達西文 nation 之義，甚為允當。

張，有義務繳稅的第三階級亦應有制定稅法的權利 (Weidinger, 1998: 11-12)。Sieyès 心目中的民族因此有「國家公民」之義，而且民族作為國家公民，與國家間必須有**直接**的權利義務關係。國家公民直接是國家的組成分子，而非透過國家以下某個團體參與國家。國家公民對國家直接盡其義務 (革命後實施的兵役制度是最佳範例)，國家亦直接保護國家公民的權利。因此，法國大革命後，公民一詞主要指「國家的公民」。然而法國大革命以後，很長一段時間，具政治權利的國家公民只包括「資產階級」(即布爾喬亞 [Bourgeoisie]；德文亦可稱為 Großbürgertum [大市民階級]) 和「小市民階級」(Kleinbürgertum)。要進入 20 世紀，公權利才逐漸普及於社會各階層 (*Der Brockhaus Multimedial 2000 Premium*: Bürger, Bürgertum)。

法國大革命以後公民主要指國家的公民，然而「公民社會」(civil society; bürgerliche Gesellschaft) 一詞則有很不相同的義涵。可能是黑格爾首先將公民社會視為相對於國家的非政治部門 (Neocleous, 1996: 1)，自此以後，雖然公民一詞與國家概念緊密相關，然而提到公民社會、公民組織，便讓人覺得其為「非政治的」。事實上，前文提到法國大革命後，國家對內的權威大增，政治權力幾乎完全掌握於國家手中，國家的一般公民，則只能透過選舉權的行使，或加入政黨，跟政治沾上一些關係。

二、(公民) 社會與國家的傳統關係及其轉變

社會的範圍如何界定？社會與國家的關係如何？在民族國家具最高優勢的時代，社會概念與民族國家是脫不了干係的。舊有現代性的三個主要架構是：民族國家架構；「公民社會 vs. 國家」的架構；社會階級架構。David Chaney 有著類似的看法，不過他未提及「公民社會 vs. 國家」的概念，而是注意到了「公共領域 (public sphere) 與私領域的分化」對舊有現代性的重要。Chaney 認為，與現代世界有關的三個主要概念是：階級意識所導致的社會衝突；民族國家的優勢支配以及民族主義式的共同體 (community) 想像；公共領域與私領域的分化。其中民族國家的支配對社會思想是如此基要，以致於大部分的社會學論述假定社會等同於民族國家 (1996: 158-159)。

社會等同於民族國家，如此說來，舊有現代性所謂的社會只能是「國家社會」(state society)。然而如前所述自黑格爾以來又有「公民社會 vs. 國家」的概念，這似乎又表示社會與國家是分離的。哈伯馬斯 (Jürgen Habermas) 即認為，

在社會能自我行使政治前，社會的一部分必須分化出來，專門負責集體決定[3]，這導致了國家與社會的分隔 (1998: 97)。

然而事實上，在傳統的現代世界，雖然公民社會是相對於國家的非政治部門，但不能說公民社會與國家是分離的，這是因為傳統公民社會的界線即國家的界線，亦即，在傳統的現代世界，公民社會一定是某國的公民社會。Martin Shaw 亦認為，雖然說公民社會是指「非國家」，然而公民社會的歷史發展與國家的歷史發展密切相關。雖然公民社會與國家的關係並非不可解除的或不可改變的，但時至今日，公民社會仍與民族概念相關，這是因為公民社會有其民族和意識形態的界線。傳統公民社會的代表性組織——政黨和教會，就很明顯具有民族主義傾向 (政黨和教會總是向著本國)。媒體作為當代重要的公民社會代表性組織，亦是如此，這可從媒體對戰爭的報導看得出來。當國與國的戰爭發生時，媒體的報導經常是代表自身民族的利益。因此，公民社會一如以往，與民族密切相關 (1998: 238-253)。

社會只能是國家社會，國家的界線即社會的界線，這種現代 (社會學) 思維被 Ulrich Beck 稱為「社會『貨櫃理論』」：「社會 (在政治上和理論上) 的先決條件是『空間的國家統治』。這是說：社會學的視野遵循著民族國家的秩序權威 (權力和實力)。這其中的意義是：社會乃隸屬於 (某種定義上的) 國家之下；社會因此是國家社會，社會制度指的便是國家制度。所以，在日常生活和學術上，大家談的是『法國』、『美國』、『德國』社會。」(1999a: 35)

前文 Shaw 一方面說公民社會與國家的關係並非不可解除的或不可改變的，一方面卻認為即使在今天，公民社會仍與民族密切相關。確實，民族意識、民族認同仍有其社會心理上的重要性，然而國家的優勢支配確實已在式微的過程中 (孫治本，2001a：39)，這亦使國家等同於社會的時代成為過去。國家優勢支配式微的徵兆之一是國家疆界的隔離力量的沒落，而這又與全球化的疆界毀壞效應有關。與國家疆界毀壞相伴隨的是各種跨國聯繫、跨國行動的增加 (Ibid.: 24-26)。Allan Cochrane 和 Kathy Pain 認為，全球化是指社會關係的跨國擴展 (2000: 15)。就全球化的影響而言，全球化使各種跨國行動、跨國聯繫日益頻繁，然而如同 Münch 所指出的，跨國整合的另一面就是國家的解整合，這包括國家內部不平等的擴大和社會斷層、脫序、合法性衝突、制度信

---

[3] 此一從社會分化出來的部分即專門承擔政治任務的國家。

任的降低[4] (2001: 285-291)。在民族國家的全盛時代，社會往往被理解為國家社會，然而 Münch 認為，如今社會已經成為多層次的社會，國家只是這個多層次社會中的一個層次。隨著國家的式微，公民社會的行動能力則日益重要 (Ibid.: 102)。

Martin Albrow 亦認為，文化、社群和各種關係不再依附於民族國家的框架，這與全球化有關。全球化使社會成為政治的中心議題，民族國家則無法將人類社會的形式限制於其疆域和範疇的界線中。不斷增加的跨國聯繫，人際關係和社會組織的新的多元性，證明社會不需國家即有自行衍生的能力。現代的社會理論往往在忽視具體的人的情況下，提出抽象的社會概念，然而全球化時代人與人的關係已不適合放進老舊的現代框架中，社會比從前人們所相信的要多元得多 (1998: 253-255)[5]。

所謂社會成為政治的中心議題，是指國家不再是唯一的政治架構，而且社會不再只是套在國家框架中的國家社會。在民族國家的全盛時代，政治只能在國家的架構下運作，然而國家政治卻開始失靈了，其原因有四：全球化與地方化夾擊國家架構；個人化瓦解國家政治的整合機制；風險意識的增強與對政治決策的不信任；政治人物信用的破產 (孫治本，2003)。國家的優勢支配實淵源於政治成為國家的專利，政治只能是國家政治，一旦國家政治失靈，社會便能從國家中解放出來。社會不再只是國家社會，社會的形式和範疇已經變得非常多樣，而且不同的社會範疇彼此之間有可能重疊交會。如果我們還期待有效用的政治，就必須創造出能在各種社會範疇和形式中運作的新型政治。

第二節　個人化與公共領域的裂解

哈伯馬斯強調公共領域對公民社會的重要性 (Habermas, 1989)。從前公共領域最大和最主要的範圍即是國家社會的範圍，然而不但如前所述，跨國整合導致國家社會的裂解，個人化趨勢亦使公共領域越來越片斷化。

在當代社會，對集體的崇拜已經轉為對個人的崇拜 (Münch, 1991, 2001)。

4　跨國整合經常發生於不同國家的富裕區域間，這卻導致同一國內富裕與貧窮地區間的隔閡加大。

5　民族國家式微的觀點常被政治人物和學者視為偏激，然而事實上，民族國家的框架早已不合時宜，依然迷信此一框架才是偏激。民族國家概念的極致之一是將社會的範圍等同於國家的範圍，Albrow 指出，由於政治人物最能從國家與社會的合一中得利，因此他們與知識分子一樣，很難接受相關事實的改變 (1998: 253)。

然而個人化的結果並非使得人人都成了孤立的個人，個人化和社群化其實是同時發生的 (Keupp et al., 2004: 234-239)。某些傳統的大型組織經歷了式微，但各種新興群體的數量卻大幅增加。而且，各種社會圈子彼此交叉的機會越來越多，個人因此越來越可能同時隸屬多個社會圈子。在這種情況下，個人必須發展出一套屬於個人的法則，才能應對不同社會圈子的要求 (Münch, 2001: 285)。前面說過，社會的範疇與形式越來越多樣化，而且彼此交叉，此即社會的網絡化。因此，當代的公民參與必然密切涉及社會網絡的性質，這亦使公民參與所牽涉的社群的性質有了下列變化：1. 在現代社會，社群已經從「鄰近關係」演變成較鬆散、分散、複雜的網絡關係，然而此種網絡關係亦能提供社會性的支持。已經很少有個人會終生參與某個公民參與團體或組織，個人對團體或組織的隸屬大多是有時間性的；2. 公民參與越來越受到自我發展動機的影響；3. 社群的性別之分越來越少見 (Keupp et al., 2004: 243)。

個人化即個人選擇的增加。Peter Gross 認為，在當代較先進的社會，個人選擇的自由不僅僅是變大了，甚至是爆炸了。這導致個人生活風格的多樣性，而這又與個人生涯史的多樣性和異質性有關：個人的生命歷程已經「即興演奏化」(improvisiert)，這是說，個人的生命歷程已經沒有一個依年齡發展的清楚結構，而且越來越不可測。(1994: 59-60) Gross 稱這樣的社會為多元選擇社會 (Multioptionsgesellschaft)，而多元選擇社會的倫理誡命是：「總是要使更多的可能性形成。」(Ibid.: 70) 越來越多的選擇的自由和可能性[6]，使公共領域的範圍和性質越來越難以掌握，從而增加了制定和施行公共政策的困難。

當代社會亦是 Münch 所稱的傳播社會。社會的發展日益為論述的展開所決定，傳播在數量、速度、密度和全球化程度上都在迅速的提高。我們的社會已經成為一個自有其辯證法則的傳播社會 (1991: 87)。傳播對社會變遷的影響也越來越大，想要使社會有一些改變的人，必須使公眾注意到他的論題，並炒熱其論題的行情。公眾傳播可以迫使人產生行動，並進而帶動社會的轉變 (Ibid.: 108)。然而不斷被炒熱的公眾論述也導致了前所未有的「言詞的通貨膨脹」，亦即言詞的價值降低 (Ibid.: 103)。

在傳播社會中，政治的運作、公共政策的形成，越來越倚重傳播的力量，然而這除了會導致 Münch 所謂的言詞通貨膨脹，亦使政治的黑暗面有更多的

[6] Wilhelm Schmid 表示，現代文化的特徵之一是：對自由的無限期待，和無法實現此一期待所產生的無限失望 (1998: 113)。

機會被呈現出來。這種「透明度」的增加，亦伴隨著高效能傳播的攻擊、抹黑。這造成了我們在前面提及的，公民對政治決策的不信任和政治人物信用的破產。

表面上看來，當代社會由於其開放性和多元性，公共領域似乎更為堅強。這種後現代公共領域的特色在於，個人可以於其間任意選擇，然而正是此種選擇的自由造成了後現代公共領域的裂解。Niklas Luhmann 將公共性定義為：「每一個社會內部系統界線的反射 (反省)」(1996: 184)。亦即，公共性恰恰反射了各個社會系統與外界的區隔，而公共領域指的是社會內部系統界線以外的範圍。然而個人化的個人傾向於選擇自己的所好並滯留於自己的興趣或需要範圍內，對界線以外的領域則沒有什麼參與的興趣。

前文提及，Chaney 認為，與傳統的現代世界有關的三個主要概念是階級、民族國家、公共領域與私領域的分化。然而在當代社會，由於生活風格日益重要，使得上述三個概念越來越站不住腳。首先，由於生活風格的不穩定性和多元性，生活風格概念不可能整合入階級這樣一種簡化的社會結構觀 (孫治本，2004)；其次，為生活風格服務的生產與配送組織是超越國界的，這使任何民族文化概念都成了笑柄；再者，生活風格模糊並轉化了公共領域與私領域的區別，使我們必須重新理解社會存在的個人形式和集體形式之間的關係 (Chaney, 1996: 159)。

個人化的趨勢使個人對生活風格的選擇增加，這也使得生活風格概念越來越重要。具體的生活風格已成為社會行為、人際互動的重要指標，不同的個人甚至可能因為相同的生活風格或消費行為，產生共享的認同和群聚現象。Paul Willis 曾以「原社群」(proto-communities) 概念說明此種情形。不同於傳統的「有機社群」(organic communities)，原社群不是出於有意的目的 (比如政治目的) 而形成，而是因為偶然、好玩、共享的欲望而形成。原社群的成員不是透過直接的溝通而聯繫起來，而是透過共享的風格、時尚、興趣、主張、熱情等聯繫起來。原社群有時會有有機社群的特徵，例如原社群的成員針對某一消費興趣有了直接的溝通 (1990: 141-142)。

Willis 的原社群是一種以生活風格為標準的社會分類方式，它不一定是真正的社群。以臺灣的流行詞彙而言，原社群指涉的是「電玩族」、「泡湯一族」等筆者所謂的「生活風格族」，如果共同的生活風格造就出真正的社群關係，「生活風格社群」便形成了 (孫治本，2001b：97-98，2002：14-15，27-

32)。網路的普及對生活風格社群的形成有推波助瀾的作用 (孫治本，2002)，因為原本具有相同生活風格的個人可能分散在各地，難以形成社群，網路提供的遠距溝通則解決了此一問題。

許多網路上的虛擬社群屬於生活風格社群。網路虛擬社群 (e-社群)，依其與實體世界的對應關係，可以分為如表 1 所示之第一類虛擬社群與第二類虛擬社群，其中第二類虛擬社群多為生活風格社群：

表 1　第一類虛擬社群與第二類虛擬社群

第一類虛擬社群	係由實體世界延伸出來的網路虛擬社群，亦即，實體世界中的社群 (例如學校裡的某社團)，將其社群關係擴展到虛擬世界 (例如成立一個 BBS，或在某 BBS 上成立一個版)。
第二類虛擬社群	主要從虛擬世界中發展出來的社群，例如，在實體世界中素未謀面的網友，以連署的方式，在某 BBS 上申請成立一個新版。 第二類虛擬社群多為生活風格社群，理由是：什麼東西最常能號召彼此間原無關係的個人在網路上聚集成社群呢？答案就是個人的風格。因此，第二類虛擬社群大多為生活風格社群。 第二類虛擬社群雖然先是從網路虛擬世界中形成，但亦可能延伸至實體世界，成為實體社群。

個人化的新興社群，一方面使社會日形多元，一方面也加深了社會整合的困難。不同風格的社群彼此的包容性往往不高，這可從網路上的漫罵、對立看得出來，這樣會使我們的社會越來越成為多元而不寬容的社會。

以網路上的溝通為例，表面上看來，任何人都可以在網路上傳播和接收訊息，而且越來越多的企業、社會團體和個人擁有自己的首頁甚至網站，網路似乎成了大家可以平等發言的公共領域。然而事實上，網路的世界內是有很大的區隔性的：網路的世界中林立著大大小小、風格殊異的眾多社會和社群，這使得從整體而言，網路的世界是非常多元化的；然而網路上的各個群體，彼此間不但未必有橫向的聯繫，甚至經常是有隔閡的；在個別的網路群體中，權力位階、意識形態、對內的親密感和對外的疏離感，乃至歧視和敵意，都是司空見慣的。大多數網路的使用者並不會體驗整個網路世界的多元性，也不會從中培養寬容的精神，因為他們在網路上往往只挑選和傳播他們喜歡的資訊，加入他們認同的群體，並尋找和結識與他們臭味相投的其他網友。在網路世界的個別群體中，網友很可能變得更偏激，視野也可能日益窄化。

多元文化的網路世界內的衝突，亦見於實體的多元文化社會[7]。不同的種族、宗教、職業、生活風格群體並存於一個國家的範圍內，這是我們所謂的多元文化社會。然而承認與包容未必是多元文化社會內部的主流。多元文化的挑戰常伴隨著緊張、磨擦和衝突 (Bade, 1996: 10)。

第三節　公民社會與多元文化

一、多元文化社會中的公民身分

國家社會式微後，如果我們還是只將公民理解為國家公民，那就是過於狹隘且欠缺發展性。既然社會已成為多層次的社會，或者說社會有其多義性，那麼公民的概念也應該與時俱進，公共政策的形成和執行也越來越需要倚重新的公民身分概念和公民參與。Maurice Mullard 即主張，公民身分必須是一種持續被再創造的過程 (1999: 13)。Mullard 歸納對於公民身分的主要見解，認為公民的意涵可以指「公共公民」、「獨立公民」、「被賦予權利的公民」、「社群公民」、「消費者公民」。

(一) 公共公民 (public citizen)

對公共公民而言最重要的是「公共空間」(public space)，因為公共空間是個人自由的要素。公共空間的精神是寬容、多元、對話、妥協、誠實、透明等等 (Mullard, 1999: 14-15)。

(二) 獨立公民 (independent citizen)

獨立公民主要是古典市場自由主義的概念，強調競爭和市場經濟 (Ibid.: 15)。

(三) 被賦予權利的公民 (entitled citizen)

「被賦予權利的公民」概念強調公民身分的社會面向，認為福利國家在公民身分的塑造上扮演著重要角色 (Ibid.: 16)。

---

7 事實上如同前述，網路虛擬世界與實體世界是有關係的，所以多元文化社會亦包含，或者說亦牽涉網路上的世界。

(四) 社群公民 (communitarian citizen)

社群公民緊密地嵌鑲於某一社群中；對於社群的附屬感是社群公民認同的泉源。社群公民概念強調責任、歸屬、友誼和奉獻，甚至於自由都須在社群脈絡中才能為個人所體驗 (Mullard, 1999: 17)。

(五) 消費者公民 (consumer citizen)

這是後現代論述中的公民概念。消費者公民不再附屬於社群、傳統、權威或制度，而是生活於一個後傳統、後匱乏的社會，在此一社會中，生活政治取代了現代性的解放政治。消費者公民生活在一個需求和欲望持續轉變的世界[8]，因此沒有什麼是本質的和基要的，有的只是持續的評價和自我反省。生活政治亦即「生活風格的政治」(politics of lifestyles)，強調差異和探索個人的認同。消費者公民從公共領域中退隱而出，蟄伏於各種新型部落，而每個部落都各有各的調 (Ibid.: 18)。

總結各種主要的公民概念，Mullard 認為，公民身分的要素必須包括：普世人權、與他人不同的權利、公共面向、社會面向 (Ibid.: 21-24)。Mullard 對不同公民身分概念和公民身分要素的歸納，是比較宏觀的，而且也不受限於民族國家的藩籬。事實上，正是因為全球化、個人化等因素造成民族國家功能式微、行動力減弱，而跨國事件、跨國行動則越來越頻繁，普世人權的概念越來越受到重視，傳統的社群如家庭，和新興的個人化社群，成為歸屬的主流，這些趨勢使「公民身分」概念發生了如下主要變化：

1. 公民身分與民族國家的必然關係鬆動，在界定公民身分時，超越國家概念的普世人權概念越來越受到重視。
2. 隨著國家相對實力的下降，公民社會下的諸團體有必要承接原來專屬於國家的政治任務。
3. 在當代消費者社會，公民的主要身分之一是消費者，消費主義與個人化趨勢相伴隨，使個人更樂意於各種新興文化社群、消費者社群中發展自我，其結果是國家社會的裂解，公共領域不受重視或範圍大幅縮小。消費者公民或文化公民的社會參與形式及其彼此間的溝通和包容，是公民社會的新課題。

---

[8] 對高檔消費的崇拜是當代社會的特徵之一 (Münch, 1991: 191)。

總之，當我們探討多元文化社會中的公民身分時，最重要的問題是，公民仍應該參與公共領域、關心公共政策嗎？答案應該是肯定的，這是因為國家的優勢宰制雖已式微，然而國家仍有其功能。再者，公民社會亦應尋找新的政治形式，來補充國家政治，以期妥善處理公共領域中的分配、衝突。Jeff Spinner-Halev 較詳細分析了多元文化社會中的公民身分。

Spinner-Halev 所謂的公民身分仍指國家公民，並認為過強的多元文化主義會傷害公民身分。Spinner-Halev 指出，自由公民身分有兩個層次，其第一個層次是法律上的要求，亦即在公民社會的公共領域，所有的公民都必須以無歧視的態度彼此對待，同時不能彼此傷害。在私人領域中歧視有可能存在，但人們必須彼此包容。公民身分的第二個層次是道德上的要求，亦即從道德上要求(而非透過法律強制) 公民溝通、合作、妥協、關心公共利益 (1999: 66-67)。

二、三種多元文化主義與公民社會的關係

Spinner-Halev 認為多元文化主義可以分為三種，第一種是包含式的多元文化主義 (inclusive multiculturalism)，此種多元文化主義要把原本被排除在社會文化規範以外的人包含進來，亦即原本被排除於主流社會之外的人，要求被納入主流社會平等對待，他們要求被傾聽，主張他們的歷史是主流社會歷史的一部分。此種多元文化主義強調參與，而不只是不歧視和包容，因此 Spinner-Halev 認為包含式的多元文化主義能同時實現公民身分的第一和第二個層次。包含式的多元文化主義雖然接受歧異，但亦強調融入主流價值，因此類似於普世主義 (cosmopolitanism)(1999: 68-69)。然而特殊文化的保存往往有賴於隔離，因此強調參與主流社會的包含式多元文化主義是不利於特殊的文化認同的(Ibid.: 70)。如果某個特殊文化團體想要生活於主流社會，進入公共機制，享用公共資源，發表公共主張，那麼他必須要改變他的某些文化價值。當然，不斷將原本被排除在外的特殊文化整合進來的主流文化，其內涵也會因特殊文化的進入而改變 (Ibid.: 82)。

如果主流社會以外的特殊文化團體忽視國家的存在，而只想生活在自己的圈子裡，亦即他們無意實踐自由公民身分的道德要求 (自由公民身分的第二個層次)，很少或從不發表公共主張，但亦不要求國家在財政上支援只有他們才能參與的機制，不要求任何會傷害其他公民的事情，那麼，他們沒有必要被視為完全的公民，但可被視為「不完全公民」(partial citizens)。他們不算完全的

公民，是因為他們無意實踐自由公民身分的第二個層次，但由於他們謹守自由公民身分第一個層次的要求，亦即不做傷害其他公民的事情，因此他們還是具有公民身分的部分性質，可被視為不完全公民。不完全公民不會傷害公民身分 (Spinner-Halev, 1999: 70-71)。這是第二種多元文化主義，亦即特殊的文化團體雖然不參與主流社會的活動，但不做傷害其他公民的事情。

第三種多元文化主義，亦即過強或偏激的多元文化主義，則不僅僅主張維持特殊文化團體與主流社會的隔離狀態，還要求國家協助維持此種隔離狀態，亦即他們要求國家補助僅限該團體成員參與的機制。他們不但不參與公共事務，還要求國家補助他們具排他性的活動，這就傷害了公民身分 (Ibid.: 78)。

為什麼自由公民身分重要？這是因為在一個民主國家裡，公民是有權力的，如果大多數公民不以自由的方式行使民主，國家將會變得不民主。在一個多元文化社會中，人們不僅應該盡力於互相理解，也應該政治地一起行動 (Ibid.: 83)。

Spinner-Halev 所謂的第三種多元文化主義，恐已日益普遍。越來越多的個人只想知道國家為自己做了什麼，而不問自己為國家做了什麼。當代的民主國家經常陷於被公民勒索的困境。

重要名詞

公民 (citizen)：公民指的是享有充分權利的自由人。在傳統的現代世界，公民的權利被認為係由國家賦予和擔保，因此公民主要指「國家公民」。然而近年多有主張公民權利係普世人權者，因此公民身分不一定需置於某個國家架構之下，而是透過某種與人權有關的理念界定。

公民社會 (civil society)：公民社會亦譯作「民間社會」，是指傳統家族和國家架構以外的社會部門，因此過去認為公民社會相對於國家，是非政治的。然而鑑於國家的式微，近年許多人主張公民社會亦應承擔政治任務。

多元文化主義 (multiculturalism)：主張不同的文化可和諧共存於同一社會的思想。然而在文化多元的情形下是否仍應有主流文化和價值觀？論者之看法分歧。

問題與討論

1. 你覺得現在的人與國家的實質關係如何？
2. 社會與國家的關係有何演變？
3. 請說出幾種公民身分的定義？
4. 當個人有越來越多選擇的自由時，社會似乎越來越開放了，這對公共領域會產生什麼樣的效應？
5. 何謂多元文化主義？多元文化主義會傷害社會的和諧嗎？

推薦書目

孫治本，2001a，**全球化與民族國家**，臺北：巨流。

---，2003，〈跨國公民社會與歐洲聯盟〉，**現代性、後現代性、全球化**，黃瑞祺編，臺北：左岸出版公司，83-126。

---，2004，**個人化與生活風格社群**，臺北：唐山。

參考書目

Beck, Ulrich 著，孫治本譯，1999a，**全球化危機** (*Was ist Globalisierung?*)，臺北：商務。

孫治本，2001a，**全球化與民族國家**，臺北：巨流。

---，2001b，〈生活風格與社會結構的研究〉，**東吳社會學報**，11: 79-111。

---，2002，〈BBS上的社群〉，**當代**，181: 14-33。

---，2003，〈跨國公民社會與歐洲聯盟〉，**現代性、後現代性、全球化**，黃瑞祺編，臺北：左岸出版公司，83-126。

---，2004，**個人化與生活風格社群**，臺北：唐山。

Albrow, Martin, 1998, *Abschied vom Nationalstaat*, Frankfurt / M.: Suhrkamp.

Bade, Klaus J., 1996, Einleitung: Grenzerfahrungen－die multikulturelle Herausforderung. In the same (Ed.), *Die multikulturelle Herausforderung: Menschen über Grenzen－Grenzen über Menschen*, München: C. H. Beck, 10-26.

Beck, Ulrich, 1993, *Die Erfindung des Politischen*, Frankfurt / M.: Suhrkamp.

---, 1999b, Modell Bürgerarbeit. In Ulrich Beck (Ed.), *Schöne neue Arbeitswelt. Vision: Weltbürgergesellschaft*, Frankfurt / M.: Campus, 7-189.

---, 2000, Die Seele der Demokratie: Bezahlte Bürgerarbeit. In Ulrich Beck (Ed.), *Die Zukunft von Arbeit und Demokratie*, Frankfurt / M.: Suhrkamp, 416-447.

Beck, Ulrich / Hajer, Maarten / Kesselring, Sven, 1999, Der unscharfe Ort der Politik－eine Einleitung. In Ulrich Beck, Maarten Hajer & Kesselring Sven (Eds.), *Der unscharfe Ort der Politik: Empirische Fallstudien zur Theorie der reflexiven Modernisierung*, Opladen: Leske + Budrich, 7-20.

Chaney, David, 1996, *Lifestyles*, London: Routledge.

Cochrane, Allan / Pain, Kathy, 2000, A Globalizing Society? In David Held (Ed.), *A Globalizing World? Culture, Economics, Politics,* London: Routledge, 5-45.

Frey, Bruno S., 1997, *Ein neuer Föderalismus für Europa: Die Idee der FOCJ*, Tübingen: Mohr Siebeck.

Gross, Peter, 1994, *Die Multioptionsgesellschaft*, Frankfurt / M.: Suhrkamp.

Habermas, Jürgen, 1989, *The Structural Transformation of the Public Sphere: An Inquiry into a Category of Bourgeois Society*, Cambridge: Polity Press.

---, 1998, *Die postnationale Konstellation*, Frankfurt / M.: Suhrkamp.

Keupp, Heiner / Höfer, Renate / John, René / Knothe, Holger / Kraus, Wolfgang / Straus, Florian, 2004, Selbstverortung im bürgerschaftlichen Engagement－Zur Ambivalenz subjektiver Konstruktionen von Gemeinschaft. In Ulrich Beck (Ed.), *Entgrenzung und Entscheidung*, Frankfurt / M.: Suhrkamp, 234-257.

Krasner, Stephen D., 1999, Globalization and Sovereignty. In David A. Smith, Dorothy J. Solinger and Steven C. Topik (Eds.), *States and Sovereignty in the Global Economy*, London: Routledge, 34-52.

Luhmann, Niklas, 1996, *Die Realität der Massenmedien* (2. erweiterte Auflage), Opladen: Westdeutscher Verlag.

Münch, Richard, 1991, *Dialektik der Kommunikationsgesellschaft*, Frankfurt / M.: Suhrkamp.

---, 2001, *Offene Räume*, Frankfurt / M.: Suhrkamp.

Mullard, Maurice, 1999, Discourses on Citizenship: The Challenge to Contemporary

Citizenship. In Jet Bussemaker (Ed.), *Citizenship and Welfare State Reform in Europe*, London: Routledge.

Neocleous, Mark, 1996, *Administering Civil Society: Towards a Theory of State Power*, London: MacMillan.

Schmid, Wilhelm, 1998, *Philosophie der Lebenskunst－Eine Grundlegung*, Frankfurt / M.: Suhrkamp.

Shaw, Martin, 1998, Die Repräsentation ferner Konflikte und die globale Zivilgesellschaft. In Ulrich Beck (Ed.), *Perspektiven der Weltgesellschaft*, Frankfurt / M.: Suhrkamp, 221-255.

Spinner-Halev, Jeff, 1999, Cultural Pluralism and Partial Citizenship. In Christian Joppke and Steven Lukes (Eds.), *Multicultural Questions*, Oxford: Oxford University Press.

Willis, Paul, 1990, *Common Culture*, Milton Keynes: Open University Press.

族群文化與生活

內容提要

族群在今天的全球社會中是一個重要的議題，它在很多層面上被凸顯出來，包括人民移動能力的增加、社會差異不斷擴大、全球國家貧富的拉大、基本權利的普遍價值以及恐怖主義等等。本章對於族群的討論並不是從人類學或歷史學的角度，而是在全球社會中反省一些相關的重要議題，它們包括民族國家的重建，多元族群的策略以及族群權利與正義等等。這些討論通常也結合政治學與文化理論的思考，特別是多元社會與族群的理論。因此本章的討論將著重在反映當代社會現實以及潮流的線索。

第一節　民族性與族群性

在不同於人類學的思考上，這裡所討論的民族或者族群將與國家有所聯繫。也就是在國家的框架之下來思考民族與族群的內容，當然在全球社會中，國家框架的變動同時也涉及這裡所思考的民族與族群。民族是已經存在在那裡的事實，還是被建構出來的，可以是討論的焦點。它一併在民族國家的出現以及發展上被觀察。民族國家之所以建立的基礎是共同血緣、宗教與文化，或者是權利與義務的制度，也有著不同的見解。

一、民族國家

民族國家這個概念影響著人類生活已經幾百年的時間，在語義上是一個民族建立一個屬於自己的國家，但是綜觀近代人類社會中，符合這個標準的不外是諸如冰島與日本等少數國家。現在的民族國家並沒有清楚的單一民族，而是多元的共同體，因此像法國、美國或中國等所謂的民族國家似乎是被建構出來的。在這個前提之下，討論族群的共同關係也比討論民族來的更符合現實。

(一) 民族與族群

將族群議題表現出來的空間是政治共同體，各族群的生活也許本來就有一些所謂的問題，但將這些問題提升到議題與政策，甚至國際事件，大部分都是透過政治與資訊的運作。當我們的生活走出家庭時，族群自身生活的特性就展現在公共的討論上。如同哈伯馬斯 (Habermas) 所言，作為一種不同於家庭生活的新生活形態，開啟了資本主義的社會形式以及官僚階層的社會制度 (1995: 486)。

特別是在民族與國家結合的形式上，族群之間的區隔更是上升到法律與制度的層面，甚至作為整體國家生活的基本要素。作為政治共同體的國家在 18 世紀雖然擁有逐漸完善的行政與法律系統，但是也以新的形式來體現原有的地方性與共同情感。它就是民族 (nation) 的形式，政治共同體以一種民族國家的方式來表現。共同體成員之公民權利與身分的概念和議題事實上已經和民族性 (nationality) 和族群性 (ethnicity) 的現實交織聯結在一起，而正是在這個聯結上，公民權利與身分的訴求及發展已經結合於文化的議題，共同體也成為一種文化的現象 (幼獅文化事業公司，1987：61-62)。

如同 A. P. Cohen 所言，認同與族群性不斷在改變當中，並且不斷地朝外發展。Cohen 以鄉村的共同體 (rural community) 一詞來表達具有情感的族群性。它是在一個維持積極認同的自願過程中形成，在今天的城市生活中，卻已經幾乎沒有運作的空間。在 A. Smith 對民族的定義中，民族乃是一個垂直整合並且在領土上移動的群體，他們擁有參與共同體的權利，以及擁有關於一個或一個以上集體特徵的共同情感，並且依照這些要素可以和其他類似的群體區分開來 (1971: 174)。

這樣的定義基本上符合法國大革命以來的民族國家狀況，只不過對於英、法國家更強調參與共同體的權利和相關法律，對於德國、義大利則強調諸如語言要素的共同情感。但基本上，領土都是它們的構成的重要要素，並且 nation 依此區別於 ethnie，一個 nation 為一祖國 (homeland)，也就是被承認的空間與生態基礎。但是 ethnie 並不需要這個領土要素就可以維持他們共同的文化特徵和歸屬情感 (Smith, 1981: 68-70)。因此民族國家主義可以不是族群性的一種特殊形式，它只需要領土以及在參與過程中被制定出來的法律體系就可以產生，例如英國和法國 (Worsley, 1984: 247)。英語國家主要是一種以習慣法 (common law) 以及公民權利與身分為基礎。在這新空間中，法律必須公平地保證全民的幸福。以這種形態所體現的民族國家主義可以說是一種領土的民族國家主義 (territorial state-nationalism)(Oommen, 1997: 52-58)。事實上在 1789 年時，居住在法國的一半居民不會講法文，甚至在 1863 年有 20% 的人口不會講所謂官方領域的法文。因此法國並不是在自然中建構起來的，而是一個人為的政治建構，並且是將權力集中化的政治建構。這個 1789 年的人為政治建構因此是人類社會朝向現代公民權利與身分的轉捩點。

在中歐及東歐所產生的民族國家主義中，他們的凝聚基礎是母語、民俗傳統、共同的繼承或民族精神，也就是 F. Tönnies 所言 Gemeinschaft (共同體) 的主要內容。以這種形態所體現的民族國家主義可以相對地稱為民族語言的民族國家主義 (ethnic-linguistic nationalism)(Oommen, 1997: 143-145)。德國與義大利一樣，將公民權利與身分、民族性融合在一起，並且以血緣定義民族性。民族一詞通常與另一字 Volk 同義，表示內在的統一以及人民的精神。德語更被看作是原初語言 (Ursprache)，也就是一種純粹與沒有混和的語言。雖然德國的民族意識比英國形成得晚，但是它卻更接近於種族主義 (racism)，或者是族群的民族國家主義 (ethnic nationalism)。

在國家生活當中，族群議題因此涉及到成員身分、權利內涵以及文化認同等等環節。當國家網絡越形緊密時，族群議題是在國家網絡當中上演的。從 17 世紀以來已經開啟的理性時代中，民族國家需要一種理性的組織，這是一種在古代的部落和城邦中不曾存在的組織。它將所有階級的人民聚合成一種國體 (commonwealth)，和文化上的共同伙伴。J. Rex 以公共範圍和私人範圍的劃分，來討論關於族群性的四種社會類型 (1991: 158-159)：

1. 公共範圍內實行機會均等，而私人範圍內實行多元文化主義。這是一種多元文化的理想。
2. 公共範圍內實行機會均等，而私人範圍內實行單文化主義。如法國在處理少數群體問題時的立場，堅持少數群體成員也是法國人，他們應當同化於法國的文化慣例。
3. 公共範圍內實行 (族類和種族群體間) 機會不均等，而私人範圍內實行多元文化主義。例如南非的種族隔離政策，每個種族有自己獨特的文化，但是在一個具封建等級的不平等國家中。
4. 公共範圍內實行 (族類和種族群體間) 機會不均等，而私人範圍內實行單文化主義。例如過去的美國，黑人在一個不平等的封建等級中，並且與白人具有共同的文化。

(二) 族群與國家生活

現代公民制度的發展促成了民族性與族群性成為凝聚社會生活之基礎。在早期現代社會中，凝結力最強的基礎在於宗教、民族和疆域等因素與民族性相互契合之處，但在完全發展的現代社會中，由於共同的公民地位就為國家團結提供了充分的基礎，因此諸如宗教、民族與疆域等因素都可以分歧 (Parsons, 1991: 216)。

在我們今天的全球社會中，因為國家生活的變動，聯繫於民族國家的族群文化也隨之而變動。公民身分最初與民族性、甚至族群性的緊密聯繫，在後民族的 (post-national) 與多元族群的現代社會中已經鬆解 (Rapoport, 1997: 99-100)。現在公民身分在民族性與族群性之外找到新的運作空間，並且逐漸單獨地運作，而這空間就是以新的人權概念為基礎。不論如何，從最初的都市生活到現在的全球生活，雖然生活逐漸地系統化並且遠離土地，但是鼓勵個體積極參與共同體都是文化認同與個體認同的訴求，而這也不斷地涉及到共同體成員以及公民身分的重建。

我們可以看見今天的生活秩序已經不是封閉的，也就是我們較不可能一直在單一的團體或族群中活動。在這麼高度的社會流動中，我們的生活與其他人有著更多的重疊，因此利益也呈現錯綜複雜的網絡。因此認同現象清楚地表現出它的多元性，特別是所謂的多元認同 (multi-identities)。在現代社會中，認同不論是以理性啟蒙或社會過程為前提，都體現出相對上的單一特性。在所謂的後現代社會中，**difference** 更是在符號與媒體的發展上得到表現空間。

在全球社會中，民族與國家這兩個範疇事實上有著與以往不同的關係 (Oommen, 1997: 3-22)。因為我們的時間與空間感受已經完全不一樣，民族與國家的結合自然會有不一樣的形式，這將進一步地影響到原有族群生活與文化的內容。在我們今天的全球社會中，領土除了在政治與軍事的層面上具有深刻的意義外，大部分的生活時間並感受不到它的存在。當國家在全球化的過程中不斷向超國家與次國家轉移其權力時，不同族群權利也不斷得到認可或諒解。因為過去在國家中較為單一的社會價值已經慢慢失落，原有被掩蓋或壓制的少數族群文化現在有了表現的空間。族群的差異現在是相當重要的主軸，也是認同的思考起點。

在文化的全球化與大眾化的趨勢中，高級文化與低級文化、文化的中心與文化的邊陲之區分已經逐漸失去它們的現實性。透過族群的、性別的以及區域的認同，新的文化現象從邊陲挑戰中央，多元文化社會也取得發展的空間 (Storey, 1993: 193; Kymlicka, 1995: 11-15)。一個多元文化主義的社會必然是一個多元族群的社會，原有族群的地域和語文界線也呈現動態的狀況。一方面在美國、加拿大，一方面在瑞士的例子中我們可以觀察到不同的類型。在美國與加拿大，不同族群可以以他們不同的文化共同體來保護他們的地位之權利，並且也尋求擴大這些權利。而外來移民者也參與在本地主流文化的政治制度中，並且講主流的語言。例如在美國與澳洲，移民者必須學習英文以獲得公民權利與身分權利，在加拿大則是英文或法文。因此在一個廣大的英語社會中，存在著具有次文化的族群。而瑞士是一個多元族群的國家，並且瑞士人對瑞士具有共同的忠誠，雖然他們有不同的文化和語言。但是這依附於國家的情感並不是一個民族當中的民族認同，而是一個愛國心 (patriotism) 的表現。這種情感產生於，他們認為瑞士是一個可以承認與尊重他們不同族群存在的國家，而不是因為對於一個民族的共同認同。

第二節　多元族群與多元文化主義

在全球社會的背景的族群關係是開放性的，因為過去國家框架的封閉性已經有所鬆動，並且國際流動性的增加也使得這個封閉性逐漸成為不可能。開放性所聯繫到的更是多元性，過去單一族群為中心的情況也逐漸瓦解，整個社會以單一族群為論述中心行將困難。現在強調的是平等，但這不是勉強的平等，而是一種機會的平等。各族群的權利是思考的首要關鍵，它反應 21 世紀的主流價值。在這個前提下，多元文化主義是一個反省的重要環節。但這並不是說它是一個社會所必要發展的單一路線，因為在全球社會中，已經不存在適用於整體社會的單一藍圖。

一、多元文化

當代社會在資訊科技的發展下，其結構已經發生巨大的改變，並且它的邊界同時也不再具有相對的封閉性，因此所謂的文化也不再可能是單一或封閉的。多元文化主義 (multiculturalism) 的思考可以說反映了這個現實，不過它也不是現成的結果，而是在一個歷程中發展出來的。它的發展基本上有三個階段 (Kymlicka, 2003: 435-450)：

1. 作為社群主義的多元文化主義。在 1989 年之前，有關文化主義的論辯，無異於自由主義與社群主義之間的論辯。多元文化主義關係這樣的一群人，他們把自己當作文化共同體的成員，並且他們透過發現和承認某些形式的團體權利，以保護自己的共同體。這一切都隱含某種社群主義的內涵。
2. 自由主義架構內的多元文化主義。不僅少數民族不反對自由主義的原則，而且少數民族和多數人在堅持自由主義原則上並沒有實質的差異。在現代社會，對個人自主的信奉是廣泛和深入的，跨越了種族、語言和宗教的界限。這裡隱含著所謂的自由主義式的文化主義 (liberal culturalism)，有一些與文化和身分相關的決定性利益。
3. 對民族建構進行回應的多元文化主義。種族國家把維繫某一特殊的種族民族文化和身分作為自己的最重要目標之一，相反地，公民國家並不關心其公民的種族文化身分，而僅僅依據是否忠誠於明確的民主和正義原則，來界定國家公民的成員資格。這是所謂的「社會文化」(societal culture)，強調涉及的共同語言與社會機構，而不涉及共同的宗教信仰、家庭習俗或個人生活方式。

一個社會擁有多元族群本來是一相當自然的事情，但是如果它們的差異性造成壓迫性，甚至造成社會的嚴重對立，這是一個封閉的多元形態。國家一心一意要在公民之間創造統一與協調，勢必否定、壓抑社會的差異。為了創造社會整體的整齊一致，國家否定社會差異的存在，但又會突出並且污名化這些差異。例如 Balibar 所言，少數族群在他們被納入法規並受到控制的那一刻起，才真正存在。許多社會科學研究認為國家是中立的，而忽略了人們藉由國家排擠異己的歷史。

二、當代的族群生活

在全球社會中，強調族群的歷史或血緣並不是不可以，而是應該考慮這對族群有何幫助。就現實層面而言，族群的利益與權利如果不能促進，一再思考歷史或傳統又有何用處。因此，適當的多元族群才是整體社會永續發展的關鍵。而社會可以永續發展，也才是各族群最大的利益所在。

(一) 族群生活的重建

當代族群生活的反省與重建必須在地方上進行，因為個體的相關利益都是在日常生活中發生的。重建不是在抽象的空間或特殊的政治理念中進行，而是在地方性的社會參與中進行 (Morley, 1991: 8)。地方性概念並不是一個地理上或空間上的概念，而是一個生活方式的概念。

在哈伯馬斯的理論中，成員身分基本上是政治性的，而不是文化性的。他所謂的憲政愛國主義 (constitutional partiotism) 就足以告訴我們，誰是成員。這個名詞指的是政治體成員之間某種義務精神，這政治體是嚴格定義之下的政治實體，並非文化實體。憲政愛國主義所提出的挑戰在於，在公民之間產生對政府體制的責任感，而無須依賴一種虛假的文化整體。對於族群文化的反省，自由主義是一個重要的起點，但並不是一個相當充分的條件。我們每一個人都可以強調自己的利益，但並不是每次都可以滿足或如願。社會整體的生活仍然需要一個共同的利益思考，特別是在族群的互動上。只強調單一族群的利益，不可能會得到其他族群的認可。

在開放式的民主社會中，我們都知道族群的差異必須被尊重。當然今天的世界仍然有些地方並不是開放的社會，他們有他們的生活秩序與規範，在其中，族群差異並不一定被察覺或認知。因此，族群成員是否意識到社會資源分配的不均乃是一件相當重要的事情，這包括政治的、經濟的、文化的、社會的以及生態的。文化的全球化並不等同於文化的同質化 (homogenization)，而是全球化包含使用同質化的不同工具，例如軍備、廣告技術、語言支配權以及衣服形式等等。這些工具被帶回到地方的政治與文化經濟當中，並且作為國家主權、自由事業與政治團體之間的多元對話管道。在這之中，民族國家扮演一個歷史上的新角色。

(二) 臺灣的族群生活

臺灣已經有發展成熟民主政治的社會空間，並且存在著多元認同的社會秩序。相較於其他社會，不可諱言地，臺灣的族群議題相形複雜。相較於年紀較長的世代，例如語言、族群與省籍等等認同的強度在較年輕世代中已經逐漸地降低，這雖然是傳統在現代化與全球化歷程中一種自然的流失，但是兩岸之間的複雜鬥爭在年輕的世代中部分也逐漸轉型為利益或權利的競爭，例如工作權利與參政權利等等。

我們生活的臺灣社會是一個高度複雜的社會，因為它有特殊的處境。從過去到現在，臺灣社會的成員有時會被下面幾種差異所區分。例如血緣的差異，臺灣族群與認同一般被分為閩南族裔、客家、外省以及原住民族等四大族群與認同 (張茂桂，1997：60-61)。在省籍的差異上，可以有臺灣人和外省人兩大族群 (吳乃德，1993：27-51)。依照意識形態的區分，可以有中國意識與臺灣意識的差異 (黃國昌，1995)。這些差異不斷從日常生活中被塑造出來，並且的確影響到我們的日常生活本身。它們到底是不是臺灣社會之所以有族群區分的基本差異？雖然我們不能完全參照西方各國的經驗，因為每個社會有它的特殊性，但這些差異是否具有清晰與穩定性，並且反應社會結構與個人心理結構？

在這樣的前提下，本土化與所謂的臺灣化、中國化或去中國化等等在本質上與邏輯上擁有不同的指涉，前者乃是一種正在發生的生活現象，後者是政治的符號。我們在全球地方化的背景上，將會突然發現，我們過去一直所談的族群差異或者區分將行消失。當然作為典型少數族群的原住民是另一個需要討論的議題。在全球化歷程中的臺灣社會認同也逐漸不以民族性為訴求，雖然我們的政治競爭常常有著族群的動員。強調動員的符號雖然也是臺灣社會所發生的社會事實，但各族群權利的反省也是一個事實。後者此刻是民主國家所正在發展的自然趨勢，由公民、政治、社會與文化等等權利所表明的公民權利正在架構出新的族群關係。在臺灣民主化的過程中，人民在獲得這些權利的前提下而擁有認同的實際內容。因此，公民權本身是一種實踐 (practice)，也就是不同族群在一個國家當中並不是被安排在某個特定的權利位置，而是在參與的過程當中不斷擁有新的權利以及結構 (Shotter, 1993: 126-132)。

這雖然是一個理想，但畢竟是正在發生的現象。臺灣社會可不可以回歸到這個趨勢上來，是另一個有待觀察的現象。或者應該說，在這個全球整體趨勢上，臺灣社會表現出它的獨特性。換句話說，在臺灣社會發展的歷程中，公民權的實質意涵也不斷在實踐當中有所變化，也就是公民的權利與認同不斷地在改變當中 (Cohen, 1985: 107-108)。各個族群身分與認同同時也在這個歷程當中有所變化。族群的公民權內涵正是過去自由主義與社群主義的協調結果，個體的權利必須要在特定社群的集體參與中表現出來。每一個族群的地位與它所擁有的地位不是事先被給予或規定的，因為沒有一個人可以扮演這個給予的角色，每個族群也不可能接受這種事先的給予。

第三節　族群權利與正義

當今社會一直在思考經濟如何前進之外，其實也同時在思考基本權利的維護與促進。我們透過經濟的發展一直在干預自然，同時也在製造社會新的不平等。尤其對於少數族群，原有生活空間的掠奪其實是整體生活方式的破壞，這不只是工作權利的損害，同時也是社會與文化權利的危機。

一、全球化下的族群生活

因此思考當代社會的族群生活，必須回到全球的日常生活中來理解。傷感式的或消極式的處理族群問題只會產生更多的問題，將它們帶到整體社會的重建上來務實的面對，才可能營造一個有利於各族群的生活空間。而這首先涉及全球處境的描述。全球化對於族群性與民族性 (nationhood) 的影響有以下幾項 (Waters, 2000: 215-216)：

1. 一般而言，全球化是一個分殊化的過程，也是一個同質化的過程。它透過認清文化利基和在地能力的價值，促使世界多元化。
2. 重要的是，全球化削弱民族和國家之間的關係，釋放被吞併的少數種族，並讓民族的重建得以跨出原本的國家疆界。
3. 全球化將中心帶往邊陲。只要全球化來自於西方的現代性，它就有可能把新的種族認同傳入邊陲的文化。電子影像與蓬勃的觀光業正是這種文化流動的媒介。
4. 全球化也將邊陲帶往中心。經濟移民從全球相對劣勢的部門流動到相對優勢的部門。民族國家最後也會朝向多元文化主義的方向移動。

在歐洲的例子上，他們正在進行人類社會前所未有的族群重建。歐洲如何與正在重新塑造當代世界體制的全球化達成一致？可以有三種不同的回應 (Morley and Robins, 2001: 25-27)：

1. 最廣泛的是做一個歐洲人，歸屬於一個共同歐洲國家的觀念。這試圖建構一個文化統一體。
2. 國家同一化觀念。歐洲文化是意指能在不同的民族文化中發現的各種同一性。如果將這些國家降格成各自不同的同一體時，那就不會有歐洲文化。
3. 認同小規模的地方性。歐洲由不同地區、不同行政區及不同小民族構成。這傾向於一種排他主義的社群觀點，豐富多元的地區傳統、語言、方言和文化是一個社群更有意義的基礎。

S. Hall 認為我們必須重新思考族群的概念，進而理解種族認同的建構過程，而不是揚棄族群的概念。族群性這一概念指出，歷史、語言和文化在主體性和認同的建構上扮演之角色。所有論述皆是被安置的、定位的和構築的 (Nash, 2004: 189)。重新設想群體的前提條件是了解新型的多元社會與多元認同；應該依據不同的多元認同說明後現代文化，而不是落入某種虛假的一致和統一中。這裡必須重視人們直接接觸的地方性空間舞台，並且必須重新評估大眾地域以及重新創造市民文化。(Morley and Robins, 2001: 54) 建立在社會期望與權利基礎之上的認同基本上是一種多元認同的形式 (Spybey, 1996: 19)，也就是在社會系統不斷分化與重疊的過程中，關於人際關係上的期望或制度組織上的權利不可能只是框限在特定的層面上。當然這同時也是傳統封閉社會逐漸瓦解的過程，過去穩固的單一認同在全球化與地方化的影響下得到了新的認同空間 (spaces of identity)，它同時交織在地方、國家、區域以及整個世界上。

二、族群的權利

族群的認同雖然也建立在共同的歷史與傳統上，但是讓各族群滿意他們的生活也是認同的基礎。後者就是回歸到日常生活中的利益與權利上，例如工作權、政治權、社會權以及文化權等等。它們除了是當代全球社會所重視的基本權利之外，也是讓一個人可以在社會中生存的基本條件。讓一個人滿意地生活在一個地方，他自然就會認同那個地方。

在人類歷史上，多數族群有時候會將少數族群排除在社會之外，也就是不認為他們是社會的成員，他們的身分是有問題的。但是在多元族群的全球社會中，社會成員以及族群身分不再由單一的族群來定義，而是在權利的擁有或喪失上來表現。一個社會夠開放，給予各族群平等的權利，也就是接納他們是社會的成員。這也是全球公民權利與身分發展傾向，至少人民的權利是在多重主權之間所平衡的關係。因此建立在民族性之上的認同與建立在公民權利與身分之上的認同，在不同的社會中具有不同的平衡狀態。前者所涉及到的認同是一種排外並且會產生不平等的認同，後者基本上是包括一切並且會產生平等的認同。在民族的情感上，自我認同與集體認同是建立在與其他民族的區別上，因此在一些事件上會產生排外與不平等的現象。在個體權利的追求上，認同是建立在人人平等的基礎上。

也就是說假如民族性與族群性基本上是群體的認同，那麼公民權利與身分就是一個個體的認同。但是每一個開放的群體認同都被訴諸於追求公民權利與身分認同的基礎，例如種族、種姓階級、宗教、語言以及區域等等。調和這兩個不同的視野，就是當代世界的持續性挑戰 (Oommen, 1997: 21)。這個權利思考就是人民參與社區的新動力，因而也是重建共同體以及凝聚社區意識的新動力。在這個參與社區的過程中，人民不但陸續地重建本身的文化生活，同時也建構共同的社區認同以及同時產生的自我認同。這樣的多元認同空間一方面加強了地方文化行政的力量，一方面也使得各層級的文化事務工作互相地交織在一起，並且是交織在經濟、政治與社會等等政策的網絡中 (Morley, 1991: 8)。

在許多個案中，這類不平等的情形經由制定成為政策而永久化了，並且侵犯了廣為人所認定的人權標準 (Gurr and Harff, 2002: 8)。政治上活躍的族群團體，有四種類型與現代國家並存 (Ibid.: 21)：

1. 族國主義者 (ethnonationalists)。通常有獨立的經驗，因此他們要求重新建立他們自己的國家。
2. 原住民 (indigenous peoples)。主要關注於傳統土地、資源與文化的維護，並且尋求自治。
3. 社群競爭者 (communal contenders)。在多元社會中各種文化團體的一員，他們為了分享政治權力而彼此競爭。
4. 族群階級 (ethnoclasses)。要求平等的權力與機會，以排除因其原籍和少數族群地位所產生的歧視效應。

重要名詞

族群 (ethnic group)：有共同來源的人同屬一個族群，例如文化或祖先等等。作為一種團體認同的族群，通常是一種相對性的認同。族群通常是弱勢者的人群分類想像。

多元文化 (multi-culture)：各族群的象徵體系是各族群成員自我認同與發展的依據。各族群的文化各具特色，也各能形成族人的生命意義核心，相互的理解、承認成為溝通的必要過程。各族群文化具有特殊的意義系統，彼此意義系統的詮釋與重建將是族群互動的最大意義。

多元文化主義 (multiculturalism)：政治運作的道理並不是由單一的文化來規定，不論是在一個國家之內，還是在全球社會之中。如同 A. D. Smith 所言，在今天社會中，只存在著「文化們」(cultures)，而不是「文化」(culture)。多元文化主義的發展基本上有三個階段，即作為社群主義的多元文化主義，多元文化主義關係這樣的一群人，他們把自己當作文化共同體的成員，並且他們透過發現和承認某些形式的團體權利，以保護自己的共同體。其次，自由主義架構內的多元文化主義。在現代社會，對個人自主的信奉是廣泛和深入的，跨越了種族、語言和宗教的界限。最後，對民族建構進行回應的多元文化主義。種族國家把維繫某一特殊的種族民族文化和身分作為自己的最重要目標之一，相反地，公民國家並不關心其公民的種族文化身分，而僅僅依據是否忠誠於明確的民主和正義原則，來界定國家公民的成員資格。

社群主義 (communitarianism)：就算不把對共同體的考慮放在自由與平等之前，也有必要給予同等的重視。社群主義者認為，共同體的價值在自由主義的正義理論或者在自由主義社會的公共文化之中，都沒有被重視。馬克思主義者認為，只有透過社會革命，透過推翻資本主義與建立社會主義社會，才能實現共同體。但社群主義者認為，共同體一直存在於共同的社會習俗、文化傳統與社會共識之中。共同體不必重新建構，相反地，共同體需要被尊重與保護。所謂的社群主義可以再區分出三種不同路線，即共同體取代正義原則的需求；或者，共同體應該當作正義原則的泉源，也就是說正義應該基於對社會的共識，而不應該基於非歷史的普遍性原則；也可以是，共同體應該更大地影響正義原則的內容，也就是說正義應該加重共同利益的分量，減少個人權利的分量。

問題與討論

1. 在全球社會中，包括國際勞工與外籍新娘等人口已經形成一個所謂的特殊族群，他們應該如何被納入整體的社會生活中，並且被當作是這個社會的成員？
2. 對於當代社會的族群生活，多元文化主義是一個反省的方向，但它會不會製造出新的問題？
3. 少數族群的文化權利有時候是相當抽象的，例如擁有屬於他們自己的生活方式。這在全球社會中如何落實，如果它不是一個單純的口號的話？
4. 當我們想要適當地面對族群生活時，企圖將社會正義擴充到環境正義，事實上已經擴充了福利國家的工作，這將如何地進行？如果我們不是單純地保護環境時。

推薦書目

Banks, M., 1996, *Ethnicity: Anthropological Constructions*, London: Routledge.

Carter, J., 2003, *Ethnicity, Exclusion, and the Workplace*, New York: Palgrave Macmillan.

Castles, S., 2000, *Ethnicity and Globalization: From Migrant Worker to Transnational Citizen*, London: Sage Publications.

Cornell, S. and Hartmann, D., 1998, *Ethnicity and Race: Making Identities in a Changing World*, Calif.: Pine Forge Press.

Eriksen, T. H., 2002, *Ethnicity and Nationalism*, London: Pluto Press.

Fenton, S., 1999, *Ethnicity: Racism, Class, and Culture*, Hampshire: Macmillan Press.

Fenton, S. and Bradley, H. (Eds.), 2002, *Ethnicity and Economy: 'Race and Class' Revisited*, New York: Palgrave Macmillan.

Fowkes, B., 2002, *Ethnicity and Ethnic Conflict in the Post-communist World*, New York: Palgrave.

Hutchinson, J. and Smith, A. D. (Eds.), 1996, *Ethnicity*, Oxford: Oxford University Press.

Loury, G. C. et al. (Eds.), 2005, *Ethnicity, Social Mobility, and Public Policy: Comparing the USA and UK*, Cambridge: Cambridge University Press.

May, S. et al. (Eds.), 2004, *Ethnicity, Nationalism, and Minority Rights*, Cambridge: Cambridge University Press.

Poulter, S., 1998, *Ethnicity, Law and Human Rights: The English Experience*, Oxford: Oxford University Press.

Wippman, D. (Ed.), 1998, *International Law and Ethnic Conflict*, N.Y.: Cornell University Press.

參考書目

Cohen, R. and Kennedy, P. 著，文軍等譯，2001，**全球社會學**，北京：社會科學文獻出版社。

Faulks, K. 著，黃俊龍譯，2003，**公民身份**，臺北：巨流圖書公司。

Gurr, T. R. and Harff, B. 著，鄭又平等譯，2002，**國際政治中的族群衝突**，臺北：韋伯文化。

Jameson, F. 著，唐小兵譯，1990，**後現代主義與文化理論**，臺北：合志文化。

Kymlicka, W. 著，劉莘譯，2003，**當代政治哲學導論**，臺北：聯經。

Morley, D. and Robins, K. 著，司艷譯，2001，**認同的空間**，南京：南京大學出版社。

Nash, K. 著，林庭瑤譯，2004，**全球化、政治與權力：政治社會學的分析**，臺北：韋伯文化。

Parsons, T. 著，章英華譯，1991，**社會的演化**，臺北：遠流。

Rex, J. 著，顧駿譯，1991，**種族與族類**，臺北：桂冠。

Waters, M. 著，徐偉傑譯，2000，**全球化**，臺北：弘智出版社。

王甫昌，2003，**當代臺灣社會的族群想像**，臺北：群學。

幼獅文化事業公司編譯部主編，1987，**觀念史大辭典——政治與法律篇**，臺北：幼獅文化事業公司。

江宜樺，1998，**自由主義、民族主義與國家認同**，臺北：揚智。

行政院文化建設委員會，1998，**文化白皮書**，臺北：行政院文化建設委員會。

吳乃德，1993，〈省籍意識、政治支持和國家認同——台灣族群政治理論的初探〉，**族群關係與國家認同**，張茂桂等著，臺北：業強出版社。

紀駿傑，1996，〈環境社會學的規範性關懷〉，第一屆環境價值觀與環境教育學術研討會，臺南：成功大學臺灣文化研究中心籌備處。

張茂桂，1997，〈台灣的政治轉型與政治族群化的過程〉，**族群政治與政策**，施正鋒編，臺北：前衛出版社。

陳昭瑛，1995，〈論臺灣的本土化運動：一個文化史的考察〉，**中外文學**，23(9): 6-43。

黃宣範，1994，**語言、社會與族群意識——台灣語言社會學研究**，臺北：文鶴出版公司。

黃國昌，1995，**中國意識與台灣意識**，臺北：五南圖書出版公司。

Agnew, J. A., 1989, The Devaluation of Place in Social Science. In J. A. Agnew and J. S. Duncan (Eds.), *The Power of Place: Bringing Together Geographical and Sociological Imaginations*, Boston: Unwin Hyman.

Appadurai, A., 1990, Disjuncture and Difference in the Global Cultural Economy. In M. Featherstone (Ed.), *Global Culture: Nationalism, Globalization and Modernity*, London: SAGE.

Beck, U., 1995, *Ecological Politics in an Age of Risk*, London: Polity Press.

Bryant, B. (Ed.), 1995, *Environmental Justice: Issues, Policies, and Solutions*, Washington: Island Press.

Castles, S. and Davidson, A., 2000, *Citizenship and Migration: Globalization and the Politics of Belonging*, London: Macmillan Press.

Cohen, A. P., 1985, *The Symbolic Construction of Community*, London: Tavistock.

Davis, S., 1991, *Globalization and Traditional Cultures*, Northeast Indian Quarterly: Spring.

Gold, T. B., 1994, Civil Society and Taiwan's Quest for Identity. In S. Harrell and Huang Chün-chieh (Eds.), *Cultural Change in Postwar Taiwan*, Oxford: Westview Press.

Habermas, J., 1995, *Theorie des kommunikativen Handelns*, Frankfurt am Main: Suhrkamp.

Kymlicka, W., 1995, *Multicultural Citizenship*, Oxford: Clarendon Press.

Oommen, T. K., 1997, *Citizenship, Nationality and Ethnicity*, Cambridge: Polity Press.

Piper, N., 1998, *Racism, Nationalism and Citizenship: Ethnic Minorities in Britain and Germany*, Aldershot: Ashgate.

Rapoport, A., 1997, The Dual of the Nation State in the Evolution of World Citizenship. In J. Rotblat (Ed.), *World Citizenship: Allegiance to Humanity*, London: Macmillan Press.

Shotter, J., 1993, Psychology and Citizenship: Identity and Belonging. In B. S. Turner (Ed.), *Citizenship and Social Theory*, London: SAGE.

Smith, A., 1971, *Theories of Nationalism*, London: Duckworth.

---, 1981, *The Ethnic Revival in the Modern World*, Cambridge: Cambridge University Press.

Spybey, T., 1996, *Globalization and World Society*, Cambridge: Polity Press.

Storey, J., 1993, *An Introductory Guide to Cultural Theory and Popular Culture*, New York and London: Harvester.

Taylor, C., 1989, Cross-Purpose: The Liberal Communitarian Debate. In N. Rosenblum (Ed.), *Liberalism and the Moral Life*, Cambridge: Harvard University Press.

Wilson, E., 1992, *The Diversity of Life*, London: Penguin Books.

Worsley, P., 1984, *The Three Worlds: Culture and World Development*, Chicago: Chicago University Press.

消費與文化生產

內容提要

當代較進步的社會 (包含臺灣) 已從「工作社會」轉型成「消費者社會」，消費不再是生產的附屬概念，而是社會的核心議題之一。如果說資本主義仍需靠剝削賺錢，那麼他們主要的剝削對象可能已從勞工轉為消費者。然而事實上當代消費者的選擇越來越多，消費絕不只是一種被資本家操控的行為。消費在某種程度上是一種行動力和創造力。越來越多的商品被賦予文化的象徵意義，這種商品的文化化使消費與文化生產的關係越來越密切。尤其是在通俗文化的生產過程中，文化消費者同時也是文化創造者。在數位傳播科技的協助下，一般消費者不僅能詮釋和評論文化商品，也能介入文化商品的包裝和行銷，這使得消費者對文化產業的影響大增。不過消費者對消費的選擇越來越自由，也導致消費者沉溺於永無止盡的追求選擇的自由，這種沉溺使消費者無法拒絕選擇，因此不是真正的自由。

第一節　消費與文化產業的概念

消費作為動詞其英文是 consume，consume 源自拉丁文 consumere，意思是「消耗」、「花費」，英文 consume 甚至有「摧毀」之義，因此可以說這個辭彙的意義原本是負面的。到了 18 世紀，消費的名詞 consumption 被用來表示相對於「生產」(production) 的概念；「消費者」(consumer) 則被用來表示相對於「生產者」(producer) 的概念，在這樣的用法下，這兩個名詞的意義可以說是中性的。(Williams, 2003: 65)

20 世紀興起的批判理論又給消費和消費者兩個名詞帶來了負面的涵義。這是因為批判理論認為，消費商品是生產過程中的異化之物，消費是被動的、異化的行為，亦即資本主義的生產機制宰制了消費行為或消費文化。不過隨著批判理論的式微，這種看法的支持者減少，消費一詞因此又趨向中性化、甚至正面化，有些學者即主張消費行動中包含了文化創造。

文化產業 (cultural industry) 是批判理論學者創造出來的詞彙，因此原先它也是一種負面的概念。據批判理論大師阿多諾 (Adorno) 1975 年 [1] 的回憶，「文化產業」一詞大概是在他與霍克海默 (Horkheimer) 合著的《啟蒙的辯證》(*Dialectic of Enlightenment* [2]) 一書中首次出現。在該書手稿中兩位作者使用的原本是「大眾文化」(mass culture) 一詞，但為了怕讀者誤以為「大眾文化」是自發產生於大眾自身，因此他們以「文化產業」一詞取而代之。文化產業的產品是針對大眾消費而生產的，而且文化產業在很大的程度上決定了消費者消費什麼、如何消費。「文化產業有意地從上至下整合其消費者。」文化產品的製造多多少少是有計畫的，甚至於文化產業的各部門在結構上都是相似的或至少能彼此配合 (Adorno, 1991: 98)。

不過現在文化產業一詞亦已中性化、甚至正面化。現在許多人認為帶有文化性的商品才是好的商品，而如果某種產業被稱為文化產業，當然也就有尊崇的意味。

---

[1] 以下參閱的是 Adorno，*The Culture Industry* (1991) 的第三章 “Culture Industry Reconsidered”。該文原發表於 *New German Critique* (Fall 1975, Issue 6)。

[2] 1947 年於阿姆斯特丹首次出版。

第二節　消費理論

除了批判理論，傳統的社會科學也認為消費是被生產所決定的，只不過它們不用批判的眼光來看待兩者間的關係。傳統的社會科學關心的主要是生產技術、生產過程、生產關係及其相關問題，而與生產關係 (實即階級關係) 相關的變項如職業、所得、教育程度等，被認為可決定人的行為模式，這當然也包含消費行為模式。傳統的社會科學重視由生產關係決定的資源佔有與分配，但並不重視資源如何被使用 (消費) 的問題。在生產決定消費的假設下，消費被簡單地視為是獲得和使用生產出來的產品，而產品在生產時即已決定了其被獲得和使用的方式。

如果說生產決定消費，那消費就只是無法與生產分開的附屬議題，批評此種假設的學者主張消費與生產可以分別而論。在綜合自己和他人的研究後，人類學者 Daniel Miller 即指出，生產部門和消費部門未必有固定的關係 (2001: 149-150)；文化研究學者 John Storey 甚至認為消費和生產的分別產生了兩種文化經濟，他說：「…有兩種文化經濟：生產和消費。為了詳盡分析這兩者，就必須將兩者分開討論。我們不能只從生產的角度來了解消費，也不可能不談消費，就能充分探討生產。」(2003: 345)

我們固然不否認生產關係會影響消費，然而這種影響不是絕對和全面的，我們有必要直接研究作為主體的消費者及被消費者體驗的消費，以探究消費行為中是否存在著消費者的主動性。不過，並不是把消費和生產分開論述的學者，就都會注意消費者的主體體驗，最好的例子就是美國社會學者 Ritzer 關於消費的研究。

一、Ritzer 的消費理論

Ritzer 認為，在當代較先進的社會如美國，消費和生產已可清楚區分，而且生產的重要性降低 (指標之一是從事物品生產的勞工數降低)，消費的重要性提高 (1999: 55)。Ritzer 的主要論點如下：

1. Ritzer 論述的核心包括宰制、剝削等批判性的政治經濟學概念，但是他將傳統政治經濟學對勞工受控制、受剝削的論述，轉化為消費者受控制、受剝削的論述。Ritzer 在《社會的麥當勞化》一書中，提出「麥當勞化」的四個面向：效率 (efficiency)、可計算性 (calculability)、可預測性 (predictability)、通過非人技術的控制 (control through nonhuman technology) (2000: 11-15)，其中控制面向即包含麥當勞對消費者的控制 (Ibid.: 113-117)。

2. Ritzer 將消費與生產區別開來，同時認為生產的重要性降低，消費的重要性提高，這是其論述有別於傳統政治經濟學之處。然而 Ritzer 的主要研究對象不是消費者，而是產業，只不過他重視的不是製造大量物品的製造業，而是對消費者提供服務的消費服務業，亦即其所謂的「消費工具」。
3. Ritzer 將馬克思的論述做了一場「生產→消費」的轉化，亦即他將馬克思關於生產的重要概念轉化為關於消費的概念，其中最重要者，即是 Ritzer 將馬克思「生產工具」的概念轉化為「消費工具」(means of consumption)。換言之，Ritzer 的論述還是馬克思式的，但他把馬克思對生產的強調轉為對消費的強調 (馬克思的「生產工具」→Ritzer 的「消費工具」)，Ritzer 甚至認為馬克思過度強調生產，是一種生產主義者的偏誤 (1999: 55)。
4. Ritzer 的消費工具概念既然源自馬克思 (以及新馬克思理論，包括我們在上文中提及的法蘭克福學派)(1999: 53)，其在對消費工具的分析中自然會強調剝削關係。只不過當代資本主義的焦點從生產轉移至消費，Ritzer 主要關心的剝削關係亦從資本家對勞工的控制與剝削轉為資本家對消費者的控制與剝削：資本家影響甚至控制消費者關於是否消費、消費多少、消費什麼和花多少錢消費的決定 (Ibid.: 56)。在 Ritzer 眼中，對消費者的控制和剝削是當代資本主義成功的關鍵 (Ibid.: 53-54)。消費工具因此不只是**讓**我們得以藉其消費物品和服務，也會**引導**甚至**強迫**我們消費。某些新消費工具甚至具有準宗教的、魅化的性質，成了 Ritzer 所謂的「消費大教堂」(cathedrals of consumption) [3]，供消費者到其中朝聖，實踐消費宗教 (Ibid.: x)。

Ritzer 可謂是消費研究中的馬克思和新馬克思學派的代表人物之一，而他對馬克思論述所做的「生產→消費」轉化，又使他的理論富於新意。Ritzer 認

---

[3] 例如大型購物中心、遊樂園等。不過筆者認為，什麼是消費大教堂，與消費者的主觀認定有關，不同消費者的心目中有不同的消費大教堂。

為某些新消費工具具有準宗教的、魅化的性質，這亦是其與傳統的現代資本主義分析不同之處。韋伯強調現代資本主義中除魅和理性化的精神，Ritzer 則看到新消費工具中準宗教和魅化的性質，並且認為，為了持續吸引消費者，「消費大教堂」必須被「再魅化」(reenchanted)(1999: 104)。不過，新消費工具亦具有理性化和除魅的精神 (Ibid.: 77-103)。我們可以說，結合了程度較強的理性化和魅化，便是 Ritzer 所謂的新消費工具有別於傳統消費工具之處。例如，與舊時的零售商店比較，先進的連鎖便利商店，一方面有理性化程度高得多的管理、物流，一方面又強調裝潢佈置的氣氛及符號象徵意義的操弄，後者即是魅化力量的運用。當然，新、舊消費工具間並無絕對的界線，但前者在理性化和魅化的程度上都超過後者。

二、關於消費者的主動性和文化生產性的理論

在文化研究、傳播學、人類學甚至社會學對文化經濟和消費的研究中，存在著異於 (文化) 政治經濟學的觀點。這些異於 (文化) 政治經濟學的觀點，認為消費也展現了消費者的主動性。

以媒體消費為例，法蘭克福學派認為媒體消費者只是萬能的文化產業的被動接受者，然而亦有很多媒體研究者強調消費者的選擇、行動和創造力形式 (Morley, 1995: 307)。歷史較久的詮釋學派，強調閱聽大眾的詮釋力量。文本需要解釋，讀者就是文本的「解釋社群」(interpretative communities)。Stanly Fish 對「解釋社群」的詮釋是：什麼是文學是「讀者或信仰者社群」(community of readers or believers) 的集體決定 (1980: 11)；文本、事實、作者和意圖都是解釋的產物 (Ibid.: 16-17)。因此文學作品的地位是決定於讀者的解釋和支持的。20 世紀 80 年代起媒體研究者還發現，媒體技術上的進步，能賦予媒體消費者更多的權力，例如錄放影機使消費者能自訂觀看影片的時間，搖控器使消費者的選台期望增高。新的媒體技術還賦予消費者編輯、刪除等改變原訊息的能力 (Morley, 1995: 309)。

文化研究、傳播學、人類學、社會學領域中亦有學者認為消費也能展現消費者的主動性。以下我們介紹有關消費主動性的幾種概念。

(一) 消費「行動力」

Storey 視消費為對商品的詮釋過程 (1999: 162)。對商品的詮釋即是消費者

所表現的一種主動性，Storey 用「行動力」(agency) 一詞表達這種主動性，他對行動力的詮釋是：

> 文化消費的實踐是由行動力所支配的。我所謂行動力是指，在繼承過去且經歷現在的結構中，以有目的的及反省的態度行動的能力。結構就像是語言 (而且語言本身就是一種結構)，兩者都是既賦予能力又施加限制。亦即，兩者均使我們能成為行動者 (agents)，同時也限制我們行動力的範圍。(1999: 159)

行動力是一種能力，但它亦是受結構所限制的，因此我們所謂的消費主動性，並非指消費者能完全不受外力的影響而自主消費，但消費者亦非完全被動的。

(二) 消費行為中的「象徵創造力」

依據 Willis 關於「大眾文化」的論述，象徵創造力 (symbolic creativity) 是每個人 (當然也包含消費者) 都具有的，因為象徵創造力是人類日常行動中的必要工作，是每天都要做的，人類存在的每日生產和再生產要靠象徵創造力才能確保 (1990: 9)。在日常生活中人都是某種形式的文化生產者 (Ibid.: 128)，休閒是日常生活的一部分，因此，在休閒中的個體亦會運用象徵創造力，亦是文化生產者。

以 Willis 的象徵創造力為評價基準，消費被推上了崇高的地位，因為個體在消費中發揮的象徵創造力，可能高於在工作中。在休閒時間日益增長的當代社會，許多消費都與遊戲、休閒有關，如果遊戲、休閒之於象徵創造力要比工作之於象徵創造力重要，那麼自然在許多消費行為中，主體發揮象徵創造力的機會要比在工作中多得多。當然，消費工具經常是由資本主義生產體系提供的，儘管休閒消費的目的是要脫離工作的桎梏。

(三) 消費作為「工作」

依據 Willis 的象徵創造力概念，消費當然可以是創造，而不再只能作為一種異化現象。歷史悠久的詮釋學派，很早就強調讀者理解的重要性，甚至提出「閱讀作為生產」(reading as production) 的概念：閱讀本身就是一種文化生產，而且小說的意義不能與讀者賦予它的意義脫離 (Storey, 1999: 61)。今天閱讀經常也是一種消費行為，而且其實所有的消費行為，都與消費者的理解、詮釋有關，消費者對消費商品、消費行為的理解和詮釋，是一種創造，是一種生產。以民族誌方法研究消費有成的人類學家 Miller 則稱消費為「工作」(work)。Miller 說：

> 消費作為工作可以被定義為，將客體從一個可異化的 (alienable) 條件翻譯 (translate) 為一個不可異化的條件；亦即，從疏離和價格價值的象徵，翻譯為投注了特殊不可分的內涵的產物。商業明顯地想搶先佔有此一過程，其方式是透過諸如廣告這樣的實踐，這些廣告最常與普遍的生活風格客體相關，然而這並不是說廣告使商品必須以這樣的方式被認知，而且 [廣告所提供的] 形象不應與社會中的人們真實且意味深長的文化實踐混淆。這裡所謂工作不一定是轉化客體的體力勞動；它可以指擁有的時間，指作為儀式性禮物或紀念品的特殊呈交脈絡，或是指將單一客體融入文體的展示，這種文體的展示被用來表達創造者在其與參與類似活動的同儕間的關係上的位置。(1987: 190-191)

(四) 文化作為消費者合作社

傳統的文化觀是以創作者，即文化生產者為中心的，包曼 (Bauman) 則提出一種以文化消費者為中心的文化觀，並以「文化作為消費者合作社」形容。在消費者合作社中，成員消費越多，貢獻就越大，而非生產越多，貢獻就越大。所有文化性事物都是在消費行動中獲得其意義 (1997: 136-137)。

從生產過程中被拋出的消費商品，是可異化的客體，然而經過消費者的消費後，此一客體被轉化成非異化的，或者如同 Miller 所說，透過消費活動，商品可以被轉化為「潛在的不可異化的文化」(1987: 215)，這是因為消費者對消費客體投入了主體的理解和詮釋，此即 Miller 所謂的翻譯或工作。不論是詮釋學派所謂的生產，Miller 所謂的工作，或 Storey 所謂的「文化製作的實踐」(practice of making culture)[4]，都將消費提昇為極富主動性和創造力的行動。

第三節　消費者的被誘惑、選擇與沉溺

如果消費者在消費過程中具有自主性和創造性，那就表示消費者不會完全受資本家宰制，而是消費者是能夠選擇的，亦即能自主選擇消費工具、消費商品，並對兩者做出自己的理解和詮釋。政治經濟學派和批判理論則傾向於否定消費者選擇。

---

[4] Storey 認為將文化消費視為「文化製作的實踐」是有用的 (1999: 163)。

消費資本主義的發展確實會在某種程度上增加消費者對大型消費工具的依賴，然而我們要注意，資本主義越發展，大部分消費者在消費關係中的選擇就越多。全球資本主義使消費品的流通和種類增加，消費者的選擇增加了。而且，當大型企業提供的工作位置減少，無法在企業找到工作位置的人會投入小型商店的經營，或者當 SOHO 族、一人販售者，此類經營形態在數量上的增加，會使消費者在大型消費工具之外，多了許多小眾化的消費選擇。總之，當代資本主義可能使受雇工作位置減少，但消費可能性的增加則是明顯的趨勢，個體與消費有關的選擇、決定也跟著大幅增加。即使是被迫做選擇 (詳下)，消費者選擇的增加都使得當代社會顯得越來越強調個人品味和個人風格。

「消費者選擇」(consumer choice) 是一個受到批判理論家揶揄的名詞[5]，然而消費者選擇是消費主動性、創造性的基礎，如果消費者不能做選擇，消費就不可能是主動和具創造性的。包曼對消費者選擇的論述頗值得我們參考，因為他一方面指出了消費選擇的自由，一方面也讓我們認識到這種自由的限制和其後所隱藏的焦慮。

包曼主張「消費」與「選擇」是不可分的，他說：「選擇是消費者的屬性」(Bauman, 1997: 140)。不僅如此，包曼還非常強調「選擇和消費的個人性」(1998a: 30)，亦即選擇和消費都是個人化的。反過來講，個人性或個人化，和選擇、消費有密切的關係，包曼在《流動的現代性》(*Liquid Modernity*) 一書中，〈個人性〉(Individuality) 這一章主要就在講消費和購物 (2000: 53-90)。而且包曼認為消費是個人的、孤獨的、寂寞的行動。即使當多個消費者一起行動時，他們各自依然是孤單的，因此並無所謂「集體消費」(1998a: 30)。不僅如此，消費和選擇亦與自由概念習習相關，在消費者社會，自由主要即指充分的消費者選擇，以及將任何生活決定當作消費者選擇處理的能力 (2000: 89)。

選擇的自由建構了消費者社會的階層階梯 (Bauman, 1998a: 31)，亦即在消費者社會中，擁有較多選擇自由的消費者，便位居消費者社會的較上層。選擇的自由與財富和所得有關，如果沒有財富和所得，選擇將受到限制甚至於完全不可能，然而財富和所得作為資本的重要性已經退居次位，財富和所得的主要意義在於其能擴展消費者選擇的範圍 (Ibid.)。由此可知，包曼十分清楚「擁有

---

5 Williams 說消費者選擇是「一個令人好奇的片語」(2003: 66)。

多少資源」與「如何使用資源」是兩回事。

然而包曼也注意到消費者在消費欲望中的焦慮，及他們受消費市場誘惑的情形 (Bauman, 1998b: 81-83)。包曼說，「自由選擇的本質在於廢除選擇的努力」(1997: 140)。這句話看似弔詭，其實不難理解。我們必須有可能選擇不選擇，才有真正的選擇的自由。然而在當今社會，我們無法選擇的恰恰就是不選擇，因此我們都是被迫選擇[6]。由於我們無法不選擇，因此包曼認為，消費者選擇的欲望永遠無法獲得滿足，因為如同我們總是想要有更多的自由，消費者也總是想要有更多的選擇 (Ibid.: 40)，因此，選擇的欲望永遠無法停止，永遠無法獲得滿足。

由於無法停止選擇，消費者的焦慮也無法停止。針對消費者選擇的欲望，資本家會不斷施以「誘惑」。包曼非常強調「誘惑」在消費者社會中的重要性，他認為對生產者而言，最重要的是規範性規則，生產者社會如無規範性規則的施行將無法運行，而消費者社會如無誘惑亦將無法運行 (Bauman, 1997: 39)。然而包曼強調的誘惑 (seduction)，與批判性的政治經濟學派所強調的宰制是非常不同的，因為必須消費者先「想要」被誘惑，誘惑才有成功的可能，而且誘惑的存在並不能否定消費者面對消費商品時是可以選擇的 (1998b: 83-84)。消費者想要被誘惑，受到誘惑後可能會沉溺其中，但這有別於被強迫消費，亦即在消費者社會中，「強迫」(compulsion) 已轉化成「沉溺」(addiction) (2000: 72)。不過，我們也可以說，強迫消費者的雖非外在的資本家，但卻是消費者內在的欲望，亦即消費者內在對於選擇和被誘惑的欲望，迫使消費者不斷地接受誘惑的刺激和選擇。

消費者選擇的自由連帶使生活風格概念日益重要。David Chaney 認為，生活風格概念在現代世界中非常重要，每個人都可選擇一個生活風格概念去描述他自己或他人的行動，而「生活風格是使人有所區別的行動類型」(1996: 4)。不過事實上，在傳統的現代性中，生活風格只是附屬於階級的概念。要自 1980 年代起，生活風格概念才日益重要，Steven Miles 認為其原因包括個人化過程所導致的選擇的自由，以及享樂和消費取向的新中產階級的興起 (2000: 17-18)。

6　包曼論述所隱含的這層意義，與德國社會學家貝克 (Ulrich Beck) 的個人化論述是相同的。貝克及其妻 Elisabeth Beck-Gernsheim 認為，在個人化的時代，個人的選擇大幅增加，然而個人是被迫選擇 (1994: 14)。包曼亦為研究個人化的重要社會學者，著有《個人化的社會》(*The Individualized Society*)(Bauman, 2001)。

因此，消費的暢旺和消費者選擇的增加，會使生活風格概念的重要性提升，這不僅使消費不再只是受生產決定的異化現象，也使生活風格不再只是階級或身分團體的附屬概念。Featherstone 即認為，傳統社會學視生活風格為身分團體的表現，而在當代的消費文化中，生活風格卻是個人特色的象徵，而這跟選擇的自由的增加有關。生活風格的選擇不再只受固定身分團體的制約，事實上，我們正邁向沒有固定身分團體的社會 (1991: 83)。

第四節　通俗文化

一、「通俗文化」的創作與消費

「通俗文化」的英文是 popular culture，這個名詞可以指涉產生自人民或一般人的文化。按，popular 一詞的拉丁文是 popularis，意指「與人民有關的」或「廣泛流傳的」，其名詞為 populus，意指人民 (Langenscheidt, 1983: 913)。James Lull 因此認為，popular culture 指的是「從普通人民的創造力中發展出來的文化。popular culture 來自於人民，而非授予人民。」(1995: 72)

通常認為通俗文化與「高尚文化」(Hochkultur) 不同，通俗文化較接近「日常生活文化」(Alltagskultur)。日常生活文化會表現在面貌、眼神、姿勢、與他人相處的方式等，是形塑生活的文化。高尚文化則與日常生活文化有所區別，不過高尚文化也可以作為生活形塑的供應來源和生活藝術的反省 (Schmid, 1998: 131)。

雖說通俗文化來自於普通人，但通俗文化有可能被文化產業吸收和商業化。許多人認為文化產業生產的文化不是高尚文化，不是藝術，而是與通俗文化一樣，比較接近日常生活文化。阿多諾即認為，文化產業的基本習性就是「對生活的肯定」(Affirmation des Lebens)(Adorno, 1975: 53)。由於文化產業(出於商業利益) 重視一般人的日常生活，因此一般人的審美觀被高舉，而出現阿多諾所謂的「美學自治」現象，亦即再普通的人也可決定他自己的美學，結果是普遍水平的樂曲也希望被視為藝術。(Adorno, 1975: 55) 文化產業認為藝術與生活的界限應該消失，這是藝術淪為消費品的主觀基礎，在阿多諾看來，這導致了藝術的解藝術化 (Entkunstung)(1989: 32)。

某些經過文化產業包裝和行銷的通俗文化，其與傳統的文學、藝術的差別在於：這些通俗文化商品缺乏想像力、創造力和虛擬的複雜結構，只能說是對日常生活流水帳般的描述。傳統的觀念認為文學、藝術應該提供夢幻與激情，例如佛洛伊德認為詩人所做的與玩遊戲的小孩一樣，亦即詩人創造出一個他非常認真對待的幻想世界，此一幻想世界具有大量的激情，詩人將這個幻想世界與真實清楚地區別開來 (Freud, 1987: 172)。Hermann Broch 也認為小說和詩的任務是建構一個夢幻世界、希望世界。在現實世界中永遠無法實現的個別價值體系的期望，能在小說和詩中獲得極致的實現；所有生活中理性和非理性的要素，能在小說和詩中統一起來 (1981: 116)。那些不過是在複製日常生活場景的通俗文化商品，缺乏想像、激情，似乎印證了資本主義與通俗文化的結合摧毀了藝術的說法。

然而大型文化產業也提供充滿著精緻的想像和情感表述的文化商品，只因為這些文化商品被許多普通閱聽人選擇和消費，因此它們被視為通俗文化商品，然而這無損這些文化產物的藝術價值。在通俗文化與藝術間劃下一道無法逾越的界線是不對的，甚至通俗文化與高尚文化的界線也已模糊。被許多普通人選擇和消費的文化商品也可能具高藝術價值，換言之，在當代的文化經濟中，不是只受到少數菁英欣賞的文化產品才屬於藝術。

二、通俗文化與文化產業關係之演變

傳播學者 Lull 認為，在通俗文化的發展過程中，作為文化創造者和消費者的普通人民扮演著重要的角色。我們可以圖 1 表示 Lull 的通俗文化過程的基本架構 (根據 Lull, 2000: 165 另行繪製)：

通俗文化 (1) ——→ 文化產業 ——→ 通俗文化 (2)

圖 1　LULL 的通俗文化過程

通俗文化 (1) 指涉的主要是通俗文化的創造，其創造者是普通人民；通俗文化 (2) 指涉的是通俗文化的消費與詮釋，通俗文化的主要詮釋者又是普通人民；居於中間的文化產業則從事為通俗文化包裝和行銷的工作。

Lull 有關通俗文化的詮釋，視文化 (商品) 的閱聽人、消費者為主動的、有創造力的。在媒介與閱聽人的關係上，「使用與滿足」(use and gratifications) 理論認為閱聽人可以使用媒介作為滿足閱聽人需求 (needs) 的方法 (Lull, 2000:

102-111; O'Shaughnessy, 1999: 58-59)，在這種意義下，閱聽人是「主動閱聽人」(active audience)(Lull, 1995: 87-112)。其實閱聽人不只可以選擇使用媒介提供的訊息來滿足自己的需求，亦可供應媒介訊息，甚至利用大型商業媒介傳播自己想傳播的訊息。通俗文化的創造者、消費者和文化產業間的關係亦是如此。

其實還不只如此。由於數位科技的幫助，現在一般的文化創作者和消費者也能介入文化產品的包裝和行銷工作。過去學者認為文化創作者、甚至文化產業很難直接對消費者行銷，而需透過一批文化菁英的篩選、引介和評估消費者反應。例如 Hirsch 即指出，當代文化產業由於有太多的產品項目 (種類多的不得了的書、唱片等)，因此，文化產業無法為每一種產品直接向消費大眾做廣告，而是先將各類產品提供給書評者、DJ (disk jokey) 等，由他們篩選後介紹給消費者，再視消費者的反應決定是否要增產及繼續推出風格類似的其他產品 (1991: 316-329)。然而現在的文化創作者和消費者比前述 Lull 的文化過程架構更進一步，已能涉入文化生產的包裝和行銷工作。或者說，他們至少已能從事「前段」的文化商品包裝和行銷工作，文化產業則負責「後段」的包裝和行銷工作。

重要名詞

消費 (consumme)：消費意指使用、消耗、花費，通常被視為相對於生產的概念。由於現代社會習以貨幣交易，故現在一般人將消費理解成花錢購買商品。

文化產業 (cultural industry)：生產文化商品的產業。原專指以資本主義工業生產方式強銷產品，並摧殘真正的文化的產業，然而現在一般人不認為此一名詞具有這種負面的意義。

通俗文化 (popular culture)：產生自一般人民的文化。通俗文化貼近一般人的日常生活，通常有眾多的愛好者，並可能被文化產業發掘，重新包裝後大量生產。

問題與討論

1. Ritzer 認為某些新消費工具具有準宗教的、魅化的性質，請舉例說明之。
2. 消費者真的可以在消費行動中展現創造力嗎？請舉例論述。

3. 請闡述包曼對「消費者選擇」的看法。
4. 你覺得通俗文化也可以是精緻的藝術嗎？請舉例說明之。
5. 在通俗文化的發展過程中，消費者與文化產業間的關係如何？

推薦書目

Bocock, Robert 著，張君玫、黃鵬仁譯，1995，**消費**，臺北：巨流。

Silverstein, Michael / Fiske, Neil / Butman, John 著，陳正芬譯，2004，**奢華，正在流行**，臺北：商智文化。

Storey, John 著，李根芳、周素鳳譯，2003，**文化理論與通俗文化導論**，臺北：巨流。

Williams, Raymond 著，劉建基譯，2003，**關鍵詞：文化與社會的詞彙** (*Keywords: A Vocabulary of Culture and Society*)，臺北：巨流。

朱元鴻，2000，〈文化工業：因繁榮而即將作廢的類概念〉，**文化產業——文化生產的結構分析**，張苙雲編，臺北：遠流，11-45。

李天鐸、何慧雯，2003，〈我以前一定是個日本人？——日本流行文化的消費與認同實踐〉，**日本流行文化在臺灣與亞洲 (II)**，邱琡雯編，臺北：遠流，14-41。

孫治本，2004，**個人化與生活風格社群**，臺北：唐山。

Featherstone, Mike, 1991, The Body in Consumer Culture. In M. Featherstone, M. Hepworth & B. Turner (Eds.), *The Body: Social Process and Culture Theory*, London: Sage.

Louw, Eric, 2001, *The Media and Cultural Production*, London: SAGE.

McGuigan, Jim, 1992, *Cultural Populism*, London: Routledge.

Ritzer, George, 2000, *The McDonaldization of Society* (New Century ed.), Thousands Oaks, California: Pine Forge Press.

---, 2001, *Enchanting a Disenchanted World－Revolutionizing the Means of Consumption*, Thousands Oaks, California: Pine Forge Press.

Storey, John, 1999, *Cultural Consumption and Everyday Life*, London: Arnold.

Willis, Paul, 1990, *Common Culture*, Milton Keynes: Open University Press.

參考書目

Storey, John 著，李根芳、周素鳳譯，2003，文化理論與通俗文化導論，臺北：巨流。

Williams, Raymond 著，劉建基譯，2003，關鍵詞：文化與社會的詞彙 (*Keywords: A Vocabulary of Culture and Society*)，臺北：巨流。

Adorno, Theodor W., 1975, *Einleitung in die Musiksoziologie*, Frankfurt / M. : Suhrkamp.

---, 1989, *Ästhetische Theorie* (9. Auflage), Frankfurt / M.: Suhrkamp.

---, 1991, *The Culture Industry*, London: Routledge.

Bauman, Zygmunt, 1997, *Postmodernity and Its Discontents*, Cambridge: Polity Press.

---, 1998a, *Work, Consumerism and the New Poor*, Buckingham: Open University Press.

---, 1998b, *Globalization: The Human Consequences*, Cambridge: Polity Press.

---, 2000, *Liquid Modernity*, Cambridge: Polity Press.

Chaney, David, 1996, *Lifestyles*, London: Routledge.

Featherstone, Mike, 1991, The Body in Consumer Culture. In M. Featherstone, M. Hepworth & B. Turner (Eds.), *The Body: Social Process and Culture Theory*, London: Sage.

Fish, Stanley, 1980, *Is There a Text in This Class? The Authority of Interpretative Communities*, Cambridge, MA: Harvard University Press.

Hirsch, Paul M., 1991, Processing Fads and Fashions: An Organization-Set Analysis of Cultural Industry Systems. In Chandra Mukerji & Michael Schudson (Eds.), *Rethinking Popular Culture－Contemporary Perspectives in Cultural Studies*, Berkeley: University of California Press, 313-334.

Langenscheidt, 1983, *Langenscheidts Großes Schulwörterbuch－Lateinisch-Deutsch* (Erweiterte Neuausgabe), Berlin: Langenscheidt.

Lull, James, 1995, *Media, Communication, Culture: A Global Approach* (1st ed.), New York: Columbia University Press.

---, 2000, *Media, Communication, Culture: A Global Approach* (2nd ed.), Cambridge: Polity Press.

Miles, Steven, 2000, *Youth Lifestyles in a Changing World*, Buckingham: Open University Press.

Miller, Daniel, 1987, *Material Culture and Mass Consumption*, Oxford: Blackwell.

---, 1998, *A Theory of Shopping*, Ithaca: Cornell University Press.

---, 2001, *The Dialectics of Shopping*, Chicago: The University of Chicago Press.

Morley, David, 1995, Theories of Consumption in Media Studies. In Daniel Miller (Ed.), *Acknowledging Consumption－A Review of New Studies*, London: Routledge, 296-328.

O'Shaughnessy, Michael, 1999, *Media and Society*, Oxford: Oxford University Press.

Ritzer, George, 2000, *The McDonaldization of Society* (New Century ed.), Thousands Oaks, California: Pine Forge Press.

---, 2001, *Enchanting a Disenchanted World－Revolutionizing the Means of Consumption*, Thousands Oaks, California: Pine Forge Press.

Schmid, Wilhelm, 1998, *Philosophie der Lebenskunst－Eine Grundlegung*, Frankfurt / M.: Suhrkamp.

Storey, John, 1999, *Cultural Consumption and Everyday Life*, London: Arnold.

Willis, Paul, 1990, *Common Culture*, Milton Keynes: Open University Press.

休閒社會學

內容提要

工作和休閒，是人類生存和發展必要的活動。隨著越來越多的人有越來越多的時間脫離工作，也越有時間從事消費，休閒活動就成為一項十分明顯的社會現象。本章首先要說明休閒和休閒社會學的意義，其次介紹古典和當代休閒社會學理論，最後探討休閒生活與文化發展、休閒生活的社會分析，以及休閒生活的未來。

第一節　休閒與休閒社會學的意義

一、休閒的意義

休閒 (leisure) 這個字，源自希臘方言。希臘字 scole，和英文的 scholar 有關，蘊含著休閒與教育之間的一種密切關連。英文的 leisure 這個字，也和拉丁字的 licere 有關，意思是被許可或給予自由。這是指上層階級的人不需要參與工作，因而他們可以自由地從事學術、提升人生和具有想像力的活動。若不論這些字的根源，它們全都是可以按照自由意願、不受強迫和自由選擇的。近五十年來，休閒有很大的變化，人們可以去溜冰和閒晃，高空彈跳和看電影。財富增加、教育水準提高、人口增多、都市化和市郊化，人口流動、現代科技進步和社會福利擴大，都影響到休閒的變遷和演進。(休閒 http://www.lclark.edu/~soan221/01wlc/evolution/main.html)

從休閒功能來界定，休閒指個人免於工作或其他義務的時間，用以達到放鬆、社會成就或個人發展之目的 (Gist and Fava, 1964: 411)。從本質上來說，休閒是指人類自由存在和自由生成 (freedom to be, freedom to become) 的狀態 (Kelly, 1987: 238-239)。

休閒，通常指一天 24 小時，扣除生理必要時間和拘束時間，其他可自由處分的時間。以休閒活動的時、空與經驗三個向度看，休閒是在自由時間和空間 (社會關係和物質基礎) 裡，體驗自由存在和自由發展的一種心靈狀態。

工作和休閒都是人生必要的領域，兩者的關係有時分離、有時混合。休閒通常不帶有工作的性質、意涵或為了某種義務、責任。

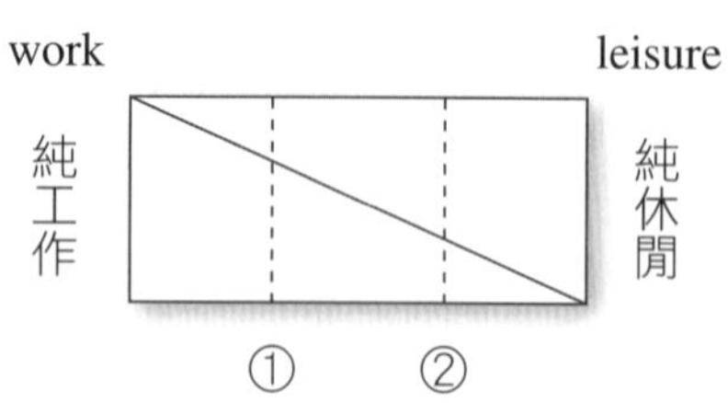

圖 1　工作與休閒的關係

工作和休閒是一個連續體 (continuum) 的兩端。圖 1 中 ① 表示工作的成分多於休閒；② 表示休閒的成分多於工作 (Parker, 1985: 10)。

Parker (1985) 在《休閒與工作》書中第十章，討論工作與休閒的可能性，提出兩個答案。答案一認為工作與休閒分化，答案二則主張工作與休閒整合，結論主張休閒與工作兩者互相調和、互相提升。我們大多將休閒界定為自由時間 (free time)。這是一種殘餘定義 (residual definition)，不工作的時間就是休閒。如果說不休閒的時間就是工作，那麼什麼是工作？

休閒不只是娛樂和消費活動，而是有關人生意義的問題。加藤秀俊主張 (1989: 29-31, 226)：休閒社會學是在研究人生的意義。以一個大學畢業生為例，在 22 歲開始就業，到 55 歲退休。一年工作 237 天，每天工作 8 小時，34 年共計工作 64,464 小時。假設人生 80 年，一年有 8,760 小時，共有 70 萬 800 小時。如此算來，既然人生約 90% 的時間，是操縱在我們自己的手上。我們究竟該如何去運用比較好呢？所以，休閒並非膚淺的娛樂，休閒是「人類如何生存下去」這種基礎哲學的問題。

休閒不但和人生有關，也和人類文明的發展密切相關。亞里斯多德 (Aristotle) 在《政治學》中談到文化休閒 (Cultured Leisure) 的教育。休閒是指自由人的文化教養，奴隸是沒有休閒的。對於自由人而言，照料身體始於照料靈魂。讀寫和繪畫，以各種不同方式與日常生活有關，而體育則能促進勇氣，音樂給人快樂。教育人不只要適當工作，也要正當休閒。自由人為追求文明而休閒，就需要某些適量的學習與教育 (1986: 436-439, 455-456)。

休閒在人類的文明化過程中，一直具有階級概念。長久以來，對有閒階級而言，休閒是有錢、有身分地位的表徵。20 世紀下半期以來，隨著當代文明的發達，大眾休閒也越來越興盛，「有閒階級」逐漸轉變為「有閒社會」。休閒的正常發展，也與世界和平有關。人類在參與休閒活動中，可以跨越年齡、性別、階級、種族、語言和文化的隔閡。所以，休閒是一條通向世界和平之路。

二、休閒社會學

現代的人有越來越多的時間和金錢來從事休閒活動，休閒是大眾社會的一種顯著的現象。因此，休閒成為一門值得討論和研究的學問。近年來，國內成立了很多與休閒相關的系所、產業、組織或機構，可見社會上對於休閒教育、休閒產業和休閒活動的重視。

休閒社會學從研究的內容來說，是研究人類休閒的起源發展、結構功能、變遷趨勢及其所產生的問題之一門應用社會學。另外，依照人類行動的性質定義，休閒社會學是研究自由 (freedom) 的社會學 (Kelly and Godbey, 1992: 23-

24)。在這個定義中，自由是指人類行動中自我決定的程度，而社會學是研究一個社會的社會力量和社會組織的一門學問。

1920 年代，休閒社會學已有兩種主要的研究傳統，即美國的社區研究和蘇聯的時間預算研究。1930 年代，哈佛大學的 Pitirium Sorokin 將兩個傳統匯合，迄今兩個傳統都存在於休閒社會學的研究中。Kelly (1974) 曾經整理 1900 到 1970 年歐美的休閒社會學研究成果，提出休閒社會學的三種範型 (three paradigms)。休閒社會學的三種範型及其研究議題如下：

1. 系統範型的研究議題：包括休閒的社會功能、休閒的參與、休閒的制度、休閒時間的量化、休閒活動的分類、休閒的偏差行為等。
2. 衝突範型的研究議題：包括視休閒為社會控制的一種工具，以及休閒的異化。新馬克思學派通常將資本主義體制下的休閒，界定為非勞動時間的消費。主要的批判是休閒安撫化 (pacification)、休閒商品化 (commodification) 和異化的休閒 (alienated leisure)。
3. 解釋範型的研究議題：探討休閒的意識 (consciousness) 和參與 (participation)，以及參與休閒活動的體驗 (experiences)。並研究休閒的理性化 (rationalization)，休閒遊憩、娛樂活動的職業化、專業化和產業化。也檢視休閒產業出現明星制度 (star system) 及排行榜，或因魅力產生迷文化 (fan cultures) 現象。

第二節　休閒社會學理論

一、古典休閒社會學理論

古典社會學理論，大部分是以勞動為中心的社會論述，較少直接討論休閒理論。然而，古典社會學家多數認為工作和休閒兩者，都是人類存在的必要領域 (Rojek, 1985: ch. 5-7; Kelly, 1987: ch. 8-9)。

(一) 馬克思 (Karl Marx) 的休閒理論

馬克思有關人類存在的基本預設中，與休閒較有關的三個預設是：1. 休閒

是人生自由領域 (a realm of freedom) [1]；2. 可自由處理的時間 (disposable time) 給予人更多的發展空間；3. 休閒成為消費的領域 (the realm of consumption)，消費是為了恢復勞動力再生產 (the reproduction of labor force) 的一種過程。後來新馬克思主義學派將此種休閒，亦即非勞動時間的消費，視為異化的休閒。將休閒納入資本主義的生產活動中，形成休閒產業，供給休閒商品的消費，可說是休閒的商品化。

(二) 涂爾幹 (Emile Durkheim) 的休閒理論

涂爾幹將勞動視為較重要的領域，休閒則是對勞動的補償。休閒，只是繁重生活中的平衡和調劑。在不同著作中，他對休閒的看法是：

1. 休閒與道德重建：在《宗教生活的基本形式》，認為「遊憩是一種道德重建的形式。」後來的學者，進行了許多節慶和儀式等，有關節慶集體休閒的研究。
2. 脫序分工與偏差休閒：在《社會分工論》，認為「太多的休閒是一種病態現象，而且也會危害社會。」脫序的分工與虛無主義，造成自我毀滅的休閒或產生反社會行為。後來學者，跟隨其強制分工的概念，用強制休閒 (forced leisure) 探討失業者、老人、退休者、家庭主婦以及全控機構 (total institutions) 的休閒情形。

(三) 韋伯 (Max Weber) 的休閒理論

1. 新教倫理 (Protestant ethic) 是工作倫理，不主張享樂。「並非休閒和享樂，而是工作活動才能夠侍奉上帝的榮耀。」現世的禁欲主義 (worldly

---

1　主編按：馬克思所謂的「自由王國」(Kingdom of Freedom)，相對於「必然王國」(Kingdom of Necessity)。

自由王國只是在由必須和外在目的規定要做的勞動終止的地方才開始…。像野蠻人為了滿足自己的需要，為了維持和再生產自己的生命，必須與自然進行鬥爭一樣，文明人也必須這樣做…。這個自然必然性的王國會隨著人的發展而擴大，因為需要會擴大；但是，滿足這種需要的生產力同時也會擴大。這個領域內的自由只能是：社會化的人，聯合起來的生產者，將合理地調節他們和自然之間的物質變換，把它置於他們的共同控制之下，而不讓它作為盲目的力量來統治自己…。但是不管怎樣，這個領域始終是一個必然王國。在這個必然王國的彼岸，作為目的本身的人類能力的發展，真正的自由王國，就開始了。但是，這個自由王國只有建立在必然王國的基礎上，才能繁榮起來。工作日的縮短是根本條件。(《馬恩全集》第 25 卷 [《資本論》第 3 卷]：926-927)

asceticism)，強調努力工作為上帝在人間建立天國。(1987: ch. 2, 5)

2. 休閒的理性化：理性化指非神秘、非私情 (impersonality)、可計算性等現象。後來的新韋伯學派 (Neo-Weberian)，跟隨著探討理性訓練與現代休閒、休閒的專業化與標準化。同時，也討論休閒的魅力 (charisma) 與除魅 (disenchantment)，包括迷友 (粉絲) 和明星制度等。

3. 生活風格 (life style)：要了解一個人的生活風格，要先了解其身分 (status)。而身分的來源有四方面：繼承、教育、婚姻、與他人相處 (社交圈)。這些因素，都會影響到一個人的生活風格。休閒生活主要和社交圈有關。透過身分團體 (status group)，可以了解一些比較特殊的人群的生活。韋伯從中世紀武士階級的生活，來討論休閒活動。後來新韋伯學派，針對某些身分團體，研究其休閒偏好。

(四) 韋布倫 (Thorstein Veblen, 1857-1929) 的有閒階級論

1. 顯著的有閒 (conspicuous leisure)

韋布倫對有閒階級採取批判的態度。有閒階級的出現，讓某一階級的人豁免一些體力勞動，而從事掠奪；他們認為去從事生產工作，是一種污名，不能夠顯示榮耀。「有閒」就是將時間以不生產的方式消耗。支持「有閒」的條件：必須有超額的收入來支應超額的支出；必須花費大量時間來消耗財貨和服務；必須有一群免於勞動的親友和僕從；必須有各種儀節或榮譽、勳章、獎牌、學位、稱號等，以證明「有閒」。

而社會上也出現了一批偽有閒階級 (spurious leisure class)，它們並不是真正的有閒階級，但即使過著貧窮的生活，也不願意自毀身分去從事身體勞動。也出現代理有閒 (vicarious leisure) 現象，當有閒階級出現後，為了彰顯主人與眾不同的崇高地位，刻意讓妻兒和一些奴僕不從事生產。(1970 / 1899: ch. 3, 1969: ch. 3, 2007: ch. 3)

2. 顯著的消費 (conspicuous consumption)

顯著的消費係依消費來分級，凡能消費稀有物品，視為高等，就覺得更加光榮。後來，某些昂貴的用品 (如酒類麻醉品)，只供優越階級使用，成為高級標誌；甚至，因耽溺藥品導致身體孱弱，都被視為高貴的象徵。

另外，代理消費 (vicarious consumption) 則以某種方式表達有閒和消費，彰顯主人的聲譽。後來奴隸制度解除後，中產階級家庭裡，妻兒始終是代理消費

者，由妻兒的消費行為來表達自己的優越。為了擁有有閒階級的名譽，每一階級的成員，都想模仿高一階級所流行的生活方式。

然而，顯示財富的方法，會依照社會情況而有不同。在城市中，消費是評鑑生活水準的重要因素。在鄉村中，儲蓄和有閒則成為博取名譽的方式。古代社會，勞動由奴隸所擔任，有閒便代表高貴。後來的進步社會，消費取代了有閒。又因技術需求興起，必須從事一些良好名聲的消費，否則若僅從事「無意義的有閒」，將受到鄙棄。(1970 / 1899: ch. 4, 1969: ch. 4, 2007: ch. 4)

(五) 赫伊津哈 (Johan Huizinga, 1872-1945) 遊戲的人 (Homo Ludens)

赫伊津哈在《遊戲的人》序言，談及人類創造文化的能力，包括推理能力 (Homo Sapiens)、製作能力 (Homo Faber) 和遊戲能力 (Homo Ludens)。認為不只推理和製作能力會創造文化，遊戲的能力也創造文化。《遊戲的人》書中的章節，包括：遊戲表現在語言中、遊戲的文明化功能、遊戲和法律、遊戲和戰爭、遊戲和知識、遊戲和詩歌、神話的要素、哲學中的遊戲形式、藝術中的遊戲形式、西方文明中的遊戲因素、當代文明中的遊戲因素。(1980: ch. 1, 1996: 前言，ch. 1)

人在遊戲過程創造文化，屬於人文主義理論 (humanist theory)。人文主義的主題：為了生成為人，人都需要自由和社群。休閒使人在創造活動的過程中，得以自由存在和自由生成。休閒使人得以開放地去追尋並創造「未完成」(not yet) 的人生，包括發展出自我，並對社群有貢獻。

二、當代休閒社會學理論

(一) 社會形式論 (social formalism)

1. 休閒為一種社會制度 (social institution)

休閒是一種社會制度，有其功能存在，屬於功能論 (functionalism) 的看法。為了滿足需求，休閒活動有何功能？幾種常見的說法是：剩餘精力說、放鬆說、快樂說、精神淨化說、養精蓄銳說、成長必要說、社會文化再現說、身心平衡說和陶冶性情說等。

2. 休閒的功能論議題

將休閒視為一種制度化的酬賞，依照社會身分地位區分，也按照個人對社會的貢獻有差別待遇。在資本主義社會中，休閒有兩面功能，一方面將休閒當作市場商品，另一方面也將休閒作為福利措施。休閒在資本主義社會存活的邏輯中，一是市場的概念，即休閒產業市場，係依照市場的差別邏輯 (logic of difference) 運作。另一是福利的概念，即休閒福利措施，係依照福利服務的整合邏輯 (logic of integration) 運作，如舉辦弱勢團體的休閒活動、建設公園綠地等。(Rojek, 1985)

(二) 新馬克思主義學派 (Neo-Marxism)

新馬克思主義學派對休閒的界定：休閒就是在資本主義體制下，非工作時間的消費。

新馬克思主義學派，對資本主義社會中的休閒，採取一種批判的態度。認為資本主義體制，把休閒化約為消費。休閒消費行為，扭曲了人在休閒領域的真實性和完整性，休閒變成了不真實的事物。新馬克思主義學派批判當代的大眾休閒為異化的休閒，是一種非真實性 (inauthenticity) 的休閒。

1. 對普遍存在市場 (the universal market) 的批判

把人類生活中有價值的事物，都放在市場上做價值的交換，即成為一個普遍存在的市場。普遍的市場，將休閒窄化、物化，認為只有商品化的休閒才有價值，休閒只是非勞動時間的消費行為而已。

2. 對文化工業 (the culture industry) 的批判

法蘭克福學派阿多諾 (Adorno, 1903-1969) 和霍克海默 (Horkheimer, 1895-1973)，提出文化工業概念，將文化工業視為對大眾的欺瞞，聲稱它加強了資本主義的精神特質。其主要論點：資本主義利用文化來控制個人意識，將文化變成工業化和商品化。很明顯地，工業國家的文化工業體制及其媒介，依據資本的一般法則，將電影、廣播、爵士樂和雜誌變成商品，成功地喚起並操縱人的慾望。文化工業的生產線特性，不只工作室像工廠一樣，編輯傳記、小說和音樂產品，而這些產品也很適合做廣告。廣告和文化工業，在技術上和經濟上很容易融合起來。文化工業的運作邏輯，普遍地作用於高級文化和大眾文化。(Rojek, 1985)

(三) 休閒符號學 (leisure semiotics)

1. 休閒視為社會符號 (social signs)

社會符號 (或記號) 分析，包括符號的社會意義和社會過程的分析；亦即，符號的意識形態和政治經濟機制變遷的分析。社會符號分析的重點也在：環境的物質條件和使用者日常的生活經驗的結合。一般而言，觀光景點、古蹟、購物中心、主題樂園等，都可進行休閒符號分析。一項事物作為休閒或消費價值的符號來分析，可包含下列層次：即實質使用的價值、經濟交換的價值、社會象徵的價值和文化符號的價值。(Baudrillard, 1981: ch. 4; Kellner, 1989: ch. 4)

2. 迪士尼樂園 (Disneyland) 的休閒符號分析案例

以迪士尼的各個主題樂園 (theme park) 作為符徵 (signifier)，將此一建築環境視為意識形態的外顯象徵物 (symbol)。而建築環境的符指 (signified)，可分為兩層意義：生產空間，指建築環境意義的創造；以及消費空間，指經過使用後，使用者對空間訊息與建築環境意義的解釋。

A. 句法分析 (syntagmatic analysis)：將迪士尼樂園和洛杉磯的空間意義系統及運作的差異，加以比較，可了解迪士尼樂園設立的經驗，得知其句法意義是如何產生的。符號系統的分析比較，包括運輸、食物、衣著、建築、娛樂、社會控制、經濟、政治、家庭。B. 範型分析 (paradigmatic analysis)：社會符號學，強調空間生產形式與大社會的關係。所以，迪士尼的四個主題樂園可視為美國資本主義的歷史發展。Frontierland 是掠奪式資本主義；Adventureland 是殖民式資本主義；Tomorrowland 是國家資本主義；New Orleans Square 是冒險性資本主義；Main Streets 是家庭與競爭性資本主義。以此連結方式來看迪士尼樂園，它變成布爾喬亞意識形態的幻想世界，因為它展示了資本主義的圖象。另一方面，它是優異天賦的藝術產物，勾起遊客童年的回憶與渴望。(Gottdiener, 1995: 99-118)

(四) 伊利亞思 (Norbert Elias, 1897-1990) 的構形論

1. 休閒的構形論 (figurational theory)

構形 (figuration) 意指對某事物賦於形態的行動或過程。伊利亞思主張探討行動如何形成結構的過程，採用開放的真實類型 (real types) 進行個案研究，以長期觀點描述休閒活動的權力、行為、情緒和知識之間的關連，並銜接巨視的

結構和微視的行動兩個層次，檢視行動如何創造結構。

2. 當代運動與暴力

伊利亞思討論當代運動與暴力的關係，提出一種運動和情緒的社會學。Elias 和 Dunning《追求刺激：文明化歷程中的運動與休閒》(1971) 一書，可視為運動社會學的代表作。早在 1960 年代，伊利亞思就認為運動是社會學中很重要的論題。而 1970 到 1980 年代，興起足球暴力 (football hooliganism)，並且當代社會已將職業或業餘的競賽和運動，視為生活中熟悉的一部分，值得進行學術與實務上的探討。(Mennell, 1989: 140-158)

伊利亞思認為：在先進社會，人們必須十分穩定地控制生理、感情、情緒衝動和情緒波動。此種社會，人較少顯示強烈的感情或強烈的不喜歡。人在高度刺激下，才會表現強烈的情緒，這就是群眾暴力的一種危險的序曲。伊利亞思也認為：現代休閒不只是放鬆，也是提供機會追求快感刺激。他說：現代社會的休閒與運動，好像提供了一個神往之地，在這特別建構的環境中，以某種方式許可情緒較自由地流動。在製造與真實生活相似的情境下，引出刺激而不會有風險和危險。音樂會、歌劇、遊戲、電影、舞蹈、繪畫、紙牌、小說、偵探故事、驚險片等，都表現出相似的功能。同樣地，在足球場，觀眾品嚐模擬的刺激；飽受贏的希望和輸的恐懼折磨，與別人一起開放地顯示情緒。社會上大多數人是孤立的，很少有機會集體宣洩強烈情緒，所以此時更加享受和解放 (Ibid.: 141-142, 158)。

第三節　休閒生活的研究

一、休閒生活與文化發展

(一) 大眾文化與休閒

大眾文化與大眾休閒相關理論，包含對它們的指責和辯護兩方面。對大眾文化與大眾休閒的指責如：1. 精英主義者：文化的質與量成反比，量多質低而粗俗；2. 保守主義者：粗俗、失去個性、商業化、刺激感官等；3. 急進主義者：大眾是犧牲品，反對大企業家、媒體、意見領袖，利用、控制和欺騙大眾，追求人性的解放；4. 馬克思主義者：反對大眾心靈受到控制、被動而不反抗、心理的軟化，因此喪失革命意識。

對它們的辯護如：1. 精英主義者：審美能力有個別差異，精英的審美能力較強，應設法提升大眾的審美能力。2. 保守主義者：大眾休閒文化可提供享樂，凡能助人快樂生活者，都可算是適當的文化政策。3. 自由主義者：大眾休閒文化量的成長和質的提升，有利於民主自由。相信大眾有權利選擇自己要過的生活方式，不否定大眾的水準。

Fiske 不認為大眾無意識地消費產品，反而因大眾的力量和意識，創造了大眾文化。大眾文化的意義和快樂，是從那些資源獲取利益的人創造出來的。這些資源也為支配者的利益服務。(2001: 2) Gans 認為上層文化是好的，但是儘管通俗文化不及上層文化，人民有權滿足需求，去喜好並接觸任何文化，此即文化的民主 (1985: 5-7)。

(二) 休閒生活的社會史研究

1. 時間觀念的變遷與休閒

傳統社會和現代社會中，休閒的地位不同 (Cross, 1990: ch. 2)。在農業社會中，時間觀念是循環的，春夏秋冬年復一年，休閒的特徵是部落村莊集體的休閒或節慶的休閒。而工業社會中，時間觀念是直線的，從過去到現在走向不可知的未來，休閒的特徵是個體化的休閒或電子化的休閒。

有關機械時鐘的出現與休閒的變遷，臺灣在日本殖民時代，透過行政體系、教育制度兩大領域引進新時間制度，人民對新時間的認識反映在工作和休閒上。殖民政府推動臺灣旅遊，並設立觀光機構、運動場所和公園，也建立廣播事業。(呂紹理，1998：第 5 章)

生活六大需要食、衣、住、行、育、樂，皆可進行休閒社會史研究。如饗宴的歷史、料理史、飲酒文化史、夜市的歷史等，探討用餐如何從營養攝取轉變為美學表現。(Merkle, 2004)

2. 20 世紀後期的休閒文化運動

1980 年代，雅痞運動 (Yuppies movement) 屬於布爾喬亞資產階級 (Bourgeois) 風格。 雅痞，指 25 到 45 歲的都市專業人士，住在大都市及近郊，追求名利、地位、品味，注重健身、休閒、消費 (Piesman and Hartley, 1985)。到 1990 年代，布波士運動 (Bobos movement) 興起。布波士的生活方式，是將波西米亞 (Bohimian) 放浪生活風格，加上布爾喬亞資產階級生活風格的產物 (Brooks, 2000)。20 世紀末期，又有一種御宅 (おたく, otaku) 文化產生，指熱衷於動畫、漫畫及電腦遊戲 (ACG; Animation, Comic, Game) 的生活方式。(From Wikipedia)

二、休閒生活的社會分析

(一) 休閒社會學的分析

休閒社會學的分析，主要包括社會化和文化、組織和運動、人口和社區、制度和角色、參與和阻礙、空間、時間預算、生命週期等的研究。以下擇要分述休閒參與、時間預算分析。

1. 休閒參與和休閒阻礙

工業社會要提倡多元類型的休閒活動，不但要有個人休閒、同輩休閒，也有家庭休閒 (蔡明哲，2003：73-74)。休閒參與的種類甚多，其分類方法也不相同，有主觀和客觀分類法。主觀分類法，如將休閒活動的種類分為旅遊類、體能類、收藏類、思考類、創作類、社會服務類、栽培飼養類、娛樂類等。客觀分類法，可用因素分析或其他方法歸類。Nash (1960: 93) 認為：休閒參與可區分為四種層次，即旁觀的參與、情緒的參與、積極的參與和創造的參與。

休閒阻礙 (leisure constraints) 指個人主觀知覺到影響個人不喜歡或不參與某種休閒活動的理由。休閒參與的阻礙分成三類，即個人內在阻礙、人際的阻礙和結構的阻礙 (Crawford and Godbey, 1987: 121)。休閒參與必須先克服個人內在休閒阻礙，再克服人際和結構的阻礙 (Crawford et al., 1991: 309-320)。除了休閒阻礙之外，或許還可研究哪些是「休閒促進因素」。

2. 時間預算分析

1922 年，Strumilin 在莫斯科等三個地方，針對工廠勞工及其家人，進行第一次的時間預算調查。調查對象包括 76 個家庭 (267 個受訪者) (Zuzanek, 1980: 10)。休閒心理學家 Neulinger (1981: 230-237) 的時間預算表，則以 30 分鐘為一時段，記錄日期、時間、活動、何處、與誰、由誰選擇、原因、需求、感想、感覺 (正負或好壞)。這個表格可作為休閒諮商和休閒治療的參考。

另外，還有許多時間預算分析的案例。如大學生的休閒、藝術家的休閒、行政人員的休閒、退休人員的休閒、家庭主婦的休閒以及農民的休閒等。田翠琴和齊心 (2005: 362-366) 在河北省 5 個縣的 8 個村抽樣調查 548 人。採用農村居民生活時間分配調查表，記錄昨日的各種活動：勞動、生理需求、家務勞動、日常生活安排，包括休閒，各細項寫出花費時間，並記錄開始和終止時間。另有農民生活日記帳，分午前、午後 (0～12 時，12～24 時)，每 15 分鐘一時段，記錄活動內容和地點。

三、休閒生活的未來

(一) 休閒教育

1. 休閒憲章與休閒教育

休閒憲章 (Charter For Leisure) 將休閒視為人權。休閒的中心要素，是個人的自由和選擇。政府需確保人民能夠取得高品質休閒設施的機會，使個人利用休閒以自我實現、發展個人關係、改進社會整合、發展社區與文化認同、促進國際了解與合作以及改善生活品質。政府應確保可用的休閒環境，推動休閒教育，使人民便於取得休閒資訊，並成立休閒教育機構來推動休閒教育。(休閒憲章 http://www.worldleisure.org/pdfs/charter.pdf)

2. 休閒教育的議題

休閒教育有兩個議題：休閒學習和自由選擇。休閒教育的內容，包括欣賞和技能。晚近，讓休閒教育流行起來的原因很多，社會上一旦增加休閒時間，就需要休閒教育提升人們休閒的技能。休閒教育可以和個人自由、社群生活連在一起，也可藉以培養民主素養。透過休閒教育，使人在生活中創造出意義，也讓人找到快樂 。(Kelly and Godbey, 1992: 508-509)

(二) 休閒產業

1. 休閒產業定義：供給人們休閒活動需求的相關產品或服務的企業。休閒產業包括娛樂事業 (此類事業提供民眾日常生活食、衣、住、行、育、樂和健康運動相關的休閒服務)，以及觀光旅遊事業 (提供民眾出外旅遊所需之相關服務，如運輸業、飯店業、旅行業等)。
2. 現今的休閒產業，常與樂活 (Lohas; Lifestyles of health and sustainability) 有

關。樂活是一種市場區隔，聚焦於健康、環境、個人發展、永續生活和社會正義。社會學家 Paul Ray 在 1998 年的《文化創造：5000 萬人如何改變世界》書中，將 Lohas 界定為：一群人在做消費決策時，會考慮到自己與家人的健康和環境責任。估計這一群體的市場，在美國就達到有 2,289 億美金。在 2006 年美國加州所舉辦的 Lohas 研討會中提及，有 30% 的美國成人 (約 6,300 萬) 過著這種生活方式，其市場的產值約有 2,289 億。(樂活 http://www.lohas.com/)(From Wikipedia)

(三) 休閒生活的未來

1. 走向休閒社會 (leisure society)

勞動社會的臨界點是「四天工作、三天休閒」，而走向休閒社會的指標是「三天工作、四天休閒」。1998 年臺灣實施週休二日，未來有可能推行週休三日？休閒時間增加，會造成生產力下降和犯罪率提高？有可能出現休閒社會？

是否會走向休閒社會，還要看科技發展和社會價值觀念改變的情形，並且要重新建構以休閒為中心的社會體制。未來的社會理論，將從勞動中心理論變成休閒中心理論。所以說：必須在社會史中建構社會理論，並以社會美學來引導社會發展。馬克思反社會分工，是一種社會美學 (social aesthetics) 論述，它提供未來休閒社會的某種圖象。如馬克思和恩格思 (Engels) 在《德意志意識形態》(*German Ideology*, Vol. I, Section I A1) 所說：「在共產主義社會，…早上去打獵，下午去捕魚，傍晚去養牛，晚餐後評論時事，而不成為獵人、漁夫、牧人或評論家。」共產主義社會調節了總生產力，因此可以讓我們今天做一件事，而明天做另一件事。(Bottomore et al., 1985: 133) 這種理想社會分工的論述，目前尚屬虛構的社會美學圖象。

2. 後現代的休閒社會

後現代社會的狀況有許多說法，像時空壓縮、界限模糊、去中心化或超真實性等，都是後現代社會出現的徵象 (Harvey, 2003: ch. 17-18)。Rojek (1995: ch. 8) 提出後現代休閒的五個特色：A. 休閒是生活中的自我成就和自我滿足的領域；B. 休閒的不真實經驗替代了真實經驗；C. 將自我視為易分裂的實體，在不同休閒情境有不同的呈現；D. 認同批判的多元論，但不因而錯亂；E. 去中心化，模糊了供應者與使用者、專家與外行人、立法者與大眾之間的區分。

同時，在網路空間體驗速度、湊置、擬像和超真實的休閒。就感情的表達而言，出現一種新部落主義 (neo-tribalism) 的休閒，它是一種情緒社群 (emotional communities)，講究品牌，保持游牧狀態。

重要名詞

休閒 (leisure)：休閒指個人免於工作或其他義務的時間，用以達到放鬆、社會成就或個人發展之目的。從本質上來說，休閒是指人類自由存在和自由生成的狀態。

休閒社會學：休閒社會學是研究人類休閒的起源發展、結構功能、變遷趨勢及其所產生的問題之一門應用社會學。依照人類行動的性質定義，休閒社會學是研究自由的社會學。

有閒階級：指免除勞動的階級，他們為了彰顯與眾不同的崇高地位，刻意去參與一些有閒的活動與巨額的消費，而不從事生產。

休閒社會 (leisure society)：未來三天工作而四天休閒的社會，它的社會制度和社會價值觀與今日的勞動社會不同。

問題與討論

1. 觀察一項新興的休閒符號，說明其發展過程、社會文化原因、體驗及未來展望。
2. 舉一例說明青少年休閒中的明星魅力和迷文化 (或粉絲行為)。
3. 探討一項休閒活動的排行榜的社會意義與社會過程 (排行榜如明星排行榜、暢銷書排行榜、金像獎等)。

推薦書目

John Kelly 著，趙冉譯，2000，**走向自由——休閒社會學新論**，昆明：雲南人民出版社。

蔡宏進，2004，**休閒社會學**，臺北：三民書局。

Kelly, John R., 1987, *Freedom to Be: A New Sociology of Leisure*, N.Y.: Macmillan.

Kelly, John R. and Godbey, Geoffrey, 1992, *The Sociology of Leisure*, State College, PA: Venture Publishing, Inc.

參考書目

Fiske, John 著，楊全強譯， 2001，**解讀大眾文化**，南京：南京大學出版社。

Gans, Herbert J. 著，韓玉蘭、黃絹絹譯，1985，**雅俗之間：通俗與上層文化比較**，臺北：允晨文化公司。

Harvey, David 著，閻嘉譯，2003，**後現代的狀況——對文化變遷之緣起的探究**，北京：商務印書館。

Huizinga 著，多人譯，1996，**遊戲的人**，杭州：中國美術學院出版社。

Kelly, John 著，趙冉譯，2000，**走向自由——休閒社會學新論**，昆明：雲南人民出版社。

Merkle, Heidrund 著，薛文瑜譯，2004，**饗宴的歷史**，臺北：左岸文化。

Piesman, Marissa and Hartley, Marilee 著，陳衛平譯，1985，**雅痞：積極、時髦、浪漫的現代人**，臺北：允晨文化公司。

Veblen 著，趙秋巖譯，1969，**有閒階級論**，臺北：臺灣銀行經濟研究室。

---, 李華夏譯，2007，**有閒階級論**，臺北：左岸文化。

Weber, Max 著，于曉、陳維剛譯，1987，**新教倫理與資本主義精神**，北京：三聯書店。

加藤秀俊著，彭德中譯，1989，**餘暇社會學**，臺北：遠流。

田翠琴、齊心，2005，**農民的閒暇**，北京：社會科學文獻出版社。

呂紹理，1998，**水螺響起：日治社會生活作息之變遷，1910-1945**，臺北：遠流出版公司。

蔡宏進，2004，**休閒社會學**，臺北：三民書局。

蔡明哲主編，1989，〈休閒社會學專號〉，**思與言**， 27(4)。

蔡明哲，2003，**社會美學手稿：八十年代臺灣的藍圖**，臺北：松慧文化。

Aristotle, 1986 / 1962, *The Politics*, N. Y.: Penguin Books.

Baudrillard, Jean, 1981, *For a Critique of the Political Economy of the Sign* (Charles Levin, Trans.), St. Louis, MO.: Telos Press.

Bottomore, Tom et al., 1985, *A Dictionary of Marxist Thought*, Oxford: Basil Blackwell.

Brooks, David, 2000, *Bobos in Paradise: The New Upper Class and How They Got There*, N.Y.: Simon and Schuster.

Coser, Lewis A., 1977, *Masters of Sociological Thought: Ideas in Historical and Social Context* (2nd ed.), N.Y.: Harcourt Brace Jovanovich.

Crawford, D. and Godbey, G., 1987, Reconceptualizing Barriers to Family Leisure, *Leisure Sciences*, 9: 119-127.

Crawford, D., Jackson, E. and Godbey, G., 1991, A Hierarchical Model of Leisure Constraints, *Leisure Sciences*, 13: 309-320.

Cross, Gary, 1990, *A Social History of Leisure since 1600*, State College, PA: Venture Publishing, Inc.

Dumazedier, Joffre, 1974, *Sociology of Leisure* (Marea A. McKenzie, Trans.), Amsterdam: Elsevier.

Elias, Norbert and Dunning, Eric, 1971, *The Quest for Excitement: Sport and Leisure in the Civilizing Process*, Oxford: Basil Blackwell.

Gist and Fava, 1964, *Urban Society* (5th ed.), N.Y.: Thomas Y. Crowell.

Gottdiener, Mark, 1995, *Postmodern Semiotics: Material Culture and the Forms of Postmodern Life*, Cambridge, Mass.: Blackwell.

Huizinga, Johan, 1980 / 1944, *Homo Ludens: A Study of the Play-Element in Culture*, London: RKP.

Kellner, Douglas, 1989, *Jean Baudrillard*, Cambridge: Polity Press.

Kelly, John R., 1974, Sociological Perspectives and Leisure Research. In *Current Sociology*, Vol. XXII, Nos. 1/3, Paris: The Hague, 127-158.

---, 1987, *Freedom to Be: A New Sociology of Leisure*, N.Y.: Macmillan.

Kelly, John R. and Godbey, Geoffrey, 1992, *The Sociology of Leisure*, State College, PA: Venture Publishing, Inc.

Mennell, Stephen, 1989, Sport and Violence. In *Norbert Elias: Civilization and the Human Self-Image*, Oxford: Basil Blackwell.

Nash, Jay B., 1960, *Philosophy of Recreation and Leisure*, Dubuque, Iowa: WM. C. Brown.

Neulinger, John, 1981, *To Leisure: An Introduction*, Boston: Allyn and Bacon, Inc.

Parker, Stanley, 1985, *Leisure and Work*, London: George Allen and Unwin.

Ritzer, George, 2004, *Postmodern Social Theory*, Beijing: Peking University Press.

Rojek, Chris, 1985, *Capitalism and Leisure Theory*, London: Tavistock.

---, 1995, *Decentring Leisure: Rethinking Leisure Theory*, London: Sage Publications.

Rojek, Chris (Ed.), 1989, *Leisure for Leisure: Critical Essays*, London: Macmillan.

Veblen, Thorstein, 1970 / 1899, *The Theory of the Leisure Class: An Economic Study of Institutions*, London: Unwin Books.

Zuzanek, Jiri, 1980, *Work and Leisure in the Soviet Union: A Time-Budget Analysis*, N.Y.: Praeger.

旅遊社會學

內容提要

本章第一節首先回顧了旅遊社會學的淵源與發展過程，並介紹了旅遊社會學的幾種理論流派。第二節論述了旅遊與現代性的關係，並指出，旅遊是現代人對現代性的好惡交織的反應。最後，第三節論述了社會學視野下的旅遊現象，揭示了旅遊與社會的關係。

如今，居民外出旅遊已經成為工業化或後工業國家的一種十分盛行的現象。旅遊業也成為世界上最大、增長速度最快的產業之一。旅遊的大眾化和全球化成為現代社會的一個偉大事件，給全球的經濟、政治和文化帶來深遠的影響。旅遊不但是社會變遷的結果，而且本身又成為促進社會變遷的一股力量。旅遊成為當今世界一個最為重要的社會整合機制之一。很顯然，旅遊在社會生活中日益顯得重要 (Roche, 1992)，因此，從社會學角度理解旅遊現象便顯得十分必要和迫切。

第一節　旅遊社會學的淵源

英國著名社會學家洱瑞 (Urry, 1990: 2) 指出，旅遊決不是在社會學意義上「無意義」的、「瑣碎」的現象，相反，旅遊是重要的社會、文化現象，其意義在於，通過對旅遊現象和非旅遊現象 (即日常實踐和「正常社會」) 的對比研究，可以揭示本來不易為人發覺的「正常社會」的問題和矛盾。因此，正如對「離軌」現象的研究有助於揭示「正常社會」的有趣的、有意義的方面，對旅遊的研究是開啟「正常社會」秘密的鑰匙之一。

根據以色列國際知名旅遊社會學家科恩 (Cohen, 1984) 的考證，對旅遊的社會學研究始於 20 世紀 30 年代的德國 (von Wiese, 1930)。但第一部旅遊社會學著作則出現於 60 年代，由德國學者凱乃拜爾 (Knebel, 1960) 所著。可是，在第二次世界大戰以前，社會學家並不重視對旅遊的研究。隨著二戰後大眾旅遊熱的興起，社會學家們才開始對旅遊以及旅遊所造成的經濟、社會和文化問題做出了積極的學術反應。但是，只是從 70 年代開始，旅遊社會學才開始奠定其學科地位，並取得了重要進展 (Apostolopolus et al., 1996)。美國的麥肯耐爾 (MacCannell, 1973, 1976)、以色列的科恩 (Cohen, 1972, 1974, 1979a, 1979b) 和英國的特勒和亞斯 (Turner & Ash, 1975) 等人均在 70 年代發表了影響深遠的、並被後來者奉為經典的著作和文章。之後，丹恩 (Dann, 1977, 1981, 1989, 1996)、克里朋多夫 (Krippendorf, 1987)、蘭芳特 (Lanfant, 1980, 1993, 1995)、柔傑克 (Rojek, 1993)、包曼 (Bauman, 1994)、洱瑞 (Urry, 1990, 1995) 和博若克茲 (Borocz, 1996) 等人均對推進旅遊社會學的發展做出了重要貢獻 (在此無須一一列舉所有名單)。

旅遊社會學的研究對象是什麼呢？根據科恩的總結 (Cohen, 1984)，旅遊社會學的研究對象主要包括四個領域：1. 旅遊者，即他／她的動機、態度、反應和角色；2. 旅客和旅遊地當地人的關係；3. 旅遊系統的結構和運行；4. 旅遊的社會、經濟後果和社會、文化影響。

社會學者對旅遊的學科歸類劃分通常用三種方式。一是把旅遊歸併到休閒社會學中，作為休閒的一個特殊種類 (如 Dumazedier, 1967; Rojek, 1993)。第二種是把旅遊合併到遷移 (migration) 社會學，把旅遊看作是季節性的休閒遷移 (Borocz, 1996; Vukonic, 1996)。第三種是把旅遊社會學當作一門單獨的學科 (Cohen, 1972, 1979a, 1979b, 1984; Dann, 1977; MacCannell, 1973, 1976)，既強調旅遊的旅行和流動性質，又突出旅遊的閒暇性、享樂性和遊戲性。如今旅遊社會學已逐漸從休閒和遷移社會學中分離出來，成為一門獨立的社會學分支。

社會學家採取什麼視角來研究旅遊呢？可以說，在旅遊社會學領域是多流派並存 (Dann & Cohen, 1991)。這些流派包括：韋伯主義派 (如 Dann, 1977, 1981)、涂爾幹主義派 (如 Graburn, 1989; MacCannell, 1973, 1976)、新馬克思主義派 (如 Thurot & Thurot, 1983)、結構－功能派 (如 Krippendorf, 1987)、結構－衝突派 (如 Turner & Ash, 1975)、符號互動論派 (如 Brown, 1994; Greenblat & Gagnon, 1983)、現象學派 (如 Cohen, 1979b; Ryan, 1997)、女權主義派 (如 Kinnaird & Hall, 1994)、後結構主義派 (如 Culler, 1981; Dann, 1996; Eco, 1986; Lash & Urry, 1994) 和後現代主義派 (如 Rojek & Urry, 1997) 等等。儘管如此，各社會學流派之間仍有共同的特徵。也就是說，社會學是 1. 從一個更為整體的 (即社會整體性) 和 2. 更為一般和普遍的社會關係和互動的角度來分析旅遊。

在旅遊社會學研究中，社會學家發展了一系列社會學概念來解釋旅遊者的動機 (Dann, 1977; MacCannell, 1973)、旅遊體驗 (Cohen, 1979b; Ryan, 1997)、主人和客人的互動關係 (Smith, 1977)、旅遊發生的社會、經濟和文化條件 (Borocz, 1996; Shields, 1991; Urry, 1991)、旅遊的社會性質 (Cohen, 1972; MacCannell, 1976; Urry, 1990)、社會功能 (Krippendorf, 1987) 和社會、文化後果 (Britton, 1982; MacCannell, 1992; Mathieson & Wall, 1982; Rojek & Urry, 1997; Turner & Ash, 1975; van den Abbeele, 1980) 等等。例如，就旅遊的社會性質來說，可以把旅遊看作「解脫」(escape)(Cohen & Taylor, 1992; Rojek, 1993)、「遊戲」(Cohen, 1985; Mergen, 1986)、「尋找本真性」(authenticity-seeking)(Cohen, 1988; MacCannell, 1973, 1976; Wang, 1999)、尋求「變化」和「新奇」(change and novelty)(Cohen, 1974)、尋求「意義」(meaning)(Cohen, 1979b; Graburn,

1983)、尋求「自我攀升」(ego enhancement)(Dann, 1977)、體驗「異乎尋常」(the extraordinary)(Urry, 1990)、「準朝聖」(quasi-pilgrimage)(MacCannell, 1973, 1976)、「神聖歷程」(sacred passages)(Graburn, 1983, 1989; Turner & Turner, 1978)、充當「異鄉客」(stranger)(Breenblat & Gagnon, 1983; Borocz, 1996) 和「休閒遷移」(leisure migration)(Borocz, 1996) 等等。就旅遊的社會、文化功能來說，可以把旅遊看作「社會治療」(social therapy)(Krippendorf, 1987)、「角色轉換」或「社會補償」(social compensation)(Gottlieb, 1982; Graburn, 1983; Lett, 1983)、象徵性消費 (symbolic consumption)(Brown, 1994)、「社會交流」(social communication)(Moeran, 1983; Wang, 1997) 和「文化保存」(cultural preservation)(Wang, 1997) 等等。就旅遊的經濟、社會和文化後果來說，有人把發達工業強國周邊的不發達的旅遊目的地國家看作是充當了前者的「快樂邊緣」(pleasure periphery)，並依附和受制於前者；發達國家的出遊者則是新「游牧部落」，他們對不發達目的地國家的文化「入侵」導致了後者社會和文化認同的喪失 (Turner & Ash, 1975)。來自富國的旅遊者的消費示範效應，導致貧窮目的地居民在生活方式上對前者的不切實際的認同和模仿 (Mathieson & Wall, 1982)。伴隨旅遊業的發展而來的文化商品化則造成傳統文化功能和意義的喪失 (Greenwood, 1989)。也有人把「後殖民主義」時代的國際旅遊稱作「南北對話」的新形式之一 (Burns & Holden, 1995)。還有人把旅遊需求看作是資本主義「消費者文化」(consumer culture) 和旅遊生產系統操縱的結果 (Britton, 1991; Watson & Kopachevsky, 1994)。因此旅遊是「偽事件」(pseudo-events)，旅遊者不過是沉迷於由旅遊工業所炮製出來的偽造景象中 (Boorstin, 1964)。但近來更多的學者則強調，不能把旅遊的社會文化後果只看成是負面的，也不能把目地居民看成是這種後果的單純被動的接受者 (Wood, 1993)；旅遊的社會文化後果是雙重的，利弊並存。

第二節　旅遊與現代性

綜觀西方旅遊社會學文獻，一個核心問題就是旅遊與現代性 (或現代社會) 的關係。例如，波爾斯汀 (Boorstin, 1964) 就把作為「偽事件」的大眾旅遊看作是現代性缺乏深度的體現。換言之，現代性所固有的普遍商品化原則，導致了文化生活的膚淺化和浮誇化以及文化產品的標準化和虛假化。表現在旅遊中，就是過去那種英雄般的、獨具特色的旅行 (travel) 與探險 (adventure) 讓位於現代毫無個性的大眾旅遊 (mass tourism)。與波爾斯汀對大眾旅遊持否定態度相反，麥肯耐爾 (MacCannell, 1973, 1976) 則把旅遊看作類似於宗教的、賦予人生以意義的神聖的活動。在他看來，現代化導致了宗教的衰落和世俗化，而旅遊則取代宗教成為人們尋求「本真」和「意義」的新渠道，因而旅遊是一種「準朝聖」；旅遊還是現代人把握現代性的整體和分化的方式，因而它是現代人存在的最好模式之一。可以說，麥肯耐爾是第一個明確地從現代性社會學來解釋旅遊現象的學者。這一角度為旅遊社會學的研究拓寬了視野。科恩也同樣順著現代性這一視角，把旅遊看作是一種現代現象 (Cohen, 1972)，是現代性內在矛盾的文化體現 (1988)。丹恩 (Dann, 1977) 則從現代性的背景來說明旅遊動機：一方面，人們從事旅遊是緣於現代工業社會的「失範」(anomie)，另一方面，西方人，尤其是中下階層，還可借旅遊體驗第三世界目的地居民的伺候、羨慕和尊敬，從而「提升」自己的地位。此後，洱瑞、柔傑克和波洛克茲等人均明確地把旅遊放在現代性這一大背景中來考察。正如傅柯把醫生的「凝視」看作由近代醫療制度所支持的、為醫學實踐所訓練和建構的結果，洱瑞 (Urry, 1990) 把「旅遊凝視」(tourist gaze) 看作是同現代性相聯繫的、社會地組織和系統化了的觀察世界的方式，是現代社會與文化實踐「培訓」和建構的產物。柔傑克 (Rojek, 1993) 則把旅遊看作是人們在現代性條件下的「解脫方式」(ways of escape)。波洛克茲 (Borocz, 1996) 更進一步，把旅遊看成是「旅行資本主義」(travel capitalism) 的產物。

從歷史的角度看，並非只有現代人才旅遊，前現代 (pre-modern) 人也同樣視旅遊為樂，如以快樂為目的的旅行在古羅馬就出現了 (Turner & Ash, 1975)。因此，旅遊人類學家納思 (Nash, 1981: 463) 聲稱：「我相信在所有層次的人類文化中存在某種形式的旅遊。為使某些我們的批評者滿意，我們可以稱之為『原始旅遊』(prototourism)，但它總歸是旅遊。」的確，從廣義來看，傳統社會和現代社會都共同地具有旅遊現象。把旅遊同現代性聯繫起來加以考察，並不意味著一定要否認前現代也有旅遊存在。但是，從社會學角度看，如果把旅遊看作是涂爾幹所說的「社會事實」(Durkheim, 1982)，那麼，它只能在現代社會中才存在。即使假定前現代和現代社會中的旅遊的內在體驗是一樣的 (即都是尋求快樂)，二者仍有不同。旅遊在傳統社會中還只是零星的、偶發的事件，主要是貴族的特權，還不為大眾所普遍接受和實行；旅遊所必需的社會經濟和文化條件也不具備。與之相反，旅遊在現代性中則構成了「社會事實」(Lanfant, 1993: 77)，具有普遍性 (國民出遊率同現代化程度成正比)、客觀性 (國民出遊率不以人的意志為轉移) 和強制性 (國民旅遊需求的不可逆轉)。現代性不但使旅遊的社會發生 (socio-genesis) 成為可能，而且逐漸使旅遊成為大眾的「必需」，成為被普遍接受和實踐的一種生活方式；旅遊在現代性中日益「平民化」(democratization) 了 (Urry, 1990)，旅遊產品也成為大眾化了的消費品。

旅遊同現代性的內在聯繫可以進一步更具體地從前現代旅行 (遊) 和現代旅遊的區別來加以說明。首先，在關於旅遊的態度、看法和價值方面，現代人截然不同於前現代人。在前現代社會，旅遊還不是被社會和文化所普遍認同的生活方式。與之相反，在現代社會，尤其是晚期現代性，旅遊成為被廣泛接受的生活方式，並成為許多人的習慣。更為重要的是，旅遊在發達國家已構成公民的「社會權利」(social right)，並構成社會福利的重要指標之一 (Haukeland, 1990: 179)；公民有帶薪度假的權利已寫進所有西方發達國家的法律。因此，在發達國家，除了身體等方面的原因外，沒有度假或旅遊機會被認為是一種「社會剝奪」(social deprivation)。

其次，從旅遊的生產、組織和供給角度來看，現代社會也區別於前現代社會。雖然在前現代社會，也存在客棧等招待業，卻不存在系統的旅遊產業。在現代社會，則存在一個規模較大的「旅遊生產系統」(Britton, 1991) 和「旅行的社會組織」方式 (Urry, 1990)。作為資本主義商品化的擴充，旅遊也被商品化了。

再次，從旅遊的制度化角度看，前現代社會和現代社會也完全相異。在前現代社會，旅遊活動尚未制度化，還只是偶發事件。唯一的例外是朝聖。雖然朝聖同旅遊有類似的地方，但它還不是嚴格意義上的旅遊。在現代社會，旅遊則被制度化了，成為週期性的頻發事件，主要表現為一年一度 (或二度) 的帶薪度假。旅遊的制度化不僅僅是在時間週期和頻率上說的，而且也是在文化意義上說的。旅遊如同宗教和民俗 (如過年過節) 一樣，成為賦予生活以某種意義的制度 (Graburn, 1989: 22)，因而它是一種儀式，更準確地說，一種「歷程儀式」(the rite of passage)(Graburn, 1983, 1989)。正如麥肯耐爾所說的，旅遊成為現代大眾的宗教替代品 (MacCannell, 1973)。

在論述了旅遊同現代性存在聯繫以後，還有必要進一步分析旅遊是如何同現代性發生聯繫的。在這一點上，通常有兩種意見。第一種觀點認為，旅遊源於人們對現代性陰暗面的反應和抵抗，因此，旅遊被當作是對現代性所造成的異化、生態環境的惡化和生活節奏的程式化等等狀況的暫時「解脫」(Cohen & Taylor, 1992; Rojek, 1993)。在這個意義上，旅遊的社會發生是根據「現代性的推力」(the push of modernity) 來解釋的。另一種觀點認為，旅遊需求不過是現代旅遊工業 (即資本主義商品生產的部門之一) 基於現代生活條件的改善而對人的欲望加以操縱、誘惑或控制的產物 (Britton, 1991; Watson & Kopachevsky, 1994)。在此意義上，旅遊是根據「現代性的拉力」(the pull of modernity) 來解釋的。這兩種觀點各自都包含部分的真理性。然而，如果它們各自排斥對方，它們就都是片面的了。實際上，旅遊是現代性既「推」又「拉」的結果。

用更恰當的話說，旅遊反映了人們對現代性的既「愛」又「恨」的矛盾糾纏心理，是現代生存條件下「好惡交織」的產物。一方面，旅遊體現了人們對現代性的「愛」、「好」或「喜」的一面，是對現代性所帶來的技術進步 (尤其是交通與通訊技術的進步)、生活水平的提高和隨之而來可任意支配收入和時間的增加的「慶祝」。另一方面，旅遊又反映了人們對現代性的「恨」、「惡」或「厭」的一面，是對現代性的某種無聲的批評和不滿，因此旅遊是對現代生存條件下的異化、生活程式化、都市環境的劣質化等等伴隨現代化而來的負面後果的暫時性和週期性的逃避和解脫。在旅遊中，人們尋求返璞歸真，體驗日常生活中所缺乏的自然、簡樸和真我，以及異於日常生活的另一種生活方式和生活節奏。旅遊為人們展示了一個夢幻世界 (dream world)。可見，旅遊是對現代性的存在條件的既「好」又「惡」的表現。

第三節　旅遊與社會

在有關旅遊的討論中，旅遊常常被看作是一種天然的、自發的、一種以生理需要或心理需要所驅動的活動。這種對旅遊的理解固然不錯，但卻可能過於簡單。之所以簡單，是因為這種理解僅僅停留在旅遊的潛在動機或潛在的可能性上，而沒有說明旅遊動機的現實性。為什麼旅遊的潛在動機不等於現實動機呢？原因之一在於旅遊的潛在動機受到許多條件的約束。而旅遊作為一種大眾文化在當代出現，正是由於現代社會解除了套在潛在旅遊動機上的各種約束條件 (constraining conditions)，並同時提供了使這些潛在動機得以實現出來的「促使」條件 (enabling conditions)，旅遊才能成為一種大眾現象。

在這些約束條件中，毋庸置疑，收入水平是最為關鍵的條件之一。正如馬克思在《巴黎手稿》中所說：「如果我沒有錢去旅行，我就沒有需要，即：沒有真實的、實現出來的需要去旅行」(Marx, 1977: 124)。但停留於對旅遊動機的經濟學的解釋，不免給人老生常談之感。經濟條件是旅遊的必要前提或約束條件。儘管一個國家的國民的出遊率必然與該國的經濟發展水平相聯繫，但經濟條件不是旅遊的唯一約束條件。

在這些條件中，常常被學者所忽視的就是社會結構條件與文化條件。如果說，發達國家的發達經濟與國民的高收入解除了套在旅遊動機上的經濟約束條件，其發達、快捷、便利的交通基礎設施與交通通訊服務解除了套在旅遊動機上的出行約束條件，那麼，發達國家居民的日常生活節奏體驗 (如：程式化日程節奏，工作壓力等)，則構成了旅遊者出行的推動條件。正如 Iso-Ahola (1983) 所說，旅遊者既在逃避日常生活中的某種東西，又在異地尋求某種日常生活中所難以體驗到的東西。如上面所述，旅遊者的「逃避」與「追求」動機，正是現代性所帶來的缺失所造成的。但旅遊之所以可能，同樣是由於現代性所促成的。因此，現代性是令人好惡交織的；而旅遊正是有關現代性的好惡交織的反映 (Wang, 2000)。旅遊是一面鏡子，透過它，人們重新審視自己與日常生活的關係，審視自己與現代生活方式的關係。而每一次對現代性的不滿，都可以通過出行而得到暫時克服。體驗自然界的浪漫風情，彌補了現代社會環境「去自然化」的後果，但人們終歸不願長久地停留在自然界。因此，這種短暫的與自然的零距離接觸，可以消除人們在日常生活中所積累起來的對工業化、城市化環境的不滿。旅遊因此成為一種社會再適應的活動。每一次出行，其實是為了更好地歸來，並更好地整合到所居住的社會環境中去。

現代性不但形成了人們出遊的推力，而且從制度上提供了人們出遊的社會條件。例如，帶薪度假制度就是在 19 世紀後期西方社會所逐步形成的制度。以英國為例，帶薪度假制度發源於 1871 年的「銀行假日法案」。但這個時期的帶薪度假主要還是中產階級的特權，工人階級並沒有享受這一權利。直到 20 世紀 30 年代，工人階級的帶薪度假才逐步得以推行。但工人階級的帶薪度假實踐的普遍實行，是在第二次世界大戰以後。二戰以後，所有工業化國家都頒布了帶薪度假的法案，帶薪度假得以制度化。這一制度為人們出遊提供了時間上的保證，並促使旅遊文化與度假權利意識的形成。

儘管中產階級與工人階級在出遊動機上存在階層的差異，它們之間也有許多相同之處。這種動機的相似性來源於現代性的結構性矛盾。而旅遊的出現，正是化解現代性的結構性矛盾的一種制度性手段。這種從旅遊對社會所具有的功能來探討旅遊現象的角度，就是社會學中的功能主義視角。它最早在麥肯耐爾的《旅遊者》一書中得到體現。在他看來，旅遊是一種現代社會中的居民到異地他鄉尋求現代性中所缺失的本真性的活動，是一種類似於宗教的準朝聖活動，這種活動使得旅遊者體驗到某種神聖的意義，從而對現代社會發揮一種補償的作用 (MacCannell, 1976)。格雷本指出，旅遊類似於宗教，是一種週期性地賦予生活與世界以意義的制度 (Graburn, 1989)。克里朋多夫也認為，旅遊與度假既是一種現代精神治療，也是一種現代「充電器」，它為在工業社會中耗盡能量的人們進行生理與精神的「充電」(Krippendorf, 1987)。如果說，麥肯耐爾從正面的角度肯定了旅遊對社會所具有的功能，那麼，van den Abbeele (1980) 則把旅遊看作類似於馬克思所說的宗教。正如馬克思說的「宗教是人民的鴉片」，旅遊也是當代社會人民的鴉片，因為人們通過旅遊，忘卻了現代社會的階級不平等、壓迫與異化。

但功能主義對旅遊現象的解釋顯然是有侷限性的。在事實上，旅遊者的旅遊活動，常常出於他們賦予旅遊活動與旅遊客體的意義。他們正是根據這種意義來參與旅遊活動。而不同的人所賦予某種既定的旅遊及其客體的意義是不同的，因此，不同的人對該旅遊活動的熱衷程度是不一樣的。這種視角，就是符號互動論的視角。從符號互動論的角度看，人的行動動機不是天生的、自然而然的，而是在文化與社會中建構出來的。根據布魯默的觀點，人們是根據所賦予自身行動及其環境的意義而採取相應的行動的，這種意義則在互動中形成並在互動中得到改變。同樣道理，人們根據其所賦予的旅遊活動及其環境的意義而參與旅遊活動，這些意義則來源於人與人之間的互動。從符號互動論的角度看，旅遊成為大眾現象，主要不是因為它的功能，而是因為社會話語系統賦予它以神聖的價值 (如：社會權利)。在某種程度上，旅遊動機是社會建構出來的產物。旅遊者不過是社會話語所塑造出來的旅遊信仰的實踐者。

旅遊不但是旅遊者的體驗行動，而且是旅遊消費者和旅遊供給者之間的交換活動，這種交換在兩個層次上展開。第一，它在個體或微觀層次上展開；第二，它在宏觀層次上展開。社會學更關注後者。宏觀層次的交換涉及現代化程度不同的國家與國家、地區與地區之間的交換。這種交換在其功能上，是遊客輸出國或輸出地區的財富借助旅遊消費向旅遊接待國或接待地區的溢出。但這種交換未必是對等的。越是經濟發達的國家與地區，旅遊業在國民產值中的比重相對越小，而許多發展中國家與地區的經濟發展則常常比發達國家或地區更依賴旅遊業。在此意義上，旅遊反映了全球系統中國家與國家、地區與地區之間的不平等格局。用特勒與亞斯的話說，旅遊反映了核心國與邊緣國之間不平等的交換關係 (Turner & Ash, 1975)。在一些發展中國家或地區，對發達國家或地區遊客市場的依賴性，使核心國 (或地區) 與邊緣國 (或地區) 的不平等關係得以固化。

儘管如此，旅遊並非只導致旅遊消費者與旅遊供給者之間的衝突，它也可能促進社會的整合以及各種文化之間的溝通。法國社會學家涂爾幹在《宗教生活的基本原理》一書中認為，每一個社會都會有神聖與世俗的劃分。如果說，人們對待世俗事物採取功利的態度，那麼，人們對待神聖事物則採取肅然起敬的態度。在傳統社會，沒有神聖世界的支撐，人們就難以忍受世俗世界的艱苦。在現代社會，儘管宗教衰弱了，人們依然需要神聖的東西作為他們的信仰和崇拜的對象。在某種意義上，旅遊也是人們對神聖之物的尊崇與朝拜活動。這種神聖之物，就是旅遊吸引物。人們對旅遊吸引物的觀賞活動，就是對神聖之物所舉行的一種尊敬儀式。通過旅遊活動，人們重溫了社會所尊崇的價值，體驗了神聖之物的魅力，從而使神聖世界得以不斷延續下去。由於許多神聖之物通常存在於「他處」，因此，旅遊活動有利於超越地方性視閾的束縛，擴大人們的視野，在一定程度上增強人們對他者的尊敬，促進不同地方、不同國家之間人們的相互溝通與理解。在此意義上，跨境旅遊乃是一種文化溝通過程，一種「對話」活動。儘管走馬觀花式的旅遊並不能完全消除某些文化偏見，但相互走動總比相互不走動更能憑藉直接觀察消除一些文化誤解。

與神聖世界相對的是世俗世界。世俗世界是令人好惡交織的。一方面，世俗世界中的經濟生活構成我們的物質基礎。離開這個基礎，個人生活與社會生活都不能正常進行。另一方面，世俗世界充滿各種約束、失意與挫折。沉重的工作與生活壓力、快節奏的生活步伐、單調的日常生活程式、嘈雜、擁擠與被污染的日常生活環境，都導致我們尋求解脫的衝動。長期沉浸在這樣的日常生活環境，必然導致生活意義的逐步稀釋。在此意義上，旅遊是一種通過與日常生活拉開距離、從而重新賦予日常生活以肯定意義的活動。齊美爾在《貨幣哲學》中認為，距離產生美。旅遊正是一種與距離有關的活動。一方面，旅遊通過尋求與日常生活存在一定距離的旅遊吸引物，來體驗日常生活中所感受不到的新鮮感、變化感、奇異感、美感。另一方面，旅遊與日常生活拉開距離，並通過這種短暫的距離化活動來重新肯定日常生活的意義。通過出遊，人們與家產生了距離，從而才體驗到家的重要和可愛。同樣道理，通過出遊，人們與日常生活拉開了距離，從而才覺得日常生活是親切的。因此，儘管旅遊是一種距離化活動，這種距離必須是適度的，就是說，當我們遠離家鄉的時候，我們希望有一些我們日常所熟悉的東西作為我們出遊的「心理基地」。例如，我們希望所看到的旅遊景觀與自己的日常生活環境拉開距離，但我們常常希望在出遊途中品嘗熟悉的飲食。因此，出遊活動實質上是離不開家的因素的 (如：餐飲與酒店)。正如漢勒茲所說的，對西歐遊客來說，旅遊目的地是「家」加上旅遊吸引物：「西班牙是家加上陽光，印度是家加上僕人，非洲是家加上大象與獅子。」(Hannerz, 1990: 241) 的確，我們在觀看另外一種生活方式 (文化) 時，我們總不忘攜帶我們自己的生活方式 (如：飲食偏好)。可見，通過與日常生活拉開距離，日常生活的重要性便變得明顯起來。正是在這個意義上，旅遊使人可以重新接納已經使人有幾分厭倦的日常生活及其環境。

旅遊市場的興起，使旅遊目的地國家與地方獲得了發展旅遊業的機會，並根據現實與潛在旅遊者的需求而供給旅遊產品。旅遊供給的過程，乃是供應方根據旅遊者偏好而提供可控的旅遊體驗的過程。就基礎設施不發達的旅遊目的地來說，這一供給過程至少涉及兩個方面：第一，基礎與配套設施 (星級酒店、道路、橋樑、機場、電力設施、自來水設施、通訊、醫療衛生設施等) 的建設與改善；第二，旅遊吸引物建設與保護。前者導致目的地基礎設施的完善，是旅遊誘導的現代化進程；後者則構成目的地的吸引力所在。但是，目的地所面臨的一個普遍問題，是旅遊商業化與旅遊體驗本真性的矛盾。一定的商業服務是旅遊目的地所必不可少的。但旅遊目的地常常被過度商業化，從而導致旅遊體驗質量 (如：本真性) 受到負面影響。為了迎合遊客的需要，一些民俗變成了商業性表演，失去了傳統文化的意義和功能 (Greenwood, 1989)。因此，旅遊開發涉及一個悖論：旅遊商業化是促進當地經濟發展的一個因素，但旅遊過度商業化卻可能導致旅遊體驗質量的下降，從而導致該目的地的旅遊吸引力下降。為了使當地旅遊資源得到可持續利用，當地管理機構往往傾向於在旅遊供給者 (或投資者) 立場與旅遊消費者立場之間取得平衡。因此，旅遊發展至少涉及四方之間的關係：1. 管理部門；2. 投資商、旅遊經營者與涉及旅遊供給的當地居民；3. 不涉及旅遊供給的當地居民；4. 旅遊者。

旅遊業對旅遊目的地所造成的經濟、社會、文化與生態後果，不能脫離旅遊目的地治理 (governance) 模式來看。不同的治理模式，決定了旅遊的這些後果也是不同的。因此，我們不能泛泛停留於一般的「旅遊後果」討論，因為旅遊後果的性質取決於治理模式。旅遊業的發展嵌入於當地的制度環境中。因此，制度環境不同，旅遊業所造成的後果也常常不同，而良好的制度設計將使旅遊發展給當地社會帶來增權的效果 (Sofield, 2003)。

重要名詞

旅遊：指的是人們通過旅行而到外地尋求與本地日常生活體驗不同的體驗的過程。它具有異地性 (離開家)、差異性 (尋求與日常體驗不同的體驗) 和享樂性的特點。它是雙程的，不是永久移民，因而是一種短暫的休閒遷移。在統計上，旅遊統計學家往往把旅遊區別於當日來回的郊遊或休閒活動，只有在目的地逗留過夜的休閒旅行才是旅遊。從形式上分，旅遊分制度性旅遊 (如：跟隨旅行團旅遊) 和非制度性旅遊 (如：自助遊)。旅遊也不同於度假，後者往往同法定的帶薪休假權利相聯繫。由於人們的度假往往採取了旅遊的形式，因此二者常常可以替換使用。

旅遊動機：從事旅遊活動的心理和社會動因。

旅遊影響：旅遊者的活動和旅遊產業的開發過程對旅遊目的地的生態環境、經濟、社會和文化所造成的各種後果。

問題與討論

1. 如何理解旅遊與現代性的關係？
2. 如何從社會學角度理解旅遊現象？

推薦書目

Cohen, Erik, 2004, *Contemporary Tourism: Diversity and Change*, London: Elsevier.

MacCannell, Dean, 1976, *The Tourist: A New Theory of the Leisure Class*, New York:

Schoken Books.

Urry, John, 1990, *The Tourist Gaze: Leisure and Travel in Contemporary Societies*, London: Sage.

Wang, Ning, 2000, *Tourism and Modernity*, Oxford: Pergamon.

參考書目

Apostolopolous, Yiorgos, Leivadi, Stella and Yiannakis, Andrew (Eds.), 1996, *The Sociology of Tourism: Theoretical and Empirical Investigations*, London: Routledge.

Bauman, Zygmunt, 1994, Fran Pilgrim till Turist (From Pilgrim to Tourist), *Moderna Tider*, September: 20-34.

Boorstin, D., 1964, *The Image: A Guide to Pseudo Events in America*, New York: Haper & Row.

Borocz, Jozsef, 1996, *Leisure Migration: A Sociological Study on Tourism*, New York: Pergamon.

Britton, S., 1982, The Political Economy of Tourism in the Third World, *Annals of Tourism Research*, 9: 331-359.

---, 1991, Tourism, Capital, and Place: Towards a Critical Geography of Tourism, *Environment and Planning D: Society and Space*, 9: 451-478.

Brown, Graham, 1992, Tourism and Symbolic Consumption. In Peter Johnson and Barry Thomas (Eds.), *Choice and Demand in Tourism*, London: Mansell, 57-71.

Burns, Peter and Holden, Andrew, 1995, *Tourism: A New Perspective*, London: Prentice Hall.

Cohen, Erik, 1972, Toward a Sociology of International Tourism, *Social Research*, 39(1): 164-182.

---, 1974, Who Is a Tourist: A Conceptual Clarification, *Sociological Review*, 22: 527-555.

---, 1979a, Rethinking the Sociology of Tourism, *Annals of Tourism Research*, 6(1): 18-35.

---, 1979b, A Phenomenology of Tourist Experiences, *Sociology*, 13(2): 179-201.

---, 1984, The Sociology of Tourism: Approaches, Issues and Findings, *Annual Review of Sociology*, 10: 373-392.

---, 1985, Tourism as Play, *Religion*, 15: 291-304.

---, 1988, Authenticity and Commoditization in Tourism, *Annals of Tourism Research*, 15: 371-386.

Cohen, S. and Taylor, L., 1992, *Escape Attempts: The Theory and Practice of Resistance in Everyday Life* (2nd ed.), London: Routledge.

Culler, J., 1981, Semiotics of Tourism, *American Journal of Semiotics,* 1(1-2): 127-140.

Dann, Graham, 1977, Anomie, Ego-enhancement and Tourism, *Annals of Tourism Research*, 4: 184-194.

---, 1981, Tourist Motivation: An Appraisal, *Annals of Tourism Research*, 8: 187-219.

---, 1989, The Tourist as Child: Some Reflections, *Cahiers du tourisme*, Serie C, No. 135, Aix-en-Provence: CHET.

---, 1996, *The Language of Tourism*, London: CAB International.

Dann, Graham and Cohen, Erik, 1991, Sociology and Tourism, *Annals of Tourism Research*, 18(1): 155-169.

Dumazedier, Joffre, 1967, *Toward a Society of Leisure*, New York: Free Press.

Durkheim, Emile, 1982, *The Rules of Sociological Methods and Selected Texts on Sociology and Its Method* (Stven Lukes, Ed. and W. D. Halls, Trans.), London: Macmillan.

Eco, U., 1986, *Travels in Hyperreality* (William Weaver, Trans.), London: Picador.

Gottlieb, A., 1982, American's Vacations, *Annals of Tourism Research*, 9: 165-187.

Graburn, Nelson H. H. (Ed.), 1983, Anthropology of Tourism, *Annals of Tourism Research*, Special Issue 10(1): 1-189.

Graburn, Nelson H. H., 1989, Tourism: The Sacred Journey. In V. Smith (Ed.), *Hosts and Guests: The Anthropology of Tourism* (2nd ed.), Philadelphia: University of Pennsylvania Press, 21-36.

Greenblat, Cathy Stein and Gagnon, John H., 1983, Temporary Strangers: Travel and Tourism form a Sociological Perspective, *Sociological Perspectives*, 26(1): 89-110.

Greenwood, Davydd J., 1989, Culture by the Pound: An Anthropological Perspective on Tourism as Cultural Commoditization. In Valene L. Smith (Ed.), *Hosts and Guests: The Anthropology of Tourism* (2nd ed.), Philadelphia: University of Pennsylvania Press, 171-185.

Hannerz, U., 1990, Cosmopolitans and Locals in World Culture, *Theory, Culture & Society*, 7: 237-251.

Haukeland, Jan Vidar, 1990, Non-travelers: The Flip Side of Motivation, *Annals of Tourism Research*, 17: 172-184.

Iso-Ahola, S. E., 1983, Toward a Social Psychology of Recreational Travel, *Leisure Studies*, 2: 45-56.

Kinnaird, Vivian and Hall, Derek (Eds.), 1994, *Tourism: A Gender Analysis*, Chichester: Wiley.

Knebel, H. J., 1960, *Soziologische Strukturwandlungen immodernen Tourismus*, Stuttgart: Enke.

Krippendorf, Jost, 1987, *The Holiday Makers: Understanding the Impact of Leisure and Travel* (Vera Andrassy, Trans.), London: Heinemann.

Lanfant, M.-F., 1980, Introduction: Tourism in the Process of Internationalization, *International Social Science Journal*, 32(1): 14-43.

---, 1993, Methodological and Conceptual Issues Raised by the Study of International Tourism: A Test of Sociology. In Douglas G. Pearce and Richard W. Butler (Eds.), *Tourism Research*, London: Routledge, 70-87.

---, 1995, Introduction. In M.-F. Lanfant, J. B. Allcock and E. M. Bruner (Eds.), *International Tourism: Identity and Change*, London: Sage, 1-23.

Lash, Scott, and Urry, John, 1994, *Economy of Signs and Space*, London: Sage.

Lett, James W., 1983, Ludic and Liminoid Aspects of Charter Yacht Tourism in the Caribbean, *Annals of Tourism Research*, 10(1): 35-56.

MacCannell, Dean, 1973, Staged Authenticity: Arrangements of Social Space in Tourist Settings, *American Journal of Sociology*, 79: 589-603.

---, 1976, *The Tourist: A New Theory of the Leisure Class*, New York: Schoken Books.

Mathieson, Alister and Wall, Geoffrey, 1982, *Tourism: Economic, Physical and Social Impacts*, London: Longman.

Marx, K., 1977, *Economic and Philosophic Manuscripts of 1844*, London: Lawrence & Wishart.

Mergen, Bernard, 1986, Travel as Play. In Bernard Mergen (Ed.), *Cultural Dimensions of*

Play, Games, and Sport, Champaign, Illinois: Human Kinetics Publishers, 103-111.

Moeran, Brian, 1983, The Language of Japanese Tourism, *Annals of Tourism Research*, 10(1): 93-108.

Nash, Dennison, 1981, Tourism as an Anthropological Subject, *Current Anthropology*, 22(5): 461-481.

Roche, Maurice, 1992, Mega-Events and Micro-Modernisation: On the Sociology of the New Urban Tourism, *British Journal of Sociology*, 43(4): 563-600.

Rojek, C., 1993, *Ways of Escape: Modern Transformations in Leisure and Travel*, London: Macmillan.

Rojek, Chris and Urry, John, 1997, *Touring Cultures*, London: Routledge.

Ryan, Chris (Ed.), 1997, *The Tourist Experience*, London: Cassell.

Shield, R., 1991, *Places on the Margin: Alternative Geographies of Modernity*, London: Routledge.

Smith, Valene L. (Ed.), 1977, *Hosts and Guests: The Anthropology of Tourism*, Philadelphia: University of Pennsylvania Press.

Sofield, T. H. B., 2003, *Empowerment for Sustainable Tourism Development*, New York: Pergamon .

Thurot, Jean Maurice and Thurot, Gaetane, 1983, The Ideology of Class and Tourism: Confronting the Discourse of Advertising, *Annals of Tourism Research*, 10(1): 173-189.

Turner, L. and Ash, J., 1975, *The Golden Hordes: International Tourism and the Pleasure Periphery*, London: Constable.

Turner, V. and Turner, E., 1978, *Image and Pilgrimage in Christian Culture*, Oxford: Basil Blackwell.

Urry, John, 1990, *The Tourist Gaze: Leisure and Travel in Contemporary Societies*, London: Sage.

---, 1995, *Consuming Places*, London: Routledge.

van den Abbeele, G., 1980, Sightseers: The Tourist as Theorist, *Diacritics*, 10: 2-14.

von Wiese, L., 1930, Fremdenverkehr alszwischenmenschilche Beziehung, *Arch. Fremdenverkehr*, 1(1).

Vukonic, Boris, 1996, *Tourism and Religion*, New York: Pergamon.

Wang, Ning, 1997, Vernacular House as Attraction: An Illustration from Hutong Tourism in Beijing, *Tourism Management*, 18(8): 573-580.

---, 1999, Rethinking Authenticity in Tourism Experience, *Annals of Tourism Research*, 26(2): 349-370.

---, 2000, *Tourism and Modernity*, Oxford: Pergamon.

Watson, G. Liewellyn and Kopachevsky, Joseph P., 1994, Interpretations of Tourism as Commodity, *Annals of Tourism Research*, 21: 643-660.

Wood, R. E., 1993, Tourism, Culture and the Sociology of Development. In M. Hitchcock, V. T. King and M. J. G. Parnwell (Eds.), *Tourism in South-East Asia*, London: Routledge, 48-70.

Part III
變 遷

第十八章　社會生活的秩序與變遷　林信華
第十九章　社會變遷和發展　白小瑜、謝立中
第二十章　現代性與全球化　黃瑞祺、黃之棟
第二十一章　都市化　白小瑜、謝立中
第二十二章　資訊與社會　陳怡廷、孫治本
第二十三章　人口與老年社會　劉一龍
第二十四章　社會運動　文　軍

社會生活的秩序與變遷

內容提要

現在幾乎每個人都有手機，可以隨意地與他人連絡。我們也可以在發達的城市中，帶著電腦無線上網。我們只要在一個點上，就可以與世界溝通。曾幾何時，我們還靠著雙腳在走路，藉著腳踏車、摩托車、鐵路和汽車到要到的地方去處理事情。這些變化不只是技術的，它同時讓我們的生活習慣徹底改變，而這當然涉及整體社會、政治與文化生活的改變。社會學除了是在這個變化歷程當中成長之外，同時也不斷回應這些過程當中的議題。我們不知道未來的社會會變成什麼樣子，就如同在一次大戰之前根本無法想像今天的社會將是如此的電子化一樣。

第一節　社會空間與社群結合

人類社會發展的不同形態。我們的日常生活有著一定的秩序，它基本上是我們所創造出來的，而這也是社會科學之所以可能的基礎。如同 E. Cassirer 所言，「對於 G. Vico 來說，知識的真正目標並不是對自然的知識，而是對我們自己本身的知識。一切存在只對它自己所造出的事物可以真確的理解與貫穿，我們知識的範圍並不可以超出我們所創造的範圍之外。人類所能真正理解的，並不是事物的本性，而是他自己創造出的結構與特性。」(1990: 14) 在今天的全球資訊社會中，我們在這個秩序當中所加進的事物更是結構化與系統化。人類的溝通在 20 世紀因為技術與運輸的進步，突破了面對面的傳統溝通方式。我們互動的對象，在人類社會歷史中，達到最高度的匿名狀態。對象的所有特徵可能在現代的溝通中，被類型化並且失去個性，而其中的溝通中介就是極度抽象的符號 (Berger and Luckmann, 1967: 28-46)。在社會學的觀察上，可以將這個對象匿名化的程度以及人類社會發展的歷程初步分成四個形態 (Spybey, 1996: 53-55)：

1. 部落社會 (tribal society)。個體的存在乃是作為一個廣大的氏族系統之一部分。
2. 文明 (civilization)。當個體的存在作為一個階級社會的一部分時，人類社會乃進入這個階段。在鄉村內地的基本生活背景中，統治的功能或國家乃是包含在城市行政的中心。
3. 現代性的西方文明 (western civilization as modernity)。當在一個特定的領土上生活著特定的民族，也就是個體的存在乃是作為民族國家的市民時，人類社會進入這個形態。城鎮與鄉村之間的社會分工已被打破，並且整個人口進入大眾社會的過程。
4. 全球資訊社會 (global information society)。經濟上，跨國與區域經濟網絡的成形。政治上，以國家為中心的政治認同發生了變化。文化上，各國家或各區域的文化有同質化的趨勢。

人類的社會互動模式越來越緊密與頻繁，城市生活更是因此加速度的成形。全球資訊社會中，經濟、政治與文化的制度已經被全球化。今天，每一個單位必須在一些形式上參照全球化的制度，才能參與社會生活 (Spybey, 1996: 9)。這樣的發展傾向自然是歸因於生產累積、科學技術以及溝通技術的長足進展。上述歷史的發展過程可以在表 1 中初步觀察到 (Ibid.: 110)：

表 1　科學技術以及社會溝通的進展

	科學理論	社會技術	社會溝通
19 世紀前	自然力量	馬路、帆船、運河	人工送信者
19 世紀	蒸汽力量、電學	輕便鐵路、汽船	規律的郵政服務、電報、電話
20 世紀初	內氧化引擎、攝影術、聲音錄音	地下鐵路、機動車輛、飛機	收音機、航空信、照片、電影、唱片與錄音帶
20 世紀中	陰極射線管、太空火箭	太空飛行	電視、衛星
20 世紀末	電子學、纖維光學	電腦控制的交通工具	電腦、光碟、傳真機、多媒體溝通

不同時代的社會秩序。在我們所觀察的全球資訊社會中，社會空間的意義在這裡得到最大的解放，在軀體幾乎可以完全被消解在符號與資訊點之前提下，現實距離幾乎可以消失 (Benedikt, 1995: 40-45)。上數種種的實質變化，的確足以提供我們區分一個不同於以往的時代秩序。在整個歷史的回顧過程中，可以將三個不同的時代秩序表述在表 2 中 (Jarboe, 1999: 11-20; Rogers, 1986: 13)：

表 2　在不同時代中的秩序特性

概略時代／秩序內涵	部落社會或文明	現代性的西方文明	全球資訊時代
互動形式	面對面、文字	面對面、文字、影音	面對面、文字、影音、資訊網絡
貨幣形式	實質貨幣	支票、銀行等貨幣機制	虛擬貨幣的產生
權力形式	政教合一的地方中心	中心化的要求和控制	去中心化的協調
生產特性	分散性的小規模生產	大眾生產與消費、經濟規模的標準化	彈性生產、經濟活動的彈性化
統治形態	城邦與城市	國家和國際統治	地方與區域控制
行為主體	面對面互動者	法人	非政府行動者的增加
結構特性	地方性的直接互動以及鬆散的聯合	政府直接的管理與服務	調解者 (intermediaries) 的產生
世界理念	宗教性與理念性的普遍主義	國際主義、單一世界主義	區域主義

以前大家面對面在大自然中生活，現在我們彼此陌生地生活在城市中。我們對社會所發生的事情，大部分都從媒體中得知。這是一個資訊與知識的社會，如同貝爾 (D. Bell) 所言，人類社會從前工業社會經過工業社會到後工業的社會，社會生活中心是人的服務、職業與技術的服務，因而它的首要目標是處理人際關係 (game between persons)。它是一個群體的社會，其中的社會單位是團體組織，而不是個人。

社會互動媒介的發展。而這最為根本的是社會交往或溝通方式的變化，也就是互動媒介的進展。它們在科技不斷的發展下，在人類社會有著加速度的推進。一般而言，它們可以有這樣的三種形式 (Poster, 1990: 6-9)：

1. 口語時代。它是人類生活世界最初的接觸與交流形態。在以軀體為單位與動力的口語時代中，人們以面對面方式互動，符號交換大抵是詳加闡述大家已經知道並且接受的東西。
2. 書寫時代。當社會空間在軀體流動與符號表現能力逐漸增加之下，也逐漸擴大與富有想像性時，符號再現 (representation) 功能同時逐漸增加，也就是符號的象徵表現能力將人們帶入更為複雜的社會交往形式中。
3. 電子中介時代。當符號的象徵表現能力取得它的系統性與自主性時，換句話說，當生活世界的秩序充滿能指 (signifier) 的流動，其所指涉的對象或客體已經不重要時，人們的交往空間似乎從自然世界被帶入資訊化的社會世界中。此時的符號只是資訊的模擬 (simulations)。

正如 T. Thompson 所言，這個歷程表現了更多符號所中介的素材 (mediated symbolic materials)，它一方面大大擴展個人所能獲得的資訊範圍，一方面這個中介系統也越來越龐大。今天，我們的日常生活世界的確越來越是資訊化的社會世界，它在人類歷史的發展上，逐漸取代自然的世界，成為我們每天生活的主要空間。在我們之間其實存在著大量的資訊媒介，我們對他人或者對世界的了解，都在這個資訊媒介中進行。這個資訊網絡在過去的大自然中不曾存在，它在社會的發展中不斷地被累積起來，一直到今天正在加速度地進行。

跨國界生活。一種新技術的產生，可能涉及到權力政治的運作，而它所直接造成的可能是一種新的文化生活形態。到了今天的社會，資訊革命已對人類的智慧產生巨大的新容量，並且改變我們一起工作的方式與一起生活的方式。在科技的持續發展以及跨國界組織與溝通的加速下，我們將可以觀察到兩個基

本的特殊現象 (Tomlinson, 2001: 2-3)：

1. 現代社會生活在各個層面上的相互依存和彼此相關連；
2. 它是一種跨國界的現象。

一直到二次大戰之前，國家的秩序就是社會的秩序，國家提供社會化和共同意義系統的唯一運作空間。因此我們可以說社會科學在很大程度上乃是圍繞著國家這個中心而發展，國家也成為社會生活的自然邊界。在國家當中，空間的距離與社會的距離乃是等同的。個體透過特定的語言符號系統，在家庭、學校、朋友以及最抽象的世界觀中建立屬於自己社會行動的意義系統，並且這個意義系統通常乃是聯繫於國家要素之下的系統。對於不同社會形態以及它的時空間結構之關係，可以在表 3 中初步地觀察到 (Dyson, 1999: 84-85; Virilio, 1991: 13; Castells, 1989)：

表 3　社會形態與時空間結構

時空間單位性質／相關社會性質	軀　體	物　理	虛　擬
時空結構	個別軀體的移動	時間向度的擴展 物理單位的結構	現實距離的消失
互動形式	面對面	字素與音素的結構	匿名與隱形
流動特性	靜態	局部	全球
制度程序	溝通與理解	系統化	系統網絡
社會認同	單一與穩定	以國家為框架	多元與易變
國家秩序	較鬆散的聯繫	緊密連結於民族國家中的法律系統	國家、地方與區域秩序的共存
世界圖象	可塑性	以國家為基礎	想像性
社會形態	農業社會	工業社會	資訊社會

從農業社會到工業社會以及資訊社會的發展中，我們可以觀察到現實距離越來越消失，我們的生活空間逐漸被系統網絡所架構，它相較於前一種社會形態，具有越來越多的想像性。系統網絡的架構已經運作在每個人的日常生活當中，換句話說，我們越來越生活在我們所創造出來的歷史與社會中。

在這些需要的普遍化以及民間組織的發展中，人民事實上逐漸生活在系統性的溝通與交往制度中，它們不同於原有國家的制度秩序並且逐漸獨立於國家政治力量的控制之外。相較於其他世紀，貨幣的普遍使用以及城市的擴展將使得這樣的情況更清楚地表現出來，並且讓它們取得加速發展的空間。在這個快速的社會變遷中，我們所生活於其中的社會空間同時發生了急遽的變化 (Wolf, 1991: 582-586)。

第二節　城市

我們社會生活空間的變化最清楚是發生在城市當中，城市的生活將人與人結合在一個多重的緊密關係中，但矛盾的是也將人與人之間的關係孤立到頂點。這個生活空間的變化事實上表現整體生活的改變，例如人際關係、工作形態、休閒娛樂、公共事務以及世界觀等等都有著新的形式。

一、城市的發展

城市的發展通常是伴隨著商業活動而來的，市場的力量將城市不斷向鄉村地區擴充。一直到今天的全球城市，它幾乎是所有生活層面的中心。

歐洲近代城市的興起事實上就是資本主義的發展歷程 (Braudel, 1992: 608-610)。它們有著不同的特點，並且可以進一步地歸納成某些基本的類別 (Cohen and Kennedy, 2001: 402)：

1. 古代城市。例如巴格達、雅典與羅馬等等，它們建立在原先居民點的遺址上，同時是現代重要的旅遊點。
2. 殖民地城市。例如聖保羅和孟買等等，它們都是在殖民擴張的過程中發展而來。
3. 工業城市。如多倫多、法蘭克福和芝加哥等等，它們在現代化過程中以及建構民族國家體系期間成為工業、商業和金融活動中心。
4. 全球城市。例如倫敦、巴黎、東京和紐約等等，它們在現代化歷程中具有多樣性，但在當前全球化變遷和整合的過程中，又具有某種社會特質並發揮著顯而易見的作用。

人們在城市的溝通制度中得到新的權利，他們的認同取向也發生了改變。公民權利與身分 (citizenship) 一詞在這種新社會背景中得到最符合原意的表現，公民 (citizens) 的拉丁字源 civitas 乃是意味城市之成員，來自於 cité 的法文 citoyen 也是意指在城市之內享有特定權利的市民 (Turner, 1993: 9-10)。而市民

當中的資產者 (bourgeois) 乃是新興的社會特殊階層，他們在法律上除了擁有因商業化所帶來的新權利外，在城市中也擁有新的階層位置、並且是具有體面的人 (honorable homme)，也就是擁有財富以及諸如門面臨街的住宅。他們基本上不是律師、檢察官、醫生或者農夫，而是具有累積資本的商人 (Braudel, 1992: 529)。

因此當商業的交換行為與資本的累積促使共同體的形式逐漸從倫理的 (例如家庭) 轉向政治的 (例如城市與國家) 同時，公民權利與身分也逐漸取得發展的空間 (Weber, 1980: 242-244)。對於我們今天社會生活的影響，18 世紀末葉的工業革命和法國大革命扮演非常重要的角色。工業革命的關鍵在於市場系統的擴展，市場系統的發展則依靠法律和政治的保障，以及使得商業得以擴展的財產權和契約之法律架構。法國大革命所要求的社會生活乃是以公民為中心。法國大革命的三大訴求——自由、平等、博愛——奠定了現代社會生活的新概念 (Parsons, 1991: 200-206)。

我們生活的空間越來越多元，以前在封閉的聚落，到城市以及國家，現在有一些人更是遊走在全球之間。我們社會生活的空間已經不是傳統社會形態，它可以是紀登斯 (A. Giddens) 所言的後傳統社會，它的特性是由資訊所架構出來的互動秩序。

二、資訊與全球城市

在進入 20 世紀的城市當中，城市的網絡透過資訊系統的發展更是深入到日常生活中的每一個角落。資訊社會的來臨最主要表現在城市中，這是最新型的資訊城市。

科技資訊本身是沒有時間與空間的限制，封閉於一隅的現象在資訊社會中已經不可能，甚至過去區別於其他城市的商業城市或霸權城市在資訊城市中也逐漸消退這種區別 (Castells, 1989)。現在地方也越來越像城市，後者更精確地講，越來越像資訊城市 (informational city)(Ibid.: 102)。

我們是生活在社區當中，但是這個社區已經城市化，它不像過去鄉村生活中的社區。城市化可以說是現代化裡最重要的環節之一，在城市生活中，人類社會的時空間結構可以說產生巨大的改變。在近代的社會發展中，地方性意義的變化最具體地並且持續性地表現在城市化的現象上 (Ibid.: 333-371)。

所謂現代化與全球化主要是在城市當中完成的，當然也進一步地將鄰近的鄉村城市化。城市化表現面對面生活形態以及地方意義轉變的重要歷程，大量的人口聚集以及資訊科技的發展使得個體間的互動著重在個人事務的快速完成上，也就是大家逐漸擁有可以達成個人日常生活目的的共同程序和網絡 (Morley, 1991: 8)。在這個前提下，地方的意義系統也早已跨出傳統的空間，並且擁有超國家的特性。

城市的資訊化體現城市地方本身與全球活動的同步現象，城市不再只是國際商品與財物的集中地，而且也是體現全球網絡的樞紐。城市從過去的商業交易中心、金融交換中心以及職業交流中心等等的溝通質料基礎，到以電子質料為互動基礎時，城市生活得到了最開放性與最系統性的可能發展。城市生活帶給我們一個前所未有的廣大生活網絡，但也讓我們彼此之間陌生到最大的程度。城市生活不斷在流失傳統的共同規範與制度，同時也不斷以新的溝通質料重新將人民聯繫在一起，並且是朝向全球網路的空間 (Castells, 1989: 184)。

它們是全球城市 (global cities)，國際性的貿易與金融越是網絡化，相關的聯繫系統越是集中在這些城市中 (Ibid.: 3-42)。全球城市在一些特性上並不只是過去所稱的巨型都會 (megalopolis)，一方面不同於希臘斐絡波泥西安 (Peloponnesian) 半島哲學家將後者視為人類一切文明的發展歸趨，一方面也不同於將後者用來指稱美國東北海岸從波士頓到華盛頓特區之間長達 450 公里綿延不斷的城市化地帶。後者當然是現代化與工業化的具體展現，而全球城市也是在這個歷程上的進一步生活形式。只不過全球城市擁有更具體的資訊城市特性，並且它是在民族國家之後的新生活空間 (Giddens, 1995: 91)。

在這樣的全球城市中，貧富差距呈現逐漸加大中，並且出現所謂新貧窮的階層，他們有工作能力卻沒有工作機會。在貧富差距逐漸擴大的歷程中，全球城市也表現一種新的生產方式或就業形式，它可以說是非典型的就業形式 (atypical forma of employment)。在這種新型的城市中，存在著一些相當不公平的現象，諸如貧富懸殊、資源的分配不均等等。大致上也可以如布爾迪厄 (P. Bourdieu) 所言，大部分人總是存在於三個主要的社會空間中：即宰制或上層階層，他們決定什麼是合法的文化；小資產階層，他們占有中間的位置並且都想往上爬；以及普羅階層，他們處於社會的最底端，幾乎沒有任何的資本 (Bonnewitz, 2002: 76-79)。

在未來的世界中，個體在購物時甚至可以不必碰到任何人。總而言之，個體所擁有的意義世界在這個發展上逐漸朝向虛擬世界，最原始與最真實的面對面生活方式現在已經部分由電子網絡所填補 (Holmes, 1997: 1-22)。在全球城市中，社會階層可以有以下的共同特性。

1. 人們在全球城市的溝通制度中得到新的權利，他們的認同取向也發生了改變。
2. 在全球的資訊城市中，其實互動的對象是誰早已經不重要，與對象到底有什麼共同的傳統或習慣也已經不重要。在這個前提下，階層的意識已經沒有過去時代那樣地強烈。
3. 作為全球城市，公民有相對強烈的共同認同，他們在一些議題上已經跨出了階層或階級的框架。
4. 我們實在沒有必要將全球城市中的階層細分到八個或九個，因為在實際的生活中並不存在如此細膩的區別。不過大致上可以在布爾迪厄三個主要的社會空間理論中，社會階層用比較活潑生動的描述也可分成三個階層，它們在人民實際的感受上乃是相當具體的，即有錢人、不太可能富有的上班族以及逐漸增加的失業者。

在近代的社會發展中，地方性意義的變化最具體地並且持續性地表現在城市化的現象上。促使人口從本是相互孤離的鄉村向鄰近的城市移動，其原因相當複雜，但根本上乃是涉及生產模式、溝通模式以及整體的社會生活模式之改變。因此地方與地方性概念一開始就不只是空間上的，而是整體生活方式的 (Braudel, 1992: 559)。

如同 P. F. Drucker 所言，城市之所以吸引人，完全是因為能讓人擺脫鄉村社區的強制性和壓迫性，但也由於城市缺乏自己的社區，因此帶有毀滅性。人類需要社區，如果沒有積極向上的社區，就會出現具破壞性的凶狠社區。今日當務之急，是創造過去從未有過的城市社區。我們需要一個有別於傳統的社區，它必須具有自由和自動的特性，也要讓城市中的每一個人有機會創造成就，做出貢獻，並且與社區息息相關。只有社會部門，也就是非政府的非營利機構可以創造我們現在需求的市民社區，尤其是為受過高等教育、逐漸成為已開發國家社會中堅的知識工作者，創造這樣的社區。非營利組織也可以讓我們成為有用的市民，只有社會部門能提供機會，讓人民擔任義工，從而讓個人擁有一個自己可以控制與奉獻的天地 (2002: 235-237)。

資訊城市。大量的人口聚集以及資訊科技的發展使得以往面對面生活形態以及地方意義有所轉變，個體間的互動著重在個人事務的快速完成上，也就是大家逐漸擁有可以達成個人日常生活目的的共同程序和網絡。現在是一個階層重疊並且呈現不穩定的現象，誰與你同階層這一問題並不容易回答。大家現在只知道，大部分人生活越來越困難，但總是有些人越來越有錢。這是一個資訊城市的典型現象，傳統的地方意義事實上已經受到嚴重的挑戰。但並不是已經徹底地瓦解，而是在全球化與資訊化的過程中再次地找到空間，只不過是以一種資訊的、經濟的與符號的方式重新組構起來。

在資訊社會中，也許可以不再使用城市與鄉村的傳統對比，而是新的地方概念。在互動對象高度隱形化與匿名化的歷程中，大眾溝通的網絡事實上也同時跨出城市的範圍，並且整體聯繫於先進國家的共同資訊系統。封閉於一隅的現象在資訊社會中已經不可能，甚至過去區別於其他城市的商業城市或霸權城市在資訊城市中也逐漸消退這種區別。也就是城邦在通訊時代又戲劇性地回復了，「地方性思考、全球性運作」的思維取得空間 (Ogden, 1997: 115-117)。

後現代消費城市。消費並不只是一種滿足需要的過程，它是一個活動的系統化模式。或者更清楚地說，在合乎意義的範圍之內，消費是一個操縱符號的系統化行動 (Baudrillard, 1988: 21-22)。而值得注意的是，在這創意與消費的整體產業中，我們也可以觀察到創意產業越來越需要多重訓練 (multi-skilled) 的就業內涵。

因此，我們必須更重視城市經濟與社會文化等等面向的關聯。如同 S. Zukin 指出，基於城市地區相較於郊區長期的衰落、金融投資的擴展、文化消費的成長、種族移民的增加以及認同政治的行銷，城市符號經濟學的重要性日漸增加。因此，我們在了解城市時必須考慮到以下因素 (Barker, 2004: 372)：

1. 城市如何利用文化作為經濟基礎；
2. 文化的資本化如何湧入私有化和軍事化的公共空間；
3. 文化的力量如何與恐懼的美學相關聯。

對於上述對城市的種種描述中，最後我們可以用後現代城市這個術語來進行隱喻，雖然它只是一個術語，如同 E. Soja 所認為的，後現代城市化的過程，可以簡單描寫出 20 世紀最後二十五年中城市的主要變化。我們可以看到洛杉磯市中六個相互交纏的過程和關係，產生出一個複合的後現代城市地理狀態 (Barker, 2004: 376-378)：

1. 由福特主義到後福特主義的城市化。由大量生產和制式化財貨的消費，轉移到針對利基市場彈性專門化的少量生產。
2. 全球化與世界城市的形成。
3. 去中心化和再中心化 (re-centralization) 的結合。原本位在城市內部的貧窮區不再需要真的位於實體的城市中心，近郊住宅區逐漸成為工業發展新形式的地點。
4. 社會碎裂、隔離和兩極對立的新形態。它包含了社會、經濟和文化上逐漸增加的不平等。
5. 監禁城市的不斷增加。城牆的築起、武裝的警衛、有巡邏的購物中心、監視錄影機以及鐵絲網圍牆的增加，所有的目的都在防止犯罪、暴力和種種威脅。
6. 牽涉超現實和擬象興起的新形式或法規。新的東西是將超現實擴散到平常正常的生活中，例如媒體造勢專家、虛擬空間和流行文化等等的現象。

城市之所以吸引人，完全是因為能讓人擺脫鄉村社區的強制性和壓迫性，但也由於城市缺乏自己的社區，因此帶有毀滅性。如果未來會出現每個人都能自由選擇的社區，那麼只有非營利組織可以滿足我們的多元需求，滿足從教會到專業協會、從照顧無家遊民到健康俱樂部的需求。非營利組織也可以讓我們成為有用的市民，只有社會部門能提供機會，讓人民擔任義工，從而讓個人擁有一個自己可以控制與奉獻的天地 (Drucker, 2002: 235-237)。科技的力量徹底改變我們的生活空間與方式，首當其衝的正是社區生活的具體變化，以及我們生活環境的改變與破壞 (Giddens, 1994: 95)。

重要名詞

共同體 (community)：它可以小到一個家庭，也可以大到一個國家，當然也包含社區。community 可以翻譯成社區，在這裡這也只是上述空間的一種指涉而已。大致上而言，今天我們大部分人都生活在城市當中。過去的鄉村生活是一種社會關係，在這種社會關係中，社會行動的態度依賴於參與者在情感上或傳統上的夥伴關係。今天的大廈式生活指涉一種社會關係，在這種社會關係中，社會行動的態度依賴於在動機上是理性的利益比較或是利益的聯結。

公民 (citizens)：它的拉丁字源 civitas 乃是意味城市之成員，來自於 cité 的法文 citoyen 也是意指在城市之內享有特定權利的市民。市民當中的資產者乃是新興的社會特殊階層，他們在法律上除了擁有因商業化所帶來的新權利外，在城市中也擁有新的階層位置。

全球城市 (global cities)：國際性的貿易與金融的網絡化，相關的聯繫系統也是集中在這些城市中。全球城市在一些特性上並不只是過去所稱的巨型都會，一方面不同於希臘斐絡波泥西安半島哲學家將後者視為人類一切文明的發展歸趨，一方面也不同於將後者用來指稱美國東北海岸從波士頓到華盛頓特區之間長達 450 公里綿延不斷的城市化地帶。全球城市擁有更具體的資訊城市特性，並且它是在民族國家之後的新生活空間。

社區 (community)：可以分為四種，地理社區 (geographic community)：如鄰里與街區，人民居住在這些特定的地方 (location)。利益社區 (community of interest)：如運動、志願服務或旅遊等等，人們在這些活動中因共同利益而有一個社區感。信仰社區 (community of believers)：因共同的信仰、認同、種族或文化而結合的社區，例如宗教或者同志等等社群。組織社區 (organizational community) 或工作社區 (community of the workplace)：如工廠、工業區或者監獄等等，生活於其中的人花費大部分的時間從事相同的活動。

問題與討論

1. 在過去的農村社會中，大家具有面對面與情感式的互動，現在已經瓦解得差不多了。在不是複製或再製過去的生活方式之前提下，我們可不可能在城市社區中找到類似的生活方式？
2. 在資訊社會的持續發展中，邏輯上有可能都不必離開家，就可以購物、交友、辦公以及看病。這種生活您覺得可能嗎？或者您可以過嗎？
3. 進行多年的社區總體營造是一個回應當代潮流的工作，但是參與是一個相當大的問題。一個沒有很多人參與的營造，不就又是少數人或者精英的營造，這個問題應該如何面對？
4. 現在有越來越多的人想要離開城市到鄉村地區生活，雖然沒有高薪與舒適的生活。這是一個幻想、迷失還是社會的潮流，或者是新的社會生活形態？

推薦書目

Drucker, P. F. 著，劉真如譯，2002，**下一個社會**，臺北：商周。

Ogden, F. 著，王一鳴譯，1997，**第三個千禧年**，臺北：書華。

Tomlinson, J. 著，鄭棨元等譯，2001，**全球化與文化**，臺北：韋伯文化事業出版社。

賴兩陽，2002，**社區工作與社會福利社區化**，臺北：洪葉文化。

Craig, W. J., Harris, T. M. and Weiner, D. (Eds.), 2002, *Community Participation and Geographic Information Systems*, London: Taylor & Francis.

Danny, B., 2004, *Community Self-Help*, New York: Palgrave Macmillan.

Fielding, N., 1995, *Community Policing*, Oxford: Clarendon Press.

Gurstein, M. (Ed.), 2000, *Community Informatics: Enabling Communities with Information and Communications Technologies*, Hershey: Idea Group Pub.

Harris, J. (Ed.), 2001, *Community and Civil Society*, Cambridge: Cambridge University Press.

Kim, A. J., 2000, *Community Building on the Web*, Berkeley: Peachpit Press.

Koch, S. E., 1999, *Community Development: A Guidebook for Rural Leaders*, Washington, D.C.: Foundation for Rural Education and Development.

Oliver, W. M., 2001, *Community-oriented Policing: A Systemic Approach to Policing*, NJ: Prentice Hall.

Ristock, J. L. and Pennell, J., 1996, *Community Research as Empowerment: Feminist Links, Postmodern Interruptions*, Toronto: Oxford University Press.

Sanoff, H., 2000, *Community Participation Methods in Design and Planning*, New York: J. Wiley & Sons.

參考書目

Barker, C. 著，羅世宏譯，2004，**文化研究——理論與實踐**，臺北：五南出版社。

Bell, D. 著，趙一凡等譯，1989，**資本主義的文化矛盾**，臺北：九大桂冠出版社。

Bonnewitz, P. 著，孫智綺譯，2002，**布赫迪厄社會學第一課**，臺北：麥田。

Braudel, F. 著，施康強等譯，1992，**15 至 18 世紀的物質文明、經濟和資本主義**，北京：生活、讀書、新知三聯書店。

Brugger, W. 編，項退結編譯，1988，**西洋哲學辭典**，臺北：華香園出版社。

Cassirer, E. 著，關子尹譯，1990，**人文科學的邏輯**，臺北：聯經出版社。

Cohen, R. and Kennedy, P. 著，文軍等譯，2001，**全球社會學**，北京：社會科學文獻出版社。

d'Entrèves, A. P. 著，李日章譯，1990，**自然法**，臺北：聯經。

Dyson, F. J. 著，席玉蘋譯，1999，**21 世紀三事：人文與科技必須展開的三章對話**，臺北：臺灣商務。

Giddens, A. 著，廖仁義譯，1995，**社會學導論**，臺北：唐山出版社。

---，鄭武國譯，1999，**第三條路——社會民主的更新**，臺北：聯經。

Lent, A. 著，葉永文等譯，2000，**當代新政治思想**，臺北：揚智出版社。

Ogden, F. 著，王一鳴譯，1997，**第三個千禧年**，臺北：書華。

Parsons, T. 著，章英華譯，1991，**社會的演化**，臺北：遠流。

Tomlinson, J. 著，鄭棨元等譯，2001，**全球化與文化**，臺北：韋伯文化事業出版社。

Webster, F. 著，馮建三譯，1999，**資訊社會理論**，臺北：遠流出版社。

Wolf, A. 著，周昌忠等譯，1991，**十八世紀科學技術和哲學史**，北京：商務印書館。

高宣揚，1991，**哈伯瑪斯論**，臺北：遠流。

Baudrillard, J., 1988, *Selected Writings* (Mark Poster, Ed.), Cambridge: Polity Press.

Benedikt, M., 1995, On Cyberspace and Virtual Reality. In *Man and Information Technology*, Stockholm: IVA.

Berger, P. L. and Luckmann, T., 1967, *The Social Construction of Reality*, New York: Anchor Books.

Beyer, P. F., 1990, Privatization and the Public Influence of Region in Global Society. In M. Featherstone (Ed.), *Global Culture: Nationalism, Globalization and Modernity*, London: SAGE.

Black, A., 1984, *Guilds and Civil Society in European Political Thought from the Twelfth Century to the Present*, New York: Cornell University Press.

Bridges, T., 1994, *The Culture of Citizenship: Inventing Postmodern Civic Culture*, New York: State University of New York Press.

Castells, M., 1989, *The Informational City: Information Technology, Economic*

Restructuring and the Urban-Regional Process, Oxford: Blackwell.

Castles, S. and Davidson, A., 2000, *Citizenship and Migration: Globalization and the Politics of Belonging*, London: Macmillan Press.

Cerny, P. G., 1998, Globalisierung und die neue Logik kollektiven Handelns. In U. Beck (Ed.), *Politik der Globalisierung*, Frankfurt am Main: Suhrkamp.

Cohen, J. and Arato, A., 1992, Politics and the Reconstruction of the Concept of Civil Society. In A. Honneth et al. (Eds.), *Cultural-Political Interventions in the Unfinished Project of Enlightenment*, Cambridge: The MIT Press.

Feuerbach, L., 1959, *Grundsätz der Philosophie der Zukunft*, Stuttgart.

Friedrichs, J., 1997, Globaliesierung－Begriff und grundlegende Annahmen, *Aus Politik und Zeitgeschichte*, Bonn: Bundeszentrale für politische Bildung.

Giddens, A., 1994, Living in a Post-traditional Society. In U. Beck et al. (Eds.), *Reflexive Modernization: Politics, Tradition and Aesthetics in the Modern Social Order*, Cambridge: Polity Press.

Habermas, J., 1962, *Strukturwandel der Öffentlichkeit*, Neuwied: Hermann Luchterhand Verlag.

---, 1984, *Vorstudien und Ergänzungen zur Theorie des kommunikativen Handelns*, Frankfurt am Main: Suhrkamp.

---, 1995, *Theorie des kommunikativen Handelns*, Frankfurt am Main: Suhrkamp.

---, 1998, Jenseits des Nationalstaats? Bemerkungen zu Folgeproblemen der wirtschaftlichen Globalisierung. In U. Beck (Ed.), *Politik der Globalisierung*, Frankfurt am Main: Suhrkamp.

Hegel, G. W. F., 1971, *Philosophie des Rechtes*, Frankfurt am Main: Suhrkamp.

Honneth, A. (Ed.), 1992, *Cultural-Political Interventions in the Unfinished Project of Enlightenment*, Cambridge: The MIT Press.

Jarboe, K. P., 1999, Globalization: One World, Two Versions. In W. Bücherl and T. Jansen (Eds.), *Globalization and Social Government in Europe and the United States*, European Commission: Working Paper.

Junne, G., 1996, Bedingungen von Globalisierung und Lokalisierung. In J. Kohler-Koch (Ed.), *Europäische Integration*, Opladen: Leske+Budrich.

Luhmann, N., 1994, *Soziale Systeme*, Frankfurt am Main: Suhrkamp.

---, 1998, *Die Gesellschaft der Gesellschaft*, Frankfurt am Main: Suhrkamp.

Marshall, T. H., 1969, *Reflections on Power*, Cambridge: Cambridge University Press.

Mead, G. H., 1962, *Mind, Self & Society*, Chicago and London: The University of Chicago Press.

Morley, D., 1991, Where the Goal Meets the Local: Notes from the Sitting Room, *Screen*, 32.

Popper, K. R., 1992, *Die offene Gesellschaft und ihre Feinde*, Tübingen: J. C. B. Mohr.

Poster, M., 1990, *The Mode of Information: Post-structuralism and Social Context*, Cambridge: Polity.

Rapoport, A., 1997, The Dual of the Nation State in the Evolution of World Citizenship. In J. Rotblat (Ed.), *World Citizenship: Allegiance to Humanity*, London: Macmillan Press.

Rogers, E. M., 1986, *Communication Technology: The New Media in Society*, New York: The Free Press.

Schechter, M. G. (Ed.), 1999, *The Revival of Civil Society: Global and Comparative Perspectives*, Hampshire: Macmillan Press.

Schütz, A. und Luckmann, T., 1994, *Structuren der Lebenswelt*, Frankfurt am Main: Suhrkamp.

Shotter, J., 1993, Psychology and Citizenship: Identity and Belonging. In B. S. Turner (Ed.), *Citizenship and Social Theory*, London: SAGE.

Smith, D. and Wistrich, E., 1997, Citizenship and Social Exclusion in the European Union. In M. Roche and Rik van Berkel (Eds.), *European Citizenship and Social Exclusion*, Aldershot: Ashgate.

Spybey, T., 1996, *Globalization and World Society*, Cambridge: Polity Press.

Stiles, K. (Ed.), 2000, *Global Institutions and Local Empowerment: Competing Theoretical Perspectives*, Hampshire: Macmillan Press.

Tönnies, F., 1925, Gemeinschaft und Gesellschaft. In *Soziologische Studien und Kritiken,* Jena.

Turner, B. S. (Ed.), 1993, *Citizenship and Social Theory*, London: SAGE.

Virilio, P., 1991, *The Lost Dimension*, New York: Semiotext(e).

Weber, M., 1980, *Wirtschaft und Gesellschaft*, Tübingen: J. C. B. Mohr.

19 社會變遷和發展

內容提要

一切社會現象都在不斷發生著變化，我們將之稱為社會變遷。社會變遷有多種表現形式，但在社會學意義上，社會變遷更多關注的是社會結構及其功能變化。社會學家探討了許多關於社會變遷的理論模型，我們著重介紹四種：社會進化論、歷史循環論、社會均衡論和社會衝突論。當社會變遷朝著進步方向邁進時，就表現為社會發展。近幾個世紀，社會的現代化是最引人注目的社會變遷和社會發展，我們將擇其要點介紹。

第一節　社會變遷之範疇理解

滄海桑田，世事變遷，萬事萬物無時不刻地發生變化。20 世紀 70 或 80 年代，中國大陸婚禮典型的三件物品是自行車、手錶、縫紉機，被稱為「老三件」；到了 90 年代，演變成了彩電、冰箱、洗衣機，即「中三件」；而現在的 21 世紀，三件品升級為「電腦、轎車、商品房」。短短幾十年，這類物品實行了「三級跳」，這還只是難以盡數的變化的冰山一角。我們將一切社會現象的變化都稱為「社會變遷」。

一、何謂社會變遷

當我們將社會領域的一切變化都命名為「社會變遷」時，這還只是個籠統的說法，社會學家往往會對這個概念做進一步的限定。比如，美國社會學家伊恩・羅伯遜把社會變遷定義為文化、社會結構和社會行為模式的變化 (1981)；摩爾認為社會變遷是指社會結構的重要改變 (Moore, 1974)；哈佩爾則強調社會變遷是社會結構長時間的重大改變 (Harper, 1992)；漢斯・格茲和懷特・米爾斯指出「我們用社會變遷來指一段時間內，角色、制度或組成一個社會結構的秩序的出現、發展和衰落方面所發生的任何事情」(Gerth & Mills, 1953: 398)。大多數社會學家所說的社會變遷都與社會結構的變化有關，綜合他們的理論，我們在此下一個簡潔的定義：社會變遷 (social change)，就是指社會結構及其功能等方面所發生的任何變化。

按此定義來看，社會變遷是個宏大的概念，我們應該怎樣說明和研究社會變遷呢？史蒂文・瓦戈非常有見地地指出，當我們考察社會變遷時，我們至少要說明什麼東西在發生變遷、在什麼層次上、變化速度和程度是怎樣的、產生的原因和後果是什麼？(2007) 這就牽涉到社會變遷的操作性定義，或者說社會變遷的表現形式。

二、社會變遷的形式

社會變遷，首先是指一個特定的社會現象 (如：一定的實踐、行為、態度、互動模式、權威結構、生產率、投票模式、聲望以及分層體系) 經歷了諸多方面的轉變 (瓦戈，2007)。這就說明研究社會變遷，首先得找到它的載體——是什麼發生了變遷？

接著就要理解變遷的層次，即這個特定變遷在社會系統中所發生的位置，如，是個體的、群體的、組織的，還是制度的層面？或者從抽象程度而言，是器物生活的改變、社會制度的改變，還是價值觀念的改變？羅伯特．H. 勞爾概括出了小到個人態度，大到全球性國際關係的各個變化層次 (如表 1)，有助於我們對社會變遷的瞭解。

表 1　社會變遷之各種分析層次

分析層次		研究範圍	研究單位
大 ↑ ↓ 小	全球性	國際性組織、國際間的不平等	國民生產額、貿易資料、政治聯盟
	文明	文明的生命史、進化史、或其他類似變遷	藝術上和科學上的革新、社會制度
	文化	物質文化、非物質文化	工藝技術、意識、價值
	社會	階層體系、結構、人口、犯罪	收入、權力、聲望、角色、人口遷移率、謀殺率
	社區	階層體系、結構、人口、犯罪	收入、權力、聲望、角色、人口遷移率、謀殺率
	制度	經濟、政治、宗教、婚姻家庭、教育	家庭收入、投票行為、教堂出現率、離婚率、大學教育人口
	組織	結構、互動模式、權威結構、生產力	角色、黨派、管理／工人比率、每一工人之生產量
	互動	互動類型、交通	衝突、競爭、友誼等之分量、互動裡之參與者
	個人	態度	對各種事物之信仰、渴望

資料來源：Lauer (1977: 4)，轉引自蔡文輝 (1995: 9)

當然，我們也可以將這些層次稍作變通，從規模的角度將社會變遷分為兩大類：整體變遷和局部變遷。整體的變遷是整個社會結構體系的變化以及由此涉及的功能的轉變，如從封建社會過渡到資本主義社會，引發的就是整體變遷。局部變遷是各個社會結構要素自身及它們之間的部分關係的變化，例如，一個資本主義國家曾實行的是內閣制，當其他制度不變時，它改而實行總統制，這一政治制度的變化並不影響資本主義國家的性質。從某種程度上來說，社會變遷的規模也影響到社會變遷的性質，當規模這個量變達到足夠大的程度時，必然導致社會的質變。

社會變遷也涉及持續時間的問題，有的社會變遷可能幾年就能完成，如我們開篇所提的中國大陸的婚禮三大件這一習俗；而有的則需要成千上萬年時間，例如，倫斯基等社會科學家以重大變遷為標誌，將人類歷史劃分為如下幾個時代：狩獵和採集時代 (從智人的起源到大約西元前 7000 年)；園藝時代 (從西元前 7000 年到西元前 3000 年)；農業時代 (從西元前 3000 年到西元 1800 年)；工業時代 (西元 1800 年至今)(Lenski, Nolan and Lenski, 1999)。這種變遷就屬於「長時段」變遷了。

從社會變遷的激烈程度來看，有漸進的改革或者改良，也有激進的社會革命。前者通常是在既有的社會大結構框架下進行的內部調整和完善，而後者則是直接以暴力的方式衝擊既有的社會結構及其功能。

從社會變遷的方向來看，有進步的，有倒退的。社會變遷是社會的發展、進步、停滯、倒退等一切現象和過程的總和。我們一般把進步的社會變遷稱為社會發展。關於社會發展，我們將專門花一節來介紹，這裡就不贅述了。

儘管我們主要探討的是社會結構及其功能的變化，但顯然社會變遷中常常烙有人類活動的印記。根據人類的活動是否是有目的地推進社會變遷，我們將社會變遷分為自發的和有計畫的兩類變遷。

三、社會變遷的動力機制

面對著如此繁多的社會變遷，我們會進一步追問：是什麼導致了社會變遷？社會變遷的動力有哪些？

技術發明是導致社會變遷的最大動力。正是由於技術的革新，導致了人類社會的四次社會革命，出現了前面倫斯基劃分的四個時代。我們來看看哪些關鍵技術的出現導致了社會的巨大變遷：植物種植和動物馴養導致狩獵和採集社會演變為園藝和游牧社會；接著犁的發明，使農業社會得以出現；蒸汽機的發明引起了工業革命；而現在資訊技術的應用，正將我們推向後工業時代。這雖看似有些技術決定論的色彩，但也從另一方面說明了技術在社會變遷中的重要地位。

自然環境是社會變遷中最不可抗力的因素。地理位置、氣候、自然資源、地形、生態環境等變化都會影響到人類的分布、社會制度的變化。例如，偉大思想家孟德斯鳩的地理環境決定論就認為，嚴寒的氣候有利於自由，而炙熱和潮濕的氣候導致專制政府和奴役。自然環境通過兩種方式影響社會變遷：一是其自身規律演變導致變化；二是通過人類的作用，引起變遷。在人類歷史早期，第一種方式占主導地位；越往後期，尤其是工業革命以來，人類越來越干預自然環境，引起了大自然的報復。一系列的環境問題迫使各個國家重新部署社會發展規畫，當然也引發了國際關於各國減排指標的爭論，2009 年底哥本哈根聯合國氣候變化大會就是一個絕好的例證。

人口及人為的意識形態和制度也導致社會變遷。近一個多世紀以來，人口數量、品質、構成及人口流動和分布的變化引發了更明顯的社會後果，如人口增長促使發展中國家的巨型都市的增長，並產生了「過度都市化」(將在〈都市化〉一章中詳細介紹)；人口流動帶來了移民問題，以及相關的文化融合問題等等。人為的意識形態和制度更是直觀地導致了社會的變遷。20 世紀 60 年代，毛澤東對於修正主義、資本主義復辟的擔心，最終導致了中國大陸十年「文化大革命」。這是一場太突然、太激進的社會變遷，至今仍是史學家研究的熱點。

此外，各種各樣的競爭、衝突、文化進程等因素也是社會變遷的導火線。

第二節　社會變遷之理論範式

對於社會變遷這一熱點問題，社會學家們從不同的理論視角出發予以研究，一些有代表性的教材也不斷對這些理論視角進行了歸納 (表 2)。在本節中，我們主要討論四種普遍的理論範式：社會進化論、歷史循環論、社會均衡論 (結構功能論)、社會衝突論。

表 2　社會變遷的理論解釋

社會變遷的理論	參考文獻
現代化理論、發展理論、轉型理論、進化理論	Schelkle, 2000
進化論、衝突論、結構功能論、社會心理學理論	瓦　戈，2007
進化論、循環論、結構功能論、衝突論	波普諾，2007
進化論、循環論、結構功能論、衝突論	羅伯遜，1991
結構功能論、衝突論、互動論、進化論與循環論	蔡文輝，1995
馬克思主義、歷史循環論、社會進化論、結構功能論、衝突論、紀登斯結構化理論	王思斌，2003
進化論、循環論、均衡論、馬克思主義、衝突論	鄭杭生，2003

一、社會進化論

社會進化論的思路源於達爾文的生物進化論，即把生物學的一些概念用於解釋社會變遷。該理論認為，社會和文化隨著時間的推移而逐漸發展，從較簡單的形式向較複雜的形式轉變 (Lenski, 1991)。這種進化視角又分為單線進化論 (unilinear evolution) 和多線進化論 (multilinear evolution)。

早期社會進化論持單線進化設想，認為所有社會的發展都遵循著同樣的路徑。代表性人物是奧古斯特・孔德、路易士・摩根、赫伯特・斯賓塞。

孔德是社會學的開山鼻祖，他認為物質的發展常常受知識發展的影響。人類知識的發展必然要經過三個階段：神學階段、形而上學階段和實證階段。在神學階段，人類在尋求自然界的起源和目的時，會將之歸結為超自然力。在形而上學階段，人類的心靈推論涉及創造萬物的抽象力量。實證階段，或稱科學階段，人們發展出了對自然進程和科學法則的解釋。與這三個知識階段相對應的是軍事社會、法律 (過渡) 社會和工業社會。社會變遷由此表現為思想的進步和制度的進步。

摩根是一位非常有影響力的人類學家，他主要用三個進化階段來描述人類的進步：蒙昧時代、野蠻時代和文明時代。他指出文明按照這些連續的階段進化，這一進化在世界各地都是相同的，演進的次序是必然的。

斯賓塞則將社會與生物有機體進行類比。1. 有機體和社會的成長都是由小而大；2. 有機體和社會內部都有不同程度的分化層次；3. 有機體和社會之成長都是一種混合過程——小單位結合成為大單位；4. 所有的進化都牽涉到消散 (dissipation) 和整合 (integration)(蔡文輝，1995：68)。由此，社會的進化過程同生物進化過程一樣，從結構簡單、功能單一的低級社會朝向結構複雜、功能多樣的高級社會的進化。在其中，「優勝劣汰、適者生存」的生物界生存競爭原則起著支配作用。根據這一進化論思想，斯賓塞認為社會是由軍事型演變到工業型的，前者以武力方式實現整合，後者以自願合作實現整合。

紀登斯 (1998) 認為社會進化論會招致四方面的危險。第一是單線壓縮 (unilinear compression)，將社會變遷的軌跡收斂為一種線性進化論模式。第二是對應壓縮 (homological compression)，在社會進化的各個階段與個體人格的各個發展階段之間，建立一種 (缺乏經驗支持甚至被心理學證明是錯誤的) 對應關係。第三是規範錯覺 (normative illusion)，將那些 (經濟、政治或軍事上的) 優勢力量等同於一個進化等級中道德上的優勢。這種規範錯覺既有可能被種族中心主義所利用，也有可能成為軍事強權的理論藉口。第四是時間歪曲 (temporal distortion)，也就是將時間的流逝等同於社會變遷。

面臨著一系列的攻擊，有的理論家，如 L. A. 懷特、J. H. 斯圖爾德和 M. 薩林斯等人類學的新進化學派進行了理論修正，發展出多線進化論。多線進化論認為社會進步並不是在任何時候都是必然的，也有可能出現倒退；進化是沿著許多方向發散進行的，沒有固定的階段、路線和方式；進化的模式是多樣的，不同水準或不同形態的社會往往具有不同的進化或發展模式。

二、歷史循環論

歷史循環論的觀點認為，社會變遷是週期性的重複，社會和文化都在經歷一個無方向性的、連續的成長和衰退、挑戰和反應的變化模式 (波普諾，2007)。每個社會都在重複這幾個階段：起源、生長、衰退、解體和滅亡。主張歷史循環論的思想家比較多，比較著名的有歷史學家施賓格勒、湯因比，和美國社會學家索羅金。

在《西方的沒落》(*The Decline of the West*) 這本書中，斯賓格勒提出，研究歷史首先要研究歷史上各種不同的文化，人類歷史就是各種文化自生自滅的舞臺。在他看來，文化就像人的一生，遵循著生、壯、老、死的週期性規律；每一種文化都經歷了春、夏、秋、冬四個發展階段，或者說經歷了前文化時期、文化早期、文化晚期和文明時期四階段。他認為，西方文明已經進入了冬季衰退期，正在走下坡路，從而否定了歐洲中心論；此外，他考察了八個比較成熟的文明，以多個文化的發展代替了單個文化的發展。

湯因比在其名著《歷史研究》(*A Study of History*) 中，對眾多文明進行了分析和歸納，對文明的起源、成長、衰落、解體加以描述，用「挑戰和應戰」這一大模式去解釋人類各種文明的興衰。他認為社會是迴圈發展的，每一個迴圈都是以「挑戰」開始，由此得到一個「反應」。卓有成效的反應是由具有創造力的精英發起。反應成功，社會繼續發展並應對新的挑戰，否則文明就會崩潰 (波普諾，2007：679)。因此，文明是在應戰來自環境的「挑戰」中產生的；反應中的創造力來自於那些「退隱」和「復出」的少數偉大人物的歷史活動；當這些少數的創造者喪失了創造能力，多數人相應地撤回了他們的支持與模仿，整個社會的應戰能力缺失，逐漸導致文明的解體。

索羅金在《社會和文化動力學》中提出，存在著兩種基本的文化模式：感知文化和觀念文化。前者為感官需要而設計，後者主要訴諸於信仰。所有社會在其發展過程中總是在兩種文化模式間變動。

三、社會均衡論

社會均衡論採用結構功能論視角，認為社會就是一個大的系統，其中的各個部分在功能方面相互關聯、相互配合；每一個組成單位通常都是有助於該系統的持續運行；整個系統是和諧穩定的 (蔡文輝，1995)。這一理論取向致力於揭示將一個社會系統維持在穩固的均勢上的普遍條件，指明穩定性得以保持或者重新建立的一些機制 (瓦戈，2007：53)。

該理論的集大成者是美國社會學家帕深思。帕深思將功能性系統分為生物有機體－人格系統－社會系統－文化系統，四個子系統分別承擔適應環境 (A)、定義和實現目標 (G)、社會整合 (I)、模式維持 (L) 等四種相互分工又相互支持的功能 (這是帕氏著名的 AGIL 模式)。社會的各個子系統通過資訊和能量的傳輸與交換達成一種均衡，從而產生一種系統「調適」能力。行動系統內部或者之間的資訊和能量的交換實質上蘊含著潛在的變遷的可能性。資訊和能量有可能過剩，也有可能不足，這就需要調適各個系統內部和系統之間的輸出。這個「調適」過程就是社會結構的變遷過程：適應性增長、分化、容納和價值概括化。適應性增長是整個社會的適應能力不斷增強，集中反映在經濟效率的提高上；分化是社會從單一結構轉化為多元結構，以適應不斷增長的功能需求；容納是指為避免結構的分化導致系統的分裂，系統整合要求在不斷提升；價值概括化是由於分化程度的提高，越來越抽象的共有價值代替了各種特殊規範，這種抽象的價值取向為各種特殊規範提供合法性 (特納，2001：40，55)。由此，社會變遷就被看作是界限的破壞和均衡的恢復。

在社會均衡論中，社會變遷是服務於社會秩序以及社會發展的，它往往難以解釋社會轉型、社會革命等其他形式的社會變遷。社會衝突論針對這一點對它提出了強勁的挑戰。

四、社會衝突論

該理論反對將社會看成一片歌舞昇平的和諧景象，認為衝突，尤其是利益對抗無處不在，社會變遷的主要根源在於社會衝突。衝突論主要發端於馬克思，彰顯於達倫多夫和科塞。

馬克思認為人類歷史進程的根本動力在於兩對基本矛盾——生產力和生產關係之間的矛盾，以及經濟基礎和上層建築之間的矛盾——前者更根本。在階級社會中，這些矛盾表現為階級衝突。他指出，至今一切社會的歷史就是階級鬥爭的歷史，階級鬥爭是社會變遷的最直接動力。衝突是社會生活的一種正常狀態，衝突與變遷是不可分割的。

達倫多夫的衝突論主要是針對社會均衡論提出的。他認為社會有兩副面孔：一致和衝突。帕深思等人看到的只是極端一致和整合的「烏托邦式的」社會狀態。為了不被烏托邦所蒙蔽，就必須用衝突模型來代替一致模型。受馬克思的影響，達倫多夫認為社會變遷和社會衝突是普遍存在的；社會中每一要素對社會的分解和變遷都發揮著作用；每一個社會都是以其中一些成員對另外一些成員的壓制為基礎的 (波普諾，2007：680)。在他看來，權力和權威的不平等分配是造成衝突的根本原因。

科塞認為不平等體系中合法性的缺失是衝突的關鍵前提。通過強調衝突對社會系統的整合性和適應性功能，科塞對衝突的功能進行了獨到的理解。他指出，要區分兩類衝突的功能：衝突對於衝突參與方的功能，以及衝突對於其身處其中的整個系統的功能。衝突有可能提高團結，使系統更具有適應性。這一點不難理解，以抗日戰爭為例，日本入侵中國，表現為兩國之間的衝突。這一衝突使當時處於一盤散沙狀態的中國人 (尤其是目標利益不一致的國民黨和共產黨) 團結了起來，一致抗日。這無形之中，就加強了中國社會內部的團結和整合。另一方面，對於參與到這場衝突的各方，衝突產生的功能是不一樣的。如，共產黨就是在抗日戰爭中一步步地壯大起來，為以後奪取全國政權埋下了伏筆。

將社會變遷置於上述幾種理論類型中來理解，多少有些主觀性，不過我們的目的只是盡可能簡潔地為讀者提供一個大概的理論框架。

第三節　社會發展與現代化

儘管社會變遷是社會的發展、進步、停滯、倒退等一切現象和過程的總和，但在社會學的研究中，我們更多關注的是進步的社會變遷，即社會發展。

對於社會發展的理解，社會學界大致有四種看法 (趙孟營，2006)：一是包括經濟發展在內的社會的整體性發展；二是相對於經濟發展而言，主要以人民生活品質、城市化程度、教育水準和人口素質等方面的指標來衡量；三是把社會發展與經濟、政治、科技、文化等幾個方面的發展並列起來看待；四是將社會發展視為克服經濟發展的社會性障礙，如人口方面的障礙、制度方面的障礙。在本書中，我們採用的是一種整體視角，即社會的整體性發展。

一、發展觀的演變

人們如何看待發展，影響到一個國家採取什麼樣的發展策略推進社會變遷。社會發展觀總體上經歷了如下幾個階段：

(一) 以經濟增長為核心的發展觀

此觀念將社會發展和社會進步等同於經濟的增長，把國民生產總值的增長作為發展的首要因素和標準。它導致的社會代價很大。為了發展經濟，自然環境受到了極大破壞；經濟發展與文化等其他方面的發展被割裂了，「經濟衝動」壓倒了「宗教衝動」和其他價值觀念。在許多國家，這種發展觀的最終結果就是「有增長而無發展」。

(二) 以社會全面進步為核心的發展觀

該發展觀用系統的、綜合的視角看待發展，注重人與人、人與環境、人與組織、組織與組織之間的協調。

(三) 以人為中心的發展觀

上世紀 80 年代初，人們開始將發展的視角從「物」轉向了「人」，轉向了人的需求的滿足和人的發展。1995 年在哥本哈根召開的世界發展首腦會議上通過文件指出：社會發展「以人為中心」；「社會發展的最終目標是改善和提高全體人民的生活品質」。

(四) 可持續發展觀

以人為中心的發展觀的確立是一個重大進步，但是卻有人類中心主義之嫌疑，並且忽視了代際之間需要和發展的平衡。面對這些問題，可持續發展觀應運而生。1987 年，世界環境與發展委員會出版《我們共同的未來》報告，將可持續發展定義為：「既能滿足當代人的需要，又不對後代人滿足其需要的能力構成危害的發展。」

二、社會發展理論模式

為了探討社會發展的模式和道路問題，社會學家提出了幾種社會發展的理論模式，主要有現代化理論、依附理論和世界體系理論。

現代化理論認為社會正從傳統邁向現代，現代化的動力來自各個社會內部，現代化發展的最終結果是各個社會的趨同。

依附論則是拉美一些學者針對本土實際發展過程提出的理論模型。它反對現代化理論的內因說，認為第三世界不發達的原因在於世界強國，尤其是西方發達國家的剝削和控制，以及不發達國家的依附；它也反對第三世界一味的西化，因為西化會把不發達國家拉入與西方國家的「中心」相對的「邊陲」，從而更加不發達，更加依附於西方了。

世界體系理論主要以美國社會學家沃勒斯坦 (Immamuel Wallerstein) 為代表。該理論認為資本主義的爭奪將世界納入了不平衡發展的世界經濟體系中，世界被分為中心社會、邊陲社會和半邊陲社會。中心社會從邊陲、半邊陲社會吸取資源，把財富從週邊轉到中心，導致週邊的落後和不發達。儘管世界體系的這種格局不會改變，但是一個國家或者社會還是可以改變自己在這種格局中的地位。邊陲國家可以選擇兩條道路：否定世界體系的「反體系運動」道路，和從邊陲上升到半邊陲，乃至上升至中心的「趕超型」道路。

三、巨型社會變遷：社會現代化

儘管世界各國的發展模式各異，但它們都經歷了一場史上最劇烈、最深刻、最廣泛的社會變遷／社會發展過程，即社會現代化。現代化是一場具有世界意義的運動。

(一) 什麼是現代化

瓦戈 (2007) 將現代化作為一項重要的社會變遷模式予以探討，他認為現代化是由農業社會過渡到工業社會的過程，但也指出，現代化是一個綜合性的概念，描述了不同層面上許多同步發生的變化。斯梅爾塞 (Smelser, 1981) 也將現代化看作是一個傳統社會試圖工業化時期發生於其每一部門的一系列變遷。從這個角度來看，似乎現代化與工業化等同。

其實不然，如果我們採用歷史大視野，就會發現工業化只是現代化的一部分，而向工業社會的轉型所發生的變遷可以稱之為第一次現代化；正如丹尼爾·貝爾所言，後工業社會已經來臨，工業社會向後工業社會的轉型過程同樣也是現代化的過程，即第二次現代化。因此，現代化是一個傳統的農業社會在轉型過程中所發生的內在社會變遷，包括朝向工業社會的變遷，以及後繼的朝向後工業社會的變遷。現代化是一個難以看到終點的巨型社會變遷。

此外，現代化也不等於西方化。從現代化已有的歷程來看，經歷了三個高潮。第一次是在 18 世紀左右襲捲了整個西歐和北美；緊接著，現代化浪潮擴散開來，形成以日本和前蘇聯為代表的第二次高潮；二戰結束後，廣大第三世界國家擺脫殖民統治，建立民族國家，掀起現代化第三次高潮 (鄭杭生，2003)。儘管西方率先開始了現代化，並取得較高成就，開創了一些現代化的「典範」模式，但是每個國家有自己的國情，現代化的起點不同，不能照搬西方模式；即使照搬，由於在世界體系中的位置不同，也難以取得預想效果。因此，不能用西方的現狀去評價其他國家的現代化歷史進程。

(二) 現代化的特質

現代化作為一個巨大的社會轉型，有著自己的一系列特質。

波普諾 (2007) 較為詳盡地歸納了十三個現代化的構成要素：1. 經濟關係從其他社會關係中分離出來；2. 工廠體系改變了工人與他們工作之間的關係；3. 勞動力的主要經濟活動從第一產業轉向第二產業，隨後又邁向第三產業的服務業；4. 許多新的職業角色發展了起來；5. 職業角色的專門化導致行政管理組織的產生；6. 新的職業角色的發展增加了地域和社會的流動；7. 社會分層體系發生了變化，先賦地位被自致地位所代替；8. 核心家庭越來越成為了主流，擴展家庭日趨瓦解；9. 家庭和親屬的非正式社會控制機制被正式的國際機制代替；10. 社會世俗化，一些宗教信仰讓位於科學和理性；11. 大眾交往、大眾教育、大眾文化蓬勃發展；12. 官僚體制權力得到明顯的加強；13. 人們心理和價值觀發生變化。

這些要素雖然詳盡，但過於繁雜，難以看出體系。更理智的做法是從兩個方面入手來看待現代化：社會結構的特質，和現代人的人格特質 (蔡文輝，1995)。

一個現代化了的社會往往首先表現為社會結構的分化。首先是社會組織的分化，專門機構出現。在傳統農業社會，很少有一個社會組織專門為了某一職能而存在，而在現代社會，組織進一步特殊化和專門化以提高效率。其次，社會流動增強，社會地位和角色不斷分化。社會流動性的增強，表現為人們在地理上、社會地位上、乃至於心理上自由的不斷強化。個人在不同場合扮演不同的角色，角色往往成了社會互動的基礎，而不是整個人格的互動。

另一方面，從社會結構分化中產生的子結構也呈現出了現代化的緯度。經濟上，現代化的主體是工業化和城市化；政治上，民主化、法制化、自由化、分權化和秩序化，以及政府權威的合理性與政府能力的有效性是現代化追求的目標；文化上，以理性化為核心的社會文化價值觀占主導；組織管理上，以科層制為核心的行政官僚體系取得了勝利。

現代化在宏觀結構上的一系列特徵，最後必然會在人們的社會心理和人格方面烙下印跡，即人的現代化。社會心理學家麥克蘭德 (David C. McClelland) 認為現代人最重要的人格是有強烈的成就動機。英格爾斯和史密斯 (Alex Inkeles and David H. Smith) 則通過對世界不同地區的六個國家進行大規模調查，歸納出了現代人的品質：樂於接受社會變遷；生活具有開放性；尊重不同的意見；積極並善於獲取知識資訊；守時高效；對於公共和私人生活都有計畫性；基於理性而依賴相信他人；重視專門技術和公正的分配；有較高的教育和職業期望；具有普世主義價值，不因個人特徵而特殊對待；積極樂觀的生活態度；傾向於解決問題而不是回避問題。

(三) 早發內生型與後發外生型現代化

從整個世界現代化進程來看，各個國家啟動現代化的原因和時間是不同的，主要可以分為早發內生型與後發外生型兩種理想類型。早發內生型現代化是指現代化起步比較早，是在該國家本身的基礎上長時期發展起來的，是一個自發的演進過程，典型代表為英、美、法。後發外生型現代化是指作為後來者，某國是在先發國家的「誘導」或者「強制」下，其自身原有的發展邏輯被打斷，被動地走上現代化道路。中國以及大多數發展中國家都屬於這種類型。

後發外生型國家往往能借鑒早發內生型國家的經驗教訓以及技術等，避免現代化的彎路，縮短陣痛期；但另一方面由於屬於「趕超型」，容易急功近利，在工具理性和價值理性之間產生矛盾。早發內生型國家幾乎都完成了第一次現代化 (工業化)，正在朝向第二次現代化 (資訊化) 邁進；在起示範作用的同時，往往利用自己的優勢，維持或者加重世界體系的不平等鴻溝。

不管哪種現代化，或者更寬泛地說，整個社會變遷，都會產生一系列的社會代價。經濟的增長往往是以環境和資源的犧牲為代價；現代化和城市化等過程帶來了社會的震盪和犯罪率的提高；物質生活提升的同時，心理的焦慮與不安全感與日俱增。促進社會可持續地發展，減小社會變遷的負面後果，任重而道遠。

重要名詞

社會變遷 (social change)：是指一切社會現象的變化。在社會學上，主要指社會結構及其功能等方面所發生的變化。

社會發展：是指朝向進步方向變化的社會變遷。

現代化：傳統的農業社會在轉型過程中所發生的內在社會變遷，包括朝向工業社會的變遷 (第一次現代化)，以及後繼的朝向後工業社會的變遷 (第二次現代化)。

問題與討論

1. 什麼是社會變遷？其影響因素有哪些？
2. 列舉並比較幾種有影響力的社會變遷理論範式。
3. 如何理解現代化？現代化是工業化和西方化嗎？

推薦書目

史蒂文．瓦戈著，王曉黎等譯，2007，**社會變遷**，北京：北京大學出版社。

Schelkle, Waltraud, 2000, *Paradigms of Social Change*, Campus Verlag, St. Martin's Press.

參考書目

史蒂文．瓦戈著，王曉黎等譯，2007，**社會變遷**，北京：北京大學出版社。

伊恩．羅伯遜著，黃育馥譯，1981，**社會學**，北京：商務印書館。

安東尼．紀登斯著，李康、李猛譯，1998，**社會的構成**，北京：三聯書店。

喬納森．特納著，邱澤奇譯，2001，**社會學理論的結構**，北京：華夏出版社。

趙孟營，2006，**社會學基礎**，北京：高等教育出版社。

蔡文輝，1995，**社會變遷**，臺北：三民書局。

戴維·波普諾，2007，**社會學**，北京：中國人民大學出版社。

Gerth, Hans and Mills, C. Wright, 1953, *Character and Social Structure*, New York: Harcourt, Brace.

Harper, Charles L., 1992, *Exploring Social Change*, Englewood Cliffs, N. J.: Prentice-Hall.

Lauer, R. H., 1977, *Perspectives on Social Change* (2nd ed.), Boston: Allyn and Bacon.

Lenski, Gerhard, Nolan, Patrick and Lenski, Jean, 1999, *Human Societies*, New York: McGraw-Hill Book.

Moore, Wilbert E., 1974, *Social Change* (2nd ed.), Englewood Cliffs, N. J.: Prentice-Hall.

Schelkle, Waltraud, 2000, *Paradigms of Social Change*, Campus Verlag, St. Martin's Press.

Smelser, Neil Joseph, 1981, *Sociology*, Englewood Cliffs, N. J.: Prentice-Hall.

現代性與全球化

內容提要

現代化和全球化都是近代最重要的歷程。整體而言，全球化是現代化的一環，全球性 (globality) 包含在現代性裡，代表一種同質化或模式化的趨勢。然而全球化也有另外一面，**在地全球化**和**全球在地化**這兩個概念，蘊含了異質性的可能。因此，在分析全球化時我們不能只看到單面向的發展，也應該注意到它多元化的一面。此外，臺灣在接受各種近代思潮時，有超越其他東亞各國的表現。這種「超現代」的特徵，使原本東亞特有的文化排比與分層遭到挑戰。臺灣的例子點出東亞已從過往純粹異質的想像中，醞釀出了屬於東亞特有的文化，增加了對話的可能，也說明了跨文化對話應秉持「和而不同」和「多元互濟」的原則。

第一節　從現代性說起

一、現代性與全球化的關聯

人們常常會誤以為，全球化是一種近代的現象。事實上，廣義的全球化自古以來就一直進行著，例如亞歷山大大帝的征討、羅馬帝國的擴張、蒙古帝國的建立等事件，都是歷史上全球化的里程碑，促進全世界各地區的聯繫和整合。不過，今天我們所講的全球化，主要是指由近代歐美國家所推動的全球分工及整合的趨勢，所以和西方現代性及現代化關係密切。(cf. Robertson, 1992; Giddens, 1990) 想要理解全球化必須理解現代性及現代化。

現代性乃西方 15 世紀文藝復興運動[1]以降，逐漸發展出來的一套生活方式及制度模式。中古時代結束之後，歐洲歷經了城市的繁興、文藝復興運動、資本主義的形成及發展、海外探險及殖民主義、宗教改革、民族國家的形成、民主革命、科學革命、啟蒙運動以及工業革命等歐洲史上的重要歷程，從而逐漸形成了歐洲近代獨特的一套生活方式，此即一般所謂的「現代性」(modernity)。(黃瑞祺，2002：ch. 1) 所以現代性的內容非常龐雜，囊括科技、經濟、政治、社會、文化等各方面的特徵，而以**理性**和**進步**為其核心內涵。理性在近代西方主要表現為：發現自然中的規律，進而預測、控制自然，這就是自然科學的成就。再者，理性也表現在組織經濟生產活動方面，讓流程更有效率、成本更低廉，此即資本主義。這種**理性觀**和**進步論**之間存在密切關係。由於自然科學的發展使人們相信只要人類敢於運用理性，去認識自然、認識社會、改革生產過程和社會制度，歷史就會不斷進步。上述兩個核心理念主要是 18 世紀歐洲啟蒙運動思想家所倡導的，所以哈伯馬斯稱之為「啟蒙方案」或「現代性方案」。歐洲歷經數個世紀的現代化，逐漸向外擴張，啟動全球化歷程，現代性與全球化之間的關係如圖 1 所示。

---

[1] 文藝復興運動標誌著歐洲中古的結束，近代的開始。

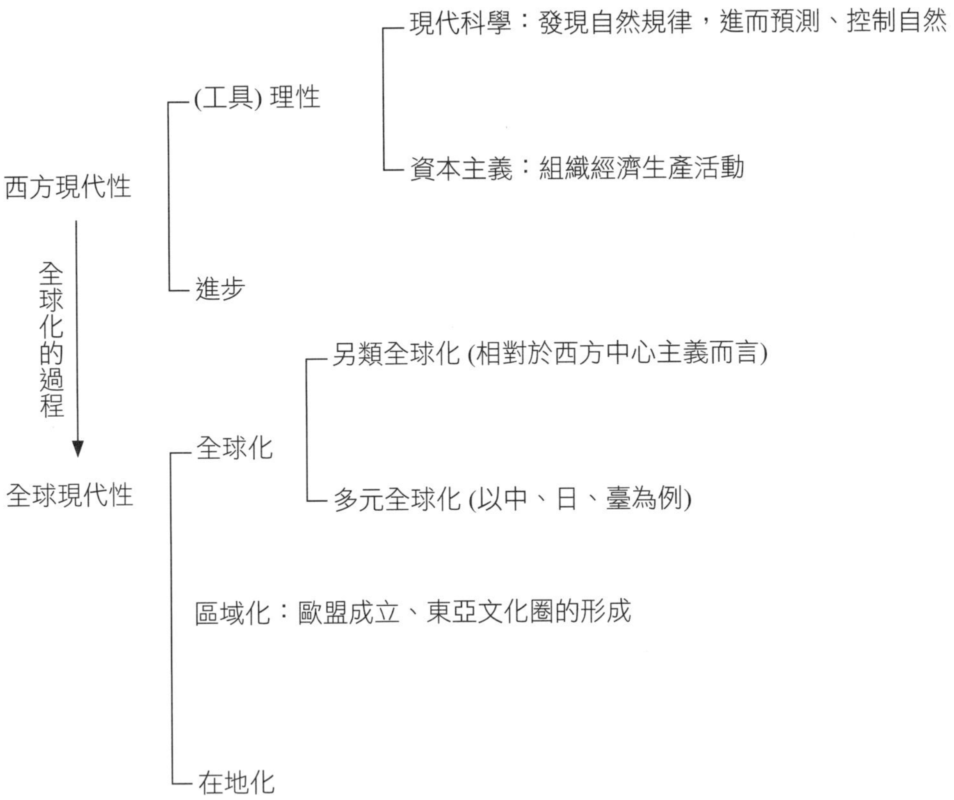

資料來源：作者自行整理

圖 1　現代性與全球化之關係圖

二、西方現代性與全球現代性

現代性是一多維度、多面向、多層次的現象，這個從科技、經濟、政治、文化到日常生活的一整套的制度和生活方式，根源於 15 世紀以降的西南歐，故稱之為「西方現代性」(Western Modernity)。

現代性通過歐洲列強 (諸如葡萄牙、西班牙、英國、荷蘭、德國、法國、義大利等等) 的海外經貿、征服以及殖民，而傳播到其他地區，乃至全世界。現代性遂成為「全球現代性」(Global Modernity)。(黃瑞祺，2002) 這個歷程有如一個漩渦的形成及擴大，**現代性漩渦**發軔於歐洲，終而席捲全世界。正如馬克思在《共產黨宣言》中所說的「把一切民族甚至最**野蠻**的民族都捲到**文明**中來了」[2]。(引自黃瑞祺、黃之棟編著，2005：347)

[2] 強調為作者所加，以下處理皆同。值得注意的是，這段話中顯然蘊含了一種「歐洲中心主義」。

從這個觀點來看，**現代化**根本而言就是**西化**，並同時蘊含了**殖民化**以及**全球化**，因此在根源上有極其鮮明的西方屬性，其後的發展因為逐漸混雜了其他文化的特色，而漸有普世的色彩了，這個歷程還在繼續發展之中。

如上所述，現代性在歐洲萌芽發展的階段稱之為「西方現代性」，其後透過西方列強的殖民主義、帝國主義，現代性傳播到世界其他地方稱之為「全球現代性」(黃瑞祺，2002；Petras, 1999; Tomlinson, 1991, 1999)。全球現代性蘊含了全球化的過程，所以確切而言應該說是**現代性的全球化**，包括資本主義[3]、民族國家、民主政治、科學等現代性的現象都已經或多或少全球化，成為全球的現象；而西方的價值如民主、自由、平等、人權等等，同樣也已經或多或少全球化，成為「普世的價值」了。

現代性或資本主義的全球化主要表現為趨同或同質化的趨勢，現代性成為世界主流的思惟、行動以及制度的模式，其他的模式都或多或少被邊緣化了。面對現代性的挑戰，所有國家都自動或被迫對其進行回應。由於各國間回應的方式與社會中抗拒變革的強度皆有所差異，使得全球現代性展現出多種形態，除了歐美形態之外，還有**另類現代性** (alternative modernities)，日本就是一個顯著的例子。

自明治維新以來，日本快速進入現代化國家之列，它一方面把自己的進步當成對西方現代性的反擊；另一方面，又以亞洲第一強國的姿態，把自己的意志強加在亞洲鄰國之上。這使得日本在現代化的過程中，展現其獨特的互為表裡的「二重性格」——**連帶與侵略** (今井弘道，2001)。具體來說，為了對抗西方現代性，日本一方面強調亞洲各國必須建立同舟共濟的**連帶意識** (**「東亞共榮圈」**)；另一方面，為了有效抗衡西方列強的進逼，強迫中、韓兩國進行現代化以及對列強進行先勝攻擊，就成了合理化侵略的藉口了。

現代性因此表現為**多元現代性** (multiple modernities)。一般把現代化單純理解為同質化、齊一化，其實並不盡然，現代性可能會與各地區的傳統社會文化交流、融合，而有進一步的創造性發展。上述兩個觀念 (另類現代性和多元現代性) 可以提供擺脫西方中心主義的資源和線索，進而開拓出一個創造性的空間。

---

[3] 索羅斯 (Soros, 1998, 2000) 所謂的「全球資本主義」(global capitalism)。

三、西方現代性表現為一種自反性

與現代性有關的另一個概念是自反性。自反性 (reflexivity) 首先表現在個人行動上，亦即行動者針對行動的條件和後果所進行的反思。換言之，人的行動之所以有自反性，是因為人能反思自己的言行、思想與命運等，並取用各種知識於自己的行動之中，而隨之調整日後的行動。個人的自反性一方面是思想或知識與行動之間的互動，另一方面也是個人行動合理化的過程。

當然，不只是個人的行動具有自反性，群體層次的人類生活也同樣具有自反性。社會生活的自反性表現在社會生活與社會知識的關係上。由於社會觀念不斷地進入自身所描繪的社會世界之中，因此社會觀念不只是在描述社會世界而已，它同時也不斷地在改變其所描述的社會世界本身。正因為人的行動及社會生活都具有自反性，因而使得人的行動乃至社會生活處於變動不居的狀態。

然而，現代自反性最特殊之處表現在**制度自反性** (institutional reflexivity) 上，當代社會生活仰賴制度性監控機制的建立與運作，藉著對有關資訊的運用，制度能對自身之運作加以監控、評估，乃至於改進。這使得越來越多的傳統和習慣的僵硬性鬆動乃至瓦解，人們因此在越來越多的領域之中需要自己進行抉擇，而不能再墨守成規了。這種現代性越發展，傳統就越加鬆動，自反性越升高的連動關係標示著「後傳統社會」[4] (Post-traditional society) 的到來 (黃瑞祺，2005)。

第二節　全球化及其挑戰

一、全球化的意義

由上述可知，近代的全球化基本上根源於現代性，是現代化的一環。當代的全球化乃是**現代性的全球化**，也是**資本主義的全球化**。全球化意指一些複雜的變遷趨勢，發生在許多領域、許多層面，表現不完全一樣，不過總的來說，是人類活動的範圍不斷擴大，世界各國、各地區越來越相互依存。(Bauman, 1998) 全球化也牽涉到人們把全世界或地球視為一體的**全球意識** (global consciousness)，而產生連帶感，這是全球化的主觀層面。(Sachs, 1994)

---

[4] 有關傳統的問題，在下文中還會繼續討論。

過去**西方現代性**的階段常靠「船堅砲利」來推行全球化，當時的現代化及全球化大都為西方列強所強迫的。在此階段非西方可以說是「被全球化」(be globalized)。

時至今日，全球化已成為生活中的現實了，看報紙、看電視、上網都可以說是在進行全球化，去了解遠方的事件、反應遠方的事件、與人從事遠距離的互動等等。全球化不再是遙不可及的事，更不必西方國家用船堅砲利，由外而內來推行了。或許過去西方是用軍事、政治手段推行全球化，現在則是利用經貿文化手段來推行全球化了。全球化除了是一個生活現實，更是一個機會，一個冒險。到了**全球現代性**的階段，越來越多是靠內在的動力，自發地要求全球化，例如加入世界貿易組織 (World Trade Organization; WTO) 大都是自發性的要求，因為雖然進入世貿組織對國內產業可能有風險，必須付出一定的代價，但不進去將被孤立，風險更大。此時全球化已內在於社會、內在於生活當中了。

全球化一方面表現為遠距離的互動及整合能力的增長，時空架構不斷延伸 (time-space distantiation)(Giddens, 1990)，人類活動範圍逐漸擴大。此外，運輸及通訊科技的進步，乃至近年微電子科技 (micro-electronics) 的發展，使得遠距離的即時互動成為可能。運輸時間大為縮減，這意味著距離縮短，所以全球化另一方面表現為「時空壓縮」(time-space compression)(Harvey, 1989: 147)。當然，我們都知道物理的空間或距離並不是真的縮小了，而是用來衡量空間距離的時間縮短了。例如倫敦到紐約的物理距離還是一樣，但是因為交通運輸工具進步了，從倫敦到紐約的時間就縮減了[5]。**科技進步**改變現代人之時空觀或時空架構，一方面造成交通運輸速度增快，另一方面也不斷降低成本。一旦有了衛星通訊，信息傳遞變得幾乎是同步的，紐約發生的事情倫敦或臺北幾乎同時得知。我們對布希總統的熟悉度往往勝過對鄰居的熟悉度，因為時常在全球媒體上看到布希。麥克魯漢所說的「地球村」實現了。

總的來看，全球化的現象可以從主觀與客觀兩個角度來觀察。就客觀層次而言，世界上每個角落的互賴度都增加了，也就是人們的生活越來越受到其他地區所發生事件的影響；就主觀層次而言，客觀的互賴與依存讓不同地區的人們產生了連帶感。此外，與現代性一樣，全球化也是一個多維度、多面向的現象。

---

[5] 這裡所用的單位是「時空」，而不是純粹的、物理的空間距離，前者是社會學的概念，後者是物理學的概念。

二、全球化的面向

全球化的面向很多，諸如：科技、經濟、貿易、政治、軍事、文化、教育等等，是一個跨學科的主題。以下就幾個基本面向闡述如下。

(一) 運輸通訊科技

運輸通訊科技是全球化的基礎。運輸通訊科技日新月異，尤其是微電子產品 (個人電腦、手機等等) 及網路使得全球化如虎添翼。

(二) 經濟全球化

經濟全球化按一般的說法係指資本、技術、勞動力、商品等能跨越國家疆界自由流動。近代資本主義逐漸發展成為一個國際分工系統，全世界經濟上分為核心國家 (工業發達國家，主要從事工業製造業)、邊陲國家 (工業落後國家，主要提供原料和勞力)，中間為半邊陲國家。這是經過幾個世紀發展出來的資本主義的世界體系，也是經濟全球化的重要階段。眾所周知的世貿組織可說是經濟全球化的一個成果，截至 2008 年 7 月，世貿組織共有成員 153 個。臺灣早期加工出口區的設置以及 2002 年加入世貿組織都是經濟全球化歷程的一部分。

(三) 政治全球化

近代政治是以民族國家 (nation-states) 為單位，國家主權被視為神聖不可侵犯。在全球化時代跨國公司及其他跨國 NGO 組織 (如紅十字會、國際特赦組織、國際綠色組織、國際和平組織、Oxfam 等等)、超國家組織 (如聯合國、歐盟) 盛行，多少會影響國家主權的行使和國家認同。正如美國社會學家貝爾 (Daniel Bell) 所說的「民族國家對於生活中的大問題而言變得太小了，對於生活中的小問題而言卻變得太大了」。(Waters, 1995: 96) 國家在處理全球性或跨國性的問題時，常覺得力所未逮，而在處理地方性或社區性問題時，卻感到鞭長莫及。在全球化時代，國家並不會消失 (像大前研一等人所主張的)，不過它的角色和權力都會受到比較大的限制。全球化已是客觀的事實，國家的疆界和主權已不再是絕對的了，國家只是全球治理 (global governance) 網絡中的一環。

(四) 文化全球化

文化全球化是全球化最明顯的層面之一，也可以看成是全球化的表象。例如今天不論到世界哪個城市幾乎都可看到麥當勞、肯德基、可口可樂、迪士尼、好萊塢電影、網路文化等等代表美國文化的一些東西。這是美國文化的全球化，也是當今文化全球化的一個最明顯特徵。有人把這種現象視為美國的「文化帝國主義」或「文化侵略」，雖然有點誇大，卻可以看出美國文化輸出或擴張的趨勢。**文化霸權意即文化交流的不對稱或不平等。**

三、美國文化霸權

近年來，文化產業在世界經貿中的比重激增，美國憑藉其優勢，以貿易自由化為藉口，加緊打入他國文化市場，既滲透文化，又獲取實利。美國的文化產業因此超過汽車產業，並僅次於航太產業而成為第二大出口產業，佔了 40% 國際市場的份額。以世界圖書市場為例，美國是出口大國，圖書出口量增加很快，如 1984 年，美國出口圖書 6.43 億美元，向國外銷售重印權 (Reprint Right) 和翻譯權 (Translation Right) 的收入約計 10 億美元。到了 1993 年，美國僅出口圖書就達到 16.98 億美元，十年之間增加了 2、3 倍。1998 年美國圖書出口佔世界圖書總出口量的 21.8%，超過原來領先的英國，躍居世界第一，德國第二，英國則退居第三位。(郭宣彘，2003) 1994 年美國音樂出版收入達 12.41 億美元，約佔全世界音樂出版總收入的 21.3%。

多媒體、網路、衛星電視的發展等更助長了美國文化輸出的強烈趨勢。據統計美國生產全世界 75% 的電視節目，60% 的廣告節目。發展中國家 75% 以上的文化產品來自美國，而美國文化市場外來文化產品只佔 1%~2%。(葉朗，2003)

在美國文化的強勢輸出下，首當其衝的是其近鄰加拿大。據統計，加拿大 95% 的電影、93% 的電視劇、75% 的英語電視節目和 80% 的書刊雜誌市場都被外國——主要是美國文化產品——所佔有。面對這樣的情況加拿大政府採取了一些保護本國文化的措施。(蘇北，1998) 1998 年 6 月底，加拿大政府邀請 20 多個國家的文化部長在渥太華舉行會議，希望於會後成立一個國際文化組織。加拿大副總理兼遺產部長希拉．科普斯說，在文化領域沒有像世界貿易組織這樣的機構，我們必須建立文化的國際聯繫，建立一個能夠保護**世界文化多樣性**的國際機構。(Ibid.)

美國好萊塢電影獨佔全球電影市場也引起其他國家的側目。法國在 WTO 的談判中堅持，文化產業不能比照其他產業，無條件地開放自由競爭。(劉大和，2003：3) 著名的法國坎城影展，企圖追求與非美國電影的結盟，以維持美國電影以外的電影生存空間。雖然相對於好萊塢充裕的製作費用，其他國家的電影公司很難與之競爭，幸而人類文化的多樣性還是存在的，其他國家的電影也有其文化特色。(Ibid.)

當然，從理論上來說，今天全球化的並不限於美國文化，中國餐館、中國功夫、日本料理、日本電器產品中所展現的精緻美學等等，也都是文化全球化的現象。由上述的統計資料隱約可看到文化霸權的存在，亦即文化交流的不對稱或不平等。有些國家嚴重出超，有些嚴重入超。許多人承認全球化的趨勢不能抵擋，卻擔憂全球化可能破壞地方傳統文化或民族特色，造成文化的模式化、單一化，因而貧困化。

四、全球化與在地化：在地全球化與全球在地化

全球化並非單一的過程，而是呈現橫向與縱向的動態辯證發展狀態，其中包括了在地全球化和全球在地化兩種過程。**在地全球化** (Lobalization) 係地方文化傳播到世界各地去，例如全世界第一家麥當勞係 1955 年在美國芝加哥 Grove Village 設立的，今天麥當勞在全世界六大洲 129 國中擁有超過 30,000 家店，每天服務超過 5,000 萬名以上顧客，成為全球的現象了[6]，全球化現象的根源是在地的文化；而**全球在地化** (Glocalization) 係指全球現象移植到某個地方來，例如麥當勞自從 1984 年在臺北成立第一家店，到 2001 年底，麥當勞在全臺已有 352 家店，為全世界第八大麥當勞市場。在這個過程中，移植的現象需要適應當地的風土民情，以便為當地民眾接受，因而不免會因地制宜而和原產地有所不同。文化全球化不但是強勢文化向全球各地滲透的過程，同時也是在地文化運用同一機制與世界溝通的管道，這點在商品市場中最為顯著 (伊豫谷登士翁，1998)。就像麥當勞這個強調標準化的飲食店，也都出現某些「不標準」的情形，比如：臺灣的大麥克 (Big Mac) 就沒有美國本土來的「大」，而亞洲各國也都各自推出原產地美國所沒有的產品，如照燒豬肉堡就是一種迎合東方口味的產物，而日本的照燒漢堡又與臺灣的口味略有不同。因此，雖然全

6　飲食店背後所蘊含的速食文化與標準化邏輯更使世界「麥當勞化」了 (Ritzer, 2000)。

球化和現代化蘊含**同質化**甚至**單一化**，但全球化和在地化之間的辯證仍然會產生文化上的變異及特色。而商品被當作不帶國籍色彩的文化產品向世界輸出本身，也使得全球性的共通經驗與全球觀感 (global image) 得以產生 (伊豫谷登士翁，1998)。

這種全球與在地的辯證關係，在亞洲內部更是明顯。臺灣阿美族原住民郭英男的一曲〈老人飲酒歌〉，原本只是臺東馬蘭部落的音樂而已，在被法國人評比為天籟之後造成轟動。後來因為德國 Enigma 樂團在 “Return to Innocence” (反璞歸真) 這首歌中擷取了其旋律，加上締造數百萬張驚人的銷售佳績後，讓更多人欣賞到這個特有的音律。1996 年亞特蘭大奧運選擇 “Return to Innocence” 為主題曲後又再引爆熱潮，進而名揚國際。但也正因為這首要人反璞歸真的歌曲，是「西洋」樂團在未經授權的情況下，恣意擷取臺灣「本土」的音樂，又利用 EMI 的「跨國資本」來進行銷售，因此此後這首歌所引發的智慧財產權侵權爭議，還促使了奧會主席親筆道歉。這個事件也成為國際間智慧財產權保護的重要案例 (郭英男，2007)。

這類看似細微的事件，除了是一種典型的**在地全球化**的實例之外，它背後更重要的意義是，這個爭議打破了亞洲固有的「階層式思考」[7] 或「時差式感受」[8] (杉原達，2004)。這點不管是在一個國家的內部，還是對外國的想像上都是如此。即便是在臺灣，很多人也難以想像這首傳統的「原住民音樂」竟有揚名海外的一天，大家更不會料想到這類傳統樂曲也會引發這麼複雜的法律問題。在地的全球化使得我們在思考自己與鄰國關係的問題上，也出現了立場的轉變。特別是當張藝謀 (中)、成龍 (港)、李安 (臺)、宮崎峻 (日) 以及韓劇橫掃全亞洲的時候，原本各國間的藩籬也隨之超越，固有的排比也隨之瓦解，於此同時屬於東亞自己的「亞洲風」文化空間 (Ibid.) 則悄悄出現。

五、反全球化

全球化也激起了**反全球化**，一些利益被剝奪、受損害的團體群起抗議全球化。不過，反全球化其實也是一種全球化，或許可稱之為「另類全球化」。它

---

7 所謂「文化的階層式思考」就是在我們的文化觀感中，某種文化比另一種文化要高一級的感覺。

8 所謂「時差式感受」就是某個較現代化的國家，會以自己現在的狀況作為基準點，來評斷他國只達到自己多少年前程度 (也就是他國還落後自己多少年的觀感)。如我們說，某某國很像十年前的臺灣。

利用全球化的機制，將反全球化的目標、宗旨以及活動全球化了。因為要反全球化，本身也必須全球化。舉最近全球反戰的遊行為例，前所未見的反戰聲浪就是利用全球媒體 (global media, 包括各大電視台、報紙、網際網路) 所進行的全球串連。

當然，反全球化不可能是全盤性的，亦即我們不能說反對所有的全球化，因為如前所述，現在全球化已經內在於日常生活中了 (全球化的內在性)。反對所有的全球化，或絕對地反對全球化，即不接觸全球媒體，有如自絕於世界了。所以所謂反全球化，必定是反對全球化的某個部分或層面，例如帝國主義、美國的文化輸入及影響，或全球貧富不均等等。

第三節　全球化與傳統文化

我們在本節討論的傳統主要是指非西方的傳統，其存續發生問題的傳統。在現代世界的傳統經歷了一種所謂「去傳統化」(de-traditionalize) 的過程之後，傳統喪失了規範性或拘束力，變成了個人選擇或個人品味的問題。這意味著個人選擇及自由的擴大，相對而言個人的責任也加重。這也就是為什麼現代社會被稱為「後傳統社會」(post-traditional societies)。

全球化同時激起了地方意識或民族主義，試圖發揚民族文化的特色。問題在於如何在全球化時代保存及維繫傳統文化。現代性本身已形成了一個傳統，這是當代世界的主流傳統，影響世人最大，也衝擊著其他的傳統。現代人經常以現代性為觀點來看他們的地方傳統，例如站在西醫的觀點來看中醫或藏醫，站在「現代科學」的觀點來看中國傳統經典，而有以科學方法來整理國故之議。

傳統文化應該要保存下來，只是可能無法以傳統的方式來保存及維繫了；而要用非傳統的方法來保存傳統。例如中醫受現代性很大的衝擊，而有許多的改革，包括中醫師的養成 (傳統是學徒制)、中草藥的製造、中醫藥經典的整理闡釋等等，都是以非傳統的方式來保存及維繫中醫的傳統。再者，傳統上中國古代經典的訓練及維繫主要是靠文人從小背誦熟記，充分內化；而現在則利用電子數位化來保存，上網傳播。這種非傳統的方式可能會喪失一些傳統文化的味道氛圍 (aura)，卻增加調閱及檢索上的方便，讓傳統的保存及維繫有更寬廣的空間和可能性。

不論是時代久遠不可考的傳統還是新近創造的傳統，我們都必須將之視為不斷變遷中的生活風俗來看待，而不是鐵板一塊。特別是傳統應該可以被賦予種種不同的意義，也可能被用來服務於各種目的與動機。傳統不再被視為神聖不可侵犯，也不是一成不變的，而應該時時刻刻接受檢驗、研究，乃至批判，如果有必要的話，傳統本身也應該起身辯解。現代性應該要與傳統之間建立對話的管道，而不是自限於兩分法之中。

因此傳統文化雖然經歷了去傳統化以及用非傳統的方式去保存傳統，仍有可能由於與現實情境相關而回饋生活世界，影響現代人的生活。甚至由於去傳統化，使傳統文化失去了神聖性及拘束力，人們在他們的生活中或在他們的創作中，反而得以任意去組合拼湊各種傳統文化的元素，從而助長了文化的融合和創造。

第四節　結語

在回顧了全球化的開展歷程後，我們發現全球化開端來自西方現代性。換言之，原本屬於西方的在地觀點，先是挾著船堅砲利，其後利用全球資本把世界的每一個角落都捲入西方的現代性之中，全球化自此興起 (一種特殊的普遍化)。由於全球化與西方現代性高度關聯，我們很容易就會誤認西方特殊的文化是一種普遍的現象，進而誤以為全球化就是在追求西化。反過來看，由於全球化並非單一的過程，而是呈現橫向與縱向的動態辯證發展，因此我們一定會看到全球在地化 (普遍的特殊化) 的現象。因此，就算是在全球化的時代，傳統仍然有生存的機會，只是不能再用傳統的方式來維護傳統了。

那麼，如何用非傳統的方式來回應全球化的衝擊呢？受到西方現代性的影響，全球化的許多機制都是由西方建立的，這使得西方在全球化的過程中佔了先機。西方國家很容易就利用既有的傳播機制，把他們本土的東西拓展成普遍的文化。我們的傳統如果要存續，就必須讓傳統與全球化的機制接軌。以麥當勞為例，連鎖的速食店改變了人們的飲食習慣，人們接受了不管到哪裡都可以吃到味道相同的「大麥克」的想法。中餐館如果想要繼續生存，則他們需要的不是改行做漢堡，而是接受新的管理形態。

最後，由於全球化的概念是多元的，如何對待不同的文化傳統也就顯得特別重要了。在全球化時代，我們必須理解不同文化傳統之間需要寬容和對話，所謂「和而不同」，即雖然不同卻可以和諧相處。因為不需要勉強求同，所以不至於走上亨廷頓說的「文明衝突」。更積極的說法是「多元互濟」，不只是靜態的多元主義而已，不同的文化或文明之間可以對話，互相學習，截長補短。

不幸的是，現在似乎已經有文明衝突的端倪了。傳統走向極端成為所謂的「基本教義派」(fundamentalism)，**意圖在現實生活中完整或充分地實現教義**，排斥異教或異端，拒絕妥協，甚至拒絕溝通及對話。在全球化時代，當基本教義派居於少數或弱勢時，就很容易走上恐怖主義之途。北愛爾蘭和中東回教都是眾所周知的例子，911 事件是一個極點，其後的峇里島爆炸案及倫敦連環爆炸案都讓人怵目驚心。史威德勒 (L. Swidler) 說的「不對話即死亡」(dialogue or death) 可說是恐怖主義的寫照。恐怖主義乃人類之悲劇，恐怖主義者謂「我要死，也不讓別人活」。在全球化時代各種文明及文化接觸頻仍，衝突的可能性大增，人類面臨對抗或對話的抉擇。

跨文化對話 (inter-cultural dialogue) 乃當務之急，邁向文化間相互理解，乃是降低緊張、協調衝突的唯一途徑。全球化時代應該是全球跨文化對話的時代，這是當前的急務。而亞洲各國，也在這股亞洲風文化空間逐漸形成的時候，在這個新的對話利基上慢步前行。

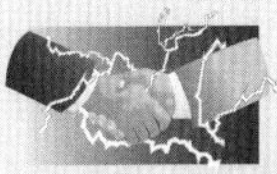

重要名詞

現代性 (modernity)：西方 15 世紀文藝復興運動以降，逐漸發展出來的一套生活方式及制度模式。現代性的內涵非常龐雜，包括文化、社會、經濟、政治、科技等各方面的特徵，而以理性和進步為其核心。

全球化 (globalization)：全球各個地區、國家依存互賴的趨勢，遠距離互動增加。

在地全球化 (lobalization)：係指某個地方文化傳播到世界各地去，例如麥當勞速食文化由美國芝加哥傳播到全球。

全球在地化 (glocalization)：係指全球現象移植到某個地方來，例如麥當勞傳播到臺灣，與臺灣的條件或文化結合。

另類現代性 (alternative modernities)：各國間回應西方現代性的方式與社會中抗拒變革的強度上有所差異，使得全球現代性展現出多種形態。非西方的回應方式常被稱為另類現代性。

制度自反性 (institutional reflexivity)：當代社會生活仰賴制度性監控機制的建立與運作，藉著對有關資訊的運用，制度能對自身之運作加以監控、評估，乃至改進。

反全球化：一些利益被剝奪、受損害的團體群起抗議全球化的現象。

文化的階層式思考：認為某種文化比另一種文化要高一級的感覺及思想。

時差式感受：以自己現在的狀況作為基準點，來評斷他國只達到自己多少年前程度(也就是他國還落後自己多少年的觀感)。

去傳統化 (de-traditionalize)：傳統喪失了規範性或拘束力，傳統變成了個人選擇或個人品味的問題。

問題與討論

1. 你覺得臺灣全球化嗎？為什麼？
2. 本土化是臺灣近年來常用的一個詞。請問本土化是什麼意思？它與全球化有什麼關係？
3. 報紙上常有人說，為了因應全球化的挑戰，大家都應該努力學英文。請問說英文與全球化之間有什麼關係？
4. 有人說亞洲最近刮起一陣「韓流」。請問你怎麼看待這股風潮？又，我們應該如何從全球化的角度理解這波韓流？
5. 每當發生恐怖攻擊，就有人會說因為全球化的關係激起了地方意識或民族主義。請問全球化與恐怖主義之間有什麼關係？

推薦書目

Held, David 等著，沈宗瑞等譯，2004，**全球化衝擊**，韋伯文化。

何春蕤，1997，〈臺灣的麥當勞化：跨國服務業資本的文化邏輯〉。Retrieved Apr. 04, 2008, from http://sex.ncu.edu.tw/members/Ho/paper/McDonald_tw.pdf

黃瑞祺、黃之棟，2007，〈全球化的挑戰與傳統文化之回應〉，**研考雙月刊**，31(5): 96-105。

參考書目

今井弘道，2001，〈東アジア的自己意識〉の形成と〈市民的政治文化〉。Retrieved Mar. 04, 2002, from http://www.juris.hokudai.ac.jp/~imai/sankou/hongkong.txt

伊豫谷登士翁，1998，グローバリゼーション，**世界大百科事典**(電子版，第二版)，東京：平凡社。Retrieved Apr. 04, 2008, from http://ds.hbi.ne.jp/netencyhome/

何春蕤，1997，〈臺灣的麥當勞化：跨國服務業資本的文化邏輯〉。Retrieved Apr. 04, 2008, from http://sex.ncu.edu.tw/members/Ho/paper/McDonald_tw.pdf

杉原達，2004，〈日本與亞洲的交會——從文化交流史角度論述〉。Retrieved Apr. 05, 2006, from http://www.japanresearch.org.tw/scholar-22.asp

政大臺灣研究中心，2007，〈臺灣原住民族與政府新的夥伴關係條約〉。Retrieved Oct. 26, 2006, from http://www.tsc.nccu.edu.tw/paper/961026/961026-3.pdf

郭宣韡，2003，〈出版與文化產業〉。Retrieved Mar. 03, 2008, from http://mail.nhu.edu.tw/~society/e-j/28/28-28.htm

郭英男，2007，〈原住民郭英男夫婦的歌聲震撼奧運會〉。Retrieved Mar. 03, 2008, from http://www.hlps.tcc.edu.tw/1001/society/chapter3-7-3.htm

章家敦，2002，**中國即將崩潰**，臺北：雅言。

黃瑞祺，2002，**現代與後現代**(第二版)，臺北：巨流。

---，2005，〈自反性與批判社會學〉，**人文社會科學的邏輯**，黃瑞祺、羅曉南主編，臺北：松慧。

黃瑞祺、黃之棟編著，2005，**自然的人化與人的自然化**，臺北：松慧。

葉朗，2003，〈文化產業和我國21世紀的經濟發展〉。Retrieved June 20, 2004, from http://www.eifi.com.cn/new_page_5.htm

劉大和，2003，〈文化產業的利基與重要性〉。Retrieved Jan. 08, 2008, from http://www.esouth.org/sccid/south/south20010713.htm

劉阿榮，2005，〈永續發展與族群夥伴關係〉，**研考雙月刊**，29(5): 92-102。

蘇北，1998，〈美加文化戰　祭出新法寶〉，**中華讀書報**。From http://bigate.com/dfzx.com.cn/bigate/b/g/g/http@www.gmw.com.cn/0_ds/1998/19980805/GB/210^DS1316.htm

Bauman, Z., 1998, *Globalization: The Human Consequences*, New York: Columbia University Press.

Berger, P., 1997, Four Faces of Global Culture, *National Interest*, 49: 23-29.

Berger, P. and Huntington, S., 2002, *Many Globalizations*, New York: Oxford University Press.

Giddens, A., 1990, *The Consequences of Modernity*, Cambridge: Polity.

Harvey, D., 1989, *The Condition of Postmodernity*, Cambridge, Mass., USA: Blackwell.

Petras, J., 1999, Globalization: Critical Analysis. In Ronald H. Chilcote (Ed.), *The Political Economy of Imperialism: Critical Appraisals*, Boston: Kluwer Academic Publishers.

Robertson, R., 1992, *Globalization: Social Theory and Global Culture*, London: Sage Publications.

Sachs, W., 1994, The Blue Planet: An Ambiguous Modern Icon, *The Ecologist*, 24(5): 170-175.

Tomlinson, J., 1991, *Cultural Imperialism: A Critical Introduction*, Baltimore, Md.: Johns Hopkins University Press.

---, 1999, *Globalization and Culture*, Chicago: University of Chicago Press.

Waters, M., 1995, *Globalization*, New York: Routledge.

21 都市化

內容提要

都市是人類群居生活的高級形式，表徵著人類的成熟文明。當大量的鄉村人口遷往都市，並在生活方式方面發生深刻變化時，我們就將這個過程稱為「都市化」。都市化與工業革命以來的工業化有著休戚相關的聯繫。在世界範圍內，都市化進程既有共同的地方，也存在著國別的不同。都市擴展有許多空間結構模型，我們著重介紹三種：同心圓、扇形、多核心模型。都市化在為人類的生存帶來巨大便利的同時，也帶來了諸多問題。

第一節　都市與都市化

對身處 21 世紀的我們來說，都市並不是新奇之物。但是研究都市卻是考察世界與我們生存之謎的一種途徑。

一、都市的演化

都市的歷史源遠流長，大約在 7000～10000 年前就出現了都市的雛形。當人們從居無定所的採集和游牧生活過渡到農耕定居的村落生活時，就預示著都市的產生。為了確保個人人身和財物的安全，人們興建圍牆和溝壑，村落由此而變為城堡。當然這還完全不是現代意義上的都市。無論在東方還是西方，最早的都市其實主要注重的是「城」的功能，即保護和防禦的功能，而後才逐漸形成「市」，即市場貿易。爾後，都市逐漸演化為政治、軍事和經濟中心。

儘管都市的地位和作用日趨重要，但在相當長的時間裡，都市的發展卻非常緩慢，其快速發展是近二百年的現象。從總體都市人口來說，從都市產生到 18 世紀，世界人口中不到 3% 的人生活在都市中；而到 1900 年，上升到 14%；到 1975 年，上升到 41%；預計到 2025 年將有 60% 的人生活在都市 (包亞明，2005)。就單個都市規模來說，早期的都市都非常小，最多幾千人。直至二百年前，世界上唯一一個人口超過一百萬的都市也就只有中國的北平 (即現在的北京)(Chandler and Fox, 1974)；而到 1900 年時，達到 16 個；到 2000 年時，大約 300 個；預計到 2015 年時，會達到 560 多個 (漢斯林，2007：589)。都市的這種迅猛發展在很大程度上仰仗於 18 世紀中葉以來的工業革命。這場革命，將越來越多人捲入到都市中來，導致了我們所說的「都市化」。

二、都市化內涵

一般而言，都市化 (urbanization) 就是指人口從鄉村遷移到都市，導致居住在都市的人口比例日益增加。

從上述定義來看，似乎整個都市的發展過程都可以命名為都市化。例如，有學者將人類都市化的進程設定在西元前 8000 年到西元 2000 年間，提出了都市化的五階段論 (黃鳳祝，2009：1)。美國學者愛德華．W. 索亞 (Edward W. Soja) 從都市空間的地理歷史出發，指出了人類都市化進程三大革命。推至一萬年前的第一次都市革命，是以農業都市定居點而開始的，並演化為村鎮聯合。7000 年前的第二次都市革命，地理位置轉移到底格里斯河和幼發拉底河的沖積平原，都市的生產和組織程度發生了變化：從簡單的耕作社會擴展到以王權、武力、官僚體制、財富、奴隸、父權制和帝國為基礎的控制及規範社會與空間的疆域劃定的新形式。隨著資本主義的發展，爆發了第三次都市革命，現代工業大都市應運而生 (索亞，2006：4-7)。這種將整個都市的發展歷程視為都市化的觀點是一種廣義的都市化。

在社會學意義上，我們通常採用狹義的都市化概念，特指工業革命 (或者工業化) 以來，鄉村人口大量湧入都市，導致都市人口比例增加以及都市行為方式與思維模式的傳播。

在數量上，都市化體現為人口的積聚過程，包括集中點的增加、每個集中點的擴大，以及都市人口占全社會人口比例的提高。在性質上，都市化是都市文化及社會心理的形成過程，即都市生活方式、組織體制、價值觀念等特徵的形成，以及這些都市特徵向周圍鄉村地區的傳播和影響。從社會學的視角來看，人口集中是都市化的外在表現，而生活方式的變革才是都市化的本質特徵。社會學家齊美爾就用精神生活來定義大都市；路易士．沃斯也認為，都市就是一種生活方式。

三、都市化與工業化

在定義都市化時，我們就隱含的指出了它與工業化的關係。這裡，我們對二者的聯繫做詳細分析。

都市發展的根本動力是生產力的提高，而工業革命是有史以來最大的一次生產力釋放。工業化直接推動了現代意義上的都市化 (即狹義的都市化)。工業革命促使機器大生產代替了傳統的手工作坊，進一步促進了社會分工。新的生產方式要求增加雇傭工人，必然對鄉村剩餘勞動力向都市的轉移產生「推拉效應」。通過資本的積累，帶動能源、交通等都市基礎設施的發展和完善。工業化通過調整生產的供給結構來滿足並適應由都市化引起的各種需求，最主要的如非食品類消費需求、非農勞動力就業需求和資本再分配的需求。工業化過程本身就意味著資本、人口、自然資源等生產要素向一定的地區集中，以及人們生活方式的改變。如果沒有工業化，很難想像現代都市會如何形成，以及現代意義的都市化如何發生。

另一方面，都市化又為工業化創造了有利的條件。都市的發展吸引大量廉價勞動力，為工業化提供了人力儲備；都市也是工業化容易產生規模效應的地方，大量的基礎設施，良好的商業環境又刺激著工業化的進一步發展。

工業化和都市化的相互促進關係在世界各國都有明顯的表現，但是工業化和都市化的進程並不必然是一致的。從都市化與工業化發展水準關係來考察，世界都市化可分為如下幾種模式：

同步都市化 (synchro urbanization)。這是指都市化的進程與工業化和經濟發展的水準趨於一致的都市化模式，即都市化與經濟發展呈顯著的正相關關係。發達國家在整個工業化中期，工業化與都市化的相關係數極高。在這種模式下，湧入都市的鄉村人口通常能同步實現地域轉換和職業轉換。

過度都市化 (over urbanization)。又稱超前都市化，都市化水準明顯超過工業化和經濟發展水準的都市化模式。都市化的速度大大超過工業化的速度，都市化主要是依靠傳統的第三產業來推動，甚至是無工業化的都市化，大量農村人口湧入少數大都市，都市人口過度增長，都市建設的步伐趕不上人口都市化速度，都市不能為居民提供就業機會和必要的生活條件。也就是說鄉村人口進城實現了地域的轉換，但是職業卻並沒有轉換，這必將造成嚴重的「都市病」──無業人口比例大、貧民窟、高犯罪率等。相當數量的發展中國家基本上是這種都市化模式。

滯後都市化 (under urbanization)。是指都市化水準落後於工業化和經濟發展水準的都市化模式。滯後的原因常常是人為地限制都市化的發展，工業向鄉村擴散，農村人口就地非農化。改革開放前的中國都市化就是這種都市化的突出代表。

值得注意的是，現代意義上的都市化雖然是以工業化為起點，但發展到一定階段時，並不會拘泥於工業化的發展軌跡。21 世紀，世界仍處於工業革命的範疇之內，但是第三產業革命的巨大威力已開始浮現──知識產業、資訊產業在未來對都市化進程的影響將會越來越明顯。後工業社會的來臨將會為都市化提供新的動力。

第二節　世界範圍內的都市化進程

都市化在世界範圍內既有共同點，但其本身又是一個不平衡的發展過程，在不同國家有不同的表現。

一、都市化發展規律

由於都市人口比例是都市化最直接的表現，所以人們通常通過這個比例來直觀地了解各個國家或者地區的都市化水準。國際上一般認為，都市人口占總人口 70% 以上為都市化高度發展狀態，20% 以下為都市化低水準狀態。從圖 1 可以看出，發達國家作為一個整體，大約在 20 世紀 80 年代就達到了高度發達的都市化水準；而發展中國家仍要付出相當大的努力才能趕上發達國家的都市化水準。21 世紀頭十年則是一個歷史性的時刻，全世界過半的人口會成為都市居民。

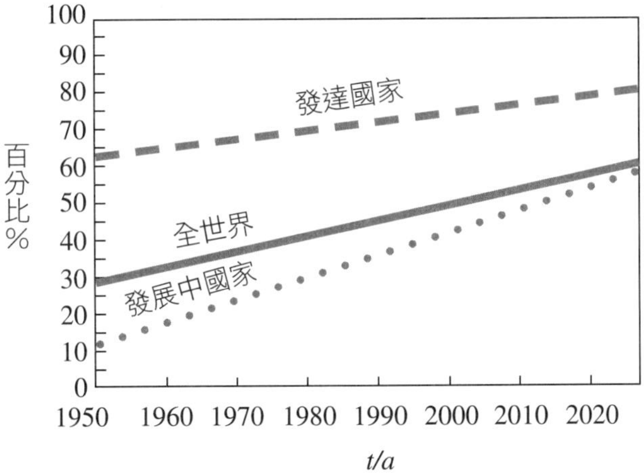

資料來源：United Nations (1990)

圖 1　城市人口百分比的增長

儘管都市人口比例不斷上升，但這種上升過程並非均質的。美國都市地理學家諾瑟姆 (Ray M. Northam) 在總結歐美都市化發展歷程的基礎上，把都市化的軌跡概括為拉長的 S 型曲線 (圖 2)。他把都市化進程分為三個階段：第一是都市化起步階段，都市化水準較低，發展速度也較慢，農業佔據主導地位；第二是都市化加速階段，農業勞動生產率的提高，產生了大量的農村剩餘勞動力；工業化進程的加快也導致了都市吸納人口能力的增強，表現為大量人口向都市的集聚；第三是都市化成熟階段，都市化主要依賴都市自身的發展，農村剩餘勞動力基本上全部被都市所吸納，都市人口增長緩慢 (1979)。

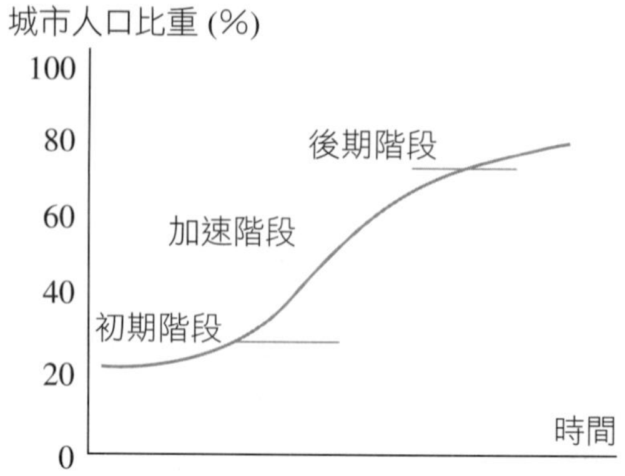

資料來源：Northam (1979: 66)

圖 2　都市化過程的“S”型曲線

二、都市化的國別比較

都市化雖然是一種全球現象，但是在世界範圍內的發展卻嚴重不平衡。我們從圖 1 已看出，發達國家和發展中國家的都市化之間存在較大的差距，下面擇其代表予以介紹。

(一) 發達國家的都市化

工業革命始於西歐，作為工業化的結果，西歐的城鎮在 18 世紀晚期飛速發展。這股都市化的浪潮隨著工業化的擴張，也席捲了北美。英、法、德、美等國家率先搭乘了都市化的列車。

英國是工業革命的發源地，機器大工業的飛速發展，促使它的現代化大工業都市以閃電般的速度成長起來，代替了之前自然成長起來的都市，掀起了第一股都市化浪潮。單就英國的紡織業來說，在八十年間使蘭卡郡的人口增加了 10 倍，還神奇地創造了人口達 70 萬的利物浦和曼徹斯特這樣的大都市，及其周圍的一系列其他工業都市。1925 年，英國建成世界上第一條鐵路，便利的交通運輸加強了各個都市之間的聯繫，一大批的專業化都市應運而生，包括製造業都市、紡織業都市、鐵路都市、港口都市以及休閒都市等等。英國的工業化和都市化道路概括起來，走了一條圈地、對外掠奪、集中化、產業調整的道路。

美國的都市化雖然在時間上遠遠晚於英國，但卻用了極短的時間成為世界上都市化水準最高的國家。美國工業革命始於東北部，此地工業資源豐富，煤、鐵、木材等等大多集中於此，都市化也就由此展開。美國中西部的都市化最有特點，主要是由於國防工業等需要和移民的湧入而得到開發，並且專業化都市突出：鋼鐵冶煉有匹茲堡、芝加哥等，機械產品製造有底特律、辛辛那堤等。這種都市化不同於傳統都市化道路，不是以農業開發為起點，而是以城鎮、都市為依託，大大加速了都市化的進程。

作為亞洲經濟強國的日本，歷來十分重視農村地區的現代化和都市化，政府對農業和農村的資金支援十分到位。1961~1970 年，農業預算不斷增長，在 1970 年達到了國家總預算的 10.8%，這些舉措加快了農村都市化的進程。但是日本都市化整體上看是以大都市為主體的，並形成了區域發展的格局。日本東京和大阪兩個大都市的格局隨著太平洋沿岸經濟的迅速發展，演變為從東京到神戶的太平洋沿岸的京濱、中京和京阪神三大都市圈。到 1995 年，這三大都市圈包含了 147 個都市，該地帶占日本總都市人口的 42% (章友德，2003)。

(二) 發展中國家的都市化

發展中國家都市化的起步非常晚，但由於能借鑒發達國家都市化的經驗，往往能在短得多的時間裡取得很大的成就。

中國是世界上最大的發展中國家，它的都市化進程是一條非常曲折的道路。在中華人民共和國成立後，開展了第一個五年計畫，復興了武漢、鄭州等都市，也新興了許多工業都市，如包頭、銀川。在此後的三十年裡，都市化基本上處於停滯狀態。「大躍進」和人民公社化運動期間，雖然都市人口顯著增長，但其實是曇花一現。因為盲目地趕超型經濟發展不均衡，加上隨後的三年自然災害，以及十年的文化大革命動亂，都市化幾乎擱淺。這種狀況一直到 1978 年的改革開放才大為改觀。經濟體制的轉軌和國家重視小城鎮的建設等一系列重大變化使得都市化和工業化重新煥發出勃勃生機。2006 年全國都市總數達 661 個，城鎮人口 5.77 億，占全國總人口的 43.9%。東、中、西部都市化水準分別達 54.6%、40.4% 和 35.7%。都市發展體系逐漸走向成熟，長江三角洲都市群、珠江三角洲都市群、環渤海都市群等成為了經濟的重要增長點。

印度不同於中國，它採取的不是發展都市集群 (圈) 的都市化政策，而是均衡發展的經濟政策和優先發展大都市的都市化政策。就印度城鎮人口的絕對數量而言，在世界各國中已經名列前茅，但若依據城鎮人口在其全國總人口中的比例，情況則很不一樣了。印度仍是世界上都市化水準最低的國家之一。和中國一樣，印度也面臨著如何解決剩餘勞動力的就業等方面的問題。

大多數發展中國家的都市化往往是在西方國家的干預推動下產生的，貿易在其中扮演著重要的作用。據估計，未來都市增長大部分都將發生在發展中國家，但這主要是由於發展中國家的人口膨脹所導致的結果。

從上面幾個國家的都市化狀況中，我們可以看出：1. 各個國家的都市化道路是不一樣的，如日本是以大都市為主體展開，美國則以小都市為主體。2. 發達國家的都市化和工業化往往是同步的，而發展中國家往往過度都市化，湧入都市的剩餘勞動力遠遠超過都市的容納能力。3. 相較於發達國家的早發內生型發展模式，發展中國家的都市化往往屬於晚發外生型，走了一條「趕超型」的都市化之路。

三、都市化的發展階段

英國學者範登堡在他的《歐洲都市興衰研究》一書中，以經濟結構變化的三階段 (即 1. 從以農業為主過渡到工業社會；2. 由工業經濟過渡到第三產業經濟；3. 第三產業部門繼續發展進入成熟階段) 為依據，把英國工業革命至今的世界都市化劃分為三個階段：都市化 (集中性都市化)、郊區化 (分散性都市化)、反都市化。

美國學者佩托．霍爾 (P. Hall) 根據發達國家人口遷移趨勢，於 1971 年提出了「都市發展階段」模型，把都市化進程劃分為六個階段：1. 向心期。在工業化初級階段，都市邊緣地區人口進入都市，形成都市中心人口相對集中，邊緣地區人口相對減少的人口變動格局；2. 絕對向心期。工業化進入調整發展階段，經濟增長主要依賴外延擴大再生產，都市輻射能力大大加強，離都市較遠的週邊人口也被陸續吸入都市。這時，不僅都市中心區，而且原來的都市邊緣地區的人口都急速膨脹，都市迅速擴大；3. 相對向心期。當工業化進入成熟階段，都市經濟增長主要依賴科技進步，通過擴大再生產實現。這時，一方面都市不需要大量的勞動力，另一方面由於都市中心人口過度集中而引起生存環境的惡化，都市中心區人口開始向郊區擴散，都市發展進入郊區化時期；4. 相對離心期。隨著都市中心區與都市邊緣地區交通條件的全面改善，都市人口出現向邊緣地區擴散的離心化遷移趨勢，都市中心區人口增長迅速下降；5. 絕對離心期。人們繼續大規模地向優美的都市邊緣地區遷移，出現回歸大自然的「市郊化」現象；6. 序列－規則分布期。都市中心區邊緣地區人口開始沿現代高速交通幹線擴散，在地域上形成序列－規則都市帶，這就是逆都市化趨勢。

1981 年克拉森等人對霍爾的模型進行了完善修改。該模型將生命週期引入都市化理論，認為一個都市從「年青的」增長階段發展到「年老的」穩定或衰落階段，然後再進入到一個新的發展週期。該模型首先根據整個都市地區的人口數量是上升還是下降，以及是中心城區還是周圍地區人口增長得更快或下降得更快，而將都市發展劃分為都市化、郊區化、逆都市化和再都市化四個階段。

這些發展階段模型的一個共同點在於它們都認為都市化先是現有都市對周圍地區的吸引，導致人口遷入和集中；當都市無法容納急劇膨脹的人口時，或者都市由於交通堵塞、空氣污染等原因，又會逐步導致人口的移出。這些發展階段幾乎為發達國家經歷過了，但是否具有普世性，仍須拭目以待。

第三節　都市空間結構模型

提到都市或者都市的發展，就不得不提芝加哥學派。芝加哥的都市社會學曾一度稱霸世界學術界。該學派的旗手羅伯特．派克杜撰了人文生態學 (human ecology) 或者說都市生態學一詞，來說明都市的空間分布。接下來我們將重點介紹該學派總結的都市空間結構模型 (圖 3)。

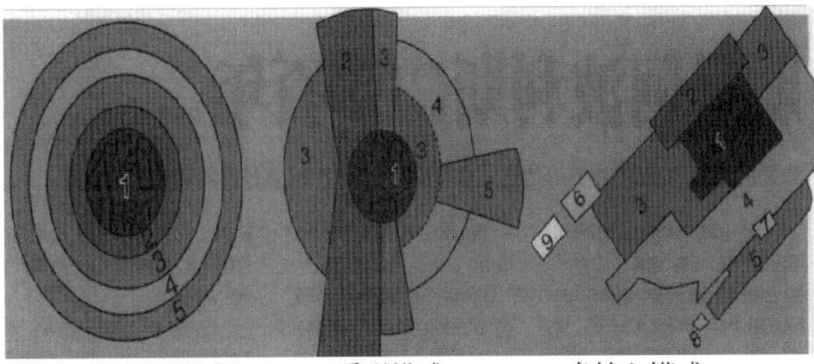

資料來源：王駁 (2008: 21)

圖 3　人文生態學的城市增長模型

一、同心圓模型

伯吉斯 (Ernest W. Burgess) 以芝加哥城為基礎提出了都市同心圓模型 (concentric zone model)。該理論認為，都市發展模式是以圓心向週邊不斷擴散的過程。同心圓分為五個區域：

居中的圓形區域是中心商務區，這是整個都市的中心，是都市商業、社會活動、市民生活和公共交通的集中心。在其核心部分集中了辦公大樓、財政機構、百貨公司、專業商店、旅館、俱樂部和各類經濟、社會、市政和政治生活團體的總部等。

第二環是過渡區，是中心商務區的週邊地區，是衰敗了的居住區。這裡曾一度居住了大量的比較富裕或有一定地位聲望的家庭，由於商業、工業等設施的侵入，降低了這類家庭在此居住的願望而向外搬遷，這裡就逐漸成為貧民窟或一些較低檔的商業服務設施基地，如倉庫、典當行、二手商店、簡便的旅館或飯店等。這個地區也就成為都市中貧困、墮落、犯罪等狀況最嚴重的地區。

第三環是工人居住區，主要是由產業工人 (藍領工人) 和低收入的白領工人居住的集合式樓房、單戶住宅或較便宜的公寓組成。這些住戶主要是從過渡區中遷移而來，此處離他們的上班地點較近。

第四環是良好住宅區，這裡主要居住的是中產階級，他們通常是小商業主、專業人員、管理人員和政府工作人員等，有獨門獨院的住宅、高級公寓和旅館等，以公寓住宅為主。

第五環是通勤區，主要是一些富裕的、高品質的居住區，上層社會和中上層社會的郊外住宅坐落在此處，還有一些小型的衛星城。居住在這裡的人大多在中心商務區工作，上下班往返於兩地之間。

同心圓的各環並不是固定和靜止的，在正常的都市增長的條件下，每一個環通過向外面一個環的侵入而擴展自己的範圍，這就是都市擴張的內在機制和過程。該模型代表了都市增長的理想類型。

二、扇形模型

社會學家霍默．霍伊特 (Hoyt) 通過對同心圓模型的修正，提出了扇形假設 (sector hypothesis)。他對 142 個北美都市房租的研究和都市地價分布的考察得出，都市的模式總是從市中心沿主要交通幹線或沿阻礙最小的路線向外延伸，呈放射性的扇形。輻射狀的交通線路為高級住宅區的發展提供了便利，使得高租金的住宅區不再是呈圓環狀分布，而是呈扇形向外發展。各級住宅區也不再呈同心圓狀，而是中級住宅區位於高級住宅區的兩側，低級住宅區位於中級住宅區與工業區之間，或位於高級住宅區的相反方向上。扇形內部的地價不隨離市中心的距離而變動。按照這種空間布局，商店和商業機構都會盡可能選擇在繁華的馬路沿線安家落戶，低收入人群的住宅總是離鐵路線比較近，而中等和高收入者的居住區會遠離工業企業。

三、多核心模型

都市地理學者昌西．哈里斯 (Chauncy Harris) 和愛德華．厄爾曼 (Edward Unman) 認為，傳統的同心圓模型已經不再適合許多大都市的發展了。他們於 1945 年提出了多核心模型 (multiple nuclei model)，該理論認為，一個都市可能有好幾個核心或者中心。這些核心的形成與地域分化的原因是以下四個方面及其組合的結果：一是某些活動需要專門性的便利，如零售業地區在通達性最好的地方、工業需要廣闊的土地和便利的交通。二是由於同類活動因集聚效果而集中，例如在零售區，如果有很多商店，就會吸引更多顧客。三是不同類別的活動之間可能產生利益衝突而分隔，例如風景優美的富人區就不會被安置在冒黑煙的鋼鐵生產廠旁邊。四是某些活動負擔不起理想區位的高地價，而會被安置在不好的地理位置，例如倉庫就往往被安置在都市邊緣的貧苦地區。都市越大，其核心就越多、越專門化。行業區位、地價房租、集聚利益和擴散效益都是導致都市地域模式分異的因素。

上述三種模型同屬於人文生態學派，後兩種都是對伯吉斯的同心圓模型的補充和修正。他們都認為都市就是一種生態秩序，競爭與共生就是支配都市社區的基本過程。同心圓模式反映了一元結構都市的特點，動態分析了都市地域結構的變化，但過於理想化，形狀很規則，對其他重要因素如都市交通作用考慮太少。扇形模式考慮了交通作用對功能區的影響，以及財富在都市空間組織中所起的作用。多核心模式涉及到都市地域發展的多元結構，富有彈性。但它們仍屬於理想類型，很少有都市是完全嚴格按照這些模型分布的。

除了上述三種空間模型以外，在都市規劃方面，英國社會活動家霍華德還提出了田園都市理論。田園都市包括都市與鄉村兩個部分。都市的四周為農業用地所圍繞；都市居民經常就近得到新鮮農產品的供應；田園都市居民生活於此、工作於此。美國著名建築學家伊利爾．沙里寧 (Saarinen) 提出有機疏散論，其基本原則：把人們日常生活和工作的區域，作集中的布置；不經常的「偶然活動」的場所，不必拘泥於一定的位置，則作分散的布置。此外，還有芒福德的「有機秩序」規劃、馬塔的「帶型城市」規劃理論。

第四節 都市化的社會後果

都市化是人類歷史上一個意義深遠的變革過程，導致了現代社會格局的形成和文化心理結構的重塑。在為人類帶來經濟騰飛、社會進步的機遇的同時，都市化還帶來了一系列的問題。

一、都市的精神生活

與田園生活的溫馨相比，人們眼中的都市是疏離、孤獨、冷漠和理性算計的集合體。社會學家齊美爾和沃思對都市的精神生活進行了相當精妙的探討。

齊美爾 1903 年一篇深有影響的論文〈都市與精神生活〉(The Metropolis and Mental Life)，主要從人口規模、分工和貨幣經濟三方面來論述都市化對個人的自由、個性、心理等精神生活的影響。

從規模來看，群體的規模越大，成員間社會交往的直接性就會下降，且越來越多地受制於那些超個人情感的機構的運作，人們之間的情感聯繫減少，更別說情感義務了。在鄉下小店，村民們即便是買點小東西，通常也不是付錢就走，往往會停下來跟店主閒聊一會兒，這就無形之中加強了人際聯繫。而在大都市裡，店主和顧客則不會如此寒暄，更不會關心打聽對方的近況，買賣就只是交易，毫無情感交流。在充斥著大量陌生人的都市中，就連最簡單的鄰里關係也複雜化了，曾經的「夜不閉戶」被牢固的防盜門代替；「遠親不如近鄰」也難以自圓其說了，人們往往同住一棟大樓好幾年，也不知道鄰居姓什名誰。這種情感聯繫的減弱，儘管使個人的自由空間相對增大，但同時也造成了成員間情感的疏離。大都市社會生活的特點就是把許多陌生人趕到一起相處，在喧鬧之中，每個人都變得越來越孤獨。

從分工來看，日益複雜的社會分工似乎使個人的選擇擴大了，你可以是一個火車司機，也可以是一名教授，但個人卻僅僅是社會這架巨型機器中的一個齒輪，你還難以了解其他行業、其他機構的人，總之，你與社會總體結構的關係呈疏離狀態。此外，分工使創造者和他的創造物分離了，原本屬於主觀性的創造物轉換為外在於個人的純客觀世界，個人創造的成果世界逐漸演化為一種客觀精神與其相對。

在齊美爾看來，大都市始終是貨幣經濟的中心。貨幣經濟就是一種金錢理性，是大都市理性及智力活動的來源和表達。金錢一方面使人自由和獨立，另一方面又將個人的真誠交往置之度外，因為金錢僅按「多少」來表達所有事物的質的區別，金錢的交換不會留下它先前擁有者的個性痕跡。這種不帶任何情感色彩的物成為了衡量一切價值的標準。金錢交易就是現代都市的理性，人們反復計算著利益得失，而無心思關注內心深處的情感。

沃思對齊美爾的思想進行了繼承和發展，他於 1938 年發表了〈都市作為一種生活方式〉(Urbanism as a Way of Life) 的論文。他指出，在人口稠密的大都市中，人們的接觸和交往常常是基於職業的往來和角色互動的需要，而不是建立在個性需求或情感表達的基礎上，因而帶有明顯的表面性、短暫性、匿名性和功利性。分工帶來了社會異質性的增加，在大都市生活就必須要容忍這些異質性，由此人們之間的精神距離也就可能加大了。

二、都市的景觀風情

都市化帶來的最直觀的問題反映在都市的景觀上。

人口規模的擴大帶來了都市難以解決的惡果。人口的激增，導致生活垃圾增多，白色污染嚴重。據報導，全世界每年生產塑膠製品超億噸，其中三分之一以上成了廢棄物，每年正以三、四千萬噸的覆蓋量「佔據」地球。車輛的尾氣也時刻在空中「舞蹈」。2010 年全球汽車數量將增到 10 億輛，汽車尾氣排放量已占大氣汙染源 85% 左右。都市居民最切身的體會莫過於每天早晚上下班高峰永遠躲不過的塞車。以中國北京為例，據北京交管局的統計數字，北京市嚴重堵車路段在 1993 年為 27 處，1994 年為 36 處，1995 年為 55 處，1999 年猛增到 99 處，2003 年經過專項治理，仍達 87 處。1994 年，二三環之內部分路段的汽車時速為 45 km/h，1995 年降至 33 km/h，1996 年再降至 20 km/h。至 2003 年秋，市區部分主要幹道高峰期的車速已降至 12 km/h 左右，有的道路機動車時速只有不到 7 km/h。

都市不科學的規劃，也刺激著人們的神經，尤其表現在如下方面：強暴舊城，不顧都市原來的面貌和文化性質，一味地改造更新，許多歷史文化名城便失去了原有的韻味；與此相對照的是一味仿古，導致假古董當道；瘋狂克隆 (clone) [1]，一些都市追隨流行風尚，盲目模仿，搞得都市千篇一律，難以看出自身特色；此外還有胡亂「標誌」、攀高比大等。2010 年 1 月 4 日位於阿聯酋

[1] 克隆是 clone 一字的音譯，意為複製或繁殖，在生物學上意指透過無性繁殖而形成基因結構相同的細胞或個體，今用法擴大為複製、拷貝之意。

迪拜 828 米的迪拜塔落成，成為世界最高建築，掀起了新一波的高樓攀比熱。據悉，科威特打算建造一座 1,001 米高的摩天塔，工程靈感來自阿拉伯經典《一千零一夜》；沙烏地阿拉伯則有意建 1,600 米高的摩天塔。這些令人啼笑皆非的現象後面是規劃設計的無奈。

三、都市的社會秩序

過度都市化、郊區化和都市的貧富分化導致的問題在世界上普遍存在，即便是高度發達的美國，也避免不了。20 世紀 70 年代由於都市的擁擠、污染、交通堵塞，人們開始嚮往郊區。在美國郊區化轉移的過程中，商業和工作隨著人們遷出都市而轉移，接著一些製造業也遷至郊區。都市的資源和人口退出帶來的後果是老中心都市的「空心化」。大量鄉村或者國外的低收入者湧入，與別無選擇的滯留者比鄰而居：貧困失業和依賴社會福利的家庭和個人、吸毒者、未婚媽媽及其子女充斥於其中。居住在內城的這些下層階級自身生存成問題，都市財政難以對他們提高稅收以維持公共服務。最後內城越來越窮，社會秩序也越來越混亂，滋生著一切罪惡。這種狀況隨著 20 世紀 80 年代的再集中化和「再都市化」才逐漸有所改觀。

作為發展中國家的中國，在都市化進程中，也為都市的社會秩序傷腦筋。大量農民工湧入大都市，形成了特有的「城中村」——「都市里的村莊」，使得都市農村化了。在社會管理體制方面，「城中村」仍延續著傳統的農村管理體制，功能混亂，居住用地和商業用地相互交織，集體和村民違章建築林立；市政建設和公共設施缺乏，無法滿足人流、物流和消防的基本要求，安全隱患大；人口構成複雜，社會治安、教育問題嚴重。

都市化過程中有些問題是普遍存在的，有的則是與各國實際情況相關。要走都市化道路，就得接受並解決其帶來的惡果，這是一個難以回避的問題。

重要名詞

都市化 (urbanization)：鄉村人口大量湧入都市，導致都市人口比例增加以及都市行為方式與思維模式的傳播。狹義的都市化是隨著工業革命產生的。

同步都市化 (synchro urbanization)：都市化的進程與工業化和經濟發展的水準趨於一致的都市化模式。

過度都市化 (over urbanization)：又稱超前都市化，都市化水準明顯超過工業化和經濟發展水準的都市化模式。

滯後都市化 (under urbanization)：都市化水準落後於工業化和經濟發展水準的都市化模式。

同心圓模型 (concentric zone model)：美國社會學家伯吉斯認為都市發展是以圓心向週邊不斷擴散的過程。同心圓從內到外分為五個區域，依次為：商業中心區、過渡帶、工人住宅帶、良好住宅帶、通勤帶。

問題與討論

1. 什麼是都市化？它與工業化有什麼關係？
2. 列舉並比較幾種有影響力的都市空間模型。
3. 你認為都市化會帶來哪些問題？

推薦書目

安東尼．吉登斯著，李康譯，2009，**社會學**，北京：北京大學出版社。

詹姆斯．漢斯林著，林聚任等譯，2007，**社會學入門**，北京：北京大學出版社。

戴維．波普諾著，李強等譯，2007，**社會學**，北京：中國人民大學出版社。

參考書目

王駁，2008，〈CBD 規劃範本〉，**世界博覽**，9。

包亞明，2005，**後大都市與文化研究**，上海：上海教育出版社。

安東尼．吉登斯著，李康譯，2009，**社會學**，北京：北京大學出版社。

章友德，2003，**城市社會性案例教程**，上海：上海大學出版社。

黃鳳祝，2009，**城市與社會**，上海：同濟大學出版社。

愛德華・W. 索亞著，李鈞等譯，2006，**後大都市**，上海：上海教育出版社。

詹姆斯・漢斯林著，林聚任等譯，2007，**社會學入門**，北京：北京大學出版社。

戴維・波普諾著，李強等譯，2007，**社會學**，北京：中國人民大學出版社。

Chandler, T. and Fox, G., 1974, *3000 Years of Urban Growth*, New York: Academic Press.

Northam, R. M., 1979, *Urban Geography*, New York: John Wiley & Sons.

United Nations, 1990, *World Demographic Estimates and Projections (1950-2025)*, New York: Press of United Nations.

資訊與社會

內容提要

近年資訊通信技術的發達，帶動高度資訊化社會的形成。其影響的範圍，包含經濟、產業、個人生活、公共行政、流行文化、教育、學童和社會福利等各個社會層面。為了了解現代資訊與社會的關係，以及資訊通信技術對社會帶來的變革，本章內容分為四部分：1. 說明資訊通信技術下，資訊化社會形成的意義。2. 探討影響並帶動資訊化的產業，主要有哪些類型？以及資訊化對社會行為的影響在哪些部分比較顯著？3. 探討資訊通信技術的普及化和生活化，對未來社會帶來的變革及可能性。4. 介紹資訊通信技術在網路購物、電子商務、電子化政府和教育等，各個社會層面的應用與發展現況。希望透過本章可以了解資訊與社會的關係，並透視資訊化社會的現況與未來發展趨勢。

第一節　資訊化社會的意義

資訊通信技術 (information and communication technology; ICT)，是有關資訊與通訊之技術的統稱。相較於常見的 IT (information technology) 一詞，除了「資訊」(information) 外，也強調「通訊」(communication) 的互通性和互動性的重要。換言之，ICT 是指一種透過網絡通訊，將資訊或知識相互傳遞與共有的技術 (大橋正和、堀真由美、齊藤豐等，2005)。近年，數位及資訊通信技術的快速發展形成了「資訊化社會」(informatization of society)。在了解何謂「資訊化社會」之前，我們必須先知道「資訊」與「資訊化」(informatization) 的意義為何。

根據字典的定義，「資訊」是一種對某客體的敘述、表達、形式或通知，並且為了具有可識別性，是可以通過感覺器官和科學儀器等各種媒介來獲取、整理並認知的知識。現代社會裡，資訊的意義還必須加上具有可傳遞性及可共享性的意義。而「資訊化」[1] 一詞，是指事物或領域因現代資訊科技的應用，促成某事物或領域 (如國家、社會) 發生轉變的過程，並進而獲得革新的形態 (林雄二郎，1969；梅倬忠夫，1999)。舉例來說，將電腦或電腦網絡作為媒介流通的記號，稱為資訊；工作或日常生活裡，利用電腦或電腦網絡等通訊技術傳遞資訊則稱為資訊化。綜合上述的定義，「資訊化社會」，是指將現代的資訊科技，廣泛地利用在社會各個層面，如產業、經濟、文化等，並加速社會各個層面的革新與轉變，形成以資訊技術為主軸發展的社會結構。

資訊化帶來社會的革新與進步，相對地也會對社會帶來某些問題。在知識經濟 (knowledge-based economy)[2] 的時代裡，知識即資訊，而正是資訊科技，使資訊的產生、搜集、整理、傳遞變得大量且快速，許多人相信，這會提高人的競爭力。但是，大多數的人沒有閒功夫去思考不受控制的知識可能帶來什麼樣的負面後果，並認為追求知識肯定是對的，覺得資訊素養能幫助我們更快

---

[1] 「資訊化」概念最早出現在 1963 年日本學者梅倬忠夫《資訊產業論》一書。內容描繪了「資訊革命」和「資訊化社會」的前景，預見到資訊科學技術的發展和應用將會引起一場全面性的社會變革，並將人類社會推入「資訊化社會」(謝陽群，1996)。近代中國大陸方面，將資訊化與國家發展接軌，將資訊化和國家資訊化定義為：資訊化是指培育、發展以智慧化工具為代表的新的生產力，並使之造福於社會的歷史過程；國家資訊化就是在國家統一規劃和組織下，在農業、工業、科學技術、國防及社會生活各個方面，應用現代資訊科技，深入開發廣泛利用資訊資源，加速實作國家現代化的行程 (劉孝湘，2006)。

[2] 知識經濟，顧名思義就是以知識為基礎的經濟。

速、更有效的追求知識。根據目前資訊化對現今社會帶來的轉變，我們可以列出下表 (表 1) 所示的幾項資訊化的優、缺點：

表 1　資訊化的優、缺點

優　點	缺　點
高　速	資訊差距
不僅是運算速度快，也包含資訊處理的速度迅速。	在有些資訊化落後的國家或社會裡，會因資訊不足，在經濟活動上產生重大損失。
低成本	數位落差 (Digital Divide)
網頁上公開的資訊，如政府機關、學術單位或圖象資訊等，可以低價或免費取得。電腦的電子郵件傳遞不收取費用外，還可以同時接收或發送多位不同對象的訊息。另外，網站通路設立的成本較低，即便是一件商品也可以透過網站販售。	因年齡、階級或居住區域等社經背景的不同，造成了接觸資訊與通訊科技的機會不同，使得資訊社會產生了不平等現象。例如，因網路通訊及電腦運算或文書處理等知識的具備條件不足，面臨工作或求職時，會有明顯的差異。
視覺化圖象顯示及訊息的整合	著作權侵害、資料竊取及個人隱私侵害等問題
如 Google Map 的地圖及街景瀏覽功能。一般汽車使用的導航裝置，也是一種結合地理資訊系統 (GIS) 與結合衛星定位設備 (GPS) 的複合系統。	除了有意圖及刻意地竊取資料或侵害個人隱私外，資訊的濫用也常在無意間或不自覺的情況下造成侵權行為。
營運的簡化和統整化	資訊的人為操作
透過網頁及電子郵件的使用，企業、公益組織、非政府組織等機構，可以節省非必要的營運費用，也可以簡化部分行政單位的人力並將作業統整化。	相較於電視等媒體，由於欠缺審議制度的把關，部分類型資訊容易被有心人操控輿論、散播謠言。
容易處理大量且繁複的數據	群體生活和社會適應障害的發生
	過度依賴網路資訊或沉浸虛擬世界，容易造成現實生活的人際關係及社會適應的障害。

第二節　資訊化與社會結構

一、帶動資訊化的產業

一般來說，影響且帶動資訊化發展的重要產業有下列三種：

1. 固定電話 (landline telephone, 或稱固網電信)，指藉由室內回線接通的通訊設備。如整體服務數位網路線路 (integrated services digital network; ISDN) 與終端設備連接，就可以經由數位通信方式，同時傳送語音、數據、文字、影像及多媒體等資訊。

2. 行動電話 (mobile telephone, 或稱移動電信)，指藉由電波發送的通訊設備。例如，目前日漸普及的第三代移動通信系統 (3G)，是一種可以全球通用的無線通訊系統，其通訊技術大多基於分碼多重進接 (code division multiple access; CDMA)，在頻寬使用和數據通信上，目前都有持續性的發展。

3. 網際網路 (internet, 或稱互聯網)，指在 ARPA 網 [3] 基礎上發展出的世界上最大的全球性互聯網絡。任何分離的實體網絡，以一組通用的協定 (TCP / IP) 相連，就可以將電腦網路互相連接在一起，形成連線網絡的網路。

有關資訊化通訊產業的全球發展，從 2002 到 2007 年固定電話、行動電話和網際網路的使用契約簽訂數來看 (圖 1)，發現固定電話的年平均成長率為 3.6%；行動電話的年平均成長率為 24%；網際網路的年平均成長率為 18.2% (日本総務省，2009)。而根據 2007 年全球各國所得高低來看，不論是高所得國家、中高／中低所得國家，或者是低所得國家，相較於固定電話及網際網路的使用普及率，行動電話的使用普及率是呈絕對性的成長 (圖 2)(日本総務省，2009)。故此，可以推測未來持續帶動資訊化發展的產業會以行動電話為主流。

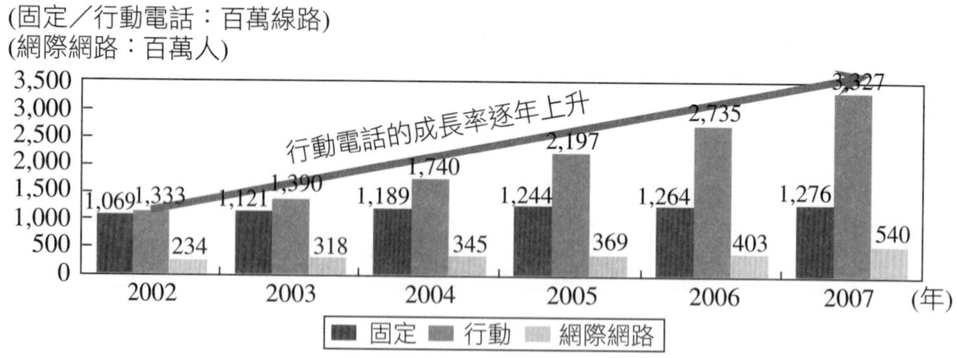

資料來源：ITU (2008)

圖 1　固定／行動電話及網際網路使用契約的簽訂數

---

[3] 阿帕網 (The Advanced Research Projects Agency Network)，為美國國防部高級研究計畫署開發的世界上第一個運營的封包交換網路，是全球網際網路的始祖。

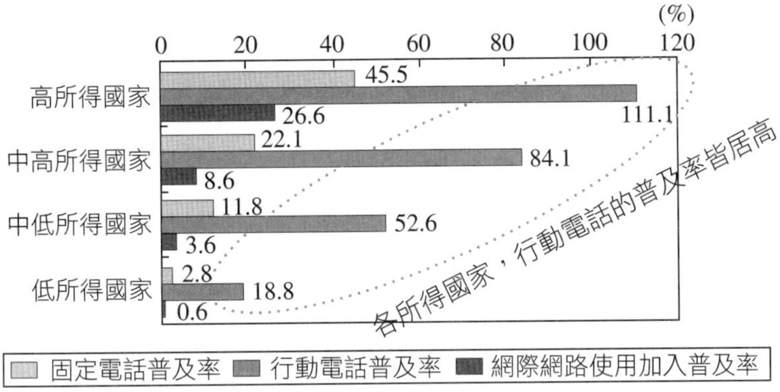

* 所得定義及國家數：
高所得國家　國民總所得 ／ 1 人約 11,116 美元以上，35 個國家
中高所得國家　國民總所得／ 1 人約 3,596～11,115 美元，36 個國家
中低所得國家　國民總所得 ／ 1 人約 906～3,595 美元，51 個國家
低所得國家　國民總所得 ／ 1 人約 906 美元，48 個國家
共計 170 個國家

資料來源：ITU (2008) 及 World Bank (2008)。

圖 2　根據國家所得，固定／行動電話及網際網路的使用普及率

二、資訊化對社會行為的影響

資訊化的發展改變人類部分社會行為，其中最為顯著的是資訊閱覽行為、資訊蒐集行為及團體活動參加行為。特別是下述三種媒介的興起，可以說是改變這些人類社會行為的主要觸媒。

(一) 入口網站 (portal site)

指連接全球資訊網時首先要進入的網站；是一個集結多樣內容 (content) 和服務的網站，如搜尋引擎，新聞、天氣或股價訊息提供，電子信箱及社群交友 (如討論區、聊天室) 等等。主要目的是希望成為網友瀏覽的起始頁面，成為網友通往網際網路的大門閘道，同時亦能滿足網友在網際網路上對資訊和服務的多樣化需求。最早興起的大型網路企業就包含了入口網站「雅虎」(Yahoo)。

(二) 搜尋引擎網站 (search engine site)

指利用稱為「網絡蜘蛛」(web spider) 的自動化瀏覽網路程序，連結每一個網頁的超連結，經由一定整理後，提供用戶從網際網絡蒐集信息、進行查詢的系統。網路搜尋引擎的功能，不僅開創了人類獲取知識的新途徑，也創造了新的經濟模式。或許大家都曉得，該如何利用搜尋引擎找到有用的資訊是門學問。其實搜尋引擎也改變了商業模式，因為它既然能使消費者更容易地找到自己想要的商品，反過來講，它也使原本沒沒無聞的商家更容易被注意到，只要他們能被搜尋引擎搜尋到。

(三) 使用者參加型網站 (user generated site)

指一般使用者不需要網頁編輯的專業知識及技術，就可以簡單地透過網頁直接參與訊息內容的撰寫，與其他使用者相互討論傳遞的網站。Web2.0 技術的興起是讓這種由使用者主導媒體盛行的原因。Web2.0 與 Web1.0 資訊技術和環境的區別在於 (圖 3)：

1. 多人參與：Web1.0 網頁資訊內容是由少數編輯人員或管理者編輯的；而 Web2.0 網頁的每個使用者或訪客都是可以參與編輯或撰寫資訊內容。
2. 可讀可寫：Web1.0 網頁是「閱讀式的網際網路」；而 Web2.0 則是「可寫可讀的網際網路」。
3. 使用者主動提供媒體資訊：Web1.0 使用者只能被動地讀取媒體資訊；Web2.0 有部落格 (Blog)、社交網絡服務 (Social Networking Services; SNS)、知識網、YouTube、維基百科 (Wikipedia) 等等，這些媒體主要都是使用者或訪客主動提供訊息、分享資訊，長久累積下來，漸漸形成一種「大眾集合知」(collective known of the mass)(小川浩、後藤康成，2006；神田敏晶，2006)。

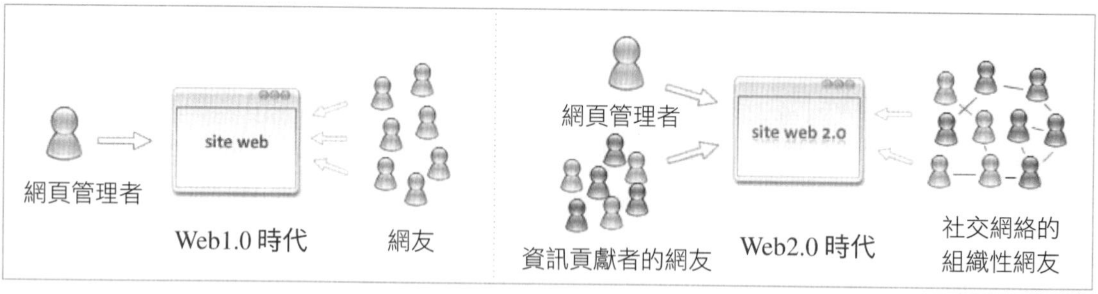

資料來源：http://blog.aysoon.com/Le-Web20-illustre-en-une-seule-image，筆者參照增修

圖 3　Web2.0 與 Web1.0 資訊技術和環境的區別

第三節　融入日常生活的科技

一、無所不在的運算

近年，資訊通信技術 ICT 的應用也開始融入日常生活當中。這種與日常生活密切結合的資訊化，被稱作 ubiquitous computing [4]，中文譯名為「無所不在的運算」或是「普及運算」。意思是指電腦融入於日常生活的每件事物與活動中，隨時隨地都能取得電腦運算的資源。這樣的人機互動形式已經與環境合為一體，人們不會意識到電腦的存在，但在無形中卻不知不覺地加以運用，成為一種融入日常生活的科技。

馬克魏瑟 (Mark Weiser, 1991) 認為，ubiquitous computing 將會是電腦運算的第三波浪潮。第一波是供許多人分享使用的大型主機 (mainframe)。現在我們則置身於個人運算的時代 (即第二波)，透過個人電腦，人們和機器不安穩地互視著。但緊接下來將會是「無所不在的運算」，或是「寧靜技術」(calm technology) 的時代，此時電腦運算應該是看不見的，不應該以任何形式存在於某種特定的個人裝置上，而是無所不在地運作在人類生活內，無聲無息。此時科技將會退居在日常生活幕後，與生活融為一體 (彭本方，2005)。

「無所不在的運算」主要由三個元素構成，分別是：1. 資訊技術、2. 物理空間、3. 人體動作，藉由「科技」、「空間」與「人機互動」的相互關係，創造因應人類生活需求的各項設備 (脇田玲、奧出直人，2006)。

二、U 化社會的成型

為了實現 ubiquitous 無所不在的理想，並藉此提昇 ICT 產業的發展，目前各個先進國家，包括亞洲的日本與韓國皆已著手致力於創造一個 U 化環境，甚至是 U 化社會為目標。而資訊通訊業者也同時地極積開發各種 U 化的創新技術，提供落實 U 化社會的具體基礎。2004 年日本就提出 u-Japan 政策，朝「整合建構無所不在的網絡」、「高度化 ICT 技術的活用」及「建立安心、安全

[4] Ubiquitous 一詞，源自拉丁語 Ubiquite，意指「任何時間，任何地點，無所不在」。ubiquitous computing 的概念，最早來自全錄帕拉奧圖研究中心 (Xerox PARC; Palo Alto Research Center) 科學家馬克魏瑟博士發表〈21 世紀的電腦〉一文，強調「普及運算」是未來的願景，電腦運算的發展逐漸跳脫原有電腦方盒子的形式，而開始趨向一種無所不在的運算結構 (computing paradigm)。

的使用環境」三個施行方針，進行社會改革的檢討與推動。同年，韓國政府與 IT 業者，如三星電子、LG 電子等等企業緊密合作，運用無所不在的資訊通訊技術，建置了一個示範應用環境 “Ubiquitous Dream Hall” (無所不在的夢想會館)。而所謂的無所不在的環境包含五個 A，分別是「任何時間」(Any time)、「任何地點」(Any where)、「任何設備」(Any device)、「任何服務」(Any service) 及「安全性」(All security)。在這些落實 U 化的策略中，其中一個最根本的共同目標便是建立一個有線與無線通訊整合的網路環境。透過一般電話網路 (PSTN)[5]、網際網路、非同步傳輸技術 (ATM)[6]、訊框傳送網路 (FR)[7] 及無線網路等，建構一個資料與語音的共通平台，在資料與語音整合的基礎下，任何的資訊與服務都可透過共通的平台來進行傳輸 (彭本方，2005；張玉霜，2005 年 3 月 29 日)。例如手機行動通訊設備，在 ICT 技術及無所不在的運算科技下，除了通訊功能之外，可能同時配備電子卡片功能，具有票證、身分辨識及付費等等功能 (圖 4)。相信不久的將來會開始大量地使用 U 化產品，創造具

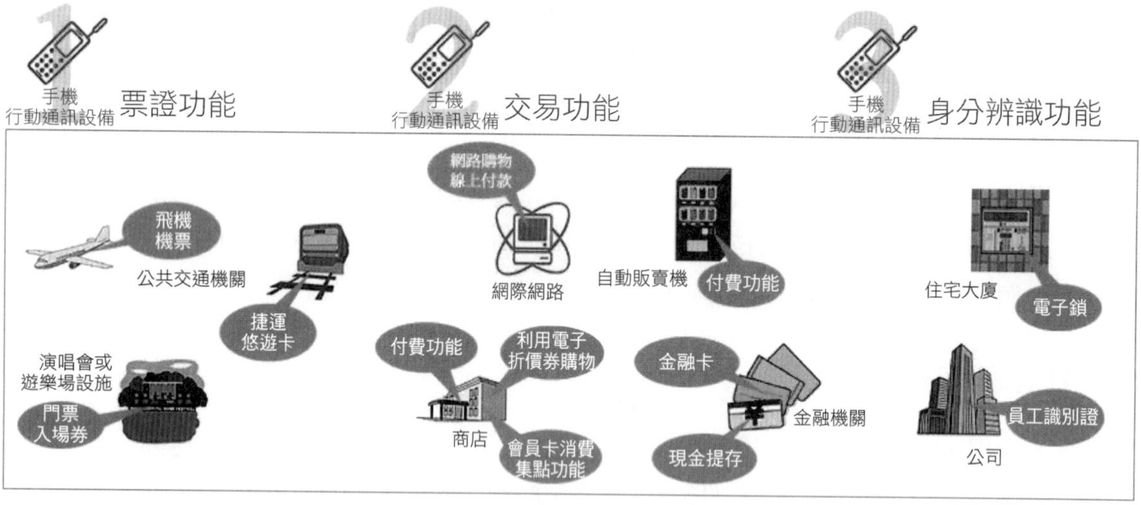

資料來源：http://bb-wave.biglobe.ne.jp/ubiquitous/051109.html，筆者參照增修

圖 4　手機行動通訊設備的 U 化

5 公共交換電話網 (public switched telephone network; PSTN) 是一種用於全球語音通信的電話交換網絡，是目前世界上最大的網絡，擁有用戶數量大約是 8 億。

6 非同步傳輸技術 (asynchronous transfer mode; ATM) 是一種網路傳輸技術，傳輸時將資料切割成固定大小的封包 (cells) 傳送，封包尺寸較傳統技術為小，由於這兩個原因使得 ATM 裝置可以在同一條網路上同時傳輸影像、聲音和數據資料，並保證沒有任何一種資料格式會佔據所有的頻寬而延遲其他資料格式的傳輸。

7 訊框傳送網路 (frame relay; FR)，又稱高速數據交換網路，其速率以 T1 (1.544 Mbps) 以下為服務範圍。

有無線網路與偵測系統的能感知環境，讓科技融入生活當中，提供人類更高品質、更具人性科技的生活空間。

第四節　資訊通信技術在社會各個層面的應用與發展

一、網路購物

網路購物是指利用網際網路消費商品或服務，包含搜尋資訊、評比、選購和付費等，都經由網絡 (Web) 和介面 (common gateway interface; CGI)[8] 來進行消費的活動。網路購物有下列三個基本項目。

(一) 商品搜尋系統及虛擬商城的互動設計

搜尋系統是網路世界絕對必備的功能系統。隨著網路整體搜尋技術的進步，具強大搜尋功能及完整的商品內容顯示，是網路購物的基本構成。特別是由多數商店聚集的虛擬商城 (virtual mall)，詳盡且便利的搜尋系統及商品內容的展示，是吸引消費者進門的不二法門。虛擬商城或店鋪的設計，不單只是使用網絡的「超文本標示語言」(hypertext markup language; HTML)[9]，還必須利用多媒體 (multimedia) 及介面互動 (CGI interaction) 的技術來設計規劃商品的展場。未來加上「活用虛擬實境模型語言」(virtual reality modeling language; VRML)[10] 將會提供一個更符合人性化的商場介面，讓消費者可以透過網際網路走入猶如真實世界的互動式消費情境。

(二) 選購及付款

網路購物的交易非常方便，透過「表單編成」(from tag) 程序或介面點選的方式，就可以在網頁上提供消費者各種選購方式並詳列訂貨明細。付款時，消費者只需透過信用卡網上付費，或者選擇就近的便利商店繳款，或者選擇可

---

[8] CGI 是一種重要的網際網路技術，提供一些讓瀏覽器和伺服器程式溝通的方法，可以讓一個網路使用客戶端，從網頁瀏覽器向執行在 Web 伺服器上的程序，請求數據。

[9] HTML 是為「網頁建構和其他可在網頁瀏覽器中看到的信息」設計的一種置標語言。HTML 被用來結構化信息，例如標題、段落和列表等等，也可用來在一定程度上描述文檔的外觀和語意。它跟一般的文書處理器不同的地方在於，它具有超文字 (hypertext)、超連結 (hyperlink)、超媒體 (hypermedia) 的特性，透過 HTTP (hypertext transfer protocol) 網路通訊協定，便能夠在世界各地透過 WWW (world wide web) 的架構做跨平台的交流。

[10] VRML 如同 HTML。HTML 是以文字來描述網頁的內容，而 VRML 描述的是 3D 物件。

信賴的物流業者貨到代收等完成交易。

(三) 配　送

一般當消費者購買的商品是軟體或數位內容時，多數的商品都可以直接經由網路下載的方式，將商品直接匯入個人電腦或行動通訊設備，不需要再額外配送。若消費者購買的商品是實體時，透過郵遞或物流配送的方式，都可以直接送達配送地址。透過 ICT 技術與物流系統的結合，買賣雙方都可以經由網路隨時隨地追查貨物的配送流程。網路購物快速發展，是因為具有下列優點：1. 不需實體店鋪，即使是一件商品或一般市面難見的商品 (如飛機零件)，都可以在網路販售；2. 物流經費的節省；3. 虛擬商城的設立，可以達到如同百貨公司的展示效果及集客率；4. 虛擬商城的設立，可以容易將所有商品的展示，統一化管理。然網路商家有兩項須注意的是：

1. 由於網路購物近似型錄郵購，商品內容、成分及規格等，必須讓消費者透過網頁資訊即可判斷才行。
2. 網路購物不適於過度高單價位的商品。過度高單價位的商品，在網路購物的風險性較高，買賣雙方承擔風險的壓力也容易提升，相對地網路購物的樂趣也會大幅降低。

二、電子商務及 ICT 應用管理

電子商務 (E-commerce, 或稱電子交易) 一般是指利用網際網路進行的商業活動。上述的網路購物也是電子商務的一環。根據 Kalakota 和 Whinston (1997) 認為，電子商務是兩方或多方透過某種通訊形式的電腦網路進行商務活動 (如購買、銷售或交換商品、服務) 的過程。電子商務主要用來改善並增進與客戶間的互動，提高商務流程的效率及企業內或企業間資訊交換的速度。其功能在於減低成本、降低產品的生命週期、加速得到顧客的反應及增加服務的品質等等。

在 ICT 與電子商務的應用管理上，我們可以針對 BtoB (即企業與企業) 電子商務中的 EDI 技術發展來說明資訊化帶來的轉變。EDI (Electronic Data Interchange) 是指「電子文件交換」。不同企業之間因交易而產生的資料往來，會在對方企業內的資訊、製造或業務系統中，引發連串的處理作業。例如，甲方向乙方發送訂單，乙方的電腦無法直接讀入，而乙方發給甲方的應收帳款通知，甲方的作業人員也必須重新輸入自己的電腦中，才能繼續處理付款 (圖 5)。而 EDI 就是讓企業交易資料，透過電信網路，直接在不同的資訊系統間傳送，完全無需經過手工再輸入的動作，彼此間的交易資料都可以直接在雙方的電腦上往來，交易的績效可以獲得大幅度的提升 (圖 6)。隨著網路資訊技術標準化的發展，國際間多種企業的商務交易往來，也開始可以經由網際網路，在一個整合後共同的 EDI 系統中心進行電子交易。這樣的資訊通訊技術的應用，讓近年來的電子商務更快速地朝國際化和全球化邁進。

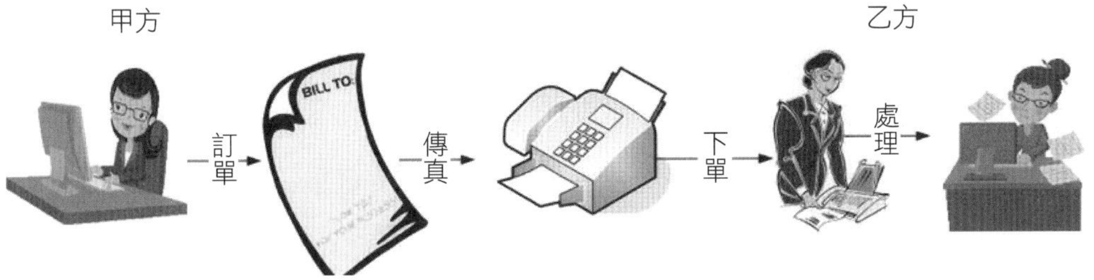

資料來源：ediacademy.com/WhyAttendEDITraining.html，筆者參照增修

圖 5　傳統企業間文件處理方式

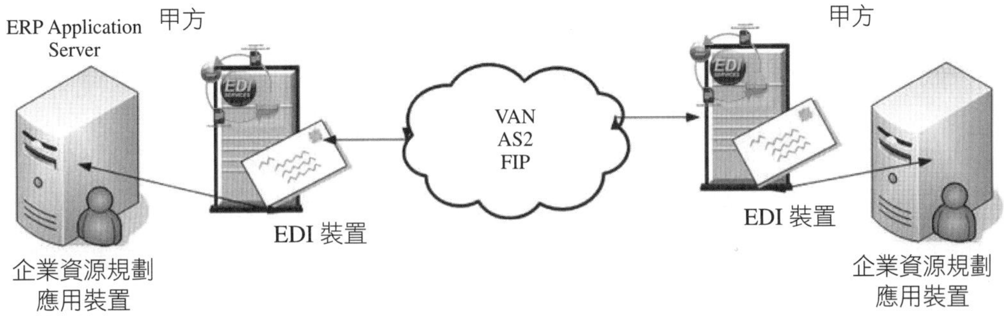

資料來源：ediacademy.com/WhyAttendEDITraining.html 及 www.primevendor-edi.com/whatisedi.htm，筆者參照增修

圖 6　EDI 技術後，企業間文件處理方式

三、電子化政府

電子化政府的概念大約源自於 20 世紀 90 年代初。當時資訊科技的快速進步，讓築基在網際網路的資訊化技術及知識，在某種程度上成為推動政府再造

之潛在機制。這也讓 21 世紀政府改革的推動方向，朝結合資訊及通訊科技的電子化政府形成。就一般普遍認為，電子化政府的功能是減少傳統官僚體系中冗長的人事公文往返，便利市民洽公，以及縮短政府與社會之間的距離。臺灣電子化政府施行至今，較明顯的成效有下列三項。

(一) 減輕民眾負擔

傳統上，民眾各項證明文件的申請及繳交，須赴當地行政機關辦理。而政府行政單位電子化後，居民可以透過網路辦理各項行政事項，減輕民眾往返及辦理手續的負擔。此外，當資訊技術與居民個人基本資料的管理系統結合後，可以達到「一次滿足顧客需求服務」(one stop services) 及「無休服務」(no stop services) 的便民性。一次滿足顧客需求服務，是指在同一場所讓消費者可以選購所有需要的商品或服務，延伸到政府行政服務方面，是指從服務項目介紹、申請、辦理到交付等，一個場所一次手續即可解決所有事情。無休服務是指 24 小時任何時間，都可以消費或使用各種商品或服務項目，在電子化政府服務方面，是指 24 小時提供行政申辦項目。

(二) 行政的精簡化及透明化

資訊技術可以輕減部分行政事務的成本支出，也讓行政人員將作業化繁為簡，提升效率。另一方面，行政作業流程的資訊化，可以把作業程序透明化，方便行政人員或民眾追蹤作業流向。

(三) 互動式民主的發展

電子化政府除了讓政府的各種資訊與服務更容易為民使用之外，近年，政府開始藉由資訊化服務，強化政府與公民的互動，提升公民參與公共事務的能力，促進公民社會的發展。特別是 Web2.0 的「互動」、「參與」和「公開討論」特性，讓資訊與通訊科技帶領的「互動式民主」(interactive democracy) 迅速地發展，造成所謂「數位公民」的形成。行政院研考會為了提升政府制訂公共政策的品質，促成公共政策的跨界討論與意見整合，自民國 95 年 9 月啟用「國家政策網路智庫」，提供民眾及社會各界一個可以自由表達政策意見、流通政策訊息的言論平台。這項措施讓數位公民在政治活動上更為積極主動，也使得他們可以要求更多的權利、更多的參與、更多的線上服務，以及享有更高的服務品質和更多的隱私保護 (何全德，2006)。

近年，其他先進國家電子化政府的發展，已經開始擴展至「醫療」及「安全生活環境」的革新。醫療方面，包括：1. 醫療資訊及資源的系統化、透明化；2. 疾病防治對策的共享；3. 病患病歷的電子化及網絡化 (如提供轉診病患便利的轉診手續) 等。安全生活環境方面，則包括：1. 家內醫療及看護支援系統 (如提供家內病患病況的監視系統，或是獨居老人緊急連絡系統等設備)；2. 社區生活設施，如下水道、電力、瓦斯及安全監控系統等等。

四、教　育

教育學習的資訊化是各個社會層面中發展最為快速及最具成效的一項。教育資訊化，是指在教育領域內全面且深入地運用現代化的資訊技術，促進教育改革和發展的過程。以下可以從兩個面向來探討教育資訊化的內容。

(一) 遠距 (distance)

「遠距教育」(distance learning)，是針對受限於空間、距離乃至時間等環境因素，沒有辦法配合學校場所或上課時間而產生的一種利用網路或衛星傳輸的授課方式。近年，各國學校機關為了擴大學習環境與學習領域，開始在國內外進行跨學校及跨國家的遠距教學課程，讓學生可以更多元化地學習 (永岡慶三，2002)。目前，臺灣有幾所大學正在進行或推動與國外學校的遠距學程計畫。例如，臺灣淡江大學與日本早稻田大學的跨文化遠距教學合作於 2005 年 10 月起正式推行；還有，臺灣交通大學、日本立命館大學及韓國中央大學三校，預計開始推動跨國遠距教學和跨文化研究調查等合作計畫。這些跨國學習的合作方式是透過視訊與 Internet 雙向網路連線，進行即時視訊教學，全程以英語授課。透過大螢幕的視訊會議，師生共同參與授課之外，各國學生們還可以直接進行面對面的討論，相互提案、報告。

(二) 數位 (digital)

「數位學習」(digital learning)，是將教材內容電子化和多媒體化 (永岡慶三，2002)，讓學生利用數位能力和數位化的軟、硬體去學習，方便學生獲取更多的知識與技能。數位學習牽涉到多種層面的資訊技術與新形態的學習組織的運作。在技術應用方面，數位學習需要基礎頻寬建設、建置數位學習平台，甚至設計電子書包或其他數位學習輔助工具等。許多人相信，數位化的學習方式能提升學習效果，加快知識的累積和傳播，因此數位學習有助於知識經濟的發展。

數位學習這個概念讓人覺得資訊素養確實是與知識的學習密切相關；資訊素養越高，就越容易吸收和應用知識，也就越能提升我們在知識經濟中的競爭力。然我們不能忽略的是，數位化程度高的學習方式未必比傳統的學習方式好。現在許多年輕人偏好多媒體的學習內容，在美國許多年輕人為獲取知識而需要上網搜尋某一關鍵詞時，他們選擇先上 YouTube 網站搜尋與此關鍵詞相關的影片 (聯合新聞網，2009 年 1 月 19 日)。然而影片雖然有趣，卻未必比文字說明更能讓我們學到東西。這可能是某些人對數位學習的一個誤會，他們以為多媒體的數位學習一定是較佳的學習方式，其實他們只是比較喜歡多媒體的聲光刺激。事實上，許多文字學習內容是無法被影音內容所取代的，如果習慣了要有強烈的聲光刺激才願意學習，會降低學習者透過閱讀、聽講學習的意願，失去了許多寶貴的學習機會。而這個問題也是現今資訊化衝擊下，我們必須再重新省思的另一項課題。

重要名詞

數位落差 (digital divide)：因年齡、階級或居住區域等社經背景的不同，造成了接觸資訊與通訊科技的機會不同，使得資訊社會產生了不平等現象。

數位學習 (digital learning)：指將教材內容電子化和多媒體化，利用數位能力和數位化的軟、硬體去學習，方便學生獲取更多的知識與技能。

遠距教育 (distance learning)：指針對受限於空間、距離乃至時間等環境因素，沒有辦法配合學校場所或上課時間而產生的一種利用網路或衛星傳輸的授課方式。

電子商務 (E-commerce)：一般是指利用網際網路進行的商業活動，也稱電子交易，是兩方或多方透過某種通訊形式的電腦網路進行商務活動 (購買、銷售或交換產品與服務) 的過程。

資訊通信技術 (information and communication technology)：簡稱 ICT，指有關資訊與通訊之技術的統稱。相較於一般常見的 IT 一詞，除了「資訊」之外，也強調重視「通訊」的互通性和互動性。也可以說，是一種透過網絡通訊將資訊或知識相互傳遞、共有的技術。

資訊化社會 (informatization of society)：指將現代資訊科技，廣泛地利用在社會各個層面，如產業、經濟、文化等，加速社會各個層面的革新與轉變，形成資訊技術為主軸發展的社會結構。

無所不在的運算 (或稱普及運算)(ubiquitous computing)：指電腦融入於日常生活的每件事物與活動中，隨時隨地都能取得電腦運算的資源。這樣的人機互動形式已經與環境合為一體，人們不會意識到電腦的存在，但在無形中卻不知不覺地加以運用。換言之，是一種融入生活的電腦科技技術。

使用者參加型網站 (user generated site)：指一般使用者不需要網頁編輯的專業知識及技術，可以簡單地透過網頁直接參與訊息內容的撰寫和傳遞，並與其他使用者相互交流的網站。

問題與討論

1. 想一想資訊化對社會帶來什麼樣的影響？
2. 想一想資訊化對社會結構帶來的轉變有哪些？
3. 思考融入日常生活的科技，未來將帶領社會朝什麼方向演進？

推薦書目

Turban, Efraim / Leidner, Dorothy / Clean, Ephraim / Wetherbe, James 著，邱奕仁、楊世偉譯，2008，**資訊科技與管理**，臺北：雙葉書廊。

Bakardjieva, Maria 著，丘忠融、李紋鋒譯，2007，**網路社會與日常生活**，臺北：韋伯。

王佳煌，2003，**資訊科技與社會變遷**，臺北：韋伯。

Yu, Jiang / Li-Hua, Richard, 2010, *China's Highway of Information and Communication Technology*, Palgrave Macmillan.

參考書目

大橋正和、堀真由美、齊藤豊等，2005，**ネットワーク社會經濟論—— ICT 革命がもたらしたパラダイムシフト (網絡社會經濟論—— ICT 革命帶來的思維轉移)**，日本：情報社會基盤研究會。

小川浩、後藤康成，2006，図解 Web2.0 Book (圖解 Web2.0 Book)，日本：インプレスジャパン (日本：印象日本)。

日本総務省，2009，情報通信白書 (平成 21 年版)(資訊通訊報告書)，日本：情報通信統計データベース (日本：資訊通訊統計資料庫)。

王志平，2001，電子商務導論，臺北：知城數位科技。

永岡慶三，2002，〈特集 e-Learning の最前線〉(特刊 e-Learning 的最前線)，情報處理 (資訊處理)，43(4): 393。

何全德，2006，〈電子化政府對社會發展的影響〉，國家菁英季刊，2(3): 97-114。

佐佐木俊尚，2007，Google——既有商業模式的破壞者，臺北：木馬文化。

林雄二郎，1969，情報化社會——ハードな社会からソフトな社會へ (資訊化社會——從硬體社會往軟體社會)，日本：講談社。

神田敏晶，2006，Web2.0 でビジネスが変わる (Web2.0 下改變的商機)，日本：ソフトバンククリエイティブ (日本：softbank 創用)。

脇田玲、奥出直人，2006，デザイン言語 2.0——インタラクションの思考法 (設計語言 2.0——互動的思考法)，日本：慶應義塾大學出版會。

張玉霜，2005 年 3 月 29 日，〈南韓 Ubiquitous Dream Hall 打造「無所不在」的生活〉。http://mag.udn.com/mag/digital/storypage.jsp?f_ART_ID=89081

梅倬忠夫，1999，情報の文明學 (資訊的文明學)，日本：中公文庫。

彭本方，2005，〈特別企劃 M-Trend：U 化浪潮——無所不在的 U 社會〉，*Mobile Business*，六月：29-30。http://promotion.fetnet.net/pmt/ess_epaper0714/p2.html

---，2005，〈特別企劃 M-Trend：Ubicomp 之父 Mark Weiser〉，*Mobile Business*，六月：31-32。http://promotion.fetnet.net/pmt/ess_epaper0714/p2.html

---，2005，〈特別企劃 M-Trend：前進 U 社會—— u-Japan 與 u-Korea〉，*Mobile Business*，六月：33。http://promotion.fetnet.net/pmt/ess_epaper0714/p2.html

劉孝湘，2006，中國大陸資訊化網絡發展與社會變遷之研究——「資訊社會」的觀點，中國文化大學中國大陸研究所碩士論文。

聯合新聞網 (2009 年 1 月 19 日)，〈YouTube 威脅 Google 霸業〉。http://mag.udn.com/mag/digital/storypage.jsp?f_ART_ID=173291

謝陽群，1996，〈資訊化的興起與內涵〉，圖書情報工作，2: 36-40。

ITU (International Telecommunication Union), 2008, World Telecommunication / ICT Indicators Database 2008, (12th ed., updated on Feb. 2009), ITU.

Weiser, Mark, 1991, The Computer for the 21st Century, *Scientific American*, 265(3): 94-104.

World Bank, 2008, World Development Indicators 2008, World Bank.

人口與老年社會

內容提要

人口老化常和老年社會劃上等號，特色是 1. 前所未有 (unprecedented)，人類歷史並未發生類似情況。老年人所占比例的增加是伴隨年輕人比例的減少，預計到 2050 年，世界上老年人的數量將在歷史上首度超越年輕人；2. 普遍性 (pervasive)，無論性別與年齡，是一種影響每個人的全球現象。3. 影響深刻 (profound implication)，對人類生活的各項層面都有重大影響和效應。如經濟方面，人口老化將衝擊經濟成長、儲蓄、投資和消費、勞動力市場、退休金、稅收和代間移轉。社會層面，人口老化影響醫療保健制度、家庭組成、生活安排、住房與遷移。政治面，人口老化改變投票模式及代表性；4. 歷久不衰 (enduring)，老年人口比例預計持續增長。人口老化是不可逆轉的 (irreversible)，透過人為 (如政策) 來反轉年齡結構並不容易，老年社會將一直持續。然而，人口老化究竟代表什麼意思？老年社會的成因和影響為何？又有哪些因應對策？將是討論議題。

第一節　什麼是老年社會

人口老化等詞彙的字面意涵是指老年人 (通常是年齡在 60 歲或 65 歲以上的人口) 變多了，然而，所謂變多的「單位」又是什麼？

如果說人口老化指的是老年人口數量增加，如聯合國預計世界 60 歲以上人口總數從 1950 年到 2050 年將會增加近 3 倍 (United Nations, 2010)；臺灣的老年人口 (65 歲以上者) 總數從 1975 年的不到 60 萬人 (約為 56.81 萬人)，提高至 2009 年底的 245 萬人，老年人口數量在短時間內即增加 4 倍 (內政部統計處，2010)，預計到了 2056 年，人口中推計之老年人口總數將達到 761 萬人 [1]，大約是目前的 3 倍 (行政院經濟建設委員會，2008)，結果顯示世界和臺灣老年人口數量的增加趨勢。

光由人口數量的增加解釋人口老化仍有缺陷，問題關鍵在「年齡結構」(age structure)，從人口年齡結構 (如人口金字塔) 方能看出人口老化的影響 (涂肇慶、侯苗苗，2010)。研究人口老化的影響需討論年齡結構，原因是老年人 (65 歲以上) 和幼年人口 (0～14 歲) 被視為「依賴人口」，他們的生活需要仰賴其他經濟人口 (年齡在 15～64 歲) 資助，故探討人口老化的影響必須著重在人口組成上。

從年齡結構角度討論人口老化的另一問題是：老年人口所占的比例要到何種程度才算是老年社會？聯合國指出「人口老化」(population ageing) 是高齡人口占總人口之比例持續增加的「過程」(United Nations, 2002)，說法顯示人口老化的動態特質，亦即人口老化有程度之分。當一個國家 65 歲以上占總人口之比例突破 7% 時，就是步入「高齡化社會」(ageing society)；當此比例超過 14% 時，即稱為「高齡社會」(aged society)；當比例超過 20% 時，則稱為「超高齡社會」(super-aged society)。根據聯合國的推計，老年人口數量的成長速度比總人口還快，使得老年人口比例的成長速度更為快速，1950 年，世界 65 歲以上人口占總人口的百分比為 5%，2009 年提高至 8% (高齡化社會)，2050 年則提升至 16% (高齡社會)。若再照開發程度區分，2050 年老年人口占總人口的百分比在已開發地區 (如歐洲) 已達 26% (超高齡社會)，在開發較緩

---

[1] 人口推計是根據決定人口變動的出生、死亡和遷移等三個要素的現狀，以及未來可能發生的趨勢之假設所推算求得。另外，由於未來的生育水準不易掌握，有時會依據生育率假設設定高、中與低三種推計。

慢地區 (如非洲) 也有 15% (高齡社會)，儘管開發程度不同，人口老化卻是無法阻擋的趨勢 (United Nations, 2010)。

圖 1 表示臺灣在 1975 年的老年人口百分比為 3.5%，1993 年跨越 7% 即步入高齡化社會 (7.10%)，2006 年則首度超過 10%，2009 年底高齡人口占總人口的比例為 10.6% (內政部統計處，2010)。未來，依照人口中推計的結果，預計在 2017 年達到高齡社會水準，並於 2025 年邁向超高齡社會，2056 年高齡人口的百分比高達 37.5% (行政院經濟建設委員會，2008)。

當前臺灣雖屬高齡化社會，人口老化程度與其他國家相比算是較低水準。以 2007 年為例，臺灣 (10.2%) 仍低於一些高齡社會國家如日本 (21.5%)、德國 (20.1%)、義大利 (20.0%)、奧地利 (17.5%)、瑞典 (17.5%)、西班牙 (16.5%)、芬蘭 (16.5%)、法國 (16.4%)、瑞士 (15.8%)、挪威 (14.6%) 與荷蘭 (14.7%)，甚至加拿大 (13.4%)、澳大利亞 (13.2%)、紐西蘭 (12.5%) 及美國 (12.6%) 的老年人口百分比都高於臺灣；而略高於韓國 (9.9%) 與泰國 (8.2%)(內政部統計處，2010)。然而，如果將時間軸延伸，臺灣人口老化的速度將十分驚人。推計指出 2050 年臺灣的老年人口占總人口的百分比高達 35.9% (行政院經濟建設委員會，2008)，對照其他國家的推估結果，2050 年時，老年人口占總人口百分比超過 30% 的國家有西班牙 (37%)、義大利 (35%)、希臘 (34%)、捷克 (33%)、斯洛維亞 (32%)、波蘭 (31%)、羅馬尼亞 (31%) 和澳洲 (30%) 等

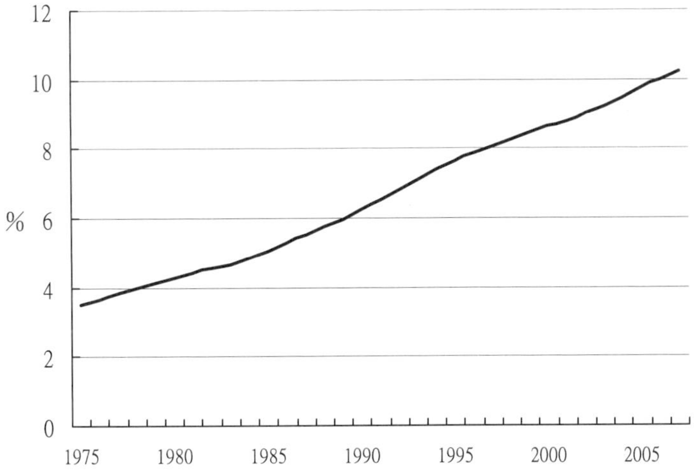

資料來源：內政部統計處 (2010)

圖 1　歷年臺灣 65 歲以上老年人口占總人口百分比 (年底人口)

(United Nations, 2010)，比較 2006 年 (起點) 及 2050 年 (終點)，就可發現臺灣人口老化速度遠高於其他國家。

無論從數量或比例，都可發現臺灣人口正快速老化。過去學者研究早已指出臺灣人口老化的速度不僅和日本並駕齊驅，在世界更是名列前茅 (楊靜利、涂肇慶、陳寬政，1997)，聯合國的推估也指出開發中國家的老化速度將比已開發國家更加快速，因應人口老化的時間也更短暫 (United Nations, 2010)，可以預期未來人口老化之影響效果將更為劇烈。

第二節　老年社會的影響

一、老人是依賴人口？

何以老年人被視為依賴人口？Ryder (1988) 認為退休老人的經濟來源可分為三類：1. 生命週期的移轉，又稱作「代內移轉」，個人透過儲蓄或投資，將生命週期早期的資源移至晚期；2. 家庭內的移轉，又稱為「代間移轉」，即所謂的「養兒防老」，由子女來奉養父母；3. 社會移轉，政府部門利用社會安全制度將資源重新作分配。如果老人依賴儲蓄、房租及利息收入與投資等生命週期移轉過日子，可能因為經濟不景氣影響，降低代內移轉的穩定性；若想靠社會移轉 (如國民年金或退休金制度) 維持生活，也須面對社會安全制度調整給付的風險；假使老年人想用「養兒防老」安養天年，日趨下滑的生育水準讓老年人可利用的資源變少，讓人擔憂未來退休長者的經濟安全。由於老年人很難完全依靠自身能力生活，故被當作依賴人口。

二、老年社會的影響

人口老化將對社會帶來哪些影響？聯合國 (United Nations, 2002) 認為在人口老化過程中，會帶來不少「副作用」(side-effects)，包含：

1. 公共支出增加，由於老年人口和國民年金領受者增加，國民年金、社會安全和醫療服務等公共支出將會增加。
2. 工作者減少，由於就業人口相對縮減，使得整體工作人口在代間移轉 (如稅收或家庭支持) 的負擔擴大。

3. 增加國民年金系統所得重分配 (pay-as-you-go, 隨收隨付制)[2] 的失敗風險。
4. 儘管老年人和過去相比，有越來越健康的趨勢，但是老年人口比例提高代表對醫療照顧和公共健康體系的需求增加。
5. 由於代間資源分配模式改變，不同世代間的衝突將會浮現。

以臺灣為例，人口老化將造成未來工作人口減少，如 2056 年時 15~64 歲的總人口數為 1061 萬人，相較於 2008 年底仍有 1665 萬人，工作人口規模不斷縮減；若觀察青壯人口 (15~64 歲之人口) 與退休者 (65 歲以上之人口) 之比，2056 年二者之比為 1.39：1，對比 2008 年底為 6.95：1，未來僅剩不到兩位工作人口扶養一名老人，青壯人口的負擔將會非常沉重 (行政院經濟建設委員會，2008)。由經濟角度來看，王宏仁 (2004) 在《人口組成變遷與未來人口政策方向》研究指出，按照當前人口趨勢，若二十年後臺灣的勞動參與率和就業者之附加價值生產力都未提升，則每人國內生產毛額 (GDP) 將比 2003 年還要低；若考量人口結構變化對總體經濟的影響，如果臺灣的總生育率在 2021 年時降為千分之 900，並假設 2026 年臺灣的勞動參與率、失業率和就業產出都和 2003 年相同，那麼未來平均每人的 GDP 和年增率都比 2003 年少。再觀察社會面，人口老化也影響社會安全制度的運作，如健康保險制度或國民年金制度，原因是老年人口的醫療費用比其他年齡組高，當人口老化與平均餘命不斷提高，使得疾病擴張，衝擊健保醫療制度 (涂肇慶、陳寬政、陳昭榮，1992；陳寬政、陳昭榮、涂肇慶，1993)；教育制度也會受到人口老化衝擊 (主因是少子化)，未來學生來源減少，將造成國小教師的供給量與需求量的落差，教育人力失衡，教師失業與教室閒置問題 (徐聖堯、楊靜利，2004；胡夢鯨，2006)。

第三節　老年社會的原因

一、影響人口結構的要素

理解老年社會的成因將非常重要，它能幫助讀者思考過去，亦能展望未來。探討老年社會形成之前，需由改變人口結構的可能因素談起，舉例來說，

[2] 隨收隨付是一種年金財務處理，代表當期退休人口的年金支出來自當期就業人口繳交的保費，目前工作世代退休時的年金，則由下一世代的就業人口繳納，是一種「世代契約」的概念。

很多人都曾透過水族箱飼養觀賞魚，若今日在一組魚缸育有兩對相同品種的金魚，有哪些事件會改變魚群的數量和組成？您應該已經想到，金魚除了能夠繁衍後代之外 (出生因素)，亦會因人為照顧不周而折損 (死亡因素)；另外，飼主可能替魚缸增添新成員，或將部分魚隻移到其他魚缸 (移入與移出，二者合稱遷移因素)。

您可以將一個地區類比成魚缸，影響地區人口組成的因素有出生、死亡和遷移。人口平衡公式的表示方式如下：

$$P^{t+1} = P^t + B^t - D^t + M^t \qquad \text{(第一式)}$$

其中，P^t, B^t, D^t, M^t 分別代表 t 年的人口數、出生數、死亡數及淨遷移人數，則是 $t+1$年時的人口數。

當一個地區的出生人數大於死亡人數 (自然增加) 或是移入人數高於移出人數 (社會增加) 時，將造成人口數量增加，反之亦然。依此原則，如果出生數量或年輕移入者較多，人口組成將較年輕；假使出生數量減少甚至年輕人移出，人口則趨向高齡化。

二、臺灣的人口轉型

Coleman (2002) 認為老年社會是生育水準降低和平均餘命 (life expectancy)[3] 延長交互作用下的結果。聯合國也認為老年社會是「人口轉型」(demographic transition) 的結果，已開發地區的生育水準普遍較低，晚開發地區的生育率雖然較晚下降，但是下滑速度較快，同時生育率下降將在各地發生；死亡率下降讓人們越活越長 (變化不如生育率明顯)，女性的平均餘命增加高於男性 (United Nations, 2010: 4-10)。遷移的影響，由於國家政策主導遷移人口規模，若遷移人口數量不多，對於人口結構的影響就不會太大，故有時討論人口組成時常會忽略人口遷移的影響，但是，如果移入人口夠多，那麼就需要討論移入者的數量、年齡組成與生育率的影響。儘管聯合國 (United Nations, 2010: 4) 以總生育率和平均餘命說明人口轉型，二者單位並不相同，讓人無法同時觀察人口從高出生、高死亡水準過渡到低出生、低死亡水準的過程。學界較常以「粗出生

---

[3] 假設一出生嬰兒遭受到某一時期之每一年齡組所經驗的死亡風險後，則就他們所能活存的預期壽命而言，即到達 X 歲以後平均尚可期待生存之年數稱為 X 歲之平均餘命。

率」(crude birth rate) 和「粗死亡率」(crude death rate) [4] 來討論人口轉型。

以臺灣為例，過去在日治時期與國民政府的嚴格管制下，不易產生大規模人口進出，成為「封閉性人口」(參閱前述水族箱的例子)，使得臺灣人口組成的趨勢幾乎由出生和死亡決定 (陳紹馨，1979)。圖 2 為 1905 年至 2005 年臺灣粗出生率和粗死亡率的變化，幾乎由「高死亡率、高出生率」演變至「低死亡率、低出生率」，粗死亡率的下跌時間較粗出生率更早，過程十分貼近「人口轉型」的假設。

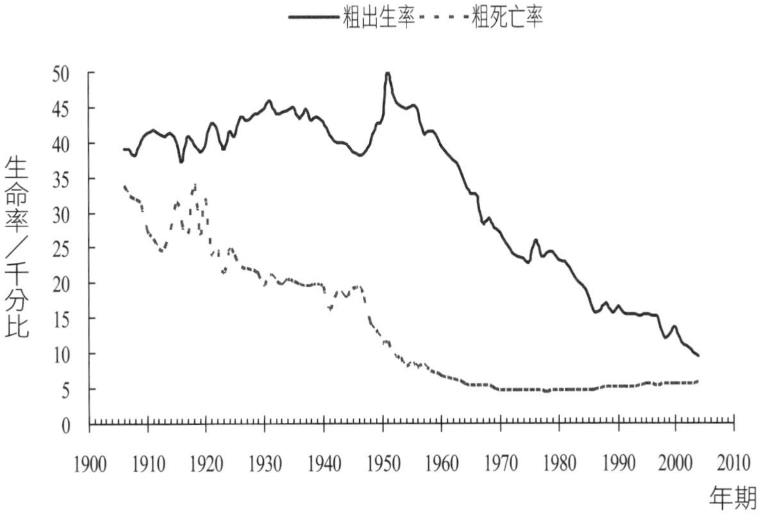

資料來源：陳寬政、王德睦、陳文玲 (1986)；內政部統計處 (2010)

圖 2　臺灣粗出生率和粗死亡率的趨勢

臺灣人口轉型起因於日治時期的公共衛生改善、疾病控制、稻米改良和引水道修築等措施有關 (陳紹馨，1979；Barclay, 1954)，使得粗死亡率在 1920 年就開始顯著下滑，死亡率下跌主要作用在嬰幼兒身上 (Tu, 1985)，當嬰幼兒死亡率下降，人們仍保持過去生育習慣 (粗出生率維持高水準)，每對夫妻擁有的子女數將會增加，使得人口數量增加與人口結構年輕化。粗出生率在 1951 年開始下滑，這樣的降低算是回應死亡率下跌。由於出生率下跌的時間距離死亡率下跌約為一代，這段時間生育者的出生時間恰好是過去死亡率下跌之始點，在她們的成長過程中，對於兄弟姐妹或玩伴在幼年死亡的印象並不深刻，等到

4　粗出生率為當期平均每千位期中人口之出生人數；粗死亡率為當期平均每千位期中人口之死亡人數。

她們準備生育時，不需再像過去長輩有備無患的保險觀念，而是調整生育行為(降低生育數量)，故粗出生率急速下滑 (王德睦，1989)。當出生與死亡都是低水準且無大規模人口遷移的情況下，代表年輕新生人口減少，高齡老年人口增多，人口結構自然老化。

三、臺灣育齡婦女的生育水準

學界普遍利用「育齡婦女總生育率」(total fertility rate; TFR) 為指標代表生兒育女的狀況，是某世代之育齡婦女若每年依當前年齡別生育率來生兒育女，那麼在育齡時間 (15~49 歲) 共可生育多少子女。由於總生育率能針對當前育齡女性生育狀況、去除人口年齡組成影響，加上容易比較，常被用來代表生育水準。

臺灣育齡婦女總生育率的趨勢和粗出生相同，從 1951 年便開始大幅下跌，期間偶因龍年效應略為回升，仍未改變主要走勢 (余清祥、藍銘偉，2003)。自 1984 年起低於「替換水準」(replacement level) [5]，人口負成長將無法避免。爾後至 1997 年止，總生育率平均維持在千分之 1750 水準。1998 年又明顯下降至千分之 1465。2000 年 (龍年) 雖有回升，也只略為提高到千分之 1675，但 2001 年 (千分之 1395) 與 2002 年 (千分之 1335) 又急速下跌，2003 年的總生育率更低於千分之 1300 (千分之 1230)，使得臺灣成為「超低 (lowest-low) 生育率」的地區 (Kohler, Billari and Ortega, 2002)，2008 年總生育率更只剩下千分之 1050。和其他國家相比，以 2007 年為例，臺灣的總生育率為千分之1100，低於亞洲的日本 (千分之 1340)、新加坡 (千分之 1290) 與南韓 (千分之 1260)，也低於南歐的西班牙 (千分之 1390) 和義大利 (千分之 1370)。在死亡率 (近十年的粗死亡率維持在千分之 6 上下) 和遷移率 (淨遷移率的變化較不固定，如 2003 年為千分之 −1.1，2004 年為千分之 −0.5，2005 年為千分之 −0.2，2006 年則是千分之 0.6，2007 年為千分之 −0.3) 的影響相對較小的情況下，可以預期人口老化對臺灣的衝擊將會十分劇烈 (內政部統計處，2010)。

5 原先預期親代逝世後子代人數將「替換」不足，若總生育率低於替換水準，每對夫婦平均擁有不到兩名成年子女，年輕人口會越來越少，促使人口老化。

第四節　老年社會的對策

歐洲議會將老年社會的議題視為一項政策挑戰 (European Commission, 2005)。因應老年社會的對策，還是得從人口組成因素著手。現實中不可能提高特定年齡組 (如老年人口) 的死亡率促使人口組成年輕化，較普遍做法是結合提高生育水準和合理遷移的政策 (Bijak, Kupiszewska and Kupiszewski, 2008)，本節的討論也以此區分。

Grant、Hoorens、Sivadasan、van het Loo、DaVanzo、Hale、Gibson 和 Butz (2004) 詳細列出因應人口老化之對策，內容包含：

1. 間接預防措施：經濟、性別和教育議題，企圖透過巨觀的社會經濟變項以營造生育率能夠持續提高的情境。
2. 直接預防措施：移民、家庭支持、健康、兒童福利與友善家庭 (family-friendly) 就業環境，由生育和遷移角度影響微觀的個人和家庭。
3. 改善政策：調整社會安全、勞動力、健康照顧及老年支持政策，降低老年社會對社會與經濟的負面效果。

儘管人口遷移可以解決老年社會的勞動力不足等問題，仍只是短期效果。長期來看，因應老年社會的對策離不開提高生育水準的思考邏輯，也就是透過上述間接和直接兩種措施來提高生育率。提高生育率不僅可以解決燃眉之急，也能避免老年社會問題的再惡化，目前的生育率雖難回復到替換水準之上，政策的重心應該在設法提高生育水準 (Lesthaeghe, Page and Surkyn, 1988)。另一項做法則是接受人口老化的不可逆性質，針對老年社會調整各項相關措施。無論如何，上述三項措施都不能偏廢。

一、提高生育率因應老年社會

提高生育水準以因應老年社會是常見的措施，亦即希望政府透過政策介入提高大眾的生育意願，這些政策往往先從「人為什麼不生小孩？」開始，將有助從問題分析導向政策討論。

Sleebos (2003: 34) 將人們不願生育的原因分為以下數種 (圖 3)：

1. 生兒育女的成本太高：生育及養育子女之費用節節高升或生活居住空間不足；因應對策為直接的現金移轉或房貸減免政策，降低育兒成本。

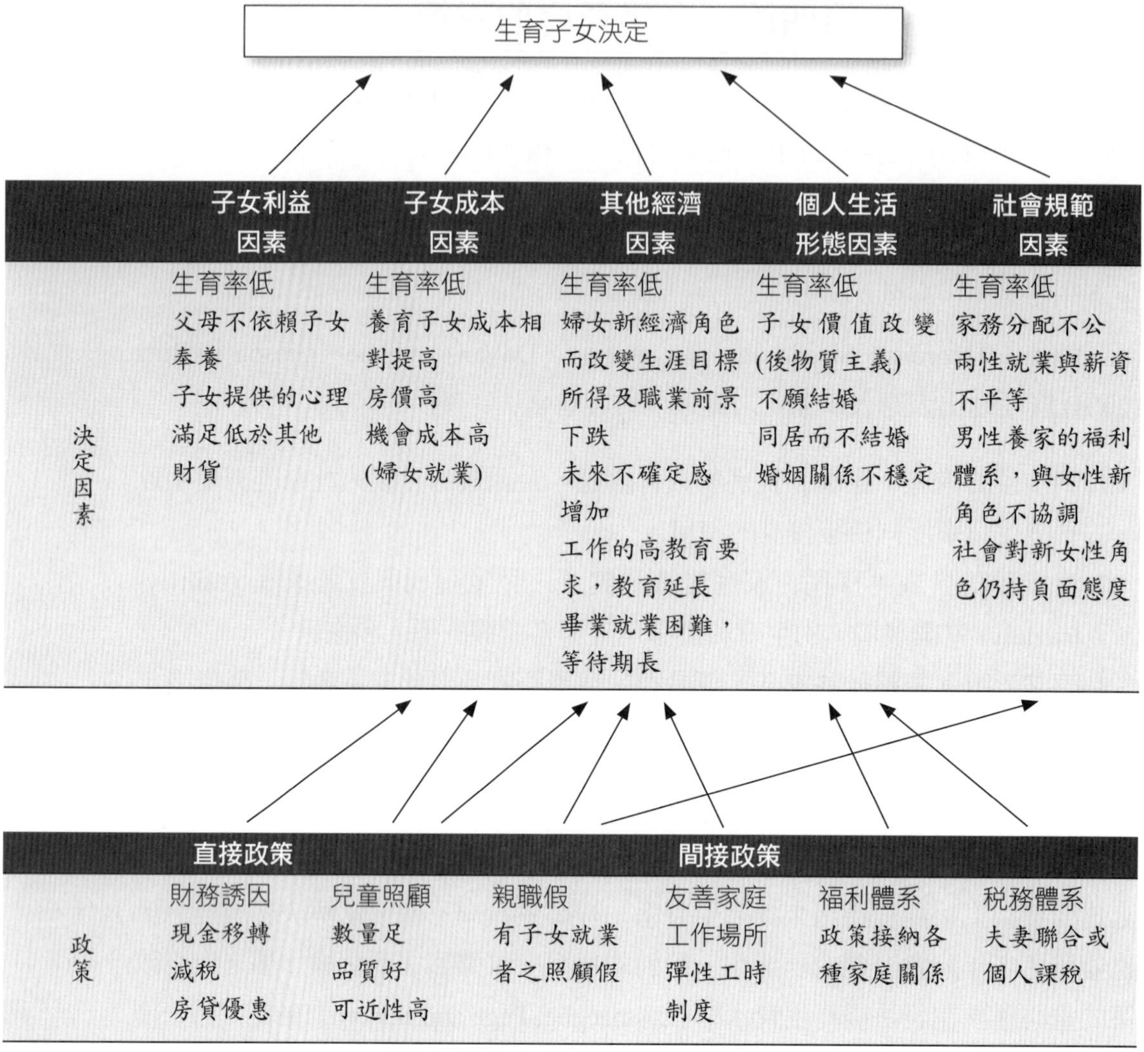

資料來源：Sleebos (2003: 34); 內政部 (2007)

圖 3　影響生育的決定因素與政策介入方式

2. 女性工作的機會成本高於育兒成本：今日婦女就業機會與社會對於工作要求之學歷提高，女性因求學延後生育時間 (壓縮生育機會)，甚至女性獲取工作時，為保有工作而不願步入家庭或生育。政策上可設計友善家庭的職場，利用親職假對育有子女的就業者提供照顧子女的假期、以彈性工時讓大眾有機會照顧自己的子女，同時提供數量足夠、可近性高的兒童照顧方案來解決此問題。另外，因應後物質主義，單身、同居或高離婚率社會，應透過宣導或教育方案，縮小生育行為與婚姻關係的連結。

3. 照顧子女重擔多落在女性身上：傳統上女性常被當作生育機器或照顧者。政策設計應打破傳統「男主外、女主內」觀念，強調兩性分工，方案設計應要求家庭中的男性也應分擔照顧責任。

如果上述問題能夠解決，人們自然願意生育，關鍵則在社會政策介入。McNicoll (2001) 及劉一龍、陳寬政與楊靜利 (2003) 將這些提高生育率的政策區分為三種：1. 打破兩性不平等，避免照顧家務重擔皆落在女性身上，對應策略為兩性家務分工和兩性皆能申請親職假；2. 國家設計方案並投入預算，以降低家庭育兒費用，對應策略為家庭津貼與稅式優惠；3. 降低家庭照顧子女負擔，如托育政策。

內政部曾公布「人口政策白皮書」(呂寶靜，2007)，其中「少子化因應對策」也參照 Sleebos (2003) 的架構提出政策建言。方向為兒童照顧、親職假、經濟支持與友善家庭之職場設計，強化現有生育支持與人工流產諮詢措施，透過教育宣導，傳達生兒育女及男孩女孩一樣好的功能面。針對有生育意願的不孕症夫婦，給予生育支持措施。另外，計畫也對現有家庭中的每名子女，提供安全自在的生長環境，減少兒童虐待的憾事，以培育身心健康的下一代。目的是希望透過這些政策，營造友善支持的生育、養育的兩性平等環境，同時遏止生育率繼續下跌。

學者曾探討政策對提高生育水準的效果，D'Addio 和 d'Ercole (2005) 對照先進國家的發展，歸納稅式優惠、現金移轉、兒童照護與親職假能有效提高生育水準，但各個國家的效果不同，無法一體適用。劉一龍、陳寬政與楊靜利 (2003) 則認為，探討生育政策效果不能只看生育水準回升的角度，在生育率不易回復的社會，如果政策能夠讓生育水準不再進一步下跌，應該也能視為成功的政策。

二、國際遷移因應老年社會

透過國際遷移因應老年社會，無法移出老年人促使人口組成年輕化，焦點應在人口移入的影響，國家也可合理掌握、控制遷移人口的數量和類型。

United Nations (2000) 曾提出「替代遷移」(replacement migration) 概念，利用國際移民來「補充」人口數量及工作人力，以解決人口數量縮減、工作人口平均年齡增加和人口結構老化問題，相較於提高生育措施，人口遷移的效果可以立即顯現。歐洲議會 (European Commission, 2004)、McDonald (2006) 也持相同看法。然而，遷移人口的效果只是短暫，人口若未持續移入，當他們成為高齡者反而加重人口老化 (劉一龍，2008)，Bijak、Kupiszewska、Kupiszewski、Saczuk 和 Kicinger (2007) 就以 27 個歐洲國家的推估為例，發現人口遷移無法解決人口老化問題。Bijak、Kupiszewska 和 Kupiszewski (2008) 認為需配合提高生育率，人口遷移在因應人口老化的效果才會浮現。另一種做法是設定移入者的年齡和居留時間，在無法取得公民身分的前提下，限定移入者年齡且成為高齡者前要求移出 (如現行外籍勞工政策)，然此政策的爭議較大，且需有相當規模的移入者方能維持人口結構年輕化，施行可能較低 (劉一龍，2008)。

國際遷移因應老年社會的邏輯和提高生育水準不同，提高生育措施以減少不願生育的原因為主，國際遷移算是直接補充年輕人力。表面上，國際遷移似乎是簡單的「差額補足」計算 (United Nations, 2000; McDonald, 2006)，但若牽涉各種國際遷移類型，複雜度會提高。

三、老年支持政策因應老年社會

世界衛生組織提出「活力老化」(Active Ageing)，強調建立社會參與、形成身心健康環境，以及確保社會、經濟和社會安全作為老年社會的政策架構 (WHO, 2002)。經濟合作發展組織也倡導類似概念「健康老化」(Healthy Ageing)，包含改善老人經濟與融合社會生活、建構較佳的生活形態、建構符合需求的健康照顧體系及關照社會環境面向的健康影響因子來建構政策 (OECD, 2009)，可見高齡者的生理、心理和社會層面都應受到重視，此處以詹火生 (2006) 針對西方國家的經濟安全、健康醫療、居住安養及社會參與等措施研究為主。

(一) 經濟安全：主要透過多元體系保障老年人經濟安全。過去世界銀行提出三層支持體系 (pillar)：1. 強制性且需資產調查的基礎年金體系，如最低年金保證、差額補貼方案、定額年金或與就業相關的定額年金，有時社會救助也被視為此範疇；2. 職業年金或個人儲蓄帳戶；3. 商業年金或個人儲蓄 (World Bank, 1994)。Holzmann (2005) 增加為五層體系：1. 處理貧窮問題為目標；2. 強制、不需提存準備與公共管理確定給付為特色的系統；3. 強制、提存準備和民營確定提撥為特色的系統；4. 個人自願的退休儲蓄；5. 其他多元社會支持網絡，如家庭支持、健康照顧和住宅提供等。經濟支持系統具備公共年金結合私人年金、政府提供強制性的基礎保險、鼓勵私人或企業提供額外保障和強化個人自我照顧等特色。

(二) 健康醫療：高齡者由於身心退化，對於疾病也較無抵抗能力，對醫療資源和長期照護的需求將會提高。許多國家早已發展長期照護支持系統，例如日本 (公共介護保險) 和德國 (長期照護保險與在地老化) 利用普及式的社會保險；瑞典和義大利由稅收支付長期照護的費用，企圖強化國民健康和長期照護以保障高齡者的身心健康。

(三) 居住安養：許多國家倡議社區化和在地老化，如日本政府強化軟硬體設施，推動在地老化、結合各種輸送體系，推動安養社區化與家庭化、運用科技設備，促使服務多元化、結合社區特性，發展多元安養形態；德國政府提供老人餐飲服務、緊急求救、訪視與陪伴服務；瑞典政府也提供日間托老中心與安養機構；美國政府興建高齡人口公寓等。

(四) 社會參與：目的是讓高齡者不因年齡而和社會脫節，透過鼓勵參加各項活動以強化社會連結。重要制度有日本政府鼓勵高齡者參與回流教育，提高生活品質、高齡者參與各種活動 (運動會、俱樂部組織或志工服務) 建立新的社會支援系統；德國廣設多元學習管道，拓展高齡者學習機會、開發休閒設施，充實高齡人口的生活等。

第五節　結論

大眾普遍寄望政府部門透過政策因應老年社會。然而，各項政策的興辦需要財源，經費的源頭還是人民納稅或繳納保費，如果未來生育水準持續下滑且平均餘命繼續延後，繳納費用的人會越來越少、福利使用者日益增多。這將導致兩種變化，首先是各項措施因財源短缺而垮臺；另一是在不希望政策瓦解的前提下，著手調整、縮減給付內容，例如國外年金改革 (OECD, 2000)。當讀者探討老年社會的因應措施時，除了探討政策內容，也需留意各國針對人口老化問題而進行的社會安全制度改革，以及對臺灣政策實行的啟示。

重要名詞

人口老化 (population ageing)：高齡人口占總人口之比例持續增加的過程。

高齡化社會 (ageing society)：65 歲以上占總人口之比例突破 7%。

高齡社會 (aged society)：65 歲以上占總人口之比例超過 14%。

超高齡社會 (super-aged society)：65 歲以上占總人口之比例超越 20%。

問題與討論

1. 請以臺灣為例，說明老年社會的成因與影響？
2. 對於老年社會，您認為有效的因應對策為何？

推薦書目

Weeks, J. R. 著，涂肇慶、侯苗苗譯，2010，**人口學觀念與議題**，臺北：前程文化。

參考書目

內政部統計處，2010，**內政國際指標**。Retrieved Feb. 06, 2010, from http://sowf.moi.gov.tw/stat/national/list.htm

王宏仁，2004，**人口組成變遷與未來人口政策方向**，內政部委託計畫 (編號 093000000AU671001)，臺北：內政部。

王德睦，1989，〈嬰幼兒死亡率影響生育率之模擬分析〉，**台灣社會現象的分析**，伊慶春、朱瑞玲合編，臺北：中央研究院三民主義研究所。

行政院經濟建設委員會，2008，**中華民國臺灣 97 年至 145 年人口推計**。Retrieved Feb. 06, 2010, from http://www.cepd.gov.tw/m1.aspx?sNo=0000455&key=&ex= &ic=

余清祥、藍銘偉，2003，〈台灣地區生育率模型之研究〉，**人口學刊**，27: 105-131。

呂寶靜，2007，**人口政策白皮書及實施計畫之研究**，內政部委託計畫 (編號 095000000AU611003)，臺北：內政部。

胡夢鯨，2006，**我國人口結構變遷與教育政策之研究**，教育部教研會專案研究報告(編號 PG9506-0511)，臺北：教育部。

徐聖堯、楊靜利，2004，〈國小教師之需求量與供給量推估：民國 92-102 年度〉，**教育與社會研究**，9: 99-118。

涂肇慶、陳寬政、陳昭榮，1992，〈台灣地區老年殘障率之研究〉，**人口學刊**，15: 17-30。

陳紹馨，1979，**臺灣的人口變遷與社會變遷**，臺北：聯經出版社。

陳寬政、王德睦、陳文玲，1986，〈臺灣地區人口變遷的原因與結果〉，**人口學刊**，9: 1-23。

陳寬政、陳昭榮、涂肇慶，1993，〈老年殘障與醫療費用〉，**社會安全問題之探討**，王國羽主編，嘉義：中正大學社會福利研究所，179-197。

楊靜利、涂肇慶、陳寬政，1997，〈台灣地區人口轉型與人口老化速度之探討〉，**人口老化與老年照護**，孫得雄、李美玲、齊力合編，臺北：中華民國人口學會，15-38。

詹火生，2006，**主要國家因應人口老化社會福利政策之研究**，行政院經濟建設委員會研究報告(編號 95060.809)，臺北：行政院經濟建設委員會。

劉一龍，2008，**調節生育與人口遷移對台灣人口結構之影響**，嘉義：中正大學社會福利研究所博士論文。

劉一龍、陳寬政、楊靜利，2003，〈鼓勵生育與所得稅免稅額之調整〉，**台灣社會福利學刊**，4: 51-77。

Barclay, G. W., 1954, *Colonial Development and Population in Taiwan*, Princeton: Princeton University Press.

Bijak, J., Kupiszewska, D. and Kupiszewski, M., 2008, Replacement Migration Revisited: Simulations of the Effects of Selected Population and Labour Market Strategies for the Aging Europe, 2002-2052, *Population Research and Policy Review*, 27(3): 321-342.

Bijak, J., Kupiszewska, D., Kupiszewski, M., Saczuk, K. and Kicinger, A., 2007, Population and Labour Force Projections for 27 European Countries, 2002-2052: Impact of International Migration on Population Ageing, *European Journal of Population*, 23(1): 1-31.

Coleman, D. A., 2002, Replacement Migration, or Why Everyone Is Going to Have to Live in Korea: A Fable for Our Times from the United Nations, *Philosophical Transactions of the Royal Society B*, 357(1420): 583-598.

D'Addio, A. C. and d'Ercole, M. M., 2005, Trends and Determinants of Fertility Rates in OECD Countries: The Role of Policies, OECD Social, Employment and Migration Working Papers.

European Commission, 2004, *Communication from the Commission to the Council, the European Parliament, the Economic and Social Committee and the Committee of the Regions: First Annual Report on Migration and Integration*, Brussels: European Commission.

---, 2005, *Confronting Demographic Changes: A New Solidarity between the Generations*, Brussels: European Commission.

Grant, J., Hoorens, S., Sivadasan, S., van het Loo, M., DaVanzo, J., Hale, L., Gibson, S. and Butz, W., 2004, *Low Fertility and Population Aging. Causes, Consequences and Policy Options*, Santa Monica: RAND Corporation.

Holzmann, R., 2005, *An International Perspective on Pension System and Reforms*, Washington: World Bank.

Kohler, H. P., Billari, F. C. and Ortega, J. A., 2002, The Emergence of Lowest-Low Fertility in Europe During the 1990s, *Population and Development Review*, 28(4): 641-680.

Lesthaeghe, R., Page, H. and Surkyn, J., 1988, *Are Immigrants Substitutes for Births?* Brussels: Free University of Brussels.

McDonald, P., 2006, Low Fertility and the State: The Efficacy of Policy, *Population and Development Review*, 32(3): 485-510.

McNicoll, G., 2001, Government and Fertility in Transitional and Post-Transitional Societies, *Population and Development Review*, 27(Supplement): 129-159.

OECD, 2000, *Reforms for an Ageing Society*, Paris: Organization for Economic Cooperation and Development.

---, 2009, *Policies for Healthy Ageing: An Overview*, Paris: Organization for Economic Cooperation and Development.

Ryder, N. B., 1988, Effects on the Family of Changes in the Age Distribution. In *Proceedings of the International Symposium on Population Structure and*

Development, New York: The UN Department of International Economic and Social Affairs, 98-120.

Sleebos, J., 2003, Low Fertility Rates in OECD Countries: Facts and Policy Responses, OECD Social, Employment and Migration Working Papers.

Tu, E. J. C., 1985, On Long-term Mortality Trends in Taiwan, 1906-1980, *Chinese Journal of Sociology*, 9: 145-164.

United Nations, 2000, *Replacement Migration: Is It a Solution to Declining and Aging Populations?* New York: United Nations Population Division.

---, 2002, *World Population Ageing: 1950-2050*, New York: United Nations Population Division.

---, 2010, *World Population Ageing 2009*, New York: the UN Department of International Economic and Social Affairs.

WHO, 2002, *Active Ageing: A Policy Framework*, Geneva: World Health Organization.

World Bank, 1994, *Averting the Old Age Crisis: Policies to Protect the Old and Promote Growth*, London: Oxford University Press.

社會運動

內容提要

自 20 世紀 60 年代中期以來，形形色色的社會運動在西方國家越演越烈。學界也為此傾注大量的熱忱，致力於為社會運動的發生機制提供解釋，進而探討其所帶來的社會後果，並先後形成相對剝奪理論、資源動員理論、政治過程理論和新社會運動理論等等。進入 20 世紀末之後，伴隨著各種全球化與反全球化力量的興起，全球社會運動風起雲湧，並逐步發展成為影響全球秩序的一股重要力量。為應對全球性問題和全球社會運動所帶來的新挑戰，全球秩序的治理成為當前國際政治實踐中又一個緊迫的現實問題。

第一節　社會運動的定義與特徵

一、社會運動的定義

在一般的意義上而言，學者們對於社會運動的定義存在寬泛與嚴格之分。前者如 Wilson、Tarrow 等人的觀點，後者如 Touraine、Cohen 和 Arato 等的觀點。Wilson 在《社會運動導論》一書中曾經指出：「社會運動是有意識的、有組織的集體活動，旨在通過非制度化的方式引發或阻止社會秩序的大規模變遷。」(1973: 5) Tarrow 在《運動中的力量》中也認為，社會運動就是一種由一群彼此團結的人們所發起的旨在改變現狀的持續性的集體挑戰 (1994: 3-4)。Touraine 認為「社會運動乃是反抗傳統、壓制和偏見的集體意願 (的表達) 和解放力量」(1981: 29)，是「基於共同文化價值觀的有組織行動」(2002)。並且指出，社會運動可以創造意義，產生新的文化觀念，而那些沒有宣稱新價值的運動則被他視為單純的鬥爭或衝突 (1986)。Cohen 和 Arato 指出，社會運動以自主的結社原則對抗國家與資本的介入，是當代市民社會的重要構成，並進而強調只有支援現代化與平等主義的運動才算是社會運動 (1994)。

雖然現在缺乏對社會運動的一個較為一致的定義，我們還是可以從上述眾多的在理論上或經驗上存在很大分歧的研究中確定出社會運動的涵義。概而言之，其主要包括三層涵義。

首先，社會運動具有濃厚的政治意味。之所以如此，是由於社會運動的策略和目標所致。社會運動通常是採取體制外的策略，以獲取讓步和妥協，也正如此，其目標指向現存的政治體制。

其次，社會運動是一種工具性的理性行動。確切地說，社會運動是為了達致某種外在的集體要求，一旦目的達到，社會運動就失去存在的必要了。當然，強調社會運動的工具性，並不是否定社會運動的價值訴求。並且，社會運動越是具有吸引力的價值願景，參與者的熱情越發高漲，也容易達致社會運動預定的目標。

第三，社會運動的分析性趨向與規範性意義並存。一些學者認為，社會運動必須被視為一種中性的政治參與形式，有可能被用來追求各種不同的價值。比如社會優勢群體動員一群人以持續性挑戰的方式強化某種社會支配，維持不平等的現狀，如何明修所定義的 (2005: 6)。而規範性的涵義則如 Touraine、

Cohen 和 Arato 所定義的。在我們看來，社會運動作為一種行動，應當既具有工具理性的效果，也具有價值理性的追求，即它的分析性趨向與規範性意義是並存的。

二、社會運動的特徵

Wilson 曾以富有想像力的話語概括了社會運動的特點：「社會運動既能培養英雄，也能培養小丑；既能培養狂熱者，也能培養愚昧者。受他們周圍的社會不公正、苦難和焦慮的刺激，人們在社會運動中超越了社會秩序中的習慣方式，發起反對社會邪惡的運動。這樣，他們也超越了自己，成為全新的人群。」(1973: 5) Byrne 也曾指出，社會運動的特徵有四：一是非預測性。例如，婦女運動並不總是出現在婦女受壓迫最嚴重的地方；二是非理性。社會運動的積極分子並不總是能從自己的利益出發，理性地計算考慮自己的行動得失；三是非正常性。社會運動的參與者常常認為他們公開反對法律也是理所當然的；四是非組織性。一些社會運動的參與者盡量避免形成組織，個體性色彩極為濃厚，尤其在社會運動的初期階段 (1997: 10-11)。

根據對於社會運動的定義，我們借鑒 Donatella Della Porta 和 Mario Diani 的歸納，認為社會運動大致上具有以下四個特徵 (2002: 17-18)：

一是非正式的互動網路。社會運動可以視為是一群個人、團體或組織之間的非正式互動網路。社會運動之所以需要網路，主要是非正式網路有助於行動自願以及意義系統的流通。它不僅為行動動員帶來條件，還提供了適當的環境形塑特定的世界觀和生活態度。

二是共用的信念和凝聚力。社會運動不論是對目前已經存在的議題提出新的思考方向，或是引發新的公共議題，其內部都需要一組共用的信念和一定程度的歸屬感。正如 Kriesi 所指出的，「在某些時刻曾經出現的元素，即使未曾真正糾結在一起，也會忽然變成一個充分整合的社會運動的部分。」(1988: 367) 甚至在社會運動結束之後，共用的信念和凝聚力仍然可以為日後相關運動提供某種程度的延續性。

三是凸顯衝突的集體行動。社會運動投入政治或文化的衝突，以期促進或阻礙體制內或體制外的社會變遷。Touraine 認為，如要衝突發生，首先就必須定義一個利害場域，而牽涉其中的行動者不但認知到彼此的差異，並且都因重視或試圖獲取場域的利益和價值而成為競爭對手 (1981: 80)。

四是運用抗爭手段。有些學者已經指出，社會運動區別於其他的根本性差異在於，後者的政治參與採取傳統的投票或遊說民意代表的形式，而前者則訴諸於公開的抗爭手段 (Rucht, 1990: 160)。姑且不論抗爭行動是否具有暴力與對抗 (confrontational) 的成分，至少各種形式的抗爭在現代國家裡已經習以為常了。

第二節　集體行為、革命與社會運動

一般意義上而言，所謂集體行為，就是有許多個體參加的、具有很大自發性的體制外政治行為。Smelser 認為，集體行為的產生，是由以下六個因素共同決定的：有利於社會運動產生的結構性誘因 (structural conduciveness)；由社會結構衍生出來的怨恨、剝奪感或壓迫感 (structural strain)；概化信念的產生 (generalized beliefs)；觸發社會運動的因素或事件 (precipitation factors)；有效的運動動員 (mobilization for action)；社會控制能力的下降 (operation of social control)。他認為，這六個因素都是集體行為 (或社會運動和革命) 發生的必要條件 (而非充分條件)(1962)。Touraine 進一步將集體行為的概念引申為，試圖保衛、重建或改造社會系統中出毛病的成分——不論其是價值、規範、權威關係或社會本身——的衝突行動 (2008: 89)。

所謂社會運動，就是有許多個體參加的、高度組織化的、尋求或反對某些特定社會變遷的體制外政治行為。具體而言，尤其是包含政治成分的社會運動，是一種非正式網路，以共用的信念和凝聚力為基礎，為了轉變那些與主要文化資源 (生產、知識、倫理、規則) 相聯繫的社會支配關係而展開社會動員，並且運用各種抗爭手段。正如 Tilly 所指出的，社會運動必須包含下列三種元素：1. 運動 (campaign)，即有組織地、公開地向權威提出集體宣稱 (collective claims)；2. 社會運動形式 (social movement repertoire)，即採取若干特定的政治行動，如公開遊行、集會、請願等；3. 公開參與者的價值 (worthiness)、一致性 (unity)、數目 (number) 與信念 (commitment)(2004: 3-4)。

一如上文，社會運動具有政治性的涵義。而承認社會運動的政治意味，即是將社會運動與風潮 (fad)、恐慌 (panic)、神秘崇拜 (cult) 等集體行為 (collective behavior) 區分開來。因為集體行為帶有行為主義的色彩，是刺激後果的直接反應。若將其等同於社會運動，無疑忽視了社會運動的政治性格，而將其矮化為一種病態的心理現象。近三十年來，社會運動在心理學意義上的面向不再被接受，學者一般採取更政治的、理性的觀念詮釋社會運動的意義 (何明修，2005：5，16)。此外，集體行動 (collective action) 也或多或少被視為社會運動的同義詞，指涉一種體制外的政治參與。但需要指出的是，集體行動所指涉的範圍更廣，尤其是在理性選擇理論的視野下，凡是生產者聯合行動、共同建立規範等涉及個體間協調的都被視為集體行動。

而革命，則是有大規模人群參與的、高度組織化的、旨在奪取政權並按照某種意識形態對社會進行根本改造的體制外政治行為。革命又可以進一步劃分為政治革命和社會革命。政治革命旨在奪取政權並改變政權性質，而不對社會結構進行全面重建。而社會革命的發動者則在奪取政權以後，不但會改變現存政權的性質，亦會對整個社會結構進行徹底改造 (趙鼎新，2006：2)。有如 Skocpol 的定義，社會革命是一個社會的國家政權和階級結構皆發生快速而根本轉變的過程。與之相較，政治革命所完成的僅僅是政權結構而非社會結構的轉變，而社會革命的獨特之處在於，社會結構變遷與階級衝突變遷同時進行，政治轉型與社會轉型同時展開，並且社會結構和政治結構的根本性變化是以一種相互強化的方式同時發生 (2007: 5)。

對於集體行為、社會運動與革命，可以從組織化程度、制度化程度以及所追求的社會變革程度來進一步加以區分。所謂革命其實就是一種非常組織化的、追求根本性社會變革的、高度體制外的政治行為。相較而言，集體行為的制度化、組織化以及所追求的社會變革程度都很低。而介於以上兩者之間的就是社會運動。社會運動的組織化程度可高可底，所追求的社會變革可大可小，體制化程度也高低不等。不過，需要注意的是，同樣一種社會運動，在不同社會和不同歷史時期，它的組織化程度、制度化程度以及所追求的社會變革程度是有所區別的。當然，集體行為、社會運動與革命三者之間並沒有一個絕對的界線，它們都屬於所說的對抗政治 (趙鼎新，2006：3-6)。

第三節　新社會運動與全球社會運動

一、新社會運動

早先的社會運動專注於經濟議題，常常被從事相同職業的人或是工會所領導。但 20 世紀 60 年代起，新社會運動開始活躍起來，例如當代婦女運動、和平運動與環境運動等。Tilly 指出，相比早期的社會運動而言，新社會運動並沒有表現出百年前歐洲與美國勞工抗議的社會階級屬性 (1993)，其中除了位處社會邊緣之外，受過教育的中產階級所占的比例極高，如婦女運動和同性戀運動 (Buechler, 1995)。

McCarthy 和 Zald 用專業化 (Professionalization) 與資源動員 (Resource Mobilization) 概括美國社會運動的發展規律，並將社會運動與新社會運動給予比較。他們認為：1. 傳統社會運動的資源主要產生於社會運動的內部，比如工會的資金主要來自於每個工人所交的會費，但新社會運動的資源主要來自外部的各類捐款和基金。2. 由於社會運動不再依賴於來自內部的資源，來自社會運動內部的貢獻就大大下降了。在許多場合，這些新社會運動參與者所需做的就是填表、簽名。並且，McCarthy 和 Zald 預言掛名成員 (Paper Membership) 的社會運動組織會變得普遍起來。3. 社會運動的領袖人物是在一個社會運動的內部湧現出來的，但隨著外部資源比重的上升以及掛名成員的增加，社會運動的領導者也往往是外來的。4. 個人的剝奪感和憤怒感在社會運動的發生和發展中佔有重要地位，但是在新社會運動中，傳統意義上的個人剝奪感和憤怒感就顯得不重要了。因此，社會運動的領導者必須設法製造出各種議題和問題，以延長組織的生命。5. 作為專業人才，新社會運動的領導更會利用新聞媒體，爭取新聞報導將成為社會運動的一個重要手段。與此相應，人們對社會運動的認識 (或是加入) 將越來越靠個人的間接感受，而不是親身體驗 (1973)。

二、全球社會運動

至於社會運動與全球社會運動的關係，學者之間的看法也不盡相同。但總的說來可以從以下幾個方面理解：首先，全球社會運動與運動發生的範圍沒有必然的聯繫。一方面，當代社會運動確實越來越呈現出跨越民族國家界限的趨勢，組織治者可以在同一時間、不同國家內發動旨在同一目標的社會運動，國際勞工運動、環境運動即是如此；另一方面，某些發生在民族國家範圍之內的社會運動也不能僅僅把它放在地方社會運動的範疇內進行理解，因為它的意義、影響乃至如何發展是受到全球格局中諸多因素限制的。第二，社會運動也不能以它直接所反對的物件來劃分是否屬於全球社會運動。很多社會運動針對的都是在經濟全球化過程中產生的種種經濟、社會和政治問題，它們運動的物件不是國家和國內統治階級，而是國際組織、跨國集團和其他的國家與人民。這種運動很多時候都表現為全球社會運動，但不能說全球社會運動就一定不是指向民族國家的。判斷是否屬於全球社會運動，總的說來應該以其物件是新全球秩序為標準的。正如 Castells 所指出的，全球社會運動的主要敵人是新的全球秩序 (1997)。

不過，需要肯定的是，正如 Deborah Barrett 和 Charles Kurzman 所說，相較於社會運動而言，全球社會運動更多地受到國際政治機會和全球文化的影響。他們用這兩個因素探討一個跨國社會運動來解釋人們的優生行為。第一次世界大戰前缺乏國際政治機會以及二戰結束後對全球文化的敵對氣氛都阻礙了這些時期內的優生動員，而由於國際政治機會以及全球文化在兩次大戰之間的影響導致了這期間運動的增長及效力 (2004)。並且，與社會運動不同，全球社會運動表現出如下特徵：它們所針對的都是在經濟全球化過程中產生的種種經濟、社會和政治問題；它們運動的對象都不是國家和國內統治階級，而是國際組織、跨國集團和其他的國家和人民 (趙鼎新，2006：294)。Cohen 和 Kennedy 的研究指出，在過去的四十年裡，全球社會運動至少在認同政治的轉向、「反文化」的興起、對權威的質疑以及基層活動的昇華等四個方面取得新的進展 (2000)。

第四節　社會運動的類型

從社會運動的基本類型來看，Smelser 曾將社會運動分為兩類：規範導向的和價值導向的。前者是社會運動的主體，傾向於體制內的漸進改良，意在改變特定的社會規範，如環境保護運動、民權運動、修憲運動等；後者即社會革命，激進且爆發性的，力圖改變基本社會、政治、經濟結構，如 20 世紀發生在俄國、中國的共產主義革命、伊朗的宗教革命。相對於社會控制的保守特質，社會運動作為一種積極的社會自組織方式，當然富有正面的建設性意義。即便是狂飆突進式的社會革命，也不過是通常意義上的社會運動的加速而已，只是因其顛覆性，社會成本更高，控制難度更大。

從社會運動的組織構成來看，許多社會運動的組織者沒有固定的組織機構，也缺乏指揮，缺乏協調。一般是志同道合的個人組織起來，或若干非營利組織聯合起來。多數是通過網路進行聯繫，在預定的時間、地點彙集起來，一起參加活動。在資金上，社會運動主要靠三個來源：自理、贊助和商業營利。社會運動的參加者大多要自己負擔包括交通、食宿在內的各種費用。在自理的基礎上，形成了互幫互助的形式，例如共同使用帳篷，分享食品，一起搭車等。一些規模較大的組織可能提供一定的活動費用，如工會組織可能向參與者提供食品、住宿和交通工具。此外，社會運動也可以通過出賣紀念品、宣傳材料或舉辦培訓班獲得一定收入。

從參與社會運動的目的來看，大體可以分為兩大類：一類為「綜合反抗型」，參與者不是反對某個具體的對象，或為達到某種單一目的而參加運動，他們將反對資本主義作為目標。在意識形態上，他們可能是社會主義者、無政府主義者或改良主義者，同時也可能是環保主義者、人權主義者。另一類為「單一目標型」，這類參與者具有比較明確而具體的目標，如工會主義者、女權主義者或農民運動者等。

第五節　社會運動的理論解釋

由於近年來研究的大量累積，各種詮釋途徑分別賦予社會運動不同的知識圖象。一般來說，包括相對剝奪理論 (relative deprivation theory)、資源動員理論 (resource-mobilization theory)、政治過程理論 (political process model)、新社會運動理論 (new social movement theory)。

一、相對剝奪理論

相對剝奪理論的概念源自於社會學中的結構功能論，其理論核心在於將社會視為維持人類社會功能穩定的一套制度組合，倘若社會結構中出現某種形式的結構性緊張，致使人們會透過參與社會行動解除內心不安感。此理論有兩個重點，一是結構性緊張，另外一個則為人們的內心不安感。所謂結構性緊張可回到 Smelser 對於集體行為特徵的整理，所指陳的是社會中文化價值與秩序的崩解，或是長期社會變遷所導致的狀況，人們也因此在不同的社會標準下而升高自身期望、或是因社會變遷而使個人滿足期望的能力降低，因而致使相對剝奪感的增加 (王甫昌，1999)。

二、資源動員理論

相較於相對剝奪論對於心理因素和社會結構的強調，資源動員論則將社會運動的分析焦點置於「問題被運作的過程」，即強調社會運動與媒體、社會運動與權威 (authorities)，以及社會運動與其他政黨與團體之間的互動 (McCarthy and Zald, 1977)。資源動員論中的外在資源包含有形資產 (例如金錢等) 和無形資產 (組織能力和個人聲望等)。可以說，資源動員理論跳脫出相對剝奪論過度將焦點偏重於群眾的心理因素和社會結構，轉而認為社會中不滿情緒並非突然爆發，而是常久積累的結果，即透過動員有形和無形的資源，得以讓社會運動成形。

三、政治過程理論

按照政治過程理論的理路，政治在某些程度上而言可以被視作社會中穩定時期與變動時期的交替過程。在變動時期中，社會中會出現結構性失序的狀況，而人們會透過社會運動處理其所造成的壓力與焦慮。由上述可知，政治過程理論雖然重視社會運動參與者的心理層面因素，然而政治過程理論更強調社會運動所帶有的政治功能。即經濟與社會的變化，帶來政治機會結構的改變，而透過挑戰者心理因素的轉變，進而集結並產生社會運動。正如 McAdam 所指出的，影響社會運動出現的因素有三：弱勢族群的組織準備性、弱勢族群對挑戰成功可能性之評估和外在政治環境的政治結盟狀況 (1977)。

四、新社會運動理論

不同於過去的社會運動強調的政治性概念，新社會運動更關注社會運動中蘊含的社會文化性 (Touraine, 2007)，即聚焦於社會運動中的文化議題和集體認同上。相較而言，社會運動理論主要將社會運動理解為一種以無產階級革命為核心命題的「階級政治」(Class Politics)，而「新社會運動理論」摒棄了傳統社會運動理論的「經濟還原論」，強調的是「身分政治」(Identity Politics)。新社會運動理論認為社會運動產生的社會基礎不在於「階級結構」，而在於人們在種族、性別、性取向、年齡、公民身分、價值觀、信仰等方面的身分。人們參與集體行動的能力首先取決於其界定自我「身分」的能力。此外，新社會運動理論認為人們的日常生活和文化領域同樣可以成為新社會運動的場域，因此存在著「生活方式的政治」(Life Style Politics) 和「文化或符號意義的行動」(Culture or Symbolic Activism)。

第六節　社會運動的後果

一、社會運動與解放的政治

社會運動作為一種有意識介入政治的力量，是由一群人試圖推動或者是阻礙某一種形式的社會變遷。在此意義上，紀登斯 (Giddens) 在其《現代性與自我認同》一書中將其命名為「解放的政治」。一般而言，屬於「解放的政治」的社會運動主要有：爭取普選權的鬥爭；爭取言論、集會和遊行自由的鬥爭；在美國和歐洲殖民地廢除奴隸制；工人進行集體談判的自由，以及減少在建設福利國家的過程中對工人的過度剝奪。在這些社會運動中，人們為了自己的權利，挑戰權力擁有者，反對那些限制他們自由選擇生活方式的社會結構和社會不平等。更多情況下，社會運動的訴求是國家，即使並非以國家部門為抗爭對象，他們也希望國家權力的介入以取得較為有利的談判籌碼。

二、邁向生活政治的新社會運動

新社會運動自產生以來，對於直接控制或爭取國家權力不太關注，而將其焦點轉到「生活政治」之上。或者說，生活政治意義上的新社會運動試圖回答這樣的問題：我們應當如何行使已獲得的自由——即我們應當建立怎樣的個人與社會生活？為了使普遍的自由能得以延續，個體應當承擔怎樣的責任？既然我們都依賴於人際關係而生存，個人自由也取決於這些關係的處理，那麼，自我實現以及個人認同的問題就不可避免地成為我們所關注的焦點了。具體而言，新社會運動強調認同、自主性以及文化取向等等，其中認同的形塑是其核心議題。他們試圖形塑一套實用的生態倫理，並希望能將其落實在日常生活當中，成為一種能夠被一般民眾接受的、更具有自主性的生活方式，其中包括日常生活層次的互動，如教育、流行文化、穿著打扮、言談方式等等。當然，多元化的生活方式，更具包容性的價值觀，往往是從一小撮社會運動分子擴散至整個社會。

三、社會運動的全球化後果及其治理

進入 20 世紀 90 年代以來，全球化的步伐加快，社會運動開始出現全球的趨勢，而反全球化的力量也開始升溫。全球化與反全球化的社會運動給全球社會秩序帶來了更多的風險性和不可預測性，這在某種意義上促進了以民族國家為中心的「治理」逐步演變為一種「全球治理」。雖然學者們都認為全球社會運動對民族國家的傳統治理模式提出了嚴峻的挑戰，然而，人們對「全球治理」的概念至今也沒取得明確一致的看法。例如，Rosenau 將全球治理定義為一系列活動領域裡的管理機制，它們雖未得到正式授權，卻能有效發揮作用；而 Held 則強調全球範圍的、多層次的、民主參與的治理，認為全球治理是指通過具有約束力的國際規制 (regimes) 解決全球性問題以維持正常的國際政治經濟秩序的過程 (1995)。目前，人類正面臨著大量全球問題和全球衝突的困擾，而全球性問題的興起將隨著全球社會運動的發展而日益加劇和複雜化，這從一個方面說明了全球治理將比以往任何時候都更加必要了。

重要名詞

社會運動 (social movement)：在體制外組織起來的一種持續性的集體挑戰。

新社會運動 (new social movement)：旨在追求認同、自主性以及一種更具有自主性生活方式的社會運動。

問題與討論

1. 何謂社會運動？社會運動與集體行為、革命的異同？
2. 社會運動與新社會運動、全球社會運動的關係是什麼？
3. 社會運動有哪些類型？表現出怎樣的特徵？
4. 解釋社會運動的理論有哪些？
5. 社會運動對於全球社會的後果是什麼？

推薦書目

西德尼・塔羅著，吳慶宏譯，2005，**運動中的力量：社會運動與鬥爭政治**，南京：譯林出版社。

阿蘭・圖海納著，舒詩偉、許甘霖、蔡宜剛譯，2008，**行動者歸來**，北京：商務出版社。

查理斯．蒂利著，胡位鈞譯，2009，**社會運動：1786-2004**，上海：上海人民出版社。

曼紐爾．卡斯特著，曹榮湘譯，2006，**認同的力量**(第二版)，北京：社會科學文獻出版社。

趙鼎新，2006，**社會與政治運動講義**，北京：社會科學文獻出版社。

---，2007，**社會運動與革命：理論更新和中國經驗**，臺北：巨流圖書股份有限公司。

McCarthy, John D. & Zald, Mayer, 1973, *The Trend of Social Movements in America: Professionalization and Resource Mobilization*, Morristown, NJ: General Learning Corporation.

Touraine, Alain, 1981, *The Voice and the Eye: An Analysis of Social Movements*, New York: Cambridge University Press.

---, 1985, Social Movement and Social Change. In Orlando Fals Borda (Ed.), *The Challenge of Social Change*, London: Sage.

---, 1986, Unionism as a Social Movement. In Seymour Martin Lipset (Ed.), *Union in Transition: Entering the Second Century*, San Francisco, CA: Institute for Contemporary Studies.

參考書目

Donatella Della Porta & Mario Diani 著，苗延威譯，2002，**社會運動概論**，臺北：巨流圖書有限公司。

王甫昌，1999，〈社會運動〉，**社會學與台灣社會**，王振寰、瞿海源編，臺北：巨流圖書有限公司。

西達．司考切波著，何俊志、王學東譯，2007，**國家與社會革命**，上海：上海世紀出版集團。

何明修，2005，**社會運動概論**，臺北：三民書局。

Barrett, Deborah & Kurzman, Charles, 2004, Globalizing Social Movement Theory: The Case of Eugenics, *Theory and Society*, 33(5).

Buechler, Steven M., 1995, New Social Movement Theories, *Sociological Quarterly*, 36(3).

Byrne, Paul, 1997, *Social Movement in Britain*, London: Routledge.

Castells, Manuel, 1997, *The Power of Identity*, Oxford: Blackwell.

Cohen, Jean & Arato, Andrew, 1994, *Civil Society and Political Theory*, MA: MIT Press.

Cohen, Robin & Kennedy, Paul, 2000, *Global Sociology*, Basingstoke: Macmillan Press Ltd.

Held, David, 1995, *Democracy and the Global Order: From the Modern State to Cosmopolitan Governance*, Cambridge: Polity Press.

Kriesi, Hanspeter, 1988, The Interdependence on Structure and Action: Some Reflection on the State of the Art. In B. Klandermans, H. Kriesi and S. Tarrow (Eds.), *From Structure to Action*, CT: JAI Press.

McCarthy, John D. & Zald, Mayer, 1973, *The Trend of Social Movements in America: Professionalization and Resource Mobilization*, Morristown, NJ: General Learning Corporation.

Rucht, Dieter, 1990, The Strategies and Action Repertoire of New Movement. In R. J. Dalton and M. Kuechler (Eds.), *Challenging the Political Order: New Social Movement in Western Democracies*, Cambridge: Polity Press.

Smelser, Neil J., 1962, *Theory of Collective Behavior*, New York: Free Press.

Tarrow, Sidney, 1994, *Power in Movement: Social Movement, Collective Action and Politics*, Cambridge: Cambridge University Press.

Tilly, Charles, 1993, Contentious Repertoires in Great Britain, 1758-1834, *Social Science History*, 17(2).

---, 2004, *Social Movement, 1786-2004*, Boulder, CO: Paradigm.

Touraine, Alain, 1981, *The Voice and the Eye: An Analysis of Social Movements*, New York: Cambridge University Press.

---, 1985, Social Movement and Social Change. In Orlando Fals Borda (Ed.), *The Challenge of Social Change*, London: Sage.

---, 1986, Unionism as a Social Movement. In Seymour Martin Lipset (Ed.), *Union in Transition: Entering the Second Century*, San Francisco, CA: Institute for Contemporary Studies.

---, 1988, *Return of the Actor*, Minneapolis, MN: University of Minnesota Press.

---, 2002, The Importance of Social Movements, *Social Movement Studies*, 1(1).

---, 2007, An Introduction to the Study of Social Movements. In J. Goodwin and J. M. Jasper (Eds.), *Social Movements: Critical Concepts in Sociology*, New York: Routledge.

Wilson, John, 1973, *Introduction to Social Movement*, New York: Basic Books.

Part IV

環境

環境與永續發展

內容提要

環境生態在現今可以說是重大議題，我們的生活在最近也有明顯的相關感受，例如水災、風災和病毒等等。這是我們不斷侵入自然的結果。我們從生活於自然之中，到創造自己的自然。這裡同時涉及兩個重要議題，一個是環境破壞的問題，另一個事實上更為嚴重，就是我們越來越不了解我們用以控制自然的知識體系。我們所走的每一步，都在冒著風險，一個過去農業社會所沒有的風險。另外一方面，對於環境的開發涉及對少數族群的資源掠奪，這是新的社會不平等，也是環境正義所回應的議題。在這個環節上，永續發展的討論是相當重要與流行的，自然與社會如何維持多樣性成為一個關鍵。

第一節　自然與環境

我們基本上是生活在自然當中，在山川、農田以及在濱海。但是在現代化的歷程中，可以看得很清楚，這個自然逐漸被我們所改造。現在，我們也可以說是生活在自然當中，但是是一個人為的自然，例如遊樂區或者城市等等。以前我們在大自然裡面運動，現在在俱樂部裡面運動。也就是說，我們的生活環境從具體的自然轉變到人為的自然，其實就是現代化的歷程。因此，有必要透過環境這個概念進一步來反省週遭的生活。這不只是環境問題的破壞，而且是整體社會生活的思考。

一、我們的自然

我們每天從早上起床到晚上睡覺，都忙忙碌碌地生活在一個已經習慣的環境當中。但是這個環境是什麼？也許這並不是我們要注意的，因為縱使我們不思考這個問題，我們還是可以每天生活在這個環境當中。

環境 (milieu; environment) 是一個相當廣義的概念，它與自然緊密地聯繫，但又不只有自然的意義。我們人類從以前到今天，與自然的關係有著幾個不同的形式：

1. 我們生活在自然當中。我們是屬於大自然中的一部分，身體緊密連結於土地、山川與作物。
2. 我們的勞動也改變自然。為了基本的需要與貿易的動機，自然慢慢被我們改造成我們想要的樣子。
3. 我們正在塑造自然。在城市化的歷程中，我們的環境被科技與網絡所架設，它在很大程度上已經人工化。
4. 自然與社會和文化幾乎同義。在我們的日常生活中，自然已經社會化，過去作為生活空間的自然現在就是社會。我們生活在自己所架設的網絡當中。

這個無止盡的歷程表現在全球化、去傳統化以及逐漸強化的社會反思性上，它們一方面加速自然的社會化，一方面也把我們帶入一個逐漸複雜的知識控制系統中 (Giddens, 2003: 208)。在這個處境當中，世界事務越來越難以解決，一切變得詭譎與易變，缺少一個運籌帷幄的書桌 (Bauman, 2001: 72-73)。

總而言之，如同 C. Merchant 所認為的，我們對自然的態度經歷了兩個重

要時期 (Cohen and Kennedy, 2001: 481)：

1. 前工業社會。人們把自然想像成充滿朝氣以及富有生命的領域，人們對自然的利用應該受到道德的約束。
2. 自然與現代性。自然是惰性的和被動的，能被人類所理解和認識，也能為人類服務。這是被馴化的自然。資本主義的現代性使更多的社會能夠征服自然，並使人類生活獨立於自然界之外。

對於大部分的科學而言，我們會認為，我們觀看到的環境可以分為三個範疇 (Odum, 2000: 10-15)：

1. 自然環境 (natural environment)。
2. 馴化的環境 (domesticated environment)。包括農業用地、有管理經營的林地與森林，以及人造池塘與湖泊等等。
3. 建構的環境 (fabricated environment)。例如城市、工業園區以及道路和機場等等由燃料所推動的系統。

城市是寄生在自然和馴化環境上的，因為它不能製造食物和淨化空氣，它能淨化到能再度使用的水也很少。城市越大，未開發或低度開發的鄉村地區就有越大的必要提供寄主給城市寄生蟲 (Ibid.: 19)。

二、自然的差異

我們所生存的日常生活其實是一個不平等的世界，不論在一個社會之中，還是在地球的某個角落。尤其在經濟全球化的時代，這種全球地區的差異可以說達到一個前所未有的境界，並且看不到有改變的可能。

在尋求全球解決方案的過程中，開發中國家和已開發國家之間的差異相當地大，也就是表現相當程度的南北差異 (Cohen and Kennedy, 2001: 490-491)：

1. 南方國家領導人認為北方國家對環境污染有不可推卸的歷史責任。北方國家消耗了全球 70% 的能源、75% 的礦產資源、60% 的食品和 85% 的木材，但其總人口只占全球的 25%。美國人口不到世界的 5%，但消耗全球資源的 25%；印度人口占全球的 16%，卻只消耗總資源的 3%。
2. 南方國家認為北方國家的高生活水準，是由於南方國家的廉價勞動力和不公平的國家貿易所致。

3. 南方國家期望北方能加大對窮國的高技術投資，以便使其工業化過程中減少全球污染，而不致喪失經濟發展動力。

根據紀登斯的見解，全球化所導向的並不是價值的相對化，而是一個沒有「他者」的世界。透過電子傳播媒體，我們對世界的知識已經大大地提升，我們住在一個「統一的經驗架構中」。此外，我們作為個人所面對的不安全感，往往是讓我們緊密結合，而不是分裂。因此，不同文化的觀點和看法，不但沒有變得更多元，反而變得更單一了。就此而言，人類經驗都受制於相同的過程，亦即反思式現代化，成為現代的制度。現代性的反思性延伸到了自我的核心之內。

這其中的重要環節之一是對弱勢地區的環境掠奪與破壞，富有國家的發展是建立在貧窮國家環境破壞的代價之上。的確，因為全球資源的危機以及基本人權的重視之下，我們現在越來越重視環境問題。二次大戰以後，環保活動經歷了三個主要的變化 (Cohen and Kennedy, 2001: 483-484)：

1. 儘管像世界自然基金一樣，保護野生動物和自然界繼續受到人們的關注，但現在的環保活動已經涵蓋了其他的問題，例如各種污染所造成的威脅、生物多樣性的減少以及全球暖化等等。
2. 在 1960 年代以後，有更多環境非政府組織的加入，1980 年代以後增加尤為快速。
3. 環保活動不再侷限於發展國家。在發展中國家，森林的破壞以及工業污染都廣泛地引起大家的注意。

第二節　環境的現代化與生態關懷

我們過去在大自然中活動，其實是赤裸裸的，也就是不帶太多的理念或計畫。現在，當我們面對包括自然的對象時，我們的腦袋都裝著一些概念，也就是我們如同蜘蛛一樣，生活在自己編織出來的網絡當中。這個歷程是環境現代化的歷程，過去單純研究物種的生態學，現在也加以擴充，其關心的已經包括諸如城市空間的種種議題。總而言之，我們人類與自然的關係在 21 世紀中必須重新的思考與定位。

一、當代社會環境

我們的生活環境在現代化的過程中不斷地科技化與知識化，環境與生態的危機在某個程度上是現代性的反映。現代性基本上表現人類社會對自然的改造與塑造，在自然生態中，都存在我們理性的痕跡。在這個理性的痕跡上，我們不斷在提昇生活水準，但同時也不斷將自然的空間納入人為的社會空間。在現代性的條件下，藉助知識環境的反思性組織，未來被持續不斷地拖入現實之中。現代性條件下的任何一個領域似乎總是被切割以及被拓殖的 (Giddens, 2002: 3)。而現代性所包含的動力有四種：

1. 時空分離，即跨越廣闊的時間與空間領域之社會關係的聯合，並一直包括全球體系的狀況。
2. 抽離化機制，由象徵標誌和專家系統 (合起來等於抽象系統) 所組成。
3. 抽離化機制使互動脫離場所的特殊性。
4. 制度反思性，定期把知識應用到社會生活的情境上，並把這作為制度組織和轉型中的一種建構要素。

當代環境與生態議題其實是充滿張力的，我們希望面對它，但面對的形式通常又離不開經濟與市場。因此它有它的兩難困境，包括聯合與分裂 (unification vs. fragmentation)，自我的反思性計畫吸納了許多的背景性事件和被傳遞的經驗之諸多形式，但也必須從中刻劃出個人發展的道路。以及無力和佔有 (powerless vs. appropriation)，現代性所提供的許多佔有機會，使得生活風格的選擇成為可能，但也產生了無力的感覺。另外，權威與不確定性 (authority vs. uncertainty)，在沒有終極權威的情境中，自我的反思性計畫必須要在承諾和不確定性之間把握一個方向。最後個人化的與商品化的經驗 (personalized vs. commodified)，即自我的敘事必須是在個人的佔有受到消費標準化的勢力所左右之情境中得以建構 (Giddens, 2002: 185-195)。

其實現在很多人已經感受到全球生活的種種危險，特別是下述三種全球危險 (Beck, 1999: 55-57)：

1. 富裕所引起的生態破壞，以及科技工業的危險。例如臭氧層的破壞、溫室效應以及基因技術和生殖基因學無法預見並且無法衡量的後果。
2. 貧窮所引起的生態破壞和科技工業危險。生態破壞不只是現代化成長的陰暗危險面，相反地，生態破壞與貧窮有著緊密的相關性。例如赤道雨林的砍伐等等問題，各國並沒有有效阻止的制度與手段。

3. 大量毀滅性武器部署於戰爭非常時期所引起的危險。

這些全球性危險破壞了傳統安全計算的支柱，損害不再有時空的限制，因為它們是全球和持續性的。損害也很難再歸咎於特定的負責人，因為肇因者法則已不再清楚有效。結果是，當最壞的情況發生時，不存在善後的計畫。

二、生態議題的反省

目前受關注的不只是物種多樣性 (species diversity) 喪失，還有人類活動造成的基因多樣性 (genetic diversity) 的喪失。隨著 20 世紀的結束，有關保存生物多樣的關注已經進入公共與政治的層次。在美國，行政、司法與民間部門已努力嘗試鑑定並保護瀕臨物種，以維持野生物種的高度多樣性 (Odum, 2000: 64)。考慮人類困境的一個好方法，是細想各國以及人類和環境若要有更和諧的關係，必須縮減以下各種差距 (Ibid.: 301-302)：

1. 所得差距。包括國家之內的貧富差距，以及工業國與非工業國之間的差距。
2. 糧食差距。吃得好與吃不飽的人之間。
3. 價值差距。市場與非市場物質與服務之間。
4. 教育差距。文盲與非文盲，以及有技術者與無技術者之間。

對於生態的反省，也慢慢累積一些學術上的見解。生態學 (ecology) 係源自希臘文 oikos，原意住家、家庭或居所，ecology 一字最早由德國生物學家 E. Haeckel 於 1896 年提出，以生態學為研究動物與外在環境關係的學問，主要屬於生物學的範疇。進入 20 世紀以後，生態學的特色則在於超越以往的單純生物學研究途徑，開始探討人類與自然的關係。社會環境 (social environment) 不同於自然環境，它主要建立在我們所屬於的文化當中 (臺灣大學農業工程學系農業環境研究室，2005)。因此我們也可說，生態學是一門研究生物與它們環境間的互動之科學，這通常也包括人口的密度及其行為上的特徵 (Hunt and Colander, 2004: 111-113)。

另外一方面，應該把環境研究學的概念延伸，使其成為科際整合的一門學問。生態學本身就是一門多種科際整合的學科，要了解物種的互動，我們至少要同時跨越植物學、動物學以及土壤學等學科。但如果要進一步了解社會組織活動會對環境造成什麼影響，至少必須加入社會科學的成果，例如人類對自然界的文化態度、社經組織的運作模式，以及不同的政治過程都會對環境產生不同的利弊 (Doyle and McEachern, 1998: 14-16)。種群 (population) 最初是用來表示一群人，後擴充成包括生活在某個特定地區的任何物種之群體。群落 (community) 指生物群落 (biotic community)，包括所有生活在一個特定地區的種群。群落和無生命的環境構成生態系 (ecological system; ecosystem) 而一起作用。德文與俄文文獻常常使用一個類似的字詞是 biogeocoenosis，意指一起作用的生物與地球 (Odum, 2000: 30)。

在不同關心立場與取向上，生態學也有不同的細部發展，例如社會生態學。社會生態學在 1921 年由 R. E. Park 與 E. Burgess 所建立，它將生態學的分析納入我們日常的共同生活中，特別是城市的生活。這樣的研究存在三個面向：

1. 城市是一個個人在流動的生物平衡中，不斷適應的一個場域。
2. 社會結構的空間分析。
3. 人對於他的無機環境的適應研究。

當社會生態學與較為激進的政治策略有所聯繫時，它多少帶有無政府主義的色彩。在由 M. Bookchin 所代表的立場中，社會生態學有著以下的特性 (Doyle and McEachern, 1998: 58)：

1. 唾棄現在的民族國家形態，主張透過地方分權爭取最大的政治和經濟自主性。
2. 以無政府主義哲學為主，生態學為輔。
3. 反對一切形態的宰制，不管對象是人類還是非人類。
4. 強烈捍衛草根民主，以及議會之外的政治活動。
5. 堅持目的與手段必須一致。

這裡基本上認為層級制度是一種沒有自然或事實基礎的社會建設，層級制度其實只是人類假借自然之名而建構的一種體系，藉此對權力的差異予以合理化。

另外，當生態學與經濟學相互整合之後，也有不同的知識貢獻。環境經濟學關注的是污染防治的問題，而污染物經常受大氣和水文等力量的牽引或傳播。生態經濟學建構的模型不僅考慮了經濟決策對生態系統的影響，也考慮了生態系統對經濟決策的影響。它的工作是要盡可能認知與分析經濟體與相關生態體系之間的互動與反饋，而這涉及對生態系統運作的相關科學背景 (Sandler, 2003: 260-262)。

第三節　風險社會

我們今天之所以不容易應付生態與環境的問題，其原因乃是這些問題具有高度的不確定性與不穩定性。地震雖然也不確定，但那畢竟是來自於大自然的危險，人類每個階段都必須面對，它不是我們全球社會的特有問題。但是我們透過知識將自然改造成我們社會的一環時，其實我們已經越來越不容易掌握我們自己所創造出來的東西。變數和不確定性越來越高，所涉及的價值爭議越來越大，並且必須面臨判斷和決定要求的時限越來越短。

我們承擔的風險和挑戰也越來越嚴峻，因為我們已經失去舊有的控制、計算與操作模式的保障。以資訊與基因科技為例，一方面在全球具有高度安全或道德爭議性，在實踐上充滿價值上的矛盾或兩難。並且決策時間非常的緊迫，而其所具有的風險與不確定性後果，難以用舊有的社會、政治與經濟模型來測量和彌補。這一方面顯示我們對外界所能掌握的資訊越來越少，一方面也凸顯出我們社會科學的思考模式過於僵硬。社會科學的專業化已經使得我們沒有全面的知識來面對快速變化的環境。

在現代化階段中，人們已經準備承受醫療和生態帶來的副作用。這些副作用構成貝克 (U. Beck) 所言的風險。新而特殊的風險本身並不危險，危險的是它們被社會建構的方式。風險可以被界定為一種處理現代化本身引發和帶來危險與不安全的系統性方法。這些風險的性質不同於過往年代所經歷的危險 (Waters, 2000: 92-94)：

1. 當今的風險是工業化造成的直接結果，它們是隱含的並且是難以避免的，不是有意圖的冒險所帶來的產物。
2. 我們現今經歷的風險是以毒素或放射線的形式存在，無法用感官察覺。
3. 風險不是來自於技術或財富的短絀，而是來自於過度生產。工業化的全球規模增強時，風險也隨之增加。

4. 當代的風險經驗具有科學上和政治上的反思性。社會意圖嘗試降低風險，但卻無法處理。
5. 當代的各種風險未與其在地起源相連結，而是它們本質上就會危及地球上所有的生命形態。

在這個自己架設的網絡中，我們擁有史無前例的開放未來。因此，社會分析必須由它的基礎從頭開始，並且以其診斷時代的方法論為基礎。這樣的分析必須從風險的現象入手。根據紀登斯之見，抽離化的機制 (disembedding mechanisms) 是現代社會的特色，包括專家系統和象徵標誌，造成了其獨特的信任與風險形式。這些系統都是我們生活中不可避免的一部分，我們不能選擇不要它們。我們因此沒有選擇，只能養成一種特定的信任形式 (Dodd, 2003: 242-243)。

這是一個專家與知識的環境，我們不但生活在自己架設的網絡中，而且也不斷地販賣這個網絡。風險的識別與管理既是科學的運作，同時也是政治問題。因為風險不僅被製造著，也被政治化了。在政治領域裡，風險的定義和計算之中充滿了各種衝突的宣稱，來自於各種利益團體，以及受到運作的政黨。但除此之外，這也越來越依賴一些專家，這些專家佔用了民主的過程，留下一種科技的結構，或貝克所說的「次政治」(subpolitics)(Ibid.: 244-245)。

社會環境與生態的問題事實上是人為的問題，但這並不是說是有意的。例如商人賺錢或者科技的發展都是社會生活的常態，只不過在這個歷程當中，我們的確不斷地將自然納入我們的生活空間當中，並加以社會化。因此，生態的破壞是一個經濟問題，同時也是政治、社會與人權的問題。我們的確需要反省與對話。這需要社會反省性重新注入一個有利於政治對話的架構中，對話是多面性與地方性的，而我們無所遁逃的風險文化則提出了許多普遍的問題，成為政治對話的基礎 (Ibid.: 247)。

現代性的特徵可以精確地定義為貝克所稱的風險社會，其意涵比現代生活導入了人類必須面對的新型危險的事實更為豐富。生活在風險社會中，意味著對行動的開放之可能性，無論積極的還是消極的，都採取一種計算的態度。風險社會表示「過去」失去了其對「現在」的決定權。取而代之的是未來，亦即不存在的、虛構的及想像的事物成了現時經歷與行為的原因。當我們談論風險時，我們爭辯的並非實際的情形，而是現在如果不趕快改變方向，可能會發生什麼事情。被相信的風險可以鞭策「現在」快速前進。情況顯示未來可能有可怕的事情發生，這樣的陰影落在現在，其威脅性越大，風險戲劇所可能引發的震驚就越持久 (Beck, 1999: 135)。

全球風險這個理念指的是，任何一個國家無法單獨處理的各種問題，這些問題包括移民、傳染病、國際犯罪、核武和環境破壞。國家一直維持的界線並不能防堵這些問題的擴散 (Faulks, 2003: 193)。事實證明國家越來越意識到全球風險的問題，也意識到國家侵犯人權的行為可能會產生超越國界的影響。高後果風險的意識，對大多數的人來說可能是非特殊性焦慮的根源之一。基本信任再一次成為個體是否主動地和經常性地受到這種焦慮困擾的一個決定性因素。沒有人能夠表明，對諸如生態災變、核子戰爭或對人性摧殘等等這些尚未能預期的災難之持續不斷擔憂的人，是不理性的。但是，把每天的時間都花在對這種可能性給予擔憂的人，並不被視為是「正常的」。在今天全球化的情境中，境遇 (Umwelt) 包括對高後果性風險的意識，這種意識意味著沒有一個人能夠完全逃出這種危險的範圍 (Giddens, 2002: 179)。表面上是濫墾開發的問題，事實上卻是剝奪少數族群的生活空間。經濟發展與環境正義的嚴肅議題正在發酵當中。

但這並不是說環境與生態的破壞對於我們來說毫無感覺，雖然經濟的力量一直在往前推動當中。風險社會的確已經引起我們的注意，並且多多少少讓政策有所改變。每個社會都大力地推動環保措施，諸如塑膠袋的限用以及垃圾分類等等。它們在不同社會中有不同的成效，但畢竟已經是大家所熟悉的話題。因此如同 Turner 所言，風險提醒人們注意到共同利益，並且意識到人類生存處境的脆弱。風險也因此創造出一個基礎，讓人們對人權的必要性建立高度的共識 (Faulks, 2003: 199)。

我們看到第一次現代化的風險與第二次現代化的風險間之區別。第一次現代化的風險是從一幅幅圖片中顯示出來的，例如冒著滾滾濃煙的高大煙囪，它們曾使仍被當作是可實現的富裕和繁榮標誌之地區籠罩在一片煙霧之中。現在，我們正處在這樣的一個社會中，這個社會在技術上越來越完善，它甚至提供越來越完美的解決辦法，但是，與此息息相關的後果與種種危險卻是受害人根本無法直接感受到的。此外，就是受害者不再是工人自己，而是消費者或者是那些與此根本沒有關係的人們，他們生活在遠離這些危險源頭的地方 (Beck and Willms, 2001: 127)。風險概念是一種可能性的概念。風險編排遵循的邏輯是，我們現在打算並應該使某種能夠防止災難景象出現的趨勢成為議論主題。因此在廣義的開放性文化中，我們不可能再主導文化的發展，或者形塑文化的內涵，而較傾向去管理一個開放的文化歷程 (Forrest, 1994: 11-20)。

總而言之，現代性是一種風險文化。這並不是意味著社會生活比以前的慣常生活更為危險，因為對發達社會中的大多數人而言，情形並非如此。相反，無論是由外行行動者還是技術專家來組織的社會世界，風險概念都是基本的。在現代性的條件下，藉助知識環境的反思性組織，未來被持續不斷拖入現實之中。現代性條件下的任何一個領域似乎總是被切割，被拓殖。現代性的特徵可以精確地定義為貝克所稱的「風險社會」，其意涵比現代生活導入了人類必須面對的新型危險的事實更為豐富。生活在風險社會中，意味著對行動的開放之可能性，無論積極的還是消極的，都採取一種計算的態度。而在當代的社會存在中，我們無論作為個體還是全體，都以一種持續的方式遭遇這種種的可能性。

第四節　永續發展

在上述社會的特徵與趨勢之下，發展的概念也有所變化。這些變化是我們在觀察全球化的歷程中可以清楚地看見的，同時對於發展本質 (nature of development) 的理解也有所改變。

一、新的發展概念

在 1960 年代之前，發展的意義著重在工業化與現代化等等的藍圖。1990 年之後，後發展 (post-development) 理論不但對於經濟成長的目標 (goals) 有所懷疑，對於達成的手段 (means) 也由權威技藝取代國家，對於其結果 (results) 所造成的天災更是態度保守。因此，後發展理論可以說是一個反 (anti-) 發展的理論。在這個轉變歷程上，我們同時可以觀察到以下的傾向 (Pieterse, 2001: 5-17)：

- 從大結構到行動者、代理者以及制度。
- 從結構主義到建構主義。
- 從決定主義到解釋性的取向。
- 從同質性、一般化到差異化。

- 從單一到多元。
- 從歐洲中心主義到多元中心主義。
- 從大型理論到中型理論與地方知識的使用。
- 沒有反省的語言使用到反思性的發展。
- 科際整合的重視。即從單一部門的理論到諸如制度經濟學、經濟社會學、社會資本以及社會經濟學等等的科際連結。
- 從國家、市場或社會導向的發展到跨部門的聯繫與公共行動。
- 從同質化、本質主義到差異政治的社會多樣性傾向。
- 從補助的人道救助到超國家社會政策與全球社會契約。
- 從兩性無知到兩性利益與兩性發展的重視。
- 從主宰自然到永續發展以及政治生態學的討論。
- 從西化、同質化到文化多樣性。
- 從國家到以地方、國家、區域和世界為空間的多重發展。

最近的趨向同時注意發展的軟體，例如制度、過程和管理、教育和知識，也就是從發展的外在向度到內在向度的轉變，從單向到多向的理解。這包含作為學習過程的環境管理，永續發展現在是任何發展取向的一部分，它展現了以人為宇宙中心之觀點。對於生活環境的種種關懷與論述總是脫離不了永續發展的思維，永續發展幾乎成了各種政策層面的指標，例如經濟發展、社會福利、文化再造以及基本人權等等議題。

一般而言，永續發展有下列的內涵，可以作為討論的基礎 (Throsby, 2004: 66-71)：

1. 物質與非物質的福利——其所產生的物質利益，帶給消費者直接的效用。
2. 跨代公平與效率——跨代公平 (intergenerational equity) 與跨期分配正義 (intertemporal distributive justice)。指福利、效用或資源在代間分配的公平性。
3. 代內公平 (intragenerational equity) ——這一代人有公平取得各種資源的權利。
4. 維持多樣性——多樣性能形成新的資本。
5. 預警原則 (precautionary principle)——風險趨避。
6. 保存體系與承認相互依存——體系中的每一部分不可能獨立於其他部分而

存在。

在 1992 年，聯合國布朗蘭德 (Brundtland) 委員會首度對永續發展概念提出定義：在此一改革過程中，舉凡資源開發、投資取向、技術與制度的改革，彼此之間均能取得協調一致，因而促使其滿足人類需要的現有及未來之潛能。永續發展概念的前身，則是從生態發展延伸而來。它的目標既是要照顧到現今世代的需求，同時又要避免未來世代的需求遭到剝奪。永續發展的概念顛覆了傳統經濟學的思考模式，後者承襲自 19 世紀經濟學家的新古典經濟學，他們主張要將經濟發展所導致的生態破壞予以價格化，從而使得生態成本再整合進市場規則之中，並把外部成本再內化到經濟評估的邏輯當中 (Deléage, 2004: 26-31)。

在全球社會中，有著一些重要而不斷上演的問題，例如社群認同危機、文化殖民、網路性別歧視、勞動形態變化與失業、全球暖化、生物安全、全球物種危機、新貧窮、跨國移民歧視、新知識經濟階級、新科技階級、弱勢族群的生存或意義危機等等。換句話說，「控制革命」思維所面臨可能失效的新危機，蘊生了「保留權利於開放的未來」(the right to an open future) 思潮之興起，亦即由於人類社會巨大的變動，無論是在科技安全、醫療、生態、生殖或動植物改造、優生與強化，由於涉及整體全球社會高度的衝擊與不確定的結果，這一代人們應以保留謹慎的態度來面對這些發展，並保留決定的權利給予下一個或數個世代而不干涉，以免造成不可收拾的後果。

最後，永續發展議題聯繫著最近討論的共同財概念。在 20 世紀初，全球多邊會議所提出的共同財 (le bien commun) 之問題意識，基本上有兩個目的 (Smouts, 2004: 117)：

1. 為了替集體行動找到法律依據，進而可以設計出適宜的全球化之道以及管理日趨複雜的依賴關係。共同財要追求的是人類社區發展所不可或缺的經濟、社會與文化平衡。
2. 為了確認國際社會應該在哪些特殊領域裡，為保護共同財做出努力。共同財與人權概念密切相關，屬於道德與非物質層次，牽涉到對每個人類尊嚴的承認、尊敬和容忍。至於全球公共財的內容比較確切，並且能夠提出它所要爭取的權利，如食物權、健康權、教育權和環境衛生權等等。

重要名詞

環境 (environment)：包括建構的環境。例如城市、工業園區以及道路和機場等等由燃料所推動的系統；馴化的環境。包括農業用地、有管理經營的林地與森林，以及人造池塘與湖泊等等；以及自然環境。

生態學 (ecology)：研究生物與其生活環境之間的動態關係和系統，是生態學的主要工作。在環境議題不斷被重視下，生態學在 20 世紀初已經初步發展為一門科學，一直到二次大戰之前，則漸趨於成熟。如同其他科學一樣，生態學在發展的歷程上也逐漸專業化與分化。現代生態學主要由下列三個部分組成，個體生態學、種群生態學以及生態系統生態學或群落生態學。

風險社會 (risk society)：生活在風險社會中，意味著對行動的開放之可能性，無論積極的還是消極的，都採取一種計算的態度。風險社會表示「過去」失去了其對「現在」的決定權。取而代之的是未來，亦即不存在的、虛構的及想像的事物成了現時經歷與行為的原因。當我們談論風險時，我們爭辯的並非實際的情形，而是現在如果不趕快改變方向，可能會發生什麼事情。被相信的風險可以鞭策「現在」快速前進。情況顯示未來可能有可怕的事情發生，這樣的陰影落在現在，其威脅性越大，風險戲劇所可能引發的震驚就越持久。

永續發展 (sustainable development)：內涵包括物質與非物質的福利、跨代公平與效率、代內公平、維持多樣性、預警原則以及承認相互依存等等原則。

問題與討論

1. 我們不斷用科技在控制與改造自然，在我們與自然之間已經存在一個網絡，這個網絡就是不斷累積的科技系統，我們可以離開這個系統嗎？如果不能，我們可以掌握它嗎？
2. 對於未來的社會環境，我們希望讓以後的世代可以公平地運用資源，但我們現在不斷債留子孫，他們有能力去運用平等的自然資源嗎？
3. 我們強調永續發展對於一個社會或社區的重要性，特別是關於自己生活方式的文化生存上。消極的保護文化可以讓文化永續發展嗎？如果不能，那又如何進行才適當？

4. 環境正義涉及到基本人權的考量，但是如何地正義，不能由一個或少數人來定義。在我們的社會中，存不存在一個共識，可以讓多數人達成協商或協議？

推薦書目

Costanza, R. (Ed.), 2001, *Institutions, Ecosystems and Sustainability*, Boca Raton: Lewis Publishers.

Hannigan, J. A., 1995, *Environmental Sociology: A Social Constructionist Perspective*, London: Routledge.

Milton, K., 1996, *Environmentalism and Cultural Theory: Exploring the Role of Anthropology in Environmental Discourse*, London: Routledge.

Pelling, M. (Ed.), 2003, *Natural Disasters and Development in a Globalizing World*, London: Routledge.

Perez, O., 2004, *Ecological Sensitivity and Global Legal Pluralism: Rethinking the Trade and Environment Conflict*, Oxford: Hart.

Peters, R. H., 1991, *A Critique for Ecology*, Cambridge: Cambridge University Press.

Pieterse, J. N., 2001, *Development Theory: Deconstructions / Reconstructions*, London: SAGE.

Sala, O. E. et al. (Eds.), 2001, *Global Biodiversity in a Changing Environment: Scenarios for the 21st Century*, New York: Springer.

Sklair, L., 1994, *Social Theory and the Global Environment*, London: Routledge.

Southwood, R., 2000, *Ecological Methods*, Oxford: Blackwell Science.

Tisdell, C., 2003, *Ecological and Environmental Economics: Selected Issues and Policy Responses*, MA: Edward Elgar Pub.

Winter, D. D. N., 2004, *The Psychology of Environmental Problems*, N.J.: Lawrence Erlbaum.

Yearley, S., 1996, *Sociology, Environmentalism, Globalization*, London: Sage.

參考書目

Beck, U. 著，孫治本譯，1999，**全球化危機**，臺北：商務。

Beck, U. and Willms, J. 著，路國林譯，2001，**自由與資本主義**，杭州：浙江人民出版社。

Bourdieu, P. 著，孫智綺譯，2003，**以火攻火**，臺北：麥田。

Brugger, W. 編，項退結編譯，1988，**西洋哲學辭典**，臺北：華香園出版社。

Cohen, R. and Kennedy, P. 著，文軍等譯，2001，**全球社會學**，北京：社會科學文獻出版社。

Deléage, J. P. 著，黃馨慧譯，2004，〈永續發展：一項攸關全人類的政治計劃〉，**全球新趨勢**，S. Cordellier 編，臺北：麥田。

Dodd, N. 著，張君玫譯，2003，**社會理論與現代性**，臺北：巨流。

Doyle, T. and McEachern, D. 著，陳穎峰譯，1998，**環境與政治**，臺北：韋伯文化。

Faulks, K. 著，黃俊龍譯，2003，**公民身份**，臺北：巨流圖書公司。

Giddens, A. 著，趙旭東等譯，2002，**現代性與自我認同**，臺北：左岸。

---，周紅雲等譯，2003，**為社會學辯護**，北京：社會科學文獻出版社。

Odum, E. P. 著，王瑞香譯，2000，**生態學：科學與社會之間的橋樑**，臺北：啟英文化。

Sandler, T. 著，葉家興譯，2003，**經濟學與社會的對話**，臺北：先覺。

Smouts, M. C. 著，黃馨慧譯，2004，〈共同財：一種需要釐清的政治手段〉，**全球新趨勢**，S. Cordellier 編，臺北：麥田。

Throsby, D. 著，張維倫等譯，2004，**文化經濟學**，臺北：典藏。

von den Hove, S. 著，黃馨慧譯，2004，〈環境危機全球化，國際調節機制更需加強〉，**全球新趨勢**，S. Cordellier 編，臺北：麥田。

Waters, M. 著，徐偉傑譯，2000，**全球化**，臺北：弘智出版社。

王俊秀，2001，**環境社會學的想像**，臺北：巨流。

臺灣大學農業工程學系農業環境研究室，2005，**環境科學導論**，臺北：臺灣大學農業工程學系。

汪靜明，2003，〈生態學落實於台灣生態保育與環境教育的理念與行動〉，**應用倫理研究通訊**，26。

Forrest, A., 1994, A New Start for Cultural Action in the European Community: Genesis and Implications of Article 128 of the Treaty on European Union, *The European Journal of Cultural Policy*, 1(1).

Hunt, E. F. and Colander, D. C., 2004, *Social Science: An Introduction to the Study of Society*, Peking: Pearson Education and Peking University Press.

Kant, I., 1968, *Metaphysische Anfangsgründe der Naturwissenschaft*, Berlin: Walter de Grugter & Co.

Palmer, C., 1998, *Environmental Ethics and Process Thinking*, New York: Claredon Press.

Smith, M. J., 1998, *Ecologism: Towards Ecological Citizenship*, Buckingham: Open University Press.

環境正義與社會建構

內容提要

環境正義一詞指社會中環境風險與危害，有不成比例分布的現象。也就是說，如果一個社會中的環境風險分配不平均，或是環境風險有往弱勢團體集中的現象，這個社會就存在著環境不正義的問題。從概念上來看，這個詞彙好像再簡單也不過，但事實上學者們對環境正義的內涵，存在著重大的爭論。不只如此，環境風險與危害的分布狀態從肉眼看不出來，因此需要經由科學的研究才能確認環境不正義是不是真的存在。表面上，科學好像為環境正義找到了答案，但事實上科學家們對環境不正義到底存不存在，也有著重大爭論。到頭來，環境不正義現象的解決，要看一般民眾如何理解此一概念，以及民眾願意為社會中的弱勢付出多少心力而定。

第一節　緒論：環境不正義是什麼？

在這個社會裡，大概沒有人會想住在垃圾場或焚化爐旁邊吧！為什麼？因為垃圾場會帶來惡臭，焚化爐會產生空氣污染，垃圾車的往來會帶來交通堵塞，日以繼夜的挖掘與填土作業更會妨害附近居民的安寧。因此，一般民眾都希望自己的家離這些設施越遠越好。社會學把焚化爐或垃圾場等這類不受大家歡迎的設施，稱作「不受地方歡迎的選址」(Locally Unwanted Land Uses; LULUs)。雖然大家都不喜歡與垃圾場為鄰，但由於每個人都會產出垃圾，為了防止傳染病的流行與維護環境的清潔，政府還是得想辦法處理這些廢棄物。既然還是得找個地方處理它們，垃圾場要蓋在哪裡，就成了一個大問題。由於沒有人喜歡與這些設施為伍，因此人們對新垃圾場的態度往往是「蓋在哪裡都可以，只要不在我家後院就行」。這種不要在我家後院的心態，我們把它稱為「鄰避現象」(Not In My Backyard; NIMBY [鄰避])。如果大家都不要住在垃圾場旁邊，但垃圾場又一定要蓋，這些垃圾場最後被蓋在哪裡？哪些人又住在這些垃圾場隔壁？就很令人玩味了。

自 1980 年代後期以後，人們開始注意到儘管大家都希望享有清新的空氣、乾淨的飲水與健全的環境；法律也明文規定這類權利為大眾所共享。但實際的情況卻是每個人對自己身處的環境，有著截然不同的體驗：高級住宅區綠意盎然，鳥語花香；但也有許多地方的空氣污濁、巷口髒亂，更有些地方受到

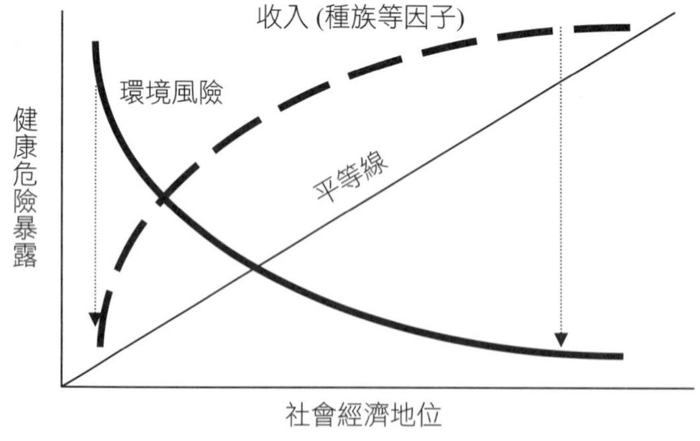

資料來源：Buzzelli (2008: 3)

圖 1　社會地位與風險分布的關係圖

工業廢棄物的嚴重污染。很顯然地，雖然大家都對所處的環境有所期待，但由於環境的損益 ("goods" and "bads") 不是平均分配的，社會中往往有一群人享受了絕大多數環境所帶來的利益，卻讓他人去承擔自己所製造出的環境惡果。當社會中有一群人承擔了不成比例 (disproportionate) 的環境風險與危害時，我們就把這個社會稱作是環境不正義的社會。

為了描述這種不成比例的風險承擔，社會學家們創建了一系列環境正義相關用語 (如：環境種族主義 [environmental racism]、環境公平 [environmental equity] 等等)，希望激起民眾對環境不正義的理解；在此同時，為了理解環境不正義的成因，學者們也開始進行一連串調查與研究，希望藉由提供正確的資訊，來督促政府正視並有效回應這類由環境負荷不公正分配所產生的問題 (Maples, 2003)。在社會運動工作者與社會學家的努力下，環境正義漸漸為大眾所理解，環境正義運動也如火如荼地開展。

第二節　環境運動的興起

環境正義運動的誕生可以追溯到 1982 年。當時位於美國北卡羅來納州的華倫郡 (Warren County)，發生了一起震驚全美的反對有毒廢棄物掩埋場的社會運動。在這起運動裡，華倫郡與週邊各郡的居民聯合起來，共同反對多氯聯苯 (PCB) 的廢料儲存設施在當地興建。不同於以往的鄰避現象，華倫郡的居民之所以組織起來反對掩埋場的興建，除了是要反對可能對人體產生危害的有毒廢棄物之外，更重要的是他們認為政府官員之所以批准該廠的興建，是基於種族的考量。華倫郡是北卡羅來納州最窮困的郡之一，當地居民的結構以黑人居多，因此當時參與抗議活動的住民們認定，這個 PCB 廢棄物處理設施的興建與選址和當地的種族構成有關。換言之，居民們相信政府與掩埋場場主看準了當地黑人社區缺乏政治影響力與動員能力，因此針對性地把垃圾場興建於當地。這種帶有種族主義的選址方式，除了有危害健康的疑慮之外，無疑也對黑人的人權造成了嚴重的侵害 (McGurty, 2000; Ringquist, 2006)。雖然華倫郡的反對運動最後以警民衝突與多人被逮捕收場，整個運動看似失敗，但這個事件卻引起了美國民眾與政治人物，對環境風險不平均分配問題的重視。

美國社會長久以來都存在著黑白衝突的問題，因此當黑人民權運動者發現白人政府把垃圾場放在黑人的華倫郡社區時，過去種族歧視的陰影與黑白隔離政策的歷史，立刻成為引爆點。在華倫郡個案之後，各種以追求良善環境 (decent environment) 為名的反對運動四起。在環境正義運動的刺激之下，政府與各大研究機構紛紛開始探究健全的環境是否公平分配的問題。學者們想知道的是，華倫郡的案例究竟只是個案？還是只是冰山的一角呢？如果華倫問題只是個案，那麼政府只需要安撫當地居民的反對。但若華倫問題是過去種族歧視在環境問題中借屍還魂的話，政府就必須有一套完整的對策，來解決這種環境種族歧視的問題。由於後來多份環境負荷分配與蓄積的調查報告顯示，美國各州廢棄物處理設施的廠址，明顯地有往有色人種或低收入社群聚集的「傾向」，因此研究證實了美國境內環境不公正的問題是常態而非個案。環境不正義開始受到各方的高度關注，並迅速發展成一種政治問題。

在看完華倫郡的案例後，大家可能會得到一個印象，認為美國社會一定有相當深刻的環境不正義問題，因此三十年來政府與民間都致力於環境不正義現象的解決。然而，作為一個關心環境議題的人，我們要怎麼確定環境不正義存在於我們的社會之中？又要怎麼確定環境不正義到底有多嚴重呢？這兩個問題牽涉到現代社會中科學知識所扮演的角色，以及環境議題如何「被問題化」(被建構) 的問題。

第三節　環境正義的社會建構

當代環境問題與往日的社會問題，有一決定性的不同點。討論當代社會問題的出發點，多是以倫理或道德的角度出發，但現今的環境問題卻是由事實來開展自身的論述。比如說，當我們說要禁止 DDT (殺蟲劑) 的使用時，其中當然有維護生態或確保人體健康等倫理上的理由，但在申論這些理由之前，我們必須要先經過科學的分析，確認 DDT 對環境與健康的影響。因此當代環境議題或多或少與事實或科學知識的使用相牽連 (Hannigan, 2006: 63)。從這個角度來看，科學知識在廣義環境運動當中扮演了關鍵性的角色。

由於環境正義的概念試圖結合傳統的環保運動與社會正義運動，因此環境正義運動在探討問題時，也多仰賴科學的分析為其立論的根基。不過，因為環境正義同時也涉及了對「正義」的探討，因此它一方面仰賴科學為後盾，另一方面也從倫理上強化立論的基礎。環境正義可以說是介於社會問題與環境問題之間的中間類型。問題是，環境問題有千百種，但我們為什麼非得談「環境正義」不可？不只如此，不同學者對何謂環境不正義有著不同的見解，因此不同學派間會有分歧與爭執。但在環境正義運動裡我們通常只會聽到一種學派的見解，其他學派多被有意無意地忽略。換言之，真正的問題也許不在於環境正義存不存在或有多嚴重，而在於誰取得了環境正義的發言權。基此，我們必須把整個環境正義的研究看作是一種動態的過程，探討「誰 (何人)」用了「什麼方法」定義了環境正義的議題。不僅如此，我們還要繼續追問這些人「為什麼」要採取這樣的定義，這個定義有沒有意識形態嵌入其中，會產生何種影響等等。以下我們就先來看看環境正義如何在美國被建構。

第四節　環境正義的特徵

總的來看，環境正義運動所追求的目標有「實體 (分配) 正義」與「程序正義」兩種。程序正義指的是國家在決策做成之前，必須經由公聽會、協調會等等讓受影響的民眾獲得充足的資訊，了解這個政策可能產生的影響，然後，居民才決定是否要接受這個決策所帶來的環境風險。當然，有時雙方無法達成協議，此時政府必須經由協商與補償的程序，來達到政策過程的正義。由於程序正義重在強調人民參與決策並表達意見的權利，因此程序權有時亦被稱為參與權 (participative rights)。程序正義在環境正義 17 點原則中特別被強調：

> 7、環境正義要求在所有決策過程的平等參與權利，包括需求評估、計畫、付諸實行與評估。

另一方面，實體的環境正義探討環境的損益應該怎麼分配才公正的問題。一般來說，學者們認為如果社會能尋著一套分配原則 (principle of distribution) 來分配各種損益，則分配的結果比較容易是公正的。不過由於這套公正的分配原則可以從幾個不同的角度來觀察，因此這些不同的正義觀之間，可能會產生衝突 (Davy, 1997; Dobson, 1998)。先從功利主義的角度來觀察。此派學者認為正義是在追求「最大多數人的最大幸福」，因此只要某個垃圾場是為了公共的利益而興建的，即便小部分的人承擔了絕大多數的損害，這個決策仍然是正義的。通常政府機關傾向採取這種看法，因為一般認為政府的施政來自於人民的稅金，因此政府不能只照顧特定族群的利益，而必須妥善保護一般大眾。其次，主張新自由主義 (neo-liberalist; libertarian) 的人強調市場與競爭的重要性，他們認為只要某個垃圾場的興建是市場自由競爭的結果，那麼這個垃圾場不管建在哪裡都是正義的。很顯然地，在商言商的垃圾場開發商比較支持此類觀點，對開發商而言只要這個廠設置的成本最便宜，其他的事情都與他無關。再次，強調社會正義學者則認為談論正義的目的是在保護弱勢，因此如果垃圾場被建在黑人等弱勢區域，這個廠就是一個不正義的設施。當然，關懷社會弱勢的人比較會支持最後這種觀點，認為政府的政策應該先考慮到社會的弱勢族群。最後，還有人可能採取實證主義的正義觀，認為我們一定要先查明原因然後才採取行動，因為輕舉妄動只是勞民傷財而已。一般來說，工程師或風險分析師等強調科學的重要性的人比較傾向支持這種觀點。對此，我們可以整理出表 1：

表 1　實體環境正義的理論

學　派	觀　點	正義的目標	採擇此主張的人
功利主義	保護大多數人	使社會大眾 (公眾) 的福祉最大化	政府部門
新自由主義	保護自由競爭下的優勝者 (strongest)	最大化自由競爭	營建商或垃圾場的所有人
社會正義	保護社會中的最弱勢	使弱勢的負擔最小化	弱勢團體或關懷弱勢的團體
實證主義	強調科學的重要性	謀定而後動	科學家或風險分析師等人

資料來源：參考 Davy (1996, 1997)、California EMF Program (2002) 後，作者自行繪製

從上面這個表中我們發現，雖然每個人都說他支持環境正義，但我們對什麼是正義，其實沒有共識。當我們說垃圾場不應該被設在窮人區才是正義的時候，我們其實是從社會正義的角度出發的，對開發商與政府官員而言，他們可能認為垃圾場一定要建在窮人區才是正義的 [1]。由於實體正義涉及「怎麼分配才公正」或「怎樣才算 (環境) 正義」的問題，從不同的角度出發，對同一個問題可能就會有截然不同的理解與解決法，因此在環境正義的實體討論中，就連不正義到底是什麼都會產生爭論。

[1] 有人可能會問，為什麼會有人主張垃圾場一定要設在窮人區呢？換一個角度想可能比較容易了解。因為窮人住的地方地價比較便宜，所以在這裡設廠營運成本也比較便宜，如果這些成本可以完全反映在價格上，那麼連帶地每個人的垃圾清理費也會便宜一點。問題來了，你願意多付多少錢來保護弱勢呢？

我們已經提過，環境正義既有社會正義的倫理面向，同時也有環境議題重視事實的面向。這個特徵具體地反映在環境正義的實體研究上。簡單來說，環境正義運動希望借助科學證據來強化其論述的正當性，因此學者們大多運用統計的方法，計算出廢棄物處理設施的空間分配情形，並推導出不同族群或收入階層間的環境損益分配，最後具體「證明」現今社會中有環境不正義的問題存在。不過，由於對問題的定義有別，在調查時收集資料的方法也有異，連帶影響了對問題成因的看法。換言之，雖然大家看似都在談環境正義，事實上卻是在各說各話。不但如此，所謂的「科學」證據往往也不像一般人所想的這麼的「科學」。換言之，這些「科學」研究其實是包裹了一層科學的外衣在討論哲學問題。以下我們先檢討一個在美國發生的爭論，這個爭論清楚地反映出了實證科學研究中所蘊含的價值爭議。

第五節　環境不正義形成機制的爭論：三波環境正義研究浪潮

在環境正義的實證研究中，一直存在著結果取向與過程取向之爭。我們已經說過，實證研究之所以被認為是科學的，是因為學者們運用統計的方法，計算出廢棄物處理設施的空間分布，然後推導出不同族群或收入階層間的環境損益分配。上面這個看法有幾個值得討論的地方。首先，我們真的可以不帶偏見且「科學地」分析出垃圾場的分布狀態嗎？其次，所謂的分配正義是經由比較而來的，既然如此，那我們應該拿什麼來作為環境正義的比較基準？最後，分配的原則牽涉到了哲學觀的不同，不同的研究有沒有隱藏特定的觀點在其中呢？為了說明這三個問題，我們有必要從觀念史的角度對環境正義的演進稍加分析。

與環境正義運動相關的實證研究大致可以分為三個時期。第一波研究浪潮的湧現約是在 1980 年代中期前後，華倫郡事件發生之後開始的。為數眾多的大規模量化研究紛紛在此時發表。此一時期的研究重心設定在「有毒廢棄物是否有不平均分配」的問題之上 (Williams, 2005)。美國聯合基督教會所組成的族群正義調查委員會 (United Church of Christ Commission for Racial Justice; UCC) (1987) 被認為是此一時期的里程碑。UCC 研究了 415 個仍在使用，與 18,164 個已經關閉的商用有毒廢棄物處理設施。他們的研究發現，這些個設施的分布位址大都位在黑人社區，因此顯示出強烈的種族歧視色彩。UCC 總結道：種族是這些掩埋場選址與建廠的最重要指標。

資料來源：Goldman and Fitton (1994: 7) [2]

圖 2　美國垃圾場址／廢棄物處理廠址的分布圖

在 UCC 的研究發表之後，為數眾多的量化研究開始把焦點鎖定在城市與州等不同層次之上。雖然當時絕大多數的研究都指出，少數族群與貧窮階級比白人或中產階級更可能暴露在環境風險之中。值得玩味的是，縱使此一時期的研究顯示收入與膚色都可能影響環境風險的分配，但此時的環境運動卻獨把「種族」當作推行運動的口號。因此，當時環境正義運動高舉的旗幟是「終止環境種族主義」(stop environmental racism) 而不是「終止環境不正義」(stop environmental injustice)(Williams, 2005)。一時之間，控訴「環境種族主義」成了最響亮的標語。

另一個指標性的人物，環境正義之父布拉德 (Bullard) 的名著——《傾倒

[2] 由這個圖中我們可以看出，美國的環境正義研究希望知道全美各地的廢棄物處理廠比較傾向設在哪裡，而不是專注在個別的廠址研究。

在南方各州》(1990) 也明顯的反映出上述「把環境正義問題種族化」的特徵。1979 年布拉德太太承接了一樁關於民權問題的官司，受到他律師太太的委託，布拉德進行了一項休士頓地區掩埋場的空間分布調查，以供訴訟之用。在這個研究裡，他確認了相關設施的週邊居民大都以黑人或西班牙裔居多。此後，他更撰寫了一系列相關的論文，鑽研垃圾場的空間分布，最後集大成之作就是上述的《傾倒在南方各州》。根據布拉德的研究，污染的不平均分布不只發生在休士頓地區，而是遍及全美各處。他認為造成這種不平均分布的原因，是因為污染有尋求最小抵抗路徑 (path of least resistance) 的傾向。污染者總是在尋找成本最小的地方，作為最終傾倒地。由於非白人的社區長久以來欠缺雄厚的社會資本 (social capital)，因此反對運動不易在這些地方集結，他把這種污染者尋求設址在社會資本薄弱之處的現象稱為「制度性的種族歧視」(Bullard, 1990)。由於第一波浪潮的訴求著重在「揭露」環境風險的不平均分配，因此這個時期又被稱為「結果取向的研究途徑」(outcome-oriented approach)(Williams, 2005)。總的來說，此時期的研究成功的將環境正義的議題推上了環境運動的舞台，使之在美國成為一個受重視的全國性議題。

自 1990 年代起，新一波採取歷史觀點的研究者，開始強力駁斥種族與環境廢棄物分配之間的關聯性。前 UCC 的研究首當其衝，受到來自麻州大學社會及人口研究所 (University of Massachusetts' Social and Demographic Research Institute; SADRI) 的強烈挑戰 (Anderton et al., 1994)。UCC 的研究奠基於利用郵遞區號所劃分的地域來作為分析單位，並藉以分析人口學上各種變數。在利用人口小區 (census tracts) 這個更小的空間分析單位去檢視先前 UCC 的數據之後，SADRI 發現 UCC 研究中顯示出的少數族群與有毒廢棄物處理廠之間統計上的相關性竟然消失了。換言之，同樣一批資料用不同的分析單位去分析，就會出現截然不同的結果。如果是這樣的話，有沒有環境不正義的存在，全看你要選用什麼分析單位去分析。用人口小區來做環境不正義就不存在；反過來看，用郵遞區號做的研究就會有環境不正義的問題。

在 SADRI 率先發難之後，第二波運動的旗手紐約大學法學院教授賓 (Been, 1994, 1995) 也在同一時期，奮力駁斥了種族與垃圾場場址選定的關聯性。她先選定了環境正義之父布拉德的研究作為研究的標的，然後仔細檢視了其中的盲點。她發現布拉德研究的垃圾場廠址中，有很多是在 1920 年代時興建的，這當中有很多儲存廠在 1970 年代前後早已關廠，卻還是被布拉德納入計算之列。她因此質疑布拉德的研究錯置了「時間」這個重要的因素。此外，布拉德的研究中也存在著重複計算，以及對何謂垃圾場週邊等定義不清的問題。在剔除了上述錯誤之後，25 個布拉德選定的廠址中只剩下 10 個。前一波研究的正確性在她的研究之後，受到了重創。除了批評布拉德的研究之外，賓同時確立了「過程取向」(process-oriented approach) 的研究途徑 (Williams, 2005)。藉著研究垃圾廠址週邊居民的移住狀況，她指出：第一波研究者口中的環境種族主義，可能導因於房價的誘因。換言之，為什麼垃圾場邊總是住著黑人，可能不是來自布拉德所說的「制度性的歧視」，而是因為黑人自己搬到垃圾場邊去的。

當然，如果有能力的話，沒有人願意住到垃圾場旁，但正因為沒有人喜歡在那裡，垃圾場邊的房價也一定低於一般住宅區。也就是說，由於美國的黑人通常社經地位較低，因此他們無法負擔高額的房價住到較好的社區中。由於垃圾場的設置往往導致房價的暴落，因此吸引了更多黑人移住該區。假使我們觀察黑人尚未移入之前這些區域的人口構成，則這些區域根本是黑白混合的社區。由於前一波結果取向的研究忽視了歷史的因素，因此根本無從判斷為什麼垃圾場的週邊，總是以黑人居多。當然，過程取向的研究隱含了一個論斷，亦即，即使從結果的角度來看，現在居住在場邊的大多是黑人，但該廠廠址的選定本身可能不是來自歧視，更不是什麼「制度上」的環境種族主義。賓強調：

> 只要市場仍然以現存的財富分配方式來配置財貨與服務，那麼到最後，如果有毒廢棄物處理設施沒有使得窮人承受不成比例的負擔，那就真的太不可思議了。(Been, 1995: 41)

在賓開啟戰火之後，新的爭論四起。科學家們開始質疑環境不正義發生的真正範圍，以及導致這些不平等的因果機制 (causal mechanisms)。雖然過程取向的研究者，大多還是承認種族與收入都是影響廢棄物處理設施設置地點的要因，但卻質疑環境不正義在美國境內是否是一個全國性的問題。此時的研究者強調，環境正義的研究不應該把重心放在揭露現在是否有環境風險不平均分配的問題之上，而更應該關心不平均分配的形成機制 (Weinberg, 1998)。當然，如果不以歷史的經緯來審視有毒垃圾處理設施的選址與現今居民結構的關係，而單從結果論的角度檢視該設施分布，那麼研究者根本無從判斷不平均分配的成因為何，更無從確定弱勢族群是否受到了所謂的「歧視」(Williams, 2005)。

從歷史的角度出發，過程取向的研究者將不成比例的風險承擔，區分為意圖性的偏見 (intentional prejudice, 有時又稱為單純的歧視) 與市場的力量 (market force) 兩種原因。他們強調如果不平等的風險分配，來自設廠時的意圖性偏見 (即種族考量，因為這裡是黑人社區所以故意把垃圾場設在這裡)，那毫無疑問的會構成環境不正義 (或環境種族主義)；但是，如果設廠當時不是出於種族的考量，即便最後由於市場的動力使黑人聚集在垃圾場週邊，那麼這種結果上的風險不平均分配，根本就不是一種歧視，當然也稱不上是一種不正義。總之，只有單純的偏見才構成歧視，如果不平等的來源來自於市場機制，那麼此種不平等只是市場機制下可預測的結果而已，根本不應該被冠上不平等或不正義的帽子。

到了公元兩千年之後，又興起了新一波決策取向的研究途徑 (decision-making approach)。不同於前兩波的爭論，新一波的研究者檢視了過去的研究成果，希望從中歸類出最適合被政策援用的實證研究類型。博溫 (Bowen, 2002) 回顧了三十年間的 42 篇重要論文之後，依照他們是否達到合理的科學標準 (reasonable scientific standards)，將之歸類到低、中、高三種不同的水平之中。他強調只有高水準的研究，才可以作為決策時的參考；他並認為越是第一波的研究，越有可能是低品質的研究。在評估了這些文獻之後，他總結出一個與一般環境正義運動認知根本相反的看法。也就是從全國的層次上來看，種族與垃圾場廠址之間根本不存在清楚的統計上的相關性：

> 雖然這是大有問題的，但如果我們真的能識別出任何樣態的話，那麼這些廢棄物處理廠，似乎是座落在那些白人工人階級工業區裡。這些社區，高度聚集了從事工業且住在低於平均房價的居民。(2002: 11)

對於那些所謂的「高品質」研究，博溫雖然承認當中確實顯示了某些地方的層次的風險不平均分布態樣，即便如此，由於整個環境正義的基礎實證研究仍處於低度發展的狀態，因此任何以科學之名所下的結論都是言之過早。他語重心長的警告環境決策者，要他們了解目前所有以所得與種族所開展的風險分配論述都具有高度的不確定性，因此現在採取什麼行動只是勞民傷財而已。自此，博溫幾乎完全否定了環境不正義的存在，更徹底動搖了環境正義運動多年建立的正當性基礎。

第六節　正義的衝突：科學研究中的價值判斷

在回顧了環境正義科學研究的歷史之後，現在我們可以回過頭來檢視前述有關正義的衝突的問題了。在觀察了環境正義的實證研究的演變之後，我們發現所謂的「科學證據」其實是一個不斷變動的概念；同樣的，環境 (不) 正義的範圍與內涵也持續地隨著時間在變遷。

首先，科學真的「證明」了環境不正義的存在嗎？這可能得看此處說的科學，指的是那一波浪潮裡的「科學」而定。在第一波浪潮裡，科學證據顯示收入與種族在全國的範圍中都起著作用。進入第二期後，雖然研究者還是承認收入與種族的重要，但卻宣稱環境不正義只是地方性的問題，而非全國性的議題；除此之外，此時的研究者進一步要求學界轉變研究方法與觀察重心，這使得環境正義的研究由結果取向轉向到過程取向的研究上去。最後，到了第三波浪潮之後，種族議題完全被逐出研究範疇之外。雖然這波研究者還是承認收入影響了地方層次的廠址選定，但卻強調因為整個研究尚不完備，因此縱然是高品質的研究，也不應該在決策過程中討論。

其次，分配正義的比較基準是什麼？第一波的研究者用的是斷代史的方法，把現在黑人社區的垃圾場數量，直接拿來跟白人社區所分配到的垃圾場數值做比較，然後斷定黑人分到的垃圾場比較多，所以承受了「不正義」。第二波研究者則認為，我們應該拿垃圾場興建時的人口資料作為比較的基準，因為現在的黑人社區以前可能是白人社區，拿現在的資料來與過去對比本身根本就沒有意義。第三波理論家們沒有直接回答這個問題，但因為第一波的研究被認為是低品質的研究，所以他們應該比較傾向支持第二波的觀點，不過因為現階段我們對環境正義的了解實在太有限，所以第三波學者可能認為回答這個問題還言之過早。

最後，這三波號稱科學的研究裡有沒有隱藏特定的價值判斷呢？第一波的研究者之所以採取結果取向的研究方法，其實蘊含了「垃圾場所造成的最終傷害是一樣的」的假設。換言之，就算垃圾場一開始不是設在黑人社區，但是現在是黑人在承受苦果，只要有人在承受環境風險，我們 (或政府) 就不能坐視不管。第二波的學者把「選擇居住地的自由」放在第一位，因此認為如果廠址的選定是出於歧視的意圖，這當然是不行的；但如果是黑人自己搬到垃圾場邊去住，則政府不該插手這個問題。市場機制的運作自然會解決誰應該住到哪的問題，政府的介入只會越幫越忙，最後還可能會讓垃圾場旁的居民失去自己的房子，以至於流落街頭。第三波的理論乍看之下是一種折衷說，似乎沒有特定的立場，只是強調不確定的因素還太多，所以我們應該從事更多的研究，先擱置這些問題。事實上，擱置問題本身也是一種立場的選擇。根據第一波學者的看法，黑人們很有「可能」承擔了絕大多數的環境風險，縱使第三波學者認為第一波的研究多是低品質的研究，但「萬一」這些第一波學者是對的，那我們就失去了早期發現，早期治療的機會。此外，把第三波的理論推到極端，我們似乎不太可能完全了解「環境正義」(如果真的存在絕對環境正義的話)，這麼一來我們是不是除了繼續研究，什麼都不用做了呢？可見，選擇袖手旁觀本身也是一種價值判斷。

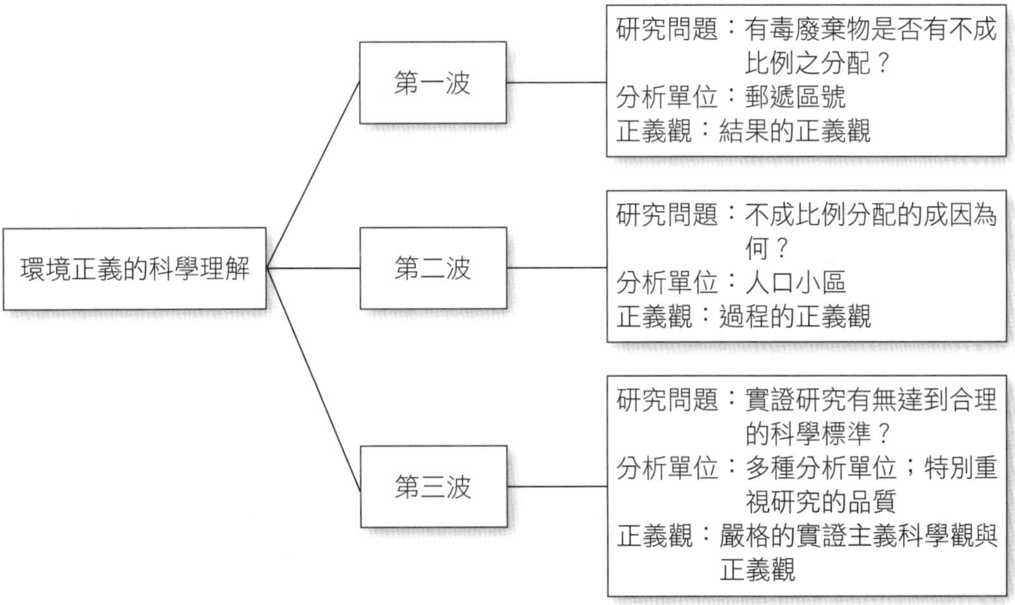
環境正義的科學理解
第一波
研究問題：有毒廢棄物是否有不成比例之分配？
分析單位：郵遞區號
正義觀：結果的正義觀
第二波
研究問題：不成比例分配的成因為何？
分析單位：人口小區
正義觀：過程的正義觀
第三波
研究問題：實證研究有無達到合理的科學標準？
分析單位：多種分析單位；特別重視研究的品質
正義觀：嚴格的實證主義科學觀與正義觀

資料來源：作者自行設計

圖 3　環境正義的科學研究

第七節　結論：環境正義的極限

由於環境正義一詞之中有「正義」兩個字，大概沒有人會說自己反對環境正義。問題是，到底什麼才是環境正義，學者間其實還沒有定論。替一個不正義的行為冠上一頂正義的帽子，不能粉飾其不正義的本質。同樣地，在一個與正義無關的事情上討論正義，也是沒有意義的。環境正義運動的推展，不是一蹴可幾的，也不能只依賴一、兩個研究就希望一步登天，我們唯一能依靠的是不斷對正義內涵的反省與思考。在理解不同理論家對不同正義觀的闡釋後，才能進一步思索不同觀點所隱含的利弊得失。社會學能協助我們做出決定，卻不能替我們決定。

要增進社會中的環境正義，不能只靠邏輯的推演。在環境正義的個案裡我們已經清楚地看見，若是沒有科學知識的介入，我們根本無法確定工廠選址的「傾向」。然而，在經過上述三次浪潮的洗禮之後，各種實證研究中異質化的傾向愈見鮮明。環境正義運動若是冀望繼續推展，就必須從理論層次來證成正義的內涵，唯有如此，理論才能進一步引導科學，使之協助劃定出 (不) 正義的範圍。當然，正義的範圍與內涵會隨著時代而變遷，但可以確定的是：我們對人的關懷到哪裡，環境正義的極限也就到哪裡。

重要名詞

不受地方歡迎的選址 (locally unwanted land uses)：當個人或社區反對某些特定設施的時候，這些設施就被稱作不受地方歡迎的選址。

鄰避現象 (不要在我家後院現象)(not in my backyard)：這個名稱來自於一般人對不受歡迎的設施所採取的「建在哪都好，只要不在我家後院就行」的態度。

環境 (不) 正義：當社會中的環境損益有不成比例的分配時，這個社會就是一個環境不正義的社會。

環境 (不) 公正：環境不正義的一種。通常指的是環境負擔或不受地方歡迎的土地使用，集中在低所得社區的現象。

環境種族主義 (environmental racism)：環境不正義的一種。特別指環境負擔或不受地方歡迎的土地使用，集中在少數民族社區的現象。

問題與討論

1. 閱讀一兩篇中、英文的環境正義相關文獻，思考一下他們的看法比較接近三波浪潮中的那一波？這些文章蘊含了怎樣的正義觀？有沒有什麼盲點？

2. 有些同學可能住在垃圾費隨 (垃圾) 袋徵收的地方。換言之，你必須向政府買垃圾袋才可以丟垃圾。假設今天政府說，為了保護弱勢，每個垃圾袋都要漲價，請問你支持這種政策嗎？如果你不支持，為什麼？如果你支持，請問垃圾袋漲了多少錢後，你會覺得不合理？為什麼？
3. 我們真的可能達到環境正義的目標嗎？美國的環境正義經驗，符合臺灣社會的需要嗎？

推薦書目

California EMF Program, 2002,〈電磁場可能產生健康風險時的政策選項〉。Retrieved Dec. 20, 2009, from http://www.ehib.org/emf/RiskEvaluation/PolicyOptionsF-Chinese.pdf.

黃瑞祺、黃之棟，2007，〈環境正義裡的問題點〉，**臺灣民主季刊**，4(2): 113-140。(http://www.tfd.org.tw/docs/d4t2/113-140.pdf)

參考書目

California EMF Program, 2002,〈電磁場可能產生健康風險時的政策選項〉。Retrieved Dec. 20, 2009, from http://www.ehib.org/emf/RiskEvaluation/PolicyOptionsF-Chinese.pdf.

Anderton, D. L. et al., 1994, Environmental Equity: The Demographics of Dumping, *Demography*, 31(2): 229-248.

Been, V., 1994, Locally Undesirable Land Uses in Minority Neighborhoods: Disproportionate Siting or Market Dynamics? *Yale Law Journal*, 103(6): 1383-1422.

---, 1995, Market Force, Not Racist Practices, May Affect the Siting of Locally Undesirable Land Uses. In J. S. Petrikin (Ed.), *Environmental Justice*, San Diego, Calif., Greenhaven Press, 38-59.

Bowen, W., 2002, An Analytical Review of Environmental Justice Research: What Do We Really Know? *Environmental Management*, 29(1): 3-15.

Bullard, R. D., 1990, *Dumping in Dixie: Race, Class, and Environmental Quality*, Boulder; Oxford, Westview Press.

Buzzelli, M., 2008, Environmental Justice in Canada: It Matters Where You Live. Retrieved Aug. 20, 2009, from http://www.cprn.org/documents/50875_EN.pdf.

Davy, B., 1996, Fairness as Compassion: Towards a Less Unfair Facility Siting Policy, *Risk*, 7: 99.

---, 1997, *Essential Injustice: When Legal Institutions Cannot Resolve Environmental and Land Use Disputes*, Vienna, Springer.

Dobson, A., 1998, *Justice and the Environment: Conceptions of Environmental Sustainability and Theories of Distributive Justice*, Oxford, Oxford University Press.

Goldman, B. A. and Fitton, L., 1994, *Toxics Wastes and Race Revisited: An Update of the 1987 Report on the Racial and Socioeconomic Characteristics of Communities with Hazardous Waste Sites*, Washington, DC, Center for Policy Alternatives.

Hannigan, J. A., 2006, *Environmental Sociology*, London, Routledge.

Maples, W., 2003, Environmental Justice and the Environmental Justice Movement. In N. Bingham, A. Blowers and C. Belshaw (Eds.), *Contested Environments*, Chichester, Wiley in association with the Open University, 213-250.

McGurty, E. M., 2000, Warren County, NC, and the Emergence of the Environmental Justice Movement: Unlikely Coalitions and Shared Meanings in Local Collective Action, *Society and Natural Resources*, 13(4): 373-387.

Ringquist, E. J., 2006, Environmental Justice: Normative Concerns, Empirical Evidence, and Government Action. In N. J. Vig and M. E. Kraft (Eds.), *Environmental Policy: New Directions for the Twenty-First Century*, Washington, D.C., CQ Press, 249-273.

United Church of Christ, 1987, *Toxic Wastes and Race in the United States*, New York, United Church of Christ.

Weinberg, A. S., 1998, The Environmental Justice Debate: A Commentary on Methodological Issues and Practical Concerns, *Sociological Forum*, 13(1): 25-32.

Williams, R. W., 2005, Getting to the Heart of Environmental Injustice: Social Science and Its Boundaries, *Theory and Science*, 16(1).

全球暖化與科學知識

內容提要

全球暖化的問題是當今人類面臨的最大考驗。科學家利用科學研究，提出證據來證明地球的溫度正在快速上升，他們並指出如果我們現在不趕緊行動，之後可能會有災難性的後果。然而，暖化的問題牽涉的不只是科學的問題而已，它同時也關係到社會、政治以及哲學觀的歧異。對此，社會學家認為我們應該挑戰以往相信科學是完全客觀的看法。傳統的看法認為，科學是在陳述事實，而哲學是在討論價值，兩者互不相干。在本章中，我們利用全球暖化的問題，來觀察價值是如何被隱藏於科學討論之中，並探討暖化科學背後蘊藏的正義觀。

第一節　緒論：不願面對的「真相」？

很多人都看過電影「不願面對的真相」(An Inconvenient Truth)，這部以地球氣候為主角的影片，深刻地記錄著當前地球所面臨的危機——全球暖化。這部電影述說著此刻的我們宛如坐在一顆定時炸彈上，一旦暖化炸彈引爆，人類將面臨無止境的熱浪、水災、旱災、傳染病等等。不管我們有沒有被高爾說服，在電影與他一連串的演講中，我們發現當代環境議題的兩個重要核心：科學與道德 (正義)。換言之，這整個影片都在反覆述說著：我們必須要正視暖化的問題，因為科學 (家) 告訴我們這是一個大問題，如果現在不處理將來會變得更不可收拾。由於抗暖化光靠一個人不足以成事，因此「大家」都必須參與才能挽救這場劫難。如果有人不支持或不關心抗暖化，那麼他們就是不道德的人了 (或至少是沒有公德心的)。我們幾乎可以確定的說，科學與道德是支撐環境問題論述的支柱。

問題是，我們真的可以把科學與道德放在一起談，甚至是混為一談嗎？以下我們先從總體的 (macro) 角度來觀察科學運用在暖化問題時所隱藏的價值問題，接著我們轉而分析幾個個案，看看價值如何偷渡到科學研究之中，最後我們再回過頭來看看暖化問題的南北爭議。

第二節　科學的社會建構：地球真的在發燒嗎？

傳統上，科學家們認為自己的工作是在發現亙古不移且放諸四海皆準的真相 (truth)，而道德一般則被認為是價值 (value) 的選擇。既然道德是一種選擇的問題，這就意味著道德不可能像科學一樣放諸四海皆準。若如此，那我們就不可能在談科學的同時也談論價值的問題，因為兩者是不相容的。在當代科技與社會 (Science, Technology and Society; STS) 研究興起之後，學者們發現科學與價值之間的關係其實是交雜的。科學家說地球變暖了的時候，我們到底是在陳述一件事實，還是在選擇一種價值？問題其實不這麼的斬釘截鐵。

暖化的議題中隱含了幾個假設。首先，地球真的在發燒嗎？我們可以從地域與歷史等兩個角度來觀察。地球氣溫的恆定所代表的意義從不同的地區來看，有著截然不同的意義。對格陵蘭來說，平均氣溫的恆定指的是氣溫長年維持在零下 30 度左右；但對臺灣而言，氣溫的恆定可能指的是 20 幾度的平均溫。因此當我們說地球的「平均溫」，上升了 1 度的時候，這到底意味著什麼，其實並不清楚。反過來從歷史的角度來看，當我們說氣候暖化了，這代表著經由比較之後，我們發現平均溫上升了。但是地球的平均溫到底是多少，其實是一個價值判定的問題。舉例而言，地球剛誕生的時候是一團炙熱的火球，如果把火球的溫度拿來跟現在比，那麼現在根本就沒有什麼暖化，有的只是「超寒化」而已。由於地球的溫度一直起起落落，拿什麼來比較就成了暖化存在與否的關鍵了。

當然，拿剛誕生的地球來作例子恐怕過於極端。但是放眼地球的歷史，我們發現地球根本不是恆溫的。冰河時期的地球到處覆蓋著冰雪，大地一片死寂；非冰河 (亦即暖化) 時期到處洋溢著綠意，但海平面卻因為冰雪的溶解而上升，淹沒了原有的土地，也消滅了許多物種。到底是白雪紛飛的冰河時期好？還是物種滅絕卻有綠意的時期佳呢？既然地球曾經歷過長時間超冷與超熱的時期，對地球來說，暖不暖化的問題可能根本就不是問題。那麼為什麼科學家要我們維持氣溫的恆定呢？其實最終的判斷標準是「現代人」不希望地球的溫度

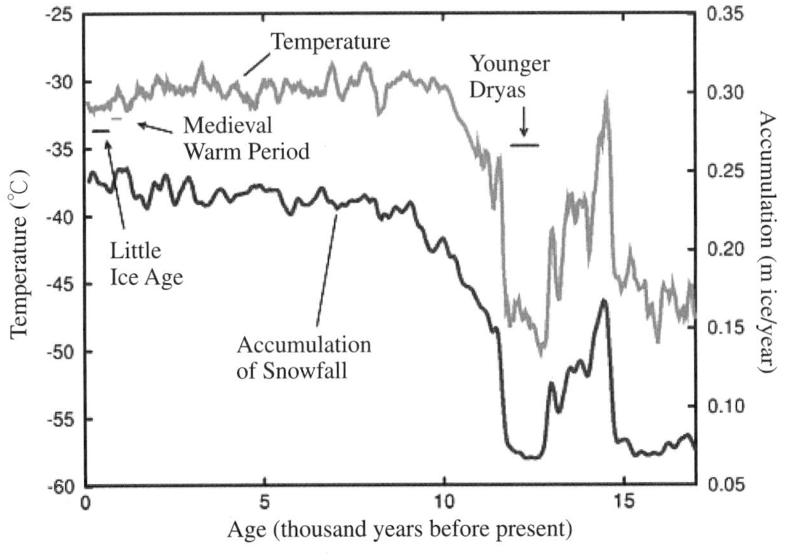

資料來源：http://books.nap.edu/openbook.php?record_id=10136&page=15

圖 1　17000 年來格陵蘭中部的氣候變遷圖 [1]

---

1 請注意，在大約 15000 年前，新仙女木事件 (The Younger Dryas Event) 發生，氣溫暴跌了 20 多度，這個現象持續了 1500 年左右。持續「一千多年」的低溫，到底是正常還是異常？又，氣溫從零下 50 度上升到零下 30 度，對地球來說是有利還是不利？

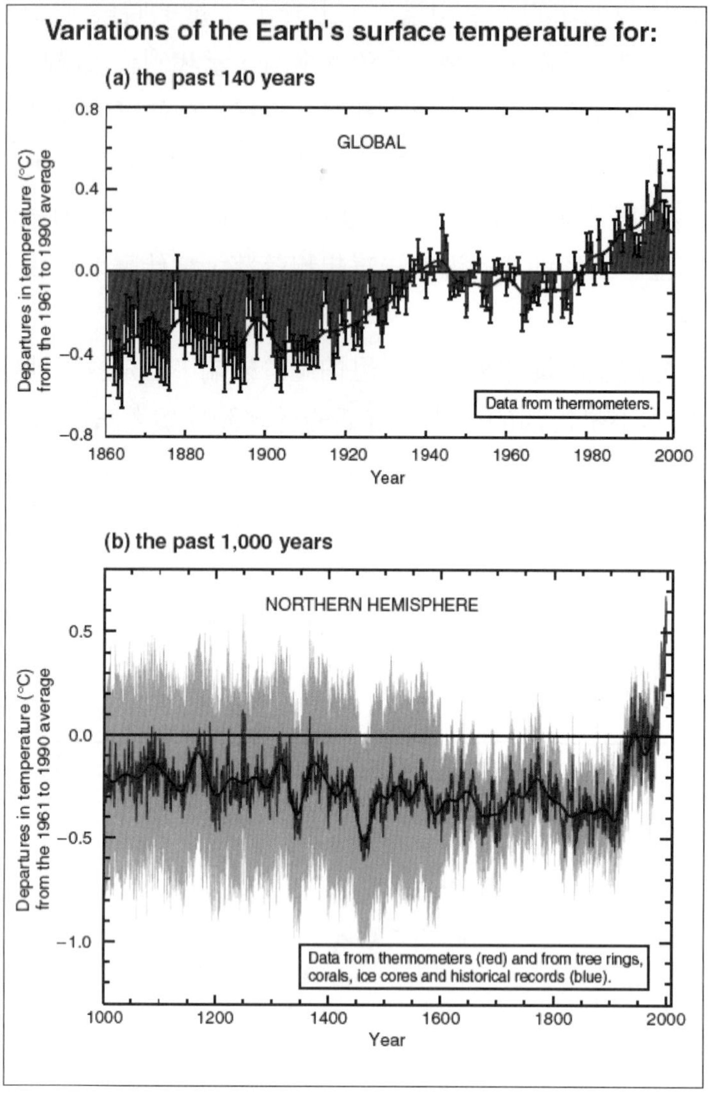

資料來源：IPCC 網站，見 http://www.ipcc.ch/pdf/climate-changes-2001/synthesis-syr/english/wg1-summary-policymakers.pdf
相關的中文資料見：http://www.grida.no/climate/ipcc_tar/vol4/chinese/pdf/wg1ts.pdf

圖 2　地表溫度變化圖：(a) 過去 140 年間；(b) 過去 1000 年間 (北半球)

改變。原因是，目前已有大量人口居住在海岸邊，我們不希望他們的家園被淹沒。所以科學其實並沒有證明什麼，它只是希望大眾能選擇家園不被淹沒的這個價值而已。換言之，這些看似「客觀的」研究與知識，其實隱藏了很多價值在其中。下面我們就來回顧一個著名的案例，也順道探究 IPCC 這個組織的本質。

第三節　二氧化碳有幾種？

國際資源研究中心 (World Resources Institute; WRI) 在 1990 年時，進行了一項關於二氧化碳的調查。這份研究報告對各國二氧化碳的排出量進行了研究，同時也對各國在 1987 年間排放溫室氣體 (greenhouse gas emissions; GHGs) 所造成的溫室效應做了評估。這份看似簡單明瞭的報告其實隱藏了許多假設，使得這個看似「科學」與客觀的研究，隱含了重大的缺陷。當然，這些缺陷也隱藏了特定的價值在其中。

它的第一個缺陷在於地表碳匯 (terrestrial carbon sink) 與二氧化碳淨排出量 (net emissions of CO_2) 的計算上。當二氧化碳排出到空氣中後，一部分的二氧化碳會滯留在大氣層裡；在這當中卻有另一部分會被植物、土壤及海洋所吸收。這種地球自然吸收二氧化碳的能力被稱為「碳匯」(王巧萍，2006)。既然有一部分的二氧化碳會自然被吸收，那麼 WRI 在評估每個國家的排出量時，當然必須把各國的淨排出量與地表的碳匯量相減，以求得各國對全球暖化的實際影響。這個看似想當然爾的算式，其實隱含了價值 (甚至是偏見) 在其中。碳匯也許真的有吸收二氧化碳的能力，但因為碳匯吸收二氧化碳的能力與國土大小、植被多寡等等有關，很顯然的土地面積較大的國家，天生就具備了較佳的碳吸收能力 (或說這些國家有較大的自然碳匯)。問題是，世界各國的領土大都是給定的，WRI 的研究等於是給了那些地表遼闊的國家較大的排放空間，而明顯不利於地小人稠的國家 (Hamilton, 1999)。當然，以一個國家的領土大小來決定其應有的排放份額極不公平，使這個號稱「科學」的研究偷渡了價值判斷在其中。

WRI 研究的第二個缺陷，出現在對二氧化碳的同一性假設上 (Yearley, 1996: ch. 4)。簡單來說，這個研究認為二氧化碳只有一種，而每單位二氧化碳可能產生的影響也是一樣的。既然 WRI 認為二氧化碳及其帶來的溫室效應是相同的，那麼 WRI 的研究者對同種類的溫室氣體就沒有必要再細分其來源。在實驗室裡的二氧化碳大多不會影響外在的大氣系統，因此刻意在二氧化碳之中區分來源，沒有什麼意義。但當我們討論的對象是整個地球的時候，同一個二氧化碳分子所產生的溫室效果，代表的卻是截然不同的東西。我們必須知道，任何一種生物都會產生二氧化碳，因為不管是呼吸的時候，還是乘飛機遨遊天際之時，都會有二氧化碳的產出[2]。但是，由呼吸所產生的二氧化碳，與因旅行而產生的二氧化碳在性質上相同與否，則是一種價值判斷的問題，而不再只是事實的描述而已。如果我們不對「生存排放」(survival emissions) 與「奢華排放」(luxury emissions) 加以區分，這個「不區分」本身也同樣具有強烈的價值判斷 (Agarwal and Narain, 1991)。對那些背負著龐大人口壓力的貧窮國家來說，他們絕大多數的排放都來自於維持生計的生存排放 (如洗衣、燒飯，甚至呼吸等等)。這類的排放一方面很難有減少的可能；另一方面要求縮減這類排放本身也是不道德的 (我們不能叫窮國人民不要呼吸或少吃一點飯)。換言之，如果研究者不對生存排放與奢華排放進行區分，那麼這個不區分本身也可能是不公正的。

上述兩大缺陷基本上是站在斷代史 (甚至是非歷史) 的角度，來觀察排放的問題。從歷史的角度來觀察排放的積累過程，WRI 的研究方法依然具有重大缺陷。為確定排放與溫室效應的關係，1987 年被 WRI 選定為參考點。但為什麼要選定 1987 年為指標，成為爭論的焦點。由於人類大量排放二氧化碳的歷史，可以追溯到兩百年前工業革命之後，因此這種非歷史的研究途徑，既無法確定各國的累積排放對全球暖化的影響，也無法斷定各國對暖化的責任歸屬；這連帶使得 WRI 對各國促成溫室效應的比例所做的努力，也產生問題。由 WRI 的例子中我們可以發現，那些隱含的嵌入性價值深植於所謂的科學「事實」中，即便科學家避談價值對其自身的影響，但正義與否的問題卻還是屢屢出現在科學討論之中。

第四節　我們應該相信 IPCC 嗎？

由於環境議題往往都是複雜且難以達致科學共識的問題，因此每當環境問題發生的時候，實際上發生的情況往往是政府先做成政策，然後這個充滿政治角力的決策，才又回過頭來主導科學研究的進行。換句話說，政府通常是先決定要採行哪一種政策 (價值)，然後再決定要支持哪一種「科學研究」。當「全

---

[2] 不只是呼吸本身會增加空氣中二氧化碳的濃度，排泄或排氣也會產生溫室氣體，當氣體大量累積時，溫室氣體最終也可能對大氣系統產生影響。以紐西蘭為例，由於該國畜養了大量家畜，家畜的排氣 (放屁) 將產生大量氣體，為達到「京都議定書」的要求，紐國甚至考慮對牛、羊增收「放屁稅」。見 http://news.bbc.co.uk/chinese/trad/hi/newsid_3000000/newsid_3006000/3006036.stm

球議題」這個大帽子被冠在暖化的問題上後，國際間的談判、折衝以及角力就更是與道德、正義等價值議題緊緊纏繞在一起，使得全球環境議題與價值難分難解 (李河清，2004；田中宇，2007)。在全球氣候變遷的政治學中，科學與價值之間是鮮明而公開的交織在一起，政府間氣候變化專門委員會 (IPCC) 是這個科學與道德交錯的最佳範例。

不同於其他以科學家為主的研究團體，IPCC 主要是由各國政府的代表所組成。這些代表大多來自國家實驗室、氣象局、各科學研究中心，甚至是各國的官員所組成。雖然 IPCC 的成員不全然由政治家組成，但它有強烈政治色彩。由於希望體現出一種全球性的民主機制，因此它的決策過程以共識決為主，一旦共識形成後，這個共識就會被用來作為制定國際法與國際政策的參考。換言之，IPCC 科學證據的形成除了是根據事實而來之外，民主的共識決也是它的權威與信譽來源。但是民主與科學之間卻不見得有必然的關係，如果科學被認為是在追求事實的話，民主本身則是一種價值 (Weart, 2003)。因此，我們可以說 IPCC 既不是嚴格意義上的科學組織，也不是一個典型的政治團體，而是一個綜合體。

由於絕大多數環境問題的科學研究，都是在已開發國家中進行的，因此開發中國家的政府與人民，對這些已開發國家所宣稱的「事實」，往往抱持著懷疑的態度。因此，即便開發中國家最可能在這波氣候變動中受害，開發中國家還是強烈質疑這些證據的可靠性。也就是說，因為價值往往隱藏在研究裡，因此有錢有勢的國家可以大筆投資科學研究，假藉「科學」的證據，來偷渡自己的價值。弱勢的國家由於沒有財力支持大規模的科學研究，因此他們維持自己價值最好的方法，就是去質疑這些「科學的」研究[3]。

第五節　國際條約是公正的嗎？

為了了解科學、政治與價值間難分難解的關係，國際條約是另一個很好的起點。1992 年時，超過 160 餘國在巴西里約高峰會中宣布，各國將致力達成：

> 將大氣中溫室氣體的濃度穩定在防止氣候系統受到危險的人為干擾的水平上 (聯合國氣候變化框架公約，1992：第二條)。

[3] 請參考氣象門 (Climate Gate) 事件。http://news.bbc.co.uk/1/hi/8388485.stm

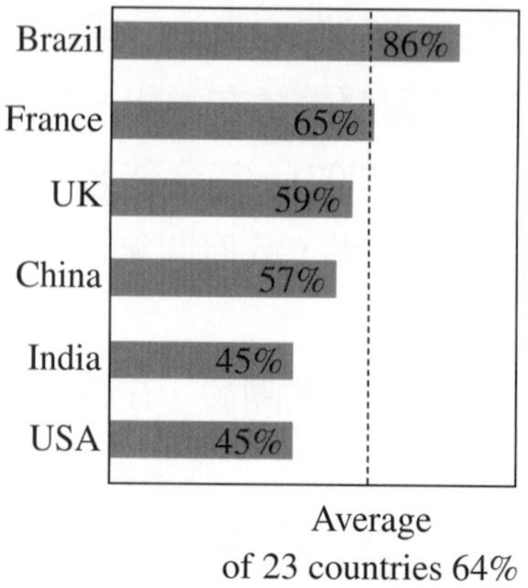

資料來源：http://news.bbc.co.uk/1/hi/sci/tech/8396512.stm [4]

圖 3　民眾認為暖化的問題相當嚴重的比率

除了在氣候變遷公約中明定各國努力的目標之外，同會議中聯合國政府間氣候變遷綱要公約談判委員會 (UN Framework Convention on Climate Change; FCCC) 也揭示了各會員國的責任所在：

> 各締約方應當在公平的基礎上，並根據他們共同但有區別的責任和各自的能力，為人類當代和後代的利益保護氣候系統。因此，發達國家締約方應當率先對付氣候變化及其不利影響 (聯合國氣候變化框架公約，1992：第三條)。

綜觀此公約，不難發現其第二條條文中之所以得以明定各國的目標，背後的假設其實是：科學家們「能夠」獲得一個關於大氣中可容受的溫室效應氣體範圍的共識，然後各國再經由談判等手段，確認由誰、採取何種方法來減緩大氣中的溫室效應氣體的排放，最後邁向大氣系統穩定的目標。這裡更深層的道德問題在於，各國代表間處理此問題的態度往往是由經濟的角度出發，而不完全以同代間與跨代間的正義為出發點 (Hamilton, 1999; 加藤尚武，2001，2005；cf. Stern, 2006; Hopkin, 2007)。

第三條條文極其明顯的體現了各國的態度差異所在。從該條條文裡我們至少可以從中梳理出三項與正義相關的價值問題：平等／正義、責任與能力。更詳盡來看，這三項與道德議題相關的原則，是在處理下述三種問題：誰的責

[4] BBC 在全球 23 國所做的調查顯示，平均 64% 的人認為暖化是相當嚴重的問題。但不是每個國家都這麼重視此問題，比如說：只有 45% 的美國人認為暖化是個嚴重的議題。

任？(責任分配的問題)、誰受到影響？(影響的分配問題)，以及誰應該擔起善後的責任？(有效的責任承擔的問題)。

表 1　氣候變化框架 (綱要) 公約所體現之道德意含

體現之道德原則	呼應公約之條文
責任分配的原則 (誰的責任？)	全數國家都有其「共同」但有「區別」之責任。 (第三條之一) 各締約方應當在公平的基礎上，並根據他們共同但有區別的責任和各自的能力，為人類當代和後代的利益保護氣候系統。
影響的分配原則 (誰受到影響？)	暗示發展中國家所受的影響最深。 (第三條之二) 應當充分考慮到發展中國家締約方，尤其是特別易受氣候變化不利影響的那些發展中國家締約方的具體需要和特殊情況，也應當充分考慮到那些按本公約必須承擔不成比例或不正常負擔的締約方，特別是發展中國家締約方的具體需要和特殊情況。
責任承擔的原則 (誰應擔負善後責任？)	已開發國家率先以最經濟的方式承擔責任 (有能者承擔)。 (第三條之一) 各締約方應當在公平的基礎上，並根據它們共同但有區別的責任和各自的能力，為人類當代和後代的利益保護氣候系統。因此，發達國家締約方應當率先對付氣候變化及其不利影響。 (第三條之三) 各締約方應當採取預防措施，預測、防止或盡量減少引起氣候變化的原因，並緩解其不利影響。…考慮到應付氣候變化的政策和措施應當講求成本效益，確保以盡可能最低的費用獲得全球效益。為此，這種政策和措施應當考慮到不同的社會經濟情況…

資料來源：參考框架公約後作者自行設計

在這個條約簽訂後，已開發國家 (富國) 同意自發性地減少溫室效應氣體的排放，並期望在千禧年之前，能將排放量降到 1990 年時的程度。很明顯的，國際公約中事實與價值之間的界線漸趨模糊，但也由於價值深植在各種國際條約之中，連帶的使得科學證據的提出也呈現出「選邊站」的現象。接著，我們就來看看不同角度下的暖化問題。

第六節　全球環境正義問題

為求有效捕捉國際間 (尤其是南北間) 所持的氣候變遷邏輯的觀點差異，我們有必要採取一套理論架構來闡明雙方的立論在環境倫理學上的位置，並確認這些名詞背後不同的哲學基礎。在暖化議題上，大致有兩種典範：道德／權利取向 (deontological / rights-based) 與目標／結果取向 (consequential / goal-based) (Ikeme, 2003)。

大體而言，道德／權利取向強調權利的優位性，認為所有人都具有天賦且不可分割的權利，任何個人乃至國家都不得侵犯此種天賦的權利。此外，由於正義的實現立基於對權利的尊重，因此當權利遭到侵害時，權利人有權請求賠償或回復原狀。最後，這個途徑認為手段能正當化目的 (means justify the ends) 並強調行為的正當與否，與目的的達成是相互獨立的。在政策制定層次上，採取此種說的學者要求政策制定者考慮政策本身的正當性，而不能把焦點集中在政策的結果達成與否上。因為 (政策) 行為結果的好壞，沒有辦法正當化行為。把這個看法用在暖化問題上我們發現，雖然抗暖化可以達到救地球的目的，但如果抗暖化的手段 (政策) 是不正當的，那麼即使對抗暖化可以拯救地球，這整個行為還是會被認為是不正義的。

目標／結果取向的觀點，呈現出與前者截然不同的看法。此說基本的立場顧名思義是以目標為導向，認為目的的達成優先於權利的實現。換言之，一個行為的好壞必須以目的達成與否來作為判斷的基準。在決策的層次之上，很顯然的一個政策的好壞只能從其結果來判斷，因此只要某政策有助於社會目標的實現，那麼該政策就是一個好的政策。如果把這種看法用在暖化的問題上，因為抗暖化可以達到救地球的目的，因此就算在抗暖化時無法完全顧及公平性的問題，只要最終救地球的目的達到了，這些不太正義的政策也可被正當化。

總的來說，在觀察南北間的環境爭議時，如果某方立論在於強調實體與程序上權利的實現，則此看法近似於權利取向的途徑；反之，如果立論的基礎在於目標的達成或是尋求一種總體善的實現，那麼這觀點就近似於目標／結果取向的途徑。以下我們就來看看南北各國在進行科學探索時如何混入自己的哲學觀來增加談判時的籌碼。

第七節　南方各國的暖化科學與正義觀

南方各國對氣候變遷所採取的看法基本上是一種「歷史的觀點」。這些國家認為過去的作為會影響現在的處境，因此「過去」的行為必須體現在現在的責任分配上。為了要強調過去對當前問題的影響，南方各國的論點大多集中在燃燒石化原料對經濟發展的貢獻，以及當前全球氣候變遷的原因這兩點上。當然，光是提出南方版的正義觀是不夠的，南方諸國還必須引用各種科學證據作為佐證。根據 IPCC (1995) 的報告顯示，現今大氣中 80% 的溫室效應氣體，都是由已開發國家所排出的。基此，南方各國認為北方國家對當前全球暖化問題，負有最大的責任。除此之外，南方國家也認為北方諸國之所以有較高的生活水準，很大部分來自過去大量燃燒石化資源。如果氣候變遷是日積月累燃燒石化燃料的後果，而不是一夕間突然產生的問題，那麼我們當然也必須把累積的 (或歷史的) 排放納入現今排放管制的責任分配裡。這點具體反映在巴西政府代表在對溫室效應進行談判時，強調「過去的事尚未過去」(bygones are not bygones) 的政策之上 (Ikeme, 2003)。

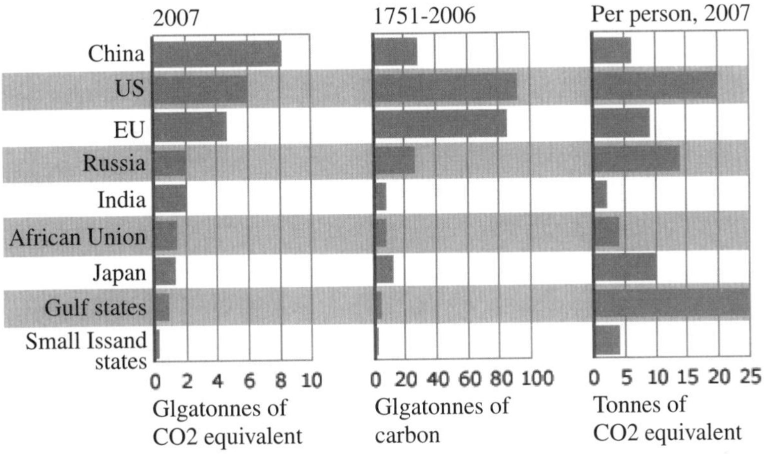

資料來源：http://news.bbc.co.uk/1/hi/world/asia-pacific/8411768.stm [5]

圖 4　三種不同計算排放量的方法

由於科學證據顯示過去的排放是造成當前全球暖化問題的主因，那麼過去大量排放溫室氣體的已開發國家，當然也負有善後的責任 (Shue, 1999)。同樣地，如果生活水準與溫室效應氣體排放之間的關係是正向的 [6]，那麼現在被管制的對象應該是北方國家，而不是南方國家，因為對南方國家進行管制會限制南方各國未來的發展。反過來看，如果地球吸收溫室效應氣體的能力是一定的，而人人又有追求高生活水準的權利，那麼已經過度發展的北方各國無疑是「侵害」了南方可排放的份額。如果為了防止全球暖化而一定要限制南方的排

[5] 最左邊的圖是 2007 年一年中的總二氧化碳排放量。我們可以看出排放第一大國是中國，第二大國是美國；中間的圖是 1751 年到 2006 年的累積排放圖。我們發現在這個圖裡美國排出的最多，其次是歐洲；最右邊的圖是 2007 年裡每個人的平均排放量。我們發現這個圖裡，排放最多的是產油國家，其次才是美國。

[6] 換言之，燃燒越多的石化燃料，就能獲得更高的生活品質。

放，那麼北方國家等於欠下南方各國一筆「生態債」(ecological debt)。因此南方國家堅持北方國家要先提供援助，再來談減排的問題。

南方國家的第二個論點，鎖定在「責任能力」(有能者承擔原則) 之上。換言之，即便地球的問題是全人類的責任，人人有責任卻不意味著人人都有「能力」可以承擔這個責任。以索馬利亞的饑民為例，只要有生命存在，就一定有碳排放的存在，因此，即使是骨瘦如柴的饑民，還是對氣候的改變起了一部分的作用 (即便是很小的作用)。但幾乎沒有人會認為，由饑民去承擔暖化的責任是正當的。既然如此，決定責任承擔最好的方法，莫過於由最有能力且受影響最小的人 (或國家) 來負起改善的責任。擁有最多資源的人通常也最具解決問題的能力。因此，資源的擁有者當然必須擔負起最大的責任 (Shue, 1999)。毫無疑問地，北方各國既具有較佳的科技，也佔據了較佳的位置 (可能性) 得以達成減排的目標。

資料來源：作者自攝

圖 5　非洲人需不需要為暖化負責？

最後，程序正義與參與的權利，也是南方諸國用來佐證自身觀點的方法。在上述 IPCC 的例子中我們已經看到，低度的參與導致南方各國懷疑自己對此全球議題的影響力，甚至致使民眾懷疑此等國際組織所提出之證據的正當性與公信力。因此，南方國家除了在實體上要求排放的權利之外，也堅持結果的公平與公正必須仰賴程序的正當性。(Kandlikar and Sagar, 1999; Ikeme, 2003)

第八節　北方各國的暖化科學與正義觀

對照南方版強烈的道德／權利取向，北方版的氣候政策與科學研究、成本最小化和促使經濟效應最大化有關。北方各國大多避談歷史排放與歷史性的分配不均，他們對歷史所採的態度是「過去的已經過去了」(bygones as merely bygones)(Ikeme, 2003)。在談及行為的正義性與如何建立管制制度時，現在以及未來的問題，才是他們最關注的核心。把這種「非歷史的」觀點應用在暖化問題上，北方諸國提出了幾種論點。

首先，為了要增加自己的利潤，排放者總是希望找一個成本最少的地方，作為設廠與排放的地點。當歐美各國開始控管高排放的工業後，企業會自動往控管較不嚴格的南方各國移動。因此，如果南方國家不和北方國家一起進行管制，溫室效應氣體的全球總排放量還是不會減少。因此北方版的看法認為，如果南方各國不同心協力共同減少排放，污染只會「移轉」但不會減少，當然減排救地球的目的也就無法達成。總之，北方版的溫室效應政策強調「減排目的的達成」，為了達成此目的，南方諸國也必須同步對排放進行管制。

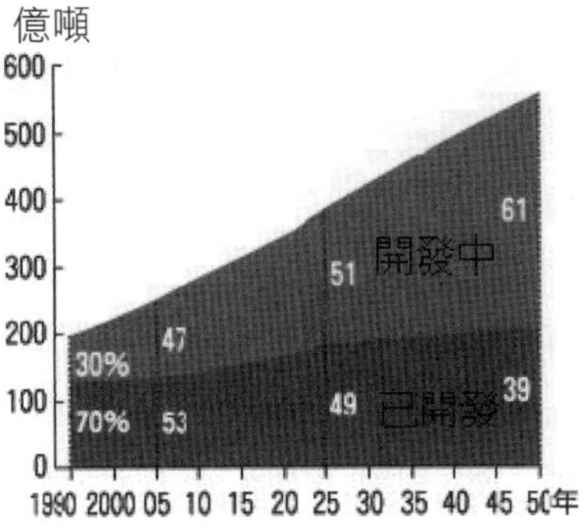

資料來源：http://mainichi.jp/select/wadai/wakaru/kankyo/news/20091116org00m040044000c.html

圖 6　開發中國家與已開發國家的二氧化碳排出量預測

其次，經由科學地模擬未來排放的推移後發現，雖然現在開發中國家的總排放比起已開發國家來，還是小巫見大巫；但到了公元 2020 年中葉之後，開發中國家的總排放量會超越已開發國家，成為全球最大宗的排放源。工業先進國因此要求南方各國也採取行動，共同對抗暖化問題，不能再以過去的歷史為由對暖化問題袖手旁觀 (Hamilton, 1999: Figure 9.2)。對此工業先進國主張，由於後進國家大多擁有龐大人口，在這些後進國工業化之後，其污染必然也同樣驚人。南方國家至少必須承諾，未來會對溫室效應氣體進行相當程度的管制。

這個要求南北同步減排的論調，還有一個更「道德」的版本。北方諸國強調全球暖化是一個「全球」的問題，因此國際社會的每一個成員，都有義務承擔自己的責任。基此，污染大國多要求世界各國都採擇同一套標準，一體適用而不可以厚此薄彼，否則即違反了「公平的責任分擔原則」(fair sharing of burdens)(Hamilton, 1999; Dunn, 2001)。「京都議定書」中所揭示的減少排放的目標，很大程度上已經反映了這種想法。「京都議定書」明定各國必須把排放量減少至 1990 年時的排放水準。換言之，該議定書所認可的公平減量標準，基本上就是不論歷史排出量的多寡，所有國家都把 1990 年當成基準點，一體適用同一標準 (UNFCCC, 1997)。以世界三大排放國 (地區)，美國、歐盟與日本為例，雖然此三國工業化的歷史長短有異，過去累積的排放總量也不同，議定書附件 B 中卻給予三國近似的削減目標 (分別為 −7%、−8% 與 −6%)。對於那些人均排放 (每人平均排放) 與歷史排放都較低的國家 (如日本) 而言，京都機制給予排放狀況完全不同的國家近似的目標，顯然是不公平的。因此，

表 2　京都議定書中附件 B 所規範之各締約國排減量 (節錄)

締約國	量化的限制或減少排放的承諾（基準年或基準期百分比）
美國	93
歐洲共同體	92
日本	94
澳洲	108
加拿大	94
英國	92
法國	92
德國	92

資料來源：作者參考「京都議定書」後自行設計

京都機制著重減量的達成與各國達成此目標的能力，而不注重過往的歷史排放 (Hamilton, 1999; Ikeme, 2003)。

此外，效率的問題也是北方各國用來合理化自身排放的依據。由於已開發國家擁有較佳的科技水平，因此每一單位燃料或排放所生產出的 GDP 也遠遠高於發展中國家。反過來看，由於發展中國家利用能源的效率不佳，因此如果只限制北方國家卻不管制南方國家，等於是在縱容低效能的資源使用。這種近似於浪費資源的使用方式不但對世界經濟有害，對環境的保護本身也無甚貢獻 (Hamilton, 1999; Jamieson, 2001)。

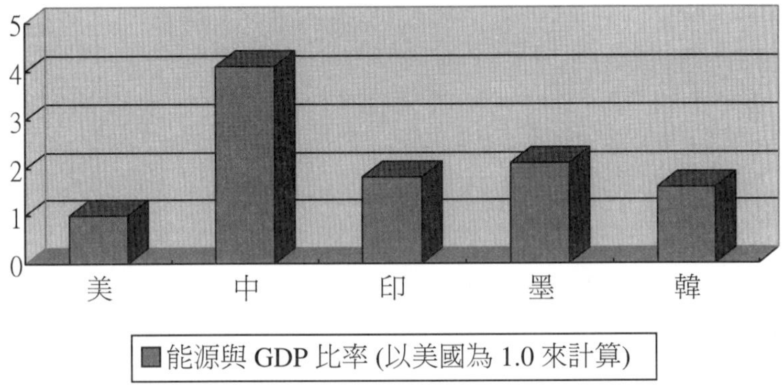

資料來源：參考 Jamieson (2001)[7]

圖 7　各國能源生產力

最後，國內環境的不正義問題有時也被用來反駁國際環境不正義的問題。當政府開始減排政策時，接踵而來的往往是大量的失業與能源、油價的上漲。不過，這個附隨的社會衝擊對社會不同部門的影響卻大不相同。總的來說，藍領階級是受到衝擊最大的一群 (Hamilton, 1999)。換言之，為了追尋全球正義卻會造成社會的不正義。總之，這些個國家大多利用成本的公平分配原則，來對抗使用者付費或有能者承擔等原則 (Ibid.)。無疑的，這些觀點的背後最重要想法都是經濟效益與非歷史途徑。

---

[7] 圖中美國被當作 1.0，由此可知中國需要耗費四倍的能源，才能生產和美國一樣的 GDP；反過來說，中國的能源使用效率只有美國的四分之一。

第九節　結論

暖化的問題提供了一個極佳的實例，體現出各種主張在國際環境正義議題上的競合關係。總的來看，我們之所以要談暖化問題，是因為我們相信人為溫室氣體的排放是氣候變化的主因；此外，人們也相信減排的行為可以減緩地表氣溫的上升。這樣的看法在 2007 年 IPCC 巴黎會議之後雖然獲致了一定共識，但卻仍然無法完全杜絕「持疑的環境主義者」(skeptical environmentalist) [8] (Lomborg, 2001, 2007a, 2007b) 繼續挑戰這個共識。有些持疑的環境主義者完全反對溫室效應是人類造成的，有些則認為與其花大筆金錢在抗暖化之上，還不如直接把錢用在解決其他更具急迫性的問題。總之，暖化問題產生了經濟、政治、道德乃至科學間的糾葛。

正如我們看到的，政治學中的南北爭議在氣候議題上反覆出現，雖然雙方都說自己是科學地在陳述事實，其實南北兩方都是以科學為名來推銷自己所信仰的價值。南方諸國採取了權利本位的立場，希望藉由強調歷史責任、補償原理、治癒措施以及程序正義來詮釋氣候爭議。北方各國則多持目的取向的途徑，阻擋歷史因素進入氣候的爭議之中，因此最經濟的解決途徑以及最小衝擊模式，也就成為北方諸國的當然選擇。這種南北間哲學立場的不一致，同樣可以在科學證據的領域中找到蹤跡。為了有效說服對方，南北雙方都設計並主導了一系列的研究。大體來說，南方諸國間參與執行的研究，反映出各國對「歷史的不正義」的執著，因此重視歷史性／積累性的排放；而北方各國著眼於非歷史的成本效益分析，因而希望盡可能排除歷史的因素。總之，不論暖化問題的成因、影響以及解決之道都與價值或道德議題密不可分。

---

[8] 被環保團體稱為環境屠殺否定論 (Eco-holocaust denial) 的 Lomborg，當然是否定暖化議題重要性最富盛名 (惡名昭彰？) 的學者。但事實上世界各國都存在著暖化論反對論者。見 Lomborg 之個人網站 http://www.lomborg.com/ 與日本讀賣新聞的報導 http://www.yomiuri.co.jp/eco/ondan/；英文資料請參見 http://news.bbc.co.uk/1/hi/sci/tech/8376286.stm

重要名詞

全球暖化：指地表的溫度，因為人為溫室氣體的排放而持續上升的現象。

南方國家的正義觀：南方諸國採取權利本位的立場，希望藉由強調歷史責任、補償原理、治癒措施以及程序正義來詮釋氣候爭議。

北方國家的正義觀：北方各國多持目的取向的途徑，認為最經濟的解決途徑以及最小衝擊模式是解決暖化問題的良策，因此找到一個最有效且成本最小的方法，是北方國家關心的重點。

傳統的科學觀：認為科學是在客觀地陳述事實，由於事實不會因為不同價值而改變，因此討論科學的時候不應該混入價值的討論。

科學的社會建構：認為科學研究跟其他社會現象一樣都是一種社會活動。既然科學活動是社會活動的一種，科學活動當然也會浸染某些社會價值。

問題與討論

1. 什麼是科學的社會建構？你可以用一些全球暖化以外的例子來說明科學的社會建構嗎？又，你認為有純粹「客觀」的科學知識嗎？
2. 在現實生活中科學家的看法往往是相衝突的。比如說，有人說全球暖化是自然現象，也有人說暖化是人類的行為造成的。面對不同的說法，你覺得政府應該聽誰的？或是說，政府應該怎麼做出決策？(要回答這個問題，請先閱讀下面推薦書目中的文章)
3. 紐西蘭傳出要對牛、羊課徵放屁稅。請問生物體排出的氣 (屁) 是人為的還是自然的？又，牛、羊的屁是生存排放還是奢華排放？
4. 暖化的問題有南北兩種正義觀，你認為哪一種比較正確？如果你是決策者，你覺得臺灣應該採取哪一種看法？
5. 為了要抗暖化，各國政府都必須投入大量的人力與物力。你認為我們應該做這些投資嗎？又，科學家說落後國家在暖化問題上是受害最深的國家，你覺得我們應該把錢直接用在救助非洲難民之上，還是抗暖化工程上？

推薦書目

京都議定書 (簡體中文版)。http://unfccc.int/resource/docs/convkp/kpchinese.pdf.

倫尼・史奈德等著，2002，〈誤導人心的地球環境數據〉。Retrieved Dec. 20, 2009, from http://prog.nssh.tpc.edu.tw/saweb/chenreadtx.asp?docsn=2002030450&readtype=ce.

隆伯格、倫尼著，2002，〈隆伯格錯了嗎？〉。Retrieved Dec. 20, 2009, from http://sa.ylib.com/news/newsshow.asp?FDocNo=60&DocNo=92&CL=32.

參考書目

UNFCCC, 1997, 京都議定書 (中文版)。Retrieved Feb. 21, 2007, from http://unfccc.int/resource/docs/convkp/kpchinese.pdf.

王巧萍，2006，〈森林土壤碳庫與大氣二氧化碳之互動〉，**林業研究專訊**，13(1): 10-13。

加藤尚武，2001，〈環境倫理學とは何か〉，**共生のリテラシー**，加藤尚武，仙台：東北大學出版會。

---，2005，**新・環境倫理學のすすめ**，東京：丸善。

田中宇，2007，〈地球溫暖化の国際政治學〉。Retrieved Jul. 11, 2007, from http://tanakanews.com/070227warming.htm.

李河清，2004，〈氣候變遷整合評估模式：從 IPCC 到 TAIWAN-IPCC〉，**環境保護**，27(1): 136-155。

聯合國氣候變化框架公約，1992，〈聯合國氣候變化框架公約〉(中文版)。http://unfccc.int/resource/docs/convkp/convchin.pdf.

Agarwal, A. and Narain, S., 1991, *Global Warming in an Unequal World: A Case of Environmental Colonialism*, New Delhi, Centre for Science and Environment.

Dunn, S., 2001, Climate Change: Can the North and South Get in Step. In C. W. Kegley and E. R. Wittkopf (Eds.), *The Global Agenda: Issues and Perspectives*, Dubuque, IA, McGraw-Hill, 434-445.

Hamilton, C., 1999, Justice, the Market and Climate Change. In N. Low (Ed.), *Global Ethics and Environment*, London; New York, Routledge, 90-105.

Hopkin, M., 2007, Climate Sceptics Switch Focus to Economics, *Nature*, 445(7128): 582-583.

Ikeme, J., 2003, Equity, Environmental Justice and Sustainability: Incomplete Approaches in Climate Change Politics, *Global Environmental Change*, 13(3): 195-206.

IPCC, 1995, *Summary for Policy Markers*, Geneva, IPCC.

Jamieson, D., 2001, Climate Change and Global Environmental Justice. In C. A. Miller and P. N. Edwards (Eds.), *Changing the Atmosphere: Expert Knowledge and Environmental Governance*, Cambridge, Mass.; London, MIT Press, 287-307.

Kandlikar, M. and Sagar, A., 1999, Climate Change Research and Analysis in India: An Integrated Assessment of a South-North Divide, *Global Environmental Change*, 9(2): 119-138.

Lomborg, B., 2001, *The Skeptical Environmentalist: Measuring the Real State of the World*, Cambridge, Cambridge University Press.

---, 2007a, New Climate Report Is Nothing New, *Taipei Times*, Taipei: 9.

---, 2007b, The Dirty Little Secret behind Climate Pledges, *Taipei Times*, Taipei: 9.

Shue, H., 1999, Global Environment and International Inequality, *International Affairs* (Royal Institute of International Affairs 1944-), 75(3): 531-545.

Stern, N., 2006, Stern Review on the Economics of Climate Change. Retrieved Apl. 10, 2007, from http://www.hm-treasury.gov.uk/independent_reviews/stern_review_economics_climate_change/stern_review_report.cfm.

Weart, S. R., 2003, *The Discovery of Global Warming*, Cambridge, Mass., Harvard University Press.

Yearley, S., 1996, *Sociology, Environmentalism, Globalization: Reinventing the Globe*, London, SAGE.

風險社會與風險管理

內容提要

風險與現代社會如影隨形，因為我們日常生活的一舉一動無一不與風險有關。為了能有效控制風險，政府與其他私人企業多依賴科學的計算來對風險進行管控。然而，風險的計算與管制本身卻也可能形成另一種風險的來源，還可能造成個人自由的侵害。本章嘗試在不涉及複雜數學公式的前提下，解析風險分析中科學家所遭遇的兩難。此外，本章也將闡析為何預警原則看似在管制風險，但同時也製造了新的風險。正因為風險是一種社會的選擇而不是一種科學的決定，因此我們不能完全依賴科學家來替我們做出抉擇。

第一節　緒論

2009 年是農曆中的牛年。在這牛年的秋天，臺灣正好陷入一場前所未有的「牛肉風暴」。事件的導火線來自於政府與美國簽署的一項協議，我方決定恢復進口 30 月齡以下的美國帶骨牛肉、內臟以及絞肉。政府這項措施等於是把 2003 年美國本土爆發狂牛症之後我方的牛肉禁令全面解禁。由於目前臺灣對狂牛症還沒有充分檢測與治療的能力，因此輿論對政府的這項政策大加撻閥，有識者並認為重啟美國牛肉的進口，會帶來島內食品安全的嚴重風險。牛肉的問題迅速蔓延成一場政治風暴，不但讓政府的施政滿意度大幅下滑，也暴露出整個決策過程的進退失據 (台灣新生報，2009；周桂田，2009)。

當政府還在為牛肉問題焦頭爛額之際，美國在台協會處長的一番話，又為整個牛肉辯論掀起了波瀾，他說：

> 如果你要比較的話，去年在臺灣 2300 萬人中，有 1034 人因為騎摩托車車禍死亡，就統計上來看這樣的風險，反而沒有人得到狂牛病，我們 [美方] 相信美國牛肉是安全的。(NOWnews 今日新聞，2009)

同樣地，我們的衛生署長呼應此種看法。他指出生活中的風險無所不在，有些可以迴避，有些則只能選擇接受。換言之，零風險是不可能的。比如說，米與蔬菜中都有一定的農藥殘留，但只要這些殘留被控制在「可容許」的範圍內，這個風險是可以被接受的。假使今天只因為蔬菜中有農藥殘留，就強迫所有人都改吃有機食物，那麼整個臺灣可能有五分之四的人都要餓肚子。此外他也指出，雖然美國牛有一定程度的風險，但就像衛生署沒法禁止民眾不抽菸、不吃檳榔[1]一樣，對於美國牛肉政府能做的只有「宣導、標示、勸導」而已 (中國時報，2009)。

上面這兩位臺美官員的立場，引起了軒然大波。但仔細想想，他們說的似乎沒什麼錯。如果我們拿出統計數據，就會發現吃牛排得狂牛症的機率大約只有一百億分之 1 (工商時報，2009；周桂田，2009；魏怡嘉、羅碧，2009)，很明顯的，騎機車要比吃牛肉危險的太多了。若如此，那人們為什麼特別重視

[1] 根據衛生署的資料，抽菸導致肺癌的機率是萬分之 7.7，吃檳榔得口腔癌的機率是萬分之 5.9，每天吃美國牛內臟吃八十年之後得新型庫賈氏症的機率是百億分之 1.5。(楊志良，2009)

美國牛肉的風險，卻忽視其他更有風險的東西呢？當然，此處的關鍵是風險這個詞。

表 1　在不同風險中每十萬人中的年死亡率

風　險	比　率
騎乘機車	2000
吸菸 (所有病因)	300
跳傘運動	200
開車	24
打獵	3
1 單位的無糖飲料 (糖精)	1
每天 4 茶匙的花生醬	0.8
被雷打到	0.05
被隕石擊中	0.000006

資料來源：Slovic (1986: 407)

表 2　不同活動導致增加百萬分之一死亡率的風險估算

活　動	死　因
抽 1.4 支菸	癌症、心臟病
待在礦坑中 1 小時	黑肺病
在美國紐約或波士頓生活兩天	空氣污染
騎腳踏車 10 英里	意外
搭飛機 1,000 英里	意外
去美國丹佛市度假	宇宙放射線引起的癌症
在一個不錯的醫院中作胸腔 X 光檢查	放射線引起的癌症
吃 40 茶匙的花生醬	B 型黃菊毒素引起的肝癌
喝 30 杯 12 盎司的無糖飲料	糖精引發的癌症
喝 1,000 杯 24 盎司的飲料 (但這個飲料的塑膠瓶現在已經被禁止使用了)	由化學物質丙烯睛單體 (acrylonitrile monomer) 引發的癌症
在核電廠方圓 20 英里處住 150 年	放射線引發的癌症
50 年裡在核反應爐週邊 5 英里處遭遇核意外的風險	放射線引發的癌症

資料來源：Slovic (1986: 408)

第二節　風險社會的到來

根據德國社會學家貝克的看法，我們現在所處的這個社會是一個「風險社會」(Beck, 1992)。此處風險社會的意思是說，假使每個時代都有一個可以反映此世代的時代精神 (zeitgeist) 指標的話，那麼現在這個時代就是一個風險的時代。不過，之所以說現在是一個風險社會，不只是因為現代社會面臨了嚴重的風險挑戰而已。更重要的是，當代物質分配的基礎出現了改變。具體來說，由於在歐美先進國家中，物質短缺的情形已經降低，因此傳統的財貨 (goods) 分配問題，漸漸變得不是這麼重要了。現在人們煩惱的是那些我們不想要的東西 (bads)，即「風險」應如何分配的問題。舉例來說，車諾比核電廠的意外與全球暖化等問題，都是我們所不願見到的，但此等問題對整個世界都形成挑戰，也等待著我們回應。為了有效解決這類問題，當代社會的組織與社會構造的形式[2]，都轉而沿著風險生產與風險分配的邏輯開展，而不再只是過去經濟學領域所說的財貨生產與分配而已。

那麼風險這個概念從何而來？雖然風險一詞，大家都琅琅上口，事實上風險乃是近代的產物，因為在中古世紀之前，風險的概念並不存在。之所以說過去的社會沒有風險這個概念，是因為在傳統社會裡，倘若有任何不好的事情發生，都會被解釋成是神的旨意或是因果的循環。換言之，這些災禍是「命中注定」且「無法改變或掌控」的。基此，它們不是一種風險。一直要到 16、17 世紀歐洲進入大航海時代後，風險的概念才正式出現。原因是，當哥倫布或其他探險家準備在未知的海洋上進行探險活動時，出資的金主與替航行保險的公司，必須先確定該次探險的風險，才能決定要不要投資。那麼，這些金主們要如何才能知道風險的多寡呢？他們當然不能單憑感覺，而是要有客觀的機制來衡量風險的多寡。憑藉著精密的計算與分析，科學家們與風險分析師們可以訂出每次航行的風險與風險背後所代表的財富。由於這個緣故，科學與科學家進入了風險的領域，而不再只是純粹學術的探索與論辯了。

到了當代之後，科學在社會中的角色更形顯著。由於污染與放射線等物質，無法直接由感官感知，人們唯有透過科學儀器與精密的計算才能知曉風險的所在，這使得科學與知識逐漸形成壟斷，並蠶食侵入到其他的社會領域。由

---

[2] 法律與政治制度亦然。

於國家常常是主導科學走向的推手，因此國家也在這個過程中逐步走入人們的生活，控管著我們的一舉一動，小至吃哪國牛肉，大至蓋不蓋核電廠，我們的食、衣、住、行無一不與科學、國家[3]有著密切的關聯。然而，科學與國家究竟是當代種種問題的解藥，亦或是問題的來源？學界並沒有定論。如果看到整個社會的平均壽命與國民健康等指標，整體來說，我們都比以前更健康了。倘若更仔細分析現代的各種問題，諸如核電廠事故、軍備競賽、臭氧層破洞等等，科學與國家似乎是問題的來源而非問題的解答。換言之，風險不但沒有因為政府的管制而消失，風險反而成為科學與管制中的內在因子。

第三節　科學推論中的風險來源：95% 的信心水準還是 5% 的風險水準？

為了要了解政府管制與風險的關係，我們必須先知道政府的管制基準是如何運作的。一般來說，假使政府有意管制某種物質 (如：戴奧辛)，通常政府 (管制者) 會進行一連串的科學分析，來確定該物質與疾病之間的關聯。基於道德上的理由，我們不能直接在人體上進行試驗，而只能在白老鼠身上進行測試。如此一來，老鼠實驗與人的染病與否之間，產生了第一層的風險源[4]。其次，在進行老鼠測試時科學家 (管制者) 們通常會利用統計的方法，來推算疾病與戴奧辛之間的關聯。這些統計的模型，是現代科學以及政府管制得以建立的基準點。風險也隱身在這些模型裡。

零假設是統計運算的出發點。零假設是說，為了要知道戴奧辛[5]與癌症間的關聯，科學家通常會先假設：戴奧辛與癌症之間是**沒有**關聯的。接著，科學家才開始進行實驗，希望推翻上面這個零假設。也就是說，科學家希望藉著推翻零假設來證明戴奧辛與癌症之間的關聯。為了證明這個零假設是錯的，科學家需要相當高的確信度 (certainty) 來推翻此零假設。當科學家在測試零假設的

[3] 國家控管風險的方式主要是法律規章。

[4] 這個問題比較明顯，此處暫不處理。本文只針對科學推論中的風險源進行分析。

[5] 此處之所以選戴奧辛作例子，是因為民眾通常對它存在著誤解。雖然戴奧辛常被稱作世紀之毒，但事實上戴奧辛不是一種物質，而是一群物質的總稱。在戴奧辛家族中，這些物質的毒性可能相差一萬倍，加上不同的戴奧辛會和不同的介質 (如空氣、水、食物等) 化合，因此它真正的毒性有多少，其實不一定。由於這個緣故，美國環保署並沒有管制所有的戴奧辛 (家族)。就某種程度而言，我們可以據以推論：並不是所有的戴奧辛都是有毒的 (當然，這裡所謂的有毒與否，必須看政府如何界定，見下述)。US EPA (2009)

時候，風險產生了。因為在實驗進行的當下，科學家並不知道戴奧辛到底是有害還是無害的，也就是說，這個實驗者有時可能測出戴奧辛有害，有時又測出是無害的，這時，不管他的實驗結果到底是有害還是無害，有兩種錯誤可能都會發生：假陽性 (又稱第一型錯誤) 與假陰性 (又為第二型) 錯誤。

假陽性錯誤是指：這個零假設其實是對的，但實驗者 (或管制者) 誤以為它是錯的。以上面的戴奧辛為例，假陽性就是說這個戴奧辛其實是無害的，但我們的實驗卻誤以為它有害。與此類似，假陰性指的是：雖然上面這個零假設是錯的，但研究者 (管制者) 誤以為它是對的。換言之，明明戴奧辛會造成癌症，該實驗卻錯誤地顯示它不是致癌物質。統計模型提出了一個估算，讓科學家可以預估他們犯上述假陽性與假陰性錯誤的機率。通常，我們把假陽性用 α 表示；假陰性用 β 表示。接著，我們可以得到表 3：

表 3　錯誤的分類表

	零假設事實上是正確的 戴奧辛與癌症沒有相關	零假設事實上是錯的 戴奧辛與癌症之間有相關
零假設被接受	沒有錯誤發生 $1-\alpha$	第二型錯誤 (假陰性) β
零假設被拒絕	第一型錯誤 (假陽性) α	沒有錯誤 $1-\beta$

資料來源：作者自行設計

一般來說，α 的值被設在 0.05。這意味著假陽性有二十分之一的機率出現。或者，我們可以反過來說，當科學家測出陽性反應的時候，他有 95% 的確信 (95% 的信心水準) 知道這個陽性反應是真的陽性，而不是假的。至於 β，它通常被設定在 0.05~0.2 之間。當我們把 β 設在 0.2 的時候，這意味著這個科學家願意接受 20% (五分之一) 犯假陰性錯誤的機會。也就是說，當 $\beta = 0.2$ 的時候這個實驗者有五分之一的機會，可能誤把有害的戴奧辛當成是無害的 (Cranor, 1988, 1990, 1997)。問題來了。為什麼這個研究者要把 α 設在 0.05，卻把 β 設在 0.05 與 0.2 之間呢？最簡單的答案是：魚與熊掌不可兼得。因此，科學家 (管制者) 必須在時間、金錢、準確性、人命以及正義之間做一抉擇。

讓我們簡單來看這個問題。假設我們只做了兩次實驗，其中一次發現白老鼠暴露在戴奧辛之後會產生癌症；另一次則沒有，作為管制者他通常會反覆去做該實驗，讓樣本數 (N) 變大。當然，我們可以反覆做兩萬次 (N＝20,000)，

也可以只做兩千次 (N＝2,000)。基本上，做的次數越多，結果就越準確[6]。為了了解科學家在這當中所面臨的兩難，我們必須再引入相對風險 (δ) 的概念 (Cranor, 1988, 1990, 1997)。在現實生活中，誘發癌症的因素眾多，因此即便完全沒有接觸到戴奧辛，這隻白老鼠還是有可能因其他因素而誘發癌症，因此一開始老鼠得癌的機率就不是零。這個原本的得癌機率，叫做背景值。由於背景值的關係，科學家必須把老鼠接觸到戴奧辛之前與之後，致癌的機率做一個比較，這個比較值就是 δ 。我們現在假設 $\delta=3$，接著，我們就可以繼續看到這個科學家 (管制者) 所面臨的選擇了：

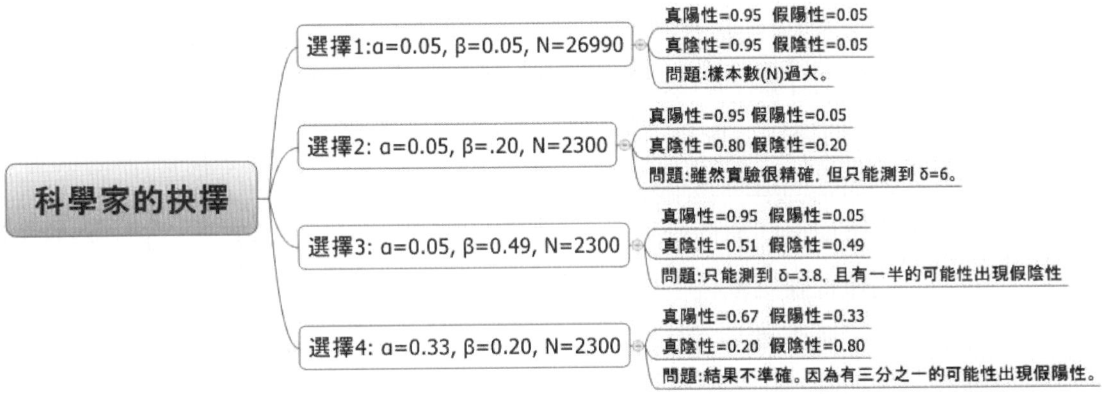
科學家的抉擇
選擇1:α=0.05, β=0.05, N=26990
真陽性=0.95 假陽性=0.05
真陰性=0.95 假陰性=0.05
問題:樣本數(N)過大。
選擇2: α=0.05, β=.20, N=2300
真陽性=0.95 假陽性=0.05
真陰性=0.80 假陰性=0.20
問題:雖然實驗很精確，但只能測到 δ=6。
選擇3: α=0.05, β=0.49, N=2300
真陽性=0.95 假陽性=0.05
真陰性=0.51 假陰性=0.49
問題:只能測到 δ=3.8，且有一半的可能性出現假陰性
選擇4: α=0.33, β=0.20, N=2300
真陽性=0.67 假陽性=0.33
真陰性=0.20 假陰性=0.80
問題:結果不準確。因為有三分之一的可能性出現假陽性。

資料來源：修正自 Cranor (1990: 129)

圖 1　科學家 (管制者) 的選擇

在選擇 1 裡，這個科學家 (管制者) 決定反覆做這個實驗 26,990 次。如此一來，他可以把假陽性與假陰性錯誤都控制在 0.05。也就是說，在這個實驗裡他只有二十分之一的機率會犯這兩種錯誤。問題是，做兩萬多次實驗對這個實驗者或是整個社會來說，可能都不是最好的選擇。原因是，這個研究者耗費了過多的時間、金錢與精力在這個實驗上。更嚴重的是，假使戴奧辛真的是一種致癌物質，實驗的時間拖個五、六年，會導致現在就已經暴露在戴奧辛風險之下的民眾因此喪命。更不用說，反覆做兩萬多次實驗要殺死多少白老鼠了。基此，選項一不是一個好的選擇。

[6] 這就跟擲骰子是一樣的。我們怎麼知道某個骰子是公平的？如果我們只擲 6 次骰子，其中有 3 次出現「6」，那這可能只是純粹的偶然 (正好 3 次都出現 6 點)。但是若擲了 10,000 次後，其中有 5,000 次都出現 6，則我們可以確定它是不公平的骰子。

假設現在這個科學家因為經費上的限制，以及前述種種因素，他決定只做 2,300 次實驗。由於實驗的次數減少，整個實驗的進度因而提高。總的來看，實驗速度的加快使很多正在受苦的民眾可能因此獲救。不過，當我們把實驗次數由兩萬多次減少到兩千多次的時候 (減少十分之一)，這個科學家 (管制者) 犯假陽性與假陰性錯誤的可能性就會因此而增加。在選擇 2 裡，這個科學家 (管制者) 決定還是要遵守 95% 的信心水準，繼續把假陽性控制在 0.05。不過，由於樣本數不足，這個科學家必須把假陰性的值提高到 0.20。由於在一般科學規則裡，β 可以被設在 0.05~0.20 之間，因此他整個的實驗還是相當準確的。問題是，因為樣本數不夠多，所以這個實驗只能測到 $\delta=6$ 的癌症。由於現在這個癌症的 $\delta=3$，所以他的實驗根本就測不到這種癌症。在第三種選擇裡，這個科學家還是不願意放棄 95% 的信心水準，因此他把 α 維持在 0.05。為了要測到 $\delta=3$ 的癌症，現在這個科學家決定把 β 放寬到 0.49。現在他面臨兩個問題：一方面，他還是測不到這個癌症；另一方面，在現在這個實驗裡，他有一半的機率會出現假陰性錯誤。也就是說，假設戴奧辛真的是一種致癌物質，他有一半的機會誤認戴奧辛是無害的。如果這個的實驗結果公布了，政府可能據此決定不管制戴奧辛，導致成千上萬的人繼續暴露在危險之中。當然，這樣的實驗道德風險太大，有很嚴重的缺陷。

在最後一個方案裡，這個科學家終於決定棄守 95% 的規則 ($\alpha=0.05$)，把 α 放寬到 0.33。這麼一來，他既可以測到這個癌症，又可以把 β 控制在合理的 0.20 裡。由於 $\beta=0.2$ 符合一般科學規則，因此他的實驗不會有太大的道德爭議。問題是，現在他的 α 由原先的 0.05 上升到 0.33。這意味著，他犯陽性錯誤的機率由原本的二十分之一，提高到了三分之一。也就是說，假使戴奧辛事實上是無害的，那他有三分之一的可能性，會誤把這個無害的物質當成有害的。一般來說，沒有一個科學期刊會刊登這樣一篇文章。如果沒有人願意刊登此文章，那麼這個科學家一生的心血可能就會因此付諸東流。這讓我們知道，為什麼科學家寧願放寬 β 到 0.2 (道德風險)，也不願棄守 $\alpha=0.05$ (科學確定性) 的底線。

那麼，有人可能接著問，就算我們不確定戴奧辛 (或是狂牛症、瘦肉精等等) 是不是致癌物質，政府不妨統統管制。但全面管制是否為一妥適的決策？為了回答這個問題，我們必須再看到預警原則 (precautionary principle)。

第四節　預警原則

無罪推定原則是一般法律實務上的準則。在刑事的領域裡，無罪推定原則被認為能有效維護人權。基本上，無罪推定原則是指，某人在被確定為有罪之前，都先被假定為無罪。換言之，一直要等到有充足的證據對之定罪科刑之時，我們才能說這個人是有罪的。無罪推定的原則，在戴奧辛的例子裡基本上也是適用的，也就是說，一定要有充足的證據，我們才能對戴奧辛進行管制，不能感情用事任意禁用[7]。

無罪推定的原則在刑事犯罪的領域可以保障刑事被告的基本尊嚴，自不待言，但是它能否在一般毒物與污染的管制中適用，則產生爭議。首先，從上面的例子我們發現，要確定某一物質的毒性，是相當曠日費時的 (不管我們反覆做 2,000 次實驗還是 20,000 次，都需要一年半載)。如果一定要等到所有的證據都確定之後，才對戴奧辛進行管制，則可能有很多人因此犧牲。除此之外，如果我們堅守無罪推定的原則，那麼排出戴奧辛的廠商，可能會躲在無罪推定的保護傘下，替自己的排放行為辯解，甚至對政府的管制進行阻擋。廠商對管制的阻擋，最著名的莫過於菸草公司挑戰香菸與肺癌之間關聯的例子了。當美國政府基於健康的理由開始管制香菸與二手菸時，菸草公司聘請了一群科學家來質疑香菸與癌症之間的關聯[8]。菸草公司主要以科學證據還不明確為由，認為政府不應該在沒有確切證據的情況下，對香菸進行管制 (Michaels, 2005; Mooney, 2006)。

為了防止管制的延宕，有識者主張我們應該先管制所有有危險的物質，等到具體證明該物質無害之後，才再例外開放使用此物質。採取這種觀點的人，把此種主張叫做預警 (防) 原則 (Cameron and Abouchar, 1991; Cross, 1996; Sunstein, 2002, 2005; 洪德欽，2008)。易言之，此說認為政府可以在證據還不是充分的情形下，基於對公眾健康的保護，預警地對可能的毒物進行管制。預警原則在環境保護與食品藥物的管理上非常常見。比如說，雖然我們不是百分之百的確定全球暖化到底是不是二氧化碳排放造成的，但採取預警想法的學者認為，只要有一定的證據[9]可以證明兩者之間的關聯性，我們就應該先採取行

7　一般的管制點是百萬分之一。換言之，如果某物質增加了百萬分之一罹癌的機率，政府就必須對之管制。

8　這種香菸無害論或未定論在臺灣也發生過，見鄭雅文 (2004)。

9　當然，什麼是一定的證據 (95% 的信心水準還是 80%)，這裡會有爭議。

動預防可能的後果。對戴奧辛的管制上亦是如此。採取此說的人認為，縱使我們不知道戴奧辛是不是真的會致癌，但只要戴奧辛有致癌的可能，我們就應該先行管制。問題是，管制真的是解決問題的方法嗎？這牽涉到管制措施本身的成本與風險。

第五節　管制措施的成本與風險

如眾所知，由於人們大量排放污染物質到海裡，深海中的魚類可能已經受到污染[10]，若是常吃這些魚就可能會引發致癌的危險 (Roe, 2003; Taylor et al., 2006)。乍看之下，這類問題似乎是再簡單也不過了。管制者只需採取預警原則，禁止民眾再吃這些魚即可解決。具體來說，政府可以下令禁止這些魚類的進口或不准漁民再繼續捕捉此等深海魚類，再不然政府也可以柔性勸導民眾不要再食用這些魚[11]。確實，這似乎是一個「禁令」或一個「預警」就可以解決的問題，但預警原則沒有把發布禁令的成本與施行禁令的後果納入考量。

當政府採取預警原則，禁止百姓食用或捕捉這些魚類時，會有諸多成本產生。首先，此一政策最立即的成本是，當基於公眾健康的理由禁止漁民出海打魚時，漁人們的生計立刻會出現困難。當漁民吃不飽、穿不暖、身體抵抗力又下降的時候，連帶使得他們產生健康危機。其次，法律的規章不只是加印六法全書或堆砌出一連串施行細則而已[12]。如果我們希望這些政策確實執行，政府就得投入預算、設立機關、並增派人手來稽查這些魚類的進出口狀況，這些管制的手段都需要花費人民的納稅錢，假使大家都不希望增稅，那麼管制魚的經費從何而來？

在不增稅的情況下，政府的財源是固定的。若是我們把預算先行管制魚的進出口，則我們可能就因為經費不足，而停止其他的公共支出 (如：供應營養午餐或管制狂牛症等等)。根據經濟學家的精算，當政府花費 300~700 萬美元在某個管制措施時，排擠效用就會直接造成政府醫療資源上 100 萬美元的財政缺口。醫療資源的短缺，又會進一步造成一個幼兒的死亡 (Shere, 1995: 409; Viscusi and Gayer, 2002)。由於大家都不願意增稅，所以我們沒有資源可以同時

[10] 其中一個污染源就是戴奧辛。
[11] 如同前面衛生署的看法，政府只能：「宣導、標示、勸導」。
[12] 更何況，印六法全書也是要錢的。

救這個幼兒又管制魚的進出口。這時我們面臨一個抉擇，到底是要犧牲這個幼兒，還是去管制魚的進口來防止癌症呢？此處更深層的問題是，面對資源的短缺，管制到底是不是最好的手段？

當有人高唱政府應該管制某某東西的時候，我們應該考慮到這些管制措施本身也可能是一種風險源。以前面吃魚的例子來說，當政府禁止民眾吃魚的時候，這樣的政策確實可以減少每年 50 件的癌症病例；但在此同時，這個管制同時也會誘使 30,000 件心血管疾病的發生。原因是，不能吃魚肉後民眾可能改吃其他更易發胖的食品，當體重增加，民眾得心臟病的可能性也隨之上升 (Tuomisto, 2004; Leino et al., 2008; Turunen et al., 2008)。如此一來，我們面臨管制癌症或是心血管疾病的抉擇。這當中必須有一定的取捨，也可能產生某種不正義的風險後果。舉例來說，美國的少數族裔比白人攝取了更多的魚類，原因是這是最便宜的一種蛋白質來源 (US EPA, 1992a, 1992b)。假使政府片面禁止他們食用這些魚，他們只好改買其他較貴的肉類或減少對肉類的攝取，當然基於經濟上的理由，他們也可能因為買不起乾脆就不吃肉了。由於魚肉裡面有相當多無法取代的營養素來源 (如：omega-3 等等)，停止食用會產生營養不良的後果 (Foreman Jr., 1998)。也就是說，政府的政策看似是在保護大眾，卻實質上增加了部分民眾的負擔。

此時可能又會有人主張，政府應建立一個機關，統籌運用這種風險資訊，並精確計算出所有管制的成本與風險。如此一來，當可完全管制戴奧辛的風險以及管制制度本身所帶來的風險了。這當然是一種可行的政策選擇，但如此一來我們又會陷入上面的惡性循環裡。換言之，這個機關的管制者又得用統計模型訂出一個他認為適當的 α 與 β，然後面對當中的道德爭議。接著，在計算風險的時候他的實驗本身又會成為一種風險源，因為如果他的實驗花了 300 萬美元，那麼又會有一個幼兒因為該實驗的排擠效應而死去。把上面的解釋具體的運用在日常生活中，我們就可以看到為什麼風險與現代社會是這麼的如影隨形了。

第六節　風險社會還是恐懼社會？

也許真正的問題是，為什麼我們非得控制風險不可？這個問題似乎不是法律抑或科學可以回答的，而是與我們的社會文化有關。由於科學與醫學的進步，我們對自己的生活與生命有了更多的期待，人們也越來越不能忍受意外以及不確定性。正因為如此，學者 Furedi (2006) 認為，現代人之所以害怕風險，是因為我們的社會瀰漫了一股恐懼的文化 (culture of fear)。這個恐懼的文化促使民眾不再接受所謂的意外事件。在這種恐懼的文化裡，所有的意外在某種程度上一定都是人為的，凡是人為的事故當然也都是可以預防的，既然如此，意外也就不再是「意外」，而是可以預防的「風險」了。在這個想法下，英美公共衛生與大眾健康學界，希望他們的會員停止使用意外一詞，因為意外聽起來像是不能預防的。基此，當小朋友摔傷了腿，醫生們不再用「意外事故」，而改用「可預防的傷害」(preventable injury) 來描述。在這個背景下，諸如地震與水患等各種「天災」，也都不再是天災，而是可防範的「人禍」了。原因是，地震與水災雖然是天災，但臺灣本就地震、颱風頻仍，政府當然應該做好準備。

既然政府有管制風險的責任，當意外發生時，人民當然可據此提起訴訟，請求賠償。最有名的案例莫過於麥當勞熱咖啡事件。1992 年一位老婦人在麥當勞打翻了她買的熱咖啡燙傷了自己，她據此向麥當勞提出訴訟，法院後來判決麥當勞敗訴[13]，為此，麥當勞付出了天價的賠償金尋求庭外和解。同樣地，在英國也有軍人對英國國防部提出訴訟，該軍人主張英國國防部沒有告訴他，戰爭是這麼的可怕 (Furedi, 2002)。乍看之下，這些例子似乎很荒謬，但是如果我們把它們放在恐懼的社會文化裡，就很容易理解了。

在當代這個懼怕意外的文化中，我們對政府的期待增加了。但政府卻不一定能回應此等期待。原因是，風險之所以被稱作風險，是因為這些風險有可能會成真，但會不會成真只有在風險實現的那一剎那，我們才能知道。不過一旦風險實現了，風險就不再是風險，而是「現實」了 (熊秉元，2006)。以前述的熱咖啡事件為例，當把咖啡拿在手中的時候，我們腦中可能都會閃過一個念頭：它可能會被自己打翻。但我們一定要等到咖啡真的翻倒的那一瞬間，才會知道自己的杞人憂天會不會實現。如果等風險成為事實之後再來檢討責任，我們很難說某件事完全是意外，更難說沒有人應該與當事人一起負責。因此，我們可以指責麥當勞的熱咖啡太燙、杯子的設計不良、餐廳的燈光太暗或是它的警示標語不夠明顯。我們也主張因為政府管理失當，間接導致前述各種麥當勞

[13] 請參見 *Liebeck v. McDonald's Restaurants*, No. CV-93-02419, 1995 (N. M. Dist. Aug. 18, 1994)。

的管理上的漏洞。問題是，當我們點了一杯「熱」咖啡的時候，麥當勞是否有義務要在杯子上標上：危險，內有「熱」咖啡？此問題與政府的職能與權限有相當之關聯。

一般而言，政府官員與自由主義的主張者會認為，像麥當勞這種案例，政府沒有任何責任。因為人生在世，所有的事情都有風險，這就是人生。要求政府負起所有的責任根本不可能。一方面，政府沒有足夠的資源去管制所有的風險；另一方面，政府的過度介入也非人民之福。總之，零風險是不可能的[14] (Reilly, 1993; 中國時報，2009)。其次，當有人主張政府負有某種責任時，當事人通常也在期待後續的賠償。可是，一旦政府因為咖啡的風險而付出賠償之後，巨額的賠償又可能再造成另一個幼兒的死亡[15]，然後，幼兒的家屬又可以繼續主張這個小朋友的死是政府的責任，因而要求賠償。一連串的損害與賠償，可能會癱瘓整個政府的運作 (Sunstein, 2002, 2005)。

然而，站在上述風險社會角度的學者則會認為，當風險實現的時候說沒有人有責任，是一種政府集體的失敗。貝克把這種沒有人負責的現象叫做「組織化的不負責任」(organised irresponsibility)(Beck, 1995: ch. 3)。之所以沒有人需要負責，他們認為是因為政府與科學家打算以冰冷的風險分析來說服民眾，但這種完全被科學家與技術官僚掌握的分析工具，越來越無法反映公眾對安全感的需求[16]。因此，貝克主張我們應該增加民主機制的運用，把民主也運用到科學與其他工商業的領域。

不過，前述強調個人自由與小政府理論的人，則會反擊貝克的論點，像貝克這樣的說法把民主運用到各個領域，可能會侵害個人的選擇自由。比如說，假定吃美國牛肉的風險是百億分之一，而政府管制食品的標準是百萬分之一，政府可否在民眾的壓力下，捨棄一般百萬分之一的標準，而禁止美國牛肉進口(工商時報，2009)？當然，這個問題又回到前面管制成本與管制後果的問題，此處不再贅述。此處問題真正的核心其實是政府的職能，以及管制可能對個人自由侵害的疑慮。經濟理論告訴我們，如果大家都不喜歡吃美國牛肉，對美國牛的需求就會減低，連帶地它的價格也會下跌，甚至是大跌。假設我是一個三餐不得溫飽的窮苦人，平常買不起任何肉類 (或我一個月只吃一次肉)，便宜的

[14] 前面衛生署長的看法是此看法的典型。
[15] 前述每 300 萬美金就會間接導致一個幼兒的死亡。
[16] 比如說，美國在台協會說的：「吃美國牛肉比騎機車安全。」(NOWnews 今日新聞，2009)

美國牛肉可能是我唯一可以攝取肉類蛋白質的機會。禁止美國牛肉等於是強迫這個人繼續泡麵，這樣合不合理？對這個已經每天在吃泡麵的人來說正不正義？也值得我們深思。

第七節　結論

風險的問題不完全是管制技術層次的問題，而是與當代生活息息相關的現實問題。由於科技的進步，吾人對風險的忍受度也逐漸降低，民眾一方面希望政府積極介入，好管理這些風險；另一方面，民眾又對政府能否有效管制，存有相當的疑慮。由於這個緣故，風險問題對當代政府機能的角色形成重大的挑戰。然而，當代風險理論大都只對風險本身進行詮釋，卻沒有對「風險管制的風險進行分析」。因此，當學者主張全面改採預警原則來進行管理的時候，忽視了預警原則本身可能也是一種風險來源，因為它可能會癱瘓整個政府的職能。也許，我們當下面對的不是風險的問題，而是風險與管制如何權衡的兩難。當然，面對諸種風險間的取捨，我們不能依賴科學家或管制者來替公眾做出抉擇。風險管制最終的憑藉還是與社會對風險的忍受度有關。

重要名詞

風險社會：德國社會學家貝克所提出的理論，認為現在社會是沿著「風險」應如何分配而開展的。

預警原則 (precautionary principle)：政府先採取管制措施，等到具體證明該管制沒有實益時，才例外解除管制。

恐懼的文化 (culture of fear)：學者認為現代人之所以害怕風險，是因為我們的社會瀰漫了一股恐懼的文化。這個恐懼的文化認為社會中不存在意外，只有可預防的「風險」。

管制的風險：當政府採取管制措施時，該管制行為本身也會成為一種風險源。

管制的成本：政府的管制行為所產生的成本。此處的成本可以是各種生命財產的損失。

問題與討論

1. 假設現在某處發生污染，導致附近民眾有生命危險。再假設你是臺灣的總統，現在你有兩個政策選擇。如果你選第一個政策，可能會有 400~500 人因此喪命。假設你選第二個政策，在最好的情況下只會有 10 人喪命，但在這個政策下若是最壞的情況發生，可能會有 600 人犧牲 (換言之，犧牲的人數在 10~600 人之間)。請問作為總統，你會選哪一個政策？為什麼？
2. 吃美國牛肉有什麼風險？不吃美國牛肉又有什麼風險？最後，你認為政府應不應該禁止美國牛肉進口？
3. 報載電腦斷層掃描可能增加致癌率[17]。換言之，斷層掃描雖然是篩檢癌症的利器，但它本身也可能致癌。如果是你，請問你如何決定照不照斷層掃描？

推薦書目

熊秉元，2006，〈意外不意外?!：文山溫泉落石事件的法律經濟分析〉。Retrieved Dec. 20, 2009, from http://www.ulc.moj.gov.tw/public/Attachment/753014402474.PDF.

Giddens, A., 1999, Runaway World: Risk. Retrieved Oct. 20, 2009, from http://news.bbc.co.uk/hi/english/static/events/reith_99/week2/week2.htm. (網上可以直接觀看紀登思的演講)

Michaels, D., 2005, Doubt Is Their Product, *Scientific American*, 292(6): 96-101. (http://www.defendingscience.org/upload/Doubt-is-their-Product.pdf, 本文也有中文版，請參見〈法規背後的科學黑幕〉，**科學人雜誌**，2005 年 7 月號)

Sunstein, C. R., 2002, The Paralyzing Principle, *Regulation*, 25(4): 32-37. (https://www.socialsecurity.org/pubs/regulation/regv25n4/v25n4-9.pdf)

[17] http://health.chinatimes.com/contents.aspx?cid=5,68&id=8868

參考書目

NOWnews 今日新聞，2009，〈美牛不安全？AIT 司徒文：比在台灣騎機車安全〉。Retrieved Nov. 10, 2009, from http://news.sina.com.tw/article/20091027/2297174.html.

工商時報，2009，〈美國牛肉風險低〉。Retrieved Oct. 20, 2009, from http://news.chinatimes.com/CMoney/News/News-Page-content/0,4993,11050703+122009102400277,00.html.

中國時報，2009，〈楊：牛肉有風險　吃太好也有風險〉。Retrieved Nov. 05, 2009, from http://news.chinatimes.com/2007Cti/2007Cti-News/2007Cti-News-Content/0,4521,110501+112009110500065,00.html.

台灣新生報，2009，〈美國不能因牛肉毀了國譽〉。Retrieved Nov. 20, 2009, from http://tw.news.yahoo.com/article/url/d/a/091107/128/1uhax.html.

周桂田，2009，〈欠缺科技民主與世代正義之風險決策〉。Retrieved Nov. 20, 2009, from http://stm.ym.edu.tw/article/239.

洪德欽，2008，〈預防原則在 WTO 的規定與實踐〉。Retrieved Nov. 10, 2009, from http://newsletter.sinica.edu.tw/file/file/18/1842.pdf.

楊志良，2009，〈美國牛肉進口專案報告〉。Retrieved Nov. 20, 2009, from http://www.doh.gov.tw/ufile/doc/%E7%BE%8E%E5%9C%8B%E7%89%9B%E8%82%89%E9%80%B2%E5%8F%A3%E5%B0%88%E6%A1%88%E5%A0%B1%E5%91%8A981026.pdf.

熊秉元，2006，〈意外不意外?!：文山溫泉落石事件的法律經濟分析〉。Retrieved Dec. 20, 2009, from http://www.ulc.moj.gov.tw/public/Attachment/753014402474.PDF.

鄭雅文，2004，〈產學合作的流弊〉。Retrieved Nov. 20, 2009, from http://www.cyberbees.org/blog/archives/004111.html.

魏怡嘉、羅碧，2009，〈台灣總統也機車／牛肉、香菸比風險　不倫不類〉。Retrieved Nov. 20, 2009, from http://tw.news.yahoo.com/article/url/d/a/091108/78/1ujbh.html.

Beck, U., 1992, *Risk Society: Towards a New Modernity*, London, Sage Publications Ltd.

---, 1995, *Ecological Politics in an Age of Risk*, Oxford, Polity.

Cameron, J. and Abouchar, J., 1991, The Precautionary Principle: A Fundamental Principle of Law and Policy for the Protection of the Global Environment, *Boston College International and Comparative Law Revies*, 14(1): 1-27.

Cranor, C. F., 1988, Some Public Policy Problems with the Science of Carcinogen Risk Assessment, *PSA*, 2: 467-488.

---, 1990, Some Moral Issues in Risk Assessment, *Ethics*, 123-143.

---, 1997, The Normative Nature of Risk Assessment: Features and Possibilities, *Risk: Health, Safety & Environment*, 8: 123.

Cross, F. B., 1996, Paradoxical Perils of the Precautionary Principle, *Wash & Lee L. Rev.*, 53: 851-1571.

Foreman Jr., C. H., 1998, *The Promise and Peril of Environmental Justice*, Washington, D.C., Brookings Institution.

Furedi, F., 2002, Epidemic of Fear. Retrieved Oct. 20, 2009, from http://www.frankfuredi.com/index.php/site/article/108/.

---, 2006, *Culture of Fear Revisited: Risk-Taking and the Morality of Low Expectation*, London, Continuum Intl Pub Group.

Graham, J. D. and Wiener, J. B., 1995, *Risk versus Risk: Tradeoffs in Protecting Health and the Environment*, Harvard University press.

Leino, O. et al., 2008, Comparative Risk Analysis of Dioxins in Fish and Fine Particles from Heavy-Duty Vehicles, *An International Journal*, 28(1): 127-140.

Michaels, D., 2005, Doubt Is Their Product, *Scientific American*, 292(6): 96-101.

Mooney, C., 2006, *The Republican War on Science*, New York, Basic Books.

Reilly, W. K., 1993, Risk Assessment. Retrieved Apr. 20, 2009, from http://www.epa.gov/history/publications/reilly/20.htm.

Roe, A., 2003, Fishing for Identity: Mercury Contamination and Fish Consumption among Indigenous Groups in the United States, *Bulletin of Science, Technology & Society*, 23(5): 368.

Shere, M. E., 1995, The Myth of Meaningful Environmental Risk Assessment, *Harvard Environmental Law Review*, 19: 409-492.

Slovic, P., 1986, Informing and Educating the Public about Risk, *Risk Analysis*, 6(4): 403-415.

Sunstein, C. R., 2002, The Paralyzing Principle, *Regulation*, 25(4): 32-37.

---, 2005, *Laws of Fear: Beyond the Precautionary Principle*, Cambridge, Cambridge Univ. Press.

Taylor, W. C. et al., 2006, Environmental Justice: Obesity, Physical Activity, and Healthy Eating, *JOURNAL OF PHYSICAL ACTIVITY & HEALTH*, 3(Suppl. 1): S30-S54.

Tuomisto, J., 2004, Dioxin Risk Assessment: How Dangerous Are Dioxins? Retrieved June 20, 2009, from http://ec.europa.eu/research/infocentre/export/success/article_690_en.html.

Turunen, A. W. et al., 2008, Mortality in a Cohort with High Fish Consumption, *International Journal of Epidemiology*, 2008: 1-10.

US EPA, 1992a, Environmental Equity: Reducing Risk for All Communities, Volume1: Workgroup report to the administrator, from http://www.p2pays.org/ref/32/31476.pdf.

---, 1992b, Environmental Equity: Reducing Risk for All Communities, Washington, DC, US EPA, Volume2: Supporting document.

---, 2009, Dioxin. Retrieved June 20, 2009, from http://cfpub.epa.gov/ncea/CFM/nceaQFind.cfm? keyword=Dioxin.

Viscusi, W. K. and Gayer, T., 2002, Safety at Any Price? Retrieved Oct. 20, 2009, from http://www.cato.org/pubs/regulation/regv25n3/v25n3-12.pdf.

Part V
方法與理論

社會學研究法 I：計量研究

內容提要

社會學鼻祖孔德提出實證主義，主張科學只有一種邏輯，社會科學與自然科學在邏輯上一致；研究的終極目的在於發現人類行為的法則，俾能控制或預測。雖然不少學者嘗試建立研究的標準化程序，但標準化研究程序迄今仍然是嘗試性的，如果拘泥於標準流程，難免自我設限。研究問題的產生是一個發展的過程，研究者需要發展動態的問題意識。研究目的只是問題意識的一個環節。隨著後續的研究，問題意識可更深化、聚焦。藉著文獻探討，研究者可發展觀點、分析架構或研究假設。研究者應對於文獻進行批判性的討論。蒐集經驗資料的方法有多種，依目的、主題和研究條件而各有不同。計量方法蒐集的資料，最後是轉換成數量形式。最主要的資料蒐集方式為抽樣調查，然後再以統計方法來分析變項間的相關，並進行因果推論。就研究倫理而言，研究者要做好維護被研究者隱私權與其他權益的工作，並維護研究自主性、避免受外界干擾，研究者須講真話，不可捏造或扭曲資料。

社會學的研究主題範圍廣泛，對於所有的社會現象都可進行社會學的研究，包括政治、經濟、教育、宗教、家庭等都是。如果要與其他社會科學有所區別，主要是它不像政治學、經濟學…那樣限定一個「政治的」、「經濟的」…獨立範疇；同時，也不預先認定政治、經濟…是關係的主要構成部分。

廣泛的視野與關心面向是社會學的重要特徵，這給了社會學的探究相當大的自由，學者可從中獲得發現的樂趣。社會學研究可說是社會現象的發現之旅，既充滿趣味與驚奇，卻也難以蒐求窮盡。而社會學研究的方法也非常複雜，難以盡述。此處只就比較重要的方法議題扼要介紹。從方法論觀點談起，再介紹研究流程、研究的效度與信度、研究倫理等。

第一節　實證主義觀點

社會學的起源與工業革命有關，也與實證主義 (positivism) 的思潮有關。前者帶來社會結構的改變，並衍生種種社會問題，激發社會學的相關思考。後者則是受到自然科學發展的影響，欲模仿自然科學來從事社會現象的研究。

在 19 世紀 30 年代，法國學者孔德提出「實證主義」的思想，包含一套進步主義的知識論，以實證主義式的知識作為當代社會改革與進步的基礎。其中，「社會學」就是此種實證主義知識的重要部分，而社會學可沿用自然科學的方法與邏輯來研究社會現象。

孔德以後，實證主義思潮繼續發展，並對近代社會科學研究產生了深遠的影響。實證主義主張科學只有一種邏輯，所有的科學都必須遵循這一種邏輯。因此，社會科學與自然科學邏輯一致，兩者間的差別在於主題及成熟度的不同。

實證主義者偏向認為研究的目的在於發現人類行為的法則，俾能控制或預測。知識被視為滿足人類慾望的工具，並且用來控制自然與社會環境。一旦人們發現支配人類生活的法則，就可用來改變社會關係、改進做事方法，並且預測外來事物。

實證主義者傾向相信社會實在 (social reality) 真實地存在著，等著人們來發現。再者，社會實在有著固定的模式 (pattern) 與秩序，不是隨機的。

實證主義者認為科學與非科學間存在一個明顯的分界點。科學雖然會借用常識的某些概念，但常識裡有許多鬆散的、不合邏輯、缺乏系統以及偏誤的部分則應去除。科學家嘗試使用一套更具邏輯一致性、更精心思考淬鍊出來的概念。

實證主義的科學解釋建立在概括性法則的基礎之上。研究者以演繹邏輯將因果法則與社會生活中所觀察到的特定事實加以連結。他們相信最後能以帶有公理、推論、假定以及定理等正式符號系統來表達法則與社會科學的理論，並且傾向認為人類行為的法則是放諸四海皆準的。實證主義認為好的證據是以明確的觀察為基礎，且其他人也可以複製。

最後，實證主義者致力於將價值排除在研究之外，也就是「價值中立」(value-free)。他們只接受在選擇主題時可依價值進行選擇，但主題既經選定，就應排除價值以進行客觀研究。基於對價值中立與客觀性原則的強調，促使計量 (quantitative) 研究方法格外受到重視。

實證主義思潮的內涵隨著時代而有所改變。20 世紀 20 年代出現了「維也納學圈」(Vienna Circle)，將邏輯實證主義發展達到高峰。邏輯實證主義者強調「可驗證性」(verifiability)，科學理論就是一套能經過經驗檢證的邏輯上相關的命題，而任何從經驗上無法檢證的事都是無意義的。不過，邏輯實證主義稍後受到各方批判，由盛而衰。

20 世紀 60 年代初，科學史學者孔恩 (Thomas S. Kuhn)(1962) 提出一種「科學典範轉移」(paradigm shift) 的理論。他認為諸如愛因斯坦提出相對論這種事件，在科學研究中並不是常態，而是革命性的，是典範轉移。而在科學研究的常規狀態中，科學家們是在某一套固定的典範下進行，他們所尋求的也不是推翻典範，而是修正以使之更堅固；在這過程中，他們往往會忽略、甚至摒棄一些與之相衝突的觀察。自孔恩提出這種典範轉移的理論以後，實證主義者所鼓吹的科學的客觀、中立形象也受到衝擊。

來自詮釋學 (hermeneutics) 的檢討也指出，科學家的研究會受到社會歷史文化環境的限制，科學的客觀性也就受到質疑。

儘管實證主義遭到批判，但還沒有一套新的方法論可以完全取代實證主義，成為社會科學界統一的新研究取徑 (approach)。處於這種混沌知識階段的學生們必須審慎地去學習與選擇。為了使初學者有較明確可依循的學習摹本，以下將先以實證主義取徑為主軸，著重介紹計量研究方法。

第二節　研究流程

社會學者有廣泛的視野，也有許多可選擇的研究主題。然而，究竟要如何選擇主題、如何進行研究，卻是研究者經常的苦惱。它有沒有標準化的程序呢？研究者是否可以依賴一套標準化的程序而獲得研究結果的保證呢？

雖然不少學者嘗試建立社會學研究的標準化程序，教科書上也列舉一些類似標準化的程序 (見 Babbie, 1998; Herzog, 1996; Neuman, 1997 / 2000)，但標準化的研究程序迄今仍然是嘗試性的，一直都有例外。所以，以下所介紹的研究流程，只是可能的範例，是經常被沿用的研究流程。但創新、變化始終是可能的，如果太拘泥於標準研究流程，難免會自我設限。

一、研究問題的開展

研究活動的第一步通常是產生研究問題。問題的產生可能出於對實際社會現象的關懷，譬如看到貧窮、犯罪、不平等、權力傾軋、人際或團體間的衝突…等社會問題，而欲了解問題性質與相關因果；或基於政策制訂的需要，評估政策的可能影響。研究問題也可能是就先前的研究結果向前延伸探索；或是對於既有研究結果有所質疑，而產生新的探究議題。

研究問題的形成應該是一個有縱深的、發展的過程，而不是忽然迸現、一次成形的事物。研究者需要去開展問題意識。問題意識包含研究者對問題的關懷與認識，以及在某些關鍵點上的疑問。研究目的只是問題意識開展中的一環。研究者提出研究目的，經過討論，將議題明確化，並逐漸聚焦於一些關鍵性的疑問，特別是經驗上可處理的疑問。要避免泛泛地、常識性的提問。深刻的問題意識有助於激發好的研究成果。問題意識既含有社會關懷，又要奠基於既有的學術研究，還要有思辨與想像力。

社會關懷使學術研究與社會實踐相連結。過度依循既有學術研究傳統，將使學術與社會脫節，而淪為學者的高雅遊戲。社會關懷既可激發想像力，也易於形成檢驗學術成果的基礎；同時，它也是持續研究的動力。不過，社會關懷是否影響研究的客觀性？是否要設定實質關懷與研究活動間的界線？這個問題還有待檢討。

奠基於既有的學術研究可說是學術研究的基本規範。我們可依據既有的研究發展出問題；也可通過對既有研究的質疑發展出問題。對既有研究進行修正或質疑是許多研究的靈感來源；而好的研究也往往能夠激發後續的研究。

如果不能適切掌握既有的研究成果，研究就可能重複一些初級的問題，而難以累積既有研究成果。此外，通過學術社群所建構的思維架構與研究工具可能有助於避免陷入邏輯混亂與主觀。

嚴格說來，形成研究問題與其他的研究過程應該是一種交錯的情形，隨著後續的研究，問題意識可能深化、聚焦，有更明確的假設作為研究問題；或者，研究問題也可能改變。所以，研究的實際程序並非固定、不可逆。已完成的論文通常秩序井然，易予人錯覺，認為研究完全依報告順序進行。如果實際研究也必須依此順序，研究會受到束縛而難有突破。

二、文獻探討

文獻探討是研究的重要過程，通過文獻探討，研究者可發展出自己的觀點 (perspective) 或分析架構 (analytical framework)，或者研究假設。

假設指對一理論所涉概念間關係的命題，且尚未接受檢證者。假設也可說是研究問題的暫試性答案。最為人熟知的是關於因果關係的假設，但也有其他概念間關係描述的假設。通過文獻閱讀及與之前的研究對話，研究者對現象有了進一步的認識或想像，也對於研究主題做出較明確的定性，進而對問題給出暫試性的答案。假設檢證 (hypothesis-testing) 式的研究因為有明確的問題意識，問題範圍小，研究方向清晰，研究者較不易陷入迷惘。

分析架構是指可引導研究者對相關現象進行觀察與分析的思考框架。分析架構不同於假設，而可以作為產生假設的理論基礎或思考框架。分析架構通常源於既有理論，但不必然等於理論，而可能是理論的部分抽象，甚至是其後設性的思考框架。

相對於分析架構，「觀點」是更抽象、更籠統的概念，如果分析架構已經預期要看什麼或甚至可以看到什麼結果，觀點則比較是決定要從什麼角度或依據什麼基本理論模型來觀察、分析。不過兩者間並沒有絕對的界線。

觀點／分析架構／假設其實也都是問題意識的一部分，既包含著對現象的了解，也突出關鍵主題。文獻探討與問題意識的開展互相為用。文獻探討有助於問題意識開展，從而產生假設或分析架構；問題意識則指引文獻的搜尋方向與範圍，避免漫無邊際地去尋找文獻。文獻的搜尋應力求周延；但研究者如果缺乏問題意識，易陷入漫無邊際的文獻搜尋過程。研究者應隨時提醒自己文獻探討的目的為何。

搜尋文獻的途徑很多。各圖書館的館藏與館際交流固然可提供文獻參考的資源，使用網路上的各種論文檢索系統，依循關鍵詞找出相關文獻，更是目前常見的文獻搜尋方法。電子網路提供了方便的文獻搜尋服務，像中華民國期刊論文資料庫、全國博碩士論文資訊網、全國圖書書目資訊網、全國學術電子資訊資源共享聯盟、國立臺灣大學圖書館整合查詢館藏服務、國內學術電子期刊系統、全國期刊聯合目錄暨館際合作系統等都是可用的網路資源。西文圖書資源更有 PROQUEST、ERIC 等多種學術性網路檢索系統。

研究者可從已經尋獲且具參考價值的少數文獻開始，藉助其參考書目，以滾雪球方式擴大搜尋範圍。較近期的學術期刊論文應是重要的參考文獻。

文獻探討要能凸顯文獻與研究主題間的關係，而不只是做讀書心得報告。引用文獻，宜避免將所有的文獻平行排列，要盡量消化、融合。有些文獻可成為研究的理論基礎，有些則與本研究立論有出入，研究者宜做出對話性、論證性、批判性的討論，從中有所取捨、修正，產生自身的觀點、分析架構或假設。

在引用特定敘述時應盡可能尋找最原始的出處或是最經典的文獻；同時，要注意維持引用文獻時的準確性和完整性，避免誤解或誤用文獻。引用文獻的格式也要依循學界的規範，如 APA (American Psychological Association) 的論文格式。

三、形成分析架構或假設

分析架構與假設主要的內涵通常是一組變項，並且要對這組變項間的關係做出明確的描述。研究者先是形成許多概念，再經由概念化 (conceptualization) 與操作化 (operationalization) 產生變項。

概念是詞彙所表達的思想或意義；是科學研究中用來分析現象、分類事物、傳達意義、經由觀察形構更高層次命題所應用的基本工具。概念可用來表示一群事物共同特徵的想法或名稱。人類生活有關的各種人、事、物或各種現象，都可以形成概念。換言之，人類用以指稱各種事物和現象的名稱，都具有概念的意義。概念具有抽象性與普遍性；在繁複的理論性討論中，概念又有層次性與複合性；此外，對研究的用途來說，概念又具有工具性；最後，概念具有多樣性，概念與實在 (reality) 之間並不是一對一的對應關係，不同的研究者可能用不同的概念來描述實在。

變項是個人或系統的某種可測量的特徵，它的屬性 (attribute) 或值 (value) 可隨時間而有變異，或在不同的個人、系統間有差異。譬如「性別」變項可包含「男」與「女」兩種屬性，或「身高」變項可包含或高或矮不同的值。

一個抽象的概念可以通過概念化與操作性定義 (operational definition) 的過程變成可測量的變項。概念化意指將抽象概念明確化與分解成較具體的向度 (dimension)。譬如將算術分成加、減、乘、除四個部分。操作性定義則指為能確切掌握某一抽象概念而將之變成可在實際經驗層面處理、運算的事物的過程。譬如將智商概念變成特定智力量表 (如魏氏成人智力測驗) 的分數。

變項有時候還是太過抽象，無法直接測量，譬如「社會階級」或「現代性」等，因此需要用到經驗指標 (indicator)，也就是在經驗層次上能夠代表或反映抽象概念的變量。

變項又可依在因果中的不同位置分成自變項 (independent variable) 與依變項 (dependent variable)，前者被假設為原因或說明項，後者被假設為結果或被說明項。如果假設挫敗感為自變項 X，攻擊性為依變項 Y，也就是假設 X 會導致 Y。

計量研究一般很重視因果關係的探討。但要確立因果，除了要確認變項間有相關之外，還要排除虛假相關 (spurious correlation)，以及確定因在前、果在後的時間序列。而虛假相關的排除必須要控制可能的干擾變項 (Rosenberg, 1968 / 1979)。

干擾變項主要有外加 (extraneous) 變項和抑制 (suppressor) 變項，前者導致虛假的或被過度膨脹的因果關係，後者卻使因果關係被抑制。在因果分析中，必須謹慎處理干擾變項，否則就可能會誤判現象間的因果關係。通常在研究中會對於可能干擾變項予以控制，使干擾變項的值在研究中保持不變，以便釐清真正的因果關係。在實驗研究中，會通過實驗設計來對干擾變項進行控制；而在調查研究中，則較依賴統計控制，也就是在統計分析過程中對其他自變項值的控制。

另外，中介 (intervening) 變項與前導 (antecedent) 變項也需要謹慎處理。中介變項指作為自變項後果、依變項原因的其他變項。前導變項則為自變項的原因。這些變項的加入分析與否，也可能會影響我們所得到的結果。

自變項彼此間也可能構成交互作用 (interaction effect)，也可以說，某一自變項是其他自變項的條件變項。譬如，在男生中，高挫敗感可能導致較頻繁的打架攻擊，但在女生中並未發現這種關係——亦即性別變項是挫敗感與打架攻擊頻率的條件變項，或說性別與挫敗感有交互作用。遇到有交互作用的情形時，研究者所提出的命題必須確指 (specify)，以上例來說，就是要分別指出「在男生中」與「在女生中」挫敗感與打架攻擊頻率的不同因果關係。在社會現象中，這種交互作用或條件性的因果關係很常見，分析時宜注意。

研究者並不必要沿襲既有分析架構或假設，而應力求創新。最可能展現研究者創意的地方，往往就是有新意的分析架構或假設。研究者可提出新的概念、新的因果或形式關係，可以是研究者依據已有的知識或想像所建構的一組合乎邏輯的想法，以幫助觀察與分析之用。

有些分析架構只是泛泛之論，難以激發創意，甚至還限制研究者的思考；也有些分析架構存有內在扞格，易使研究陷入僵局。不過，略過分析架構通常不是好的策略。一組清晰、明示的分析架構對研究很有幫助；而沒有明示的分析架構並不等於沒有任何引導觀察與分析的思考框架。有些研究也許隱藏著某種思考框架，但卻未曾意識化、明言化，也就難以理性化、系統化，這樣的研究處境可能更危險。

四、資料蒐集

依據已形成的分析架構或假設，研究者可考慮研究條件，進行研究設計，包括如何蒐集、分析資料等。

並不是所有的研究都一定需要經驗資料蒐集的過程，有些研究是理論性或概念性的討論，也有些研究只需要少量的經驗資料，譬如數理模擬式的研究可能只需要少數的經驗數據。

不過，社會科學一般還是很強調經驗層面，所以經驗資料的蒐集仍是多數研究中不可少的環節。蒐集經驗資料的方法有許多種，依主題、假設和研究條件而各有不同，而不同研究方法間的實務操作也有很大的差異，很難窮盡介紹所有的資料蒐集方法。

在計量研究中，抽樣調查是極為常見的資料蒐集方法，以下僅就此等方法予以簡介。不過，也可以通過普查、資料登記、測驗、觀察…等其他方法來蒐集資料。

抽樣調查的抽樣一般指「隨機抽樣」(random sampling)。隨機抽樣即在群體中隨機抽取若干個體為樣本，群體中的每一個體均須有同等被抽出的機會。而隨機並非任意，而係依照均勻原則，任其自然出現，不受研究者或取樣者個人的影響，這樣抽取出的樣本較具有代表性。

隨機抽樣一般又可分為四種基本類型：簡單隨機抽樣、系統 (systematic) 抽樣、分層 (stratified) 抽樣、叢集 (clustered) 抽樣。簡單隨機抽樣除了要求每一元素都有同等被抽出的機會外，並要求理論上的每一可能樣本也都有同等被抽出機會。實際抽取時通常使用亂數表 (random number table)。系統抽樣則按固定間距抽出。

分層隨機抽樣又稱為分類抽樣。係指抽樣前研究者根據已有的某種標準(與研究目的有關)，將群體中之個體分為若干類，每類一「層」，然後在各層中等比例隨機抽取若干個體作為樣本。

叢集抽樣是指被選入樣本的不是最小的元素 (譬如個人)，而是一群、一群的單位，也就是叢集 (cluster)；抽出叢集之後，在被抽出的叢集中進行普查，或是再進行下一階段的隨機抽樣。

以上四種抽樣方法可結合使用，並且以多階段的方式進行。抽樣時要有完整的抽樣底冊 (sampling frame)。樣本數的決定要兼顧成本及可忍受的抽樣誤差的大小。

抽樣調查一般指問卷調查，問卷調查可依填寫者為誰分為自填或訪員填寫；或依訪問的進行方式分為面訪、電話訪問 (簡稱電訪)、郵寄式、網路調查等。研究者需依研究的目的與條件決定採用哪種調查法。臺灣當前民意調查常採用電訪，其優點是節省成本、快速、不受距離遠近影響，且方便與電腦結合，資料處理快速；但問卷不宜長，用語不宜深，不便解釋問題，無法顯示參考用圖卡或器具，完成率較面訪要低，不便進行追蹤訪問。

郵寄問卷通常是針對特定群體成員進行調查，否則完成率較低。面訪成本較高，且訪員效應較大，也就是資料可能會因訪員特徵而有系統差異。

問卷調查涉及問卷設計。問卷設計依賴研究假設或是分析架構，分析架構指引問卷應包括哪些問項。分析架構愈詳盡，問卷也就愈易成形。

問卷設計還有些一般性原則，如避免暗示、評價、引導；避免答案選項不周延、不互斥；避免同一問項內含兩個以上的陳述等；對於敏感性問題應設法藉著問項排序與措辭達到減敏感的效果。

關於態度或主觀認知、感覺方面的問題，通常會使用量表 (scale)，量表的編製需要一套專業的技術，也特別需要檢討其效度 (validity)、信度 (reliability)。

抽樣調查仍有其侷限，但嚴謹的抽樣調查確實可提供重要的資訊。抽樣調查事實上在掌握社會資訊上已經愈來愈重要。

五、資料分析

資料分析是對於所蒐集資料的組織、審視與歸納的過程，嘗試從資料中發現某些模式、規則或一致性；不過，也有些是在確認某些事實陳述。

計量方法蒐集的資料最後會轉換成數量形式來處理，通常是以統計方法或其他數理方法來分析變項間的相關，並通過統計控制進而推論現象間的因果。一些電腦統計套裝軟體可方便進行統計分析。通過統計分析，有可能跳出當事人主觀意識而發現因果關係或其他模式，且由於計量研究常能計算抽樣誤差，對樣本代表性做出判斷，故具有說服力。

六、論文撰寫

論文的撰寫通常並不是到了研究的最後階段才開始。當研究者在論文撰寫中對研究問題有了較深了解時，甚至可能回頭修改研究目的或問題。不過，研究的完成通常是以論文撰寫完成作為終點。

雖然學術論文常有些基本的體例及引文與書目格式，但如何撰寫終究並無固定規格。不妨盡量多寫、多想、多修改。每次改寫，研究者都可以獲得更多新靈感，並提升論文品質。以下僅提出一些供參考用的撰寫原則。

(一) 論文段落順序

論文的正文段落順序一般依序是研究目的、文獻探討、分析架構及 (或) 研究假設、研究方法、研究結果、結論等。不過，隨著研究目的、研究條件或情境的不同，論文體例可能改變，順序也不盡相同。

(二) 隨時提醒問題意識

分析時要隨時提醒自己問題意識為何，通過問題意識的開展，使研究方向明確、有焦點；同時能秉持研究初衷，一以貫之，不至於離題。再者，問題意識也指向答案，提供最可能的答案方向。

(三) 依據分析架構做分析

分析架構是用來引導研究進行的。特別是在分析過程中，應依據已有的分析架構進行分析。如果覺得分析架構不足，或有缺陷，不妨再針對分析架構重行檢討，然後再回頭依據分析架構來進行實質分析。

(四) 行文風格

行文風格因人、因情境而異，有精簡，有厚重，很難統一。但學術論文格外重視真誠 (authenticity)、可理解性 (plausibility) 與批判性 (criticality)。此外，文字的明暢、重點能否被突出等，當然也要注意。

(五) 論文體例與參考書目

各學會或期刊通常會訂定相關論文格式標準。在目前一般的論文體例中，常包括：研究題目、摘要、關鍵詞、本文、參考書目、相關附錄等。另外，美國心理學會 (APA) 曾制訂研究論文的格式，特別是參考書目的寫法，似有成為國內社會科學論文一般格式的趨勢。

第三節　研究的效度、信度

科學研究的品質常用「效度」概念來評量。狹義的效度概念主要是針對經驗指標的評量，指的就是經驗指標能夠反映概念的準確程度。不過，效度還可以再分成內容效度、建構效度等多種不同面向，內容效度涉及指標是否與概念的意義域 (domains of meaning) 有對應性與周延性；建構效度涉及指標與理論預期的符合度。此外，外部效度通常指研究結果的可推廣性。廣義而言，研究效度就是指研究結果的正確性，或者說與真相的符合度。但這種廣義的效度概念，實際要評量仍很困難。

信度 (reliability) 指測量結果一致性的程度。這個一致性可以指時間先後的測量結果一致性，或不同部分間的測量結果一致性。嚴格說來，信度應該只是效度的必要條件，有好的信度才可能有好的效度；但有好的信度未必就有好的效度。以團體智力測驗來說，雖然多次測驗結果都顯示不同族群間有差異，甚至各族群間高低順序也一致，但仍然很難斷言各族群智力孰優孰劣，因為測驗本身被認為是受文化侷限的，某些文化的人較熟悉測驗的情境或思考邏輯，所以得分易偏高。也就是說，即使團體智力測驗的信度高，效度未必被認可。

第四節　研究倫理

社會學研究作為一種社會行動也有其倫理，除了不違背一般性的道德規範外，也應包含專業學術社群之專業倫理判準。不過，社會學研究的專業倫理還未能完全達到共識，以下只是一些較基本的研究倫理。

一、就研究者本身而言

研究中宜盡量避免受到私人情感、成見、偏好等的干擾，也就是要維持所謂客觀性原則。但是，在實際上並不能完全客觀的情形下，避免宣稱研究是「完全客觀」的，進而造成某種宰制與單向的研究關係。

二、研究者與被研究者之間

從研究一開始到結束，均需考量到研究者與被研究者的福祉與可能危害。被研究者須是自願且知道研究性質，及所有可能之研究義務與風險；被研究者不可暴露於那些比研究收穫更大的風險中。研究者要做好維護被研究者隱私權與其他權益的工作。

三、研究之外在環境與情境脈絡

研究可能受經費提供者與審查者的影響；此外，學術界的權威或主流學術思潮也對於研究有相當的影響。如何使研究的進行能更為自主、不受外界干擾，需要研究者的努力堅持。研究者須講真話，呈現資料的真實內容，不可捏造或扭曲資料。

重要名詞

概念 (concept)：是詞彙所表達的思想或意義；是科學研究中用來分析現象、分類事物、傳達意義、經由觀察形構更高層次命題所應用的基本工具。概念可用來表示一群事物共同特徵的想法或名稱。

變項 (variable)：是個人或系統的某種可測量的特徵，它的屬性或值可隨時間而有變異，或在不同的個人、系統間有差異。

操作性定義 (operational definition)：為能確切掌握某一抽象概念而將之變成可在實

際經驗層面處理、運算的事物的過程。

假設 (hypothesis)：指對一理論所涉概念間關係的命題，且尚未接受檢證者。也就是研究問題的暫試性答案。

效度 (validity)：主要是針對經驗指標的評量，指經驗指標能夠反映概念的準確程度。研究效度也就是指研究結果的正確性，或者說與真相的符合度。

信度 (reliability)：指測量結果一致性的程度。

隨機抽樣 (random sampling)：指在群體中隨機抽取若干個體為樣本，群體中的每一個體均須有同等被抽出的機會。

問題與討論

1. 請嘗試找出或創造出一個詞彙來描述臺灣社會裡的一些現象，並請指出此詞彙的意義。避免引用已有的社會學概念。
2. 請試設計一套抽樣調查方法來研究臺灣社會近年離婚率增高的現象。

推薦書目

Babbie, E., 1998, *The Practice of Social Research* (8th. ed.), Belmont, Calif.: Wadsworth Pub. Co. (李美華等譯，1998，**社會科學研究方法**，臺北：時英)

Neuman, W. L., 1997, *Social Research Methods: Qualitative and Quantitative Approaches*, Allyn & Bacon. (朱柔若譯，2000，**社會研究方法質化與量化取向**，臺北：揚智文化)

Rosenberg, Morris, 1968, *The Logic of Survey Analysis*, New York: Basic Books.

參考書目

Babbie, E., 1998, *The Practice of Social Research* (8th. ed.), Belmont, Calif.: Wadsworth Pub. Co. (李美華等譯，1998，**社會科學研究方法**，臺北：時英)

Herzog, T., 1996, *Research Methods and Data Analysis in the Social Sciences*, New York: Addison Wesley Longman Publishers Inc. (朱柔若譯，1996，**社會科學研究方法與**

資料分析，臺北：揚智文化)

Kuhn, Thomas S., 1962, *The Structure of Scientific Revolutions*, Chicago: University of Chicago Press.

Neuman, W. L., 1997, *Social Research Methods: Qualitative and Quantitative Approaches*, Allyn & Bacon. (朱柔若譯，2000，社會研究方法質化與量化取向，臺北：揚智文化)

Rosenberg, Morris, 1968, *The Logic of Survey Analysis*, New York: Basic Books. (徐正光、黃順二譯，1979，調查分析的邏輯，臺北：黎明文化)

社會學研究法 II：質性研究

內容提要

本章討論什麼是質性研究方法與相關的方法論觀點，再分別介紹民族誌、參與觀察、紮根理論方法與行動研究等幾種主要質性研究方法，最後檢討研究的品質判準問題。質性研究以掌握社會現象的性質而非數量為其特色。晚近詮釋學漸成為與質性研究方法親近的另一種探究觀點。此種觀點強調行動者會賦予行動以主觀意義，主觀意義可以被理解，而研究者必須把握此主觀意義以建構知識。質性研究方法內在仍有很大的歧異。多元方法是將多種方法摻合使用，有利於進行交叉校正。質性研究常沒有明確變項與假設，而採圖象描繪式的研究。許多研究者常因此感覺困擾。人類學者紀爾茲主張「深描」原則，對所研究的現象進行整體性的、情境化的、動態的描述；人懸掛在自己編織的主觀意義網中，研究者應捕捉這個主觀意義網，以便理解行為。關於質性研究的品質判準尚有爭議。晚近有人強調研究「值得信任」的原則。

在社會學的廣泛視野下，各種性質迥異的社會現象都可能成為研究議題，而也有不同的、較適合此主題的研究方法。有些研究不以計量方法為主，而採質性的方法 (qualitative methods)。什麼是質性研究方法呢？質性研究方法有什麼特徵？有哪些不同的方法？本章將做扼要介紹。先討論什麼是質性研究方法，並討論相關的方法論觀點，再分別介紹幾種質性研究方法。最後再檢討研究的品質判準問題。不過，由於質性研究方法名目雜多，此處僅舉幾種較有代表性的方法，包括民族誌、參與觀察、紮根理論方法、行動研究等。

第一節　什麼是質性研究方法？

相對於計量研究，質性研究較具有多樣性、歧異性，要確切定義質性研究方法並不容易。質性研究方法的最基本特徵似乎還是要從研究的形式面來看，質性研究方法就是指關於社會現象的經驗研究較不依賴數量化的資料與分析，而對於現象直接進行質性的描述與分析的方法。在質性研究中也可能使用數量資料或進行統計分析，但數量分析在研究中不佔有核心位置。

依上述分類原則，可歸入質性研究方法的名目其實還非常多，很難窮盡 (見陳向明，2002；Denzin & Lincoln, 1994)。在介紹質性研究方法的各種參考書中，可能包括很不同的名單。常被介紹的質性研究方法包括：訪談法、觀察法、焦點團體討論 (focus group discussion)、文獻法等資料蒐集的方法；此外，民族誌 (ethnography)、歷史研究、紮根理論 (grounded theory) 方法、敘事分析 (narrative analysis)、行動研究、多元方法等綜合性的研究法也常會被包括在內。也有些參考書將符號互動論、庶民方法學 (ethnomethodology)、女性主義或後現代主義 (post-modernism)…等學說派別也作為質性研究方法納入介紹。

以上這些方法名目，有些主要只是關於資料蒐集的程序或原則 (如訪談法、觀察法、焦點團體討論、文獻法)；有些較具綜合性，包括一些知識論或方法論的討論 (如民族誌、紮根理論、歷史研究、行動研究、多元方法等)；有些本身是一套社會科學理論 (如符號互動論、庶民方法學)；甚至有些比較是一套知識論或是一種特定觀點 (如女性主義、後現代主義)(見胡幼慧，1996；陳向明，2002；Strauss & Corbin, 1990 / 1997; Denzin & Lincoln, 1994)。

上述多種質性研究方法彼此大多不互斥，所以可以相互結合形成多元方法 (multi-method)，也就是將多種研究方法摻合使用，包括多元的資料蒐集方法、分析方法，甚至是多元的理論。使用多元方法可便於進行三角交叉校正 (triangulation)，以提高研究結果的可信度。

計量與質性研究方法從名稱上看明顯對稱。在社會科學的經驗研究中，可以採行質性的或計量的研究方法，兩者可被視為互補的一種關係。一個完整的研究可能兼採質性與計量研究方法。這也是一種多元方法的研究，可提升研究結果的可信度。

但計量與質性研究方法常不是處於平等地位。在傳統的社會科學研究法的介紹中，常忽略質性研究方法。計量研究也比質性研究更易獲得專業形象。計量研究所提示的判斷研究優劣的標準，似乎比較具有主流地位。

當然，質性研究方法一直未能發展成為較有系統的、明確且標準化的程序，這可能是質性研究方法被忽略的重要理由。不過，無論如何，如果我們認為質性研究只是計量研究的初級的、準備性的、較不專業的、次要的補充，這種偏見仍令人遺憾。

質性研究方法在晚近有了新進展，特別是在詮釋學取徑 (approach) 廣泛引進社會科學以後，質性研究的獨立地位才漸漸確立。詮釋學是一種長期發展中的思潮，對實證主義有廣泛而深刻的反省、批判 (見高宣揚，1988)。如果實證主義較強調計量的精確與客觀，詮釋學則肯定質性描述對於掌握人文現象主觀意義脈絡的適切性。因此，詮釋學與質性研究方法似有特殊的親近性。

第二節　詮釋學觀點

詮釋學的發展與歷史學和聖經解釋學有密切關係，但漸漸成為社會科學在實證主義之外的一種探究觀點。詮釋學嘗試尋找理解之所以可能的基礎，而並非要提出另一套有別於傳統自然科學的研究方法。它指出自然科學方法也是詮釋的，自然科學方法也離不開先前理解 (pre-understanding)，它只是符合人類技術旨趣的一種探究方法。

由於對於人類理解本質的認識，詮釋學雖然並沒有對應到一特定的研究方法，但它對於傳統的方法以及經驗研究的哲學預設卻有了新的觀點。

詮釋學取徑偏向認為關於人的現象不同於自然現象，所以自然科學與社會科學間並沒有一致的研究邏輯。詮釋學強調行動者會賦予行動以主觀意義，主觀意義可以被理解，研究者必須把握此主觀意義，以此為基礎來建構知識。關於理解，詮釋學提出「解釋循環」(hermeneutic circle) 的概念，換言之，理解沒有絕對的起點與終點，而是整體與部分、前理解與理解不斷互相參證並前進的過程。

詮釋學對於常識比較持正面看法，認為常識可能是相當有活力的日常生活理論，廣泛被平常人所使用。常識其實是一種「前理解」，也是科學研究所必要的基礎。此外，詮釋學對理論沒有像實證主義者那麼明確、嚴格的定義，而認為理論可以只是對團體的意義系統如何產生與維持的描述。

詮釋學較不強調價值中立，他們質疑做到價值中立的可能性，因為價值與意義無所不在；所謂價值中立，只不過是另一套意義系統與價值罷了。詮釋學鼓勵把價值明確地標示出來。研究者可以是熱情的參與者，分享被研究者的社會、政治獻身。

後現代的詮釋學者認為：「生活世界、日常實踐、行動者、研究者、研究方法、理論之間是一個不斷辯證往復的過程。在其中，每一種研究方法的選擇都是一種框架的帶入，它勢必中介著我們對現象理解的可能範圍。換言之，每一種方法都只能提供有限的視野和理解的可能限度。沒有一種方法是全知全能或完全客觀正確的。」(周平、蔡宏政，2007：i) 換言之，選擇了某種研究方法，也就獲得了某種視野，卻也形成了某些認識上的限制。

實證主義與詮釋學兩種取徑之間的爭辯尚未塵埃落定。但相對於實證主義，詮釋取徑與質性研究更具有選擇的親近性。質性研究適合用來展現詮釋取徑所欲展現的社會世界的形貌。對詮釋取徑的研究者而言，社會研究的目的在發展對社會生活的了解，以及發現在自然狀況下的人們如何建構意義。他們想知道，對被研究者而言，什麼是有意義的、什麼是他們所關切的，或者個人如何經驗日常生活。研究者藉著了解認識某個特殊的社會背景，從局內人的角度來審視這個情境。

詮釋研究者研究有意義的社會行動，而不只是外在的、可客觀觀察的人類行為。社會行動是人們附上主觀意義的行動，是帶有目的或意圖的活動，研究者必須將行動者的理由以及行動的社會脈絡納入考慮。他們並認為，人類行為很少具有原本固有的意義，是在人群互動的過程中獲得它的意義，那些人共享一個意義系統，使他們能把人類行動詮釋成某個具有社會關聯的暗語或行動。

關於意義的陳述，顯然不是數字所能充分傳達的。它必然要依賴敘述，要通過脈絡的呈現，才能將意義展現。

第三節　民族誌研究法

「民族誌」一詞，從字面上看，係指關於某一族群之生活的畫像。民族誌方法原係社會人類學者以參與觀察的方法，對特定文化、群體或社會，蒐集資料、記錄、評價，並以社會人類學的理論來解釋觀察結果的一種研究方法。這是一種關注發現性及探索性的研究。

不過，民族誌的定義實際上常起爭議。這反映民族誌方法仍在發展中，而且存在許多認知與實踐上的歧見。

民族誌方法的主要創始者是 20 世紀初的英國人類學者馬凌諾斯基 (B. K. Malinowski)。他主張從當事人的視野及角度看他們自己的生活及文化，並應與研究對象生活在一起。民族誌是要描述一個種族或一個團體中的人的生活方式，重視他們原本的真面目，敘述他們如何行動、互動、建構意義，並加以詮釋；目的在發現他們的信念、價值、觀點和動機等，而且要從團體中成員的觀點，來了解這些信念和價值如何發展和改變。

馬氏強調研究方法的科學性與真實性及參與觀察的重要性。他批評早期的人類學者是安樂椅上的學者。馬氏對科學性的強調帶有實證主義的色彩。這在後期引起爭議，民族誌稍後處在接受或拒絕自然科學方法模型的拉鋸戰中。不過，晚近的民族誌方法論者普遍對於「實證主義」持批判立場。實證主義認為社會研究就是要採用社會科學的方法，而這方法要求對藉由數量化測量形成的資料做嚴格的假設檢定。計量的社會學研究通常被看作是實證主義的例證，可是民族誌學者常批評這無法抓住人類社會行為的本質。因為計量社會學重視的是人為的操弄或配置 (settings)，著重的是人們說什麼，而不是人們實際做了什麼。因為計量社會學論述社會現象需要清楚的定義，而這樣的社會現象其實是被定格的、靜止的。

一般的民族誌學者並不拒絕計量資料的蒐集和分析；他們所拒絕的是將計量方法奉為唯一正統，也拒絕以實證主義作為總體的思考框架。

晚近的民族誌方法較親近詮釋學取徑，而持如下的基本假定：

1. 人的生活世界就是一個意義交織的世界，這個「意義之網」乃是人在生活環境中與相關的人、事、時、地、物不斷發生關係，羅織而成。
2. 群體成員及個體行為都受文化脈絡的影響，這是成員共識形成的來源。

3. 只有在相同生活情境中的成員，才能了解和互通各種符號的意義和分享價值觀。

民族誌研究旨在發現知識而非驗證理論，是要發現行為者所建構的社會真實，掌握、理解並發掘行為者的意義，並加以描述、解釋。民族誌的中心工作是要發掘行動及事件對當事人的意義，進而要找尋文化的規則及理論。

不同於假設檢證式的研究，民族誌研究事先常沒有明確假設，而是進行圖象描繪式 (ideographic) 的研究，致力於把握並呈現所研究現象的完整圖象。

其實，質性研究也可能採取假設檢證式的研究。如果採圖象描繪式的研究，沒有明確變項與假設，許多研究者會感覺困擾，較易迷惑於資料蒐集的方向與範圍。

不過，圖象描繪式的研究另有其優點。譬如在人類學者紀爾茲 (Clifford Geertz)(1973) 的討論裡，就鼓吹「深描」(thick description) 的原則，強調對所研究的現象進行整體性的、情境化的、動態的描述。要描述得詳盡、細密，力圖把讀者帶到現場，使其產生身臨其境之感，使讀者對於現象的發展過程產生理所當然的感覺。換言之，使讀者能在設身處地的心理狀態下充分理解事情如何發展與為何如此。他引用社會學者韋伯的說法指出，人懸掛在自己編織的主觀意義網中，研究者應致力捕捉這個主觀意義網，以便理解人的想法與行為。

深描原則未必是所有質性研究的共通原則，但仍然是質性研究的典型特色，這種特色在民族誌式的研究中尤其明顯。

在實務中，民族誌學者在進入田野前通常要先準備好較鬆散的疑雲問題 (foreshadowed problems) 來引領觀察，並在研究過程中將先前的疑雲問題轉化為能被解釋的問題。整體的研究設計要有彈性，隨時因應狀況改變。如果要進行取樣，通常是選取可供問題舉證的「舉證群組」為樣本，而非使用機率樣本。資料蒐集以後，通過不斷比較、想像、分析性思考與概念化，最後，萃取概念形成主題，建立理論。

在社會研究的實際應用上，民族誌常具有以下的幾個特點：

1. 著重在探索個別社會現象的本質，而不是對這些社會現象做出假設檢證式的分析。
2. 喜歡運用還未被系統化的資料，也就是不曾在封閉的分析範疇中被編碼成為變項的資料。

3. 只詳細研究少數個案，或許是一個個案。
4. 對資料的分析採用逐字的描述與解釋，以此說明人類行為的意義與功能，量化與統計資料大都只扮演次級角色。

民族誌方法論者對於研究者的身分，及其與被研究者的互動關係格外關切。在研究實務中，他們常思考如下的問題：

1. 研究者身分的曝光程度：是所有被研究者都知道他是研究者，還是只有一些或沒有人知道？
2. 那些知道研究者身分的被觀察者，對於研究內容應有的了解程度，或者該知道哪些內容？
3. 哪些是研究者在田野中從事的活動，或是哪些活動不參加？如何在變化的概念範疇與參與成員所使用的概念中找出其中的關係？
4. 研究者的取向：研究者應採取局外人 (outsider) 或局內人 (insider) 身分？

最後，民族誌的研究倫理包括如下的原則：

1. 應獲得被研究者的允許或同意：信賴關係是必要的，而獲得同意更重要。
2. 研究者須誠實，並能得到被研究者的信任。
3. 匿名與隱私：研究報告中的描述若可能危及被研究的個體，須以匿名的方式呈現。
4. 剝削與互惠：研究者應給予被研究者回報或服務，而被研究者應成為研究參與者。
5. 嚴謹的工作：研究者在每個研究階段均須精確判斷，使研究結果能更逼近真實。

民族誌方法還存在不少爭議，實務上研究者也常需做兩難斟酌，這固然反映發展未臻完善，但更重要的是反映對社會現象的研究常有諸多矛盾的考慮。這些困擾往往具體呈現在民族誌方法最常依賴的參與觀察研究中。

第四節　參與觀察

參與觀察是最基本的經驗資料蒐集方式之一 (Jorgensen, 1989)。在處理「人」這一個對象及其相關的研究課題時，許多部分無法為感官所知覺，特別是具備心理意涵的部分時，如何透過「感受」將此部分呈現，是社會科學方法所努力的目標。

參與觀察所獲得的資料包含兩部分：透過感官觀察進行的「描述」資料以及「感受」的資料。因為「感受」的資料來自於研究者將體會所得進行文本敘說，加以呈現，因此，參與觀察活動中研究者成為重要的研究工具。這當中，「參與」的性質被放進來，因為感受必須透過實際經驗的歷程才能獲得。

然而，「感受」資料的另一種獲得方式是設定「訪談」情境來獲得，也就是透過報導人的敘說來掌握其情境參與者內在感受性的資料。那為何還需要研究者親身作為參與者呢？這部分的考慮可以分成幾個層面來加以說明。

一部分來自於對「真實性」的考量。真實性的問題有二：一是認為某些內在的感受將因為受訪者的顧慮而不會被報導出來；二是認為參與者有其自己的觀點及受到其他變項的影響。因此，由研究者親身感受並加以報導，可以確立資料的真實性。當然，這一點的前提是研究者是否誠實地說出自己的感受。研究者可能像其他情境參與者一般，也是選擇性地說出感受。

另一個考量來自選擇性知覺的問題。由於內部人員會有對情境理所當然、習而不察的問題，外來者反而能將此加以凸顯。但外來者如果僅僅是觀察，將無法掌握內在的情境脈絡，對「感受」更是無能為力。因此，可能有一個內在參與者與外在觀察者間共同的盲點區，將無法被了解。因此，要以「參與觀察」來解決此一難題。然而，參與觀察是否能保證研究者「看到」內、外部人員都看不到的盲點區？這還是有爭議。

但若研究目的在於了解情境參與者的心理感受，參與者或是被觀察者的發言就成為重點。在上述的兩個部分，要問研究結果想呈現的是誰來擔任發言者這個問題。參與觀察擺盪於以被報導人為主及研究者與被報導人互為主體的選擇中。

研究者究竟應該參與到什麼程度？參與不足，研究者尚不足掌握情境脈絡，理解有困難；參與到了某一程度，研究者可能投入過多情感，則也許缺少綜覽全局、平衡報導或超越偏頗立場的能力。

第五節　紮根理論方法

紮根理論方法是一種強調「紮根於經驗資料之上的理論建構」的研究方法。這是由美國社會學學者 B. Glaser 與 A. Strauss 所共同發展出來的研究途徑 (Strauss & Corbin, 1990 / 1997, 1998 / 2001)。紮根理論方法是演繹過程與歸納結論兩者並用的方式。發展紮根理論並不是先有理論然後去證實它，而是先有個待研究的領域，然後自此領域中通過經驗資料的蒐集與了解，萌生出概念和理論，並逐步精緻化概念和理論。此法在遵守科學原則的同時，為求實際過程能配合社會現象的性質，保持了讓研究者成為研究設計仲裁者的彈性。

在紮根理論方法中，強調研究者本身的訓練，因為研究者本身就是理論發展的工具。注重研究者對資料隱含的理論意義之察覺能力，除不斷在資料中蒐集、比較、詢問及思考外，也包含專業及個人的經驗與文獻的閱讀。亦指研究者有能力去賦予資料意義，能了解區分相關和無相關的事物，甚至能夠發揮想像的能力，以新的角度檢視所面臨的研究情境與有關的資料。研究者力求所創造出的概念或解釋與實際情境間的平衡。研究者在對資料蒐集與分析後，因為經過與資料不斷的互動而產生理論敏感度。

紮根理論方法的優點在於它的研究步驟嚴謹，提供明確的分析方式，但在形成架構與結果呈現之間又提供了開放的創造空間，讓研究者能夠充分的展現對現象的理解與發現。且紮根理論方法特別適用於過程性的議題，可以將過程的演變與影響過程發生的條件、脈絡、關係結合起來，呈現出現象與其背後的本質。

想要達到這個目標，紮根理論主張三種「編碼」程序。「編碼」原指在計量研究中將資料轉換成數字代碼。但在質性研究中，也將觀察資料進行編碼，把資料分解、概念化，然後再以一個嶄新方式把概念重新組合的操作過程；藉此得由龐雜資料中建立起理論。其中，開放性編碼 (open coding) 涉及編碼過程中最主要的兩個分析程序：不斷比較與問問題。研究者藉此才能建構出紮根理論裡概念的精確性和特殊性。分析工作裡第一要務是將資料轉化為概念，即為概念化資料。

主軸編碼 (axial coding) 是在做完開放性編碼之後，研究者藉編碼典範 (分析現象的條件、脈絡、行動／互動策略和結果)，把各範疇間聯繫起來，於是資料又被組合到一起的過程。選擇性編碼 (selective coding) 主要是選擇核心範疇，把它有系統地和其他範疇予以聯繫，驗證其間的關係，並把概念化尚未全備的範疇補充整齊的過程。

紮根理論方法編碼程序之目的是要由資料中擷取議題，或由幾個鬆散的概念中發展出一個描敘性的理論性架構。

第六節　行動研究

行動研究是在 20 世紀初由美國教育哲學家杜威提出並逐步發展出來的新的研究典範，嘗試將行動與知識探索相結合。行動研究的先驅 K. Lewin 認為，行動研究是由許多迴圈所形成的反省性螺旋。每一個迴圈都包含計畫、行動、觀察和省思等步驟，每一個迴圈會導致另一個迴圈的進行，建構成一個連續不斷的歷程。可以說行動研究基本上不是一種研究方法，而是一種行動的研究策略或實踐性的研究取向。其研究方法視目的與需要而定，可能包含問卷統計、訪談、過程中的記錄等。

行動研究源於杜威，又受到 K. Lewin 的實證主義研究典範的影響，法蘭克福學派的批判理論也對行動研究的發展有所影響；第三世界裡反抗殖民統治的政治社會運動和在中南美洲發展的「受壓迫者的教育學」理念對行動研究也有促進作用。此外，行動研究的發展也受到知識社會建構論及行動科學的發展的影響。

行動研究的主要特徵包括 (見蔡清田，2000)：

1. 以「實務問題」為主要導向：要以各種工具隨時管制研究過程的每一步驟。將由此產生的回饋轉化為變化、適應，有方向的改變或重新定義，以對過程進行改革。
2. 重視實務工作者的研究參與：行動研究是以實務工作者為研究主體，藉實務工作者的親身經驗促成實務工作與情境的改善。從事行動研究的人員就是應用研究結果的人，同時，行動研究的情境就是實務工作的情境。
3. 行動研究的過程重視協同合作：行動研究強調團體成員間彼此的協同合作，由情境內的研究者與情境外的研究者採取一致的行動，分析、研究，擬定系統性的行動計畫方案，以解決問題，並要重視團體行動與組織學習。
4. 強調立即解決問題：行動研究不在確定某一特定的因素，或脫離賦予此一因素意義的情境，單獨來研究這個因素；行動研究是針對每一個特殊的情境去提出特別的解決方法，強調行動研究的結果可立即運用。

5. 行動研究是發展性的反省計畫：行動研究是行動參與者實施的一種形式的、團體的、自我反省的探究，以了解自己的社會實際運作的脈絡，減少扭曲自我了解、壓抑潛能的社會條件。
6. 行動研究所獲得的結論只適用於特定實務工作情境的解放，其目的不在於理論上的概推。
7. 行動研究的結果除了實務工作情境獲得改進之外，同時也使實際工作人員自身獲得研究解決問題的經驗，可以促成專業成長。

行動研究的侷限在於：在現實生活中，不容易實現理想的溝通情境，從而可能難以導出無扭曲的理解與反省。再者，行動研究有點像是單組實驗設計，不同於真正的實驗研究；此外，「霍桑效應」或「自我實現的預言」(self-fulfilling prophecy) 所造成的因果誤判在行動研究中也可能發生，這些都可能使得研究的效度被質疑。

第七節　質性研究方法的品質判準問題

質性研究方法的信、效度問題是個持續的困擾。學者們莫衷一是，有人偏向揚棄信、效度判準；有些人則修改既有的信、效度概念，以適應質性研究方法；也有人嘗試另尋品質判準。

美國教育學者 Y. S. Lincoln 與 E. G. Guba 早期曾指出質性研究的三種基本效度，分別是：1. 可信度 (credibility)，即內在效度，指研究者真正觀察到所希望觀察的；2. 可轉換性 (transferability)，即外在效度，指被研究者的經驗能被有效地轉換成文字陳述；3. 可靠性 (dependability)，即內在信度。

之後 Lincoln 與 Guba 的態度稍有轉變，開始強調研究者對自身視角的自省、自覺、注重被研究者和讀者的聲音，以及研究成果的行動的意義，特別是對人類尊嚴、正義的正面意涵。Lincoln 揚棄實證主義者關於內部效度、外部效度、信度、客觀性的原則，而轉為高舉公平性、真實性 (authenticity) 的原則。總體而言，則是以「值得信任」(trustworthiness) 的原則取代效度的原則。

顯然，質性研究方法的品質判準問題仍然困擾著學者們。質性研究方法的品質判準可能涉及複雜的向度，如：質性研究的可信賴度、圖象完整性、內在邏輯的一致性、與被研究者經驗的一致性、與讀者經驗的一致性、可實踐性等。不過，其實計量研究也不能免於品質判準的困擾。這是所有社會研究、甚至真理追尋者的共同問題。知識界也許過度期盼找到某種方法，並依賴它能保證獲得真理，但尋找真理卻可能是永恆的思辨與自我辯護的過程。

重要名詞

質性研究方法：指關於社會現象的經驗研究較不依賴數量化的資料與分析，而對於現象直接進行質性的描述與分析的方法。

多元方法 (multi-method)：就是將多種研究方法摻合使用的研究方法。

詮釋學 (hermeneutic) 觀點：認為關於人的現象不同於自然現象，沒有一致的研究邏輯；強調行動者會賦予行動以主觀意義，主觀意義可以被理解，研究者必須把握此主觀意義以建構知識。

解釋循環 (hermeneutic circle)：理解沒有絕對的起點與終點，而是整體與部分、前理解與理解不斷互相參證並前進的過程。

民族誌 (ethnography) 方法：原係社會人類學者以參與觀察的方法，對特定文化、群體或社會，蒐集資料、記錄、評價，並以社會人類學的理論來解釋觀察結果的一種研究方法。

深描 (thick description)：對所研究的現象進行整體性的、情境化的、動態的描述。要描述得詳盡、細密，力圖把讀者帶到現場，使其產生身臨其境之感，使讀者對於現象的發展過程產生理所當然的感覺。

紮根理論 (grounded theory) 方法：一種強調「紮根於經驗資料之上的理論建構」的研究方法。

編碼 (coding)：編碼原指在計量研究中將資料轉換成數字代碼。但在質性研究中，也將觀察資料進行編碼，把資料分解、概念化，再以嶄新方式把概念重新組合的操作過程。

行動研究：嘗試將行動與知識探索相結合的新研究典範。

問題與討論

1. 請問質性研究方法相對於計量研究方法而言，有些什麼優、缺點？
2. 請問為什麼要鼓勵使用多元方法？民族誌與紮根理論方法也可以結合嗎？
3. 請試設計一套質性研究方法來描述臺灣社會某一社會運動的過程。

推薦書目

胡幼慧主編，1996，**質性研究：理論、方法及本土女性研究實例**，臺北：巨流圖書。

陳向明，2002，**社會科學質的研究**，臺北：五南出版社。

Denzin, N. K. & Lincoln, Y. S., 1994, *Handbook of Qualitative Research*, Sage Publications, Inc.

Strauss, A. & Corbin, J., 1998, *Basics of Qualitative Research: Techniques and Procedures for Developing Grounded Theory* (2nd ed.), Sage Publications, Inc. (吳芝儀、廖梅花譯，2001，**紮根理論研究方法**，嘉義：濤石文化)

參考書目

周平、蔡宏政，2007，〈日常生活的質性研究〉，**日常生活的質性研究**，周平、蔡宏政編，嘉義：南華教社所。

胡幼慧主編，1996，**質性研究：理論、方法及本土女性研究實例**，臺北：巨流圖書。

高宣揚，1988，**解釋學簡論**，臺北：遠流出版。

陳向明，2002，**社會科學質的研究**，臺北：五南出版社。

蔡清田，2000，**教育行動研究**，臺北：五南。

Denzin, N. K. & Lincoln, Y. S. (Eds.), 1998, *Collecting and Interpreting Qualitative Materials*, Sage Publications, Inc.

Geertz, Clifford, 1973, *The Interpretation of Cultures*, Basic Books.

Jorgensen, Danny L., 1989, *Participant Observation: A Methodology for Human Studies*,

Newbury Park, Calif.: Sage Publications.

Strauss, A. & Corbin, J., 1990, *Basics of Qualitative Research: Grounded Theory Procedures and Techniques*, Sage Publications, Inc. (徐宗國譯，1997，**質性研究概論**，臺北：巨流圖書)

---, 1998, *Basics of Qualitative Research: Techniques and Procedures for Developing Grounded Theory* (2nd ed.), Sage Publications, Inc. (吳芝儀、廖梅花譯，2001，**紮根理論研究方法**，嘉義：濤石文化)

社會學方法論

內容提要

本章主要是介紹社會學方法論的一些議題和立場，並試圖做一些分析和批評。[1] 第一節略述方法、方法論、科學哲學、認識論和存有論等有關概念的意義、關聯，以及分別。主要是定位方法論。第二節檢討傳統的因果觀，並提出一種比較周延的因果觀。第三節概述實證論科學觀的內涵，並加以批判實證論的科學觀。實證論的科學觀主要是由對自然科學的一種詮釋而形成的，並且直接應用到社會科學上。這隱含了一種狹隘的科學觀和科學的單線演化論。第四節簡述社會科學知識與常識的關係和分際。社會科學必須觀照到行為者的主觀詮釋和社會秩序的建構，社會科學知識必須涵攝常識而超越之。第五節討論價值中立的立場和問題，價值中立派主張事實和價值應加以區分以及價值判斷不能從事實分析中得出來。科技的工具性格或兩面性使得科學家的價值立場難以貫徹。第六節討論客觀性的問題。客觀性其實應該說是在科學社群裡研究者之間的互為主體性，是一種研究者之間互相批評的過程及其結果，而不是個人心態的問題。最後一節概述社會科學與歷史學的關係。社會科學需要史學的方法和資料，以加強它的經驗概推；社會科學家更需要歷史意識以便正確地理解及分析他們的問題。

---

[1] 雖然本書是社會學導論，不過在方法論方面有些問題社會學和其他的社會科學一樣，不需要區分社會學與社會科學之間的差別。例如韋伯這方面的一本專著題為《社會科學方法論》，而涂爾幹的專著則題為《社會學方法論》。

第一節 方法、方法論、科學哲學、認識論以及存有論

社會學的方法大體包括兩個方面：研究方法和表述方法。研究方法或稱經驗研究的方法，包括蒐集資料的方法和分析資料的方法。資料蒐集好了之後，要進一步加以分析，才能顯示資料的意義，以幫助理解研究對象。資料的蒐集與分析方法請參閱本書第二十九、三十章。

資料分析完成，研究就告一段落了。下一個步驟就是把分析的結果用某種論述形式表達出來，這是表述的階段。一般稱之為撰寫研究報告。即使研究做得非常細緻成功，如果研究成果表述得不恰當，也是功虧一簣。表述的方法很多，可以根據時間順序來論述，也可以根據重要性的順序來論述，或者根據其他的邏輯來表述。

在此可以舉重要社會理論家馬克思的代表作《資本論》的表述方式為例，在該書他有意識地把研究方法和表述方法加以區分。馬克思花了十幾年的時間在大英博物館尋找、蒐集、閱讀資料，然後寫下大量的筆記 (包括抄錄別人著作的重要片段以及寫下自己的意見)，也常常和恩格斯通信討論問題。上述這些都是他的研究活動，等到研究告一段落之後，對研究對象獲得了某種的理解及洞察，同時也累積了大量的資料。接下來的工作是如何把這些理解或洞察以及大量的資料以一種恰當的論述形式來加以組織及表達，換言之，就是如何撰寫《資本論》。這就是上述的「論述方法」的問題了，論述方法在過程上或邏輯上都不同於研究方法。以下我們可以對《資本論》的論述方法作一個簡單的檢視。

《資本論》第一卷的主題是資本的生產過程，從資本主義社會的商品開始論述，從商品的分析中獲致比較抽象的價值概念 (使用價值、交換價值、價值) 以及貨幣和資本。再進一步論述到他的《資本論》的核心觀念——剩餘價值 (包括絕對剩餘價值和相對剩餘價值)。最後再綜論資本的積累過程 (包括前資本主義的原始積累)。第二卷則是論述資本的流通過程 (循環、周轉)。前兩卷所論述的過程還是片面的、抽象的。到了第三卷，馬克思就開始綜合論述「資本主義生產的總過程」(the process of Capitalist production as a whole)。《資本論》這樣的論述方式可說是由裡及表、由本質到表相、由片面到全面、由抽象到具體、由部分到總體，有它的邏輯脈絡可循。這可以說是《資本論》的表述 (或論述) 方法，以別於它的研究方法。至於它的研究方法則不能不從表及裡、由

表相到本質、由具體到抽象。這也是一般的認識過程，因為人對於對象的理解總是從表面著手，逐漸深入到內在本質；而抓住了內在本質之後，在表述研究結果時，就可以先表述內在本質，再表述外表特徵，重建對象的整體。現代學者殷海光曾把研究活動比擬作戲台的後台，混亂、倉促、講求實際；表述則像是在前台，嚴整、一絲不苟、講求優美，這樣的比擬十分傳神。

對於我們所使用的方法加以說明、論證，以便讓他人明瞭且信服其效度，就是方法論 (methodology)——方法的原理或理論。馬克思在 1857 年草寫的〈導言〉一文 (尤其是其中的「政治經濟學的方法」一節)、法國社會學家涂爾幹的《社會學方法論》(*Rules of Sociological Method*)，以及德國社會學家韋伯的一些文章 (如後來編入《社會科學方法論》的三篇論文) 都是他們個別的方法論的著作，對後代學者影響深遠。實際應用一種方法到研究對象上或資料上與針對此方法本身加以闡明、論證，二者乃分屬不同的層次，前者是方法的實際運用，後者則是方法論。例如馬克思的《資本論》、涂爾幹的《分工論》和《自殺論》，以及韋伯的《基督新教的倫理與資本主義的精神》、《中國宗教》、《印度宗教》等都是實際的經驗研究。當然，這些著作裡面都有運用到一些方法，有些是上述方法論著作所提到的方法，只是在這些著作裡面較少討論方法本身的問題。

如果我們所論述的方法號稱是「科學方法」，那麼它的方法論就牽涉到科學哲學 (philosophy of science) 的問題了，例如：「科學」是什麼？是一種知識，或是一種方法，或是一種態度，或是一種過程，或者以上都是；相對於非科學的知識和方法，科學知識及科學方法有何特徵？自然科學和社會科學 (或文化科學) 有何異同？科學理論的結構和功能為何？

再者，科學哲學其實又牽涉到認識論或知識論，亦即關於人類認識或知識的一些更基本的問題及其解答，例如：人類認識的能力及其極限，知識的形式或種類及其基礎。

而一種知識論終究還是預設了某種本體論，亦即關於研究對象之本質的討論。因為方法的設計基本上是根據研究對象的性質或特徵，不可能會有一種普遍有效的方法，可以運用到任何的對象上。所以研究對象之本質的討論在邏輯上應該是優先於方法以及知識的討論。

本節論列了從方法、方法論、科學哲學，到知識論、本體論的抽象位階，將方法論加以定位，讓讀者對本章的旨趣和範圍可以有一個初步的認識。

第二節　科學因果觀

本節所說的「因果」指的是經驗世界中的一種屬性 (能力) 和關係，至於是什麼樣的屬性和關係，就是本節所要說明的。

按照正統的說法，簡而言之，兩種現象之間若要確定有因果關係，其一必須二者有共現或共變的關係，例如每次聽到汽笛響了之後，就看到火車出現，屢試不爽；又如統計發現教育程度較高的夫婦，其子女數較少，我們或許就可以判斷二者可能有因果關係存在。其二是兩種現象發生的時間順序，發生在前者才可能為因 (cause)，在後者為果 (effect)。因此汽笛聲響為因，火車出現為果；教育程度 (人們通常是先受教育，再生育子女) 為因，生育子女數為果。當然，以上的說法並不排除一因多果、多因一果或多因多果等情況。正統的因果觀強調外在的關係，共變或共現的關係和時間先後順序都是外在的關係。

從另一個觀點來看，因果的內在關係可能更重要，外在關係只是有條件的、適然的 (contingent)。例如嫖妓「可能」得愛滋病，輸血也「可能」得愛滋病，二者符合前述的共變或共現關係 (只是相關程度大小的問題而已) 和時間順序的條件，不過針對因果的外在關係來研究，最多只能得到一個或然率或者相關係數，顯示何者與得到愛滋病較為相關。關鍵在於愛滋病實體 (已知是一種濾過性病毒) 的性質，由於它的屬性或結構而包含了一種因果力 (causal power)，透過某種機制和過程 (如破壞人體免疫力)，而造成某種結果或事件 (五年後發病死亡)。在此必須注意的是，一個因果力之所以能造成某種結果，必須有一些經驗條件的配合。例如三個人同樣感染愛滋病毒，由於身體狀況不同 (染色體、遺傳基因等等)，一位五年病發死亡，一位十年病發死亡，另一位卻一直安然無恙。這三種不同的結果或事件主要是由於不同的經驗條件 (身體狀況) 所造成的；愛滋病毒的因果力是一樣的。所以在這個問題上，一方面要研究愛滋病毒的因果力及其運轉機制，另一方面要研究此研究對象在各種不同經驗條件下，發生的不同結果或事件。這樣的因果觀一方面顧及研究對象本身的特質或傾向；另方面顧及外在經驗條件的不同。前者是抽象的、理論的研究；後者是具體的、經驗的研究。

第三節　社會科學和自然科學的關係——實證論的問題

社會科學和自然科學的異同和關係是社會科學方法論的一個重要議題。「社會科學」概念之提出主要就是受自然科學 (尤其是物理學、化學) 的影響。西方從 16、17 世紀以降，在自然科學領域有許多重大的進展，於是有一些哲學家如培根 (Francis Bacon, 1561-1626)、霍布士 (Thomas Hobbes, 1588-1679)、孔德 (August Comte, 1798-1857)、密勒 (John S. Mill, 1806-1873) 等，一方面對自然科學的方法和理論建構進行總結和反省，另一方面主張按照自然科學的模式來建立社會科學。這可以說是實證論的歷史根源。

如前所述，社會學主要是一門經驗科學，從事經驗研究，而且為求精確及實際應用，也盡可能加以數量化。因此，各種調查 (例如民意調查) 大多用統計學來處理它們的結果 (例如 90% 的受訪者贊同老人年金制，10% 沒有意見)。經驗研究深具實用價值和科學價值，無庸置疑。在此所要討論的以及真正關切的不是經驗研究本身的問題，而是對這樣的經驗研究應該如何看待以及如何定位。如果認定這樣的經驗研究就是社會學的全部，其他的研究類型都是「不科學的」；如果認為能化成變項或變數的因素才可加以科學研究，這些都屬於實證論的態度。在這種態度背後有一些關於科學或社會科學的預設，例如科學等同於某種類型的經驗研究，以及社會科學若要成為一門科學有其必由之途徑，即往數量化的方向發展，否則就不能成為一門科學。

從理論上來說，實證論大致可以從幾方面來理解。一方面是關於科學或科學知識的地位，從實證論的觀點來看，科學知識 (依照它所界定的科學) 乃最高級或最進步的知識。例如孔德人類進步的三階段——神學的、玄學的、科學的——以科學為人類心智發展的最高階段。

另一方面是關於科學知識之性質及結構的詮釋。依實證論而言，科學知識是建基於對經驗現象的觀察或實驗，這些觀察或實驗的結果構成了基本的科學事實或命題。由此而進一步加以概推，形成假設，而後加以驗證。若驗證的程度高就可以稱之為經驗概推 (empirical generalization) 或定律。由若干有關的經驗概推或定律即構成理論。這樣的理論結構比較具有邏輯性，甚至可以做邏輯推演，因而可以用來說明和預測事實，這也是科學理論的主要功能。

實證論所謂的「科學」其實主要是指德國著名理論家哈伯馬斯 (J. Habermas) 所說的「經驗性－分析性的科學」(empirical-analytic sciences)，

這種科學乃基於「技術性的認知興趣」(technical cognitive interest)，亦即想要對世界過程加以操控，以滿足人類的需求，或達到人類的目標。這需要透過建立律則性的知識來達成。哈伯馬斯認為除了「經驗性－分析性科學」之外，尚有「歷史性－詮釋性的科學」(historical-hermeneutic sciences) 和「批判性的科學」(critical sciences)，前者是基於「實踐性的認知興趣」(practical interpretive understanding) 以及達成共識；後者則是基於「解放性的認知興趣」(emancipatory cognitive interest)，想要對人文社會現象進行反省和批判，以便從人類心理、社會、歷史的束縛中解放出來。而上述三種認知興趣又是分別從社會生活的三種要素——勞動、互動、權力——衍生出來的。人類出生之後由於有生存上的需要，遂需要勞動以及與他人互動；又由於勞動和互動遂發生人與人之間支配和被支配的關係，即權力關係。在這三種生活需求之下，人類遂發展出上述三種認知興趣，也可以稱之為三種世界取向 (world orientation)，因為這決定了人在世界上的知覺或注意 (所謂選擇性的注意)。哈伯馬斯的知識論架構可以列表如表 1 (黃瑞祺，2007：12，33)：

表 1　哈伯馬斯的知識論架構

知識形式	資訊	解釋	批判
	↑	↑	↑
方法論架構	律則性假設的檢證	作品的解釋	自我反省
	↑	↑	↑
學科類別	經驗性－分析性的學科	歷史性－詮釋性的學科	批判取向的學科
	↑	↑	↑
認知興趣	技術的興趣	實踐的興趣	解放的興趣
	↑	↑	↑
取向 (關注)	技術性的控制	互為主體的理解	解放、自主、負責
	↑	↑	↑
行動類別	工具性的行動	溝通行動	被有系統地扭曲的溝通
	↑	↑	↑
生活要素	勞動	語言 (互動)	權力 (支配)

哈伯馬斯發展的這個知識論的架構，一方面對科學做一種廣闊的解釋，不以單一標準 (數量化或經驗研究) 來界定科學，也不以自然科學為標準來規範社會科學的「科學性」；另一方面哈伯馬斯把科學或知識關連到人類的認知興趣和生活。科學知識終究是根源於人類生活的需要，對於科學知識的檢討因而必須落實在生活上。

實證論的科學觀的一個毛病就是太狹隘，它一方面是從研究自然科學得到的結果，想要套在人文社會科學上頭；另一方面，即便就自然科學而言，實證論的科學觀也太刻板了。因為科學活動除了個別的科學研究者、事實、假設、定律和理論之外，還牽涉到一個科學社群 (scientific community)——即科學研究者之間溝通交往的關係網絡——以及此科學社群所共信共守的一套範型 (paradigm)。此範型係指某一學科裡的一些基本概念、符號、信念、價值觀、範例等等，這些是無法驗證的，而且根本上決定該學科的研究活動。

再者，把科學知識當作最高級或最進步的知識，乃是根據單一標準來做判斷，而且隱含著單線的演化觀，似乎越現代的東西就是越高級或越進步，似乎所有的知識都要朝向這個方向發展。其實人的生活是多彩多姿的，知識也是多樣的，因而需要多元的標準來衡量。有的科學哲學家借用哲學家維根斯坦 (Ludwig J. J. Wittgenstein) 的概念「語言遊戲」(language games) 來說明這種多元的情況，把語言比擬作遊戲，各種遊戲有它們各自的規則，自成一套，例如象棋、圍棋、西洋棋等等，很難比較高下。各種語言也有它們各自的規則 (文法)；而各種知識 (包括科學、宗教、常識等等) 就像各種語言遊戲一樣，有各自的規則和標準，很難比較優劣。

第四節　社會科學知識和常識

社會科學乃研究人類社會世界或日常生活的世界。自然事物 (例如一個原子) 不能詮釋它自己的行為，要依賴人來加以詮釋；然而人是可以自我詮釋的，也可以制訂法律規章，治理自己，建立社會秩序。社會世界的這一個特性是社會科學家必須掌握的，他固然可以從他的理論架構來詮釋人的行為，不過他得先理解人對自己行為的詮釋，以免發生誤解或曲解；他固然可以根據他的理論和方法來探尋社會世界的秩序或規律，不過他得先理解人們自己原來所建立起來的社會秩序。當然，社會科學可能不會完全侷限於對行為者的自我詮釋和社會秩序的描述，否則社會科學就等同於常識了。不過如果完全忽略了行為者的自我詮釋和社會秩序的建構，社會科學的基礎是不牢固的。

因此，社會科學就不能不顧生活世界中的常識——人們共同擁有的實用知識，這種知識是社會人用來自我詮釋以及當作行為之媒介的。譬如在我們的社會裡，論資排輩、長幼有序之類的禮節 (包括稱謂、措辭) 可以說是常識的一部分，而且和我們的社會行為有密切的關係。一個人若不懂得這一套禮節，會被人說是「不懂人情世故」，甚至「不懂事」。這是我們所謂「做人」的一部分，這「做人」也是我們社會中的實用知識。再者，一套或若干套的語言可說是這種常識的重要組成部分，在臺灣社會裡，國語大約佔有這樣的地位，閩南語也逐漸佔有這種地位。在這個社會生活的難易，和你掌握這套常識的能力有著密切的關係。

總而言之，社會科學應該探討日常生活世界的結構或秩序，理解行動者對自己的行動、對他人的行動、對生活世界等的詮釋。此種詮釋不僅僅是行動者個人的主觀詮釋，也是人們在日常生活世界中共同分享的，或稱之為互為主體的 (intersubjective)。與此相關的，社會科學的知識不能獨立於生活世界中的常識，而必須預設之。這就是為什麼社會學家舒茲 (Alfred Schutz) 說社會科學的建構乃第二層次的建構 (Constructs of the second order)，必須建立在第一層次的日常生活世界的建構之上。這一點是社會科學和自然科學不同之處。

不過社會科學也不能只以描述日常生活世界以及理解行動者的主觀意識為滿足。換言之，社會科學知識不能完全等同於生活世界中的常識，否則科學與意識形態在概念上難以分別，科學 (知識) 也因此顯得多餘了，因為有常識就足夠了。意識形態牽涉到社會關係中的立場和利害，主要是從行動者的意識或觀點來看社會世界，因而經常流於表面。社會科學如果不要完全等同於意識形態的話，就要有它自己的立場和興趣，這或許可以套用舒茲以及法國馬克思主義者阿爾都塞 (L. Althusser) 的說法，稱之為「理論性的立場和興趣」。從這種興趣和立場來看，經常能看到生活世界的行動者所看不到的事物。我們認為，社會科學 (的知識) 在認知上應該要能超越生活世界中的常識或意識形態，進而能掌握到比較深層的關係和結構，甚至據此而對錯誤的意識或意識形態加以批判。誠如馬克思所說的：「如果事物的表現形式和事物的本質會直接合而為一，一切科學就都成為多餘的了。」常識或意識形態只能抓到事物的表象，而為表象所誤導；科學才能掌握事物的本質及其表象之所以然的原因。

第五節　社會科學和價值判斷——價值中立的問題

價值是社會科學裡的一項重要題材，因為它是人的行動和社會結構中的一個基本要素。可是價值是什麼呢？它可以說是人們追求的方向 (所以有時

候稱之為價值取向 [value orientation])，例如功名、財富、權力、知識等等都是重要的社會價值。價值也是人們判斷事物好壞或可欲不可欲 (desirable or undesirable) 的一個標準，所以我們說價值標準和價值判斷。社會科學與價值或價值判斷之間的關係則是方法論和科學哲學上的重要主題。社會科學和價值之間有什麼關係呢？社會科學家身為社會科學家可不可以做價值判斷？

社會科學裡有一種流傳久遠而且經常聽到的說法：社會科學提供的是事實陳述 (factual statements)，而不是對事態做好、壞的判斷。這雖然是一種過於簡化的說法，不過也指出了一種立場和一個重要議題。這種立場就是所謂的「價值中立」[2]，最有名的倡導者乃韋伯 (Max Weber, 1864-1920)。這種立場基本上就是把事實和價值分開，主張價值判斷不能直接從事實分析中得出。科學所處理的乃事實分析，而不是價值判斷。(Weber, 1949: Ⅰ, Ⅱ; Käsler, 1988: 184 ff.)

主張價值中立者當然知道：社會科學和人類的價值分不開，一方面，價值也是社會科學的研究題材之一，例如民主、自由、人權、秩序、科學、財富、聲望等都是某些人們所追求的價值，也是社會科學探討的題材。另方面，人的行為乃至社會文化現象都直接或間接牽涉到或關連到某種價值，這也是韋伯所說的「價值關連」(value relevance)。社會科學既然是研究人的行為以及社會文化現象，就不能忽略價值。韋伯雖然承認社會科學有價值關連，此關連甚至會影響到題材的選擇；他堅決反對社會科學家以社會科學家的身分直接做價值判斷。因為價值關連可以是內在於研究對象的，為研究對象的一部分；而價值判斷則是研究者所加諸的，乃研究者之人格的一部分。例如一位研究者選擇研究「臺灣的政治民主化——1980-1990」，在此，民主是也應該是他的研究對象——臺灣民眾——所追求的價值，民主是內在於他的研究對象的。換言之，只要對這一段時期臺灣的政治生活有所理解，就自然能凸顯民主的主題。所以價值關連有其客觀性。價值判斷則是研究者身為研究者表達他自己的好惡或研究對象的可欲或不可欲。科學研究和分析並沒有使科學家更有資格做價值判斷，所以不能以科學家的名義來做價值判斷。這也就是前述的價值和事實截然二分，價值判斷不能直接從事實分析中得出來。

主張價值中立是否會使得社會科學家無法藉他的研究來保衛人類所珍視的價值，如前所述及的自由、民主、人權等價值，因而陷入一種無力感或虛無主

[2] 這個名詞與「價值自由」、「倫理中立」大約同義，可以交互使用。

義？如此一來使得社會科學研究似乎與人類價值沒有什麼掛搭，處於一種價值真空的狀況。這是常見的對價值中立的一種質疑。

其實價值中立本身就是一種價值立場，肯定及追求純知識的價值，企圖排除現實的利害、意識形態、權力等的影響。所以它還是有所肯定、有所執著，絕不是一種虛無主義。

再者，現代自然科學自誕生以來，雖然它本身貫注於理論知識或純知識的發展，結果卻幫助塑造了現代社會，開發資源，利用厚生，產生了應用科學和現代工業，增進現代人的舒適便利。可是生產的科學化和工業化也同時伴隨著戰爭的科學化和工業化，軍事工業乃現代工業的一個重要部門。人類對兩次世界大戰記憶猶新，又要面對核子戰爭和環境污染的威脅。這些都是西方 16 世紀以來自然科學發展的直接或間接的結果。無怪乎有人把現代社會稱為「風險社會」(risk society)，這種風險主要是科技所帶來的，例如俄國車諾比和美國三浬島的核子發電廠的意外事件、印度杜邦化學工廠的外洩事件，以及臺灣的輻射鋼筋的問題，至於車禍和空難的事件就不必說了，這些都是現代人在現代社會所面臨的風險，從而成為現代文化的一部分。所以，自然科學發展的結果不能說是「價值中立」的，它對於現代人和現代社會有種種的影響和後果，有些是正面的、有些是負面的，有些是福、有些是禍。

價值中立的主張是可以理解的，而且在相當程度之內也可以接受。因為一項科學的發現或發明可能有多種用途以及多種後果，科學家即使願意也無法替這些用途和後果負責。核能可以用來發電或其他生產性的用途 (雖然它的安全性一直有所爭議)，也可以用來製造核子武器。戰爭的工業化和生產的工業化同樣是工業化的結果，也同樣是科學的結果。這些結果有些甚至不是相關的科學家始料所及的，如何能叫他們負責呢？從這個意義來說，科學家身為科學家似乎應該遵守價值中立。至於科學的發現、發明或科學作為一種社會存在，身為公民或社會人當然可以做價值判斷，因為社會資源或預算支不支持某一項科學研究，和人們認為該項研究有沒有價值有關，在這裡就不能講價值中立。

價值中立在社會科學裡也同樣有上述的問題和考慮，或許更為複雜，因為社會科學牽涉的社會價值更多。人們可能更為期待社會科學家採取價值立場，以期避免科學研究的負面後果，進而保衛人類的重要價值。可是如上所述，一項科學成果有很多可能的用途及後果，這些用途及後果相當程度是獨立於原發現者的，甚至是他始料所未及的。

所以，要求科學家採取價值立場，並不能改變科學的工具性格或兩面性(像雙鋒利刃一樣)。想要比較明智地發展科技，必須使決策過程合理化或民主化，讓科技的運用和發展控制在絕大多數民眾的共識底下，讓大眾明瞭這其中所牽涉到的公共抉擇及其後果；而不是掌握在獨裁者手上，也不是在利益集團手中。這就要有一個開放的社會和通暢的溝通管道來凝聚一個社會的共識，這是使公眾成為科技之主人的先決條件。

第六節　社會科學和客觀性

談科學和客觀性，乃是針對科學之研究成果是否具有普遍性，還是會因人而異。科學研究的結果是某一位或少數幾位科學家製作出來的，經過其他科學家認可之後，可以說是暫時具有某種的「客觀性」，亦即超乎各個人的主觀意識或意志，而在某些科學家之間具有共識。科學的這種客觀性究其實應該稱之為「互為主體性」，因為這是透過科學家們各個人的判斷、批評和認可而獲致的。所以，科學的客觀性可以理解為科學家們個別之主觀性的交集，而且此交集是一種動態的，會因互相之間的辯論、批評和認可而轉變。換言之，科學客觀性絕不是寄託在各個科學家的心態上或觀念上 (所謂具有客觀的心態或眼光)，而是要預設一個科學社群，在其中科學家之間可以互相討論、監督，互相批評研究成果，使研究成果中所含有個人主觀偏誤的成分，消除到最少。總而言之，科學的客觀性不是個人的一個屬性，而是科學社群的一種社會過程(有合作、競爭、衝突等)，由此更可以看出科學是一種公共的、集體的事業。

以上所述的客觀性概念可以適用於一般科學之上。不過「社會」科學的客觀性有它本身的考慮和問題。社會科學家研究的對象往往包括他們自己在內，例如一位華人心理學家研究華人的性格，他們的研究結果因而也可適用在他們自己身上。如此一來，研究的主體和研究的客體 (或對象) 就混而為一了。研究的主體和客體合而為一乃社會研究的一個典型特徵 (paradigmatic characteristic)，所以我們還是得問：這種的研究能否達到所謂的客觀性？如果我們是以上述客觀性的概念來判斷的話，這種研究應該也可以達到客觀性。因為上述的科學客觀性是關連著一個科學社群，或者說是相對於某一群人，例如華人心理學家對於這個主題或許會有一些共同的傾向或偏誤，在此，非華人的心理學家可以提供一個對照或矯治，相對而言，華人心理學家由於種族或文化方面的背景，對這個主題或許可以有一些洞察或慧見。這可以說是「局內人觀點」(insider's perspective) 和「局外人觀點」(outsider's perspective) 的辯證，有助於認識的深化。

如果一個科學社群裡頭，在某一個時代全部或者大部分的成員 (科學家) 都認可的一個研究結果或結論，如牛頓力學的三大定律、愛因斯坦的相對論，就是「客觀的」結果。至於此科學社群的範圍到底有多大、包含那幾種成員等，則都是次要的問題，因為除了科學社群的共同認定之外，沒有任何外在自存 (獨立於人群社會之外) 的標準。任何標準都是人訂的，也是要透過人來運作。這可以稱之為科學客觀性與社會 (或社群) 之間的內在關聯。

再者，誠如上節所述，社會科學的研究題材都是價值關連的，這會不會影響到社會科學研究結果的客觀性呢？例如研究色情或雛妓的現象，會不會受到研究者觀念或態度的影響？如果按照我們所理解的客觀性，基本上是不會有什麼影響的。因為若是受研究者個別之觀念或態度的影響，則可以預見會在學術互動的過程中受到批評，從而消除其影響；若是由於研究者之家族背景、種族背景、性別、國籍等的因素，而影響到研究結果的客觀性，也可能在學術互動的過程中被發現，而受到批評，進而消除其影響力。因此，科學社群的正常運作，在一個長遠的過程中，應該可以逐漸建立科學研究結果的客觀性。

第七節　社會科學和歷史學

社會科學以目前的發展形式而言，比較偏重現代工業社會的結構和變遷。就現代社會科學的方法而言，如問卷調查、模型建構、變數分析等，也是比較擅長於研究現代社會的橫剖面。而對於社會變遷的經驗研究，也是侷限於幾年或一、二十年的期間。大體而言，社會科學 (除了少數邊界領域如歷史社會學之外) 比較缺乏對歷史的關注和歷史意識。再者，社會科學基本上還是基於理論的興趣，想對社會現象做概括論斷 (例如：團體的凝聚力強，自殺率就低)，進而建立理論，畢竟科學還是以理論為核心的。因而常被詬病為「急於概括論斷，忽略歷史細節」。

歷史作為一門學科，乃研究人類社會的縱貫面，想要「窮古今之變」。歷史有所謂史料、史學和史識之分。史料注重史實的發現和考證；史學乃有關歷史演變或歷史因果的連貫敘述；史識則是有關歷史識見 (vision) 或歷史意識。

這三方面都有值得社會科學借鏡之處。如前所述，社會科學比較注重橫剖面的研究和資料，這樣也使得社會科學的概括推論和理論比較缺乏歷史的深度和保證，很容易被歷史事實所推翻。因此，注重史實，善於利用歷史文獻法和史料學，對社會科學大有幫助。

再者，社會科學家也需要歷史意識，以便對他的研究問題和研究對象作定位及詮釋。現代社會文化乃歷史發展的一個階段性的結果，有它的來龍去脈，若撇開歷史，對現代社會文化的理解必定不能透徹。一位歷史社會學家亞伯拉斯 (Philip Abrams) 說過：「試著扣問有關當代世界的一些重要問題，看能不能沒有歷史性的解答。」看看中東戰爭、北愛爾蘭問題、美國的種族問題、東西德的分合、南北韓的問題，台海兩岸的統一問題以及臺灣內部的統獨爭議，的確需要對其歷史有所理解，才能理解問題之所在，進而找尋可能的解答。英國當代最著名的社會學家紀登斯 (Anthony Giddens) 甚至說：「社會科學與歷史學之間其實根本沒有邏輯上的或者方法論上的區別。」其實連現代科學本身也是歷史發展的一個結果，若缺乏這種歷史性的自我意識，現代社會科學必將陷於孤絕自大。

晚近歷史社會學 (historical sociology) 的復興，代表了社會科學和歷史結合的一個例子。其實早期社會學和歷史的結合是很密切的，想想看馬克思的《資本論》、《路易波拿巴霧月十八》，韋伯的《基督新教的倫理與資本主義的精神》、《社會經濟史》、《宗教社會學論文集》，托克維爾 (Alexis de Tocqueville) 的《美國民主》等，都是具有歷史取向的社會學著作。其後美國社會學崛起，米爾斯所謂的「大理論」(grand theory) 和「抽象經驗論」(abstract empiricism) 互相對立，歷史取向或歷史意識消失了。1980 年代以來，歷史社會學又逐漸成為顯學，這是十幾年來一些重要的歷史社會學者努力耕耘的結果。穆爾 (Barrington Moore) 的《獨裁和民主的社會根源》(1966)，華勒斯坦 (Immanuel Wallerstein) 的《現代世界體系》(1974, 1980)，司寇契波 (Theda Skocpol) 的《國家和社會革命》(1979)，麥克曼 (Michael Mann)《社會權力的來源》等著作就是此一發展的幾座重要里程碑。

第八節　結論

總體而言，本章所論述的社會科學方法論有三層特性：人文的、批判的、歷史的。重視社會科學和哲學的關係；強調日常生活的世界，以之為社會科學的基礎；再者，從科學社群的結構來解決科學客觀性的問題；這些都是人文的取向。不過社會科學也不能僅止於描述日常生活世界，必須超越常識或意識形態的觀點，而能掌握日常生活世界的深層實在或深層結構。透過這一層的理解，可以回過頭來對於常識或意識形態展開批判。再者，本章引哈伯馬斯的知識論，把知識關連到人類的認知興趣和社會生活，開展出一個廣闊的知識架構，從而對實證論的科學觀展開批判。這是批判的取向。最後，但絕不是最不重要的，社會科學家需要有歷史意識，才能體認現代世界和現代社會科學都是歷史的產物，有它的來龍去脈；社會科學也需要歷史學的方法和資料，來建立或考驗他們的理論。這是歷史的取向。

重要名詞

方法論 (methodology)：關於研究方法或技術的原則或理論，方法論比方法或技術抽象一層。

實證論：以自然科學當作社會人文科學的模型，以發展社會人文科學。

價值中立：主張科學只做事實分析而不做價值判斷，這個主張預設了事實與價值可以分離。

互為主體性：主體對主體 (相對於主體對客體) 的態度及關係。

問題與討論

1. 實證論的科學觀要旨是什麼？你贊不贊同？為什麼？
2. 什麼是「價值中立」？你贊不贊同？為什麼？
3. 社會科學可以和歷史完全分開嗎？為什麼？

推薦書目

Aron, R. 著，齊力、蔡錦昌、黃瑞祺譯，1986，**近代西方社會思想家**，臺北：聯經。

孔恩 (Thomas Kuhn) 著，王道還編譯，1989，**科學革命的結構**，臺北：新橋譯叢。

黃瑞祺，2007，**批判社會學** (修訂三版)，臺北：三民。

Käsler, Dirk, 1988, *Max Weber: An Introduction to His Life and Work*, Cambridge: Polity Press.

Sayer, Andrew, 1984, *Method in Social Science*, London: Hutchinson.

參考書目

Aron, R. 著，齊力、蔡錦昌、黃瑞祺譯，1986，**近代西方社會思想家**，臺北：聯經。

孔恩 (Thomas Kuhn) 著，王道還編譯，1989，**科學革命的結構**，臺北：新橋譯叢。

李沛良，1988，**社會研究的統計分析**，臺北：巨流。

黃瑞祺，2007，**批判社會學** (修訂三版)，臺北：三民。

Käsler, Dirk, 1988, *Max Weber: An Introduction to His Life and Work*, Cambridge: Polity Press.

Sayer, Andrew, 1984, *Method in Social Science*, London: Hutchinson.

Weber, Max, 1949, *The Methodology of the Social Sciences*, New York: Free Press.

社會理論

內容提要

本章從社會學的知識體系和學術制度檢視十一位重要的社會理論家：五位歐洲古典社會理論家：孔德、馬克思、涂爾幹、韋伯、齊美爾，兩位美國社會理論家：帕深思、墨頓，以及四位歐洲當代社會理論家：傅柯、布希亞、哈伯馬斯和紀登斯。本章不採傳統觀念史或思想史的寫法，而是用知識社會學或社會學的社會學的觀點來看上述理論家的貢獻。

第一節　社會學的社會學

探討社會學史時應以思想家 (其重要性是眾所周知的) 為經，而以知識體系和學術制度為緯。本節探討社會學史，並不專注思想或知識的發展，而對於學術 (學科) 制度的發展尤為重視，例如課程的設立、系所的建立、期刊及出版的推行、學會的創建、學派的創立、思想家的社會網絡等等，影響學術甚鉅。這是知識社會學 (在此確切而言可說是社會學的社會學 [a sociology of sociology]，作為知識社會學的一個分支) 的觀點。思想或知識的創發固然有其機緣或運氣的成分，學術制度的發展也需要機緣，涂爾幹開設第一個社會科學的課程、創立《社會學年鑑》、涂爾幹學派；韋伯參與《社會科學學報》及德國社會學會的運作；紀登斯等人創立「政體出版社」(Polity Press) 以及由此而建立的學術網絡，對學術的推展或他們宣稱的「嫁接英美與歐陸學術思想」有不可輕忽的影響。有些思想家如孔德、齊美爾就沒有這個機緣，他們被正規學院所排擠；馬克思也沒有這個機緣，進不了學院而走上革命思想家的道路。

第二節　古典社會學理論

一、孔　德

法國哲學家孔德 (August Comte, 1798-1857) 先是創用「社會物理學」一詞，用以指稱一門研究社會生活的科學，因有人使用同樣名詞，遂結合拉丁文與希臘文改稱為「社會學」，孔德也因而被尊稱為「社會學之父」[1]。孔德把社會學分為靜學和動學，前者指社會體系中不同部門之間的關係及互動；後者主要關注社會的發展及變遷，孔德相信任何社會都要經過某些固定的發展階段，並逐漸臻於完善。換言之，靜學研究秩序，動學探究社會進步。社會靜學與動學之分和現代社會學的社會結構與社會變遷之分有點類似。

孔德旨在建立一門研究社會的自然科學，尋求發現社會生活的定律 (社會秩序及社會進步的定律)，和自然科學雷同。他倡導用「科學方法」來研究社會生活，諸如觀察、實驗和比較，不過社會學獨特的方法卻是歷史 (比較) 方

[1] 這個說法現在社會學者多不在意了，一方面孔德對現代社會學的影響已微乎其微，另一方面社會學之父 (或其他智識學科之父) 可以是多元的，例如韋伯、涂爾幹、馬克思等同時都可以稱之為社會學之父。

法，對於人類歷史演化的不同階段加以比較。

他運用歷史比較法建立「人類進步三階段定律」，即人類心靈 (表現在知識的每一個領域) 經歷了三階段的演化：神學的或虛構的、形而上的或抽象的，以及科學的或實證的。每一個知識領域先後經歷這三個階段，天文學最先，物理學、化學、生物學隨後，最後是社會學。在這個「科學的階層」中，社會學是處於最高的位置，最為複雜，依賴其他科學的發展。

他出版了《實證哲學教程》(*Cours de philosophie positive*) 一書，後世也稱之為「實證主義之父」，可說開社會科學中實證主義的先河，其後實證主義迭有發展，漸臻精緻。孔德一生一直無法在學院中獲得正式的教職，收入微薄而不穩定，不過在他的晚年卻獲得相當的盛名及信徒。1848 年他創立「實證主義學會」(Societe Positiviste) 以傳播他的學說。總體而言，孔德是學院體制外的思想家，雖然思想比較自由，不過卻無法有個安定環境來研究及寫作。

二、馬克思

德國思想家馬克思 (Karl Marx, 1818-1883) 一輩子研究的課題就是資本主義體制及其超越，和生活在此體制中的人的命運。從《經濟學哲學手稿》到《資本論》都圍繞著這個主題，所以經濟學哲學手稿最有名的篇章即〈異化勞動和私有財產〉及〈共產主義〉等，而《資本論》則依次論述資本主義的生產過程、資本的流通過程和資本主義生產的總過程，以及歐洲從封建社會到資本社會的歷史轉變過程。《資本論》是他一生關注及研究的焦點，不幸生前只出版了第一卷，二、三卷是由恩格斯整理馬克思的遺稿編訂而成。

他的歷史唯物論的觀點，亦即以分析一個時代的經濟結構作為分析該時代的基礎，影響社會學甚鉅。一個時代生產力的發展階段決定了生產關係，亦即生產過程中的階級及階級關係。生產力固然是歷史及社會變遷的動力，階級則是社會變遷的施為者。生產力是一個舞台，階級是演員，階級鬥爭則是永恆的戲碼。

他的剝削和異化的概念仍為社會學者所津津樂道。馬克思認為對直接生產者的剩餘價值的剝削是資本累積的秘密，剩餘價值就是在雇傭勞動中，直接生產者所生產的價值超過雇主所支付的價值的部分。這部分被雇主所剝奪了。這也是異化的根源，直接生產者生產卻不能獲得他的產物，遂與勞動產物異化了，因而也與生產過程、雇主、其他生產者、甚至人性異化了。剝削和異化是帶有道德和價值預設的概念，因而是帶有批判性的概念。

馬克思大學時代在柏林與青年黑格爾學派交往密切，參加非正式的「博士俱樂部」(Doktorklub)。這些人立場邊緣、思想激進、時有反宗教傾向。馬克思雖然獲得耶拿大學哲學博士卻無法到大學任教，主要是因為思想激進。他先替科隆的萊茵日報撰稿，表現出色，十個月後接任主編。由於報紙論調激進而受到普魯士政府打壓，馬克思遂去職了。1843 年馬克思與新婚妻子前往巴黎，在巴黎待了兩年，接觸一些社會主義、自由主義學說，結識一些激進分子如巴古寧、海涅、普魯東等，並開始與恩格斯一輩子的友誼。馬恩兩人合寫的《共產黨宣言》於 1848 年革命前夕寄到了倫敦發表。革命失敗之後馬克思流亡到倫敦就長期失業了，變成社會邊緣人，生活甚至陷於極度貧困，主要靠恩格斯接濟。

三、涂爾幹

法國社會學家涂爾幹 (Emile Durkheim, 1858-1917) 提出社會學作為一門科學的研究領域、題材以及方法。他認為社會學有獨特的研究對象，就是自成一格的「社會事實」(social fact)。社會事實即「行動、思維、感覺的方式，具有外在於個人意識的客觀性質，而且對個人具有強制力」(1982: 51)。他用外在性及強制性來界定他所謂的「社會事實」，他以法律系統為例，對個人而言，法律是客觀的社會事實，外在於個人且對個人具有強制約束力。不過涂爾幹後來對他的想法有所修正，認為社會事實 (特別是道德規則) 只有內化到個人意識才能有效地引導及控制行為。以這種意義而言，社會是「某種超越我們，卻內在於我們的現象了」(1953: 55)。這是對極端之社會實證論的一個修正，從純粹外在特徵轉變到兼顧內在情況。涂爾幹認為社會現象就是一個獨立的研究領域以及說明的層次，他曾說：社會事實的原因應求之先行的社會事實，而不應求之於心理現象或生物現象。

作為一位社會學者，涂爾幹主要關注團體和結構的特徵，而非個人屬性，而此特徵會影響到個人行為。譬如他研究「自殺率」，而不是個別的自殺事件 (incidence)，自殺率是團體或結構的一個變項，是一個社會事實，和個人的自殺行為不在同一個分析及說明的層次上。涂爾幹認為一個團體或結構的凝聚力 (性)(cohension, solidarity) 與自殺率有相關，他區分不同類型的自殺率，諸如自利型自殺、利他型自殺、混亂型自殺，各種形態的自殺率與凝聚力的關係不一，例如凝聚力越強自利型自殺率越低，利他型自殺率越高；凝聚力越低自利型自殺率越高，混亂型自殺率越高等。他的《自殺論》(*Le Suicide*) 是社會學經驗研究的經典著作。

此外，他的《社會學方法論》一書，詳細表述他對社會學的構想，關於社會學的題材——社會事實、社會學的方法、社會學的說明——功能說明等等。《分工論》則是他的博士論文，他區別「機械連結」(mechanical solidarity) 與「有機連結」(organic solidarity)，前者指一個社會的整合是基於價值共識，後者指一個社會的整合是基於結構整合 (差異及分工)。《宗教的基本形式》是他晚期的主要著作，一個基本觀念是宗教是社會的再現或化身，人們聚集崇拜神其實是崇拜社會力，乃至崇拜他們自己，神是社會力的投射。

涂爾幹是典型的學院派社會學者，他畢業於著名的「高等師範學院」(Ecole Normale Supérieure)——法國傳統上訓練學術菁英的地方。他的興趣其實不在傳統哲學，而是在於當代社會實際的道德問題——社會瓦解、脫序、道德淪喪，所以決定致力於對社會的科學研究。1887 年受聘於波爾多 (Bordeaux) 大學，在文學院開設了一門社會科學的課程，這在當時還是首開風氣之先的事件，是社會科學進入大學之始。

社會學成為一門科學需要一本代表性的期刊，1898 年涂爾幹創立《社會學年鑑》(*L'Année Sociologique*)，對於社會學及「涂爾幹學派」影響甚鉅。《年鑑》逐年分析法國及其他地方的社會學文獻。在《年鑑》誕生的同一年涂爾幹發表著名的論文〈個人表象與集體表象〉，可視為涂爾幹學派的獨立宣言。

涂爾幹進入波爾多大學九年後升任社會科學的正教授，在法國首度有這種職位。1902 年進入法國著名的巴黎索邦 (Sorbonne) 大學，先後曾擔任教育學教授 (1906) 和教育學暨社會學教授 (1913 年起)，社會學首度進入巴黎大學。

涂爾幹在社會學史上之所以重要，在於他不僅在知識體系上試圖建立社會學的重要地位，在學術制度 (社會學的制度化) 方面也有所突破。這意味著社會學作為一門學科被社會大眾所接受，進入大學，分享一定的資源，養活一批從業人員。這在一門學科的發展上是一個重要階段。

四、韋　伯

德國社會學家韋伯 (Max Weber, 1864-1920) 為現代社會學的重要先驅。他把社會學當作一門研究社會行動的科學，社會學乃「旨在對社會行動做一種解釋性的理解，以便說明其原因、過程及結果的科學」(Freund, 1968: 93)。他的社會學稱為解釋社會學，「解釋社會學把個人及其行動當作基本單位⋯個人也是有意義行為的上限和唯一的承載者⋯對社會學而言，諸如『國家』、『社團』、『封建制』等概念指稱某些範疇的人類互動。因此社會學的任務是化簡這些概念為『可理解的』行動，亦即為參與之個人的行動。」(Weber, 1946: 55) 他著重在特定的社會歷史脈絡中，個人在他們相互取向中賦予行動的主觀意義。他區分四類型社會行動：目的或目標理性的行動——選擇最有效手段以達到既定目的的行動，例如工程師選擇最有效的技術來建一座橋；價值理性的行動——對價值或目的本身進行有意識的思考及抉擇，乃至於以理性手段來達成，例如宗教信仰；情感性行動——出於情感動機的行動，例如母親為了救兒女而犧牲自己生命；傳統行動——由於代代相傳的習俗或習慣的行動，例如君主世襲。行動類型一方面提供一個系統分類架構的基礎，可以進一步區分權威類型，另一方面用來探討西方近代歷史發展 (「理性化」) 的基礎。所以法國社會學家雷蒙阿宏 (Raymond Aron) 曾評論：「韋伯的著作是一種歷史的及系統的社會學的典範。」

他有關「理解法」(Verstehen) 和「理念型」(Ideal Type) 的方法論在社會學及社會科學中數十年來膾炙人口。理解法主要是根據行為的動機或主觀意義來了解一個行動，理念型則是在經驗現象中做片面的選擇、強調及組織而建構的概念，如「資本主義」。社會學者和歷史學者一樣需要將他的研究對象建構理念型，以便進行下一步的意義關連或因果歸屬。這其中涉及一種「理解的循環」(understanding circle) [2]，一個研究者根據問題脈絡 (例如資本主義興起、宗教與經濟關係) 來建構他的理念型 (例如資本主義 [的精神] 和基督新教)，然後將這些理念型進行意義關連或因果歸屬。理念型的建構及關連主要是根據理解法。

他的「地位團體」(status group) 概念強調一個群體的生活風格及社會地位，不同於強調生產過程的階級概念，為社會階層化研究開拓一個不同的面向。韋伯對經濟行為、宗教行為、科層體制等的研究影響當代社會學甚鉅，他的《基督新教的倫理與資本主義的精神》及關於世界宗教的研究堪稱社會學經典。

---

[2] 並不是所有的循環都是惡性循環或者是不可欲的，在理解的歷程中有的循環是有益的，甚至是不可避免的，例如整體與部分之間的理解循環。

韋伯主要關注西方近代理性化的發展，他研究非西方社會 (諸如中國、印度、伊斯蘭等) 主要是用以凸顯西方理性化的特色。後來的社會學家曼海姆 (Karl Mannheim, 1893-1947) 因而說：「韋伯所有著作終究是指向一個問題『哪些因素導致西方文明的理性化？』。」

韋伯在社會學制度化方面也有相當的貢獻。25 歲時他在柏林大學以〈中世紀商業社會史〉獲得博士學位，繼則 27 歲以〈羅馬農業史〉為他的晉升講師論文。由於表現傑出，韋伯相繼獲聘到柏林大學、弗萊堡大學以及海德堡大學任教，學術生涯順遂，30 歲左右就獲聘為教授 (弗萊堡大學及海德堡大學)。他在海德堡結交了許多學者、知識分子，經常於星期天下午在他家聚會，喝所謂「社會學茶」(sociological tea)。他儼然成為這個韋伯圈子 (Weber circle) 的領袖了，對一些參與盛會的年輕知識分子 (例如盧卡奇、雅斯培、曼海姆等) 影響深遠。

1897 年 7 月不幸因為與其父的衝突以及其父隨後的去世而精神崩潰，一直到 1903 年才逐漸康復，加入宋巴特等人編輯的《社會科學學報》(*Archiv fuer Sozialwissenschaft*)，這是德國領先的社會科學期刊。透過學報的編務他與過去的友人及同事重建聯繫。

1904 年他受邀到美國發表關於德國社會結構的論文，之後在美國旅行了三個多月，對美國文明印象深刻，對他往後的思想及著作影響深遠。1910 年韋伯和湯尼斯及齊美爾共同創立「德國社會學會」，他擔任祕書若干年，對會務影響甚鉅。這和《社會科學學報》一樣都是德國社會學制度化的重要環節。

五、齊美爾

德國的齊美爾 (Georg Simmel, 1858-1918) 也是社會學史上的重要人物，他不只是一位社會學家，同時也是一位哲學家。他主張「形式社會學」(formal sociology) 的立場，認為社會主要包括一個模式化互動的網絡，社會學應研究**社會互動的形式**，如合作、競爭、衝突等的形式關係，而不管其實質內容是經濟競爭 (合作) 還是政治競爭 (合作)，也不管其發生在何種歷史時期或文化環境。

根據齊美爾的概念，社會學無法取代或包辦經濟學、政治學、倫理學、心理學等的題材，而是專注於政治、經濟、宗教以及兩性等行為底層的互動形式。不同的社會現象或許有相似的形式，例如婚姻、家庭、企業、政治等領域都有衝突、合作、妥協等等互動及關係的形式。企業中的衝突、合作、妥協等由企業管理去研究，政治領域中的衝突、合作、妥協等由政治學研究，而不管哪個領域都通行的衝突、合作、妥協等的互動及關係的形式則由社會學研究。其中儼然有一種分工存在。

齊美爾企圖發展社會生活的一種幾何學，「幾何只探討物體的空間形式，雖然在經驗上而言，這些形式僅僅作為某些物質內容的形式而給定的。與此類似，假若社會被設想為個人之間的互動，則描述此互動形式就是最嚴格意義及最本質意義的社會之科學的任務了。」(Simmel, 1950: 21-22)

「形式」一詞具有豐富的哲學 (甚至形而上學) 含意，許多社會學者望之卻步。不過他的「形式」其實相當接近「結構」，社會結構的一些要素如地位、角色、規範以及期待也相當近似齊美爾所使用的形式概念化。

對齊美爾而言，在社會現實中發現的諸種形式絕非純粹的，每一種社會現象都包含了多種形式要素。合作和衝突、屈從和主宰、親近和距離或許都在一種婚姻關係或科層制裡運作。沒有純粹的衝突，就如同沒有純粹的合作一樣，純粹的形式只是一種觀念建構，用來理解及分析複雜的經驗現象。這與韋伯的「理念型」頗為類似。

齊美爾也建構各種社會類型 (social types)，如「陌生人」、「仲裁人」、「窮人」、「叛徒」等等。這些都是一些社會角色，包含著他人的反應及期待。例如，他說陌生人雖然是在一個群體，卻從一開始就不屬於該群體，他雖然是群體本身的一個要素，卻不全然是該群體的一部分，他扮演一個不是其他成員可能扮演的角色。藉著他的局部涉入群體事務，他能達到其他成員無法達到的客觀性。他也是群體裡的仲裁者，因為他的立場比較超然，比較不會偏袒任何一方。社會類型是社會創造的角色或位置。

齊美爾擅長於闡述社會與個人之間的辨證矛盾關係。個人在社會中實現其潛能及理想，不過社會也限制其自我實現。個人為社會所吸納，但也與社會對立，個人在社會裡，同時也在其外，個人存在為了社會，也為了他自己。社會容許 (同時也阻礙) 個體性和自主性。只有透過制度形式，人才能獲得自由，然而他的自由永遠會受到這些制度形式所威脅。

齊美爾是探討衝突的功能的先驅。衝突也是一種正常的互動關係，是社會生活的本質，無法排除的要素，並不是負面的、毀滅性的現象，而是創造性的、有功能的現象。衝突能宣洩負面態度及情緒，使進一步的關係成為可能，衝突能增強某些關係，例如：甲、乙與丙、丁兩方衝突能加強甲、乙間以及丙、丁間的關係。

齊美爾出生於柏林市中心，是典型的都市人，父親為猶太商人。中學畢業後進入柏林大學研究歷史及哲學，獲哲學博士學位 (論文是關於康德的)，博學多聞，興趣廣泛。畢業後在母校擔任十五年的私人講師 (依靠學生學費為生的講師)，他的課程廣泛，從邏輯、哲學史、倫理學，到社會心理學、社會學。他有相當多的著作，且被翻譯成外文，在國際上知名。在他 43 歲時學術當局終於給他一個純粹榮譽的教授頭銜，不過尚不允許他參與學術界事務。他在學術界一輩子不得志，一方面固然與當時反猶太的氣氛有關，另一方面與他的興趣及研究領域廣泛也有關，他不謹守學科界線，不符合當時學術界主流的意識形態。

不過他在當時柏林的思想界、文化界相當活躍，參加各種哲學和社會學方面的會議，和韋伯、湯尼斯共同創立「德國社會學會」。他在文藝界、新聞界交遊廣闊，也贏得許多傑出學者的友誼及支持，例如韋伯、胡塞爾、李克特等。他的學術事業生涯不如意而仍然能優遊自在主要是因為家境富裕；他的妻子是一位哲學家，把家打理成柏林文化界社交的場所，讓齊美爾能發揮所長，與各界名流酬酢往來。

第三節　美國社會學理論

如前所述，社會學史不僅是關於社會學知識體系的發展，在這一方面是知識或觀念之創發及傳播的歷史，社會學史也包括關於社會學作為一門學科的制度的發展史，這是社會學知識的制度框架，對於社會學知識的發展影響重大。[3] 在這一方面美國社會學在 20 世紀之交有顯著的發展。美國芝加哥大學社會系設立於 1892 年，是美國最早成立的社會系，可能也是世界上最古老的社會系。社會學終於在大學制度中佔有一席之地，這在社會學發展史上意義重大。1895 年芝加哥大學社會系發行《美國社會學刊》(*American Journal of Sociology*)，為世界上最早的社會學期刊，比上述涂爾幹創立的《社會學年鑑》還要早三年。1905 年「美國社會學會」成立，對美國社會學界的交流貢

3　這種社會學史也是一種社會學的社會學，亦即以社會學的觀點研究社會學，關注社會學的制度面。

獻頗大。美國社會學在理論知識上雖然很多 (甚至大部分) 都是從歐洲輸入，在美國社會學的早期 (19 世紀末、20 世紀初) 許多學者通常都會花一段時間到歐洲 (主要是德國) 進修或留學，對於歐洲社會思想輸入美國卓有貢獻。不過如上所述，美國社會學在制度演進上卻是最先進的，怪不得社會學有「美國科學」之稱。

一、帕深思

美國社會學不僅在制度上有所突破及發展，在知識體系上也有諸多貢獻。二戰前後社會學功能論 (主要是帕深思 [Talcott Parsons] 和墨頓 [Robert K. Merton]) 盛極一時。帕深思繼承歐洲社會理論的傳統 (主要是馬歇爾、巴烈圖、涂爾幹和韋伯) 建立社會行動的理論架構 (1937)，進一步建立社會體系理論 (1951)。他建立功能論的參考架構——A (適應)、G (目標達成)、I (整合)、L (模式維持)，宣稱任何生命體系 (包括有機體、人格體系、社會體系等等) 若要存續都必須履行這四種功能，他的功能論的運用即找尋體系中履行這四種功能的次體系 (subsystem)、結構和過程，例如在社會體系中，履行 A (適應) 功能的是經濟體系 (經濟體系是社會體系的一個次體系)，履行 G (目標達成) 的是政治體系 (政治體系也是社會體系的一個次體系)。帕深思的功能論的參考架構如圖 1 所示：

A (adaptation) G (goal-attainment) I (integration) L (latency) 架構

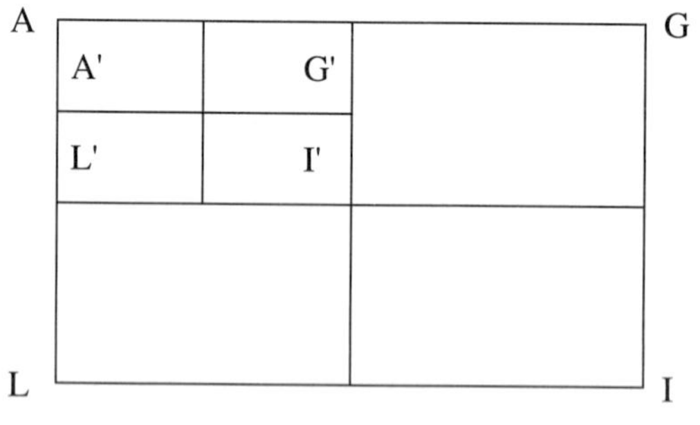

圖 1　帕深思系統功能論

帕深思曾留學英國倫敦政治經濟學院和德國海德堡大學，在海德堡大學獲得博士學位，也開始翻譯韋伯的《基督新教的倫理與資本主義的精神》，深受韋伯學說的影響。(Parsons, 1980) 回美國後在哈佛大學任教，他的學生後來進入美國各大學社會系；他發展的功能論在二戰後佔美國主流地位，隨著美國霸權的發展，帕深思的功能論也風行全世界。

二、墨　頓

帕深思的學說是大理論的一個例子，企圖涵蓋全社會，甚至所有的生命體系 [4]。他的一位學生墨頓則認為現階段社會學需要的是一些中程理論 (theories of middle range)，在一些研究主題上分別建立這種理論，他舉參考團體、科層體制等為例，這種中程理論所揭示的原理可以運用到不同的制度領域。墨頓不否定未來中程理論合併成為大理論或統一理論的可能性，所以對於最後目標或狀態，他與帕深思並無不同，他主要強調現階段社會學應著重於中程理論的建立。

依墨頓之意，社會學的研究對象是現代工業社會，規模比較大且較異質性，功能必然是特定的，一個社會文化現象 (例如老人年金政策) 對執政黨可能具有吸引老人選票的功能，對在野黨則可能無此功能。所以墨頓認為社會學功能論談到「功能」必須針對某個部分或某個結構或某個團體，不能泛泛地說一個社會文化現象有什麼功能。

再者，墨頓把「功能」界定為比較中性的「(客觀) 後果」(consequences)，一個社會文化現象可能有**正面功能** (positive functions)(亦即有助於它所屬的結構的適應)、**負面功能** (negative function)、**無功能** (non-function) 三種不同的後果，須視具體情況而定。

墨頓針對功能論提出**顯性功能** (manifest function) 與**隱性功能** (latent function) 的概念區分，這對區分預設了另一種區分，即人們參與一個社會活動的主觀動機與此一活動的客觀後果，例如在祈雨儀式中，主觀動機或目的即求雨，然而祈雨儀式對社會心理或社會團結卻有些客觀後果，例如增加社會的凝聚力。如果此客觀後果與主觀動機一致，此客觀後果即是顯性功能，是社會參與者都知道的。如果此客觀後果與主觀動機不一致，此客觀後果即是隱性功能，即人們不知道的，例如在祈雨儀式中，主觀動機或目標是求雨，對社會心理或團結的影響是人們所不知或沒意識到的。墨頓認為隱性功能的發現是功能分析的目標，是社會學分析超越常識的途徑。

墨頓出生於費城的工人階級貧戶，父母為猶太裔的東歐移民。幼時住在

---

4 帕深思強調抽象 (abstraction)，表示他的理論主要針對事物的某個層面，而不是事物的整體，例如社會學針對人的社會行動，而不管生理、心理層面。

費城卡內基圖書館附近，遂能盡情地閱讀，影響他一生。他是土生土長的美國學者，沒有留學過歐洲，天普 (Temple) 大學畢業後，受哈佛大學社會系創系系主任索羅金 (P. A. Sorokin) 的賞識到哈佛念研究所，同時擔任索羅金的助理，也受教於當時系上的年輕講師帕深思。不過影響他最大的卻是科學史家沙頓 (George Sarton)，墨頓的博士論文〈17 世紀英國的科學與技術〉就是在他的指導下撰寫的。墨頓畢業後因為經濟不景氣幾經波折，最後落腳於哥倫比亞大學。在哥大與同事拉撒斯斐爾 (Paul Lazarsfeld) 在後者所創立的「應用社會研究辦公室」合作三十多年之久。(Merton, 1997)

第四節　當代社會學理論

一、傅　柯

傅柯 (Michel Foucault) 的權力觀影響廣泛，他認為權力不限於國家、警察、軍隊、監獄、學校等體制中強制執行的力量，基本上也包括生活當中無所不在的壓制性的「微觀權力」(micro-power)，例如老師對學生、男人對女人、年長者對年幼者、父母對子女等等，都可能有自覺或不自覺的壓制性。所以在社會生活中權力現象是無所不在的，幸而由於人的能動性，權力的作用必然引起反抗，所以傅柯從「權力無所不在」的命題鼓舞人採取積極的行動 (反抗策略)。

權力在傅柯思想中不僅是消極的東西，它是知識體系及真理體制的一個構成部分，因為知識及真理蘊含了某種秩序或標準，而這又預設了維持該秩序或標準的權力。這就是人們津津樂道的「知識／權力」的命題。簡言之，知識／權力／真理是互相構成的，每一個時代的真理都有賴於權力來維持，知識體系也都蘊含規範及標準在其中，有賴於權力來執行。

傅柯晚期關注自我實踐及自我技術 (technologies of the self)，探討自我轉變及形成自我風格的可能性。他認為每種文明都發展出這類技術及目標，這種尋求自我轉變的倫理學他又稱之為「生存美學」(Esthetics of existence)。(參閱黃瑞祺，2008)

傅柯為同性戀者，少年曾為此感到苦惱，甚至自殺過。及長似乎試圖將同性戀發展成一種生活風格以及創作的源泉，成為他所謂的「極限體驗」及「越界」之經驗的一部分。晚期罹患愛滋病仍繼續撰寫完成《性史》。他的人生經驗與他的著作關係密切。

二、布希亞

布希亞 (Jean Baudrillard) 為當代法國社會學家，對於當代社會的脈動有敏銳的覺察。和馬克思的時代相比較，當代的生產和消費已有巨大變化。符號的生產和消費越來越重要，LV 不僅生產皮包本身，更重要的是生產 LV 的品牌。如何設計、經營一種品牌在現代消費世界裡極為重要，消費者不但根據品牌來衡量、選擇商品，也根據品牌來衡量他人或跟他人互動。品牌根據價格有高低層次之分，而人根據消費的品牌也就有了階級之分。由於現代消費品牌容易識別，名牌價位也相當清楚，故成為現代社會識別、分類他人的標籤。布希亞有《消費社會》、《物體系》等書談論消費社會的問題。

布希亞另一個廣為人知的概念即「擬仿」(simulation)、「擬仿物」(simulacrum)：沒有原版 (本真) 的拷貝 (copy)。在現代社會影像文化越來越重要，然而卻不再遵循古典以來的「再現」(representation) 原則：即觀念相對於真實 (reality) 是一種再現，觀念的功能就是忠實地再現真實，希臘亞里斯多德說過：「是什麼就說是什麼，不是什麼就說不是什麼，就是真的；不是什麼說是什麼，或是什麼說不是什麼，就是假的。」這種真理觀後世發展為「真理的符應說」(Correspondence Theory of Truth)，即真理的判準是理論與真實之間的符合對應。在此「再現」、「符應」、「拷貝」或「反映」等詞義差不多，都指語言或概念與真實之間的關係。

當代影像文化許多都不是真實的再現或對應，網路是一個虛擬的，自成一個世界。一些被創造出來的影像，如迪士尼世界，也是虛擬的世界，卻並不因此而無意義。媒體世界皆應作如是觀，它們的意義不是從真實的符應或再現而來的，它們已成為一種真實了，甚至成為一種布希亞所說的「超真實」(hyper-reality) 了。布希亞的擬仿說可以說是「再現危機」的一個產物及推手。如果用符號學的術語來說，「符指」(signifier) 與「所指」(signified) 不再一一對應，甚至不再有任何穩定的對應關係，符指自成一個意義世界，符指不再從與所指的關係中獲得意義。「太空飛鼠」、「唐老鴨」或「小熊維尼」並不因它們指涉鼠、鴨或熊而獲得意義，它們是在各自的界域中創造它們各自的意義。

三、哈伯馬斯

哈伯馬斯 (J. Habermas) 屬西方馬克思主義及法蘭克福學派傳統的思想家，著作等身，對人文社會科學影響巨大。批判理論開宗明義就主張社會理論不應該像傳統理論一樣，是對社會的一種描述、說明以及預測，而應該是對社會的一種反思及批判，社會理論與社會之間是一種辯證的關係。這是把馬克思主義與社會學結合的結果。

哈伯馬斯從批判工具理性入手，也從韋伯的理性化問題開始。西方近代科技、工業資本主義發展的結果使歷史有如脫韁之野馬，讓人陷於茫然悲觀中，哈伯馬斯從而提出溝通理性，希望經由平等、暢通的溝通，達到理性共識，作為社會規範及公共政策的基礎。

哈伯馬斯認為現代社會的理性基礎其實存在於溝通行動之中，溝通行動的四種有效性聲稱——可理解聲稱、真誠聲稱、正當性聲稱以及真理聲稱——合起來可稱為理性聲稱。溝通行動不但蘊含了四種有效聲稱，最終也預設了理想溝通情境，這是批判理論的基礎 (黃瑞祺，2007a)。

他早期討論公共領域、理性社會、理論與實踐，乃至於重建馬克思的歷史唯物論其實都預設了溝通理論及溝通理性，他仔細鋪陳了溝通行動及溝通理性之後，晚近更進一步運用到民主政治方面，提倡所謂「審議政治」(Discursive Politics) 或「審議民主」(Deliberative Democracy)，同時運用到法律方面，闡明法律的社會共識基礎。審議政治或審議民主強調理性討論及溝通的面向，有助於防止民主的庸俗化——強調多數決、政黨協商、利益交換等面向，進而有助於使民主能深化及精緻化。他的溝通理論使得他早期研究的公共領域和市民社會有了堅實的理論基礎，進一步豐富了他的民主觀。

四、紀登斯

紀登斯 (Anthony Giddens) 是出身於英國的世界性社會學者，他的第一本重要著作《資本主義與現代社會理論》(*Capitalism and Modern Social Theory*, 1970) 把三位歐陸社會思想家馬克思、韋伯和涂爾幹的思想，當作社會思想的泉源，引介到英語世界社會學界。他對古典及現代社會理論具有廣博的知識，且能加以批判性的吸收綜合，撰寫出諸如《社會學方法新論》、《社會的構成》等代表性著作，前一部著作他提出社會學者與他們的研究對象之間涉及

「雙重詮釋」(double hermeneutic)，人們在社會生活中已從事第一度的詮釋，社會學者的研究是對社會生活的第二度詮釋。這種方法論上承韋伯的社會行動「主觀詮釋」的原則，以及舒茲 (Alfred Schutz) 的二度建構 (Constructs of the second order)，並綜合詮釋學，企圖替社會學方法論建立一套新的語言和原則。

《社會的構成》則企圖綜合及超越結構與能動性 (agency) 二者，而提出「結構化」(structuration)。結構與行動之間具有雙重的關係：結構固然會束縛行動的範圍或自由，也使正當合法的行動成為可能。例如；選舉罷免法固然對於候選人、助選人、選務人員的行為有所規範，也使得選舉行為正當合法化。

紀登斯晚近關注所謂的「第三條路」(The Third Way) 政策，包括社會福利、財政、兩性、家庭等政策及改革，這些或可概括為「應用社會學」。他認為在當今全球化背景之下，知識經濟崛起，教育和人力資源 (human capital) 越發重要，由此可以推行福利改革和積極福利政策。再者，女性地位提高，兩性平等及家庭民主化乃不可避免。民主不僅應推行於兩性和家庭，也應推行到學校、社區等，這就是紀登斯所謂的「民主的民主化」(democratization of democracy)。他的民主概念的核心即他所謂的「對話式民主」(dialogical democracy)，強調對話和溝通，不特別強調共識。這也是他有別於哈伯馬斯的民主觀之處 (參閱黃瑞祺，2007a)。

紀登斯出生於倫敦下層階級家庭，學習社會學之前，學習過文學批評、哲學等，赫爾大學 (Hull University) 畢業後到倫敦政經學院學習社會學。1970 年之後到劍橋大學任教，1986 年升教授兼系主任，對於社會學在古老的劍橋大學中的發展貢獻頗大。1997 年轉任倫敦政經學院院長，對於社會學的宣揚及發展有一定的影響。與友人及學生共創「政體出版社」，致力於將歐陸思想引介到英語世界，對於英美與歐陸思想的交流有一定的貢獻。紀登斯同時兼任布萊爾政府的首席顧問，晚近已轉任國會議員，並冊封爵位。

有貢獻的社會理論家還有很多，限於篇幅在此不能一一探討，本章探討了十一位影響較大的社會理論家，檢視他們對社會學的知識體系的貢獻以及對學術制度的影響。

重要名詞

社會學的社會學 (a sociology of sociology)：以社會學的觀點來研究社會學本身。

歷史唯物論：馬克思、恩格斯的基本理論，主張社會的基礎在於生產力與生產關係二者所構成的經濟基礎，其上矗立著上層建築和意識形態。

理解法 (Verstehen)：韋伯的方法之一。理解法主要是根據行為的動機或主觀意義來了解一個行動。

理念型 (ideal type)：韋伯的方法之一。理念型是在經驗現象中做片面的選擇、強調及組織而建構的概念，如「資本主義」。

溝通理性：哈伯馬斯的重要概念，主張理性存在於人際的溝通行動中，這種理性是互為主體性的、對話性的。

審議民主 (deliberative democracy)：哈伯馬斯的重要概念，主張把理性論辯擺在民主政治的核心。

問題與討論

1. 制度在學術發展中有何重要性？
2. 美國社會學與歐洲社會學有何關聯？
3. 你對本章哪位理論家或哪個觀念最認同？為什麼？
4. 你對哪位理論家或哪個觀念最不能認同？為什麼？

推薦書目

Aron, Raymond 著，齊力、蔡錦昌、黃瑞祺譯，1986，**近代西方社會思想家**，臺北：聯經。

黃瑞祺編譯，1981，**現代社會學結構功能論選讀**，臺北：巨流。

黃瑞祺，2007，**批判社會學**(修訂三版)，臺北：三民書局。

Coser, Lewis, 1977, *Masters of Sociological Thought*, New York: Harcourt Brace Jovanovich, Inc.

參考書目

黃瑞祺編譯，1981，**現代社會學結構功能論選讀**，臺北：巨流。

黃瑞祺，2007a，**批判社會學**(修訂三版)，臺北：三民書局。

---，2007b，〈民主的重構及深化：一個社會學的觀點〉，**社會學——多元、正義、民主與科技風險**，李炳南主編，臺北：瀚蘆，149-162。

黃瑞祺主編，2008，**再見福柯**，杭州：浙大出版社。

Durkheim, 1953, *Sociology and Philosophy*, New York: Free Press.

---, 1982, *The Rules of Sociological Method*, London: Macmillan.

Freund, 1968, *The Sociology of Max Weber*, New York: Vintage.

Giddens, Anthony, 1970, *Capitalism and Modern Social Theory*, Cambridge: Cambridge University Press.

---, 1976, *New Rules of Sociological Method*, London: Hutchinson.

---, 1984, *The Constitution of Society*, Cambridge: Polity Press.

Merton, R. K., 1997, A Life of Learning. In Kai Erikson (Ed.), *Sociological Visions*, Rowman & Littlefield Publishers, Inc., 275-295.

Parsons, T., 1980, The Circumstances of My Encounter with Max Weber. In R. K. Merton and M. W. Riley (Eds.), *Sociological Traditions from Generation to Generation*, Ablex Publishing Corporation, 37-43.

Simmel, Georg, 1950, *The Sociology of Georg Simmel* (Kurt H. Wolff, Ed. and Trans.), New York: The Free Press.

Weber, Max, 1946, *From Max Weber* (H. H. Gerth and C. Wright Mills, Trans. and Eds.), New York: Oxford University Press.

---, 1963, *The Sociology of Religion*, Boston: Beacon Press.

---, 1976, *The Protestant Ethic and the Spirit of Capitalism*, London: Allen and Unwin.

後現代社會學

內容提要

後現代社會學驟然興起的背景是上世紀後期以來急劇變化的全球社會，是對自19 世紀以來正統社會學的反思和重構。這是第一節。但該新興領域尚未成型，需要釐清幾個相關的基本概念，包括後現代、後現代性、後現代主義以及後現代社會學、後現代性社會學、後現代主義社會學，這是第二節的內容。接著第三節介紹後現代社會學研究的新方法、新主題與新視角，並側重述評傅柯的規訓社會學、布希亞的消費社會學、貝克的風險社會學、包曼的後現代性社會學。最後一節是對後現代社會學的優勢與侷限做出總體評價。

第一節　後現代社會學的興起

作為一門學科的社會學是 1839 年孔德在《實證哲學教程》中首次提出的，其目的在於解釋和解決 1789 年法國大革命之後遺留的眾多社會問題，因此是現代國家雖已牢固確立但仍無法解決社會問題的產物。在此後的一百多年裡，從斯賓塞到韋伯、涂爾幹以及集大成者帕深思，直至堅守現代性思想的紀登斯，社會學經歷了誕生、形成、發展、分化和綜合的不同階段，一直發揮著鞏固現代國家、指導社會生活的積極作用，逐步形成了其獨立的理論體系和獨特的發展軌跡。然而，第二次世界大戰結束以來社會學就遭遇到無法迴避的問題，比如，如何解釋和避免奧斯維辛大屠殺？如何解釋 20 世紀 60、70 年代以來信息技術發展帶來的「後工業社會」新變化？如何回應 80 年代雷根主義與撒切爾主義的市場化改革以及蘇東劇變之後給西方社會帶來的衝擊？這些問題不僅使正統社會學的知識體系及其整個現代性基礎遭遇到前所未有的挑戰，而且也是促成其後現代轉向的根本動力。在這個意義上我們就可以理解賴特·米爾斯 (C. Wright Mills) 最早在社會學領域發出的警告：「我們正處於在我們所稱的現代時期的終結點上…現代時期正在為一個後現代時代所取代。」(2005：180) 由此出現的學術爭論是，我們是否已經進入了一個新的時期？或者還仍然停留在現代性之中？現代理論是否有能力解決當前時代的問題？簡而言之就是現代性與後現代性之間的爭論。這種爭論在社會科學中的回應是，後現代支持者攻擊正統學科中早已成常識的現代科學模式。具體表現波林·羅斯諾 (Pauline Marie Rosenau) 做了如下歸納：

首先，許多社會科學家開始與那些具有科學傾向的同行分道揚鑣，並批評他們在突破長期允諾方面所遭受的失敗。

其次，有些社會科學家越來越清醒地認識到，既有的科學不僅大多是為了滿足權貴們的需要，而且往往用以鞏固他們在社會中的地位。

第三，大量研究表明，在假定的科學運作方式與它實際的作用方式之間存在著巨大差異。

第四，大量社會問題的持續存在表明科學無法為它提供恰當的答案。

第五，科學極度輕視甚至鄙視社會生活中那些形而上學和神祕方面的重要性。

最後，對於各種規範或者倫理問題，或對於我們應該做什麼之類的問題，

科學很少能夠有或者完全沒有貢獻。(1998：110)

在此基礎上，賽德曼進一步將社會學與現代主義相聯繫起來，並賦予它一大堆現代特徵，主要表現為：如科學主義、基礎主義、總體主義、本質主義、偏執狂等。

首先是科學主義。絕大多數社會學家相信存在普遍性的社會規律，有一套可以不斷積累的理論知識體系來解決所有社會問題，而社會學家的工作就是不斷尋找這種普遍規律，但當今世界各國的社會問題卻越發難以解決。

其次是基礎主義。基礎主義試圖將社會行為與社會分析的基本準則置於一種堅實的哲學基礎之上。相應地，賽德曼認為，現代社會學「試圖揭示一種社會邏輯，發現一套反映社會世界中唯一真實的語言…社會學企圖剝去它自身的情景外衣，企圖與人性的普遍狀況相關聯。…以至於社會學家已經蛻變成為社會學心智的實質上的警察。」(2002: 102-103)

第三是總體主義的世界觀。賽德曼指出，現代社會學總是在尋求「一種在任何時間和地點都相互貫通的總體性概念框架」，這就意味著社會學家發展出了包括「工業化、現代化、世俗化、民主化」等在內的那些關於西方「進步」的宏大敘事，並力圖將它們應用於被當作一個總體來看待的整體世界。這類理論完全忽視世界上其他大部分地區的歷史經驗，只是假想它們已經或將要經歷與西方社會相同的發展過程，從而出現諸如涂爾幹、馬克思、韋伯等人相互競爭和衝突的總體性理論，但至今沒有哪一個理論能支配著社會學領域，更無法解釋或解決社會世界中的所有問題。

第四是本質主義的認識論。現代社會學的基本假設是，人類具有一些基本的、不變的特徵，而社會現象不是某些特定社會條件的產物，而是那些特徵的表現。這種本質主義的概念根本無法考察基於「性別、種族、民族、階級」而形成的差異，而且更是用一種本質主義來否定或取代另一種本質主義。

最後是偏執狂，即只關心社會學家所關心的、自我認定的爭論，比如巨觀－微觀、行動－結構、個體－集體等二元對立問題。但這些爭論與社會真實世界的生活很少或幾乎沒有關係，以至於大多數社會理論都是局部性的，只能解釋社會生活中的部分問題，導致社會學專業的學生以及人們，在日常學習和生活中只能徘徊於各種相互衝突的理論中。

因此，正是由於整個社會科學遭遇現代性的危機，社會學的研究範式也面臨新的轉向——後現代社會學。這批推動社會學走向後現代範式的典型代表主要是傅柯的規訓社會學、貝克的風險社會學、布希亞的消費社會學、包曼的後現代性社會學等，而對社會學的這些新發展及時做出總結和評價的代表人物是道格拉斯・凱爾納 (D. Kellner)、喬治・瑞澤爾 (G. Ritzer)、史蒂文・賽德曼 (S. Seidman) 等。

然而，從上世紀 80 年代以來社會學的後現代轉向並非完全是外部原素促成的，也是社會學內部理論資源從古典以來不斷發展的一種結果，只是其價值直到當代才得到重視。除了前文所述的賴特・米爾斯之外，對後現代社會學的興起具有啟示作用的主要社會學家是喬戈・齊美爾 (Georg Simmel)，因為他不僅可以被看作為一個自由主義的現代主義者，還可以是後現代社會學之父。迪納・溫斯登和邁克爾・溫斯登 (D. Weinstein and M. Weinstein) 把齊美爾視為一個後現代主義者，其理由是：齊美爾是一個整體上反對總體性的人，堅持一種非總體化的現代性，是一個隨筆作者和故事講述者，分析大量被邊緣化的社會現象，關注世界上非常具體但卻重要的社會因素，並不一定得出普遍一致的結論，而是形成「客觀文化的碎片」。

簡言之，後現代社會學的興起主要受到三方面因素的影響：上世紀 60 年代興起的後現代主義文化思潮以及 70、80 年代以來經濟、政治結構的全球性變遷，激發起新一代社會學者重新思考人們社會生活的傳統與未來；眾多思想家參與到現代性與後現代性之間的爭論，使社會學的既定思維框架和基本結論難以在其古典意義上自圓其說，致使人們創造後現代社會學來解釋和解決新的社會問題。這種新的轉向進一步在其自身的傳統資源中找到了正當性和合法性依據，社會學界稱之為後現代，在爭議之中逐漸為人們所部分接受。

第二節　後現代社會學的基本概念

後現代理論是在西方興起並擴散為一股全球性的研究思潮，關於後現代的社會理論也成為異常熱門的話題。然而，有關後現代的大量詞彙卻沒有固定的含義，人們眾說紛紜，莫衷一是，以至於「後現代」一詞被學者們視作當代最被濫用和最具混亂性的理論術語之一 (道格拉斯・凱爾納，2004：74)。事實上，後現代論者歡迎混亂和無序，並將其當成自身的重要特徵，而這顯然加劇了問題的嚴重性和複雜性。儘管後現代思想家大都反對運用現代理論與方法對他們的思想進行系統的闡述、對相關的概念作明晰的界定和分析，他們甚至拒絕任何理論，也不希望自己的話語被提升為規範的理論或宏大的敘事，但是，為了比較清晰地把握和比較深入地了解後現代社會學，我們有必要釐清三個關聯緊密的概念以及由此延伸出三種有所差異但相對應的社會學研究範疇。

首先是後現代 (postmodern)。這個詞最早出現在 19 世紀，用來描述新的建築或詩歌形式。比如 1870 年前後，英國畫家約翰・瓦特金斯・查普曼 (J. W. Chapman) 曾使用「後現代繪畫」一詞，用來指稱那些比法國印象主義繪畫還要現代和前衛的繪畫作品。1917 年，德國學者魯道夫・潘諾維茲 (R. Pannowitz) 在《歐洲文化的危機》一書中，用「後現代」一詞來描繪當時歐洲文化的虛無主義和價值崩潰的狀況。1954 年，著名歷史學家湯因比在新版的《歷史研究》中，用「後現代時期」表示西方文明發展的第四個階段，即從 1875 年開始的、以理性主義和啟蒙精神之崩潰為特徵的「動亂時代」。但到 60、70 年代，它被廣泛地引入到文化理論領域，並逐漸擴散到政治、經濟、社會等其他學術領域。到了 80 年代，關於後現代的話語急劇增加，爆發了同現代性、現代主義和現代理論決裂的激烈論戰。這時期的「後現代」通常是指繼「現代」而來，或是與現代的斷裂，它更多是強調對現代的否定，消解了「現代」的一些確鑿無疑的特徵。(道格拉斯・凱爾納，1999：4)

其次是後現代性 (postmodernity)。這個概念與「現代性」(modernity) 一樣，是使用最為頻繁、也最為混亂的。一般來說，它有三方面的含義，其一，是指現代時代以後的一個歷史時期所展現出來的特質，它強調的是後現代新的組織原則以及社會秩序與知識話語的轉型，尤指不同於現代性的獨特思維方式，運用不同於現代性的話語；其二，蘇東劇變之後，後現代性一詞也指稱不同於現代社會的一種新社會狀態，指與現代化相對的一個動態過程，強調「現代」之後正在實現一種新的社會秩序；其三，還指與現代社會同時出現並且與之相對立的某些特徵。齊格蒙特・包曼思想中的後現代性概念同時包括這三種含義，具有概括性意義。在其思想發展的第二、三階段，現代性與後現代性這對概念成為他分析西方現代社會變遷的重要理論策略，是「把握我們這個時代社會變化趨勢所必須闡明的那些對立體中最為根本的對立體」(Bauman, 1992: 163)。在這個對立體中，包曼是從後現代性的角度來定義現代性，由生成中的「後現代性」概念來界定「現代性」的內涵。我們可以從三方面來把握他的後現代性概念：一是知識分子的重新定位，即對其自身社會地位的重新評估，不再作為「立法者」對真理和道德判斷等做出權威性解答，而是作為交流文化知識的「闡釋者」；二是確立後現代性的認知框架，後現代性需要表達的是不確定、模糊、偶然、不可捉摸和不可化約的精神狀態、思想模式、審美模式和事物狀態；三是標誌著出現一種成熟的社會系統、一個嶄新的社會形態 (以消費為核心的消費者社會) 以及全新的生活策略，而且消費者的行為已經穩步進入到認知和道德生活的中心。(塞德曼，2002：208) 在他看來，後現代性一方面是現代性自我毀滅的結果，即是現代性發展到一定階段時才可能出現的全面反思；另一方面，後現代性產生於現代性內部，所以無法反思自身，也就無所謂「後」。也就是說，後現代性作為一種孿生關係伴隨著現代性的全過程，但相互間經歷了一個從邊緣到中心和從中心到邊緣的切換過程。

其三是後現代主義 (postmodernism)。這個概念主要是指以拒斥現代性、發揚後現代性為基本特徵、不同於現代主義的文化產物，體現在文學、美術、建築、電影、哲學和其他社會科學等領域。作為一場消解性、批判性的文化運動，它真正崛起於 20 世紀 60 年代的歐洲大陸 (主要是在法國)，在政治上是對西方 60 年代激進政治運動失敗的反應。70 年代末 80 年代初它開始風行西方世界，並逐漸呈現全球性蔓延的趨勢。後現代主義的興起表明一部分人對現代性的失望甚至絕望，它似乎要從根本上改變人們對於周圍世界的原有經驗和解釋，不再相信任何宏大敘事或理論。其特徵表現為：譴責現代性的邏輯與後果，批判理性、科技的霸權，反對整體化、元敘事的傾向，鼓吹徹底的多元化、多視角主義，注重弱小、偶然、邊緣、局部、斷裂等範疇，強調話語分析的重要性等等。

這三個概念滲透到社會學並與之具體結合之後，衍生出三種相對應的範疇：

其一是後現代社會學 (postmodern sociology)，是用後現代主義的觀點研究後現代社會，有時該概念也泛指從社會學的角度研究關於後現代的議題。

其二是後現代性社會學 (sociology of postmodernity)，其研究對象是後現代社會，其觀點可以是現代主義的也可以是後現代主義的。不過該概念常常指從現代社會學的角度研究後現代社會。

其三是後現代主義社會學 (postmodernist sociology)，是用後現代主義的觀點研究社會現象，其對象可以是現代社會也可以是後現代社會。

按照這三種社會學研究範疇不同的理論追求和價值關懷，喬治．瑞澤爾進一步劃分為三類不同的立場：後現代主義社會學的極端立場，認為在現代和後現代社會之間存在著基本的斷裂；後現代性社會學的中庸立場，認為後現代與現代之間並不存在基本的斷裂；後現代社會學的溫和立場，認為後現代和現代社會理論都只不過是看待社會世界的兩種可以選擇的方式。(2003: 23) 但是，對於何種社會學更有利於解釋人們生活在當代社會的新變化，至今沒有一致的看法，即便在後現代陣營內部都存在很大的爭論。

第三節　後現代社會學的新方法、新主題與新視角

作為社會學新興的一門子學科，後現代社會學不僅有迥異於現代社會學的新方法，主要代表是米歇爾・傅柯 (Michel Foucault) 側重於微觀權力分析的規訓社會學，而且有新時代出現的新主題，比如尚・布希亞 (Jean Baudrillard) 的消費社會學與烏爾里希・貝克 (Ulrich Beck) 的風險社會學，還存在一種新的分析視角，比如齊格蒙特・包曼的後現代性社會學。接下來我們分別簡單述評後現代社會學中這幾個代表性人物的相關思想，以此表明與現代社會學在方法、主題與視角上的差異。

傅柯受海德格反形而上學和尼采權力意志學說的影響，繼承了反啟蒙的傳統，批判現代性和人本主義，宣告「人已死亡」，並發展了一種關於社會、知識、話語、權力和倫理學的新觀點。這成為此後其他後現代思想的主要資源庫之一。傅柯運用他稱之為「考古學」和「譜系學」的新史學研究方法，採取一種「由下至上」的微觀分析方法，通過考察精神病學、醫學、懲罰與犯罪學以及各種規訓機構的形成過程，論證了現代社會的發展實際上壓制了社會和政治領域原本的差異性、多元性和個體性。(福柯，1999) 傅柯的著作幾乎對所有的人文社會科學領域都產生了深刻影響。僅從社會學而言，他的考察方法為我們解釋了現代社會的理性、知識和規範的結合以及權力的普遍存在，開創了微觀權力分析的先河，助長了 80 年代以來西方學界對人際間支配關係的研究熱潮。但正如凱爾納所總結的那樣，傅柯雖然開闢了重新思考權力運作和支配策略的空間，但沒有為此提供任何積極內容，很少涉及國家、階級和資本等宏觀權力的支配作用，並且對宏觀理論和傳統社會學的這種忽視還影響了其他後現代理論的關注點。(凱爾納、貝斯特，2004：89)

布希亞是 70、80 年代立場最鮮明也是思想最極端的後現代理論家。他的分析主題是消費社會、媒體與信息、現代藝術、當代時尚等問題，並以此確立其在消費社會學中的領頭羊地位。他認為，由生產、工業資本主義以及符號的

政治經濟學所支配的現代性紀元已終結，而一種由新技術、文化和社會形式所構成的後現代性紀元已降臨。布希亞宣稱，在後現代性社會裡，符號本身擁有了生命。他因此強調生產社會回歸到符號社會，並建構出一種由模型和符號組成的新社會秩序。布希亞批評傅柯的微觀分析還不夠徹底，認為他沒有探討消費、休閒和符號等當代權力與社會再生產的關鍵機制，主張現代社會的生產關係與後現代的誘惑關係之間的完全對立。(布希亞，2001) 這種最激進的後現代思想為我們研究西方消費社會提供了一個分析視角，但它無法結合和透視西方少數發達國家變遷的真實現象。所以，這種思想放棄了社會現實的批判追求，超越了一切政治傾向、立場和認同，最終只能陷入形而上學的窠臼。

早在上世紀 80 年代，《風險社會：走向一種新的現代性》標誌著貝克成為風險社會學的代言人，這個主題也使其話語系統和研究發現完全不同於既有的現代社會學傳統，也異於其他後現代理論家。貝克對風險的概念做了明確界定：「風險是安全與毀壞之間的一種特有的、中間的狀態，這種狀態下對具有威脅性的風險的認識決定了思想和行為。」(2004: 175)，而個體或／與群體圍繞風險而展開的認知、行動和架構就形成風險社會。隨著世界自然與人為製造的風險危機加劇，貝克首創的風險主題成為哲學社會科學研究和各國政府決策的核心命題，包括對各種風險的評估，如何預防、極小化、監控風險，以及在積極尋求風險規避的同時如何實現個人之間、個人與群體之間、群體與群體之間的團結。這就是「風險社會學」所研究的基本議題，由此形成社會學中一個獨特的研究領域。然而，該書的副標題意味著他反對提出我們已經進入到完全後現代新社會形態的激進主張，而仍然是現代世界，只是當今社會已經不再是以機器生產和財富累積為標誌的工業社會，而是進入到以全球風險和理性反思為標誌的風險社會。「正像現代化在 19 世紀瓦解了封建社會的結構並產生工業社會一樣，今天，現代化正在瓦解工業社會並形成另一種現代性…本書的主題是：我們目擊的不是現代性的終結，而是它的開始——即一種超越其古典工業化設計的現代性」。(2004: 3)

在包曼看來，當代西方社會面臨大量現代性問題，是二百年前最初發源於西歐的一些複雜行為、制度以及相關經驗，後來擴散至全世界所帶來的後果 (Bauman, 1992: 188)。因此，現代性自身後果的認識本身界定了後現代的狀況，而且這一認識形塑了一種獨特的社會形態。這種新的、已經成熟的社會形態是一種為其自身獨特特徵所界定的，自我複製、自我維繫、邏輯上自足的社會狀況，已經取代了古典的資本主義社會，並且需要依據它自身的邏輯進行理論化 (Ibid.: 52)。換言之，當代西方社會需要確立一種社會理論研究的新視角，才能與這種新社會形態相匹配，而且只能在一個由一系列不同的話語和認知空間中建構起來。這就是後現代性社會學。後現代性社會學所分析的現實「比過去的社會學家努力去掌握的任何事情都更加流動，更加具有異質性以及更不成型」(Ibid.: 65)，所以，社會結構的概念不適於分析後現代狀況，應該被棲息地 (habitat) 的概念所取代。棲息地為行動者提供一切可能的行動和資源，是行動者透過自由和倚賴所建構的空間。因此，棲息地的特性是未定的，其意義是變動不居的，需要透過行動者的自我建構、自我重組和自我再生產來界定。顯然，社會性、棲息地、自我建構是構成包曼以後現代性社會學新視角來透析新社會現象的概念框架。

然而，包曼並沒有系統化地發展出一門後現代性社會學，他對後現代性社會學的貢獻僅僅侷限於現代與後現代理想類型的對比上，而沒能建構一門成熟的後現代性社會學。換言之，儘管包曼在社會理論方面進行了一種後現代的轉向，且對當代西方社會的變化進行了後現代社會學的概述，但他沒有真正發展出一門後現代性社會學。他沒有建構起關於後現代性的完整分析，也沒有確定描繪後現代狀況的指標。相反，他只給人們留下一直在努力發展一門後現代社會學的深刻印象。

第四節　後現代社會學的優勢與不足

總體而言，後現代社會學是現代性問題與社會學的產物，是「現代性」內部的分裂以及現代化與現代性之間深刻斷裂和緊張的一種表現。儘管後現代社會學內部混亂、紛爭乃至對立，往往讓人陷入無所適從的尷尬境地，但無論人們對「後現代」這一提法有多少保留，畢竟這一概括已經成為大家所關注、所感興趣，甚至已廣為流行的概括。從這個意義講，後現代社會學為我們提供了分析和理解當代社會新文化現象的一個有用工具。從根本上來說，後現代社會學的出發點是關懷所有人的生存境況，關注人類發展的前途，從反面推進人們的自我反思、社會的自我修正與自我發展，具有積極的意義。它是在對現代性危機反思的基礎上出現的，在這一反思的過程中，對現代性所帶來的問題進行了尖銳的批判。它關注另類價值和邊緣群體，使現代社會中備受冷落的領域得到了更多的人文關懷；它批判二元對立，解構真理，尊重差異，使人類跳出理性的約束，使人們觀察社會的視角更加多元化，使社會學家的對話得以持續進行，進而促進了社會的溝通、理解與融洽；它執著於解構，使社會學理論在解構的過程中不斷進行自身的反思，而這種反思又成為理論發展的動力與源泉。當然，猶如其他任何一種理論都存在著自身難以克服的盲點一樣，後現代社會學在理論與方法上也暴露了一些弊端和缺陷。這主要表現在：

首先，在認識論方面，後現代社會學太輕易地忽視了社會學中科學理論化的可能性。後現代社會學不僅反對社會理論的可能性，而且還較少關心「社會」的積極意義，無法為共享或團結提供規範性論證，進而把「髒水和孩子一起潑出去」。大多數批評家認為，反理論的立場本身就是後現代社會學的一個理論立場，因此，某種類型的一般理論既是可能達成的，也是值得追求的。但是，我們必須警惕後現代社會學那種忽視一切科學基礎和標準，拋棄所有具有整合性和指導性作用的一般理論。

其次，在方法論方面，後現代社會學一方面極度抨擊真理和理論，批判與拋棄某些現代社會學的關鍵概念，但另一方面又使自己陷入理論批判與實際表現之間的矛盾，例如對理性的理性批判和對總體性的總體拒斥，這就不存在真理與謬誤、理論與邪說之間的差異，將使自己滑向虛無主義、極端相對主義、反理性主義和無政府主義的深淵。

其三，在研究對象方面，後現代社會學者大多反對現代主體，認為主體不僅是一種建構物，而且完全是一種虛構的假象。但是，在主體意識尚未在社會科學領域中普遍確立起來之前，就主張建立沒有主體的社會學甚至社會科學，其生命力仍然是一個值得懷疑的問題。進言之，主體的消亡雖然是可能的，但不是必然的。後現代社會學主要關注對象是被現代社會所塑造的邊緣者、被忽略者、非中心者和被剝奪權力者，而後現代理論試圖從這些作為映襯現代主體的「他者」中發現「後現代個體」的影子。雖然這種對現代社會學所忽略的東西的關注是有意義的，但它難以建立起與現代社會學完全不同的新型社會學形態。

總之，後現代社會學是當代社會急劇變化在社會學領域中的一種折射，對於我們重新認識新社會現象和反思現代社會提供了新的視角和解釋框架。但是，由於它尚處於初創和起步階段，像許多早期的研究範式一樣，其整體輪廓和特點還是朦朧的，其實質性的貢獻也仍是含糊而零碎、龐雜而多變的，我們還難以看到它在整體上取代現代社會學理論與方法的可能。

重要名詞

後現代 (postmodern)：通常是指繼「現代」而來，或是與現代的斷裂，它更多是強調對現代的否定，消解了「現代」的一些確鑿無疑的特徵。

後現代性 (postmodernity)：它有三方面的含義，其一，是指現代時代以後的一個歷史時期所展現出來的特質，它強調的是後現代新的組織原則以及社會秩序與知識話語的轉型，尤指不同於現代性的獨特思維模式，運用不同於現代性的話語；其二，是指不同於現代社會的一種新社會狀態，指與現代化相對的一個動態過程，強調「現代」之後正在實現的一種新的社會秩序；其三，還指與現代社會同時出現並且與之相對立的某些特徵。

後現代主義 (postmodernism)：是指以拒斥現代性、發揚後現代性為基本特徵、不同於現代主義的文化產物。

後現代社會學 (postmodern sociology)：狹義上是指用後現代主義的觀點研究後現代社會；廣義上是指從社會學的角度研究關於後現代的議題。

後現代性社會學 (sociology of postmodernity)：其研究對象是後現代社會，其觀點可以是現代主義的也可以是後現代主義的。不過，該概念常常指從現代社會學的角度研究後現代社會。

後現代主義社會學 (postmodernist sociology)：是用後現代主義的觀點研究社會現象，其對象可以是現代社會也可以是後現代社會。

問題與討論

1. 後現代社會學為什麼得以興起？
2. 如何理解後現代社會學的基本立場？
3. 如何評價後現代社會學？

推薦書目

史蒂文・賽德曼著，劉北成譯，2002，**有爭議的知識——後現代時代的社會理論**，北京：中國人民大學出版社。

喬治·瑞澤爾著，謝立中譯，2003，**後現代社會理論**，北京：華夏出版社。

賴特·米爾斯著，陳強、張永強譯，2005，**社會學的想像力**，北京：生活·新知·讀書三聯書局。

參考書目

巴利·斯馬特著，李衣雲、林文凱、郭玉群譯，1997，**後現代性**，臺北：巨流出版社。

史蒂文·賽德曼著，劉北成譯，2002，**有爭議的知識——後現代時代的社會理論**，北京：中國人民大學出版社。

米歇爾·福柯著，劉北成、楊遠嬰譯，1999，**規訓與懲罰**，三聯書局。

---，1999，**瘋癲與文明**，三聯書局年版。

波林·羅斯諾著，張國清譯，1998，**後現代主義與社會科學**，上海：上海譯文出版社。

烏爾里希·貝克著，何博聞譯，2004，**風險社會：走向一種新的現代性**，江蘇人民出版社。

喬治·瑞澤爾著，謝立中譯，2003，**後現代社會理論**，北京：華夏出版社。

道格拉斯·凱爾納、斯蒂文·貝斯特著，張志斌譯，1999，**後現代理論——批判性的質疑**，北京：中央編譯出版社。

道格拉斯·凱爾納著，丁寧譯，2004，**媒體文化——介於現代與後現代之間的文化研究、認同性與政治**，北京：商務印書館。

賴特·米爾斯著，陳強、張永強譯，2005，**社會學的想像力**，北京：生活·新知·讀書三聯書局。

尚·布希亞著，林志明譯，2001，**物體系**，上海人民出版社。

Bauman, Zygmunt, 1992, *Intimation of Postmodernity*, Routledge.

Kellner, Douglas, 1998, Zygmunt Bauman's Postmodern Turn, *Theory, Culture and Society*, 15(1).

索引

二　劃

人口老化 (population ageing)　361, 362, 363, 364, 365, 368, 369, 372, 373, 374, 375

三　劃

女性主義 (feminism)　124, 125, 136, 137, 143, 144, 165, 177, 179, 183, 184, 185, 186, 484

四　劃

不受地方歡迎的選址 (locally unwanted land uses)　414, 426
互為主體性　497, 507, 510, 528
公民 (citizen)　25, 26, 30, 43, 44, 47, 48, 90, 113, 140, 147, 150, 154, 193, 194, 195, 196, 197, 198, 199, 201, 202, 203, 204, 205, 210, 211, 212, 213, 214, 215, 217, 219, 220, 221, 222, 264, 284, 285, 287, 290, 354, 372, 387, 411, 506
公民社會 (civil society)　25, 26, 30, 43, 48, 147, 193, 194, 195, 196, 197, 201, 202, 203, 204, 205, 354

反全球化 320, 321, 324, 379, 388
心理暨社會 (psychosocial) 139, 143, 144, 145
文化的階層式思考 320, 324
文化產業 (cultural industry) 225, 226, 229, 234, 235, 236, 237, 318, 319, 325
文化資本 (cultural capital) 45, 61, 69, 74, 77, 78, 81, 181, 183
方法論 (methodology) 3, 15, 34, 182, 403, 467, 470, 471, 483, 484, 487, 489, 497, 498, 499, 501, 502, 505, 509, 510, 517, 518, 527, 540
世俗化 103, 115, 132, 263, 306, 533

五 劃

主幹 (stem) 家庭 58, 64, 66
代際社會地位傳遞 (inter-generational transfer of social status) 81
北方國家的正義觀 445
去傳統化 (de-traditionalize) 321, 322, 324, 396
另類現代性 (alternative modernities) 314, 323
民族誌 (ethnography) 方法 231, 483, 484, 487, 488, 489, 494, 495
永續發展 (sustainable development) 215, 325, 393, 395, 405, 406, 407, 408, 410
生物醫學 (biomedicine) 118, 119, 129
生病 (sickness) 118, 121, 122, 124, 125, 129
生病角色 (sick role) 122, 124, 125, 129
生態學 (ecology) 400, 408

六 劃

伊斯蘭教 (Islam) 103, 107, 110, 111, 115, 116
休閒 (leisure) 30, 57, 92, 94, 147, 159, 183, 230, 241, 242, 243, 244, 245, 246, 247, 248, 249, 250, 251, 252, 253, 254, 255, 256, 261, 262, 284, 332, 373, 538
休閒社會 (leisure society) 147, 241, 242, 243, 244, 247, 251, 252, 254, 255, 256, 261
休閒社會學 147, 241, 242, 243, 244, 247, 252, 255, 256, 261
全球化 (globalization) 3, 5, 11, 12, 16, 21, 27, 28, 29, 30, 32, 34, 38, 42, 50, 117, 126, 127, 128, 129, 133, 134, 145, 196, 197, 199, 202, 205, 213, 216, 217, 218, 219, 222, 223, 260, 277, 280, 284, 285, 288, 289, 291, 292, 311, 312, 314, 315, 316, 317, 318, 319, 320, 321, 322, 323, 324, 353, 379, 384, 385, 388, 396, 397, 398, 404, 405, 407, 410, 527

全球在地化 (glocalization) 128, 311, 319, 322, 323
全球城市 (global cities) 284, 285, 286, 287, 290
全球暖化 393, 398, 407, 429, 430, 433, 434, 439, 442, 445, 452, 457
共同體 (community) 38, 39, 40, 47, 97, 195, 210, 211, 213, 214, 219, 220, 221, 285, 289, 442
同心圓模型 (concentric zone model) 335, 336, 337, 341
同步都市化 (synchro urbanization) 330, 341
地位組 (status-set) 10, 16
在地全球化 (lobalization) 128, 311, 319, 322, 323
多元文化 (multi-culture) 31, 44, 47, 48, 137, 138, 142, 143, 145, 147, 170, 193, 194, 201, 203, 204, 205, 212, 213, 214, 218, 220, 221
多元文化主義 (multiculturalism) 44, 47, 48, 138, 143, 145, 194, 203, 204, 205, 212, 213, 214, 218, 220, 221
多元方法 (multi-method) 483, 484, 485, 494, 495
有閒階級 243, 246, 247, 255, 256
自我 (self) 31, 32, 33, 42, 44, 57, 60, 70, 92, 114, 121, 123, 125, 127, 136, 138, 139, 140, 142, 143, 149, 151, 152, 153, 154, 155, 156, 161, 171, 182, 184, 187, 196, 198, 202, 219, 220, 244, 245, 247, 253, 254, 262, 373, 387, 388, 398, 399, 410, 469, 472, 493, 494, 502, 503, 509, 520, 524, 533, 536, 538, 539
自我概念 (self-concept) 149, 154, 155, 156, 161
行動研究 483, 484, 492, 493, 494, 495

七劃

角色組 (role-set) 10, 16
身分團體 (status groups) 87, 89, 97, 112, 113, 234, 246
身體技術 (body technique) 186, 189
身體社會學 147, 179, 181, 183, 184, 186, 187, 188, 189, 190, 191
身體體現 (embodiment) 182, 184, 188, 189

八劃

佛教 (Buddhism) 103, 106, 107, 115, 116, 151
批判社會學 15, 16, 17, 325, 511
使用者參加型網站 (user generated site) 348, 357
制度自反性 (institutional reflexivity) 314, 324

宗教 (religion)　4, 5, 10, 19, 41, 44, 46, 48, 103, 104, 105, 106, 107, 109, 110, 111, 112, 113, 114, 115, 116, 118, 126, 151, 157, 159, 165, 190, 201, 210, 212, 214, 215, 219, 220, 228, 229, 236, 245, 263, 264, 267, 268, 281, 290, 297, 304, 306, 312, 385, 471, 499, 503, 509, 516, 518, 519
性別 (sex)　5, 32, 61, 63, 73, 74, 76, 81, 88, 91, 119, 121, 134, 135, 136, 137, 142, 147, 163, 164, 165, 166, 167, 168, 169, 170, 171, 172, 173, 174, 175, 176, 177, 178, 183, 184, 186, 188, 198, 213, 243, 361, 369, 387, 407, 475, 476, 508, 533
性別角色的平等化 (gender-equalization)　173, 177
性別社會化 (sex / gender socialization)　168, 169, 170, 171, 172, 173, 176, 177
性別差異 (sexual difference)　164, 165, 166, 167, 175, 176, 183
性別氣質 (gender temperament)　168, 173, 175, 176, 177
性別氣質的中性化 (gender-neutralization)　173, 175, 176, 177
知識資本 (knowledge capital)　32, 33, 69, 71, 72, 77, 78, 79, 81
社區 (community)　4, 32, 33, 38, 44, 73, 134, 136, 141, 142, 143, 153, 219, 244, 252, 253, 285, 288, 289, 290, 291, 297, 317, 337, 355, 373, 407, 408, 415, 420, 421, 422, 423, 424, 426, 527
社會工作 (social work)　19, 131, 132, 133, 134, 138, 139, 140, 141, 142, 143, 144, 145
社會不平等 (social inequality)　19, 85, 86, 88, 89, 90, 91, 92, 93, 95, 96, 97, 112, 133, 135, 388, 395
社會分層結構再製 (reproduction of social stratification)　69, 81
社會化 (socialization)　4, 5, 55, 56, 57, 59, 60, 104, 136, 147, 149, 150, 154, 155, 157, 158, 159, 160, 161, 163, 168, 169, 170, 171, 172, 173, 176, 177, 182, 245, 252, 283, 296, 404
社會化載體 (agency of socialization)　151, 160, 161
社會功能 (social functioning)　9, 56, 104, 134, 143, 244, 261, 286
社會正義 (social justice)　140, 144, 221, 254, 416, 418, 419
社會行動 (social action)　3, 5, 6, 7, 8, 14, 15, 16, 22, 38, 39, 57, 124, 187, 283, 289, 386, 480, 486, 517, 518, 527
社會性別 (gender)　165, 166, 171, 173, 176, 177, 178, 184
社會服務 (social services)　131, 143, 252
社會氛圍 (social milieus)　86, 95, 96, 97
社會發展　22, 56, 132, 133, 142, 143, 145, 161, 177, 216, 254, 280, 285, 287, 295, 298, 299, 302, 303, 304, 305, 308, 358

社會階級 (social classes) 45, 85, 86, 87, 88, 89, 90, 91, 92, 93, 97, 103, 119, 181, 195, 384, 475
社會運動 (social movement) 5, 48, 277, 379, 380, 381, 382, 383, 384, 385, 386, 387, 388, 389, 390, 414, 492, 495
社會福利 (social welfare) 19, 26, 27, 66, 92, 93, 131, 132, 133, 134, 135, 136, 137, 138, 143, 144, 145, 242, 264, 291, 340, 343, 375, 406, 527
社會學的社會學 (a sociology of sociology) 513, 514, 521, 528
社會醫療化 (medicalization of society) 122, 123, 124, 129
社會變遷 (social change) 3, 4, 5, 15, 16, 40, 46, 133, 140, 141, 187, 198, 260, 277, 284, 295, 296, 297, 298, 299, 300, 301, 302, 303, 304, 305, 306, 307, 308, 357, 358, 375, 381, 382, 386, 388, 508, 514, 515, 535
社群主義 (communitarianism) 47, 214, 217, 220, 221

九 劃

信度 (reliability) 453, 470, 478, 479, 481, 485, 493
南方國家的正義觀 445
後現代 (postmodern) 2, 27, 49, 86, 182, 188, 199, 202, 205, 212, 218, 222, 254, 256, 261, 288, 325, 467, 484, 486, 531, 532, 533, 534, 535, 536, 537, 538, 539, 540, 541, 542
後現代主義 (postmodernism) 27, 222, 261, 484, 531, 534, 536, 541, 542
後現代主義社會學 (postmodernist sociology) 531, 536, 541
後現代性 (postmodernity) 205, 531, 532, 534, 535, 536, 537, 538, 539, 541, 542
後現代性社會學 (sociology of postmodernity) 531, 534, 536, 537, 539, 541
後現代社會學 (postmodern sociology) 467, 531, 532, 533, 534, 535, 536, 537, 539, 540, 541
政治文化 (political culture) 46, 47, 49, 325
科學的社會建構 430, 445
風險社會 (risk society) 393, 402, 403, 404, 405, 408, 449, 452, 459, 461, 462, 506, 531, 534, 537, 538, 542

十 劃

個人化 (individualization) 91, 93, 95, 97, 185, 193, 194, 197, 198, 199, 200, 202, 205, 232, 233, 237, 398
家庭 (family) 5, 9, 10, 32, 33, 38, 49, 55, 56, 57, 58, 59, 60, 61, 62, 63, 64, 65, 66,

67, 70, 72, 73, 74, 75, 76, 77, 78, 79, 81, 90, 132, 134, 136, 137, 142, 143, 150, 151, 153, 159, 160, 169, 170, 171, 174, 183, 202, 210, 215, 245, 247, 249, 252, 253, 283, 285, 289, 296, 297, 306, 336, 340, 364, 369, 370, 371, 372, 373, 400, 470, 518, 527
恐懼的文化 (culture of fear) 460, 462
效度 (validity) 74, 77, 470, 478, 479, 481, 493, 499
旅遊 22, 39, 147, 159, 251, 252, 253, 259, 260, 261, 262, 263, 264, 265, 266, 267, 268, 269, 270, 284, 290
旅遊動機 263, 265, 266, 267, 270
旅遊影響 270
時差式感受 320, 324
核心 (nuclear) 家庭 10, 58, 59, 66, 133, 307
消費 (consumme) 11, 22, 24, 27, 28, 29, 39, 56, 91, 123, 126, 147, 159, 182, 183, 187, 199, 201, 202, 225, 226, 227, 249, 251, 254, 255, 262, 267, 268, 269, 281, 288, 289, 329, 348, 351, 352, 354, 361, 399, 406, 525, 531, 534, 536, 537, 538
疾病 (disease) 23, 40, 117, 118, 119, 120, 121, 122, 123, 124, 125, 126, 127, 128, 129, 130, 184, 185, 355, 365, 367, 373, 453, 459
神義論 (theodicy) 113, 115
高齡化社會 (ageing society) 362, 363, 374
高齡社會 (aged society) 362, 363, 374
假設 (hypothesis) 12, 13, 14, 124, 125, 127, 181, 182, 227, 243, 336, 362, 365, 366, 367, 424, 427, 430, 433, 436, 449, 453, 454, 455, 456, 461, 463, 469, 473, 474, 475, 476, 477, 478, 481, 483, 487, 488, 501, 502, 503, 533

十一劃

健康 (health) 4, 92, 117, 118, 119, 120, 121, 122, 123, 124, 125, 126, 127, 128, 129, 130, 143, 151, 155, 194, 253, 254, 288, 365, 369, 371, 372, 373, 406, 407, 414, 416, 426, 453, 457, 458, 460
基督教 (Christianity) 14, 103, 107, 108, 109, 110, 111, 114, 115, 116, 151, 157, 165, 183, 419
婚姻 (marriage) 5, 9, 10, 15, 19, 56, 57, 61, 62, 63, 64, 66, 67, 70, 137, 170, 171, 172, 173, 246, 297, 370, 519, 520
患病 (illness) 120, 121, 122, 124, 125, 129, 355
教育機會 (educational opportunity) 69, 72, 73, 74, 75, 76, 77, 78, 79, 81, 136, 175

教育機會分布 (distribution of educational opportunity) 81
族群 (ethnic group) 32, 47, 49, 69, 70, 72, 73, 74, 77, 78, 79, 81, 95, 111, 113, 119, 125, 134, 136, 137, 138, 144, 147, 159, 160, 209, 210, 211, 212, 213, 214, 215, 216, 217, 218, 219, 220, 221, 222, 223, 325, 387, 395, 404, 407, 417, 418, 419, 420, 421, 422, 479, 487
深描 (thick description) 483, 488, 494
理念型 (ideal type) 8, 518, 520, 528
理解法 (Verstehen) 518, 528
現代化 3, 26, 29, 38, 41, 59, 63, 70, 128, 132, 133, 135, 145, 171, 216, 262, 264, 265, 267, 269, 284, 285, 286, 295, 303, 305, 306, 307, 308, 311, 312, 314, 315, 316, 320, 332, 333, 344, 355, 380, 396, 398, 399, 402, 404, 405, 533, 535, 538, 539, 541
現代性 (modernity) 3, 41, 128, 195, 202, 205, 218, 232, 233, 259, 262, 263, 264, 265, 266, 270, 277, 280, 281, 311, 312, 313, 314, 315, 316, 321, 322, 323, 388, 397, 398, 399, 403, 405, 410, 475, 531, 532, 533, 534, 535, 536, 537, 538, 539, 541, 542
紮根理論 (grounded theory) 方法 483, 484, 491, 492, 494, 495, 496
通俗文化 (popular culture) 225, 234, 235, 236, 237, 238, 251
都市化 (urbanization) 58, 70, 132, 242, 277, 299, 327, 328, 329, 330, 331, 332, 333, 334, 335, 338, 339, 340, 341

十二劃

無所不在的運算 (或稱普及運算)(ubiquitous computing) 349, 350, 357
猶太教 (Judaism) 103, 107, 108, 109, 111, 115, 116
超高齡社會 (super-aged society) 362, 363, 374

十三劃

傳統的科學觀 445
新社會運動 (new social movement) 379, 383, 384, 387, 388, 389
概念 (concept) 2, 8, 10, 13, 22, 23, 24, 31, 33, 37, 39, 43, 44, 48, 57, 61, 62, 65, 71, 73, 85, 86, 87, 88, 89, 90, 91, 92, 95, 96, 112, 113, 120, 121, 126, 127, 129, 135, 142, 149, 154, 155, 156, 161, 163, 164, 165, 175, 176, 180, 181, 182, 188, 194, 195, 196, 197, 199, 201, 202, 210, 212, 215, 218, 225, 226, 227, 228, 229, 230, 232, 233, 234, 236, 237, 243, 245, 248, 261, 285, 287, 288, 296, 299, 305,

311, 315, 316, 322, 329, 344, 349, 353, 356, 365, 371, 372, 382, 386, 387, 389, 396, 398, 400, 404, 405, 407, 413, 416, 424, 452, 455, 470, 471, 473, 474, 475, 476, 479, 480, 481, 486, 488, 489, 491, 492, 493, 494, 497, 498, 501, 503, 504, 507, 515, 516, 518, 519, 520, 523, 525, 527, 528, 531, 533, 534, 535, 536, 538, 539, 540, 541

溝通 (communication) 4, 6, 7, 8, 16, 29, 31, 32, 39, 43, 44, 47, 48, 60, 76, 132, 199, 200, 202, 203, 220, 268, 279, 280, 281, 282, 283, 284, 286, 287, 288, 319, 323, 351, 493, 502, 503, 507, 526, 527, 528, 540

溝通行動 (communicative action) 6, 16, 502, 526, 528

溝通理性 7, 526, 528

經濟 (the economy) 4, 5, 9, 10, 11, 12, 15, 16, 19, 21, 22, 23, 24, 25, 26, 27, 28, 29, 30, 31, 32, 33, 34, 39, 40, 41, 42, 44, 45, 46, 48, 56, 59, 60, 61, 63, 65, 66, 67, 69, 71, 72, 74, 75, 77, 78, 79, 80, 81, 89, 90, 92, 93, 105, 114, 123, 126, 127, 132, 134, 135, 136, 139, 141, 142, 143, 158, 160, 170, 174, 178, 183, 201, 216, 217, 218, 219, 227, 228, 229, 231, 233, 235, 248, 249, 256, 260, 261, 262, 264, 266, 268, 269, 270, 280, 281, 288, 289, 291, 300, 302, 303, 304, 305, 306, 307, 312, 313, 317, 323, 325, 328, 330, 333, 334, 336, 338, 341, 343, 344, 345, 348, 355, 356, 357, 361, 362, 363, 364, 365, 369, 370, 371, 372, 374, 375, 383, 384, 385, 387, 389, 397, 398, 399, 401, 402, 403, 404, 405, 406, 407, 410, 414, 436, 437, 438, 441, 443, 444, 445, 452, 458, 459, 461, 463, 464, 470, 499, 509, 515, 518, 519, 522, 524, 527, 528, 534, 535, 538

經濟資本 (economic capital) 45, 60, 69, 74, 77, 78, 81, 158

解釋社會學 14, 15, 16, 518

解釋循環 (hermeneutic circle) 486, 494

詮釋學 (hermeneutic) 觀點 229, 230, 231, 471, 483, 485, 486, 487, 494, 527

資本主義 (capitalism) 3, 10, 11, 15, 21, 23, 25, 35, 39, 70, 98, 103, 111, 114, 115, 123, 136, 141, 143, 210, 221, 225, 226, 228, 229, 230, 232, 235, 236, 244, 245, 248, 249, 257, 262, 263, 264, 284, 291, 297, 299, 305, 312, 313, 314, 315, 317, 329, 386, 397, 410, 498, 499, 509, 515, 518, 522, 526, 528, 537, 539

資訊化社會 (informatization of society) 343, 344, 356, 358

資訊通信技術 (information and communication technology) 343, 344, 349, 351, 356

跨國公司 21, 25, 29, 33, 316

過度都市化 (over urbanization) 299, 330, 334, 340, 341

電子商務 (E-commerce) 27, 343, 352, 353, 356, 358

預警原則 (precautionary principle) 406, 408, 449, 456, 457, 458, 462

十四劃

實證社會學 13, 14, 15, 16
實證論 15, 497, 501, 503, 510, 516
慣習傾向 (habitus) 149, 158, 159, 161
滯後都市化 (under urbanization) 330, 341
福利多元主義 (welfare pluralism) 32, 33
福利國家 (welfare state) 15, 24, 133, 135, 136, 137, 143, 201, 221, 388
管制的成本 459, 462
管制的風險 462
遠距教育 (distance learning) 355, 356
價值中立 73, 471, 486, 497, 504, 505, 506, 510
審議民主 (deliberative democracy) 526, 528
數位落差 (digital divide) 345, 356
數位學習 (digital learning) 355, 356

十五劃

編碼 (coding) 488, 491, 492, 494
衝突 (conflict) 4, 10, 48, 58, 65, 70, 95, 108, 124, 125, 133, 135, 137, 140, 172, 193, 194, 195, 197, 201, 203, 222, 244, 261, 268, 295, 297, 299, 302, 303, 323, 337, 365, 380, 381, 382, 383, 389, 403, 415, 417, 424, 445, 471, 472, 507, 519, 520, 521, 533
質性研究方法 483, 484, 485, 493, 494, 495
鄰避現象 (不要在我家後院現象)(not in my backyard) 414, 415, 426
操作性定義 (operational definition) 296, 475, 480
歷史唯物論 515, 526, 528

十六劃

隨機抽樣 (random sampling) 476, 477, 481

十七劃

環境 (environment) 5, 15, 29, 40, 48, 61, 75, 76, 77, 106, 121, 122, 128, 138, 139, 140, 142, 144, 153, 156, 169, 180, 182, 187, 221, 223, 249, 250, 253, 254, 265,

266, 267, 268, 269, 270, 289, 298, 299, 301, 302, 304, 307, 330, 334, 348, 349, 350, 351, 355, 356, 357, 369, 371, 372, 381, 383, 384, 385, 387, 393, 395, 396, 397, 398, 399, 400, 401, 402, 403, 404, 405, 406, 407, 408, 409, 410, 413, 414, 415, 416, 417, 418, 419, 420, 421, 422, 423, 424, 425, 426, 427, 430, 434, 435, 437, 438, 443, 444, 446, 457, 470, 471, 480, 487, 506, 515, 519
環境 (不) 公正　426
環境 (不) 正義　425, 426
環境種族主義 (environmental racism)　415, 420, 422, 423, 426
聯合 (joint) 家庭　58, 64, 66
聯合主幹 (joint-stem) 家庭　58, 64, 66

十八劃

醫療 (medicine)　19, 117, 118, 119, 120, 121, 122, 123, 124, 125, 126, 127, 128, 129, 130, 134, 184, 262, 269, 355, 361, 364, 365, 372, 373, 375, 402, 406, 458
醫療全球化 (medical globalization)　117, 126, 127, 129

二十二劃以上

權力 (power)　15, 16, 23, 31, 33, 37, 39, 41, 42, 43, 44, 45, 46, 47, 49, 58, 65, 71, 85, 89, 90, 92, 93, 94, 123, 124, 125, 136, 142, 143, 150, 181, 182, 183, 184, 186, 190, 191, 195, 196, 200, 204, 211, 213, 220, 222, 229, 249, 281, 283, 297, 303, 306, 317, 388, 401, 472, 502, 503, 505, 506, 509, 524, 537, 538, 540
變項 (variable)　16, 88, 91, 181, 227, 369, 469, 474, 475, 476, 478, 480, 483, 488, 490, 501, 516